타자의 정치학과 문학

이슬람, 아프리카, 영미권의 주변부 작가들

건지학술총서

09

The Politics of the Other and Literature

타자의 정치학과 문학

이슬람, 아프리카, 영미권의 주변부 작가들

왕은철

전북대학교출판문화원

나의 아버지(王耕秋 1931-2013),

그리고 두 스승(George A. Panichas 1930-2010, Morris Freedman 1920-2015)을

애도하며

서문

자신이 쓴 글들이 어떠한 궤도로 나아가고 있는지, 그 방향성을 제대로 알게 되는 것은 지금까지 써온 것들을 종합적으로 돌아보고 고려할 때라야 비로소 가능해지는 것처럼 보인다. 적어도 나의 경우에는 그렇다. 지금 돌아보니 내가 써왔고 지금도 쓰고 있는 글들에 딱히 그러한 의도가 아니었음에도 몇 개의 흐름이 형성되어 있는데, 그 중 하나는 중심이 아니라 변방과 주변과 경계에 대한 관심이 아닐까 싶다. 나는 가르치고 생각하고 쓰는 과정에서 나도 모르게 그쪽에 관심을 갖게 된 것처럼 보인다. 그것이 나의 기질에서 비롯된 것인지 여부를 정확히 알 길은 없지만, 내가 타자의 문제에 상당한 관심을 할애해 온 것은 분명하다. 좀 더 세분화해서 말하면, 나는 탈식민 정치학의 지형에서 타자에 해당하는 피식민주의자들을 대변하는 작가들에게도 관심이 있었지만, 더 중요하게는 타자의 타자, 즉 스스로를 타자화의 주체로부터 분리시키면서 어쩔 수 없이 자기분열적인 특성을 드러내는 식민주의 작가들에도 관심이 많았다. 그들의 소설이 드러내는 고뇌와 분열과 자학, 그리고 그것들을 형상화하는 과정에서 발생하는 윤리의 문제는 내게 늘 매혹으로 다가왔다. 그래서 내가 '타자의 정치학'이라고 하는 것은 탈식민 정치학에서 얘기하는 타자, 즉 피식민주의자만이 아니라 그 타자의 타자, 즉 "식민주의자이기를 거부하는 식민주의자"를 포함하는 성격의 것이기도 하고, 때로는 식민주의와 무관한 것이기도 하다.

그러나 나의 출발은 중심에 있는 작가, 그것도 영국작가였다. 나는 영국이 낳은 위대한 소설가 중 한 사람인 조지 엘리엇George Eliot의 소설에 한동안 관심을 갖고 있었다. 내가 박사과정을 이수할 때 틈틈이 엘리엇의 소설들을 도서관에서 빌려다 읽고 그녀가 남긴 방대한 양의 편지들을 읽은 것은 그것이 나의 관심사였기 때문이다. 그래서 박사학위논문도 그쪽으로 쓸 계획이었다. 그런데 마지막 순간에 나도 모르는 뭔가가 나의 관심을 다른 쪽으로 쏠리게 만들었다. 누가 그렇게 하라고 한 것도 아니고 누구에게서 무슨 말을 들은 것도 아니었다. 어쩌면 후에 나의 지도교수가 된 분의 "로렌스, 포스터, 콘래드 세미나"를 수강하고 나도 모르게 모더니즘 작가들과 엘리엇을 비교하게 되면서 그렇게 됐을 수도 있고, 교훈적인 내용의 리얼리즘 소설에 대한 나의 심리적 저항을 과소평가했다가 선택의 시점이 다가오자 거기에서 빠져나왔을 수도 있다. 여하튼 나의 선택은 조지프 콘래드Joseph Conrad였다. F. R. 리비스Leavis는 콘래드를 영국소설의 "위대한 전통"을 확립한 작가라고 평가했지만, 콘래드는 폴란드에서 태어나 이십 년에 가까운 세월을 바다에서 보내다가 영국에 정착해 소설을 썼던 아웃사이더였다. 아프리카, 아시아, 아메리카, 유럽을 캔버스로 하는 콘래드 소설에 대한 나의 관심은 자연스럽게 제3세계 작가들에 대한 관심으로 이어졌고, 또 그것은 그들과 유사한 바가 없지 않은 영어권 작가들에 대한 관심으로 이어졌다. 그러다 보니 내가 의도치 않게 공을 들이게 된 번역도 일부를 제외하면 대부분, J.M. 쿳시, 안드레 브링크, 나딘 고디머, 월레 소잉카, 응구기 와 시옹오, 모신 하미드, 하 진, 히샴 마타르, 할레드 호세이니, 수전 아불하와 등처럼 다소간에 아웃사이더에 가까운 작가들의 작품 쪽으로 기울어졌다. 그러나 나는 의식적으로 그쪽에 나를 한정시켰던 적이 없었다. 만약 그랬더라면 학문의 즐거움이 반감되지 않았을까 싶다. 달리 말하면, 앞서 얘기한 것처럼 나의 글에서 발견되는 방향성과 흐름은 돌아볼 때라야 감지할 수 있는 성격의 것이라는 말이다. 물론 예외는 있다. 예를 들어, 『애도예찬–문학에 나타난 그리움의 방식들』이라는 저서에 들어 있는 열일곱 편의 글들은 처음부터 끝까지 애도라는 주제를 벗어나지 않는데, 그것은 잡지사와의 협의를 통해 방향을 미리 정하고 연재를 한 탓이다. 이것은 내가 2015년부터 2016년까지 『현대문학』에 '문학과 트라우마'라는 꼭지로 열여덟 편의 글들을 모은 『문학과 트라우마, 그 침묵의 소리들』의 경우에도 마찬가지다. 그러나 내가 쓴 글들을 좀 더 큰 틀에서 생각해보면, 방향성을 정하고 쓴 글들보다는 뒤를 돌아보고 정리할 때라야 방향성이 드러나는 글들이 훨씬 더 많은 것은 분명해 보인다.

여기에 묶어서 내놓는 글들은 내가 지금까지 쓴 글들의 일부에 지나지 않고 집필 시기도 서로 다르지만 그러한 방향성과 흐름으로 연결되어 있다. 편의상 전체를 다섯 개의 장으로 나눠 1장에서는 모신 하미드, 수전 아불하와, 가싼 카나파니, 할레드 호세이니, 히샴 마타르 등과 같은 이슬람계 작가들을, 2장에서는 나딘 고디머, J. M. 쿳시, 올리브 쉬라이너, 안드레 브링크 등과 같은 남아프리카 백인작가들을, 3장에서는 우웰 아크판, 응구기 와 시옹오 등과 같은 아프리카 흑인작가들을 다룬다. 그리고 4장에서는 V. S. 나이폴, 조지프 콘래드, 도리스 레싱 등과 같은 영국의 정착민 작가들을, 5장에서는 낸시 롤스, 나타샤 트레서웨이, 하 진 등처럼 중심에 위치해 있지만 인종적 특성으로 말미암아 타자일 수밖에 없는 미국 작가들을 다룬다. 나이폴과 레싱이 노벨문학상을 수상했을 때 『현대문학』의 청탁을 받아 쓴 두 편의 글("V. S. 나이폴의 소설과 애증의 역학"과 "도리스 레싱의 삶과 문학")과 『외국문학』의 청탁을 받아 쓴 한 편의 글("정신적 독립을 위한 긴 여정과 케냐문학")을 제외한 모든 글들은 국내 학술지에 게재된 것들이다. 각 논문의 서두에는 발표 시점이 밝혀져 있다. 그 논문을 쓴 시점이 특히 중요하다는 판단 때문이다. 살아있는 동시대작가의 소설을 다루는 것은 가변적인 역사의 흐름과 무관한 것이 아니어서 당대의 정치, 사회, 역사, 문화적 상황에 대한 판단과 해석이 맞물릴 수밖에 없는 경우가 대부분이다. 예를 들면, 어떤 논문을 쓸 때의 정치적 상황과 이후의 정치적 상황이 다를 수 있는데, 이것은 나의 글들이 많은 경우, 그 상황과의 상호적, 대화적 맥락에서 씌어졌다는 것을 의미한다. 따라서 이후의 사회적, 정치적 상황이 변해서 문맥을 약간 조정해야 하는 경우에도, 그것을 바로잡지 않고 원문 그대로 두기로 했다. 내가 글을 쓰면서 당시의 현실에 반응한 흔적을 그대로 남기기 위해서였다.

나의 글들을 돌아보니 너무 변변치 않아서 더 이상 말하기가 쑥스럽지만, 그래도 내가 그간에 진 빚에 관해서는 얘기하고 넘어가야 할 것 같다. 나는 다양한 연구비를 받아 연구를 진행했다. 미국의 H. B. 이어하트Earhart재단, 성곡학술문화재단, 남아프리카공화국의 케이프타운대학연구재단, 한국학술진흥재단, 풀브라이트재단, 한국연구재단, 전북대학교는 내가 연구에 전념할 수 있도록 재정적인 후원을 해줬다. 꼭 필요한 때에 그들의 도움을 받을 수 있었던 것은 정말이지 행운이었다. 감사할 따름이다.

그리고 당연한 얘기지만, 나의 강의를 수강한 전북대학교 학생들에게도 감사의 마음을 전한다. 그들을 가르치는 일은 그들과 함께 배우고 성찰하고 사유하는 과정이었다.

누구나가 그러할 것처럼 나의 삶도 나의 어머니, 아버지의 삶과 무관하지 않았다. 특히 아버지의 삶이 나한테 행사한 영향력은 정말이지 컸다. 식민지시대에 태어난 많은 사람들이 그러했던 것처럼, 내 아버지도 역사의 격랑에 휘말린 분이었다. (주변인들의 말을 종합하면) 지적이고 명민했던 그가 "개구리를 몰고 다니는" 농부의 삶을 살게 된 것은 식민지시대가 전쟁으로 이어지면서 개개인의 삶을 뒤집어 놓은 근대사의 격랑 탓이었다. "개구리를 몰고 다닌다"는 표현은 소를 몰고 논을 갈 때면 개구리들이 화들짝 놀라서 이리 갔다 저리 갔다 하는 모습에 자신의 고단하고 남루한 삶을 자조적이면서도 익살스럽게 빗대어, 그가 술에 취하면 즐겨 사용했던 표현이다. 돌아보니, 그의 그러한 삶과 그것으로 인해 빚어진 우리 가족의 삶이 내가 문학을 연구하면서 타자들의 분열된 삶에 주목하게 된 요인이 아니었을까 싶다. 언젠가 아버지는 내게 이렇게 물으셨다. "네가 하는 문학이라는 게 뭐냐? 혹시 말이다, 사람들은 논밭에서 일하느라 정신이 없는데, 나무그늘 밑에서 술잔을 기울이며 시조나 읊조리는 것은 아니더냐?" 내가 그 질문에 뭐라고 답했는지는 기억나지 않지만, 그 질문은 오래도록 머릿속에 남았다. 어쩌면 내가 써온 글들이나 고단한 번역작업은 아버지의 질문에 대한 내 나름의 답이었을지 모른다.

아버지와 더불어 내게 큰 영향을 미친 다른 사람은 나의 두 지도교수였다. 공교롭게도 나는 박사과정에 있을 때 지도교수가 두 분이었다. 지도교수가 안식년 휴가를 떠나는 바람에 다른 분의 지도를 받고 졸업을 해야 해서 그랬다. 조지 퍼니처스George A. Panichas 교수가 원래의 지도교수였고 모리스 프리드먼Morris Freedman 교수가 그의 자리를 대신한 지도교수였다. 퍼니처스 교수가 내게 자기가 돌아올 때까지 기다리겠느냐고 묻기에, 학위를 빨리 마쳤으면 좋겠다고 해서 다른 분이 나를 떠맡게 된 것이었다. 참으로 예외적인 상황이었지만, 그래서 나는 더 많은 것들을 배우는 행운을 누렸다. 학문적으로도 그랬지만, 더 중요하게는 인간적인 면에서 더 많이 배웠다. 그들은 자기들을 낮추면서까지 나에게 학문적, 인간적 환대가 무엇인지 보여줬다. 심지어 퍼니처스 교수는 그의 저서『조지프 콘래드-도덕적 비전』(*Joseph Conrad: His Moral Vision*)에서 나의 변변치 않은 논문으로부터 많은 것을 배웠디고 했고, 프리드먼 교수는 졸업하는 나에게 내가 자기보다 더 좋은 학자가 될 것이라고 했다. 천부당만부당한 말이었다. 지금 생각해도 행여 누가 그들의 글이나 말을 읽거나 들었을지 몰라 당황스럽지만, 현실과는 너무 동떨어진 그들의 덕담이 나에게 학문적인 겸손의 중요성을 가르쳤던 것만은 분명하다. 그들은 나에게 학문이 겸손에서 나오고 때로 겸손 그 자체라는 것을 가르쳤다. 누군가가 나의 글에서 작은 것이나마 뭔가를 얻거나 취한다면, 그것은 전적으로 내 스승들의 덕이다. 나에게는 또 다른 아버지 같았던 두 분이 지난 몇 년 사이에 세상을 떠나셨다. 그리고 나의 아버지도 떠나셨다.

더 이상 이 세상에 없지만, 그럼에도 불구하고 내 안에 살아 있는 나의 아버지들에게 이 저서를 바친다.

2017년 5월

왕은철

목차

서문 • 07

Ⅰ. 이슬람 작가들

1. 제3세계의 시각에서 본 9/11
 —알레고리 소설로서의 『주저하는 근본주의자』 • 19
2. 팔레스타인 내러티브에 나타난 고난의 역사
 —『예닌의 아침』과 「하이파로 돌아가다」의 대화 • 48
3. 디아스포라 작가의 한숨과 향수
 —할레드 호세이니의 『그리고 산이 울렸다』 • 76
4. 타자 이해의 출발점으로서의 문학
 —히샴 마타르의 『남자들의 나라에서』 • 101

Ⅱ. 남아프리카 작가들

1. 「최고의 사파리」를 중심으로 본 타자 재현의 문제
 —나딘 고디머에 대한 애도를 겸하여 • 127
2. 나딘 고디머의 눈으로 본 J. M. 쿳시의 소설
 —『마이클 K』에 나타난 원심력과 구심력에 관하여 • 157
3. J. M. 쿳시의 소설과 미국의 식민주의/제국주의
 —『어둠의 땅』의 「베트남 프로젝트」를 중심으로 • 190
4. "기억이 없는" 식민지 문화와 "개인의 재능"
 —올리브 쉬라이너의 소설과 남아프리카 문학 • 216

5. 남아프리카 문학과 포스트모더니즘
－안드레 브링크의 포스트모던 소설 • 246

6. 남아프리카 문학의 탈식민 논의 • 275

Ⅲ. 기타 아프리카 작가들

1. 르완다 대학살과 식민 후유증
－우웸 아크판의 「내 부모의 침실」 • 301

2. 정신적 독립을 위한 긴 여정과 케냐 문학
－응구기 와 시옹오의 소설세계 • 324

Ⅳ. 영국의 주변부 작가들

1. V. S. 나이폴의 문학에 나타난 제3세계
－"혐오감의 과잉과 부드러움의 부족"에 관하여 • 351

2. V. S. 나이폴과 조지프 콘래드의 대화적 관계
－『강의 한 굽이』와 『어둠의 심장』에 나타난 아프리카의 이미지 • 406

3. V. S. 나이폴의 소설과 애증의 역학 • 439

4. 도리스 레싱의 삶과 문학
－"나는 이야기꾼일 뿐이다" • 464

5. 조지프 콘래드와 표도르 도스토옙스키의 더블 • 477

V. 미국의 주변부 작가들

1. 마크 트웨인과 낸시 롤스의 대화적 관계
—『허클베리 핀의 모험』을 '다시 쓴'『나의 짐』 • 503

2. 슬픔과 애도의 시학
—나타샤 트레서웨이의 시에 나타난 어머니 • 533

3. 하 진의 단편소설과 단순성의 미학 • 555

인용문헌 • 579
색인 • 611

I.

이슬람 작가들

우리는 타자의 타자다.

-마르쿠스 아우렐리우스

01

제3세계의 시각에서 본 9/11

– 알레고리 소설로서의 『주저하는 근본주의자』*

1. "국가적인 알레고리"

파키스탄 작가인 모신 하미드Mohsin Hamid가 2007년에 발표한 『주저하는 근본주의자』(*The Reluctant Fundamentalist*)는 9/11을 중심에 놓고 내러티브를 전개하는 특이한 제3세계 소설이다. 소설은 처음부터 끝까지 미국과 이슬람세계의 역학, 특히 미국과 파키스탄의 역학에 초점을 맞추고 알레고리적 의도가 있다는 것을 굳이 숨기지 않는다. 그래서 이 소설에서 감지되는 알레고리는 나딘 고디머Nadine Gordimer가 말한 두 종류의 알레고리, 즉 "작가가 의식적으로 선택한 알레고리"와 "작가가 의도하지는 않았지만 작품이 쓰이고 나면 존재하게 되는 알레고리"(Gordimer 397) 중에서 전자에 해당한다.

그런데 프레데릭 제임슨Frederic Jameson에 따르면, 제3세계의 문학 텍스트는 알레고리적 의도가 없다 하더라도 알레고리적 의미망을 갖게

---

* 2015년 『영어영문학연구』(41)에 발표.

된다. 그는 제3세계의 문학텍스트는 "국가적인 알레고리의 형식에 정치적인 면을 투영하는 게 불가피하며" "겉으로 사적이고, 성애적인 역학(libidinal dynamics)에 투자하는 것으로 보이는 사적인 텍스트들"(Jameson 69)도 이 점에 있어서는 마찬가지라고 생각한다. 그래서 제1세계에서는 "사적이고 개인적인 운명에 관한 이야기"의 차원에 머무르는 것이 제3세계적인 공간에서는 "공적인 문화 및 사회의 절박한 상황에 대한 알레고리"(Jameson 69)가 되고, "개인적인 이야기와 개인적인 경험을 이야기하는 것이 궁극적으로 집단 자체의 경험을 힘들게 얘기하는 것을 포함하지 않을 수 없게 된다"(Jameson 85-86)는 것이다. 제임슨의 말을 요약하자면, 제3세계의 텍스트는 그러한 의도가 있든 없든, 모든 것이 "국가적인 알레고리"로 해석될 여지가 있다. 이러한 견해는 아이자즈 아마드Aijaz Ahmad가 지적했듯이 제3세계의 문학텍스트가 갖는 다양성을 도외시한, 지나치게 일반론적인 발언이어서 제3세계의 입장에서는 다소 불편하게 들릴 수 있는 소지가 없지 않지만(Ahmad 20) 그리 틀린 말은 아니다.

제임슨이 말한 것처럼 그렇지 않아도 알레고리적 의미를 띠는 것이 제3세계 텍스트가 갖고 있는 일종의 운명인데, 하미드의 소설은 아예 알레고리적 의도를 처음부터 전제로 하고 있으니 그것의 알레고리적 의미가 더욱 불거지는 것은 당연한 일이다. 그래서 하미드의 소설은 굳이 제임슨의 말을 굳이 참조하지 않아도 알레고리라는 것이 쉽게 드러난다. 그런데 특이한 것은 그의 소설이 배경을 제3세계만이 아니라 제1세계까지 확장함으로써 양자 사이의 관계 자체를 알레고리의 대상으로 삼고 있다는 점이다. 그래서 엄밀히 말하면, 이 소설은 제임슨이 말한 "국가적인 알레고리"의 틀에서 약간 벗어나 있다고 할 수 있다. 제임슨이 말한 "국가적인 알레고리"가 제3세계 문학을 제1세계 문학으로부터 차별화시키기 위해서 도입된 개념으로, 제1세계와 제3세계의 접점이나 관계성을 상정하고 있지는 않기 때문이다. 그래서 제임슨이 주장한 "국가적인 알레고리"는 제3세계 문학을 전반적으로 설명하는 데 유용한 개념임이 분명하지만, 지나치게 제1세계 문학과 제3세계 문학을 이분화하고 결국에는 상투화함으로써 『주저하는 근본주의자』처럼 제1세계와 제3세계를 배경으로 하는 문학작품을 설명하는 데는 일정한 한계를 드러낸다.

그렇다고 제임슨의 알레고리 개념이 소용이 없다거나 그것을 폐기해야 한다는 말은 결코 아니다. 다만 하미드의 소설처럼 처음부터 알레고리적 의미를 전제로 하는 텍스트에 대한 논의는 제임슨의 "국가적인 알레고리"를 배제하지 않으면서, 동시에 그 알레고리의 의미망이 '국가 사이'의 알레고리, 즉 제3세계와 제1세계의 관계로 확장되는 방식에도 주목해야 한다는 말이다. 이 점에서 보면, 하미드의 텍스트는 제임슨의 알레고리 개념에 어느 정도 부합되면서도 그것이 상정하는, 제1세계 문학과 제3세계 문학 사이의 이원론적이고 이분법적인 구도를 교란시키는 텍스트인 셈이다. 그것의 의미망이 제3세계 안에 머물지 않고 제1세계를 포괄하면서 그러한 구분 자체가 임의적인 것임을 드러내는 탓이다.

그래서 그의 텍스트에서 드러나는 알레고리가 제3세계의 많은 텍스트들처럼 "의도하지는 않았지만 작품이 쓰이고 나면 존재하게 되는 알레고리"가 아니라 "의식적으로 선택한 알레고리"(Gordimer 397)라면, 작가가 알레고리적 구도를 통해서 드러내고자 하는 것이 무엇인지를 파악하는 것은 텍스트를 총체적으로 이해하는 데 불가피한 일이다. 특히 그의 텍스트가 9/11 이후의 시대적 상황을 배경으로 하고 있기 때문에 그의 알레고리적 텍스트가 9/11을 어떤 방식으로 담론화하고, 궁극적으로 9/11에 대한 동서양의 상반된 시각을 어떻게 담아내고 투영하는지 면밀히 살펴

볼 필요가 있다.

2. 9/11 대항담론

9/11의 여파로 이라크와 아프가니스탄이 미국의 공격을 받았고 지금도 아프가니스탄에서 전쟁이 계속되고 있는 상황에서 아프가니스탄의 인접국인 파키스탄 출신의 작가가 9/11을 소설의 중심에 놓고 있다는 것은 의미심장하다. 특히 의미심장한 것은 그가 주인공 찬게즈Changez를 통해 9/11을 묘사하는 방식이다. 찬게즈는 2001년 9월 11일, 텔레비전을 통해 뉴욕의 월드트레이드센터가 무너지는 장면을 보고 경악하기는커녕 "누군가가 그렇게 가시적으로 미국의 무릎을 꿇렸다는 사실"에 "즐거움"(67)*을 느꼈다고 말한다. "무고한 사람 수천 명이 살육당하는 걸 보고 기뻤다"(67)고 반응하는 것 자체가, 그것도 미국을 비롯한 영어권 독자들을 위해 영어로 쓰인 소설에서 그렇게 반응하는 것 자체가 충격적이다.

지금까지 돈 드릴로Don DeLillo, 이언 매큐언Ian McEwan, 켄 캘퍼스Ken Kalfus, 할레드 호세이니Khaled Hosseini, H.M. 나크비Naqvi, 자너선 사프란 포어Jonathan Safran Foer를 비롯한 다수의 작가들이 9/11을 소재로 적지 않은 수의 작품을 발표했지만, 하미드의 소설처럼 공격적으로 9/11을 형상화한 예가 없었다. 찬게즈가 이렇게 충격적인 내용의 발언을 소설 속의 미국인에게, 궁극적으로 이 소설을 읽는 모든 독자에게 하는 것은 미국과 서구의 시각에 다소간에 경도되어 있는 세계의 독자들에

---

* 이 논문에서 하미드의 소설을 인용한 쪽수는 다음 번역서의 것이다. 모신 하미드. 『주저하는 근본주의자』. 왕은철 역. 서울: 민음사, 2012.

게 9/11에 관련된 대단히 불편한 진실을 얘기하기 위한 것처럼 보인다. 그는 소설 속의 미국인에게 이렇게 말한다. "아, 내가 당신을 불편하게 하는 모양이군요. 물론 이해합니다. 자기나라의 불행에 다른 사람이 흡족해하는 것을 보는 건 가증스러운 일이지요. 하지만 당신도 그런 감정으로부터 완전히 자유롭지는 못할 거요. 당신은 미국 무기가 적의 건축물을 폐허로 만들어버리는, 최근에 상당히 유행하는 비디오클립을 보면 즐겁지 않나요?"(67) 그의 말에는 월드트레이드센터가 무너지는 것을 미국의 무릎을 꿇린 "상징적" 사건으로 보고 흡족해하는 사람들이나 미국의 첨단무기에 이라크나 아프가니스탄의 건물이 순식간에 폐허가 되어버리는 비디오클립을 보고 흡족해하면서, J.M. 쿳시Coetzee의 『어둠의 땅』(*Dusklands*)에 등장하는 미국인의 말을 빌려 말할 것 같으면, "폭발의 오르가슴"(57)을 느끼는 미국인들이나 대동소이하다는 논리가 깔려 있다. 바로 이것이 이 소설의 요체다. 동양과 서양, 파키스탄과 미국, 제3세계와 제1세계가 소설 속에서 일종의 힘겨루기를 하고 있는 형국이다.

소설이 처음부터 끝까지 일종의 스릴러 형식을 취하고 있는 것도 이러한 힘겨루기를 위한 보완적인 장치로 보인다. 소설 속에서 찬게즈의 도발적인 말을 들으며 앉아 있는 미국인은 그를 암살하기 위해 파키스탄으로 파견된 비밀요원일 수도 있지만, 소설은 끝까지 그 점을 명확히 하지 않는다. 독자가 스토리를 따라가면서 긴장을 풀 수 없는 이유 중 하나는 바로 이것이다. 두 사람 사이에 무슨 일이 생길 것만 같다. 어쩌면 이러한 모호성이나 불확실성이 소설을 끌고 가는 주된 동력인지도 모른다.

그렇다고 이 힘겨루기에서 양쪽에 똑같은 목소리가 주어지는 것은 결코 아니다. 이 소설은 찬게즈라는 파키스탄인이 익명의 미국인한테 일방적으로 자기 얘기를 하는 형식을 취하고 있는데, 이것은 대화라기보다 독백에 가깝다. 미국인은 파키스탄의 라호르에 있는 찻집에 앉아 파키스탄인이 하는 얘기를 그냥 듣고만 있다. 서로의 입장이 현저하게 다른 상황이라면, 양자가 엇비슷한 입장에서 대화를 하며 그것을 풀어가야 하는데, 미국인이 낯선 나라, 낯선 땅의 낯선 찻집에서 일면식도 없는 낯선 사람의 이야기를 듣고만 있으니 문제이다. 단순하게 역학적 측면에서만 고려하자면, 이러한 서사방식은 형평성에 어긋날 뿐만 아니라 폭력적이기까지 하다. 미하일 바흐친Mikhail Bakhtin의 용어를 빌려 표현하면, 이러한 서사방식에 개입된 상상력은 "대화적인 상상력"과는 거리가 멀어도 너무 먼 독백적인 상상력이다. 독백적인 상상력이 위험하고 때로 폭력적일 수 있는 것은 그것이 자칫, 자신의 의견이나 생각을 타자에게 강요하면서 타자를 비인간화할 수 있기 때문이다.

결국 에드워드 사이드Edward Said가 말하는 "오리엔탈리즘"도 한 쪽, 즉 서구인들이 다른 쪽, 즉 동양인들을 자의적으로 개념화하면서 동양에 속하는 개개인을 "인간으로서 지워버리는"(Said 2003: 27) 인식론적 폭력을 일컫는다. 그래서 원론적으로 얘기하면, 『주저하는 근본주의자』가 구사하는 서사방식은 오리엔탈리스트들이 동양인을 바라보는 인식론적인 폭력을 답습하여 소설 속의 미국인을 "인간으로서 지워버리는" 대단히 위험한 방식이 아닐 수 없다. 만약 『주저하는 근본주의자』의 서사방식이 암시하는 독백적이고 자기중심적인 사고가 전방위적으로 확산된다면 오리엔탈리즘과 별로 다를 바가 없는 위험한 옥시덴탈리즘이 될 가능성은 얼마든지 있다. 이러한 경향의 옥시덴탈리즘이 "정치권력에 이용되면 위험해지고" 독재정권이 그것을 이용해 "서구에 대한 증오를 이데올로기로 삼게 되면 치명적"(Buruma and Margalit 148)이라는 지적은 따라서 그리 틀린 것이 아니다.

그러나 『주저하는 근본주의자』에서 구사하는 서술전략이 제한적인 목적을 달성하기 위해 치밀하게 의도된 것이라면, 이 문제는 전혀 다른 성격을 띠게 된다. 만약 그 전략을 통해 이 소설이 세계의 독자들을 향해 9/11과 관련하여 미국을 포함한 서구 쪽의 얘기는 지금까지 충분히 들었으니 이제는 제3세계에서 그걸 어떻게 보는지 들어볼 때가 되었다고 말하고 싶은 것이라면, 화자이자 중심인물인 찬게즈가 미국인을 일종의 '포로' 내지 '인질'로 잡아놓고 자신의 얘기를 일방적으로 하는 것은 위험하기보다는 일종의 패러디를 통해 상대의 폭력성을 폭로하기 위한 효과적인 전략이 된다.

여기에는 제3세계가 지금까지 미국을 비롯한 서구의 담론의 '포로' 내지 '인질'이었다는 전제가 깔려 있다. 그러니 그들에게 입장을 바꿔 '포로'나 '인질'이 된다는 것이 어떤 의미인지 느껴보라는 얘기다. 그렇다면 작가는 일종의 담론 전쟁을 벌이고 있는 셈이다. 시디카 아시크Siddika Asik가 하미드의 서술전략을 가리켜 "대항담론"(counter discourse, 108)이라고 한 것은 그래서 아주 적절한 지적이다. 탈식민이론에서 자주 사용되는 "대항담론"이라는 말은 지배적인 담론에 저항하기 위한 일종의 전쟁이라는 말을 완곡하게 표현한 것이다. 결국 담론이라는 것이 미셸 푸코Michelle Foucault가 말한 것처럼 "무엇을 얘기할 수 있고 무엇을 얘기할 수 없으며, 누가 말하고 누가 들어야 하는지를 지배하는, 보이지 않는 역사적 규칙들의 총체"(Childs and Williams 61-2)라고 할 수 있다면, 라호르의 찻집에서 찬게즈가 미국인을 상대로 얘기하는 방식은 이슬람을 타자화하고 악마화하는 서구의 담론을 적어도 소설공간에서나마 정지시키고 그것에 반하는 대항담론을 펼치기 위한 것이다. 작가는 이처럼 대항담론을 펼치면서, 이슬람권이 일종의 담론 전쟁에서 미국을 포함한 서구에 늘

밀렸고 지금도 그러한 게 엄연한 현실이니까, 달리 말하면 서구의 목소리가 제3세계의 목소리를 압도하는 게 현실이니까, 이기지는 못하더라도 그들과는 다른 시각으로 세상을 바라보고 다른 목소리로 얘기하는 수많은 사람들이 있다는 것을 얘기하고자 한다.

9/11을 바라보는 시각만 해도 그렇다. 많은 사람들은 이제는 9월 11일을 생각하면 거의 자동적으로 미국에 대한 테러리스트의 공격을 떠올린다. 미국이 주도하는 9/11 담론에 자기도 모르게 길들여진 탓이다. 그 담론에 길들여지면서 발생하는 현상 중 하나는 미국을 테러리즘의 희생자라고 생각하고 그들이 이후에 벌인 전쟁을 당연한 것으로 받아들인다는 사실이다. 이 점에서 쿳시가 2003년에 노벨상을 수상한 직후, 9/11과 관련하여 했던 발언은 귀담아들을 필요가 있다. 그는 그의 소설 『엘리자베스 코스텔로』(*Elizabeth Costello*)의 마지막 페이지에 나오는 날짜(1603년 9월 11일)가 미국의 9/11 사태와 모종의 관련성이 있느냐는 질문에 "달력 속의 그 날짜를 너무 쉽게 미국인들이 소유하게 허용해서는 안 된다"며 "5월 1일이나 7월 14일이나 9월 11일은 어떤 사람들에게는 중요하게 보일지 모르지만, 다른 사람들에게는 그저 또 다른 하루일 뿐"(Attwell, *DN. Kultur*)이라고 말했다. 이것은 우리가 지나치게 9/11에 집착함으로써 미국주도적인 담론에 자기도 모르게 동조하면서 다른 시각, 다른 목소리를 간과할 수 있다는 예리한 지적이다. 즉, 9월 1일을 "미국인들의 소유"로 "너무 쉽게 허용하면" 그것을 "또 다른 하루"로 인식하는 사람들에게 공평하지 못한 것이 된다는 말이다. 하미드가 『주저하는 근본주의자』에서 바로잡고자 한 것이 바로 이것이다. 찬게즈가 월드트레이드센터가 무너지는 것을 보면서 "누군가가 그렇게 가시적으로 미국의 무릎을 꿇렸다는 사실"에 "즐거움"(67)을 느낀 것은 그처럼 "미국이 세계에서 행동하는

방식"에 늘 "분개"(138)하는 많은 사람들이 있다는 것을 암시한다. 그리고 미국이 희생자가 아니라 "베트남, 한국, 타이완 해협, 중동, 그리고 이제는 아프가니스탄까지 . . 우리 아시아 대륙을 둘러싼 갈등 대부분과 교착 상태에서 중심적인 역할"(138)을 했다고 분개하는 많은 사람들이 있다는 것을 암시한다. 또한 "자기 땅에서는 전쟁을 치른 적이 없는"(114) 미국이 "아프가니스탄에서 전쟁을 획책하고, 그런 행동을 통해서 . . 힘이 더 센 나라가 더 약한 나라를 침략하는 짓을 정당화하고 . . 그러면서도 자기 나라는 별 영향을 안 받는"(117) 행태에 분개하는 많은 사람들이 있다는 것을 암시한다.

예를 들어, 이 소설은 미국 중심의 9/11 담론에 묻혀 세계인들의 시야에 노출되지는 않았지만, 핵을 가진 두 나라 즉 파키스탄과 인도가 미국의 조작에 따라 전쟁 직전까지 갔다는 사실을 구체적으로 거론한다. 이것이 중요한 것은 이 소설을 쓴 작가의 조국 파키스탄과 관련된 것이기 때문이다. 소설에 따르면, 미국은 "테러리즘에 대한 싸움을 명분으로"(155) "아프가니스탄과 이라크의 수많은 사람들을 죽이고, 또 파키스탄에 압력을 가하기 위해 전략적으로 인도를 이용해 훨씬 더 많은 사람들이 죽을 위험을 감수하는 것을 정당화"(156) 했다. 그렇지 않아도 갈등 관계에 있는 두 나라가 미국의 계략에 휘말려 전쟁으로 치달을 가능성은 얼마든지 있었다. 다행스럽게도 전쟁이 일어나지는 않았지만, 핵무기를 보유한 두 국가가 일촉즉발의 위기로 치닫게 된 것은 미국이 파키스탄을 아프간 전쟁에서 자기들 편으로 끌어들이기 위한 계략 탓이었다.

그래서 찬게즈가 미국인에게 일방적으로 하는 이야기에서 드러나는 미국의 이미지는 폭력적인 "제국"(138)의 이미지다. 자신들을 "세계가 지금까지 알았던 가장 강력한 문명"(73) 국가로 생각하고 자기들을 건드린 사람들에게 무차별적인 복수를 다짐-"당신들은 우리를 무시했어. 우리의 분노를 조심해"(73)-하고, 지구 전체를 그 "분노의 여파에 요동"(147)치게 만드는 거만한 "깡패국가"(rogue state, 노엄 촘스키Noam Chomsky가 미국을 겨냥해 쓴 용어)의 이미지다. 이러한 이미지는 쿳시의 소설 『야만인을 기다리며』(*Waiting for the Barbarians*)에 나오는, "두 개의 목소리" 즉 "한 쪽은 거칠고, 다른 쪽은 사근사근한"(16) 목소리로 얘기하는 제국의 이미지와도 흡사하다. 『주저하는 근본주의자』에서 미국이라는 "제국"이 "번갈아" 가면서 사용하는 "원조와 제재"(138) 중에서 전자는 "사근사근한" 목소리에 해당하고 후자는 "거친" 목소리에 해당한다. 당연한 말이지만, 두 개의 목소리 즉 "원조와 제재"를 통해 제국이 성취하고자 하는 것은 안토니오 그람시Antonio Gramsci가 말한 헤게모니다. 그람시는 지배층이 "무력과 동의, 강제와 설득"(170)을 통해 헤게모니를 확립한다고 했는데, 소설 속에서 찬게즈가 말하는 "원조와 제재"는 그의 말을 살짝 바꿔 표현한 말이다. 그래서 『주저하는 근본주의자』를 통해서 드러나는 미국의 이미지는 헤게모니를 확보하기 위해서라면 수단과 방법을 가리지 않는 이기적이고 독선적인 제국의 이미지다.

3. 미국 근본주의 들여다보기

찬게즈는 미국인을 찻집에 잡아놓고 조목조목 미국을 성토한다. 그가 아무런 맥락이 없이 반미적인 구호를 외치거나 9/11이나 제국주의와 관련된 얘기를 한다면 들어주기 힘들겠지만, 그의 말은 구체적인 체험을 기반으로 한 것이어서 설득력이 있다. 미국인이 자리를 박차고 일어나지 않는 것은 그가 건네는 이야기를 듣고 그의 정체를 파악하기 위한 이유도 있지만, 그의 이야기가 미국의 이익에 반하는 것이어서 마음에 들지는 않아도 충분히 개연성 있는 이야기인 탓도 있다. 그런데 찬게즈가 처음부터 미국과 파키스탄을 적대적인 관계로 본 것은 결코 아니다. 오히려 그 반대다. 그는 아메리칸 드림을 꿈꾸며 미국으로 건너갔을 뿐만 아니라, 아메리카America를 상기시키는 이름을 가진 에리카Erika라는 미국여자를 사랑했던 청년이다. 그러니 차이보다는 동화를, 분리보다는 합일을 추구했던 사람이다. 미국이라는 나라를 처음부터 적대적으로 생각했다면 미국 대학에 진학하지도 않았을 것이고 미국 기업에 취업한 후로 미국 여자를 사랑하는 일도 없었을 것이다. 그에게 미국은 적대의 대상이 아니었다. 그리고 그럴 정도로 미국이라는 나라에 대해서 처음부터 잘 알고 있었던 것도 아니었다.

그는 파키스탄에서 고등학교를 마치고 아메리칸 드림을 좇아 미국의 명문 프린스턴대학에 입학한다. 그리고 각고의 노력 끝에 프린스턴을 우등으로 졸업하고, 모든 사람이 선망하는 언더우드 샘슨Underwood Samson 회사에 취직한다. 그가 아메리칸 드림을 성취하는 덴 아무런 걸림돌이 없을 것처럼 보인다. 적어도 처음에는 그렇다. 그는 프린스턴 대학에 들어간 두 명의 파키스탄인 중 하나일 정도로 명석한 두뇌를 갖고 있을 뿐만 아니라 낯선 환경에 대한 적응력도 뛰어나다. 미국의 유명대학 졸업생들이 너나 할 것 없이 선망하는 언더우드 샘슨 회사에 들어가게 된 것도 그의 뛰어난 지적 능력과 적응력, 추진력 때문이다. 그는 매분기 평가에서 동기들 중 수석을 차지하며 능력을 인정받는다. 그의 상급자인 짐의 표현에 따르면, 그는 성공에 "굶주린 사람"(13)이고 "헤엄치는 걸 멈춘 적"이 없는 "상어"(65)다. 그가 외국인임에도 불구하고 승승장구하는 것은 그러한 저돌적인 추진력이 있기 때문에 가능하다.

제임스 애덤스James Truslow Adams는 미국을 "자신의 능력이나 성취에 따라서 각자에게 기회가 주어지는 땅"으로 규정하고 거기에서 실현하는 꿈을 "아메리칸 드림"(Adams 446)이라고 정의한 바 있는데, 찬게즈는 그러한 약속의 땅에서 아메리칸 드림을 성취할 수 있는 조건과 자격, 성실성과 추진력을 두루 갖춘 사람이다. 이런 의미에서 찬게즈는 그의 상급자인 짐과 크게 다르지 않다. 짐도 찬게즈처럼 밑바닥에서부터 올라와 출세를 한 사람이다. 짐 자신의 표현을 빌리면, 그는 "인생의 반 동안 과자가게 밖에서 안을 들여다보는 아이"(65)였다. 그런데 그토록 가난했던 그가 모두가 선망하는 언더우드 샘슨 회사의 중역이 되고 아무렇지도 않게 "포도주 한 병을 100달러에 사는"(65) 부자가 되었다. 그도 찬게즈처럼 아메리칸 드림을 향해 나아가는 "상어"였다. 그와 찬게즈가 서로를 이해하고 존중하는 것은 이처럼 서로의 것이 아니었던 지위나 상태를 자력으로 확보했다는 일종의 동질감에서 기인한다.

문제는 아메리칸 드림의 성취와 관련된 두 사람의 동질감이 더 이상의 확장성을 갖지 못한다는 데 있다. 그것은 두 사람의 인종적 정체성이 다르다는 사실에 주된 이유가 있다. 한 사람은 백인이어서 쉽게 주류사회에 편입될 수 있는 반면, 다른 한 사람은 그에 못지않은 능력을 갖고 있지만 제3세계 출신의 유색인이기 때문에 주류사회에 쉽게 편입되지 못하고 주변부에 머물게 된다. 이것은 아메리칸 드림이라는 것이 유색인에게는 그리 만만한 것이 아니라는 반증이다. 거기에 찬게즈가 유색인으로서 백인중심적인 사회에 대해 가질 수밖에 없는 자의식까지 더해지면서 문제는 더욱 복잡해진다. 가령, 찬게즈가 에리카의 집에 초대를 받아 갔을 때의 일화는 유색인이 아메리칸 드림을 쫓는 과정에서 맞닥뜨릴 수 있는 난관이 어떠한 것인지를 잘 말해준다. 에리카의 아버지는 파키스탄과 관련하여 이렇게 말한다. "부자에 독재까지 겹치고, 다른 사람들은 고통 당하는데 부자들은 왕자들처럼 살잖아요. 내 말 오해하지 말아요. 나는 파키스탄인들을 좋아해요. 하지만 엘리트 계층이 그곳을 제대로 능욕한 건 사실 아닌가요? 그리고 근본주의자도 그렇고요. 당신네들은 근본주의 때문에 심각한 문제를 겪잖아요"(52). 사실, 에리카의 아버지가 하는 말은 "특별히 반대할 만한" 것도 아니고, "「월스트리트 저널」 일면에 나오는 단신뉴스와 흡사한"(52) 발언이다. 문제는 그 말을 하는 사람의 "전형적인 미국식 우월감이 깔린 어조"(52)이다. 에리카의 아버지의 발언이 다소간에 사실에 부합됨에도 불구하고, 찬게즈는 파키스탄 전체를 비하하는 듯한 그의 어조가 불쾌하다. 경제가 나쁜 것도 사실이고 빈부격차가 심해진 것도 사실이지만, 그렇다고 파키스탄 전체를 그렇게 매도하는 것은 미국인의 우월주의에서 비롯된 것이라는 직관적인 판단 때문이다.

찬게즈에게 에리카의 아버지는, 사이드의 말을 빌려 말하면 "문화, 종교, 정신, 역사, 사회 등 그 앞에 펼쳐져 있는 파노라마를 붙잡을 목적으로 위에서 동양을 내려다보는 오리엔탈리스트"(Said 2003: 239)로 다가온다. 그 말을 들을 당시, 그는 이미 프린스턴을 우등으로 졸업하고 언더우드 샘슨에 입사하여 근무하면서 "인사이더의 세계"(53)로 진입하고 있는 상황인데, 스토리상에서는 이 부분이 그가 외국인으로서의 자의식을 갖기 시작하는 지점이다. 그러니까 그는 "인사이더의 세계"로 들어가려고 하는 순간, 아웃사이더로서의 자의식을 동시에 드러내는 셈이다. 그가 성취하고자 하는 아메리칸 드림의 한계는 바로 여기에 있다. 그렇지 않아도 아메리칸 드림을 성취하는 것이 여간 어려운 일이 아닌데, 그가 파키스탄인으로서의 자의식과 정체성을 버리지 않으면서 인사이더가 된다는 것은 거의 불가능한 일이다. 결국 그는 자신이 순진하게 미국을 "자신의 능력이나 성취에 따라서 각자에게 기회가 주어지는 땅"(Adams 446)으로만 생각했다는 자의식을 갖지 않을 수 없게 된다.

그러한 자의식을 더욱 강화시키는 것은 그가 일하는, 언더우드 샘슨이라는 회사의 성격이다. 이 회사는 재무상태가 좋지 않은 회사의 의뢰를 받아 그 회사가 어떻게 하면 재무건전성을 확보하고 이윤을 낼 수 있을지 진단하고 처방하는 기업평가전문회사이다. 이 회사는 어떻게 하면 고객회사에게 최대한의 이익을 창출할 수 있을지 해결책을 제시해주는 것을 목표로 한다. 그래서 그들은 "우선순위를 매기고 어떤 것을 밀고 나가는 게 가장 이익일지 그 축을 결정하고 그 목적을 달성하는 데 전적으로"(37) 매달린다. 언더우드 샘슨은 "하버드, 프린스턴, 스탠퍼드, 예일 같은 엘리트 대학"(37)을 나온 수재들을 데려다가 그런 일을 시킨다. 회사원들은 근무 첫날부터 "근본적인 것에 집중하라"(89)는 기본원칙을 교육받는다. 그들이 말하는 기본원칙이 "재정에 관한 사항에만 신경을 쓰고 자산 가치를 결정하는 요인들의 진짜 본질에 대해서는 신경 쓰지 말라"(89)는 것임은 말할 것도 없다. 그래서 그들은 자신들의 처방에 따라 회사가 사람들을 해고해도, 그것에 대해서는 관여할 바가 아니라고 생각한다. 그들이 할 일은 "지방질을 얼마나 잘라낼 수 있느냐를 결정하는 것"(87)일 따름이다. 그들은 "재정에 관한 사항" 즉 "근본적인 것"에만 신경을 쓰는 "시장근본주의"(market fundamentalism)를 원칙으로 삼고, 이익만 낼 수 있다면 수단방법을 가리지 않아도 된다는 입장을 취한다. 소설은 시장근본주의라는 말을 실제로 사용하지는 않지만, "근본적인 것에 충실하라"는 언더우드 샘슨의 회사 방침을 보면, 그 회사가 시장근본주의를 기본 전제로 하고 있는 것은 분명해 보인다.

제3세계 출신의 찬게즈가 근본주의의 이념을 극대화하고 있는 언더우드 샘슨에서 일한다는 것은 의미심장하다. 그것이 소설의 제목인 "주저하는 근본주의자"와 관련이 있기 때문에 더욱 그러하다. 그래서 양자가 어떻게 관련되어 있는지를 이해하는 것은 이 소설의 맥을 짚는 일이기도 하다. 노벨경제학상 수상자인 조지프 스티글리츠D. Joseph Stiglitz에 따르면, 시장근본주의는 "지난 25년 동안 서구의 지배적인 종교였다"(346). 그는 "영국에서는 대처Thatcher가, 미국에서는 레이건Reagan이 팔았던" 시장근본주의가 "경제학에서의 낡은 관념들, 특히 아담 스미스Adam Smith가 얘기한 보이지 않는 손(invisible hand)의 개념을 참조했다"며 그것의 주된 관념이 "자기이익과 최대한의 이익을 추구하는 회사들이, 보이지 않는 손에 이끌리는 것처럼, 일반적인 사회복지로 나아갈 것이라는 생각"(Stiglitz 346)이라고 말한다.

그런데 문제는 그러한 생각을 밀어붙인 시장근본주의자들이 "통제되지 않는 시장의 위험성을 아주 구체적으로 경고했던" 아담 스미스를 너무 자의적으로 해석하고 "정부의 규제 없이 최대한의 이익을 창출하는 회사들을 옹호"(Stiglitz 346)한다는 사실이다. 찬게즈가 근무하는 언더우드 샘슨이 그러한 시장근본주의의 첨병인 것은 말할 것도 없다. 언더우드 샘슨은 단순한 회사가 아니라, 회사들의 요청을 받아 수단방법을 가리지 않고 이익을 창출해내는 방법을 제시해주는 '회사의 회사'이다. 그래서 "근본적인 것에 집중하라"(89)는 말 자체는 나쁠 것이 없지만, 그것이 인간적인 요소를 배제한 것이기 때문에 문제이다. 더더욱 문제인 것은 그들이 그러한 시장근본주의를 자국만이 아니라 타국에도 적용한다는 사실이다.

그래서 찬게즈가 언더우드 샘슨을 대표하여 다른 직원들과 함께 필리핀이나 칠레에 가서 부실기업을 정리하고 평가해주는 것은 눈여겨보아야 할 대목이 아닐 수 없다. 그는 자기도 모르는 사이에 미국인처럼 행동하고 미국인처럼 사물을 보게 된다. 심지어 그는 자신의 조국인 파키스탄에 가서도 "외국인의 눈으로 주변을 보고"(112), 그것도 "단순한 외국인이 아니라 비정하고 으스대는 미국인의 눈으로"(112) 파키스탄을 바라본다. 결코 미국인이 될 수 없음에도 미국의 시장근본주의에 자기도 모르게 봉사하는 근본주의자가 되는 모순이 발생한 것이다.

그가 파키스탄이라는 변방에서 왔으면서도 제3세계를 착취하며 미국의 이익에 봉사하는 모순을 깨닫게 되는 결정적인 계기는 칠레에 기업평가를 위해 갔다가 만난 후안 바우티스타Juan-Bautista라는 노인을 통해서다. 그 노인은 그렇지 않아도 자의식에 젖어 있던 그에게 "다른 사람의 삶을 망치는 일을 하면서 생계를 꾸리는 것이 혼란스러운가요?"(133)라고 물으며, 그를 오스만제국의 앞잡이였던 예니체리(janissaries)에 비유한다. 예니체리는 "오스만 제국에 사로잡혀 당시에 세계에서 가장 강력한 군대였던 이슬람 군대에서 군사 훈련을 받은 기독교 소년들"(133)을 가리키는데, 그들은 사납고 충성스러웠으며 "그들 자신의 문명을 없애려고"(133) 악착같이 싸웠다. 기독교권 소년들이 기독교권 세계를 파괴하는 데 오히려 앞장섰다. 그것은 그들이 어렸을 때 잡혀 "잊을 수 없는 기억"(133)이 없어서 가능한 일이었다.

후안 바우티스타가 보기에 찬게즈는 미국이라는 제국이 제3세계를 깔아뭉개는 일에 봉사하는 "근대적인 예니체리"(134)였다. 그나마 다행스러운 것은 어렸을 때 잡혀서 자신의 종교적 배경을 비롯한 사적인 것을 전혀 기억하지 못했던 예니체리와 달리, 찬게즈는 자신의 국가적, 종교적 정체성이 어느 정도 확립된 열여덟 살에 미국으로 건너갔기에 자신이 어떤 위치에 있는지 돌아보고 자신의 자리로 되돌아갈 수 있는 여지가 아직은 남아있다는 것이다. 그래서 그는 오스만 제국의 예니체리와 달리, "미국이 나와 같은 혈족인 나라[아프가니스탄]를 침략하고 또 내 나라가 전쟁 위협에 직면하도록 공모하는 상황에서, 미국이라는 제국의 하인 노릇을 하고 있었다"(134)는 사실을 깨달을 수 있게 된다.

이처럼 언더우드 샘슨이 표방하는 시장근본주의는 경제적인 것만이 아니라 군사적, 정치적, 종교적 근본주의와 맞물려 있다. 따라서 "근본적인 것에 집중하라"(89)는 말은 남의 입장, 그들의 입장은 생각해줄 것 없이 나의 입장, 우리의 입장만을 생각하라는 주문이고 신조다. 이러한 근본주의 앞에서 인간은 사라지고 만다. 그것으로 인해 삶이 뒤집어지고 직장을 잃게 될 사람들에 대한 동정심이 들어설 여지도 없고, 그것으로 인해 폐허가 될 가능성이 있는 국가에 대한 재고의 여지도 당연히 없다. 근본주의는 본래, 개신교에서 "자유주의를 반대하고, 성서의 무오류, 기적, 특히 동정녀 탄생, 예수의 부활, 대속代贖을 다시 강조하며 일어난 운동"(Gasper 13)이다. 따라서 종교에 있어서 근본주의는 개신교 교리가 근대 과학의 발견과 지식에 부합되지 않는다고 생각한 근대철학에 대한 보수적인 반응이었다. 보수적인 기독교인들에게 "근본적인 것"은 오직 성서뿐이었다. 미국의 근본주의자들은 그래서 "호전적인 복음파 개신교들"(Marsden 240)이었다. 그러니까 "근본적인 것에 집중하라"(89)는 언더우드 샘슨의 모토는 시장 근본주의자들의 것이기 전에 종교적인 근본주의자들의 것이었다. 문제는 종교적 근본주의가 시장 근본주의와 마찬가지로 과학이나 지식이나 인간적인 요소들을 철저하게 도외시하고 자기들이 볼 것만 보고 자기들이 취할 것만 취한다는 데 있다. 이렇게 되면, 근본주의는 대단히 극단적이고 편협한 것이 된다. 바로 이것이 찬게즈가 언더우드 샘슨에서 일하면서 깨달은 교훈이다. 그는 언더우드 샘슨이 표방하는 시장근본주의가 사실은 미국이라는 나라가 자기들의 패권을 유지하기 위해 파키스탄을 비롯한 제3세계에 행사하는 국가적, 정치적, 외교적 근본주의와 뿌리가 같다는 것을 깨닫는다.

결국 찬게즈는 9/11이 일어난 것도 엄밀히 따지고 보면 미국의 근본주의 때문이고, 9/11 이후에 전개된 세계정세도 미국의 근본주의 때문이라고 생각한다. 그는 9/11이 일어났으면 그것이 왜 일어났는지 성찰하고 그것을 자신들의 오만한 태도를 반성할 기회로 삼아야 함에도 불구하고, 미국이 지구 전체를 "분노의 여파에 요동"(147)치게 만든 것은 그러한 근본주의 때문이라고 생각한다. 그래서 찬게즈는 그의 말을 들을 수밖에 없는 미국인에게 이렇게 말한다. "하나의 사회로서 당신들은 당신들을 공격한 사람들과 당신들을 묶어 주는 고통에 대해 생각하지 않으려 했어요. 당신들은 스스로의 차이, 우월함에 대한 신화 속으로 들어가 있었어요. 그리고 그런 생각들을 세계 무대에서 실현에 옮겼어요. 그래서 지구 전체가 당신들 분노의 여파에 요동쳤어요. 수천 킬로미터 떨어진 곳에서 전쟁에 직면한 내 가족도 마찬가지였죠"(147). 모든 일이 미국인들이 타자를 제대로 이해하지 못하고 타자에게 오만하고 방자한 태도를 취함으로써 빚어졌다는 논리다.

이처럼 근본주의나 근본주의자가 극단적이고 편협한 개념이라면, 하미드의 소설 제목에 들어가 있는 "근본주의자"도 그러한 개념에서 벗어날 수 없다. 여기에서 "근본주의자"라는 말을 수식하는 형용사 "망설이다"(reluctant)의 존재가 중요하게 된다. "주저하는 근본주의자"라는 말에는 그렇게 되지 않으려고 망설였지만 어쩔 수 없이 근본주의자가 되었다는 암시가 내포되어 있다. 그렇다면 그가 실제로 근본주의자로서 어떤 행동을 하느냐가 중요한데, 그가 하는 일련의 행동을 보면 서구인들이 이슬람 근본주의를 지칭할 때 쓰는 폭력이나 테러리즘과는 거리가 멀다는 것을 알 수 있다.

가령, 그가 처음에는 수염을 기르지 않다가 9/11 이후에 모든 이슬람을 범죄시하는 분위기에 맞서 수염을 기르기 시작한 것만 해도 그렇다. 그것은 "정체성의 표시"(116)이지, 테러리즘과는 전혀 관련이 없다. 그럼에도 불구하고 소설의 서두에서 미국인이 찬게즈의 수염을 보고 놀라는 것처럼, 미국인들은 이슬람권 남자들이 기른 수염을 보면서 테러리즘을 연상한다. 그들이 보기에 비행기에서 막 내린 찬게즈는 "격리해서 추가 조사를" 해야 하는 "의심스러운 인종"(138)이다. 미국인들에게는 그처럼 수염을 기른 이슬람이 "잠재적인 테러리스트"(160)이다. 오리엔탈리즘이 학습되는 것처럼, 그렇게 학습이 된 탓이다. 또한 찬게즈가 파키스탄으로 돌아와서 대학강사가 되어 하는 행위들도 폭력과는 무관한 것들이다. 예를 들어, 그는 학생들에게 "미국처럼 다른 나라 시민들을 죽이려 하고 그렇게 멀리 떨어진 곳에 있는 수많은 사람들을 두렵게 만드는 나라는 없다"(158)고 말하면서 파키스탄이 "국내나 국제적인 문제에 있어서 더 자주적이어야 한다"(156)는 것을 가르친다. 그는 "예니체리로 살았던 경험"(156)을 되살려 학생들에게 현실을 직시하라고 가르치는 "멘토"(157)일 따름이다. 그는 폭력을 조장하지도 않으며 살인자 편에 서지도 않고, "더도 아니고 덜도 아닌 그저 대학 선생일 뿐"(158)이다.

이런 입장에서 보면, 찬게즈는 근본주의자가 아니라 그의 조국이 미국의 헤게모니에서 벗어나 좀 더 자주적이고 독립적이어야 한다는 것을 역설하는 민족주의자 내지 국가주의자에 지나지 않는다. 그의 입장에서 보면, 근본주의자는 파키스탄을 비롯한 제3세계를 향해 철권을 휘두르며 필요할 경우에는 제3세계권 내의 국가 사이에, 예를 들어 인도와 파키스탄 사이에 전쟁위기를 조성하는 것을 서슴지 않는 미국인들이지 파키스탄인들이 아니다. 그러니까 제목에 나와 있는 "주저하는 근본주의자"의 의미는 중의적인 셈이다. 우선, 찬게즈처럼 반미적인 생각을 학생들에게 전달하는 사람이 근본주의자라고 하면, "주저하는 근본주의자"라는 말에는 그가 미국에 건너갔을 때 추구했던 것과 다르게 미국에 의한 헤게모니의 실상을 목격하고 어쩔 수 없이, 그러니까 마지못해 근본주의자가 되었다는 의미가 내포되어 있다. 아울러, "주저하는 근본주의자"라는 말은 찬게즈가 근본주의의 근원을 미국인들의 것으로 돌림으로써 자신의 근본주의가 미국인들의 것과는 전적으로 다른, 자주적이고 방어적인 차원의 것이라는 의미일 수 있다.* 여기에는 "파키스탄인 모두를 잠재적인 테러리스트라고 상상"(160)하는 미국인들의 시각이 잘못된 것이라는 암시가 숨어 있다. 이렇게 되면 이슬람을 싸잡아서 테러리스트로 인식하는 미국인들이 오히려 테러리스트가 되는 역설이 일어난다. 슬라보이 지젝Slavoj Zizek이 "미국을 포함한 서구에 의한 행위도 테러리즘에 포함시켜야 한다"(Zizek 51)고 말한 맥락에서 보면, 하미드의 소설은 근본주의와 테러리즘을 아주 효과적으로 재정의하고 있는 셈이다. 그럼으로써 이 소설은 9/11이 일어난 직후인 2001년 9월 21일에 촘스키가 말한 것처럼 "미국 자체가 주요한 테러리스트 국가라는 것을 잊어서는 안 된다"(촘스키 58)고 선언하고 있는 셈이다.

이렇게 보면 "주저하는 근본주의자"는 제대로 된 근본주의자가 아닌

---

* 김현아는 "주저하는"이라는 말을 이 소설의 주제와 연결시키면서 작가가 "서구와 비서구가 저마다 '근본주의'라는 병을 앓는 정황에서 다른 진영에 대해 비이성적인 적개심을 갖기보다는 찬게즈와 같은 대응 차원의 '주저함'을 발전시키는 것이 얼마나 중요한지를 강조하고 있다"(20)고 말한다.

셈이다. 그렇다면 작가가 근본주의에 대한 일반화된 생각을 전복시키려고 아주 의도적으로 그런 제목을 사용했을 가능성도 배제할 수 없게 된다. 그리고 앞서 논한 것과는 상반되게, "주저하는 근본주의자"라는 말은 이슬람 근본주의자를 지칭하기 위한 것이 아니라, 근본주의를 신념으로 하는 언더우드 샘슨의 요구에 따라 '주저하면서' 근본주의자가 되었다가 결국에는 그것으로부터 빠져 나온 "근대적인 에니체리"의 경험을 지칭하기 위한 것일 수도 있다. 실제로 찬게즈의 말을 잘 들어보면, 그는 이슬람권에 소속되어 있으면서도 이슬람이라는 종교와는 아무 관련이 없는 사람처럼 보인다. 이슬람과 관련된 말을 하지도 않고 여하한 형태의 이슬람 의식을 행하지도 않는다. 또한 근본주의라는 말을 단 한 번도 사용하지 않는다. '근본주의자'라는 말이 두 번 나오기는 하지만, 그것은 앞서 인용한 것처럼 에리카의 아버지가 했던 말-"그리고 근본주의자도 그렇고요. 당신네들은 근본주의 때문에 심각한 문제를 겪잖아요"(52)-을 옮길 때뿐이다. 오히려 제목 속의 근본주의는 일차적으로는 언더우드 샘슨의 비정한 경영원리, 더 나아가서는 미국의 폭력적인 대외정책을 지칭하기 위한 것처럼 보인다. 언더우드 샘슨이 곧 미국이라는 논리다. 그러니까 이익창출이라는 '근본'(fundamental)을 위해서는 수단과 방법을 가리지 않는 언더우드 샘슨의 근본주의는 자국의 이익이라는 '근본'을 위해서는 수단과 방법을 가리지 않는 미국의 근본주의라는 논리다. 언더우드 샘슨 Underwood Samson의 첫 글자를 합하면 미국(US)이 되는 것은 그래서 우연이 아니다.

찬게즈는 미국을 비롯한 서구에서 이슬람 근본주의라고 칭하는 말 자체를 이슬람 사회를 지칭하는 데 사용하지 않기로 작정한 것처럼 보인다. 그는 어떠한 경우에도 이슬람을 근본주의와 관련된 것으로 보지 않으려 한다. 이것은 서구의 일방적인 담론을 인정할 수도 없고, 그러한 폭력적인 인식의 고리 속으로 들어가지도 않겠다는 무언의 선언이다. 그가 근본주의자라는 말 대신 "종교적 원칙주의자"(religious literalist, 156)라는 말을 사용한 것은 이러한 맥락에서다. 이렇게 그는 근본주의를 미국의 것으로 돌림으로써 이슬람과 근본주의를 동일시하는 미국의 오리엔탈리즘이 편협의 차원을 넘어서 얼마나 폭력적인 것인지를 보여준다. 사이드에 따르면, 미국을 비롯한 서구는 "이슬람과 근본주의의 관련성을 의도적으로 만들어냄으로써" "이슬람과 근본주의가 본질적으로 같은 것이라고 믿게 만든다"(Said 1997: xvi). 그리고 그것은 이슬람 "신앙과 그것의 창시자와 사람들에 관한 몇 개의 규칙들, 상투성, 일반화로 이어지고" 결국에는 "폭력, 원시성, 격세유전, 위협적인 기질 같은 것을 끝없이 이슬람과 결부시키는 것으로 이어진다"(Said 1997: xvi). 즉, 이슬람과 근본주의 사이에 엄청난 거리가 있음에도 불구하고, 미국과 서구가 의도적으로 그 거리를 무시하고 양자를 같은 것으로 간주함으로써 이슬람을 폭력집단으로 몰고 간다는 것이다. 찬게즈가, 아니 그를 통해서 작가가, 불식시키고자 하는 것은 바로 이것이다.

4. 알레고리의 지향점

『주저하는 근본주의자』는 처음부터 끝까지 쉬지 않고 미국을 몰아친다. 9/11을 바라보는 도발적인 시각도 그렇고, 미국이 제3세계를 지칭할 때 즐겨 사용하는 근본주의를 미국의 것으로 규정하는 것도 미국을 몰아치기 위한 방식이다. 그 중에서도 찬게즈가 자신이 잘 알고 있는 라호르의 카페에서 미국인을 붙잡아 놓고 자신의 목소리를 일방적으로 쏟아내는 서사방식은 압권이라고 할 수 있다. 그 미국인은 자신의 동료나 우군도 없이 낯선 이방인들만이 있는 곳에서 일종의 '인질'로 잡혀, 전에 한 번도 본 적이 없는 파키스탄인의 입에서 쏟아져 나오는 소리를 강제로 들을 수밖에 없는 상황에 처해 있다. 이것을 '국가 사이'의 알레고리로 해석하면, 찬게즈로 대변되는 파키스탄이 익명의 미국인으로 대변되는 미국을 손아귀에 쥐고 있는 형국이다. 이것은 현실적으로 그럴 수 없으니까, 아무리 억울해도 그럴 가능성이 이후에도 없을 테니까, 허구의 공간에서라도 일종의 '시적 정의'가 구현되게 만든 결과다.

그런데 여기에서 주목해야 할 것은 하미드의 소설이 그처럼 미국을 향해 적대적인 감정을 드러내고 있는 것은 분명하지만, 그것과는 상반되는 감정이나 충동이 그것의 이면에 늘 자리를 잡고 있다는 사실이다. 따라서 이 소설에서 미국에 대한 반감만을 찾는 것은 이 소설을 오독하는 것으로 이어질 수 있다. 이 소설의 "집필 목적이 서구에 반감을 갖도록 한데 있지 않고 세계에 만연된 문화적 편견의 틀을 약화시키는 데 있다"(김현아 19)는 말은 적절한 지적이다. 그러나 이 소설은 편견을 깨는 것만이 아니라 궁극적으로는 그것을 극복하여 제3세계와 미국의 관계가 독백에서 대화의 관계로 전환할 필요가 있다는 점을 역설한다. 형식적인 면에서 독백으로 보이는 것이 사실은 그와는 상반되는 대화에 대한 갈망인 셈이다.

이러한 판단이 가능한 것은 이 소설의 중심에 파키스탄 남자인 찬게즈와 미국여자인 에리카의 사랑이 자리를 잡고 있기 때문이다. 가령, 9/11에 대한 입장만 해도 그렇다. 찬게즈는 처음에는 월드트레이드센터가 무너지는 것을 보고 "누군가가 그렇게 가시적으로 미국의 무릎을 꿇렸다는 사실에" "기뻤다"(67)고 말한다. 그래서 그는 "그런 감정을 최대한 숨기려고"(68) 한다. 9/11이 일어난 날 저녁, 회사 직원들이 그들의 상급자인 "짐의 방에 모였을 때, 그는 속으로 전혀 그렇지 않으면서도 다른 사람들과 마찬가지로 충격 받고 괴로워하는 시늉"(68)을 한다. 그가 그렇게 행동한 것은 "희생자들을 생각한 게 아니라" "모든 것의 상징성에 빠져들어"(67) 그들을 동정하고 안타깝게 생각할 여지가 없었기 때문이다. 여기에서 그가 "상징성에 빠졌다"고 한 것은 자신의 조국 파키스탄을 비롯한 제3세계권, 특히 이슬람권이 미국한테 지금까지 속수무책으로 당했으니, 미국도 한 번 당해 보아야 한다고 생각했다는 말이다. 즉, 인간적인 차원이 아니라 상징적인 복수의 차원에서 9/11을 보았다는 말이다.

대단히 비정한 생각이지만, 누구든 상징의 차원에 빠지면 그처럼 비정한 생각에 빠져 보통 사람들이 느끼는 감정을 느끼지 못하는 경우는 얼마든지 있다. 이것이 상징에 빠지는 것의 위험임은 물론이다. 미국인들이 자신의 나라가 남의 나라를 공격하는 것을 텔레비전으로 보고 환호하는 것도, 유대인들이 높은 언덕에 의자를 갖다 놓고 앉아서 맥주를 마시며 팔레스타인들이 사는 가자 지구에 폭탄이 떨어지는 것을 보고 환호하는 것도 그러한 이유에서다. 그들이 비정해서가 아니라, 공격의 대상을 상징적인 악으로 간주함으로써 거기에 인간적인 요소를 개입시키지 않는 탓이다. 9/11 사태를 바라보는 찬게즈의 시각도 예외가 아니다. 그러나 그는 자신이 사랑하는 에리카가 뉴욕에 살고 있고, 그녀가 혹시 그 건물에 있다가 죽었을지 모른다는 생각을 하게 되자, 그 건물이 무너진 것을 더 이상 기뻐할 수가 없게 된다. 그럼으로써 그는 "동료들의 불안을 공유하고 처음에 느꼈던 기쁜 마음을 한동안 무시할 수" 있게 된다(68). 연인에 대한 사랑과 그리움과 염려와 불안이 그를 상징의 차원에서 인간의 차원으로 돌려놓은 것이다.

물론 찬게즈의 지극한 구애에도 불구하고, 두 사람의 사랑은 온전한 것이 되지 못한다. 에리카가 죽은 연인을 잊지 못하고 찬게즈를 제대로 사랑하지 못하는 탓이다. 프로이트의 애도이론을 빌려 말하면, 에리카는 사랑하는 사람의 죽음에 대한 애도작업에 실패함으로써 우울증에서 벗어나지 못하는 전형적인 예이다. 프로이트에 따르면, 인간은 사랑하는 대상이 죽음의 세계로 떠나면 그에게 투자했던 리비도를 회수해 다른 사람한테 다시 투자해야 한다. 물론 그것이 결코 쉬운 일은 아니다. 프로이트는 그 일을 "엄청나게 고통스럽고" "많은 시간과 에너지를 들여서 조금씩 행해지는"(Freud 244) 일이라고 했다. 그러나 그는 아무리 고통스러울망정, 결국에는 "정상적인 경우, 현실에 대한 존중심이 이기게 된다"(Freud 245)고 했다. 이것이 프로이트가 말하는 "애도작업"의 요체다. 그런데 에리카는 프로이트가 말하는 애도작업을 제대로 수행하지도 못할 뿐만 아니라, 그렇게 하고 싶은 의지도 없는 것처럼 보인다. 찬게즈의 말을 빌리면, 그녀는 "강력한 노스탤지어"(102) 속으로 점점 더 깊이 들어간다. 그녀가 찬게즈와 육체적 사랑을 하는 것도 찬게즈가 그녀에게 자신을 그녀의 죽은 남자친구라고 상상하라고 할 때에야 가능해진다. 결국 그녀는 아무도 모르게 이 세상을 버리고, 과거의 연인이 있는 세계, 즉 죽음의 세계로 떠난다.

여기에서 찬게즈가 에리카를 9/11 이후의 미국과 비교하고 있다는 점은 의미심장하다. 예를 들어, 그는 "강력한 노스탤지어"(102) 속으로 자꾸 들어가려고 하는 에리카처럼, 미국이 "위험한 노스탤지어에 점점 더 빠져드는 것 같다"(103)고 말한다. 그는 "국기와 제복, 전쟁 상황실에서 카메라를 향해 얘기하는 장군들, 의무와 명예 같은 말들이 나오는 신문 기사 제목"에서 미국이 "예전으로 돌아가려는 듯한 모습"(104), 즉 노스탤지어를 본다. 그것이 "의문의 여지가 없는 우위"인지, 아니면 "안전"인지, 아니면 "도덕적 확신"(104)인지는 불확실하지만, 그들이 에리카처럼 "위험한 노스탤지어"(103) 속으로 들어가고 있는 것은 분명해 보인다. 찬게즈가 보기에 미국은 에리카가 죽은 남자친구에게서 리비도를 분리시키지 못해 현재의 삶을 충실하게 살아가는 데 실패한 것처럼, 과거의 영광에만 집착함으로써 현재의 변화된 삶을 충실하게 살아가는 데 실패하고 있다.

이렇게 보면 에리카는 찬게즈의 인식 속에서, 그리고 한 걸음 더 나아가 작가의 인식 속에서, 개인의 차원을 넘어 아메리카를 보편적으로 지칭하기 위한 알레고리적 인물이 된다. 만약 우리가 찬게즈와 에리카의 관계를 동양과 서양, 파키스탄을 포함한 제3세계와 미국의 관계에 대한 알레고리로 보는 것이 지나친 것이 아니라면, 찬게즈가 남성이고 에리카가 여성이라는 사실은 중요하다. 사이드가 말한 바와 같이, 일반적으로 서구의 오리엔탈리스트들은 "세계에 대한 남성적인 개념"(Said 2003: 208)을 바탕으로 동양을 "침투"(Said 2003: 206)의 대상으로 간주한다. 그러니까 남성으로 대변되는 서양에게 여성으로 대변되는 동양은 정복의 대상이다. 오리엔탈리즘은 "전적으로 남성적인 영역이고" "자신과 대상을 성차별주의적인 시각"(Said 2003: 207)으로 바라본다. 사이드가 동양과 서양의 관계를 다소 지나치게 일반화한 느낌은 없지 않지만, 서양이 동양을 정복의 대상으로 간주한다는 생각은 사실에서 크게 벗어나지 않는다. 그렇다면 하미드의 소설이 미국인을 여성으로, 파키스탄인을 남성으로 설정한 것은 오리엔탈리즘이 상정하는 성차별주의적인 개념을 전복시키기 위한 대단히 의도적인 전략일 수 있다. 그렇다고 찬게즈가 에리카를 굴복시키려고 하는 것은 결코 아니다. 그는 성차별적이고 인종차별적인 오리엔탈리스트들과 달리 그녀를 굴복시키려고 하지 않는다. 그녀가 퇴행적인 것은 사실이지만, 그렇다고 그는 그녀를 억지로 정복하려 하지 않는다.

그러나 찬게즈의 노력에도 불구하고 에리카는 과거에 함몰되어 그의 사랑을 돌려주지 못한다. E.M. 포스터Forster의 『인도로 가는 길』(*A Passage to India*)에서 영국인Fielding과 인도인Aziz이 친구가 되기를 원하면서도("왜 우리가 지금 친구가 될 수 없을까요? 그게 내가 원하는 거잖아요. 그게 당신이 원하는 거잖아요.") 식민주의적인 현실 때문에 "아직은 그럴 수 없는"(322) 관계로 남는 것처럼, 찬게즈와 에리카도 서로를 온전히 사랑하는 단계에는 이르지 못한다.* 찬게즈가 결국 확인하게 되는 것은 사이드의 말을 빌려 말하면 "애처로운 거리"(Said 2003: 244)일 뿐이다. 그래서 찬게즈와 에리카의 어긋난 사랑은 어쩌면 동양과 서양의 관계에 대한 알레고리, 즉 무지와 몰이해와 편견으로 점철된 동양과 서양의 관계에 대한 서글픈 알레고리일 수 있다. 그럼에도 불구하고 찬게즈가 파키스탄에 돌아가서도 에리카를 잊지 못한다는 사실은 주목할 만한 대목이다. 그는 여전히 "미국을 사랑하는 사람"(7)이다. 그것은 비록 그가 미국인을 일종의 볼모로 잡고 일종의 적대적인 이야기를 늘어놓고 있긴 하지만, 미국이 세계를 향한 자기중심적이고 제국주의적인 태도를 버리면 얼마든지 대화의 상대로 삼을 수 있는 여지가 있다는 것을 암시한다. 이런 시각에서 보면 『주저하는 근본주의자』는 9/11과 관련하여 월드트레이드센터가 무너지는 것을 보고 "기뻤다"(67)고 말함으로써 표면적으로는 미국을 자극하는 것처럼 보이지만, 사실은 그 사건을 상징적으로 해석하는

---

* 사이드는 이 대목을 가리켜, 오리엔탈리즘이 "아시아를 서양에 감질나게 가깝게 만들지만, 그것이 잠시일 뿐"이며 "결국에 가서는 서로로부터 애처로운 거리를 확인할 수밖에 없는"(Said 2003: 244) 상황을 잘 보여준다고 말한다.

것, 즉 "누군가가 그렇게 가시적으로 미국의 무릎을 꿇린"(67) 사건으로 해석하는 것이 얼마나 위험하고 비인간적인지를 지적하며, 그러한 상징성으로부터 벗어나 인간적인 차원으로 돌아오는 것이 필요하다는 것을 암시하는 알레고리 소설이 된다.

이런 의미에서 9/11을 중심으로 미국과 이슬람의 관계를 형상화한 하미드의 소설은 대단히 교훈적이다. 그리고 소설은 자신이 전달해야 하는 교훈적인 메시지가 있다는 것을 굳이 숨기지 않는다. 그러나 소설은 작가가 의도한 메시지를 전달하는 덴 성공하고 있을지 모르지만, 그것을 위해서 적지 않은 값을 치르고 있는 것처럼 보인다. 그 중에서 가장 큰 값은 알레고리적 스토리가 갖는 지나친 인위성이다. 가령, 소설은 '아메리카'를 환기시키는 이름을 가진 에리카를 미국을 대변하는 것으로, 징기스 칸의 '징기스', 즉 전사의 이미지를 환기시키는 이름을 가진 찬게즈는 파키스탄을 대변하는 것으로 구도를 설정하고 있는데, 이것은 양자 사이의 정치적 역학을 제시하기에는 대단히 편리한 알레고리적 발상일지 모르지만 남녀 관계를 지나치게 인위적인 것으로 만드는 경향이 있다. 찬게즈와 언더우드 샘슨의 관계도 마찬가지다.

작가는 찬게즈가 제3세계를, 언더우드 샘슨이 미국을 대변하게 설정하고 있는데, 이것은 근본주의의 문제를 미국의 것으로 돌리는 덴 성공하고 있을지 모르지만 양자의 관계를 지나치게 인위적이고 부자연스러운 것으로 만든다. 이것은 알레고리의 의미가 스토리를 통해서 자연스럽게 드러나게 하기보다, 처음부터 알레고리를 스토리에 강제함으로써 생기는 현상이다. 하미드의 소설이 감성보다 이성에, 가슴보다 머리에 호소하는 소설인 이유가 여기에 있다. 그러나 이것은 작가의 입장에서 보면, 그렇지 않아도 이슬람에 대한 서구의 편견과 몰이해가 심각한데 9/11 이후에 그것이 더욱 심화되고 있는 현실에서, 담론적 차원에서나마 그러한 현실을 전복하고 교란시키기 위해 선택한 불가피한 서사전략이었는지 모른다.

02 팔레스타인 내러티브에 나타난 고난의 역사

-『예닌의 아침』과 「하이파로 돌아가다」의 대화*

1. 팔레스타인 내러티브의 중요성

2014년 7월 8일, 이스라엘이 팔레스타인 가자지구를 공격하면서 시작된 전쟁이 한 달이 넘어가면서 희생자 수가 2천 명에 가까워지고 있다.** 그럼에도 이스라엘의 최대 우방국인 미국은 이스라엘의 자위권을 거론하며 사태를 수수방관하고 있고, 세계는 침묵하거나 외면하고 있다. 그나마 그 실상을 전하려 하는 기자들은 봉변을 당하고 있다. 예를 들어, CNN 방송의 다이애나 매그네이Diana Magnay 기자는 방송도 아니고 트위터에, 가자지구가 훤히 내려다보이는 이스라엘 도시 세르도트Serdot

---

* 2014년『영어영문학연구』(40)에 발표.

** 이 논문이 최종적으로 작성되고 수정된 시점은 이 전쟁이 한 달쯤 되어가던 2014년 8월 초였다. 그런데 이 논문이 인쇄되기 직전인 2014년 8월 26일 오후 7시, 팔레스타인 무장단체 하마스와 이스라엘 사이에 휴전이 성립되었다. 에이피(AP) 통신에 따르면, 이 전쟁으로 "팔레스타인은 2143명이 죽고 1만 1000여명이 부상당하고 10만 명 이상이 이재민이 되었고, 이스라엘은 64명의 병사와 6명의 민간인이 죽었다"(Daraghmeh). 본문을 변화된 현실에 맞게 수정하지 않은 것은 이 전쟁이 종식된 것이 아니라 휴전 상태에 불과하여, 이 논문이 쓰일 때의 절박함과 시의성을 강조하기 위해서다.

의 언덕에서 가자지구가 폭격당하는 모습을 보고 환호하면서 맥주를 마시는 이스라엘인들을 "인간쓰레기"(scum)라고 표현했다가 모스크바로 전출당하는 불이익을 당했다(Calderone, *Huffington Post*). 이 에피소드는 비인간적인 것을 비인간적이라고 하지 못하고, 비윤리적인 것을 비윤리적이라고 하지 못하는 일이 일상이 되어 버린 세계의 현실을 적나라하게 증언해준다. 아이들을 포함한 평범한 팔레스타인들이 무수히 죽어가고 있는데, 그들을 동정하기는커녕 환호하는 유대인들을 트위터에서 인간 이하의 존재라고 했다는 이유로 매도하는 게 우리가 사는 현실이다. 잔혹한 살상이 가자지구에서 한 달이 넘게 벌어지고 있지만, 그러한 야만적 폭력을 규탄하고 필요하다면 직접 개입해야 하는 유엔마저도 속수무책으로 있다. 이런 맥락에서 팔레스타인계 미국 작가인 수전 아불하와Susan Abulhawa가 쓴 『예닌의 아침』(*Mornings in Jenin*)은 주목을 요한다. 팔레스타인들의 고통과 수난을 형상화한 보기 드문 소설인 탓이다. "타자의 철학자"라 불리는 유대철학자인 엠마뉘엘 레비나스Immanuel Levinas마저도 "타자"로 정의하기를 거부하고 "이웃을 공격하거나 이웃을 부당하게 취급하는" "적"(Levinas, "Ethics" 294)으로 규정했던 팔레스타인들을 부당한 점령과 식민주의에 맞서면서, 세상으로부터 버림받았지만 품위와 존엄성을 잃지 않은 인간의 차원으로 돌려놓는 데 성공한 소설인 탓이다.

아불하와는 이 소설에 대한 후기에서 에드워드 사이드Edward Said의 영향을 받아 이 소설을 썼다고 고백한다. 구체적으로, "팔레스타인 내러티브가 문학작품에 부족한 것"에 대한 사이드의 "개탄"과 "실망"이 팔레스타인들의 수난사를 쓴 계기였다고 고백한다(Abulhawa, Mornings 325). 여기에서 사이드가 말하는 "팔레스타인 내러티브"는 1948년에 이스라엘이라는 유대국가가 세워지면서, 조상 대대로 살아온 자기 땅에서 쫓겨나 유랑과 유형의 삶을 살아온 팔레스타인들에 관한 이야기를 일컫는다. 실제로, 팔레스타인 작가들이 그들의 고통스런 역사와 현실에 대해 쓴 문학작품은 찾아보기 힘들다. 마무드 다위시Mahmoud Darweesh, 가싼 카나파니Ghassan Kanafani, 자브라 이브라힘 자브라Jabra Ibrahim Jabra 등과 같은 작가들이 없는 건 아니지만, 아직까지는 그 수가 극히 적다. 팔레스타인들은 뉴스에는 자주 등장하지만, 문학을 비롯한 예술 장르에서는 존재감이 극히 미미하다. 외부의 독자들이 팔레스타인들에 관해 알고 싶어도, 그들에 대한 내러티브는 안타까울 정도로 제한적이다. 물론 이 같은 내러티브의 부재는 그들의 고난이 과거형이 아니라 문학작품으로 형상화할 여유가 없는 현재진행형이라는 현실을 감안할 때 당연한 일인지도 모른다. 그러나 그들이 고향에서 쫓겨난 지가 반세기가 훌쩍 넘었음에도 그들의 실존적 상황을 형상화한 문학작품들이 별로 없다는 것은 사이드의 말처럼 "개탄스러운" 일이다.

이러한 현실은 나치에 의한 홀로코스트를 소재로 한 유대작가들의 작품들이 넘쳐나는 것과는 너무나 대조적이다. 홀로코스트를 소재로 한 장르는 문학만이 아니라 드라마, 영화, 연극 등 장르를 불문하고 넘쳐난다. 그것이 때로는 과도해져 유대인 철학자 노먼 핑켈스타인Norman Finkelstein의 말처럼, "홀로코스트 산업"(holocaust industry)이자 "이념적 무기"(3)가 되고, 유대인 작가 필립 로페이트Philip Lopate의 말처럼 "적들을 후려치는 곤봉"(56)이 되었을 정도다. 이러한 현실을 감안하면, 아불하와가 2006년에 발표한 『다윗의 상처』(*The Scar of David*)를 2010년에 『예닌의 아침』으로 개작하여 발표한 것은 각별한 의미를 갖는다. 작가가 사이드의 "개탄"과 "실망"을 의식하고 쓴 소설이기에 더욱 그렇다.

아불하와는 사이드의 말처럼 "팔레스타인 내러티브"가 문학에 부족한 것이 현실이기에 더욱, 얼마 되지 않는 팔레스타인 작가들의 작품과 자신의 소설 사이에 연대감을 구축해야 할 필요를 느꼈을 것이다. 그녀가 팔레스타인들에게 존경받는 두 작가, 즉 다위시와 카나파니의 시와 소설을 자신의 소설에서 활용하고 있는 것은 이러한 이유에서 놀라운 일이 아니다.

우선, 그녀는 다위시가 쓴 「대지가 우리를 틀어쥐고 있네」("The Earth Is Closing on US")라는 시의 일부를 소설 속에 인용함으로써, 역사적 사건이 팔레스타인들에게 미치는 상황을 제시한다.

> 대지가 우리를 틀어쥐고
> 마지막 통로로 밀어붙이고 있다.
> 우리는 팔다리를 찢어내며 통과한다. . .
> 우리는 마지막 변경을 지나 어디로 가야 하는가?
> 새들은 마지막 하늘을 지나 어디로 날아가야 하는가? (295)*

> The Earth is closing on us,
> pushing us through the last passage,
> and we tear off our limbs to pass through . . .
> Where should we go after the last frontiers?
> Where should the birds fly after the last sky? (Abulhawa, Mornings 213)

---

* 본문에 표시된 쪽수는 우리말 번역본(『예닌의 아침』. 왕은철 역. 서울: 푸른숲, 2013)에 따른 것이다.

"팔레스타인해방기구"(PLO)가 1982년에 레바논에서 튀니지로 쫓겨난 직후에 쓰인 다위시의 시는 팔레스타인들을 대표하는 팔레스타인해방기구가 궁지에 몰린 실존적 상황을 잘 묘사하고 있다. 아불하와는 절망적이고 실존적인 분위기가 배어있는 이 시의 일부를 31장의 서두에 인용하고 역사적 사건이 불가피하게 개인의 삶과 맞물리는 상황을 효과적으로 제시한다. 그러한 예를 보여주는 31장은 소설의 주인공인 아말Amal이 그녀의 의사 남편인 마지드Majid를 이스라엘의 공격으로 잃는 정황을 상세하게 묘사하는데, 작가는 다위시의 시를 스토리의 서두에 배치함으로써 "팔레스타인해방기구"에 대한 이스라엘의 공격과 그것이 팔레스타인 가족의 삶을 벼랑으로 몰고 가는 것이 별개의 것이 아니라는 것을 암시하고 있다.

그런데 스토리에 역사적 맥락을 제공하기 위한 의도에서 다소 제한적으로 사용된 다위시의 시와 달리, 카나파니의 소설은 아불하와의 소설에 보다 깊숙하게 관련되어 있다. 실제로 소설의 말미에 붙은 작가의 말*에서 아불하와는 "1948년에 어떤 유대인 가족이 살게 된 집에서 발견하여 키운 팔레스타인 소년에 관한 카나파니의 스토리"가 소설의 "씨앗"(Abulhawa, *Mornings* 324)이었다고 밝힌다. 여기에서 그녀가 말하는 카나파니의 소설은 1969년에 발표된 단편 「하이파로 돌아가다」("Returning to Haifa")이다. 이 소설에 나오는 팔레스타인 부부는 1948년 하이파에서 쫓겨나면서 복잡한 사정으로 인해 다섯 달 된 아들 칼둔Khaldun을 집에 두고 가는데, 그들의 집에 들어와 살게 된 유대인 부부

* 2006년에 발표된 『다윗의 상처』에는 작가의 말이 소설의 말미가 아니라 서두에 배치되어 있다(*The Scar of David* ix).

가 그 아이에게 도브Dov라는 이름을 붙여 친자식처럼 키운다. 아불하와의 소설에서도 팔레스타인 부부 사이에서 태어난 이스마엘Ismael이라는 아이가 유대인 부부 밑에서 다윗David이라는 이름으로 성장하는 이야기가 나오는데, 바로 이것이 아불하와가 카나파니의 소설을 가리켜 『예닌의 아침』의 "씨앗"이었다고 말한 이유이다. 아불하와의 소설이 2006년에 발표될 당시, "다윗의 상처"란 제목을 달고 나온 것도 유대인 부부의 손에 자란 이스마엘/다윗의 기구한 운명을 강조하면서 카나파니의 소설과의 상호성을 강조하기 위한 것이었다.

이런 맥락에서 아불하와의 소설이 카나파니의 소설을 "씨앗"으로 삼아 어떠한 형태를 갖추게 되는지, 즉 줄리아 크리스테바Julia Kristeva의 말로 하면 전자가 후자를 어떻게 "상호텍스트적"으로 "흡수"하고 "변형"시키는지(Kristeva 66), 사이드의 말로 하면 어떻게 전자가 "스토리를 다르게 다시 얘기하는지"(Said 125) 살펴보는 것은 나름대로 의미 있는 일일 수 있다. 이를 위해 아불하의 소설과 카나파니의 소설에 나타난 공통점과 차이점을 검토하고, 이 같은 공통점과 차이점이 작가적 관점에서 무엇을 시사하는지를 면밀히 검토할 필요가 있다. 그러나 이 글은 표면적으로는 두 작가 사이의 상호텍스트성에 논의가 집중되지만, 궁극적으로, 팔레스타인 작가를 논의의 장으로 끌어들여 이스라엘이 팔레스타인들에게 자행하는 인종주의와 식민주의의 문제를 부각시키기 위한 것이다.

2. 국가적인 알레고리

카나파니의 「하이파로 돌아가다」와 아불하와의 『예닌의 아침』은 친부모가 아니라 유대인 부모 밑에서 자란 팔레스타인 아이를 소재로 하고 있다는 점에서 유사하면서도 폭과 규모에 있어서는 상당한 차이를 보인다. 이것은 아불하와의 소설이 다양한 것들을 담아낼 수 있는 장편소설인 데 반해, 카나파니의 소설은 하나의 간결하고 짧은 에피소드에 초점을 맞출 수밖에 없는 단편소설이기에 불가피한 측면이 없지 않다. 그래서 카나파니의 소설이 1967년 6월 30일을 기점으로 20년 전(1948년 4월 21일)에 잃어버렸던 아들을 만나는 팔레스타인 부부에 초점을 맞추고 있는 단편소설이라면, 아불하와의 소설은 이스라엘이 건국되기 7년 전인 1941년부터 2003년까지 네 세대에 걸친 팔레스타인 가족의 기구한 삶을 파노라마로 펼쳐놓는 장편소설이다. 그러니 차이가 날 수밖에 없다. 그러나 그 차이에도 불구하고 양자 사이의 관계는 대단히 중요한데, 그것은 앞서 언급한 것처럼 전자가 후자에 영감을 받아 쓰인 소설인 탓이다.

카나파니와 아불하와가 유대인 부모 밑에서 자란 팔레스타인 아이를 소재로 삼은 이유를 살피는 일은 그리 어려운 일이 아니다. 카나파니는 이스라엘이 건국되면서 그들이 살던 땅에서 쫓겨나 난민촌이나 다른 나라에서 살고 있는 팔레스타인들의 비극적인 삶을 표현하기 위해, 자신의 부모 밑에서 정상적으로 크지 못하고 유대인 부모 밑에서 자라야 했던 소년의 이야기를 썼고, 아불하와도 바로 그러한 의도에서 카나파니의 이야기를 출발점으로 삼았다. 두 작가는 친부모의 손에서 자라지 못한 팔레스타인 아이의 삶에서 민족 전체의 비극적인 실존을 보았다. 그래서 잃어버린 아이는 잃어버린 땅이자 국가다.

이런 점에서 프레더릭 제임슨Frederic Jameson의 말은 대단히 시사적이다. 그는 제3세계 소설들은 "불가피하게 알레고리적이어서 '국가적인 알레고리'로 읽힌다"며 제3세계 소설들이 "정치적인 차원을 국가적인 알레고리의 형식으로 불가피하게 투사한다"고 말한다(Jameson 69). 즉, 제3

세계에서 생산된 텍스트는 "겉으로 보기에 사적인" 것을 다뤘다 해도 "불가피하게" 정치적인 의미를 띨 수밖에 없다는 논리다(Jameson 69). 이러한 생각은 제임슨 스스로가 밝힌 것처럼 다소 "지나치게 단순화한" 측면이 없지 않지만(Jameson 69), 제3세계의 텍스트가 불가피하게 갖게 되는 알레고리성을 부각시키기 위한 전략적 과장법이라는 점에서 경청할 가치가 있다.

카나파니의 소설에서 팔레스타인 소년이 유대인 부모 밑에서 살게 된 것은 표면적으로는 팔레스타인 부모가 유대인들한테 쫓겨 하이파의 항구로 밀려나는 과정에서 젖먹이 아들을 집에 두고 감으로써 생긴 일이다. 폴란드에서 이주해 온 유대인 부부인 이프라트 코셴Iphrat Koshen과 미리암Miriam은 부모가 없는 팔레스타인 아이를 입양하는 조건으로 그 집에 살게 된다. 아이가 없던 그들은 아이를 "하느님의 선물"(170)로 받아들인다. 그들은 아이에게 칼둔Khaldun이라는 아랍식 이름이 있다는 걸 알지 못하고 도브Dov라는 유대인 이름을 지어주며 이후 20년 가까운 세월을 친자식처럼 보살핀다. 당연한 말이지만, 칼둔/도브라는 아이에 얽힌 두 가족의 이야기는 사적인 이야기다. 그런데 제임슨의 시각으로 읽으면, 두 가족의 사적인 이야기는 이스라엘이 건국되면서 자기 땅에서 쫓겨난 팔레스타인들에 대한 "국가적인 알레고리"가 된다. 칼둔이 도브라는 이름으로 바뀌어 혈연관계가 없는 유대인 부모 밑으로 들어간 것처럼, 팔레스타인들이 대대손손 살아온 팔레스타인 땅이 유대인들의 수중에 들어가 있는 형국을 나타내는 "국가적인 알레고리"가 되는 것이다.

아불하와가 카나파니의 스토리를 "씨앗"으로 삼아 소설을 쓴 것도 이러한 "국가적인 알레고리"에 주목한 결과이다. 아불하와의 소설 속에서 칼둔/도브는 이스마엘/다윗이라는 아이가 되는데, 특이한 점은 팔레스타인 아이를 유대인 부모가 키우게 되는 시점이 카나파니의 소설에서와 마찬가지로 1948년이라는 것이다. 이것은 결코 우연이 아니다. 1948년은 유대인들에게는 "유대 국가를 선포하고 이 땅의 이름을 팔레스타인에서 이스라엘로"(44) 바꾼 축제의 해였을지 모르지만, 팔레스타인들에게는 재앙이자 "굴욕"(68)의 해, 즉 "나크베"(115)였다. 팔레스타인들은 1948년을 기점으로 나라를 잃고 "망명의 세월"(55)로 접어들었으며 "산 채로 묻힌 역사의 슬픔"(55)을 겪어야 했다. 두 소설은 이처럼 "나크베"의 시작인 1948년을 시대적 배경으로 하고 있다.

공교롭게도 두 소설은 공간적 배경도 비슷하다. 카나파니의 소설은 하이파라는 도시를 배경으로 하고 있고, 아불하와의 소설은 "하이파 동쪽에 위치한 작은 마을"(51)인 에인 호드를 배경으로 한다. 아이를 잃어버리는 정황도 비슷하긴 마찬가지다. 카나파니의 소설에 나오는 팔레스타인 부부 싸이드Said S.와 싸피야Safiyya*는 다섯 달 된 첫아들을 잃고, 아불하와의 소설에 나오는 팔레스타인 부부 하산Hasan과 달리아Dalia는 40대에 걸친 조상들이 살았던 에인 호드 마을에서 쫓겨나는 과정에서 "여섯 달 된"(51) 둘째 아들 이스마엘을 잃는다. 이러한 유사점을 염두에 두고 두 소설을 보면, 아불하와가 카나파니의 소설에 나오는 팔레스타인 아이의 운명에서 토지와 나라를 강탈당한 팔레스타인 민족의 집단적인 운명을 보고 그것의 의미망을 확장하려 했다는 걸 어렵지 않게 알 수 있다.

그런데 아불하와는 카나파니의 소설을 흡수하는 과정에서 몇 가지 중요한 변화를 시도한다. 우선, 팔레스타인 아이가 유대인 부모의 손에 들

---

* 싸이드와 싸피야는 사이드와 사피야로 표기되어도 무방하지만, 이 글에서 자주 인용되는 에드워드 사이드와 구분하기 위해 싸이드와 싸피야로 표기한다.

어가게 되는 경위를 다르게 설정한다. 카나파니의 소설에서는 팔레스타인들이 항구로 쫓겨나는 상황에서 서로 다른 곳에 있던 팔레스타인 부부, 즉 싸이드와 싸피야가 서로를 찾아 헤매다가 결국 아이를 두고 떠난다. 부부는 아이가 있는 집으로 돌아가려고 "수없이" 시도하지만 성공하지 못한다(171). 그렇게 해서 그들의 아이는 폴란드에서 이주해 온 유대인 부부의 아이가 된다. 반면, 아불하와의 소설에서 하산과 달리아의 아이가 유대인 부모 밑에서 자라게 된 것은 납치를 당했기 때문이다. 더 구체적으로 얘기하면, 모셰Moshe라는 이스라엘 군인이 아이를 낳지 못하는 자신의 아내 졸란타Jolanta를 위해, 팔레스타인 여인의 품에 안겨 있던 아이를 납치해서 그렇게 된 것이다.

칼둔이 피치 못할 상황에서 유대인 부모 밑에서 살게 된 반면, 이스마엘은 "엄마의 가슴에, 모성의 품에 안겨"(51) 있다가 납치를 당한다. 아불하와는 이처럼 상황을 변형시키면서, 카나파니의 스토리에 내재된 알레고리의 각을 좀 더 예리한 것으로 만들고 있다. 아불하와는 아이가 납치되는 것을 부각시킴으로써, 팔레스타인들이 그들과는 아무 상관이 없는 유럽에서 있었던 유대인 박해의 희생양이 되는 아이러니컬한 상황을 보다 선명하게 부각시킨다. 이것은 모셰의 부인 졸란타가 나치의 희생자라는 점을 감안하면 더욱 설득력을 얻는다. 다음의 인용은 모셰가 아이를 납치하게 된 정황이 어떠했는지를 잘 보여준다.

> 모셰는 졸란타가 행복하기를 바랐다. 졸란타는 아이를 원했다. 하지만 나치스 친위대에 능욕을 당하며 십대 후반을 보낸 졸란타의 몸은 망가져 있었다. 그래서 살아남긴 했지만, 아이를 가질 수 없게 되었다. 포로수용소에서 가족을 모두 잃었기 때문에 그녀는 2차 세계대전이 끝났을 때 배를 타고 혼자서

> 팔레스타인으로 왔다. 팔레스타인이나 팔레스타인 사람들에 대해 아무것도 모르고 시오니즘의 유혹과 젖과 꿀에 대한 화려한 약속만 믿고 따라온 것이다. 그녀는 피난처를 원했다. 자신의 몸을 더럽힌 땀내 나는 독일 남자들에 대한 기억과 악행의 기억과 굶주림의 기억으로부터 달아나고 싶었다. 꿈에서 들리는 끔찍한 울부짖음과 어머니, 아버지, 형제자매의 절규, 죽어가는 유대인들의 끝없는 비명으로부터 달아나고 싶었다. (Abulhawa, *Mornings* 36)

즉, 모셰는 나치한테 가족을 잃고 몸이 망가진 졸란타에게 팔레스타인 아이를 일종의 선물로 가져다준다. 그녀는 아이를 받아들고 아이의 부모에 대해 무슨 말인가를 하려고 하는 남편을 제지하고 "나는 아무것도 알고 싶지 않아요. 이 아이가 우리 아이인지만 말해줘요"(60)라고 말하고 자신의 "아버지를 생각해서"(60) 아이의 이름을 다윗으로 짓겠다고 한다. 비록 아이를 납치한 사람이 그녀가 아니라 남편이지만, 졸란타는 아이의 부모와 관련된 얘기를 하려고 하는 남편을 제지함으로써 팔레스타인 가족을 향한 폭력에 공모하고 있다. 그래서 폭력의 주체는 아이를 납치한 장본인인 모셰만이 아니라 아무런 망설임 없이 그에게서 아이를 받아든 졸란타이기도 하다. 팔레스타인 여인에게서 젖먹이를 빼앗아 감으로써 그 여인의 삶을 망가뜨린 책임은 그래서 두 사람 모두에게 있다. 달리아가 아이를 잃어 "너무 상심한 나머지 정신착란을 일으키고"(61) "잃어버린 아들을 찾고 또 찾으며, 그를 찾을 줄 모르는 자신을 자책하고 또 자책"(376)하는 삶을 살다가 결국에는 실성해 죽게 되는 원인을 제공한 것은 모셰만이 아니라 졸란타이기도 하다. 아이러니컬하게도 나치에 의한 유대인 박해의 희생자였던 졸란타가 남편과 더불어 팔레스타인 가족의 행복을 빼앗는 가해자로 둔갑한다. 이것을 사이드의 말로 옮기면, 팔레스타인들은 "희생자의 희생자"(Said 121)이다.

팔레스타인 여인에게서 갓난아이를 빼앗고 그 아이를 자식으로 삼는 모셰와 졸란타 부부의 이야기는 팔레스타인과 이스라엘의 관계에 대한 "국가적인 알레고리"일 수 있다. 이것은 J. M. 쿳시Coetzee의 말을 빌려서 말하면 "팔레스타인들에게 행해진 엄청난 불의"(Auster and Coetzee 144)*에 대한 알레고리일 수 있다. 결국 팔레스타인들은 "그들이 어떤 점에서도 책임이 없는, 유럽에서 있었던 사건들의 결과들을 떠맡게 되었고"(Auster and Coetzee 144), 이스마엘/다윗의 이야기는 그러한 부조리한 현실에 대한 알레고리이다. 이스마엘/다윗의 아버지 하산이 어렸을 때 했던 말처럼, 유대인 대학살은 "유럽이 한 일"(41)이지 아랍이 한 일이 아니었다. 그럼에도 유대인들은 아무 죄도 없는 팔레스타인들에게 "대량학살과 테러, 추방으로"(41) 응수했다. 하산의 이러한 생각은 수십 년이 흐른 후, 그의 막내딸이자 이스마엘/다윗의 여동생인 아말의 말로 다시 반복된다.

> 연합군이 그녀가 있던 수용소를 해방시켰을 때 졸란타는 겁에 질린 열일곱 살의 약한 소녀였다. 그녀의 가족은 2차 세계대전 때 자행된 유대인 대학살로 모두 죽었다. 그런데 아이러니컬하게도... 다윗을 낳은 마마도 거의 모든 가족을 잃고 살아남은 사람이었다. 그런데 그것은 유대인들 때문에 일어난

* 여기에 인용된 쿳시의 말은 아불하와의 소설을 두고 한 말이 아니라, 그가 다양한 주제를 기반으로 폴 오스터(Paul Auster)와 주고받은 편지의 일부다. 그러나 그가 한 민족이 다른 민족을 식민화했던 남아프리카의 아파르트헤이트를 주제화한 작가라는 점에서, 그의 말은 음미할 가치가 있다. 유대인들이 반세기가 넘도록 팔레스타인들에게 행한 것은 다름 아닌 아파르트헤이트였다.

> 일이었다. 그렇다면 팔레스타인 사람들이 유대인 대학살의 대가를 치른 셈이었다. 독일인들이 졸란타의 가족을 죽였기 때문에 유대인들이 내 어머니의 가족을 죽인 셈이었다. (Abulhawa, *Mornings* 272-73)

위의 인용은 아말이 그녀의 오빠 다윗이 자신의 유대인 어머니, 즉 세월이 흘러 죽고 없는 졸란타를 "지극한 애정"(374)을 갖고 회고하는 얘기를 들으며 속으로 생각하는 대목인데, 그녀는 여기에서 "팔레스타인 사람들이 유대인 대학살의 대가를"(374) 치러야 하는 부조리한 현실을 토로하고 있다. 그녀가 생각하는 것의 요체는 졸란타의 가족을 학살한 주체가 독일인들인데 어째서 팔레스타인들한테 분노를 돌리느냐 하는 것이다. 쿳시의 말을 빌리면, 어째서 팔레스타인들을 그렇게도 "몸서리치게"(Auster and Coetzee 145) 억압하고 학대하느냐 하는 것이다. 쿳시가 여기에서 사용하고 있는 "몸서리치게"(schrecklich)라는 말은 "히틀러식 단어"(Auster and Coetzee 145)인데, 그가 독일어 단어를 사용하는 것은 이스라엘이 팔레스타인들을 대하는 태도가 독일인들이 유대인들을 대하는 태도와 유사하는 것을 강조하기 위해서다. 쿳시는 "인류 역사는 우리가 더 좋은 사람들이 되고자 한다면 우리가 유념해야 할 교훈들을 가르쳐주는데" 도대체 "역사가 이스라엘한테 어떤 종류의 교훈을 가르쳤는지" 묻지 않을 수 없다(Auster and Coetzee 145-46)고 말한다. 그래서 "독일인들이 졸란타의 가족을 죽였기 때문에 유대인들이 내 어머니의 가족을 죽인 셈이었다"(374)는 아말의 말은 쿳시를 비롯한 세계의 많은 사람들이 공유하는 생각이기도 하다. 결국 이스마엘/다윗이 포함된 팔레스타인 가족의 사적이고 개인적인 이야기는 "팔레스타인 사람들이 유대인 대학살의 대가를 치른" "국가적인 알레고리"가 되는 것이다.

카나파니의 소설도 어느 정도까지는 "국가적인 알레고리"의 성격을 갖고 있다. 카나파니의 소설에 나오는 유대인 여인 미리암도 나치에 의한 유대인 박해의 희생자이다. 그녀의 아버지는 아우슈비츠로 끌려가 죽음을 당했고, 그녀의 동생도 나치의 총에 맞아 죽었다. 그녀는 그러한 비극을 뒤로 하고 폴란드에서 하이파로 이주했다. 그녀가 남편과 함께 살게 된 집이 유대인들에게 쫓겨난 팔레스타인 가족이 살던 집이라는 데 있다. 소설 속의 팔레스타인 가족은 쿳시의 말을 다시 인용하자면 그들이 "어떤 점에서도 책임이 없는, 유럽에서 있었던 사건들의 결과들을 떠맡게 된 것"(Auster and Coetzee 144)이다. 이런 맥락에서 보면 카나파니의 소설도 "국가적인 알레고리"라고 말할 수 있다.

그러나 카나파니의 소설은 아불하와의 소설과 비교하면, 대단히 제한적인 의미에서의 알레고리다. 이것은 그가 칼둔/도브의 이야기를 풀어가는 모습을 보면 단적으로 드러난다. 칼둔의 부모, 즉 싸이드와 싸피야는 20년 만에 그들이 살던 집을 찾게 되고 그 집에서 유대인 부부, 즉 이프라트와 미리암이 그들의 첫아들 칼둔과 함께 살고 있다는 걸 알게 된다. 더 정확히 말하면, 싸이드와 싸피야가 돌아온 시점에서 그 집에 살고 있는 건 미리암과 칼둔/로브이다. 이프라트는 죽고 없기 때문이다. 칼둔/로브는 미리암이 그에게 친부모가 찾아왔다고 얘기하자, "두 사람이 뭣 때문에 온 거죠?"(179)라고 반문하며 이렇게 덧붙인다. "저는 당신 말고 다른 어머니를 모릅니다. 그리고 제 아버지는 11년 전 시나이 전투에서 돌아가셨습니다. 저에게는 두 분 말고 다른 부모는 없습니다"(179). 그에게는 갓난아이였을 때부터 스무 살이 되기까지 자신을 보살핀 유대인 부모가 중요하지, "5개월 된 아들을 버리고 도망간"(182) 부모는 부모도 아니다.

물론 그의 이러한 발언은 사실에 부합되지 않는다. 싸이드와 싸피야는 그를 "버리고 도망간" 게 아니라, 유대인들에게 내몰리는 상황에서 어쩔 수 없이 그랬다. 그들은 당시에도 "수없이 하이파로 돌아가려고 했지만"(171), 이스라엘 군 때문에 불가능한 상황이었다. 그러나 이것은 더 이상 중요한 것이 아니다. 칼둔/로브에게는 자신을 "20년 동안 키우고 교육시킨"(182) 사람들이 진짜 부모이지, 혈연만을 강조하는 부모는 더 이상 부모가 아니다. 그래서 그의 친어머니 싸피야가 그에게 "우리가 부모라고 느껴지지 않나요?"(180)라고 물어도, 그의 마음은 움직이지 않는다. "제가 있어야 할 곳은 여기입니다. 이 분이 저의 어머니이십니다. 저는 두 분을 모릅니다. 저는 두 분을 향한 특별한 감정을 느끼지 못합니다"(182). 그는 오히려 자신을 찾아온 친부모가 "교양 있게, 그리고 조심스럽게"(184) 처신하지 못했다고 비난하기까지 한다.

> "당신들은 하이파를 떠나지 말았어야 했어요. 그것이 가능하지 않았다면, 무슨 수를 써서라도 아이를 침대에 놓아두지 말았어야 했어요. 그리고 그것도 불가능했다면, 돌아오려고 부단히 노력해야 했어요. 그것도 불가능했다고 하실 건가요? 이십 년이 흘렀어요. 이십 년이라고요! 당신들은 그 사이에 아들을 찾기 위해 뭘 하셨습니까? 제가 당신들이라면, 무기를 들었을 거예요. 그보다 더 강한 동기가 있을까요? 당신들은 모두 나약해요! 나약하다고요! 당신들은 퇴보와 마비의 쇠사슬에 묶여 있어요! 지난 이십 년을 울면서 보냈다고 저한테 말씀하지 마세요! 운다고 잃어버린 자식이 되돌아오지는 않아요. 눈물로는 기적을 이룰 수가 없어요! 이 세상의 모든 눈물도 잃어버린 자식을 찾게 해줄 작은 배를 띄어주지 못해요. 지난 이십 년을 울면서 보내셨다는 말씀인가요? 그게 저한테 하시는 말씀인가요? 이것이 당신들의 무디고 닳아빠진 무기인가요?" (Kanafani, "Haifa" 185)

그는 이 모든 것을 친부모의 언어인 아랍어가 아니라 양부모의 언어인 히브리어로 말한다. 친부모와 아들은 언어마저도 공유하지 못하고 있는 것이다. 게다가 그 아들은 이스라엘에서 군복무를 하고 있는 군인이다. "지금은 예비대 소속이어서 아직까지는 전투에 참가하지 않았지만"(182), 언젠가는 그의 부모를 포함한 팔레스타인들을 향해 총부리를 겨누게 될 이스라엘 군인인 것이다.

보통의 작가 같으면 이러한 상황에서는, 잃어버린 아들을 행여 찾을 수 있을지 모른다는 실낱같은 희망을 품고 먼 길을 온 부모가 느낄 법한 실망감과 좌절감, 부조리한 현실에 초점을 맞추겠지만, 카나파니는 아이의 아버지가 투쟁을 결심하고 아이의 어머니도 그것에 동조하는 것으로 결말을 처리한다. 싸이드는 칼둔의 유대인 어머니 미리암에게 그의 첫아들은 죽었다고 선언한다. "그는 죽었습니다. 이 젊은이는 당신들이 폴란드나 영국에서 발견했던 고아나 다름없습니다"(183). 그리고 그는 이 순간, 이 모든 일이 "모국"이 없어서 일어난 일이며, 그래서 모국, 즉 팔레스타인은 "그것을 위해서 무기를 들고 죽을 가치가 있는 어떤 것"(187)이라는 걸 깨닫는다. 그는 잃어버린 아들을 찾아 전전하는 것은 미래를 바라보지 못하고 과거에만 집착하는 것이며, 감상에 젖어 눈물을 흘리는 것으로는 세상의 잘못을 바로잡을 수 없다고 생각한다. 그가 첫아들인 칼둔을 죽은 셈치고, 팔레스타인 게릴라부대에 들어가 이스라엘과 싸우려고 하는 작은 아들 칼리드Khalid를 지지하는 쪽으로 돌아서는 것은 이러한 이유에서다. 그는 팔레스타인들에게 필요한 건 전쟁이라고 생각한다. 그는 "불과 며칠 전만 해도" 둘째 아들 칼리드가 자신의 말을 듣지 않고 게릴라부대(fidayeen)에 들어가면 "부자의 인연을 끊겠다고 위협했지만"(182) 이제는 자기가 하이파에 와 있는 사이에 작은아들이 저항군에 가담했기를 바랄 정도로 생각이 바뀌어 있다. 그는 냉정하게 현실을 인식하고 유대인들에 맞서는 전면적인 투쟁이 자신의 사적인 감정보다 훨씬 더 시급하다는 것을 깨달은 것이다.

3. 혼종적 존재의 고통과 회한

카나파니의 소설은 투쟁의 필요성을 강조하는 리얼리즘 소설이다. 이것은 어쩌면 이 소설이 쓰인 시대적 정황과 무관하지 않다. 카나파니가 이 소설을 발표한 시기는 1969년이었다. 그리고 소설의 시간적 배경은 1967년 6월 30일, 즉 "6일 전쟁"이라 불리는 제3차 중동전쟁(1967년 6월 5일-6월 10일)이 끝난 직후였다. 전쟁이 이스라엘의 일방적인 승리로 끝났기 때문에 팔레스타인들이 자칫 패배의식에 젖을 수 있는 상황이었다. 카나파니는 그런 상황에서 팔레스타인들에게 더 치열하게 적과 싸워야 한다는 일종의 정치적 메시지를 전달할 필요성을 느꼈던 것처럼 보인다. 더욱이 이 소설을 발표할 당시, 그는 "팔레스타인해방 인민전선"(PFLP, Popular Front for the Liberation of Palestine)의 대변인이었다. "팔레스타인해방 인민전선"은 1967년, 6일 전쟁 직후에 외과의사였던 조지 하바시 George Habash가 여러 개의 조직을 통합하여 하나로 만든 것으로, 팔레스타인 해방이 이스라엘과의 투쟁을 통해서만 성취될 수 있다고 믿는 무장조직이었다. 이 단체의 대변인이었던 카나파니가 발표한 소설이 그들의 정치적 지향점과 일맥상통하는 메시지를 담게 된 것은 그래서 불가피한 일이었다.

카나파니는 과거에 대한 집착이나 향수보다는 그것을 바로잡을 수 있는 투쟁이 팔레스타인들에게 필요하다고 생각하고, 그것을 소설에서 메시지로 제시했다. 그는 "칼보다는 펜을 들고 싸웠던 사람"(Khalili 133)이었다. 그는 투쟁을 통해서 해방을 쟁취할 수 있다고 믿었던 낙천주의자였다. 그에게 역사는 발전이어야 했다. 소설 속의 인물처럼 팔레스타인들은 자식을 잃었음에도 불구하고, 아니 자식을 잃어서 더욱, 과거가 아니라 미래를 향해 나아가야 했고, 그것만이 역사의 발전을 위한 길이었다. 사이드의 말처럼, 1960년대 후반과 1970년대 초반에는 투쟁에 대한 "엄청난 열광과 낭만적인 매혹"(Said 123)이 존재했다. 카나파니의 스토리가 쓰인 것은 이러한 맥락에서였다. 그러나 현재의 시점에서 보면, 그것은 사이드의 말대로 "낭만적인" 시각일 수밖에 없다. 패배에 패배를 거듭하여 출구가 어디인지 가늠할 수 없는 게 팔레스타인들의 현실이기 때문이다.

아불하와의 소설은 카나파니의 소설에서 모티브를 차용하면서도 그것에 배인 "엄청난 열광과 낭만적인 매혹"으로부터 일정한 거리를 유지한다. 그 과정에서 그녀의 소설이 갖고 있는 알레고리적 의미는 더 예리해지고 복잡해진다. 그 중 대표적인 것이 팔레스타인 청년이 이스라엘 군에 입대하여 군복무를 하는 과정에 관한 묘사이다. 카나파니의 소설에는 팔레스타인 청년 칼둔/로브가 이스라엘 군에 입대해서 복무를 하고 있지만, 실제로 팔레스타인들에 맞서 전투를 벌이거나 구체적인 군사적 행동을 하는 모습은 나오지 않는데, 아불하와의 소설에는 이스마엘/다윗이 이스라엘군에서 복무를 하는 모습이 나온다. 그는 "이스라엘이 골란 고원을 빼앗을 수 있도록 시리아인들을 자극해 공격을 부추겨야 하는 대대의 일원"(132)으로 임무를 수행하기도 하고, 검문소에서 팔레스타인들을 검문하기도 한다. 그런데 그 과정에서 그의 형 유세프Yousef를 잔인하게 때리게 되는 사건이 발생한다. 그는 유세프를 "총의 개머리판으로"(150)

때리고 그것도 모자라 "의식을 잃을 때까지"(150) 걷어찬다. 이처럼 아불하와는 카나파니의 소설에서는 암시에 불과했던 것을 확장시킨다. 아불하와는 카나파니의 소설을 읽고, 칼둔/로브가 계속 이스라엘 군인으로 남아 있고 그의 동생 칼리드가 팔레스타인 게릴라가 되어서, 서로와 대적하게 되면 어떤 일이 벌어질지 그려봤던 것처럼 보인다. 그래서 이스마엘/다윗이 그의 형 유세프를 구타하는 사건을 도입하고, 더불어 그 사건으로 인해 유세프가 집을 떠나 팔레스타인 무장조직에 들어가 "정의와 자유를 위해"(171) 싸우도록 설정한 것이다. 결국 카나파니의 소설과 아불하와의 소설의 차이는 확장성의 문제이다. 이러한 차이는 두 소설이 부모와 자식의 감정 문제를 처리하는 방식에서도 어렵지 않게 찾아볼 수 있다.

「하이파로 돌아가다」는 팔레스타인 부부가 20년 만에 만난 아들을 뒤로 하고 하이파를 떠나는 장면으로 끝난다. 싸이드는 그들이 사는 라말라 교외에 이르자 그의 아내 싸이야에게 이렇게 말한다. "우리가 없는 사이에 칼리드가 떠나고 없으면 좋겠어!"(245). 즉, 그는 둘째 아들이 자신의 명을 어기고 무장조직에 가담했기를 바라는 것이다. 이러한 변화는 앞에서 설명한 것처럼, 그가 칼둔/로브와의 해후를 통해 얻은 깨달음이 있기에 가능하다. 그러나 이것은 정치적 메시지로서는 불가피할지 몰라도, 싸이드 스스로도 인정하듯이 그가 치러야 하는 값이요 "대가"(187)다. 아들은 20년 만에 자신을 찾아온 부모를 경솔하다고 비난하고, 아버지는 자식이 "죽었다"(183)고 선언하는 가운데, 얻어진 "대가"다. 싸이드와 싸이야가 칼둔/로브를 두고 그 집에서 나오는 마지막 장면은 그 "대가"가 어떤 것인지 여실히 말해준다. 칼둔/로브는 "머리를 두 손으로 감싸고 의자에 앉아 있다가" 그의 친아버지가 떠나려고 하자 이렇게 말한다. "두 분은 우리 집에 잠시 계셔도 돼요. 그런 문제를 해결하는 데는 전쟁이 필요할 테니까요"(187). 그러나 싸이드는 그의 말을 무시하고 그냥 그 집에서 나온다. 아들을 향한 애틋한 마음도 없다. 비정한 정치적 결단 탓에 일말의 인간적인 감정마저 메말라버린 것이다. 카나파니의 소설은 유대인 부모 밑에서 자란 자식이 자신의 감정을 토로할 수 있는 공간을 허락하지 않는다. 이것은 정치적 메시지를 강조하기 위해서 필요한 불가피한 서사 전략처럼 보인다.

그런데 아불하와의 소설은 카나파니의 소설과 다르게, 유대인 부모 밑에서 성장한 이스마엘/다윗과 그의 팔레스타인 가족 사이의 문제를 좀 더 인간적인 시각에서 접근한다. 비록 이스마엘/다윗이 자신의 정체성을 그의 유대인 부모로부터 확인할 무렵에는 그의 친부모가 이미 세상을 떠나고 없지만, 그는 자신이 납치된 후에 태어난 여동생 아말을 만나면서 자신의 기구한 삶을 돌아볼 수 있게 된다. 그는 자신을 낳아준 어머니가 그를 잃어버리고 그를 찾지 못하는 자신을 얼마나 탓했으며, 결국 그것이 어머니가 자신의 감정을 밖으로 드러내지 못하고 결국에는 정신줄을 놓게 된 빌미였다는 사실을 알게 된다. 그는 "자신을 낳아준 여인에 대한 설명을 감사한 마음으로"(375) 듣는다. 그리고 어머니의 "옷을 들고 냄새를 들이마신다"(376). 또한 그는 자신이 석연치 않은 이유로 구타했던 형 유세프가 여동생에게 썼던 편지를 읽으며, "잃어버린 모진 세월에 스민 한"(372)이 배인 눈물을 흘린다. "53년 세월"(381)이 흐른 후의 일이다.

그렇다고 이스마엘/다윗이 그를 납치해 키운 유대인 부모를 원망만 하는 것만은 아니다. 오히려 그는 유대인 부모를 이해하고 용서하며 변호하기까지 한다. 그에 따르면, 그의 유대인 어머니는 "따뜻하고 매력적인 여성"(373)이자 "다정하고 상냥하고 애정이 많은 사람"(374)이었다. 그녀는 아들이 "유대인이든 아니든" 상관없이 그를 "사랑했다"(351). 실제로 그럴 수는 없었지만, 그녀는 "양심의 가책"을 느끼고 자신의 "아들 다윗을 낳아준 여인을 찾아 진실한 마음으로 화해를 하고 싶어"(351) 했다. 그리고 그의 유대인 아버지도 "사악한 짓들"을 한 건 사실이지만 "악마가 아니었다"(382). 그의 아버지는 "죽기 직전, 혼신의 힘을 다해 과거를 고백하고 아들에게 용서를"(381) 빌었고, "이르군(유대인 지하운동 조직)의 비밀과 그들이 팔레스타인 사람들을 몰아내기 위해 저지른 포악행위"(381)를 고백했다. 즉, 다윗의 유대인 부모는 "치유와 평화는 잘못을 인정함으로써 시작될 수 있음"(351)을 보여준 인간적인 사람들이었다.

이처럼 아불하와의 소설은 이스마엘/다윗의 유대인 부모를 흑백논리로 재단하지 않는다. 카나파니의 소설과 다르게, 이스마엘/다윗을 죽었다고 치부하고 투쟁의 필요성을 역설하지도 않는다. 오히려 이스마엘/다윗의 이중적인 정체성을 부각시키며 그와 관련된 팔레스타인들과 유대인들을 이해하는 계기로 삼는다. 이스마엘/다윗이 그의 친부모가 어떻게 자신을 잃게 되었는지를 소상히 알게 되었음에도 그의 유대인 부모를 단죄하지 않고 오히려 이해하는 자세를 취하는 것은 카나파니의 소설에서 모티프를 취한 아불하와의 소설이 어떠한 방향으로 변형되는지 잘 보여준다. 또한 그의 여동생이 처음 만난 오빠의 얘기를 들으며 "그가 했던 일이나 현재 신분과는 상관없이 본능적으로" 그를 "사랑"한다고 생각하고, "그를 안아주고 양심의 가책을 풀어주고" 싶고, "그의 외로움을 덜어주고"(370) 싶어 하는 것도 작가가 카나파니의 소설을 어떻게, 어떤 방향으로 변형시키는지 잘 보여준다.

작가는 이스마엘/다윗을 "완전한 유대인도, 무슬림도 될 수" 없고 "완전히 팔레스타인에 속할 수도, 이스라엘에 속할 수 없는"(436) 혼종적인 존재로 인식하고, 그것을 불가피한 현실로 수용한다. 소설이 결말에 이르러, 이스마엘/다윗의 아들인 야곱Jacob이 아말의 딸 사라Sara와 함께 미국에서 같이 살게 되는 것도 이스마엘/다윗의 혼종성을 있는 그대로 받아들이고 수용해야 한다는 인식에 근거한다. 물론 이것이 쉬울 수만은 없다. 그것을 현실로 받아들이지 못하는 사람들도 있고 장애물도 존재한다. 이스마엘/다윗의 유대인 아내부터가 그러하다. 그가 팔레스타인이라는 걸 밝히자, 그의 아내는 그것을 견딜 수 없어 한다. "남편이 진짜 유대인이 아니라니, 이건 그녀가 받은 교육에도 맞지 않고 옳고 그름에 대한 가족의 생각에도 맞지 않았다"(351). 결국 두 사람은 이혼을 하게 되고 "열렬한 시오니스트인 큰아들 우리Uri는 아버지와 아무런 관계도 없기를 바라며 어머니를 택했고, 작은아들 야곱은 아버지와 같이 살겠다고 했다"(351). 이것은 이스마엘/다윗의 혼종성을 받아들이는 것이 얼마나 어려운지 보여주는 좋은 예이다. 그러나 이러한 현실적인 어려움에도 불구하고, 작가는 이스마엘/다윗이라는 인물이 대변하는 혼종성을 받아들이는 게 불가피하다고 생각하는 것처럼 보인다.

그리고 이러한 생각은 이스라엘에 패배하긴 했지만 승리에 대한 "엄청난 열광과 낭만적인 매혹"(Said 123)이 존재했던 1960년대 후반에 아랍어로(따라서 일차적으로는 팔레스타인들을 비롯한 아랍권 독자들을 위해) 쓰인 카나파니의 소설과 다르게, 아불하와의 소설이 이스라엘의 막강한 군사적, 정치적, 경제적, 외교적 힘에 밀리고 또 밀리는 역사적 현실을 돌아볼 수 있는 2000년대에 영어로(따라서 일차적으로는 미국인들을 비롯한 영어권 독자들을 위해) 쓰여졌기 때문에 가능했다고 볼 수 있다.

1960년대 후반은 유대인들에 대한 투쟁의 중요성이 강조되던 시기였다. 당연히, 카나파니의 소설도 그러한 흐름의 일부였다. 그러나 그 투쟁은 사이드의 말을 빌리면, "실질적인 의미에서 거의 아무 것도 쟁취하지 못했다. 한 뼘의 땅도 찾은 게 없었다"(Said 123). 돌아온 건 절망이었고 "환멸"(Said 122)이었다. 그리고 반세기가 넘는 세월이 흐르면서, 팔레스타인들의 패배는 더 이상 무시할 수 없는 현실이 되었다. 2010년 4월 17일자로 쿳시가 오스터에게 보낸 편지를 다시 인용하자면, "팔레스타인들은 패배했다." 쿳시는 "그러한 운명이 아무리 비참한 것이라 해도" 팔레스타인들이 "그것을 이해하고 직시하며 받아들여야 한다"(Auster and Coetzee 144)고 말했다. 바로 이러한 현실이 카나파니의 소설에서 "씨앗"을 취한 아불하와의 소설이 방향을 달리하여 전개된 이유일 수 있다. 칼둔/도브의 이야기가 이스마엘/다윗의 이야기로 넘어오면서, 정치적 메시지에 집중되던 에너지가 고통과 회한을 비롯한 인간적인 감정을 향하게 된 것도 바로 이러한 이유에서다. 이것은 좋게 말하면, 유대인 부모 밑에서 성장한 팔레스타인 자식을 돌아볼 정도로 여유가 생겼다는 말이기도 하고, 나쁘게 말하면 정치적 구호나 메시지를 전달하는 게 허망하게 느껴질 만큼 현실이 절망적이고 비관적이라는 말이기도 하다. 카나파니의 소설에서 확연히 드러나는 미래에 대한 낙관을 아불하와의 소설에서 찾아볼 수 없는 이유가 여기에 있다.

4. 민족의 상처

1941년부터 2003년까지를 시대적 배경으로 하는 『예닌의 아침』은 「하이파로 돌아가다」에서 "씨앗"을 취하기는 했지만 이스마엘/다윗이 아니라 4대에 걸친 팔레스타인 가족이 중심인 소설이다. 이스마엘/다윗의 입장에서 보자면, 소설은 그의 조부모, 부모, 형제, 조카 및 자식들, 즉 4대에 걸친 가족사이다. 즉, 이스마엘/다윗의 이야기는 거대한 이야기 속의 일부에 불과하다. 가족사이기 때문에 중심을 따질 필요는 없겠지만, 그래도 굳이 따지자면 이스마엘/다윗이 아니라 그의 여동생 아말이 중심이라고 해야 맞다. 형식적으로도 그녀는 내러티브의 중심에 있다. 그녀의 목소리가 서두에 놓여 있고 마지막도 그녀의 오빠 유세프가 인터넷을 통해 그녀에게 남기는 편지로 되어 있기 때문이다. 이스마엘/다윗은 혼란의 와중에서 사라진 탓에 오랜 세월이 흐른 후에 나타날 때까지는 소설 속의 사건이나 행동과는 대부분 상관이 없다. 그럼에도 불구하고 아불하와는 2006년에 이 소설을 발표했을 때, 제목을 "다윗의 상처"라고 했다. 물론 나중에 출판사를 바꿔 "예닌의 아침"이라는 제목으로 다시 출간했지만, 작가가 소설을 처음 발표했을 때, 이스마엘/다윗이 소설의 중심이 아님에도 불구하고 "다윗의 상처"를 제목으로 삼았다는 것은 의미심장하다.

제라르 주네트Gerard Genette에 따르면 제목은 텍스트의 "문턱"에 위치하여 텍스트의 해석에 영향을 미치는 파라텍스트(paratext)인데, 이것의 기능 중 가장 중요한 것은 "텍스트에 작가의 의도와 일치하는 운명을 보장하는 것"이다(Genette 407). 즉, 텍스트의 해석이 작가의 의도에 부합되는 것이 되도록 일종의 가이드 역할을 하는 것이 파라텍스트의 "내재적인 신조이자 자발적인 이데올로기"(408)라는 것이다. 이런 입장에서 보자면, 이스마엘/다윗의 이야기가 소설의 중심이 아님에도 불구하고 작가가 그의 이름을, 아니 더 정확히 얘기하면 그가 입은 상처를, 텍스트의 문턱에 위치시킨 것은 가볍게 볼 사안이 아니다.

"다윗의 상처"라는 제목은 일차적으로는 그가 생후 6개월이었을 때 입은 상처를 가리킨다. 더 구체적으로는, 네 살이었던 유세프가 침대에서

울고 있는 이스마엘을 들어 올렸다가 "울면서 버둥거리는 갓난아이의 예기치 않은 무게에 놀라"(36-37) 떨어뜨리는 바람에 "침대에 박힌 못에 아이의 얼굴이 스쳤고 그 바람에 오른쪽 눈 주변"(37)에 길게 난 상처를 가리킨다. 결국 "영원히 지워지지 않을 상처"(37) 때문에 이스마엘/다윗은 오랜 세월이 흐른 후에 가족을 찾게 된다. 그러나 "다윗의 상처"라는 제목은 그것이 텍스트의 "문턱"에 위치해 행사하고 있는 영향력을 고려하면 단순한 상처 이상의 의미를 띠게 된다. 작가는 그 상처가 아이의 얼굴에 난 상처만이 아니라 국가와 민족의 얼굴에 난 상처라는 것을 암시하기 위해 그런 제목을 의도적으로 붙인 것처럼 보인다. 이스마엘의 얼굴에 상처가 난 것은 이스라엘이 건국되기 직전이었다. "이스라엘은 아직 존재하지 않았고 이스마엘이 태어난 지 6개월쯤 되었을 때였다"(36). 이스라엘이 1948년 5월 14일에 건국되었으니, 그 상처는 그해 봄의 어느 날에 난 것이었다. 그리고 그가 납치된 것은 그 상처가 아물 무렵인 1948년, "9월이 불과 몇 주밖에 남지 않은 때였다"(56).

이런 시대적 상황을 종합적으로 고려하면, 이스마엘의 상처는 개인적인 차원을 넘어 국가와 민족과 관련되어 해석될 여지가 얼마든지 있다. 그의 상처는 자신의 얼굴에 난 상처이자 국가와 민족의 얼굴에 난 상처이며, 그의 납치는 국가와 민족의 납치에 다름 아니다. 어쩌면 아불하와는 바로 이러한 "국가적인 알레고리"를 지칭하기 위해 의도적으로 "다윗의 상처"라는 제목을 텍스트의 문턱에 위치시켰을 것이다.

아불하와가 이 소설을 2010년에 다시 출간하면서 "예닌의 아침"으로 제목을 바꿨기 때문에 "다윗의 상처"는 2006년판의 제목으로만 남아 있다. 얼핏 보면, 두 제목은 전혀 다른 분위기를 풍긴다. 그러나 잘 생각해 보면, 두 제목은 겉으로 보이는 것만큼 이질적이지 않다. "예닌의 아침"이라는 제목은 "다윗의 상처"보다 미래지향적인 느낌을 주는 것 같지만, 그것의 속내를 들여다보면 그러한 느낌과는 다소 거리가 먼 비극과 폭력이 암시되고 연상되는 제목이다. 제목 속의 예닌이 2002년 4월 1일부터 4월 11일까지 이스라엘군이 예닌의 난민촌을 무차별적으로 습격해 대규모 학살극을 벌인 비극의 장소이기 때문이다. 수십 명의 사람들이 "집단 묘지"에 묻혔으며 "수백 명의 사람들은 행방조차 알 수 없었다"(432). 소설에 따르면, 그러한 학살극이 벌어질 때, 세계는 눈을 감았다. 그리고 "예닌에 와본 적도 없고 희생자나 가해자한테 얘기해본 적도 없는 사람들이 작성한 유엔의 공식 보고서는 대학살이 없었다고 결론지었다"(432). 이것이 "예닌의 아침"이 결코 희망적인 제목일 수가 없는 이유다. 그곳에서 맞는 아침이 "아우성"과 "분노"(433)의 아침인 탓이다. 그 아침은 어머니(아말)를 잃은 딸(사라)이 "그러한 불의로부터 그렇게 오랫동안 등을 돌려온 세계에서 어떻게 살죠? 엄마, 이것이 팔레스타인의 운명인가요?"(433)라고 묻게 만드는 절망과 눈물의 아침이다. 그래서 "예닌의 아침"이라는 제목은 어감상의 차이가 있을 뿐, "다윗의 상처"라는 제목이 암시하는 민족적인 상처와 같은 맥락의 것이라고 해도 과언은 아니다.

소설의 제목이 어떻게 바뀌었는지에 상관없이, 카나파니의 「하이파로 돌아가다」를 "씨앗"으로 삼은 아불하와의 『예닌의 아침』은 4대에 걸친 팔레스타인 가족의 삶을 형상화함으로써, 팔레스타인들이 그들의 땅에서 쫓겨나면서 겪어야 했던 파란만장한 삶을 적나라하게 보여준다. 소설은 서두에 인용한 다위시의 시구를 빌려 말하면, 쫓기고 또 쫓기다가 더 이상 갈 곳이 없게 된 새들의 신세가 된 팔레스타인들("새들은 마지막 하늘을 지나 어디로 날아가야 하는가?")의 실존적 삶을 보여준다. 그 과정에서 그들은 이 소설을 통해 유대인들에 의한 홀로코스트의 와중에서도 서로를 사랑하고 보듬는 따스한 사람들로 다가온다. 그들은 테러리스트가 아니라 가족을 지키려고 노력하고 "인간성"(441)을 지키려고 노력하고 "혈관 속의 사랑은 빼앗기지"(441) 않으려고 노력하는 인간적인 존재로 다가온다. 그녀의 소설은 "타자성 속에서 적을 찾을 수 있다"며 팔레스타인들이 "잘못된 사람들"(Levinas, "Ethics" 294)이라는 걸 암시한 유대철학자 레비나스의 발언이 얼마나 자민족 중심적인 발언인지를, 평범한 팔레스타인들이 겪는 수난사를 통해서 유감없이 보여준다.

팔레스타인들은, 타자의 '얼굴'에서 무한한 책임과 윤리성을 발견한 "타자의 철학자"(Levinas, "Ethics" 294) 레비나스한테서도 외면을 받은 사람들이었다. 그는 "70만 명이 넘는 인종청소를 통해서 만들어진"(Ellis 233) 이스라엘을 옹호했다. 그는 이스라엘의 건국이 "성스러운 땅"의 개념으로부터 "더 이상 분리될 수 없다(Levinas, "Space" 64)고 하면서, 그 땅에 살다가 쫓겨나 유배의 삶을 살아가는 팔레스타인들을 외면했을 뿐만 아니라 그들을 자신의 철학적, 윤리적 기반인 '타자'의 범주에 넣는 것마저 거부했다. 그는 팔레스타인에 관한 한, 타자의 윤리를 벗어나도 보통 벗어난 게 아니었다. 1995년에 세상을 떠났으니까 이스라엘이 팔레스타인들에게 가하는, 나치가 유대인들에게 가했던 것과 흡사한, 폭력에 대해 충분히 알았겠지만, 그는 끝까지 팔레스타인들의 '얼굴'을 외면함으로써 결과적으로 이스라엘의 폭력에 공모하고 자신의 철학적 기반마저 훼손시키고 말았다. 그의 타자 철학에서 팔레스타인들은 빠져 있었다. 그들은 그에게 윤리의식과 무한책임을 일깨우는 '얼굴'을 가진 타자가 아니라 "잘못된 사람들"(Levinas, "Ethics" 294)일 뿐이었다.

바로 이것이 팔레스타인들을 "잘못된 사람들"이 아니라 인간적인 존재로 부각시킨 『예닌의 아침』이 중요한 이유가 된다. 이 소설은 팔레스타인들이 "테러리즘의 현상을 설명하기 위해 유용한 일종의 상품이나 공적인 소유물이 되어 있는"(Said 123) 현실에서, 그들을 테러리스트나 "잘못된 사람들"이 아니라 유형과 유배의 삶을 살아가면서도 인간적인 존엄성을 잃지 않는 사람들로 부각시킨다. 이런 점에서 『예닌의 아침』은 아불하와가 고인이 된 사이드(1935-2003)에게 바치는 훌륭한 헌사다. 사이드가 생전에 "팔레스타인 내러티브가 문학작품에 부족한 것을 개탄"(Abulhawa, *Mornings* 325)했던 것이 이 소설을 쓴 직접적인 계기였기 때문이다. 어쩌면 그에 대한 더 좋은 헌사는 『예닌의 아침』 같은 작품들이, 아니 이보다 훨씬 더 감동적인 작품들이 더 많이 발표되어 세계의 독자들이 팔레스타인들이 유대인들의 손에서 겪었거나 겪고 있는 식민주의와 아파르트헤이트와 홀로코스트*를 보고 듣고 느끼게 하는 것일지 모른다.

---

* 아파르트헤이트는 남아프리카공화국의 백인정권이 과거에 자행했던 인종차별정책을 지칭하는 용어지만, 이스라엘이 팔레스타인들에게 자행하는 폭력이 그것과 다를 바 없다는 점에서 전유해 쓸 수 있는 말이다. 실제로 미국 대통령이었던 지미 카터(Jimmy Carter)는 2006년에 출간한 『팔레스타인-아파르트헤이트가 아닌 평화』(*Palestine: Peace Not Apartheid*)에서 아파르트헤이트라는 말을 사용했고, 미국의 국무장관 존 케리(John Kerry)는 2014년 4월에 이스라엘이 "아파르트헤이트 국가가 될 수 있다"고 발언했다가 곤욕을 치르기도 했다(Rogin, 재인용). 홀로코스트라는 용어의 사용도 마찬가지다. 유대인들은 이것을 자신들의 비극적 경험을 지칭하기 위해 독점적으로 사용하려 하지만, 팔레스타인들에 대한 그들의 야만적 행위를 홀로코스트에 비유하는 사람들이 많은 게 현실이다.

03
디아스포라 작가의 한숨과 향수
– 할레드 호세이니의 『그리고 산이 울렸다』*

1. 모국에 대한 자의식과 죄의식

떠나온 곳에 대한 향수나 그리움은 누구에게나 있기 마련이다. 불가피하게 타향살이를 하는 사람들에게 고향은 늘 돌아가고 싶은 곳일 수밖에 없다. 자크 데리다Jacques Derrida는 이런 사람들이 공유하는 "한숨의 두 가지 근원이자 두 가지 향수"를 "그들의 죽은 조상들과 그들의 언어"(Derrida 87)라고 지적한다. 그에 따르면, "추방자들, 망명자들, 추방당하고 내쫓기고 뿌리가 없는 자들, 유목민들"(Derrida 87)은 한편으로는 조상이 묻혀 있는 고향을 그리워하고, 다른 한편으로는 "모국어라 불리는 언어를 그들의 궁극적인 모국으로 계속 인식한다"(Derrida 88). 전자는 "모든 여행과 모든 거리를 거기에서부터 가능하는 부동(immobility)"의 고향(Derrida 88)을 향한 것이고, 후자는 "일종의 두 번째 피부"처럼 어디든 따라다니는 "움직이는 고향"(mobile home, Derrida 89)을 향한 것이다.

---

* 2013년 『현대영미소설』(20)에 발표.

데리다는 공간적인 고향과 언어적인 고향에 대한 "한숨"과 "향수"가 그들의 공통적인 특징이라고 지적한다.

두 가지 의미의 고향에 대한 한숨과 향수는 불가피하게 고향을 떠나서 살아가야 하는 사람들에게 두루 적용될 수 있는 일반적인 것이지만, 남의 나라에서 남의 언어로 글을 쓰는 디아스포라 작가들의 경우에는 그것이 더욱 극명하게 드러날 수밖에 없다. 그렇지 않아도 언어에 민감한 작가들이 다른 나라의 말을 차용해 글을 쓰는 과정에서 모국과 모국어에 대한 모종의 자의식을 갖게 될 것이 분명하기에 그렇다. 그래서 많은 디아스포라 작가들은 자기분열적인 상황에 처하게 된다. "일종의 두 번째 피부"인 모국어를 버리고 다른 나라의 언어를 차용하여 다른 나라의 독자들을 향해 글을 쓰는 탓이다. 특히 소재를 모국에서 취하는 작가의 경우에는 향수와 자기분열성의 문제가 더욱 복잡한 양상을 띠게 된다. 결국 모국은 디아스포라 작가에게 일종의 강박관념이다. 디아스포라 작가는 한편으로는 작품의 질료를 모국에서 가져오며 자신이 가진 향수를 드러내고, 또 다른 한편으로는 그러한 행위를 통해 자신이 모국을 이용하고 궁극적으로 이득을 취한다는 자의식을 드러낸다. 이런 의미에서 모국과의 연계성이 편하면서도 마냥 편한 것만은 아니다. 모국을 예술의 질료로 삼는 것이 거저 얻어지는 것이 아니고 뭔가 값을 지불해야 하는 행위인 탓이다. 아프가니스탄 출신의 할레드 호세이니Khaled Hosseini가 이 경우에 해당된다. 그가 모국어인 파슈토어(Pashto)가 아니라** 자신의 망명지인 미국에서 사용되는 영어로 글을 쓰면서도 지금까지 발표한 세 권의 소설 모두에서 아프가니스탄과 아프간인들을 소재로 하고 있기에 더욱 그렇

** 파슈토어는 다리어(Dari)와 함께 아프가니스탄의 공식언어다.

다. 그는 영어권 독자들을 위해, 더 구체적으로는 미국 독자들을 위해, 창작행위를 하면서도 미국이 아니라 그가 떠나온 아프가니스탄에 관한 이야기를 풀어놓는 미묘한 위치에 있는 작가다. 따라서 그의 소설에 대한 논의는 모국과의 관련성 내에서 행해질 수밖에 없게 된다. 물론 이것이 유일한 접근방식일 수는 없겠지만, 그의 작품 모두가 모국과 관련된 것이기 때문에 양자의 관계를 논하는 것은 불가피하다.

이 글은 2003년에 발표한 『연을 쫓는 아이』(*The Kite Runner*)로 단숨에 세계적인 작가로 떠올랐고, 2007년에 발표한 『천 개의 찬란한 태양』(*A Thousand Splendid Suns*)으로 그 명성을 더욱 공고히 했으며, 2013년에 발표한 『그리고 산이 울렸다』(*And the Mountains Echoed*)로 다시 각광을 받고 있는 호세이니의 한숨과 향수, 자기분열적인 실존의 의미를 논하기 위한 것이다. 더 구체적으로 말하면, 이 글은 소련의 아프간 침공을 배경으로 두 소년 사이에 벌어지는 우정과 배신의 이야기를 다룬 『연을 쫓는 아이』와 이슬람 근본주의로 인한 아프간 여성들의 수난사를 다룬 『천 개의 찬란한 태양』이 아니라, 최근에 발표된 『그리고 산이 울렸다』를 논의의 대상으로 한다. 논의를 2013년에 발표된 소설에 한정시키는 이유는 호세이니가 앞의 두 소설에서는 아프가니스탄을 소설의 배경으로 삼고 있긴 하지만 모국에 대한 자의식을 직접적으로 표출하지 않았던 반면, 『그리고 산이 울렸다』에서는 모국에 대한 자의식을 자기고백이 아닐까 싶을 정도로 직접적으로 드러내고 있다는 판단에서다. 따라서 이 글은 일차적으로 모국에 대한 호세이니의 한숨과 향수가 어떠한 형태로 『그리고 산이 울렸다』에 배어 있는지 논한 후, 디아스포라 작가로서 호세이니가 갖는 자의식과 죄의식의 문제를 논할 것이다. 전자가 일종의 정신적 귀향에 관한 논의라면, 후자는 그 귀향에 대한 대가나 값에 관한 논의이다.

2. 디아스포라 작가의 노스탤지어

중국에서 태어나 미국에서 활발하게 작품 활동을 하고 있는 하 진Ha Jin에 따르면, 디아스포라 작가는 조국을 "등지고" 살아간다는 사실에 "죄의식을 느낀다"고 한다. 여기에서 "등졌다"는 말은 "충성"의 반의어인 "배반"이라는 의미가 내포된 말인데, 그는 "궁극적인 배반은 다른 언어로 글을 쓰는 걸 택하는 것"이라며 "작가가 제아무리 외국어를 택하는 것을 합리화하고 정당화하려고 해도, 그것은 그를 자신의 모국으로부터 분리시키고 창조적인 에너지를 다른 언어로 향하게 하는 배반행위"(Jin 31)라고 말한다. 진의 말은 다소간에 과장된 것이기도 하고 모든 작가에게 곧이곧대로 적용될 수 있는 말도 아니지만, 자신의 모국어가 아닌 다른 나라, 다른 문화권의 언어로 창작을 하는 작가가 느낌직한 실존적인 감정을 토로하고 있다는 점에서 음미할 가치가 있다.

진의 발언은 1965년에 아프가니스탄의 카불에서 태어나 그곳에서 성장하고 교육을 받다가 아프가니스탄에 공산주의 정권이 들어서자 1980년에 파리에서(당시 외교관이었던 그의 아버지는 파리주재 아프가니스탄 대사관에 근무하고 있었다) 미국으로 망명해 지금까지 살고 있는 호세이니에게도 적용될 수 있는 여지가 있다. 호세이니가 『연을 쫓는 아이』, 『천 개의 찬란한 태양』, 『그리고 산이 울렸다』를 자신의 모국어가 아닌 영어로 발표한 작가이기에 그렇다. 그가 세 소설에서 아프가니스탄을 무대로 아프간인들의 파란만장한 삶을 그린 것은 그곳이 그가 태어나고 자라고 친숙해서 자신의 상상력을 펼칠 수 있는 모국이어서만이 아니라, 남의 나라에 정착해 그 나라의 말로 창작을 하는 디아스포라 작가로서 불가피하게 느끼는 향수와 그리움이 복합적으로 작용한 결과다. 그는 비록 모국어로 글을 쓸 수는 없지만, 적어도 작품의 배경을 모국으로 설정하여 스토리를 전개함으로써 자신의 복잡한 감정을 풀어내고 있다. 즉, 모국어로 창작을 할 수 없는 실존적 상황이 소재적인 면에서의 귀향으로 이어지고 있다는 말이다. 외국어로 글을 쓰는 일을 자신을 "모국어로부터 분리시키고 창조적인 에너지를 다른 언어로 향하게 하는 배반행위"로 규정한 진이 시종일관 자신의 모국인 중국을 배경으로 하는 소설을 쓴 것도 같은 맥락에서 볼 수 있다.* 데리다가 말한 "한숨"과 "향수"(Derrida 87) 혹은 진이 말한 "죄의식"(Jin 31)이 호세이니처럼 모국을 떠나서 살아야 하는 작가에게 모국을 배경으로 하는 작품을 쓰게 만드는 셈이다.

호세이니의 다른 두 소설과 마찬가지로 『그리고 산이 울렸다』도 아프가니스탄을 배경으로 한다. 물론 엄밀히 얘기하면 아프가니스탄만이 아니라 그리스, 프랑스, 미국을 배경으로 하고 있다고 해야 맞는 말이겠지만, 모든 것이 궁극적으로 아프가니스탄으로 수렴된다는 점에서 아프가니스탄은 이 소설의 확고한 중심이다. 작가는 자신이 창조한 "인물들의 사회적, 문화적, 지리적 환경을 확장하고 스토리에 더 세계적인 맛을 부연하기 위해"(Q&A with Khaled Hosseini) 소설의 배경을 미국과 유럽으로까지 확장했다고 하지만, 어디를 배경으로 하든 그것의 시발점이 아프가니스탄일 뿐만 아니라 모든 것이 아프가니스탄으로 귀결된다는 점에서, 아프가니스탄은 여전히 소설의 핵심이고 중심이다. 이를 좀 더 구체적으로 얘기해보면 1장에서 4장까지, 그리고 7장만이 아프가니스탄을 배경으로 하고 있고 5장, 6장, 8장, 9장은 아프가니스탄을 부분적인 배경으

* 물론 『자유로운 삶』(*A Free Life*), 『멋진 추락』(*A Good Fall*) 등과 같은 소설은 엄밀히 얘기하면 중국이 배경이라고 할 수는 없지만, 중국인들의 이민생활을 소재로 하고 있다는 점에서 크게 보면 모국으로부터 크게 멀어진 건 아니라고 할 수 있을 것이다.

로 하거나 아예 다른 나라를 배경으로 하고 있다. 5장은 미국과 아프가니스탄을 복합적인 배경으로 하면서 미국 이민자인 이드리스Idris와 티무르Timur를 다루고 있고, 6장은 전적으로 프랑스를 배경으로 하고 있지만 이 소설의 중심인물인 아프가니스탄 출신의 파리Pari가 활동하는 공간이다. 그리고 8장은 성형외과 의사 마르코스Markos의 고향 그리스와 그의 근무지 아프가니스탄을 복합적인 배경으로 하고 있고, 9장은 프랑스와 미국이 배경이지만 파리의 오빠인 압둘라Abdullah와 그의 가족이 활동하는 공간이다. 즉, 어디를 배경으로 어떤 스토리가 전개되든 아프가니스탄과 연결돼 있다는 말인데, 이는 작가가 모국을 향해 느끼는 향수가 어느 정도인지 말해준다.

모국에 대한 그리움이나 향수는 소설의 배경만이 아니라 소설 곳곳에 있는 아프간어에서도 확인할 수 있다. 가령, 아저씨라는 의미의 카카(Kaka), 아버지라는 의미의 바바(Baba), 새롭다는 의미의 나우(Nau), 화덕이라는 의미의 탄두르(tandoor), 빵이라는 의미의 난(naan) 등의 말이 반복적으로 사용되는데, 이것은 텍스트가 영어로 되어 있긴 하지만 영어권이 아니라 아프가니스탄이 배경임을 강조하기 위한 것이다. 사실, 텍스트에서 사용되는 아프간어들은 영어로 번역되어도 의미 전달에 전혀 지장이 없지만, 작가는 그것을 번역하지 않고 그대로 놔두고 있다. 그는 영어로 표기한 모국어를 텍스트 곳곳에 배치함으로써 영어로 집필되어 영어권 독자들에게 읽히는 텍스트를 의도적으로 낯설게 만들고 있다. 결국 그는 모든 것을 영어로 번역하는 걸 거부하고 모국어의 흔적을 남김으로써 자신의 텍스트가 혼종적인 것임을 드러낸다. 그리고 이 낯설음과 혼종성이 모국을 향한 작가의 그리움과 관련이 있는 건 분명하다.

보는 사람에 따라서는, 영어로 된 텍스트 속의 아프간어를 하찮고 대수롭지 않게 생각할 수도 있겠지만, 불가피한 상황에서 미국으로 망명한 작가가 그런 식으로 모국어에 대한 그리움과 향수를 토로하고 있다는 것은 의미심장하다. 데리다의 말처럼 언어 자체가 "문화의 앙상블이며, 그 언어에 깃들어 있는 가치들, 기준들, 의미들"(Derrida 133)인 탓이다. 그래서 "같은 언어를 말하는 것은 단순한 언어수행(linguistic operation)만이 아니다. 그것은 일반적으로 정신(*ethos*)의 문제이기도 하다"(Derrida 133). 즉, 호세이니의 텍스트에 아프간어의 일부가 들어가 있는 것은 "그 언어에 깃들어 있는 가치들, 기준들, 의미들" 즉 "문화의 앙상블"에 대한 그리움과 무관하지 않다. 언어에 대한 그리움은 곧 문화에 대한 그리움에 다름 아니기 때문이다. 그래서 영어로 바꿔도 크게 문제될 것이 없는 말들이 번역되지 않고 그대로 있는 것이다. 그러한 말들은 일반 독자들의 입장에서는 너무 보편화되어 특별할 게 없는 것일지 모르지만, 작가의 입장에서는 다른 나라의 말을 차용할 수밖에 없는 실존적 현실에 대한 한숨이자 모국어에 대한 향수의 표현이다. 즉, 사소한 것 하나하나에 그리움이 투사되어 있는 것이다.

문화에 대한 작가의 향수는 곳곳에 있는 아프간어의 흔적만이 아니라 작가가 제목과 본문 사이에 배치해 놓은 제사題詞에서도 찾아볼 수 있다. 더욱이 이 제사가 소설의 주제에 부합될 뿐만 아니라 독자가 이 소설을 해석하는 일종의 가이드 역할을 하고 있다는 점에서. 텍스트에 산재하는 아프간어의 흔적보다 더 중요할 수 있다. 어쩌면 이 제사는 소설을 통틀어 문화에 대한 작가의 그리움과 애착을 가장 효과적이고 직접적으로 드러내는 장치라고 해도 과언은 아니다.

잘잘못에 대한 생각을

넘어선 저 멀리에
들판이 있다.
나, 그대를 그곳에서 만나리.*

Out beyond ideas
of wrongdoing and rightdoing,
there is a field.
I'll meet you there.

이것은 13세기 페르시아 시인 잘랄루딘 루미Jelaluddin Rumi의 시인데, 작가는 이 시를 스토리가 시작되기 직전의 자리에 배치함으로써 그것이 텍스트와 의미심장한 관계에 있도록 만들고 있다. 제라르 주네트Gerard Genette의 말을 빌리면, 루미의 시는 텍스트의 "문턱"에 위치하여 "텍스트에 작가의 의도와 일치하는 운명을 확보하는 것"(Genette 407)을 목적으로 하는 파라텍스트(paratext)이고, 더 세분해 말하면 페리텍스트(peritext)이다.** 호세이니는 독자가 텍스트를 자의적으로 해석하지 않

---

* 『그리고 산이 울렸다』의 우리말 번역은 왕은철의 번역본을 따르고 이후의 인용은 본문에 쪽수만 표기한다. 원문의 쪽수를 밝혀야 할 때는 인용문 다음에 덧붙이는 방식을 취한다.

** 주네트에 따르면, 텍스트에 대한 해석은 "파라텍스트"(paratext), 즉 텍스트의 "문턱"에 있는 것들로부터 많은 영향을 받는다. 그는 "파라텍스트"를 "페리텍스트" (peritext)와 "에피텍스트"(epitext)로 세분하는데, 전자는 제목, 각 장의 제목, 서문, 각주, 헌사, 제사(題詞) 등을 지칭하고 후자는 저자의 인터뷰, 비평가들에 의한 서평 등과 같은 텍스트 "외"의 것을 지칭한다. 이러한 것들이 텍스트에 관한 "해석의 문턱" 역할을 하면서 해석에 기여한다는 것이다. 호세이니의 소설과 파라텍스트의 문제는 필자의 다음 논문에서 상세히 논의된다. "할레드 호세이니의 소설과 페리텍스트-『그리고 산이 울

고 자신이 원하는 방향으로 해석하도록 페리텍스트에 해당하는 루미의 시를 의도적으로 서두에 배치하고 있다. 그것은 그만큼 문화에 대한 작가의 그리움이 크다는 표시다. 여기에서 한 가지 짚고 넘어가야 할 것은 루미가 페르시아 시인이며 그의 시가 페르시아어로 돼 있다는 사실이다. 즉, 루미의 시는 호세이니의 모국어인 파슈토어와는 일정한 거리가 있는 텍스트이다. 그러나 아프가니스탄이 이란과 접경지역에 있으며 페르시아 문화권에 속한다는 점에서, 호세이니가 루미의 시를 제사로 삼은 것은 문화적 의미의 고향을 아프가니스탄에 국한시키지 않고 전반적인 페르시아 문화로 확장하고 있는 것으로 받아들일 필요가 있다. 작가는 경우에 따라서는, 근대적 의미의 국가보다 공동의 문화적 유산의 문제를 더 중요한 것으로 생각하는 것처럼 보인다.

루미의 시가 얼마나 중요한 역할을 하는지에 대해서는 다소간에 논의가 필요하다. 그것이 우리에게 작가가 느끼는 문화에 대한 그리움이나 향수가 어느 정도인지 가늠하게 해줄 것이기 때문이다. 그런데 여기에서 먼저 짚고 넘어가야 할 것은 호세이니가 루미의 시를 앞부분만 인용하고 나머지 부분은 생략하고 있다는 사실이다. 다음은 시의 나머지 부분에 해당한다.

> 영혼이 저 풀밭에
> 누울 때
> 세상은 말로 하기에는 너무 가득하다.

렸다』의 제목이 갖는 함축성에 관하여." 이 논문과 본 논문은 다른 부분에 관한 논의에 있어서도 일정 부분 겹치는데, 이는 양자를 상호텍스트적이고 대화적인 맥락에 놓기 위한 의도적인 설정이다.

생각도, 언어도,
"서로"라는 말조차도
의미가 없다.

When the soul lies down in that grass,
the world is too full to talk about.
Ideas, language, even the phrase "each other" doesn't make any sense
(Rumi, "Out Beyond Ideas.")

루미의 시는 호세이니가 앞에서 인용한 부분과 여기에 인용한 부분을 합해야 온전한 시가 된다. 그런데 호세이니가 인용하고 있는 부분만을 놓고 시의 의미를 파악하는 것과 뒤의 것까지 합해서 전체적인 의미를 파악하는 것 사이에는 미세한 간극이 존재한다. 호세이니가 페리텍스트로 삼고 있는 부분만을 따지면, 이 시는 인간관계를 잘잘못에 입각해서 판단할 게 아니라 넓은 의미에서 "서로"를 보듬어줄 필요성을 강조한다는 점에서 일종의 휴머니즘적인 색채를 띠게 된다. 그런데 뒤의 것까지 포함하면 언어를 포함한 많은 것들이, 심지어 "'서로'라는 말조차도", 부질없는 것이라는 일종의 허무주의적이거나 초연한 색채를 띠게 된다. 시가 반으로 잘려 인용됨으로써 그것의 의미가 바뀐 것이다.

그렇다면 우리가 여기에서 제기해볼 수 있는 문제는 호세이니가 길지도 않은 시를 반으로 잘라 앞부분만 페리텍스트로 삼은 이유가 무엇인가 하는 것이다. 이것에 대한 답은 소설을 다 읽고 나서야 찾을 수 있는데, 결론부터 얘기하면 호세이니는 루미의 시에서 감지되는 허무주의적인 생각을 밀어내고, 인간이나 인간사를 잘잘못의 잣대로 재단하지 않는 휴머니즘적인 시각을 강조하기 위해서, 시의 후반부를 의도적으로 제외시키고 전반부만 제사로 삼은 것처럼 보인다. 이런 과정을 거쳐, 루미의 시는 스토리의 문턱에 배치되어 독자가 스토리를 읽어가는 데 일종의 가이드 역할을 하고 있다. 간단하기 그지없는 넉 줄의 시행이 이후로 몇 백 페이지에 걸쳐 펼쳐지는 스토리를 어떤 식으로 읽을지 안내하고 있다. 텍스트의 "문턱"에 있는 시가 해석의 "문턱"인 것이다. 이것은 작가가 루미의 시가 대변하는 문화적 의미의 고향을 얼마나 중요하게 생각하는지 실감나게 보여주는 예이다.

작가가 루미의 시를 일부만 인용함으로써 강조한 휴머니즘적인 시각에서 보면, 애지중지하는 딸인 파리를 팔아버린 사부르Saboor도 그렇고, 그가 딸을 팔아버리게 만드는 원인을 제공하는 그의 친구이자 처남인 나비Nabi도 단죄의 대상이 아니라 동정의 대상이 된다. 이것은 질투에 눈이 멀어 쌍둥이 언니 마수마Masooma가 나무에서 떨어져 반신불수가 되게 하고, 언니의 자발적인 청에 따른 것이긴 하지만, 언니가 죽게 사막에 두고 혼자 집으로 돌아가는 파르와나Parwana의 경우도 마찬가지다. 실제로 스토리는 그들의 인간적인 면을 부각시킴으로써 그들을 비난이 아니라 동정의 대상으로 만든다. 작가는 선악의 이분법적인 시각, 즉 "잘잘못에 대한 생각"에 입각해 『연을 쫓는 아이』와 『천 개의 찬란한 태양』의 스토리를 전개시켰던 것과 달리, 『그리고 산이 울렸다』에서는 루미의 시에 배어 있는 휴머니즘에 입각해 스토리를 전개시키고 있다.* 결국 페리

* 물론 이 소설이 모든 인물들을 향해 같은 태도를 취하는 건 아니다. 가령 7장에 나오는 아델의 아버지는 처음부터 끝까지 위선적인 인물로 남는다. 처음에는 아버지를 숭배하던 아델은 차츰 자신의 아버지가 전쟁범죄자이며 사부르의 땅에 불법적으로 저택을 짓고 살면서, 땅을 돌려달라고 하는 사람을 무참히 죽였다는 사실을 알게 된다. 이런 의

텍스트에 관한 주네트의 말처럼, 루미의 시는 작가가 자신이 창조해낸 인물들을 바라보는 시각을 아주 효과적으로 안내하는 기능을 한다. 텍스트의 문턱에 위치한 페리텍스트가 해석의 문턱의 기능을 톡톡히 하고 있는 것이다. 주네트가 "작가의 시점의 올바름이 파라텍스트의 내재적인 신조이자 자발적인 이데올로기"(408)라고 한 것은 바로 이런 맥락에서다. 결국 루미의 시, 즉 페리텍스트는 이 소설에 배어 있고 작가가 의도한 휴머니즘적인 시각을 몇 행의 시로 압축하여 보여주는 "자발적인 이데올로기"이다.

호세이니는 이처럼 루미의 시를 텍스트의 문턱에 위치시킴으로써 자신의 휴머니즘적인 시각을 부각시킴과 동시에, 문화적 의미의 고향에 대한 그리움과 향수를 드러낸다. 그는 전작인 『천 개의 찬란한 태양』의 책 제목(이것도 중요한 페리텍스트 중 하나다)을 카불의 아름다움을 묘사한 17세기 페르시아 시인 사이브 에 타브리지Saib e Tabrizi의 시에서 빌려오며 그랬던 것처럼, 『그리고 산이 울렸다』의 문턱에 루미의 시를 배치함으로써 고향에 대한 그리움과 향수를 효과적으로 드러내고 있다.

그리고 루미의 시가 갖고 있는 중요성에는 미치지 못하지만, 작가가 소설 후기에서 "위대한 페르시아 시인"(403)이라고 언급한 포루그 파로흐자드Forough Farrokhzad의 시도 고향에 대한 작가의 그리움과 한숨, 향

미에서 보면, 아델의 아버지는 "잘잘못에 관한 생각"에 입각해 판단되어야 하는 인물이다. 그래서 루미의 시에 견줘볼 때, 7장은 다른 장들과 비교해 조화롭지 못한 측면이 없지 않다. 그러나 아델이 "자신이 아버지를 전처럼 사랑하지 못할 것이라는 걸" 알면서도 "이제 다르고 더 복잡하고 혼란스러운 일이긴 하지만, 그를 다시 사랑하는 법을 배울 것"(388)이라고 생각한다는 점을 감안하면, 꼭 그렇게 볼 것만도 아니다. 아델의 아버지가 아무리 사악할망정, 적어도 가족 구성원들 사이에는 그를 보듬으려는 노력이 존재하는데, 이런 맥락에서 보자면 루미의 시가 함의하는 바는 여전히 유효한 것이 된다.

수와 무관하지 않다. 작가는 파로흐자드의 시에서 파리와 압둘라 남매가 서로를 향해 느끼는 애틋한 사랑과 슬픔, 그리고 이후에 전개되는 가슴 아픈 삶을 암시해주는 중요한 모티프를 찾아낸다.

나는 바다에 살면서
마법의 피리를 너무나 부드럽게 부는
슬픈 작은 요정을 알고 있네
매일 밤 입맞춤에 죽고
매일 새벽 입맞춤으로 되살아나는
슬픈 작은 요정. (Farrokhzad, "Another Birth")

그런데 호세이니는 앞부분만 인용함으로써 루미의 시가 허무적이 아닌 휴머니즘적인 의미를 띠게 한 것처럼, 파로흐자드의 시에 나오는 "슬픈 작은 요정"을 "어느 날 밤, 바람에 날아간/ 슬픈 요정"으로 바꿔 전유하고 있다. 그래서 밤이면 입맞춤과 함께 잠들었다가 아침이면 입맞춤과 함께 깨어나는 "요정"은 바람에 날아가버린 "슬픈 요정"이 된다.

나는 종이 그늘 밑에 있는
슬픈 작은 요정을 보았네.
나는 어느 날 밤, 바람에 날아간
슬픈 요정을 알고 있네. (39)

이러한 전유가 이 소설의 근간을 형성하면서 압둘라와 파리 남매의 서글픈 이별과 그리움이 소설의 한복판을 차지하게 되는데, 이는 문화적 의미의 고향에 대한 작가의 향수가 얼마나 깊고 강한 것인지를 말해준다. 작가는 굳이 그럴 필요가 없음에도 문화적 유산을 끊임없이 응시하고 거기에서 영감을 얻고 있는 것이다. 앞서 논의한 루미의 시가 소설 속의 인물들을 해석하고 궁극적으로 텍스트 전체를 해석하는 방향성을 제시한다면, 파로흐자드의 시는 이처럼 소설의 중요한 모티프를 제공한다. 그러니까 작가는 시작에서부터 마무리까지 두 페르시아 시인에 한껏 기대고 있는 셈인데, 이것은 미국에 살면서 영어로 글을 쓰는 작가가 뒤에 두고 온 문화를 응시하며 거기에서 영감을 얻으려 한 데서 생긴 결과다. 그리고 그 응시가 데리다가 말한 한숨이자 향수다.

3. 이민자의 시선으로 바라본 모국의 이미지

환대의 개념을 논의하는 자리에서 한 발언이라 데리다가 언급하지는 않았지만, 모국에 대한 그리움이나 향수는 불가피하게 자의식과 얽히게 된다. 진의 경우처럼, 그것이 조국을 등지고 남의 나라에 살면서 남의 언어로 창작활동을 하고 있다는 사실에서 연유한 "죄의식"(Jin 31)일 수도 있겠고, 호세이니의 경우처럼, 모국과 관련된 소재로 외국 독자들을 위해 글을 쓰고 있다는 자의식일 수도 있을 것이다. 그런데 『그리고 산이 울렸다』는 그의 다른 두 소설과 다르게, 모국과 관련된 호세이니의 자의식이 자기고백처럼 드러나 있는 소설이다. 바로 이 점에서 이 소설의 6장은 대단히 중요하다. 호세이니가 자신처럼 글을 쓰는 작가를 이 부분에서 등장시키고 있기 때문이다.

작가가 작품 속에 작가를 등장시킨다는 것은 의미심장할 수밖에 없다. 늘 그렇다고 일반화할 수는 없겠지만, 작품 속에 작가가 등장할 경우, 그

인물에게 창작과 관련된 작가 자신의 입장이 투사될 소지가 다분하기 때문이다. 즉, 자기반영성이 두드러질 수 있다는 말이다. 예를 하나 들자면, J. M. 쿳시Coetzee의 『페테르부르크의 대가』(*The Master of Petersburg*)를 들 수 있다. 이 소설에는 도스토옙스키가 주인공으로 등장하는데, 쿳시는 그를 중심으로 스토리를 전개하면서 작가의 창작행위와 관련된 다양한 담론을 펼친다. 그 중에서도 인상적인 것은 작가가 소설을 쓰기 위해 지불하는 "값"에 관한 것이다. 소설 속의 도스토옙스키는 좋은 글을 쓰기 위해서라면 "모든 사람을 판다." 자신의 "인생도 팔고 주변 사람들의 인생도 판다." 석연치 않은 이유로 죽은 자신의 의붓아들 파벨Pavel도 팔고, 자신이 기거하는 하숙집 여주인도 팔고, 여주인의 예쁜 딸도 팔고, 자신이 "사랑하는 모든 사람들"도 판다(Coetzee 293). 물론 여기에서 "판다"는 말은 비유적인 의미에서 사용되는 표현이다. 작가가 자신과 밀접한 사람들을 소재로 글을 써서 "많은 돈"(Coetzee 328)을 번다면, 우리가 그것을 비윤리적인 수단을 통해 영리를 취하는 비윤리적인 행위로 보는 것도 크게 잘못된 것만은 아닐 것이다. 실제로 도스토옙스키 자신도 그것을 "배반"(Coetzee 327)으로, "영혼을 단념해야"(Coetzee 328) 할 정도의 배반행위로 인식한다. 그는 배반을 작가의 숙명이라고 생각한다. 그리고 그것은 쿳시가 작가로서 느끼는 생각과 크게 다르지 않은 듯하다. 쿳시는 세상을 떠난 아들의 죽음을 "팔아" 작품을 써내는 도스토옙스키를 등장시킴으로써, 자신의 아들의 죽음마저 소설화하고 있는 자신을 자책하고 있는 것인지도 모른다(그의 아들은 소설에 나오는 도스토옙스키의 의붓아들 파벨이 그러한 것처럼, 젊은 나이에 모호한 상황에서 죽었다). 또한 그는 인종주의로 인한 비극으로 얼룩진 남아프리카 역사를 소설 속에 형상화한 것에 대한 심리적 부담감을 도스토옙스키의 발언을 통해 우회적으로 내비친다. 그가 작가로서 입지를 굳히고 결국 노벨문학상까지 수상하게 된 것도 비유적인 의미에서 말하자면, 주변 사람들을 팔고 자기 나라의 정치를 팔고 역사를 팔았기 때문에 가능한 것이었다. 물론 그의 창작행위가 꼭 자신의 이름을 내기 위해 행해진 자기중심적이고 이기적인 행위였다는 말은 결코 아니다. 그의 작품이 갖는 윤리성은 더 이상 언급할 필요도 없이 확고하다. 다만 여기에서 "판다"는 개념을 사용하는 것은 그것이 작가가 주변의 것들을 활용하는 과정에서 불가피하게 갖게 되는 자의식 내지 죄의식이라는 것을 강조하기 위한 것이다. 쿳시의 도스토옙스키가 소설의 말미에서 "모든 사람을 배반했다"(Coetzee 327)고 느끼고 "그것이 그가 [글을 쓰기 위해] 지불해야 하는 엄청난 대가"이며 자신이 글을 써서 "많은 돈"을 받는 대가로 자신의 "영혼을 단념해야 한다"(Coetzee 328)고 인식하는 것은 바로 그러한 맥락에서다.

놀랍게도 호세이니는 쿳시가 소설 속의 작가 도스토옙스키를 통해 내보이는 것과 같은 자의식을 시인으로 등장하는 닐라 와다티를 통해 드러낸다. 도스토옙스키와 닐라는 사용하는 표현이 다를 뿐, 본질적 의미에서 창작에 관한 생각이 엇비슷하다. 가령, 닐라는 자신을 인터뷰하러 찾아온 잡지사 기자에게 창작을 "다른 사람들의 삶을 파괴해서 그들을 끌어들이고" "그들의 욕망과 꿈을 훔치고 그들의 약점과 고통을 자기 것으로 만드는"(297) 행위라고 말하는데, 이는 쿳시의 소설 속에서 도스토옙스키가 창작을 모든 사람들의 삶을 팔아서 이득을 얻는 "배반행위"로 인식하는 것과 다를 바가 없다.

그렇다면 닐라가 어떠한 이유에서 무엇을 배반하게 되는지, 그 배경을 우선 이해할 필요가 있다. 그녀는 아프가니스탄의 가부장적 이데올로기에 저항하는 과정에서, 이슬람 문화에서 금기에 해당하는 노골적인 성애의 문제를 다룬 시들을 쓴다. 그녀는 여자들이 "섹스로부터 보호를 받아야 하고, [자신의] 몸으로부터 보호를 받아야 한다는 태도"나 "정서적으로, 감정적으로, 지적으로 미성숙하다는 생각", 그리고 "자기통제력도 없고 육체적인 유혹에 약하다는 생각"이나 "아무 남자하고나 자지 못하도록 해야 하는 성적인 존재"라는 생각이 싫다(300). 이런 점으로 미뤄 보면, 그녀는 "남자들이 오랫동안 유지하던 독점권을 거부"(299)하는 이슬람권의 페미니스트이다. 그녀는 자신의 생각을 다소 과격한 형태의 시로 표현한다. 그녀는 이슬람권에서 금기인 남녀간의 성애를 노골적으로 다루고, "주변 상황이 주는 압박감에 대한 몸부림"을 표현하는 과정에서 "익명으로 처리된 사악한 남자"(296)를 자주 등장시킨다. 문제는 그녀의 시가 아버지를 포함한 주변 사람들을 소재로 삼고 있으며, 그것으로 시인으로서의 입지를 굳힌다는 사실이다. 그녀의 시에 나오는 "사악한 남자"는 그녀의 아버지일 수도 있고 주변의 다른 남자들일 수도 있다. 그래서 그녀의 보수적인 아버지는 그녀가 그런 시들을 발표함으로써 "가문에 돌이킬 수 없는 먹칠을 했다"(300)고 말한다. 그녀도 그것이 "도덕적으로 문제가 있다"(298)는 걸 부인하지 않는다. 그녀가 세월이 흐른 후, 자신의 시를 자랑스럽게 생각하느냐는 기자의 질문에 "도덕적으로 문제가 있는 수단을 통해 얻은 것을 자랑스럽게 생각하기란 어려운 일"(298)이라고 답한 것도 이러한 자의식에서 기인한다. 그녀는 비록 자신이 "여자들이 자기 위치에서 할 말을 하고 정당한 자아실현을 해야 한다"고 생각하고 아버지와 같은 "남자들이 오랫동안 유지하던 독점권을 거부"(299)하는 시들을 쓰는 과정에서 그렇게 했다고 하지만, 그것이 결코 순수한 것일 수만은 없었다는 걸 인정한다.

그런데 이러한 자의식은 일차적으로는 소설 속에서 작가로 나오는 닐라의 자의식이지만, 궁극적으로는 디아스포라 작가로서 호세이니가 갖고 있는 자의식과 무관하지 않다. 그녀가 작가로서 갖는 자의식이 『그리고 산이 울렸다』의 스토리 전체로 보아서 크게 중요하지 않기에 더욱 그렇다. 이 소설의 중심은 어디까지나 와다티 부부에게 팔려온 파리와 그녀를 그리워하는 압둘라이지, 파리를 친딸이라고 속이고 키우는 닐라가 아니다. 물론 그녀도 파리를 부모에게서 떼어 그녀에게 안길 만큼 그녀를 (짝)사랑하는 나비의 입장에서 보면 중요한 인물이겠지만, 전체적인 구도로 보아 파리나 압둘라가 갖고 있는 비중이나 중요성에 비할 바가 아니다. 즉 호세이니는 주변적인 인물을 통해 자신의 창작행위와 관련된 일말의 소회를 은연중에 드러내고 있는 셈이다. 그는 창작행위와 관련된 자의식을 표출하기보다는 흥미로운 스토리를 풀어내는 데 집중했던 『연을 쫓는 아이』와 『천 개의 찬란한 태양』을 통해 작가로서의 입지를 탄탄하게 굳힌 뒤라서, 자기반영적인 인물을 통해 자신의 속내를 드러내고 싶은 심적인 여유를 갖게 되었을 수도 있다. 그렇다고 앞의 두 소설에 작가의 자의식이 배어 있지 않다는 말은 결코 아니다. 그는 미국에 살면서 아프가니스탄을 배경으로 미국 독자들을 향해 글을 쓰는 작가였다. 그러니 자의식은 그의 창작행위와 떼려야 뗄 수 없는 것이었다. 다만 그것이 앞의 두 소설에서는 밖으로 드러나는 것이라기보다 어딘가에 숨어 있는 형태의 것이었다. 미국 독자들이 자신의 소설을 읽어줄지 어떨지, 아니 자신의 소설이 출판될지 어떨지 모르는 상황에서, 그가 창작에 관한 자의식과 자기반영성이 두드러지는 작품을 쓰는 위험을 감수할 수는 없었을 것이다. 바로 이것이 그의 세 번째 소설 『그리고 산이 울렸다』가 앞의 두 소설과 차이가 나는 점 중의 하나다. 이 소설은 자신과 같은 아프가니스탄 출신의 작가를 등장시켜 극히 일부분이긴 하지만, 호세이니가 디아스포라 작가로서 느끼는 일련의 자의식을 그대로 드러낸다.

이 부분에서 눈여겨볼 것은 닐라가 아버지는 아프간인이지만 어머니는 프랑스인이어서, 순수혈통과는 거리가 먼 혼종적인 인물이라는 사실이다. 이것은 소설을 아프가니스탄을 벗어나 좀 더 국제적인 성격의 것으로 만들고자 하는 작가의 의도에서 비롯된 측면도 있지만, 그보다는 호세이니가 미국에 거주하는 디아스포라 작가로서 더 이상 순수한 아프간인도 아니지만 아프가니스탄을 배경으로 창작을 할 수밖에 없는 자신의 분열적이고 혼종적인 삶을 투영하기 위한 것이라고 보는 게 더 합당할 것이다. 그는 아프간인도 아니고 미국인도 아니고, 동시에 아프간인이면서 미국인인 자신의 이중적이고 양가적인 정체성을 아프간인 아버지와 프랑스인 어머니를 둔 닐라라는 작가에게 투사하고 있다.

호세이니는 닐라처럼 조국의 피폐된 현실과 파란만장한 역사를 배경으로 글을 쓰고 있는 행위에 일말의 죄의식을 느끼고 있는 것처럼 보인다. 창작이란 "다른 사람들의 삶을 파괴해서 그들을 끌어들이고" "그들의 욕망과 꿈을 훔치고 그들의 약점과 고통을 자기 것으로 만드는 것"이며 궁극적으로 "어쩔 수 없이 하는 도둑질 같은 짓"(297)이라는 닐라의 말에는 호세이니가 아프가니스탄을 배경으로 글을 쓰면서 느꼈음직한 죄의식이 묻어난다. 결국 호세이니는 미국이라는 편안하고 안정된 공간에 살면서, 그것과는 너무나 대조적인 아프가니스탄을 소설의 질료로 삼아 상업적으로도 그렇고 평단에서도 성공한 작가다. 그는 닐라가 아버지를 포함한 주변 사람들을 팔고 가부장적인 아프가니스탄을 팔았던 것처럼, 아프간인들의 "고통"을 팔고 전쟁과 독재에 찢긴 아프가니스탄의 역사를 팔았다. 물론 "팔았다"는 표현이 과장되고 조야한 것이긴 하지만, 디아스포라 작가가 모국의 아픔이나 비극을 글로 써서 이국의 독자들에게 읽히는 행위를 통해 예술적으로나 상업적으로 이득을 취한다는 점에서 크게 잘못된 것만은 아닐 수 있다. 이 맥락에서, 일부 아프간계 미국인들이 호세이니의 소설에 "적개심"(Young, *Telegraph*)을 갖고 있다는 사실은 시사적이다. 그들의 반응은 미국을 비롯한 세계의 많은 독자들이 그의 소설에 열광하는 것과는 사뭇 대조적인데, 그들이 그렇게 반응한 것은 호세이니가 그들의 모국에서 있었던 잔혹상과 비극과 치부를 미국독자들에게, 나아가서 세계 독자들에게 드러내 보이는 게 싫어서였을 것이다. 『연을 쫓는 아이』에서 부족들 사이의 갈등과 폭력을 드러내는 것도 싫고, 『천 개의 찬란한 태양』에서 여성들에 대한 무자비한 가부장적 폭력을 드러내는 것도 싫어서였을 것이다. 더욱이 호세이니는 두 소설 속의 인물들과 다르게, 전쟁을 경험한 세대도 아니고 가난과 폭력에 시달린 계층도 아니었다. 그는 열한 살 때인 1976년에 아프가니스탄을 떠난 후로 서른여덟 살 때인 2003년에 그곳을 잠시 찾을 때까지는 아프가니스탄에 발을 들여놓은 적이 없었다. 그가 "아프가니스탄에 관한 얘기를 읽을 때마다 늘 죄의식을 느꼈다"(Young, *Telegraph*)고 말한 것은 이런 연유에서다. 그것은 그와 같이 "연을 날리면서 자랐던 많은 친구들은 대단히 어려운 시절"(Young, *Telegraph*)을 보낸 반면, 자신은 미국에서 편안하게 학업을 마치고 의사가 되었으며, 급기야 자신이 실제로 경험하지 않은 모국에 관한 이야기로 베스트셀러 작가에까지 올랐다는 자의식이다. 그래서 아프간 사람들의 "욕망과 꿈을 훔치고 그들의 약점과 고통을 자기 것으로 만드는" 창작행위를 가리켜 "어쩔 수 없이 하는 도둑질 같은 짓"이자 배반행위라는 닐라의 자의식은 아프가니스탄과 관련된 호세이니의 자의식이나 다름없다.

바로 이러한 자의식이 호세이니로 하여금 이드리스라는 인물을 소설에 등장시킨 이유이기도 했을 것이다. 이드리스는 호세이니처럼 캘리포니아에 정착한 아프간 이민자이고 의사이다. 그도 호세이니처럼 소련군이 들어온 후에 미국으로 이주했고 나중에는 의사가 되어 이십년 만에 고향을 찾는다. 그는 아프간 사람들이 "생지옥" 속에 있을 때, 자신이 미국에서 편안하게 살 수 있었던 "운 좋은 사람"임을 솔직하게 인정한다. 그는 카불에 근무하는 외국인 간호사 아므라Amra에게 이렇게 말한다.

> "나는 우리가 모든 걸 겪은 이 사람들을 존중해야 한다고 생각할 따름이에요. 여기서 내가 말하는 '우리'란 티무르[그의 사촌]와 나 같은 사람을 두고 하는 말이죠. 이곳이 생지옥이었을 때 이곳에 있지 않았던 운 좋은 사람들 말이죠. 우리는 이 사람들과 같지 않아요. 우리는 그렇게 가장할 필요가 없어요. 우리는 이 사람들이 하는 이야기를 들을 *자격*이 없어요." (147-48)

이드리스는 여기에서 자신이 아무리 아프가니스탄에서 태어났지만, 이곳 사람들과 더불어 살면서 전쟁을 겪지도 않고 고통을 당하지도 않았으므로 "그들 중 하나인 척"(212) 해서는 안 되며, 이 사람들이 하는 이야기를 "들을 *자격*이 없다"고 말하는데, 이는 호세이니가 아프가니스탄을 소재로 소설을 쓰면서 불가피하게 느꼈을 자의식과 무관하지 않다. 결국 그는 "그들 중 하나"가 아니면서 그들에 관한 이야기를 마치 자신이 직접 경험하기라도 한 것처럼 소설화했던 것이다. 그렇다면 그가 어떻게 자신의 창작행위를 정당화할 수 있느냐가 문제가 되는데, 그것은 이드리스의 말에 대한 아므라의 응수에서 찾을 수 있다. "당신이 그들의 이야기를 하면, 그건 그들이 당신에게 주는 선물인 거예요"(213). 이것은 호세이니가 디아스포라 작가로서 하고 있는 문학행위에 대한 자기정당화 내지 자기긍정으로 들리는 말이다.* 결국 그는 자신이 체험하지는 못했지만, 그들이 해주는 이야기를 소설로 써서 사람들에게 읽힘으로써, 그들의 비극적 삶과 인간성을 다른 나라 독자들에게 깨닫게 하는 것이 가치 있는 일이라고 판단한 것이다. 이것을 그 자신의 말로 옮기면, 그는 "작가로서 자신의 문화를 묘사하고 그것에 관해 다른 사람들을 교육시킬 책임을 느꼈다"(Stuhr 6). 여기에 호세이니가 작가로서 느끼는 딜레마가 있다. 그는 한편으로는 전쟁과 독재로 삶이 망가진 사람들에 관한 얘기를 쓰면서도 자기가 그럴 자격이 있는지 자문하고, 다른 한편으로는 그러한 죄의식이나 자의식에도 불구하고 그들에 관한 이야기를 아프가니스탄 밖의 독자들에게 전함으로써 그들을 "교육시킬 책임"을 느낀다. 이것은 디아스포라 작가로서 그가 모국을 향해 느끼는 고향, 즉 데리다가 말한 "모든 여행과 모든 거리를 거기에서부터 가늠하는 부동의 장소"(88)에 대한 그리움과 밀접한 관련이 있다.

4. 디아스포라 작가의 고민과 성찰

데리다에 따르면 외국인은 "보통, 출생의 기준에 따라 정의된다." 따라서 "영토법령이나 혈연관계법령에 입각해 시민권이 주어지거나 거

---

* 최재봉은 이것을 "'망명 문학'의 의미에 대한 긍정으로" 볼 수 있다고 말하는데, 이는 대단히 예리한 지적이다. 그러나 아이러니컬하게도 이드리스는 미국으로 돌아간 후, 아프간소녀와의 약속을 저버리고 위선적인 소시민의 삶을 살아간다. 어쩌면 호세이니는 이드리스로 하여금 아프간 사회와 관련하여 중요한 발언을 하게 했음에도 불구하고, 그 인물로부터 자신을 분리시킬 필요를 느꼈던 듯하다. 결국 그는 이드리스와 다르게, "당신이 그들의 이야기를 하면, 그건 그들이 당신에게 주는 선물인 거예요"라는 아므라의 말을 창작을 통해 실천한 작가다.

부되든 상관없이, 외국인은 태생적으로 외국인이고, 타고난 외국인이다"(Derrida 87). 즉, 이민법에 따라 다른 나라의 시민이 되는 것과 상관없이, "모든 여행과 모든 거리를 거기에서부터 가늠하는 부동의 장소"(Derrida 88)를 이탈하여 자신이 태어난 곳이 아닌 곳에 사는 사람은 누구나 외국인이다. 고향은 바꿀 수도 바뀌질 수도 없다는 논리인데, 이 논리에 의하면 미국에서 자리를 잡고 영어로 소설을 쓰는 호세이니는 미국시민이라 하더라도 "태생적으로 외국인이고, 타고난 외국인"이다. 이는 다른 외국인들이 그러한 것처럼 그에게도 자신의 조상들이 묻혀 있는 땅과 자신의 모국어에 대한 "한숨"과 "향수"가 불가피한 것이라는 말이다. 따라서 그가 지금까지 발표한 세 권의 소설들이 모두, 미국이 아니라 아프가니스탄을 배경으로 하고 있는 것은 데리다가 정의한 것에 비춰보면 영원한 외국인으로서 그가 갖는 한숨과 향수와 무관하지 않다. 그래서 비록 그가 소련의 아프가니스탄 침공으로 인해 가족을 따라 미국으로 망명해 미국의 시민이 되었지만, 끊임없이 아프가니스탄을 향해 눈을 돌리는 것은 불가피한 일이다. 몸은 미국에 있지만 정신은 아프가니스탄에 가 있는 탓이다.

호세이니는 아프간어가 아니라 영어를 사용해 창작을 하고 있지만, 데리다가 말한 언어에 깃든 "문화적 앙상블"이나 "정신"(Derrida 133)을 영어가 아니라 아프간어나 페르시아어에서 찾으려 한다. 데리다의 말대로, 그는 미국에서는 "태생적으로 외국인"인 것이고, 그러한 정체성은 불가피하게 고향에 대한 한숨과 향수와 얽히게 된다. 앞에서 논의한 바와 같이, 그가 페르시아 시인 루미를 텍스트의 문턱이자 해석의 문턱으로 기능하는 페리텍스트로 활용한다든지, 아프간어를 번역하지 않고 그대로 놓아둠으로써 텍스트를 이질적이고 낯선 것으로 만든 것은 그의 모국어에 깃들어 있는 "문화적 앙상블"이나 "정신"에 대한 일종의 충성이자 헌신이다. 데리다의 말을 다시 인용하자면, "망명한 사람들, 추방당한 사람들, 쫓겨난 사람들, 국가가 없는 사람들, 법이 없는 유목민들, 절대적인 외국인들은 종종, 소위 모국어라 불리는 언어를 그들의 궁극적인 모국이라고 생각하고 심지어 그들의 마지막 안식처로 계속 인식한다"(87-88). 호세이니도 그의 모국어나 페르시아어를 "궁극적인 모국"이자 "마지막 안식처"라고 생각하는 건 분명해 보인다. 다만 그는 "궁극적인 모국"이자 "마지막 안식처"인 언어로 창작을 할 수 없는 상황에 처해 있기에, 그리고 데리다의 말처럼 그 모국어마저도 그의 오랜 외국생활로 인해 "이미 타자의 언어"(Derrida 89)로 변했기에*, 모국어나 페르시아어에 깃들어 있는 "가치들, 기준들, 의미들" 즉 "문화의 앙상블"에 더 관심을 갖는다. 소설의 서두에 인용된 루미의 시가 텍스트 전체를 이해하고 해석하는 중요한 길잡이 역할을 하도록 설정한 것은 번역을 통해서라도 정신의 고향인 언어에 스며 있는 "가치들, 기준들, 의미들"을 환기시키고자 하는 의도에서 연유한 것이다.

비록 그의 창작행위가 자신의 나라가 처한 비극적이고 암울한 상황을 "팔아서" 가능해진 것이라는 비난이 현실적으로 존재하지만, 그것도 모국에 대한 한숨과 향수가 없었다면 가능하지 않았을 일이니 그리 비난할 만한 일은 아닐 것이다. 더욱이 작가 스스로가 망명자로서 떠나온 고향의 고통과 비극을 소재로 창작행위를 하는 것에 대한 일말의 자의식과 죄의식을 갖고 있고, 『그리고 산이 울렸다』에서 확인할 수 있는 것처

---

* 쿳시는 데리다가 모국어와 관련하여 언급한 것에 전적으로 동의하며 "언어는 언제나 타자의 언어"(Auster and Coetzee 67)라고 말한다. 굳이 양자 사이에 구분을 하자면, 쿳시는 데리다가 "이미"라고 한 부분에 "언제나"라는 말을 넣고 있다는 점이다.

럼 그것을 텍스트에서 우회적으로나마 드러내고 있다는 사실을 감안하면, 그를 피상적으로 비난하는 것보다는 모국을 떠나 있으면서도 모국에 대해 쓸 수밖에 없는 디아스포라 작가의 실존적 삶을 이해해줄 필요가 있다. 또한 그가 디아스포라 작가로서 갖고 있는 한계성 때문에 다소간에 미국의 시각에 치우쳐 모국을 바라보는 것도 어느 정도 이해해줄 필요가 있다. 결국 디아스포라 작가의 소설은 그의 삶과 마찬가지로 타협의 산물이기 때문이다. 이것은 그의 모국인 아프가니스탄에 미국의 군대가 주둔하며 탈레반과 전쟁을 벌이고 있는 현실이기에 더욱 그러할 것이다. 이것이 그가 짊어져야 하는 역사적 짐의 무게다. 그래도 다행스러운 것은 그가 『연을 쫓는 아이』나 『천 개의 찬란한 태양』에서와 달리, 『그리고 산이 울렸다』에서는 앞의 두 소설에 배어 있는 미국 편향적인 시각이나 정치성으로부터 일정한 거리를 두면서 평범한 아프간인들의 삶에 주목하고 있다는 사실이다. 이것은 디아스포라 작가인 그에게는 큰 변화가 아닐 수 없다. 이러한 변화와 더불어, 그가 창작행위와 관련된 자의식과 죄의식을 우회적인 방식으로나마 드러낸 것은 대단히 의미 있는 몸짓으로 보인다. 작중인물을 통해서이긴 하지만, 창작행위를 아프간인들의 "욕망과 꿈을 훔치고 그들의 약점과 고통을 자기 것으로 만드는" "어쩔 수 없이 하는 도둑질 같은 짓"(297)에 비유하는 것에서 그의 고민이 잘 묻어난다. 이런 점에서 『그리고 산이 울렸다』는 데리다가 말한 "부동의 장소"(Derrida 88)로서의 모국과 "움직이는 고향"(Derrida 89)으로서의 언어에 대한 그리움이나 향수만이 아니라, 창작행위와 관련된 디아스포라 작가의 고민과 성찰을 두루 엿볼 수 있는 소설이다.

04

타자 이해의 출발점으로서의 문학

– 히샴 마타르의 『남자들의 나라에서』*

1. 리비아 작가를 통한 타문화 교육

상당수의 학생들은 스스로가 '제3세계'**에 속해 있음에도 그에 대해 아는 바가 그리 많지 않을 뿐만 아니라 알려고 하는 노력마저도 별로 하지 않는 경향이 있다. 서양이 동양에 가하는 인식론적 폭력("오리엔탈리즘")을 설명해주면 고개를 끄덕이며 공감을 표하면서도, 아프리카나 아랍 등의 제3세계에 대한 잘못된 생각이나 편견에 대해서는 돌아볼 생각을 거의 하지 않는다. 아니, 돌아보는 것은 고사하고, 미국을 비롯한 서방세계가 아랍에 대해 하는 말을 무심코 받아들인다. 그래서 많은 학생들에게 아랍은 "한 손에는 칼, 한 손에는 코란"을 들고 세계를 정복하려 드는 테

---

* 2009년 『영미문학교육』에 발표. 이것은 대학생들을 대상으로 하는 강연 형식의 글을 보완한 것이다.

** 여기에서 '제3세계'라고 강세를 준 것은 아이자즈 아마드(Aijaz Ahmad)와 같은 학자들이 지적한 바와 같이, 이 구분이 서구인들이 자기들을 제1세계, 공산권을 제2세계, 그 외의 권역을 제3세계로 분류한 서구중심적인 것이기 때문이다. 이후의 글에는 편의상 강세의 표시 없이 제3세계로 표현한다.

러와 야만의 땅이다. 이는 9/11 이후에 벌어진 미국 주도의 이라크 전쟁과 아프가니스탄 전쟁 때문에 더욱 심화된 현상인 듯하다. 상당수의 학생들은 그들을 '문명권'의 '우리'에게서 뭔가를 배워가야 하는 비문명권의 열등한 존재쯤으로 생각한다. 이러한 태도는 오리엔탈리즘으로 대변되는 서양의 인식론적 폭력을 제3세계권의 다른 인종, 다른 국가에 은연중에 행사하는 것에 다름 아닌데, 이는 대단한 역설이 아닐 수 없다. 멀리 갈 것까지 없이, 일본식민주의의 인식론적, 물리적 폭력에 시달려야 했던 우리의 식민 역사만 돌아보아도, 그 희생자였던 우리가 그러한 역설과 아이러니에 빠져서는 안 되는데, 학생들은 부지불식간에 남에 대한 편견을 고착화시키면서 비윤리성의 영역 안으로 함몰해버린다. 그래서 역설이요 아이러니인 것이다. 역사에서 교훈을 배우지 못하고, 식민의 뼈저린 고통과 억압에 대한 반성이 없는 탓이다.

상당수의 학생들은 편견이라는 것이 처음에는 사소한 것이지만 쌓이고 쌓이게 되면 어떤 대상을 실체나 본질과는 거리가 먼 상투적 이미지로 고정시킨다는 사실을 쉽게 간과한다. 이미지가 고정되게 되면, 현실과 허구의 구분은 더 이상 의미가 없는 것이 되고 만다. 허구가 현실이 돼버리면서 허구와 현실이 자리바꿈을 해버리기 때문이다. 편견의 재생산과 인식론적 폭력이 무서운 이유가 여기에 있다. 다른 문화나 종교, 인종에 대해 갖고 있는 편견이 아무리 지엽적이고 사소한 것이라 해도, 그것이 마음속에 자리를 잡게 되면 결국 인식론적인 폭력으로 이어지고 마는 것이다.

학생들이 타자에 대한 편견을 극복하는 효과적인 방법 중 하나는 호소력이 강한 타자의 문화와 접촉하는 것이다. 그 접촉이 학생들에게 우리와 다른 그들이 낯선 존재가 아니라 자신들과 하나도 다를 바 없는 평범한 인간임을 깨닫게 해주기 때문이다. 이런 의미에서 학생들이 타인에 관한, 타인의 소설을 읽는 건 문화적 소통을 위한 좋은 방법 중 하나일 것이다. 이야기를 읽으면서 느끼는 감동이 그들도 모르는 사이에 다른 문화권에 속한 낯선 사람들을 친근한 존재로 만들기 때문이다.

가령, 학생들은 물론이고 일반인들도 리비아 하면 항공기 폭파사건을 비롯한 테러리즘이나 카다피의 독재를 연상한다. 그런데 그들에 관한 소설을 실제로 읽으면 그곳이 평범한 사람들이 일상을 살아가는 공간이라는 너무나 평범한 사실이 새삼스럽게 다가온다. 다른 주목할 점들이 많긴 하지만, 바로 이런 점에서라도 리비아 출신의 히샴 마타Hisham Matar가 쓴 첫 소설 『남자들의 나라에서』(*In the Country of Men*)는 주목할 가치가 있다. 이 소설에 묘사된 것이 어느 인간사회에서나 있을 수 있는 사랑과 우정, 용서와 회한, 미움과 질투 같은 것이기에, 이 소설을 읽고 나면 리비아 사람들이 더 이상 추상적인 존재가 아니게 된다. 즉, 이 소설은 그들도 사랑하고 미워하고 질투하고 용서하고 울고 웃고 떠들며 살아가는 우리와 전혀 다를 바 없는 사람들이라는 걸 우리에게 일깨워주면서, 그들을 상식과 일상의 영역으로 회복시킨다.

이 글은, 제3세계권 작가들이 쓴 많은 작품들이 있긴 하지만, 다른 나라에 비해 상대적으로 덜 알려져 있고 우리나라에 소개된 바가 별로 없거나 거의 없는 리비아와 관련된 소설 『남자들의 나라에서』를 소개함으로써 그들이 "한 손에는 칼, 한 손에는 코란"을 든 테러리스트들이 아니라 우리와 같은 존재라는 너무나도 평범한 사실을 확인하기 위한 것이다. 소설의 도움 없이도, 그들이 평범한 사람들이라는 걸 짐작하기는 어려운 일이 아니겠지만, 그리고 여타의 다른 방법들을 통해 그들을 이해하는 것도 얼마든지 가능하겠지만, 그들의 일상적인 삶을 탁월하게 형상화한 소설을 통해 그들에게 덧씌워진 상투적인 이미지를 불식시키는 것도 의미 있는 일일 것이다. 그리고 불식시킬 수 없다면 그 상투성의 껍질을 한 꺼풀 벗겨내는 것만으로도 나름대로 의미 있는 일일 것이다. 물론 한 권의 소설을 읽는다고 해서, 그것도 리비아를 총체적으로 대변하는 것과는 거리가 있을 수 있는 소설을 읽는다고 해서, 오랜 세월에 걸쳐 힘을 가진 자들이 그들과 타자 사이의 인위적인 차이를 영속화시키기 위해 만든 상투적 이미지(Gilman 18)를 불식시킬 수 있으리라고 기대하는 건 무리지만, 적어도 그들을 이해하는 시발점이나 단초는 될 수 있을 것이다.

2. 카다피 독재정권과 국가폭력

마타르는 2006년, 평론가들의 호평을 받으며 "근래에 보기 드물 정도로 화려하게" 문단에 데뷔했다. 이 소설은 출간 즉시, 20개국 이상의 언어로 번역될 정도로 화제가 되었다. 2003년도의 노벨문학상 수상자인 J.M. 쿳시Coetzee는 이 소설을 가리켜 "리비아 정치의 폭력성에 너무 일찍 노출된 한 아이에 관한 통렬한 스토리"라며 찬사를 보냈고, 데이비드 데이비딘David Dabydeen은 "감동적이고 우아한 소설"이라고 했다. 또한 론 찰스Ron Charles는 "슬프고 아름다운 소설"이라고 했고, 카밀라 샴시Kamila Shamsie는 작가가 "바다와 오디의 세계를 묘사할 때는 감각주의자이고, 처형이나 체포 장면을 묘사할 때는 불합리함과 거친 감정을 전달하는 재능을 가진 관찰자"라며 "그 대상이 무엇이든 아름답게 쓴다"고 했다.* 이러한 호평들은 마타르의 소설이 무자비한 독재와 항공기 폭파사건으로 세계인의 뇌리에 각인된 리비아의 부정적 이미지를 어느 정도 불식시키면서 그곳을 우리처럼 평범한 사람들이 일상을 살아가는 공간으로 제시하는 데 성공하고 있다는 찬사에 다름 아니다.

마타르가 우리에게 생소한 작가이기에 전기적 사항에 대한 약간의 언급이 우선 필요할 것 같다. 마타르는 1970년, 뉴욕에서 태어났다. 당시, 그의 아버지는 유엔에 파견된 리비아 외교관이었다. 그는 세 살 때인 1973년, 리비아로 가서 어린 시절을 트리폴리에서 보냈다. 그리고 아홉 살 때인 1979년, 아버지가 카다피 정권의 눈 밖에 나면서, 그의 가족은 이집트의 카이로로 도피하여 살았다. 그는 열다섯 살 때까지 그곳에서 살다가 영국으로 건너가 공부를 계속했다. 1990년, 그의 아버지가 비밀경찰에 납치되어(더 정확하게 말하면, 이집트 비밀경찰이 납치해 리비아 비밀경찰에 넘겼다) 리비아로 끌려갔을 당시, 그는 영국의 골드스미스 대학에서 건축을 공부하는 스무 살짜리 대학생이었다. 그의 아버지는 트리폴리 한복판에 있는 악명 높은 아부 살림 감옥에 정치범으로 갇혀 있었는데, 그 후로 어떻게 되었는지 확인할 길이 없는 상태라고 한다. 감옥에 갇혀 있다는 사실도 그의 아버지가 은밀히 보내온 편지가 아니었으면 알 길이 없었다. 몇 통 안 되는 편지 중 마지막 것이 1995년이었으니, 어쩌면 그의 아버지는 1996년 7월 28일 저녁부터 그 다음날 아침 사이에 떼죽음(총살)을 당한 천 삼백 명 이상의 정치범들과 함께 숙청되었을지도 모르고,

---

* 여기는 물론이고 이후에도 인용된 글의 쪽수를 적지 않은 이유는 이 소설에 대한 평들이 대부분, 신문이나 잡지에 나온 것이어서 때로는 웹사이트에서만 볼 수 있는 것이기 때문이다. 더욱이 쿳시의 말은 이 소설의 원서 표지에만 짤막하게 인용된 것이다.

가능성이 없는 얘기긴 하지만 이십 년이 가까워지는 지금도 감옥에 갇혀 있을지 모를 일이다.

마타르가 2006년 7월 16일, 『인디펜던트』(*The Independent*)에 기고한 에세이("I just want to know what happened to my father")를 보면, 아버지의 부재가 그에게 어떠한 영향을 미쳤는지 절절하게 묘사되어 있다. 어린 나이의 그가 부모를 설득하는 것이 가능했을지 의문이지만, 아버지가 처한 "위험을 제대로 알았더라면 (그가) 할 수 있는 모든 것을 동원해 더 열심히 설득해 정치적 활동에 관여하는 것을 만류했을 것"이라는 그의 말에서는 깊은 회한이 묻어난다. 마타르의 에세이는 그만이 아니라 그의 어머니와 형이, 그러니까 남아 있는 가족들이 겪어야 했던 고통이 어떠한 것이었는지를 생생하게 증언해준다.

"작가는 작품 속에 자신을 표현할 뿐이기 때문에 ... 모든 소설은 자전적인 요소를 내포한다"(Conrad xvii-xviii)는 폴란드출신 영국작가 조지프 콘래드Joseph Conrad의 말처럼, 작가는 직접적이든 간접적이든 자신의 삶을 작품 속에 투영한다. 작가 자신이 직접 체험한 것이 작품에 투사되기도 하지만, 직접적인 체험이 아니라 하더라도 모든 것이 작가의 눈과 사유를 통해서 언어화되는 것이 문학의 속성이기 때문이다. 마타르의 소설도 예외는 아니다. 그의 소설에서 자전적인 요소를 찾아내는 것은 그리 어려운 일이 아니다. 화자이자 주인공인 술레이만처럼, 작가 마타르도 아버지가 정치범으로 몰리면서 결국 아홉 살 때 트리폴리를 떠나 카이로로 가서 살아야 했다. "이집트가 리비아를 대체하지는 못했다. 대신, 이 빈 자리와 이 공허가 있다. 어둠에 놀라 성냥을 더듬어 찾는 사람처럼,

내가 붙잡으려고 하는 빈 자리와 공허가 있다"(354)* 는 화자의 말에서는, 아홉 살 때 리비아를 떠난 이후로 한 번도 돌아가 본 적이 없는 리비아에 대한 작가의 복잡한 마음이 읽힌다.

그러나 주인공과 작가 사이의 직접적인 관련은 여기까지일 뿐이다. 이는 지나치게 주인공과 작가를 연결시키려고 하면 안 된다는 말이다. 예를 들어, 지하에서 반정부활동을 하다가 결국 체포당해 고문을 당하는 화자/주인공의 사업가 아버지와 달리, 작가의 아버지는 전직 외교관이자 사업가였으며 이집트로 탈출하기 전에는 정치활동에 연루된 적이 없었다. 그가 받은 혐의는 교육을 받은 중산층 지식인이며 성공한 사업가여서 혁명의 적인 부르주아 반동분자라는 것이었다. 또한 화자/주인공의 어머니가 어린 나이에 결혼을 강요당해 알코올에 심하게 의존하는 불안정한 성격의 여성인 데 반해, 작가의 어머니는 "아주 안정적이고 믿음직한" 여성이었다. 달리 말해, 자전적인 요소가 이 소설에 들어 있다면 그것은 어디까지나 넓은 의미에서 그러할 뿐이라는 말이다. 따라서 작가가 스티븐 모스Stephen Moss와의 인터뷰에서 이 소설을 "이제는 사라지고 없는" 자신의 고향에 대한 "사랑의 시"(Moss, *Guardian*)라고 한 것은 모든 것이 자전적인 것으로 수렴될 수 있다는 말이 아니라 넓은 의미에서 그렇게 받아들여달라는 말이었다.

아버지를 사라지게 만든 카다피 독재정권에 대한 분노가 그에게 없을 수는 없었겠지만, 작가는 그 분노를 원색적으로 표출하지 않는다. 대신, 아주 정제된 언어로 아홉 살짜리 소년의 눈에 비친 현실세계를 때로는 순

---

* 여기에 명시된 쪽수는 원서가 아니라 『남자들의 나라에서』의 우리말 번역본에 따른 것이다. 이후로 길게 인용하는 부분은 원서와 역서의 쪽수를 각각 밝힌다.

진하게, 때로는 아름답게, 때로는 고통스럽게 묘사한다. 분노가 어딘가에 있다면, 아홉 살짜리 아이의 눈과 과거를 바라보는 청년의 눈이 교차하는 지점 어딘가에 있을 것이다. 그것도 분노라기보다는 상실감과 회한에 가깝다. 아홉 살 때의 자신을 회상하는 이십대 청년의 마음(이 소설은 스물네 살이 된 청년이 아홉 살 때의 자기 모습, 즉 15년 전의 자기 모습을 돌아보는 형식으로 되어 있다)은 분노라기보다는 이제는 사라지고 없는 것에 대한 상실감과 회한으로 가득하다. 그래서 그는 "자신이 상실한 것이 무엇이고 자신이 선택한 것이 아닌 상실을 통해서 얻은 것이 무엇인지를 확실히 알지 못하는 고아처럼, 부재가, 늘 존재하는 부재가 괴롭다"(353)고 실토한다.

아홉 살짜리 소년에게 어른들의 세계는 감당하기 힘든 것이다. 아들과 아내가 보는 앞에서 뺨을 맞으며 끌려가고, 급기야 텔레비전으로 생중계되는 교수형에 처해지는 라시드 교수, 화자의 아버지를 잡으려고 집 밖에 진을 치고 있는 위협적인 모습의 비밀경찰, 얼굴이 일그러지고 갈비뼈가 부러지는 모진 고문을 받아 다른 연루자들을 배반하게 되는 아버지의 모습으로 대변되는 어른들의 세계는 아홉 살짜리 아이가 감당하기에는 버거워도 너무 버거운 것들이다. 문제는 그를 비롯한 아이들도 어른들의 가학적인 폭력과 배신행위에 오염된다는 사실이다. 예를 들면, 화자는 가장 절친한 친구인 카림의 비밀(그에게만 털어놓은 짝사랑)을 다른 아이들에게 발설하거나 카림의 아버지를 "반역자"로 낙인찍으며 그렇지 않아도 의기소침해 있는 카림을 몰아치기도 하고(165-66), 도청을 하는 경찰들에게 반정부활동을 하는 사람들의 아지트가 어디에 있는지 알려주기도 하며(217-18), 아버지의 '불온한' 책("Democracy, Now")을 비밀경찰에게 갖다 주기도 한다(273). 또한 어른이긴 하지만 아이와 다를 바 없는 거지 바로울한테 돌을 던지고 그를 물속으로 밀어 넣기도 한다(333-35). 그러고 보면 아이들까지 배신행위와 비겁함과 폭력과 잔인함에 감염돼 있는 셈이다. 이것은 어른 아이 할 것 없이 모두가 한편으로는 오웰George Orwell의 소설에 나오는 빅 브라더Big Brother의 손아귀에 잡혀 옴짝달싹 못하고, 다른 한편으로는 서로한테 폭력을 행사하고 있는 형국이다.

여기에서 한 가지 주목할 점은 아이의 눈에 비친 리비아 사회가 철저하게 가부장적이라는 사실이다. 소설의 제목이 "남자들의 나라에서"인 것은 그래서 아주 의도적인 것으로 보인다. 사실, 소설의 공간적 배경이 되는 리비아는 남자들에 의한, 남자들을 위한, 남자들의 나라라고 해도 과언이 아니다. 지도자인 카다피도 그렇고, 비밀경찰들도 그렇고, 아이들도 그렇고, 소설에 등장하는 거의 모두가 남자다. 화자의 어머니, 화자의 친구인 카림의 어머니, 마수드의 어머니, 나세르의 누이동생, 익명의 스튜어디스, 화자의 외할머니와 외숙모, 이모 등이 등장하지만, 그들마저도 화자의 어머니를 제외하면 모두가 주변적 존재에 불과하다.

리비아 사회가 남자들의 사회라는 것을 가장 실감나게 보여주는 것은 화자의 어머니가 결혼하게 되는 과정이다. 화자의 어머니는 화자에게, 외할아버지가 할레드 외삼촌에게서 자신이 커피숍에서 남자와 같이 있었다는 얘기를 듣고, 자신을 "방에 한 달 동안 가둬놓고 신랑을 구하러 다녔다"며 결국 외삼촌이 "꽃다운 나이의 젊고 어리석고 순진한 열네 살짜리 소녀를 종신형에 처하게 만들었다"(262)고 말한다. 여기에서 그녀가 종신형이라고 한 것은 그녀가 그토록 어린 나이에 신랑의 얼굴도 보지 못한 상태에서 결혼을 강요당했고, 급기야 원치 않는 아이(화자)를 낳음으로써 어쩔 수 없이 결혼생활을 계속해야 했던 자신의 삶을 빗댄 것이다.

그녀에게 신랑은 그녀의 "아버지가 서명한 결혼 계약서로 무장한" "사형 집행인"이었다(23). 그녀의 아버지는 신랑이 그녀와 첫 육체관계를 맺을 때, "정숙하지 않은 게 드러나면 죽일 작정"으로 "주머니에 권총을 숨기고" 있었다(24). 그녀는 아버지를 비롯한 남자형제들로 구성된 "고위위원회"의 결정에 저항하기에는 무력할 수밖에 없었지만, 자신의 결혼이 결정된 후, 아이를 낳지 않으려고 "마법의 약을 한 주먹"이나 먹었다. 아이를 낳지 못하면 남자한테 퇴짜를 맞아 "자유롭게 다시 학교 다닐 수 있을 거"라는 희망에서였다(22). 그러나 결국 약을 먹은 보람도 없이, 그녀는 아이를 낳고 말았다. 그녀의 나이 열다섯 살 때였다. 그래서 그녀에게 화자의 아버지는 "형벌이었으며" 화자는 자신의 "운명을 봉인해버린 존재였다"(222).

그러니까 화자의 어머니가 술에 취해서 "너희 남자들은 모두 똑같다"며 다른 남자들과 어린 화자를 싸잡아 비난하는 것도 이유가 없지는 않았던 것이다. 물론 아홉 살밖에 되지 않았으며 태어난 것이 자신의 잘못일 수가 없는 아이를 성인남자들과 엮어버리는 것이 온당치 않지만, 열네 살에 결혼을 강요당했고 그로 인해 남편이 옆에 없을 때면 술에 의존해야하는 그녀의 서글픈 삶을 생각하면 그녀의 행동은 어느 정도 이해할 수 있는 측면이 없지 않다. 그녀가 남편과 성관계를 할 때, 축 늘어지고 기계적인 모습을 취하는 것도 그러한 이유 때문이다. 사랑이 없는 행위를 강요당하고 있으니 그녀로서는 어쩔 수 없는 것이다. 화자가 그 모습을 우연히 목격하고, 그의 부모가 "하느님과 예언자의 율법에 따라 결혼한 사람들"임에도 불구하고, "천사들이 축복하지 않은 뭔가"가 그들 사이에 일어나고 있으며, 자신이 "그걸 막기 위해 뭔가를 했어야 하는 건 아닌지," 그가 "모르는 사이에 마마가 도움을 필요로 했던 건 아닌지" 생각하는 것도 무리는 아닌 것이다(133-34). 논리적으로 설명할 수는 없지만, 아홉 살배기 화자는 어머니의 그러한 반응을 보고 자신의 부모 사이에 뭔가 석연치 않고 불순한 것이 있다는 걸 직감한다.

다른 어떤 것보다도, 『천일야화』에 나오는 셰에라자드에 대한 그녀의 생각은 그녀가 자신의 삶을 어떻게 받아들이고 있는지를 극명하게 보여준다. 남자들에 의해 강요된 삶을 살 수밖에 없는 화자의 어머니는 셰에라자드를 "죽음 대신 노예의 길을 택한 겁쟁이"라고 생각한다. 그녀는 셰에라자드가 샤리야르 왕에게 "그가 그녀를 죽이면 그의 아들들이 '어미 없이' 살게 될 거라는 이유"를 대면서 목숨을 구걸했으며, "막강한 샤리야르 왕에게 즐거움을 주는 데 그렇게도 중요한 그 살들이 늘어지면, (...) 더 이상 매력적이지도 않고 쓸모도 없게 되면, 더 이상 아름답지도 않게 되면, 휙! 목이 달아"나게 될 거라고 말한다(28-29). 이와는 대조적으로, 화자는 "셰에라자드가 이야기를 지어냄으로써 자유를 얻은 용감한 여성"(27)이며 "그녀가 지금까지 살았던 가장 용감한 사람 중 하나"(104)라고 생각한다. 화자가 "샤리야르 왕의 칼이 겨누고 있는 상황에서도" "운율"을 만들고 "노래"를 할 수 있었다는 사실을 높이 사서 셰에라자드에게 후한 점수를 주는 반면, 화자의 어머니는 목숨을 부지하려는 일념에 "노예의 길"을 택했다며 셰에라자드를 경멸한다. 이처럼 『천일야화』에 나오는 셰에라자드에 관한 그들의 생각은 크게 엇갈린다. 이는 어머니와 아들의 관계를 떠나, 그리고 누가 맞고 그르고를 떠나, 가부장적 사회에서는 여성과 남성이 똑같은 텍스트에 대해서도 이처럼 상이하게 반응할 수 있다는 걸 실감나게 보여주는 대목이 아닐 수 없다.

화자의 어머니의 상태를 더욱 절박한 것으로 만드는 것은 자신의 속마음을 털어놓을 대상이 자신의 아들 외에는 아무도 없다는 사실이다. 아니, 아들도 자신의 속마음을 제대로 털어놓을 대상이 못 된다. 이제 겨우 아홉 살에 지나지 않을 뿐만 아니라, 그를 낳지 않으려고 약을 먹기까지 했다는 소리는 정상적인 상황에서 아홉 살짜리 아들에게 할 소리가 아니기 때문이다. 그것은 주정을 통해서만 가능해진다. 즉, 그녀는 술에 취하면 정신줄을 놓아버리고, 술이라는 게 뭔지도 모르고 그것을 일종의 "약"이라고 생각하는 아이에게, 자기 속에 있는 얘기를 여과 없이 토해내고, 다음날 아침이면 자신이 무슨 말을 했는지도 까마득히 모른다. 심지어 그녀는 술에 취해 가스를 틀어놓은 상태에서 잠을 자기도 한다(190). 텍스트에는 명확히 나타나 있지 않지만, 그녀가 술에 취할 때마다 이성을 잃고 과거의 "컴컴한 날"(그녀는 자신이 강제결혼을 하게 된 날을 그렇게 부른다)로 돌아가 아들에게 중언부언하는 걸 보면, 이는 그녀의 자살충동과 무관하지 않은 듯하다. 남편은 사업과 반정부운동 때문에 밖으로 나돌지, 그렇다고 그를 사랑해서 결혼한 것도 아니지, 그리고 하소연을 할 사람도 없지, 그녀가 느끼는 절망감은 자살충동으로 이어질 만큼 절박한 것이기에 더욱 그렇다.

뭐니 뭐니 해도 이 소설의 핵심은 그러한 어머니에 대한 화자의 사랑이다. 물론 그 사랑이 때로 미움의 형태로 나타나기도 하지만(특히 그의 어머니가 "약", 즉 술에 의존할 때가 그렇다), 그것도 어디까지나 사랑이 있기에 가능한 미움이다. 그렇다고 화자의 어머니가 화자를 사랑하지 않는다는 말은 결코 아니다. 오히려 화자의 어머니는 자신이 "모든 수단을 동원해 막으려고(낳지 않으려고) 했던" 아이가 "이렇게 아름다울 줄도, 그래서 내 마음을 벅차게 만들 줄도 몰랐다"(22)고 고백하며 아들을 위해 나름의 방식으로 최선을 다한다. 그녀는 남편의 반정부활동이 그녀의 "아들을 위험에 빠뜨리는 것이라면, 그 어느 것도 지지하지" 않겠다는 걸 분명히 하며(147), 결국 그를 이집트로 보내 공부하게 하는 데 성공한다. 그러나 문제는 화자(아들)에 대한 그녀의 사랑과 관심에도 불구하고, 세상에 대해 무지한 어린 아들이 혼자서 감당해야 하는 것들이 많다는 데 있다. 무엇보다도 그는 어머니가 알코올에 대한 심하게 의존하는 데서 파생된 문제들 때문에 심적 고통을 겪는다. 술만 마시면 원망과 신세 한탄으로 일관하는 어머니의 문제를 근본적으로 해결할 수 있기에는 나이가 너무 어린 화자는, 그래서 과거로 돌아가, 즉 어머니가 남자들로 구성된 "고위위원회"의 결정에 따라 강제결혼을 하기 이전의 과거로 돌아가, 그녀를 구출하는 강박관념적인 공상을 하게 된다. 그의 말을 옮기면, "모든 일이 일어나기 전으로 돌아가서 소리를 지르고 싸워 그녀를 구해 스코틀랜드처럼 아름답고 푸르고 차가운 곳으로 달아나는 상상"을 하는 것이다(228). "마마가 갇혀 있는 방의 창문을 두드리고 그녀가 뛰어내리는 걸 도와"주고, 그녀에게 책을 사주고, "이태리 커피숍에서 만났다는 그 소년을 바닷가나 카페에서, 아니면 제과점에서 줄을 서 있다가 다시 만나 다시 사랑에 빠질" 수 있도록 해주는 상상을 하는 것이다(269). 이는 어머니가 끝없이 "컴컴한 날"에 관해 얘기를 하는 과정에서 생긴 화자/아이의 철모르는 강박관념인데, 어머니에 대한 화자의 사랑은 이처럼 복잡한 양상을 띤다. 보호를 받아야 하는 대상인 아이가 오히려 어머니를 보호하고 있는 형국이어서 그런 것이다. 그래서 성년이 된 화자는 그의 복잡한 심경을 이렇게 고백한다.

> "사랑이 어딘가에서 시작한다면, 그리고 그것이 거울에 반짝이는 빛처럼 한 사람에 의해 끌어내지는 숨겨진 힘이라면, 내게는 그 사람이 그녀였다. 분노도 있었고 연민도 있었고 어둡고 따뜻한 미움의 포옹도 있었다. 하지만 언제

나 사랑이 있었고, 사랑의 시작을 에워싸는 기쁨이 있었다." (21)

이는 어머니에 대한 자신의 사랑이 복잡다단한 성격의 것이었다는 말이다. 분노와 미움은 어머니가 "약"을 복용한 데서 파생한 것이고, 연민은 어머니의 "약" 기운으로 인해 알게 된 어머니의 한스러운 과거에 대한 연민이다. 그리고 사랑은 그 모든 것에도 불구하고 어머니를 향해 느낄 수밖에 없는 어린아이의 마음이다. 어머니의 "베개를 베고 있으면 볼이 따뜻해"지면서 "그게 천국이 아닐까 싶은"(131) 아이의 마음인 것이다.

그런데 문제는 그러한 과정에서 아홉 살짜리 아이에게 뭔가가 결핍되어 있다는 것이다. "약"에 심하게 매달리는 어머니는 물론이고 사업과 정치적인 일에 매달리는 아버지도 그가 필요로 하는 걸 그에게 줄 수 없는 상황이다. 그래서 그는 자신의 아버지가 카림의 아버지처럼 자상했으면 싶고(46), 자신에게 책을 읽어주고 살갑게 대하는 아버지의 "가장 가까운 친구인 무사가 아버지였으면 좋겠다는 생각"을 하기도 하며, 자신에게 관심을 보이고 권총까지 만지게 해주는 비밀경찰 샤리에프에게 심리적으로 의존하기도 한다(201). 물론 비밀경찰은 그의 아버지를 잡아가려고 그에게 호의를 베푸는 것이지만, 어린 그가 그걸 알 리가 없다. 부모나 다른 친척들이 그를 배려해주지 않는 데 반해, 자신에게 어른 대접을 하며 배려해주는 듯한 샤리에프에게 그는 자기도 모르게 끌린다. 그가 오사마라는 친구한테 발길질을 당하자, 오사마의 목덜미를 틀어쥐고 "그만하면 됐다고 했잖아!"(253)라고 호통을 치며 그의 편을 들어주는 비밀경찰에 당장은 끌리는 것이다. 그가 바라던 것은 "따뜻하고 지속적이고 변하지 않는 배려"(257)였다. 그렇지 않아도 무뚝뚝한 아버지는 사업과 반정부운동 때문에 집을 비우고 없지, 어머니는 아버지가 없을 때마다 술을 과도하게 마셔 그를 돌보기는커녕 오히려 그의 도움을 필요로 하는 상태가 되지, 이런 상황에서 어린 그가 심리적인 공황상태에 처하는 것은 당연한 것이고, 그 상태를 샤리에프는 이용한다. 그는 성인이 되어 어린시절을 돌아보며 "결핍감 때문에 절박하게 위안을 갈구하는, 상처와 오줌으로 얼룩진 남자들로 가득한 리비아에서, 그것도 피와 눈물의 시대에, 나는 배려를 갈구하던 웃기는 아이였다"(257)고 술회하는데, 이 대목에서는 아홉 살 아이가 배려를 갈구하던 시점과 그 시절을 돌아보는 스물네 살 청년의 회한어린 시점이 복잡하게 교차한다.

화자의 어머니가 어렸을 때의 외상을 갖고 몸부림을 치며 아이를 힘들게 하는 반면, 아버지는 낯설고 무뚝뚝하고 과묵한 존재로 그에게 다가온다. 화자의 표현을 빌리면, 그의 아버지는 "집에 있으면 오히려 더 멀게 느껴지고 어찌 된 일인지 멀리 있을 때 더 가깝고 마음속에 더 살아 있는 것"(221)처럼 느껴지는 사람이다. 그렇다고 그의 아버지가 화자를 살갑게 대하지 않았다는 말은 결코 아니다. 오히려 그는 아들을 자기 친구들에게 소개하는 걸 즐기고, "친구들이 보는 앞에서" "젊은 친구"가 자기 손에 입을 맞추는 걸 보고 자랑스러워하는 과묵하지만 따뜻한 아버지다(117). 화자는 자신의 아버지가 카림의 아버지 라시드 교수나 무사처럼 자상했으면 싶으면서도 아버지를 우러러본다. 그의 아버지는 그가 되고 싶어 하는 경외의 대상이다. 그래서 그는 베두인족인 아버지가 "한 손으로 눈을 가리고 다른 손은 무릎 사이에 둔 채" 잠을 자는 모습을 흉내내기도 하고, 자기 "안에 어느 만큼의 그가 있을까? 사람이 자신의 아버지가 되지 않고서 남자가 될 수 있을까?"(229)라고 자문해 보기도 한다. 그는 사원에 가는 것 말고는 아버지와 "둘이서 어떤 것을 해본 적이 거의" 없지만 언젠가 아버지가 "사업차 외국에 갈 때" 자신도 "양복을 입고 넥타이를 매고 바바(아버지)의 '오른손'이 되어 그림자처럼 그의 옆에서 걸어가" 비행기에 올라타고 "창문 밖을 바라보지도 않고 중요한 일들에 관한 신문 칼럼을 읽느라 바쁜" 모습을 꿈꾼다. 그는 아버지가 되고 싶은 것이다. 남자가 되고 싶은 것이다.

그러나 그가 아버지나 어머니가 자신을 배려해주기를 바라는데도 그것이 현실적으로 충족되지 않는다는 데 문제가 있다. 어머니는 과거의 망령에 시달리고 있고, 아버지는 "자주 집을 떠나 있"고 "집에 있을 때면, 책이나 신문에 정신이 팔려" 있다(220). 더 큰 문제는 어머니의 문제는 차치하고라도, 아버지가 긴박한 정치적 문제와 얽혀 있어 어쩔 수 없는 측면이 있음에도 불구하고, 어린 나이의 화자가 그 사실을 이해하지 못하고 부모가 자신을 배려해주지 않는 것에 대해 원망의 마음을 갖고 있다는 데 있다. 그가 현실을 불완전하게나마 제대로 인식하게 되는 건 그의 절친한 친구인 카림의 아버지가 공개처형을 당하고, 결국 자기 아버지도 고문을 당해 흉측한 모습이 될 때에서야(아이는 그런 아버지를 아버지가 아니라 "괴물"이라고 생각한다) 가능해진다. 따라서 스물네 살이 된 그가 자신의 철없는 어린 시절을 돌아보며, "상처와 오줌으로 얼룩진 남자들로 가득한 리비아에서, 그것도 피와 눈물의 시대에, 나는 배려를 갈구하던 웃기는 아이였다"(257)라고 술회하는 것은, 부모가 주지 못하는 배려를 잘못된 사람들, 가령 샤리에프, 도청하는 비밀경찰 등에게서 찾으려 하다가 나세르를 비롯해 배반하지 않아야 할 사람들을 배반한 것을 뒤늦게야 깨달은 때문이다. 여기에서 "오줌으로 얼룩진 남자들"이라는 표현은 텔레비전으로 생중계되는 고문과 교수형을 당하는 과정에서 공포감에 질려 바지에 오줌을 지리는 희생자들을 가리킨다.

텔레비전으로 생중계되는 공개처형 장면이 아홉 살 소년에게 미친 영향은 실로 엄청나다. 그는 처음에는 텔레비전 화면에 비치는 것을 현실로 인식하지 못한다. 그래서 그는 우스타드 라시드가 로프로 "자신을 끌고 가는 사람들에게 애원을 하는" 모습을 보고, "수줍음을 잘 타는 여자가 춤을 춰보라는 친구들의 청을 만류하면서 어깨를 귀까지 올리고 집게 손가락을 흔드는 모습"을 떠올리기까지 한다(285). 생사의 문제로 마지막 발버둥을 치는 카림의 아버지가 그에게는 도저히 현실로 다가오지 않기에 그렇게 상상하는 것이다. 그는 카림의 아버지의 목에 로프가 걸리고 그의 바지가 젖고 "누릿누릿한 것이 그의 입에서 나오더니 점점 커지는 것"(287)을 보고 나서야, 그것이 현실이라는 것을 깨닫는다. 대학생들의 고적답사(렙티스) 여행에 화자와 카림을 데리고 가서 시를 읊으며 고적을 소개해주던(40-46) 친구의 자상한 아버지이자 다정한 이웃집 아저씨였던 라시드 교수가 로프에 매달려 대롱거리는 것을 보고서야, 자신이 텔레비전 화면에서 보고 있는 것이 영화 속의 한 장면이 아니라 현실이라는 것을 깨닫게 되는 것이다. 물론 그가 아홉 살밖에 되지 않은 소년이라서 그것을 두고 명확한 현실인식이라고 하는 것은 무리일 것이다. 다만 여기에서 중요한 것은 그것이 어떠한 정치적 맥락에서 행해지는 폭력이라는 것을 제대로 알지는 못할망정, "해피엔딩으로 끝나는 카우보이 영화들"에 익숙해 있던 그가 그 사건을 계기로 더 이상 환상을 갖지 않게 된다는 사실이다. 영화에서는 "주인공의 목에 로프가 감기는 순간, 갑자기 어딘가에서 총알이 날아와 로프를 끊어버리고, 주인공이 옆에 있는 남자를 발로 차고, 나머지 군중들 – 겁쟁이들 – 이 말에 올라타 산으로 들로 도망치면, 영화관에 있는 모든 사람들은 벌떡 일어나 소리를 치고 박수를 치고 그것이 축구 시합이라도 되는 것처럼 서로를 껴안곤 했"는데(302), 그는 영화에서와는 다르게 텔레비전으로 생중계되는 그 경기장에 뭔가가 빠져 있다는 사실에 주목한다.

> 뭔가가 빠져 있었다. 그 경기장에 빠진 게 있었다. 그리고 그것은 더 이상 기댈 수가 없는 것이었다. "좋은 일들은 선한 사람들에게 일어난다"는 생각에 대한 믿음을 잃게 만든 것과는 별개로, 텔레비전으로 중계된 우스타스 라시드의 처형은 내게 그보다 더 오래 지속되는 또 다른 생각을 갖게 했다. 그것은 내가 성인이 될 때까지 내게 남아 있었다. 그것은 일종의 조용한 공포감이었다. 내 발 밑의 양탄자가 어느 순간이라도 잡아당겨질 것만 같은 느낌이었다. 우스타스 라시드가 죽은 후, 나나 바바나 마마가 국립농구경기장을 삼킨 광기에 태워지는 것으로부터 예외일 수 있다는 환상은 더 이상 갖지 않게 되었던 것이다. (198)

이처럼 아홉 살짜리 소년은 공개처형 장면을 보면서 세상과 현실에 눈을 뜨게 된다. 권선징악에 대한 믿음도 잃고, 자신의 가족이 "국립농구경기장을 삼킨 광기"로부터 "예외일 수 있다는 환상"도 잃게 되는 것이다. 더욱이 아버지가 고문을 받아 등에는 "검은 선이 이리저리 나 있"고 "어떤 곳에서는 피가 나고" 눈은 "썩은 토마토가 갈라진 모습"을 하고 "아랫입술은 어린 가지처럼 두툼하고 자주색"이 되어 나타난 걸 보고(310-11), 그는 현실이 환상과는 거리가 멀어도 너무나 먼 것임을 깨닫게 된다. 서글픈 일이지만, 고통스러운 현실이 그의 눈을 뜨게 하고 그를 성숙하게 만드는 것이다.

아홉 살 소년은 현실에 눈을 뜨면서, 자신이 발설한 비밀 때문에 나세르와 그의 가족이 얼마나 고통을 당했을 지를 깨닫고 죄의식을 느낀다(343-44). 이와 더불어 그는 어머니가 결혼하기 이전의 시간으로 일종의 타임머신을 타고 돌아가 열네 살의 그녀를 구출해 먼 곳으로 데리고 가서 행복하게 살게 해주겠다는 꿈도 접을 수밖에 없다는 걸 깨닫게 된다. 아니, 그 차원만이 아니라 그의 어머니는 이제 자신의 보호를 필요로 하는 사람이 더 이상 아닌 것처럼 보인다. 그녀는 남편과 성관계를 할 때, 축 늘어지고 기계적인 모습을 취하던 예전과는 달리, 자발적인 모습을 취하는 것처럼 보인다. 그녀는 "얼굴을 옆으로 돌리고 한쪽 손을 은밀하게 옆으로 펼쳐 하늘을 향해 벌리고 무기력하게 누워 있는 게 아니"라 "그녀의 눈"으로 "그의 눈을 바라보고" 다리를 "그의 몸"에 감고 있다. 이번에는 전과 달리, 화자가 "끼어들어야 할지 말지 생각"할 여지가 없는 모습이다(339). 이는 얼핏 보면 사소해보이지만 화자에게는 아주 중요한 전기가 되는 사건이다. 이전까지는 화자와 어머니의 관계가 서로에게 "영혼의 반쪽이며 펼쳐진 책의 양면"처럼 밀착된 것이었다. 화자는 "언젠가 남자가 되어" 그녀를 "백마에 태워 데려"(22) 가야 할 운명의 왕자였다. 그런데 이제는 어머니가 아버지의 품에 스스로 안겨 있기에 더 이상 그럴 필요가 없는 상황이 된 것이다.

결국 정치적 현실과 가정적 현실이 아홉 살 소년의 눈을 뜨이게 하고 성장하게 만드는 것이다. 물론 그것은 화자가 리비아를 떠나 카이로에 가서 학업을 마치고 약사가 되어 일하기까지, 이후 15년 동안 내내 계속되는 성장이다. 그가 "한때는 우스타드 라시드처럼 예술사학자가 되고, 내 아버지처럼 비행기를 타고 다니는 사업가가 되고, 또 피아니스트가 되는 꿈을 꿨지만, 결국 약사가 된 것"은 어머니가 "병과 약이라고 했던 것과 제과업자가 카운터 밑으로 준 무색 액체[술]의 영향을 받았다"(353)는 말하는 것도 그가 어머니와의 관계에서 풀어야 할 것들이 계속 존재하고 있었고 앞으로도 한동안 그러할 것이라는 걸 암시해주지만, 그럼에도 불구하고 아홉 살 때 경험했던 폭력과 단절의 경험이 그의 인생행로와 성장과 몸부림의 단초를 제공했던 것만은 분명해 보인다. 소설의 말미에서 자신을 만나러 온 어머니를 보면서 화자가 "나를 갖지 않으려고 했던 어머니, 결코 그것을 택한 게 아닌 어머니, 자신이 알고 있는 모든 방법을 동원해 저항했던 어머니"(373-74)를 떠올리는 것은 그의 성장이, 이제 스물네 살이 된 젊은이의 성장이, 완결된 형태의 것이 아니라 아직도 현재 진행형이라는 것을 잘 말해준다. 그래서 이 소설은 이 소설은 정치소설이 아니라 아홉 살 아이가 세상에 눈을 뜨고 이후에 세상을 살아가는 과정에 관한 성장소설이다. 작가는 모스와의 인터뷰에서 이렇게 말한다.

> "정치와 아무 관련이 없는 책을 쓰고 싶었습니다. 나는 궁극적으로 내가 감각주의자이고 유미주의자라고 생각합니다. 나는 정치에 정말 관심이 없습니다. 하지만 정치는 캔버스의 일부였습니다. 나는 그것에 관해 뭔가를 말해야 했습니다. 그렇지 않다면 이러한 인물들을 만들고 있는 다른 모든 힘들이 추상적이었을 것입니다." (Moss, *Guardian*)

이 발언을 보면 작가가 "감각주의자"이자 "유미주의자"로서의 자신과, 정치에 관심이 없으면서도 정치를 소설 속에 끌어들일 수밖에 없었던 자신을 대비시키고 있다는 것을 알 수 있다. 작가의 감각적이고 유미적인 속성은 텍스트의 곳곳에 배어 있는데, 특히 화자가 오디(뽕나무 열매)를 묘사하는 데서 두드러진다. 소년은 "아담과 이브가 벌을 받고 지구로 내려온 후, 젊은 천사들이 지구에 과일나무를 심을 것을 공모"하고 그걸 실행에 옮겼으며, "전지전능한" 신은 그걸 알면서도 "괜찮은 생각"이라고 여기고 "그들의 계획을 실천에 옮기도록 놔뒀다"고 상상한다(75-76). 그러니까 오디는 천사들이 "지구에 있는 우리에게 천국을 맛보게 해주려고 모든 위험을 감수"하고 "빼돌린" 것이며 하느님은 그걸 알면서 묵인했다는 것이다(91-92). 뽕나무와 오디에 대한 화자의 탐닉은 "감각주의자이자 유미주의자로"로서의 작가의 면모를 유감없이 드러내주는데, 이러한 특성은 소설의 처음부터 끝까지 일관되게 나타난다. 이는 시에 대한 작가의 관심과 무관하지 않아 보인다. 그에 따르면, 이 소설은 처음에는 "신비로운 정원에서 과일을 따는 소년"에 관한 "한 편의 시로 시작되었다." 작가가 "화자 술레이만이 혼자 정원에서 오디를 따는 장면, 즉 소설에서 사오십 페이지를 차지하는 장면을 가장 먼저 묘사"한 것은 그래서 우연이 아니었던 것이다(Gana, *Online Magazine*). 문제는 그것이 하나의 이미지라면, 그 이미지를 구체적이고 현실적인 것으로 보완해야 하는 문제였다. 그래서 작가는 정치에 관심이 없음에도 불구하고, 그 배경이 리비아였기에 정치를 소설 속으로 끌어들여야 했던 것이다. 정치가 개입될 수밖에 없는 리비아를 배경으로 하고 있는 이야기이기에 정치 문제를 소홀히 하거나 배제할 수 없었다는 말이다. 그러니까 정치가 소설 속에 들어온 것은, 만약 그렇지 않았다면 다른 것들이 추상적이었을 것이기에 어쩔 수 없었다는 말이다. 등장인물들이 설득력을 띠기 위해서 그들을 역사 속에, 그것도 구체적인 리비아 역사 속에 자리 잡게 할 필요가 있었던 것이다. 바로 이것이 리비아의 1970년대 독재정치를 배경으로 하는 마타르의 소설이 역사성과 정치성과 예술성을 두루 갖춘 "슬프고 아름다운" 성장소설이 되는 이유다. 그리고 이것이 이 소설이 정치와 불가피하게 얽히면서도 정치 이야기가 아닌 이유다. 그리고 바로 이것이 작가가 자신의 "작품 속에서 열중한 것이 예술 그 자체"이며 자신의 "작품이 그것 자체 외의 어떤 것이나 누구에게 봉사하는 걸 거부한다"고 말한 이유다(Gana,

Online Magazine).

3. 성장소설을 통해 배우는 환대

마타르의 "슬프고 아름다운" 성장소설을 읽으면 리비아는 테러리스트의 나라가 아니라, 어느 곳에서나 있어왔고 앞으로도 있을 휴먼드라마가 존재하는 공간으로 다가온다. 이 소설을 읽기 전에는 추상적인 존재에 지나지 않던 리비아가 피와 살을 가진 평범한 사람들이 부대끼며 일상적인 삶을 살아가는 공간으로 다가오는 것이다. 지금까지 우리와 다르게만 보였던 사람들이 문화와 종교와 인종의 면에서는 다를지 모르지만, 결국 우리와 다를 바 없는 사람들이라는 것을 소설을 통해 깨닫는 것은 학생들에게는 소중한 경험이 아닐 수 없다.

학생들의 입장에서 보면, 다른 문화와 인종과 국가에 대한 편견과 몰이해는 때로 불가피한 측면이 없지 않다. 일차적으로는 아는 바가 없기 때문이고, 알고 있는 것이 있다 하더라도 불충분하고 때로 그릇된 정보에 의한 것일 경우가 많기 때문이다. 그러나 앞서 언급했듯이, 얼핏 사소해 보이는 편견과 몰이해가 쌓이고 또 쌓이게 되면 돌이킬 수 없는 고정적인 이미지가 형성된다는 사실을 우리는 염두에 둘 필요가 있다. 또한 그것이 우리가 남에게 가하는 인식론적인 폭력이며, 그것이 다시 물리적인 폭력으로 이어진다는 사실을 염두에 둘 필요가 있다. 지구상에 존재하는 식민주의와 제국주의는 거의 모두가, 인식론적인 폭력과 물리적인 폭력이 짝을 이뤄 행해진 것들이다. 바로 이것이 우리가 다른 사람들에게 한없이 겸손해야 하는 이유다. 아니, 겸손의 차원을 넘어서 주인이 손님을 극진하게 대접하듯이 그들을 환대해야 하는 이유다.

이런 점에서 데리다Jacques Derrida가 『환대에 관하여』(*Of Hospitality*)에서 인용하고 있는 구약성서의 주인과 손님 이야기는 우리 학생들이 새겨들을 필요가 있다(Derrida 151-55). 공교롭게도 "창세기"(Genesis)와 "판관기"(Judges) 19장에는 거의 똑같은 이야기가 나온다. 이야기의 가닥은 아주 간단하다. 어떤 사람이 먼 길을 가다가 어느 마을에 들러 묵을 곳이 없자 길거리(광장)에서 밤을 새려고 할 때, 그곳에 사는 누군가가 그들을 자기 집으로 데리고 가 발을 씻어주고 음식을 대접하고 잠자리를 제공한다. 그러자 사람들이 몰려와서 그 손님(들)을 내어달라고 한다. 그들에게 폭력을 행사하기 위해서다. 주인은 자신의 딸("창세기"와 "판관기"는 이 점에 있어서는 내용을 달리하지만 여기에서는 편의상 딸이라고 한다.)이라도 내어줄 테니 자신의 지붕 밑으로 들어온 사람(들)을 해치지 말라고 사람들에게 애원한다. 손님을 보호하기 위해 자신의 딸을 무뢰한들한테 내어줄 아버지가 어디 있겠냐만, 이 에피소드의 진정한 의미는 손님은 그럴 정도로 극진히 맞아야 하는 존재라는 말이다. 이것이 데리다가 말한 "절대적이고, 무조건적이고, 과장된 환대의 법"(Derrida, 75)이다. 여기에서 우리 학생들이 얻을 수 있는 중요한 교훈은 정신적인 것이든, 물리적인 것이든 여하한 형태의 폭력을 타인에게 행사하지 않아야 함은 물론이려니와, 한 걸음 더 나아가 우리 자신보다 타인을 소중하게 생각해야 한다는 것이다. 다른 나라, 다른 인종, 다른 문화, 다른 종교에 대해 우리가 겸손하고 또 겸손해야 하는 이유가 여기에 있다. 문학은 그 윤리성을, 그리고 겸손함의 중요성을 일깨워준다. 여타의 다른 이유들도 얼마든지 있겠지만, 바로 이것이 우리 학생들이 문학작품을 읽어야 하는 하나의 이유일 것이다.

물론 문학작품을 읽는다고 해서, 타자를 '제대로' 이해할 수 있게 된다는 말은 결코 아니다. 누가 어떤 맥락에서 어떻게 썼느냐에 따라, 어떤 문학작품이 타자에 관한 잘못된 상투적 이미지를 오히려 강화시킬 가능성이 없는 것도 아니다. 타자에 의한, 타자의 작품이 서구에서 인위적으로 영속시켜 온 상투성을 강화하는 데 공모하거나 일조할 가능성도 얼마든지 있다. 다만 여기에서 강조하는 것은 타자의 인간적인 면면을 반영하고 있는 다양한 문학작품들을 두루두루 읽는 것이 적어도 타자를 이해하는 시발점은 될 수 있다는 것이다. 타자를 완전히, 그리고 제대로 이해하는 것이 너무나 어려운 일이고 때로 불가능한 일이긴 하지만, 그럼에도 불구하고 그것이 결코 포기해서는 안 되는 일이기에 더욱 그렇다.

II.

남아프리카 작가들

우리는 본질적으로 잔인한 게 아니다. 잔인해지기 위해서는
타자의 고통에 마음을 닫아야 한다.

—J. M. 쿳시

01
「최고의 사파리」를 중심으로 본 타자 재현의 문제

– 나딘 고디머에 대한 애도를 겸하여*

1. 백인작가의 타자

2014년 7월 13일에 90세의 나이로 세상을 떠난 나딘 고디머Nadine Gordimer는 남아프리카의 파란만장한 근대사를 역동적으로 살아온 작가였다. 그녀는 아파르트헤이트라는 말이 존재하기 이전인 1923년에 태어나, 자크 데리다Jacques Derrida가 "세계의 몸에 난 악성종양"(Derrida, "Racism" 294)이라고 일컬은 암울한 아파르트헤이트 시대(1948-1994)를 살았고, 넬슨 만델라Nelson Mandela가 흑인 최초로 남아프리카 대통령이 된 포스트-아파르트헤이트 시대를 살았다. 그래서 그녀의 문학은 남아

---

* 2014년 『현대영미소설』(21)에 발표. 필자는 남아프리카 체류 2년째이던 1999년 5월, 인터뷰를 위해 요하네스버그에 위치한 고디머의 자택을 찾았다. 그 인터뷰는 그해 9월, 월간 『현대문학』에 "나딘 고디머와의 대화"라는 제목으로 게재되었다가 2010년 『문학의 거장들』의 첫 꼭지가 되었다. 세 시간이 넘게 이어진 인터뷰 내내, 문학의 사회적 책무와 윤리성을 강조하던 고디머의 모습이 아직도 생생하다. 고디머가 요하네스버그 자택에서 세상을 떠났다는 뉴스를 접하고, 필자는 20세기의 마지막 해에 그녀가 베풀어 준 환대를 떠올리며 이 글을 쓰기 시작했다. 부제목이 "나딘 고디머에 대한 애도를 겸하여"인 것은 그 환대를 기억하며 더 이상 이 세상에 없는 '문학의 거장'을 기리기 위한 것이다.

프리카의 근대사와 밀접한 관련을 맺는다. 그녀만큼 생생하게 남아프리카 역사를 문학의 한복판에 위치시킨 예를 찾기 힘들 정도다. 그녀의 문학이 남아프리카 역사였고 남아프리카 역사가 그녀의 문학이었다. 그녀가 그 역사에 상응하는 엄청난 양의 작품을 남긴 것은 우연이 아니다. 열다섯 권의 소설과 스물한 권의 단편소설집, 다섯 권의 에세이집, 두 권의 편집서는 그녀가 작가로서 얼마나 역동적인 삶을 살았는지 여실히 말해 준다.

이처럼 역동적인 작가의 작품세계를 몇 마디로 요약하는 건 가능하지도 않고 그래서도 안 될 일이다. 그녀가 남긴 작품들이 많기도 하려니와, 정치적 상황의 변화에 상응하는 작품들인 탓에 모든 작품을 하나의 범주로 묶으려는 시도 자체가 무모해 보인다. 이런 의미에서 장편소설도 아니고 수많은 단편소설 중 하나에 지나지 않는 「최고의 사파리」("The Ultimate Safari")에 대한 논의는 지엽적일 뿐만 아니라 그녀의 예술적 성취에 비춰보면 지극히 미미한 것일 수도 있다. 더구나 이 소설은 배경도 남아프리카가 아니라 이웃나라인 모잠비크인 탓에 그녀의 소설 중에서도 다소간에 변두리에 속하는 소설이다.

그럼에도 불구하고 우리가 이 소설에 관심을 가져야 하는 이유는 작가가 자신의 단편소설 중에서 이 작품을 자신의 "최고"로 꼽았기 때문이다. 이 소설을 "최고"라고 했다는 것은 작가가 독자에게 이 소설에 특별한 관심을 가져줄 것을 요구한 것이나 마찬가지다. 이 소설은 1989년, 영국의 문학계간지인 『그란타』(*Granta*)에 발표되었다가 1991년에 『점프와 다른 이야기들』(*Jump and Other Stories*)에 수록될 때까지만 해도 그다지 주목받는 소설이 아니었다. 그런데 그녀가 편집해 2004년에 출간한 『이야기들』(*Telling Tales*)에 수록되면서 세간의 주목을 받게 되었다. 고디머는 당시, 세계의 유명작가들에게 "일생에 걸친 스토리텔러로서의 최고봉을 대변하는"(Gordimer, *Telling Tales* x) 작품을 보내달라고 요청했고, 그것을 모아놓은 것이 스물한 편의 소설로 구성된 『이야기들』이었다.

고디머를 포함하여 다섯 명의 노벨문학상 수상자들, 즉 가브리엘 가르시아 마르케즈Gabriel García Márquez, 귄터 그라스Günter Grass, 오에 겐자부로Oe Kenzaburo, 호세 사라마구Jose Saramago가 그들의 "일생에 거친 스토리텔러로서의 최고봉을 대변하는" 작품을 보냈고, 다른 열여섯 명의 유명작가들도 그들의 "최고봉"에 해당하는 작품을 "아무런 보수나 저작권료 없이" (Gordimer, *Telling Tales* x) 에이즈 퇴치운동에 대한 기부의 차원에서 보내왔다. 여기에 수록된 작품들이 실제로 그들의 "최고봉"에 해당하는지에 대해서는 평자마다 이견이 있을 수 있지만, 중요한 것은 편집자인 고디머가 「최고의 사파리」를 자신의 단편소설 중 "최고"로 생각하고 이 책에 수록했다는 사실이다.

고디머가 즐겨 인용하는, "작가의 의무는 그저 잘 쓰는 것"(McMurray 17)이라는 마르케즈의 말처럼*, 그녀가 장르를 불문하고 자신이 쓰는 모든 글에 최선을 다한 작가였다는 사실을 감안하면 「최고의 사파리」를 "최고"로 꼽았다는 사실은 의미심장하다. 물론 "최고"가 꼭 하나일 필요는 없고, 고디머와 같은 위상의 작가에게는 "최고"의 작품이 복수일 가능성이 얼마든지 있지만, 그럼에도 불구하고 그녀가 「최고의 사파리」를 최고의 작품으로 택했다면, 독자가 이 작품에서 그녀의 예술세계와 그것의

---

* 그녀는 1983년 1월 20일자 『뉴욕 리뷰』(*The New York Review of Books*)에 기고한 글("Living in the Interregnum")에서 구체적으로 마르케즈의 말을 인용한다. 그리고 이 글은 『본질적인 제스처』(*The Essential Gesture*)에 동일한 제목으로 수록되어 있다(261-84).

진면목을 조금이나마 엿볼 수 있기를 기대하는 것도 큰 무리는 아닐 것이다. 그래서 이 글은 「최고의 사파리」에 대한 논의이기도 하지만, 그것을 출발점으로 삼아 고디머가 지금까지 타자를 반영하고 형상화하는 문제와 관련하여 직면해야 했던 것들을 세밀하게 논의함으로써 고디머의 문학세계를 큰 틀에서 이해하기 위한 하나의 시도이다. 따라서 논의의 일부가 불가피하게 소설에 관한 논의를 벗어나, 고디머의 예술관이나 미학적 입장에 관한 것으로 넘어갈 수도 있을 것이다. 고디머가 세상을 떠난 것을 계기로 그녀의 소설을 둘러싼 쟁점을 보다 넓은 맥락에서 돌아보는 것이, 인종적 정의를 위해 펜을 들고 싸웠으며 그 과정에서 위대한 소설들을 남기고 세상을 떠난 작가를 제대로 이해하는 데 도움이 될 수 있기 때문이다. 그녀가 인종적 정의를 위해 헌신했으면서도 남아프리카 비평가들로부터 인종문제와 관련하여 비판을 받는 서글픈 현실을 고려하면, 그녀의 작품을 둘러싼 논의를 돌아보고 제대로 된 평가를 시도하는 것은 불가피한 일이다.

고디머에게 아파르트헤이트는 "인간이 만든 것 중 가장 추악한 것"(Gordimer, *Essential Gesture* 262)이었다. 그래서 그녀는 피부색깔에 따라 사람을 나누는 아파르트헤이트의 추악함을 폭로하고 그것이 없어지는 날이 올 때까지 문학을 통해 싸웠다. 그녀가 구사한 전략 중 하나는 인권유린을 당하는 흑인들의 삶을 묘사하고, 어떤 경우에는 흑인들을 직접 화자로 등장시켜 그들에게 목소리를 부여하는 것이었다. 그녀는 흑인들에게 목소리를 부여함으로써 현실에서 가능하지 않은 것을 가능한 것으로 만들었다. 일종의 '시적 정의'를 허구의 공간에서 구현한 셈이었다. 문제는 그녀가 아파르트헤이트를 제도화한 자들과 피부색이 같은 백인이라는 데 있었다. 그녀가 백인으로서 흑인들을 제대로 대변할 수 있는지,

아니 그럴 자격이 있는지 여부가 쟁점으로 부각되었다. 흑인비평가는 물론이고 백인비평가까지 그녀에 대한 비판에 가세했다. 백인작가인 안드레 브링크André Brink도 "백인작가는 흑인의 상황에 대해 설득력 있게 쓸 수 없고, 그건 거꾸로도 마찬가지다"(Boyers 211, 재인용)라고 했다. 그러나 고디머는 그렇게 흑백을 가르는 건 아파르트헤이트의 폭력적인 논리를 배격해야 하는 사람들이 역설적이게도 그것을 되풀이하고 내재화하는 모순에 빠지는 것이라고 반박했다. 그런 점에서 "아파르트헤이트는 너무 잘 성공했다"(Gardner 169)고 했다. 비평가들과 고디머의 불화는 그녀가 세상을 떠날 때까지 계속되었다. 따라서 이 글은 이 불화의 문제를 보다 큰 맥락에서 보면서 그 불화가 그녀에 대해 시사해주는 바가 뭔지, 고디머 문학의 지향점이 어디에 있는지 논의하기 위한 것이다.

2. 모잠비크와 아파르트헤이트 정권

고디머가 발표한 소설들은 거의 예외 없이 아파르트헤이트와 관련된 것들이다. 고디머 소설에 관한 탁월한 연구서인 『나딘 고디머의 소설들-안으로부터의 역사』(*The Novels of Nadine Gordimer: History from the Inside*)에서 스티븐 클링만Stephen Clingman이 적절하게 지적한 것처럼, 그녀의 소설은 남아프리카 역사를 안으로부터 기록한 것이라고 해도 과언이 아니다. 그만큼 그녀의 소설은 아파르트헤이트의 실상과 그것이 남아프리카인들에게 미친 영향을 기록한 "안으로부터의 역사"(Clingman 1)라고 할 수 있다. 여기에서 주목할 점은 고디머가 최고작품으로 선정한 「최고의 사파리」가 아파르트헤이트를 직접적으로 다루지도 않고, 배경도 남아프리카가 아니라 모잠비크라는 사실이다. 즉, 이 소설은 적어도 "안으로부터의 역사"와는 일정한 거리가 있는 것처럼 보인다. 아파르트헤이트라는 말은 나오지도 않고, 백인이 흑인에게 가하는 억압이나 야만성에 대한 묘사도 없다. 오히려 스토리 속의 가해자와 피해자는 피부색깔이 같다고 추정된다.

소설은 한 가족이 "산적"(bandit)을 피해 모잠비크에 위치한 마을을 떠나 크루거 공원을 거쳐 남아프리카에 있는 난민촌에 정착하는 과정을 묘사하는데, 어디에도 그것이 아파르트헤이트와 관련된 것이라는 암시나 단서가 없다. 그렇다고 "산적"이 구체적으로 어떤 존재인지, 뭘 위해 싸우는지 묘사하지도 않는다. 세상물정을 모르는 어린 소녀의 입장에서 스토리가 서술되기에 더더욱 이 모든 것을 알 길이 없다. 그러나 고디머의 소설들이 거의 예외 없이 구체적인 역사와 관련이 있으며, 특히 단편소설이 그녀에게 장편소설보다 "인간 삶의 질을 전달하는 데 더 적합한" "현재의 예술"(art of the present moment)이었다(Gordimer, *Symposium* 459)는 사실을 감안하면, 소설에 나오는 "산적"은 역사 속의 존재일 가능성이 크다. 그녀에게 "창조적인 예술은 순수하지 않았다"(Gordimer, *Essential Gesture* 285). "역사가 그것[창조적인 예술]의 증거가 되고, 이데올로기가 그것을 요구하고, 사회가 그것을 필요로 하기 때문이었다"(Gordimer, *Essential Gesture* 286). 이러한 이유에서 「최고의 사파리」에 나오는 "산적"은 역사 속의 산적임이 분명하다. 그렇다면 문제는 이 "산적"이 고디머가 평생 싸워온 아파르트헤이트와 무슨 관련이 있느냐 하는 것인데, 겉보기에는 양자 사이에 아무 관련이 없는 것처럼 보인다. 그러나 고디머가 소설에서 구체적으로 언급하고 있지는 않지만, 이 산적의 역사성은 남아프리카의 아파르트헤이트 정권과 이웃나라인 모잠비크가 어떠한 관계에 있었는지 살펴보면 어렵지 않게 모습을 드러낸다.

남아프리카의 아파르트헤이트 정권은 1970년대, 이웃 나라들이 하나씩 독립을 해가고, 급기야 포르투갈이 앙골라와 모잠비크를 버리고 떠나자 위기의식을 느끼기 시작했다. 그런데 식민주의에서 벗어나 독립을 쟁취한 나라들은 남아프리카 밖에서 게릴라전을 준비하고 있던 아프리카민족회의(ANC, African National Congress)에 우호적일 수밖에 없었고, 그런 상황은 1980년대에도 그대로 이어졌다. 잠비아에 본부를 둔 아프리카민족회의는 "탄자니아와 앙골라 북부에 훈련장을 설치하고"(Minter 39) 게릴라들을 훈련시켰다.* 그들은 한편으로는 "훈련된 게릴라들과 무기를 남아프리카로 들여보내고, 다른 한편으로는 신병을 남아프리카 밖으로 빼내는 데" 남아프리카와 국경을 맞대고 있는 모잠비크를 비롯한 짐바브웨, 스와질란드, 레소토의 도움을 필요로 했다(Minter 39). 그런데 그들을 지원하는 모잠비크 정부는 모잠비크 민족저항운동(Renamo, Resistência Nacional Moçambicana)이라 불리는 반군으로부터 거센 저항을 받고 있었고, 아파르트헤이트 정권은 이 반군을 지원했다. 아파르트헤이트 정권은 모잠비크의 좌파 정권을 전복하거나 정국을 불안하게 함으로써 자신들의 백인지배체제를 영속시키고 싶었다. 이것은 러시아의 영향력을 두려워하고 있던 미국의 이해와 맞아떨어져 반군에 대한 조직적인 지원으로 이어졌다. 적어도 당시에는 미국 중앙정보국(CIA)도 반군을 지원하고(Minter 156), 남아프리카 정권도 반군을 지원했다. 그것이 모잠비크의 "경제를 파괴하고 시민들에게 공포감을 심는 것을 목표로 삼았던"(Minter 42) 모잠비크 민족저항운동이 엄청난 지원을 받게 된 경위였다. 그런데

* 고디머는 아파르트헤이트 정권을 전복시키려 했던 아프리카민족회의의 당원이었다. 당연히 그녀는 아프리카민족회의의 무장투쟁을 지지했다.

문제는 모잠비크 민족해방운동이 무고한 시민들을 닥치는 대로 죽이고 잔학한 행위를 하며 게릴라전을 폈다는 데 있었다. 미국 의회가 결의한 "반아파르트헤이트 법안"(1986)에 대해서 거부권을 행사하고 남아프리카와 함께 반군을 지원했던 우익정권인 로널드 레이건Ronald Reagan 행정부마저도 1988년, 모잠비크 민족저항운동이 저지른 "대규모의 조직적인 잔학행위에 대한 보고서"(Minter 50)를 발간했을 정도였다.

「최고의 사파리」는 이러한 모잠비크의 국내외적 상황을 시대적 배경으로 한다. 이렇게 추정하는 것은 이 소설이 1989년에 영국의 문학계간지인 『그란타』에 발표되었으며, 런던에서 발행되는 1988년 11월 27일자 『옵저버』(*Observer*)에 실린 광고 문구를 서두에 인용하기 때문에 가능한 일이다. 즉, 소설은 1988년과 1989년 사이의 어느 지점에서 쓰이고 발표되었을 것이다. 고디머가 당대의 역사를 문학이라는 그릇에 담아온 작가이기에 이러한 추론은 설득력을 지닌다. 클링만이 적절하게 지적하듯이, 고디머의 "리얼리스트로서의 시각은 그녀가 쓰는 상황에서 직접 나온 것"(Clingman 10)이었다. 즉, 이 소설에 나오는 "산적"이나 난민들은 구체적인 역사 속의 산적이나 난민들이었으며, 그리고 그 현실은 일정 부분, 아파르트헤이트 정권에 의해 조장되고 만들어진 것이었다. 1988년은 "앙골라와 모잠비크의 전쟁이 최고조에 달했던 시기"(Minter 49)였다. 당연히, 아파르트헤이트의 지원을 받던 반군 게릴라들의 잔학행위도 최고조에 달했다.

물론 고디머의 소설은 산적들이 마을을 습격해 "모든 것을 가져가고" 나중에는 더 이상 아무것도 가져갈 것이 없자 초가집을 불살라버리는 만행을 묘사하면서도(Gordimer, "Safari" 270), 그것이 아파르트헤이트 정권의 도움을 받아서 행해진 것이라는 사실을 전혀 언급하지 않는다. 화자가 국가들 사이의 복잡한 관계를 이해하기에는 너무 어리고 무지한 소녀이기 때문이다. 그러나 남아프리카의 아파르트헤이트 정권과 모잠비크의 반군 사이의 관계를 조금이라도 이해하는 독자라면, "산적들"에 의한 습격과 노략질이 아파르트헤이트 정권과 무관한 것이 아니라는 것을 어렵지 않게 알 수 있다. 이것은 작가가 남아프리카가 아니라 모잠비크를 배경으로 한 소설에서도 아파르트헤이트의 "추악함"(Gordimer, *Essential Gesture* 262)으로부터 시선을 거두지 않고 있다는 사실을 보여준다. 작가는 구체적으로 명시하지 않으면서도 아파르트헤이트가 남아프리카만이 아니라 이웃나라까지 감염시키는 모습을 생생하게 보여준다.

아파르트헤이트는 고디머에게 일종의 강박관념이었다. 그것과 직접적인 관련이 없어 보이는 이웃나라의 정치적인 상황까지도 아파르트헤이트와 관련하여 바라보게 하는 강박관념이었다. 그래서 「최고의 사파리」는 아파르트헤이트를 중심으로 전개되는 다른 고디머의 소설들과 궤를 같이 하는 소설이라고 해도 지나친 말은 아니다. 이런 의미에서 보면 그녀가 이 소설을 "최고"의 작품으로 택해 『이야기들』에 수록한 것은 남아프리카로부터 일정한 거리를 두면서 동시에 남아프리카로 회귀할 수밖에 없는 상반된 심리적 욕구의 소산으로 보인다. 이것은 그녀가 남아프리카의 아파르트헤이트가 초래한 억압과 폭력의 현실에 책임을 느끼는 작가였기에, 그녀의 말로 옮기면 도덕적으로 "붙들린"(Gordimer, *Essential Gesture* 286) 존재였기에 불가피한 일이었을 것이다.

그녀에게 작가는 태생적으로 자유롭지 못하고 "예술적, 언어적, 이데올로기적, 국가적, 정치적, 종교적"(Gordimer, *Essential Gesture* 286) 책임감에 "붙들린" 존재였다. 작가는 "자신의 예술적인 비전에 대한 헌신과 동일한 정도로, 작가에게 뭔가를 요구할 사회의 권리"(Gordimer, *Essential Gesture*

289)를 인정해야 했다. 그래서 역설적으로 작가는 "자유를 얻기 위해서 자유를 포기해야"(Gordimer, *Essential Gesture* 293) 했다. 그녀가 아파르트헤이트와 그것의 영향력과 파장을 지속적으로 형상화한 것은 바로 이러한 이유에서였다. 「최고의 사파리」는 아파르트헤이트를 정면에서 다룬 어떤 소설보다도 더 실감나게 이러한 작가의 신념을 잘 말해준다. 아파르트헤이트를 벗어난 곳으로 눈길을 돌리면서도 마음속으로는 아파르트헤이트를 붙들고 있는 모습을 보여주기에 그렇다. 따라서 내전에 휘말린 모잠비크 소녀와 그녀의 가족이 크루거 공원을 거쳐 남아프리카의 난민촌에 정착하는 과정을 섬세하게 그린 이 소설을 작가가 "스토리텔러로서 평생을 살아온 자신을 가장 잘 대변하는"(Gordimer, *Telling Tales* x) 소설로 꼽은 것은 그것이 자신의 문학적 관심사와 성취, 역사성을 압축하여 보여준다는 판단에서였을 것이다.

「최고의 사파리」의 탁월한 점 중 하나는 어린 소녀와 흑인들이 겪는 비참한 현실을 유럽에서 온 백인들의 한가로운 사파리 여행과 대조시킴으로써 발생하는 아이러니의 효과에 있다. 소설은 런던에서 발행되는 1988년 11월 27일자 『옵저버』에 실린 광고 문구–"아프리카 모험은 계속됩니다.... 여러분도 할 수 있습니다! 아프리카를 알고 있는 안내인들과 함께 최고의 사파리나 원정을 떠나보세요."–를 소설의 서두에 배치한다(Gordimer, "Safari" 269). 소설의 제목은 광고문구의 일부를 따온 것이다. 그런데 제목이나 광고문구만을 보면 소설이 흥미진진한 사파리 여행에 관한 내용일 것 같지만, 작가는 유럽인들에게는 최고의 사파리 여행을 할 수 있는 곳이 사실은 내전으로 찢겨서 수많은 흑인들이 이웃나라로 피신을 하는 절박한 역사의 현장이라는 걸 보여줌으로써 제목이 표면적으로 암시하는 바를 전복시킨다. 백인들이 크루거 공원에서 사파리 여행을 하고 저녁에는 흑인들의 시중을 받으며 고기를 구워먹을 때, 배고픔에 질린 난민들은 공원 내의 하이에나와 마찬가지로 그 냄새를 고통스럽게 들이마신다. 흑인들은 가져간 물과 음식이 떨어지자, 동물들이 먹는 물을 마시고 비비狒狒가 먹는 마른 무화과열매나 설사를 유발하는 야생과일을 먹는다. 그들은 동물보다 못한 존재이다. 동물들에게는 먹을 것이 지천에 널려 있지만 피난민들에게는 "아무것도 없다"(Gordimer, "Safari" 273). 크루거 공원은 백인들에게는 "머물면서 동물들을 구경하는 곳"(Gordimer, "Safari" 272)이지만, 모잠비크를 떠나 남아프리카로 향하는 난민들에게는 "동물들 사이에서 동물들처럼 움직여야 하는"(Gordimer, "Safari" 273) 비참하고 혹독한 곳이다. 백인들에게는 사자들을 보는 것이 사파리 여행의 백미일지 모르지만, 흑인들에게는 잡아먹히지 않으려고 사력을 다해야 하는 무서운 동물들이다. "아프리카를 알고 있는 안내인들과 함께 최고의 사파리나 원정"을 즐기는 백인들과 달리, 흑인들은 "어딘가 가까이에서 기다리고 있는"(Gordimer, "Safari" 275) 사자들의 먹잇감이다. 실제로 화자의 할아버지는 그 와중에서 설사가 나 숲으로 들어갔다가 무슨 연유에선지 돌아오지 못한다. 그가 어떻게 되었는지 아무 언급이 없지만, 정황상 동물한테 잡아먹힌 것으로 추정된다.

모잠비크 난민들은 이렇게 험난한 여정을 거쳐 난민촌에 도착한다. 그들은 2백여 명의 난민들과 함께 "교회나 학교보다 더 큰 천막"(Gordimer, "Safari" 277) 안에서 살게 된다. 화자는 할머니, 어린 동생, 그리고 오빠와 함께 천막의 한 귀퉁이를 할당받아 살게 된다. 화자와 오빠는 할머니가 억척스럽게 일한 덕에 난민촌의 다른 아이들과 다르게 운동화도 사 신고 인근의 학교도 다니게 된다. 그들은 그렇게 2년 이상을 살아간다. 이것이 유럽 백인들이 "최고의 사파리"를 위해서 비행기를 타고 오는 크루거 공원 주변에서 벌어지는 현실이다. 물론 소설에 나오는 모든 백인들이 "최고의 사파리 여행"을 즐기는 것만은 아니다. 어떤 백인들은 "영화를 찍는다"(Gordimer, "Safari" 281). 백인여자가 화자의 할머니에게 질문하는 것으로 보아, 그들이 찍는 영화는 난민의 실상을 담은 다큐영화일 것으로 추정된다. 어떤 의미에서 보면, 영화를 찍는 백인들은 크루거 공원에서 사파리 여행을 하며 고기를 구워먹는 백인들과 다르게, 나름으로 의미 있는 행위를 하고 있다고 할 수도 있다. 그러나 백인여자가 화자의 할머니에게 묻는 질문들을 보면 그들의 행위도 온전한 것과는 거리가 멀다는 게 드러난다. 화자는 백인여자와 할머니 사이에 오가는 대화를 이렇게 전한다.

> 한 백인여자가 우리가 사는 공간으로 비집고 들어와 우리의 할머니에게 물었다. 백인여자의 말을 이해하는 누군가가 우리말로 우리에게 질문을 통역해줬다.
>
> 당신은 얼마나 오랫동안 이렇게 살았습니까?
>
> 이 여자는 여기를 말하는 건가요? 우리 할머니가 말했다. 이 천막에서 2년 1개월 살았어요.
>
> 미래에 뭘 바라시나요?
>
> 아무것도 없어요. 나는 여기에 있어요.
>
> 그렇지만 당신의 자식들은 어떻게 되죠?
>
> 나는 그들이 공부를 해서 좋은 직장을 잡고 돈을 벌기를 바라요.
>
> 당신은 모잠비크, 그러니까 당신네 나라로 돌아가고 싶습니까?
>
> 나는 돌아가지 않을 거요.
>
> 하지만 전쟁이 끝나면 여기에 머물게 하지 않을 텐데요? 집에 가고 싶지 않

습니까?

나는 우리 할머니가 다시 말하고 싶을 거라고는 생각하지 않았다. 나는 할머니가 백인여자한테 대답할 것이라고는 생각하지 않았다. 백인여자가 고개를 갸우뚱하며 우리를 향해 미소를 지었다.

우리 할머니는 그녀에게서 눈길을 돌리고 말했다. 아무것도 없소. 집은 없소. (281)

백인여자가 화자의 할머니에게 하는 질문들은 그녀의 입장에서는 물어봄직한 것들일지 모르지만, "산적들"이 모든 것을 빼앗아가고 급기야 집마저 불살라버린 모잠비크 난민들의 상황을 전혀 모른다는 점에서 몰이해와 피상성을 동시에 드러낸다. 난민들의 입장에서 보면, 돌아갈 집도 없고 돌아가고 싶은 조국도 없다. 그래서 백인여자가 난민생활의 어려움을 동정한답시고 질문한 것들이 오히려 상처만 건드린 형국이 되고 만다. 그들에게는 미래도 없고 집도 없는 것이다. 그래서 화자가 "백인여자가 우리가 사는 공간으로 비집고 들어왔다"(A white woman squeezed into our space)고 표현한 것은 타자를 이해하고 대변하려는 어설픈 몸짓이 사적인 고통과 실존의 공간에 대한 침해일 수 있다는, 열한 살짜리 소녀의 항변에 다름 아니다.

고디머는 흑인소녀의 눈에 비친 백인여자의 모습을 통해, 타자에 대한 동정심이나 연민이 얼마나 피상적일 수 있는지, 그리고 궁극적으로 타자를 반영하거나 대변하는 작업이 본래의 의도와 달리 얼마나 심각한 침해일 수 있는지 보여준다. 비록 단편소설이라는 장르의 한계 때문에 이 문제를 더 깊이 파고들지는 않지만, 작가는 백인여자와 흑인 할머니의 대화를 소설의 말미에 배치함으로써 타자를 대변하는 문제가 대단히 민감한 것일 수 있음을 암시한다. 고디머는 영화를 찍는 과정에서 화자의 할머니에게 피상적인 질문을 던지는 백인여자를 통해, 리얼리티를 심층적으로 파고들어 그것의 본질을 이해하기 전에는 타자를 대변하고 재현하려는 노력이 무위로 끝날 수 있음을, 아니 심리적 폭력으로까지 이어질 수 있음을 암시한다. 집이 있는 사람에게는 집으로 돌아가는 것이 당연하고 또 절박한 문제이겠지만, 집을 비롯한 모든 것이 파괴되어 아무것도 남아 있지 않은 사람에게 집에 돌아가고 싶지 않으냐고 묻는 것은 결국 상처를 덧내는 것이다. 그래서 타자에 대한 피상적인 동정심은 타자를 상투화시키고 타자에게 상처를 주는 다소간에 이기적인 행위가 된다. 놀라운 것은 고디머가 "천막에 사는 사람들의 사진들을 찍는"(Gordimer, "Safari" 281) 백인들과 화자의 할머니를 인터뷰하는 백인여자를 등장시킴으로써, 백인작가로서 자신이 직면해야 했던, 다른 인종을 반영하는 문제에 대한 자의식을 드러내고 있다는 사실이다. 전혀 그럴 것 같지 않은 곳에서 작가는 슬그머니 자신을 드러내고 있는 셈이다.

그렇다면 여기에서 당연히 제기할 수 있는 질문은 고디머가 흑인을 대변할 수 있느냐 하는 것이다. 그녀가 아파르트헤이트의 폭력성과 그것이 흑인들을 인권의 사각지대로 몰아넣는 역사적 현실을 누구보다 설득력 있게 형상화한 용기 있는 작가였다는 사실에는 이론의 여지가 없다. 그녀는 "남아프리카의 양심"(Symons, Wagner 2, 재인용)이었고, 그것은 1991년도의 노벨문학상 수상으로 이어졌다. 그럼에도 불구하고 그녀는 피부색깔이 곧 힘이고 권력이고 특혜인 나라에 사는 백인이었다. 그런 백인이 가야트리 스피박Gayatri Spivak이 말한 "하위주체"(subaltern), 즉 흑인을 대변할 수 있을까. 가능하다면 어디까지 가능할까. 가능하지 않다면 왜 그럴까. 이런 질문이 끝없이 이어지는 것은 그녀가 아파르트헤이트를 제도화한 식민주의자들과 피부색이 같은 백인이었고, 자신이 원하든 원하지 않든 그것으로부터 혜택을 받는 삶을 살아왔기 때문이다. 이것은 고디머가 평생 짊어지고 다닌 일종의 원죄였다. 그런데 놀랍게도 그녀는 흑인소녀가 화자로 설정된 「최고의 사파리」를 자신의 "최고"로 택함으로써 그 문제에 정면으로 맞서고 있다.

3. 흑인을 재현하는 백인작가의 한계와 진정성

고디머가 흑인을 화자로 내세운 것은 「최고의 사파리」가 처음이 아니다. 그녀는 사십대였던 1965년에 발표한 『비출판용』(*Not for Publication*)에 수록된 「언젠가 월요일에 확실히」("Some Monday for Sure")에서 흑인화자를 처음 내세운 이래, 1990년에 발표된 장편소설 『내 아들의 이야기』(*My Son's Story*)에서는 흑인과 백인의 시점을 교차시키며 스토리를 전개했고, 『점프와 다른 이야기들』에 수록되어 있는 「최고의 사파리」나 「특사」("Amnesty")와 같은 단편소설들에서는 흑인화자를 내세워 스토리를 전개했다. 그리고 그녀가 흑인화자를 내세운 것은 사십 대부터였지만, 흑인 인물을 형상화한 것은 거의 처음부터였다. 그녀는 첫 장편인 『거짓의 날들』(*The Lying Days*, 1953)에서 출발하여 『사랑의 기회』(*Occasion for Loving*, 1963), 『줄라이의 사람들』(*July's People*, 1981), 『픽업』(*The Pickup*, 2001) 등을 거쳐, 마지막 장편인 『지금 같은 때 없어』(*No Time Like Present*, 2012)에 이르기까지, 흑인이나 혼혈인을 형상화하는 걸 주저하지 않았다. 이것은 스물한 권에 달하는 소설집에 수록된 단편소설들에서도 마찬가지였다. 그러다 보니, 남아프리카의 특권층에 속하는 백인작가가 자신이 자세히 알지 못하는 흑인을 형상화할 수 있느냐 하는 질문이 끊임없이 제기되었고,

고디머는 그로 인해 혹독한 비판에 직면해야 했다. 그녀는 알베르 메미Albert Memmy의 분류에 의하면 식민주의자이기를 "거부하는 식민주의자"(19)였지만, 그럼에도 불구하고 식민주의자라는 사실을 떨쳐낼 수 없었다. 남아프리카의 비평가들은 그것을 놓치지 않았다. 그 중 대표적인 것이 흑인 비평가이자 극작가인 모소비 무트로체Mothobi Mutloatse의 발언이다. 그는 1980년 7월 12일, 요하네스버그에서 발행되는 『스타』(*The Star*)와의 인터뷰에서, "흑인들에 관해 글을 쓰는 백인들은 학문적 연습을 하는 것에 불과하고" "백인들의 글은 특권층의 삶만을 표현한 것"이어서 흑인들이 느끼는 "감정을 결여하는" 공허한 문학(Gardner 168, 재인용)이라고 말했다. 이것은 아파르트헤이트가 인종차별을 제도화해서 백인과 흑인이 서로 어떻게 살고, 어떻게 느끼는지 알 수 없는 상황이었기 때문에 타당성이 없지는 않은 발언이었다. 그리고 이것은 백인작가들에 대한 흑인작가들의 심정을 대변하는 발언이기도 했다.

그러나 고디머는 무트로체와 같은 흑인들의 이분법적인 논리를 아파르트헤이트의 이분법적인 논리와 흡사한 무지의 소치라고 보았다. 그녀는 1980년, 무트로체의 발언 직후에 한 인터뷰에서 그의 편협한 논리를 정면으로 받아쳤다. 그녀는 무트로체의 발언이 "흑인과 백인 사이의 넓은 접촉 지대, 즉 우리 모두의 삶을 전적으로 무시하고 있으며" 바로 이것이 "아파르트헤이트의 실패요 거짓말" (Gardner 168)이라고 응수했다. 그녀의 생각에 백인과 흑인은 남아프리카라는 공간에서는 별개의 존재가 아니라 운명처럼 서로 엮여 있어서 서로에 대해 알 수밖에 없으며, 이것을 작가가 형상화하는 것은 공박의 대상이 아니라 자연스러우면서도 장려할 만한 것이었다. 피부색을 기준으로 서로를 분리하고 나누는 것이 아파르트헤이트인데, 무트로체의 이분법적인 발언은 이런 의미에서 아파르트헤이트의 피해자가 그것의 폭력적 논리를 답습하는 모순과 역설이라는 것이었다. 물론 그녀도 "어떤 백인작가도 쓸 수 없는 흑인의 경험들이 있다"(Gardner 168)는 것을 인정하고, "자신이 알고 있는 것의 한계들"도 "인정"했다(Cooper-Clark 223). 아무리 노력하고 상상력을 동원해도 백인작가가 넘볼 수 없는 영역이 존재한다는 건 엄연한 현실이었다.

그러나 그녀는 동시에, 백인들이 흑인들에 대해 알게 되고, 흑인들이 백인들에 알게 되는 "실제적인 경험의 거대한 영역"(Gardner 168)이 현실적으로 존재하기에, 백인작가가 흑인인물을 형상화하는 것이 문제 내지 하자라는 의견에 동의할 수 없었다. 그러니까 그녀는 인지할 수 있고 경험할 수 있는 실제적인 삶의 영역에서는 얼마든지 백인작가가 흑인인물을 형상화할 수 있다는 입장이었다. 무트로체의 발언은 역설적으로, 흑인작가도 백인인물을 형상화해서는 안 된다는 말이었다. 백인작가가 흑인을 형상화할 수 없다면 흑인작가도 백인을 형상화할 수 없다는 것인데, 그녀가 보기에 이것은 "난센스"(Gardner 168)였다. 그녀는 "상상력"은 "신비로운 것"이어서 작가는 상상력을 통해 "다른 사람들의 삶 속으로 들어갈 수 있다"(Gardner 169)고 믿었다. 그리고 때로는 인종을 초월하고, 때로는 성마저 초월하여 인물을 창조할 수 있는 게 "신비로운" 상상력의 힘이라고 믿었다.

고디머가 「최고의 사파리」에서 흑인소녀를 화자로 내세워 모잠비크의 내란으로 생존이 위협받는 평범한 사람들에 관한 얘기를 한 것도 인종에 구애받지 않고 인물을 형상화할 수 있다는 자신감에서였다. 그리고 실제로 고디머가 백인작가라는 사실을 의식하지 않으면, 흑인소녀와 가족에 관한 슬픈 이야기는 흑인작가가 썼다고 해도 손색이 없고, 반영과 재현의 문제에 아무리 까다로운 비평가라 하더라도 흠을 잡기 어려울 정도로 자연스럽다. 특히 흑인소녀의 눈을 통해 모잠비크 난민들과 사파리를 여행하거나 다큐영화를 찍는 백인들의 모습을 통렬하게 대비시키는 대목은 이 소설을 쓴 작가의 인종을 거론하는 것 자체를 편협한 것으로 만들고, 백인작가가 난민이나 흑인이 되어보지 않아서 그들을 형상화할 수 없다는 논리를 궁색한 것으로 만든다.

물론 고디머도 자기와 다른 인종을 형상화하는 데 문제가 따른다는 것을 모르지는 않았다. 피부색에 따라 계급이 정해지는 나라에서 다른 인종을 완전하게 형상화한다는 건 가능할 수 없었다. 이런 점에서 고디머가 1976년에 발표한 "남아프리카의 영어 문학과 정치"("English-Language Literature and Politics in South Africa")는 반드시 짚고 넘어가야 하는 글이다. 이 글의 요지가 백인작가로서 흑인인물을 형상화할 "권리"(Copper-Clark 223)가 있다는 그녀의 발언과 배치되기 때문이다. 그녀는 이 글에서 백인작가가 "경험할 수 없는 한 가지"는 "흑인성"이며 흑인작가가 "경험할 수 없는 한 가지"는 "백인성"이라며(Gordimer, "English-Language" 258), 백인작가는 백인작가대로, 흑인작가는 흑인작가대로 다른 인종을 형상화할 때 "극도로 제한을 받는다"(Gordimer, "English-Language" 259)고 했다. 예를 들어, 흑인작가는 백인을 고발해야 할 필요성을 느끼면서도 "법에 의해 백인의 경험으로부터 배제되어" 있어서 "힘"이 없는 글을 쓰게 된다고 했다. 여기에서 "힘"(strength)이 없다는 것은 설득력이 없다는 의미였다. 그녀는 흑인작가의 작품에 나오는 백인들이 "너무 어설프고" 많은 경우 "희화화 된"(Gordimer, "English-Language" 259) 모습인 것은 불가피한 일이라고 했다. 그래서 대부분의 흑인작가들의 작품에 등장하는 백인들에 대한 묘사는 그러한 희화화 때문에 "제한적"일 수밖에 없다(Gordimer, "English-Language" 259)

고 했다.

이것은 백인작가의 경우에도 마찬가지였다. 백인작가는 흑인의 경험을 제대로 알지 못하기 때문에 비슷한 오류를 범했다. 백인작가는 "흑인 유형론"(black typology)에 따라 상투적인 흑인들을 그려내고, "죄의식"에 젖어 "종종 밋밋하고 무의식적인 희화화"를 시도한다고 했다(Gordimer, "English-Language" 259). 흑인작가가 "분노"의 충동에 사로잡혀 백인을 제대로 그려내지 못하는 반면, 백인작가는 "죄의식"에 사로잡혀 흑인을 제대로 그려내지 못한다는 것이다. 결국 남아프리카의 문학은 백인에 의한 것이든, 흑인에 의한 것이든 아파르트헤이트로 인해 반쪽짜리 문학이 되었다는 결론이다. 그녀는 이러한 상황 탓에 "남아프리카 작가가 자기 나라 안에서 인간 경험의 총체성(totality)을 그려내고자 하는 시도는 한 자도 쓰기 전에 실패한다"(Gordimer, "English-Language" 258)고 생각했다. 이처럼 고디머는 1976년에 발표한 글에서는 "인간 경험의 총체성"에 대한 시도 자체가 원천적으로 불가능하다고 생각했다. 그런데 이것은 그녀가 1980년대에 들어 인터뷰와 강연, 에세이를 통해서 흑인인물을 형상화할 "권리" (Copper-Clark 223)를 주장한 것과는 엄청난 괴리가 있는 생각이 아닐 수 없다.

1976년의 발언과 1980년의 발언 사이에 존재하는 이 괴리는 인종과 관련한 고디머의 생각을 이해하는 데 있어서 대단히 중요하다. 괴리가 생긴 원인에 대해서는 두 가지 가능성을 생각해볼 수 있다. 하나는 타자 재현의 문제와 관련된 고디머의 생각이 몇 년 사이에 바뀌었을 가능성이다. 1976년은 남아프리카 역사에서 가장 중요한 사건 중 하나인 소웨토 반란Soweto Uprising(1976-1977)이 일어난 시기였다. 그것은 "아파르트헤이트의 종말을 알리는 사건"(Saunders 160)이었다. 1976년 6월 16일, 요하네스버그 남부의 흑인지역에서 학생들의 주도하에 시작된 반란은 학교에서 아프리카너(Afrikaner), 즉 네덜란드계 백인들의 언어인 아프리칸스어(Afrikaans)를 강제로 사용하게 한 아파르트헤이트 정부의 언어정책에 대한 반발에서 비롯된 것이었다. 백인 정권의 강압적인 진압으로 사상자가 발생하면서 국제적인 여론이 나빠지고 이것이 아파르트헤이트가 1990년대에 종말을 고하게 된 결정적인 계기가 되었다. 예상과 달리 1년 이상 계속된 소웨토 반란은 남아프리카의 "역사를 돌이킬 수 없이 바꾸고"(Hirson 1), "백인지배의 종식을 의미하고 지배계급의 통제에 저항할 흑인들의 능력을 과시한"(Hirson 9) 대사건이었다.

그런데 고디머가 쓴 "남아프리카의 영어 문학과 정치"는 소웨토 반란이 일어나기 전인 1976년 4월에 『남부 아프리카 연구』(*Journal of Southern African Studies*)에 발표된 글이었다. 즉, 남아프리카를 요동치게 만들고 급기야 아파르트헤이트 정권이 몰락하게 된 역사적 사건이 발생하기 전에 쓴 글이었다. 어디까지나 추측이지만, 요하네스버그에 살던 고디머가 소웨토 사건을 겪으면서, "인간 경험의 총체성"이 불가능하지 않다는 쪽으로 생각이 바뀌었을 수도 있다. 그래서 1982년 10월 14일에 뉴욕에서 행한 연설-이것은 몇 달 후인 1983년 1월 20일자 『뉴욕 리뷰』에 「공백기의 삶」("Living in the Interregnum")이라는 제목으로 실렸다-에서는, "백인작가들이 흑인들의 총체적인 삶의 조건들을 공유하지 않기 때문에 그들에 관해 써서는 안 된다"는 사람들의 생각이 틀렸다고 발언했을 수 있다.

그녀는 그 연설에서 "흑인과 백인은 거의 350년 동안 농장과 공장과 도시에서 서로를 보고 서로에게 영향을 주고받았기에" 그것이 비록 "제한적이지만" "백인작가는 흑인인물을 창조하고 흑인작가들은 백인인물을 창조할 모든 이유를 다 갖고 있다"(Gordimer, *Essential Gesture* 279)고 말했다. 또한 그녀는 1983년에 행한 인터뷰에서는, 자신이 많은 생각을 해보고 많은 경험을 한 후에 "남아프리카 백인이라는 내 자신의 상황에 대해서는 인간적으로 불충분함을 느끼지만, 작가로서는 내가 흑인들에 대해서 쓰거나 흑인인물들을 창조한다면, 그럴 권리가 있는 지점에 도달했다고 생각한다"(Cooper-Clark 223)라고 말했다. 이것은 남아프리카 작가는 인종에 관계없이 "인간 경험의 총체성"을 시도하는 첫 순간부터 좌절할 수밖에 없다는 이전의 발언과는 너무나 다른 것이었다. 이렇게 보면, 그녀의 생각이 소웨토 반란이 야기한 사회적 변화만큼이나 극적으로 변했다는 결론이 나온다.

그런데 또 다른 가능성은 고디머가 변한 것이 아니라 상황과 문맥에 따라서 강조하는 바가 다르기 때문에 모순으로 보일 뿐이라는 것이다. 즉, 작가는 1976년에는 남아프리카 작가가 "인간 경험의 총체성"을 작품에 구현하는 것이 대단히 어렵다는 것을 강조한 반면, 1980년, 1982년, 1983년에는 자신과 같은 피부색의 인물만을 창조하는 것이 얼마나 편협한 행위인지를 강조했던 것이지, 근본적인 생각에 변화가 있었던 건 아니라는 것이다. 실제로 그녀는 1960년대 중반부터 흑인인물을 형상화하는 걸 주저하지 않았다. 그녀가 1976년에 발표한 "남아프리카의 영어 문학과 정치"에서 백인작가는 "흑인성"을, "그것이 포함하는 모든 걸 내포하는 흑인성"을, 그리고 흑인작가는 "백인성"을, "그것이 포함하는 모든 걸 내포하는 백인성"(Gordimer, "English-Language" 258)을 결여하고 있다고 말한 것은 "인간이 만든 것 중 가장 추악한 것"(Gordimer, "English-Language" 262)인 아파르트헤이트가 작가들의 상상력을 옭아매는 실존적 상황을 피력한 것에 지나지 않았을 수 있다. 즉, 작가가 피부색이 다른 인종의 삶을 형상화하는 걸 불가능하다고 생각했던 게 아니고, "인간 경험의 총체성"

을 구현하기가 거의 불가능한 역사적 상황에서 작가가 얼마나 그것을 위해 노력해야 하는지를 역설적으로 강조한 것으로 볼 수 있다.

결국 백인작가인 고디머가 흑인인물을 형상화했던 것은 "인간 경험의 총체성"을 구현하기 위한 노력의 일환이었다. 그녀가 말하는 "총체성"이 게오르그 루카치Georg Lukacs가 말한 총체성임은 물론이다. 그녀는 그것이 쉽지 않은 일이긴 해도, 작가는 사람들과 상황들을 전체적인 맥락에서 예술적으로 결합하는 것, 즉 총체성의 구현을 위해 노력해야 한다고 믿었다. 그녀는 "소설에서 총체성을 획득한다는 것이 극히 어려운 일이지만, 아니 불가능한 일일지도 모르지만, 작가는 언제나 그 방향을 향해서 가려고 노력해야 한다"(고디머 48)고 생각했다. 이렇게 보면, 1976년의 발언과 이후에 했던 다른 발언들은 결국 똑같은 내용을 서로 다른 각도에서 말한 것에 다름 아니다. 그녀가 아파르트헤이트가 종식되고 난 후인 1999년 5월에 한 발언이 1970년대와 1980년대에 했던 발언과 거의 정확히 일치하는 것은 이런 맥락에서 보면 새삼스러운 일이 아니다. 다음의 인용은 인종 문제에 대한 고디머의 생각을 집약해 보여준다.

> 우리는 피부색에 관계없이 작가입니다. 우리는 아파르트헤이트 정권 때문에 서로 다른 경험을 했기 때문에 서로 다른 방식으로 사물을 인식할 수도 있습니다. 그래서 자기와 동류인 사람들에 대해 쓰는 것은 자연스러운 것입니다. 흑인이 겪었던 것은 무엇인가, 백인이 겪었던 것은 무엇인가, 그 중간에 있는 혼혈인이 겪었던 것은 무엇인가, 백인 중에서도 아프리카너와 비아프리카너 사이의 차이는 무엇인가. 이런 문제들에 대해 쓰는 것은 당연합니다. 그러나 그것이 작가에게 꼬리표가 되어서는 안 됩니다. 남아프리카공화국에서의 글쓰기는 하나의 조각그림 맞추기 놀이나 마찬가지입니다. 우리는 모두 한 조

> 각만을 갖고 있습니다. 그것들을 모두 합해야 비로소 하나의 그림이 되는 것입니다. 그러나 동시에, 자기가 아는 것만을 쓸 수 있다고 생각하는 것은 옳지 않다고 생각합니다. 흑인작가들의 경우, 백인을 작품 속에 형상화할 수 없다고 생각하는 것을 잘못된 것입니다. 아파르트헤이트 시절에도 우리는 여러 가지 측면에서 같이 살았고, 지금은 더욱 '완전히' 같이 살고 있습니다. (고디머 38-40)

고디머의 발언을 보면, 아파르트헤이트 시기에도 그랬고 그것이 공식적으로 종말을 고한 포스트-아파르트헤이트 시기에도, 사람들이 피부색깔에 따라 작가를 분류하거나 작가가 타자를 반영하지 않는 것은 "잘못된 것"이라는 그녀의 생각이 전혀 변하지 않았다는 것이 잘 드러난다. 즉, 그녀의 말에서는 타자에 대한 반영의 어려움과 한계, 그리고 그럼에도 불구하고 작가로서 반영을 해야 하는 당위성에 대한 고민이 짙게 묻어난다.

그렇다면 문제는 백인작가가 흑인인물을 형상화하고 반영하고 대변하는 데 "성공했는지 여부"인데, 고디머의 말처럼 그것을 판단하는 것은 당연히 "독자의 몫"(Gordimer, *Essential Gesture* 279)이다. 그런데 적어도 「최고의 사파리」의 경우에는 이보다 더 자연스러울 수 있을까 싶을 정도로 흑인소녀의 눈에 비친 황량한 풍경이 너무나 자연스럽고 효과적으로 그려져 있다. "그날 밤 우리 어머니는 가게에 갔다가 돌아오지 않았다."(Gordimer, "Safari" 269)라는 문장에서 시작하여 "나는 돌아갈 것이다. 크루거 공원을 거쳐 돌아갈 것이다. 전쟁이 끝나 산적들이 더 이상 없게 되면, 우리 어머니가 우리를 기다리고 있을지 모른다. 그리고 어쩌면 우리가 우리 할아버지를 두고 떠났을 때, 그는 그저 뒤에 남은 것이었을지 모르고, 크루거 공원을 빠져나가 집에 가 있을지 모른다. 그들은 집에 있을 것이다. 그리고 나는 그들을 기억할 것이다."(Gordimer, "Safari" 282)로 끝나는 흑인소녀의 이야기는 전쟁에 휘말린 지역이나 나라의 아이들이 얼마나 고통스러운 삶을 살아가는지 생생하게 보여준다. 작가의 백인성이 문제가 되지 않을 정도로, 흑인인물이 효과적으로 형상화되어 있음은 물론이다. 고디머의 흑인인물을 가리켜 "정말로 놀라운 감성과 감각으로 그린다. 선심 쓰는 체 하지도 않고 낭만화하지도 않고, 정말 리얼하게 그린다"(Morrison 91)라고 했던 토니 모리슨Toni Morrison의 평가는 「최고의 사파리」에 그대로 적용해도 무방한 말이다.

모리슨은 고디머와 더불어 두 명의 미국 백인작가인 릴리언 헬만Lillian Hellman과 유도라 웰티Eudora Welty를 자기가 좋아하는 작가로 꼽으면서, 그들이 "두려움 없이" "어떤 백인남성작가들도 그럴 수 없었을 만큼 흑인들을 잘 형상화했다"(Morrison 47)고 말했다. 그런데 불행하게도 일부 비평가들은 모리슨의 평가에 동의하지 않으려 한다. 특히 남아프리카 비평가들이 그렇다. 가령 캐스린 와그너Kathrin Wagner는 고디머의 소설이 "받아들일 수 없을 정도로 너무 단순하고 낭만적이고 감상적인 것에 가깝다"(Wagner 120)고 말한다. 캐런 라자르Karen Lazar는 고디머가 타자를 대변하는 것에 따르는 위험을 경고한 스피박의 말을 경청하는 게 좋겠다고 훈계를 하기도 한다(Lazar 791). 데니스 브루터스Dennis Brutus는 고디머에게는 "따뜻함도 없고 감정도 없고, 기계처럼 초연하고 차갑게 관찰할 수 있는"(McEwan 132, 재인용) 기술만 있다고 한다. 막말에 가까운 남아프리카 비평가들의 평가는 인종 문제에 관해서는 결벽증이나 강박관념에 가까울 정도로 예민하게 반응하는 그들의 특성을 잘 보여준다. 식민주의와 아파르트헤이트가 그들을 그토록 예민하게 만든 것이다.

그러나 그들은 지금까지 발표한 거의 모든 소설들에서 인종적 정의의 문제를 끊임없이 제기해 온 흑인작가인 모리슨이 왜 백인작가인 고디머의 흑인인물들을 가리켜 "놀라운 감성과 감각"으로 그렸으며 "선심 쓰는 체하지 않고 낭만화하지 않고 정말 리얼하다"라고 했는지를 숙고할 필요가 있다.

4. 타자 재현의 윤리

모잠비크의 내란을 배경으로 하는 「최고의 사파리」는 고디머의 강박관념과 열정, 성취를 보여주는 좋은 소설이다. 흑인소녀를 화자로 내세워 스토리를 매끄럽게 끌고 감으로써, 평생에 걸쳐 자신을 따라다녔던 인종 문제를 정면으로 돌파하는 데 성공하고 있기에 특히 그렇다. 이 소설은 "고디머가 흑인인물을 정말로 놀라운 감성과 감각으로 그린다"며 백인작가임에도 "선심 쓰는 체 하지도 않고 낭만화하지도 않고, 정말로 리얼하게만 그린다"(Morrison 91)고 했던 모리슨의 찬사가 과장된 것이 아니라는 걸 보여준다. 고디머에 대해 비판적인 비평가조차 흑인소녀를 화자로 내세우고 "언어를 일관되게 단순하게 만들어" "주제의 엄숙성"에 맞게 처리했다(Lazar 791)는 찬사를 보낼 정도로 잘 쓰인 소설이다. 이 소설의 예술적 완성도는 타자의 형상화와 관련하여 고디머를 향해 날선 공격을 가했던 비평가들을 무색하게 만든다.

고디머가 흑인을 소설에 등장시킨 것은 백인과 흑인의 공존이 그들의 리얼리티여서 백인만을 형상화하는 것이 사회의 총체적인 면을 반영해야 하는 작가적 소명을 등한시한다는 생각에서였다. 물론 거기에는 한계가 있었고, 고디머도 그걸 잘 알고 있었다. 그녀는 솔직하게 자신의 "한계를 인정"(Cooper-Clark 223)했다. 그리고 "어떤 백인작가도 쓸 수 없는 흑인의 경험들이 있다"(Gardner 168)는 것도 인정했다. 그럼에도 불구하고, 그녀는 백인작가는 흑인을, 흑인작가는 백인을 형상화해야 한다고 생각했다. 적어도 자신이 알고 있는 한계 내에서라도 그래야 한다고 생각했다. 그녀에게는 바로 그것이 사회에 대한 작가의 책임이자 의무였다. 그녀는 백인은 백인만이 알 수 있고, 흑인은 흑인만이 알 수 있다고 생각하는 본질주의자와는 거리가 멀었다.

「최고의 사파리」를 예로 들자면, 모잠비크 내에서 발생하는 폭력적인 현실은 피부색에 관계없이 작가가 관심을 갖고 형상화할 수 있는 것이었다. 남아프리카의 이웃인 모잠비크에서 발생하는 일이 작가의 상상력으로 포착될 수 있는 것이라면, 작가가 태어나서 성장하고 살아온 남아프리카에서 발생하는 일은 더 이상 말할 필요도 없었다. 그녀가 페미니즘으로부터 거리를 둔 것도 사실은 이러한 연유에서였다. 그녀는 "페미니즘의 명분을 지지하지 않는다는 이유로 비난을 받았지만"(고디머 41), 그것이 상정하는 남녀차별적인 본질주의적 태도를 싫어했다. 더욱이 그녀는 자신의 "정열을 인권과 반인종차별"에 쏟았고, 페미니즘이 제기하는 문제를 "인권 문제나 반차별의 문제와 분리된 게 아니라 그것의 일부라고 생각했다"(고디머 41-42). 그녀는 페미니스트들이 주장하는 가부장제나 여성 억압의 문제가 아파르트헤이트라는 "세계의 몸에 난 악성종양"(Derrida, "Racism" 294) 앞에서는 지엽적인 것에 불과하다고 생각했다.* 그녀에게 작가는 "양성적인"(Boyers 211) 존재였다. 그래서 남자는

---

* 그러나 그녀는 페미니스트들로부터 "페미니즘의 명분을 지지하지 않는다는 이유로" 많은 비난을 받았지만, "페미니즘에 대한 [그녀]의 견해는 [그녀의] 정치적인 견해와 상관

여자에 대해 쓸 수 있고 여자는 남자에 대해 쓸 수 있었다. 마찬가지로 백인은 흑인에 대해 쓸 수 있고 흑인은 백인에 대해 쓸 수 있었다. 그녀는 "작가들에게는 다른 사람들이나 그들과 다른 삶과 자신을 동일시하는 아주 이상한 힘이 있다"(Boyers 211)고 생각했다. 타자의 문제에 있어서 그녀의 생각은 처음부터 끝까지 일관된 것이었다.

물론 보는 이에 따라서는 고디머의 입장이 순진하고 때로 오만한 것으로 보일 수도 있을 것이다. 데리다에 따르면, 타자는 자아로 통합되고 병합되는 존재가 아니라 개별성과 타자성을 유지하는 영원한 타자로서 존중받아야 하는 경외의 대상이다. 그래서 보기에 따라서는, 식민주의자와 한 부류인 백인작가가 자신의 소설 속에 자기와는 다른 타자, 그것도 피식민주의자인 흑인을 반영하는 것은 타자를 자기의 일부로 만드는 식민행위로 비칠 수도 있을 것이다. 고디머의 동료작가인 J. M 쿳시Coetzee가 백인식민주의자들과 아파르트헤이트의 역학에 주된 관심을 할애한 것은 타자를 반영하는 것에 따르는 위험을 인지한 결과였다. 어떻게 보면, 쿳시는 결벽에 가까울 정도로 타자에 예민했고 심지어 그것을 주제화하기까지 했다. 『어둠의 땅』(*Dusklands*)에서 시작하여 『추락』(*Disgrace*)에 이르는 그의 소설들은 타자를 대변하기보다는 식민주의자들의 폭력을 안으로부터 해체하는 소설들이다.

그의 소설 중에서 타자의 목소리가 가장 많이 반영되었다고 할 수 있는 『마이클 K』(*Life & Times of Michael K*)마저도 2부에 가면 백인 군의관이 내러티브의 중심에 설정되면서, 소설의 궁극적인 지향점이 타자의 대변

이 있는 것이지, 실제로 여성 인물을 긍정적으로 그리는 것과 반대되는 입장에 있지 않다"는 의견에 "동의"한다(고디머 41).

이나 재현이 아니라 그것에 따르는 한계와 위험성을 주제화하기 위한 것이라는 점을 명백히 한다. 그러나 고디머는 타자를 반영하는 것이 한계가 있고 위험한 것일망정 남아프리카 작가로서 당연히 해야 하는 일이라고 생각했다. 바로 이것이 고디머의 소설이 쿳시의 소설보다 "정치적인 의무감과 책임감의 문제와 늘 더 긴급하게 맞닿아 있는"(Clingman xiii) 이유이다. 그녀는 쿳시의 소설이 지향하는 포스트모던 메타픽션과는 거리가 먼 리얼리즘 소설에 매진한 작가였다. 따라서 쿳시의 소설과 고디머의 소설을 비교하는 것은 얼마든지 가능하지만, 인종을 형상화하는 문제와 관련하여 양자 간에 우위를 논하는 것은 공정하지 못한 것이 된다. 고디머를 혹독하게 비판하는 상당수의 남아프리카 비평가들은 대체적으로 이 범주에 속한다. 두 작가의 소설이 기초하고 있는 미학 자체가 근본적으로 다르다는 것을 도외시한 탓이다.

그것이 흑인비평가에 의한 것이든, 아니면 백인비평가에 의한 것이든, 고디머에 대한 비난은 대체적으로 이 지점에서 출발한다. 그러나 고디머에 대한 본질주의적 비난은 한 가지 중요한 점을 간과하고 있는 것처럼 보인다. 그것은 타자가 자아의 통합 대상이 아님에도 불구하고, 타자를 대변하려는 노력 자체를 포기해서는 안 된다는 사실이다. 이것이 스피박이 "하위주체는 말할 수 있을까?"("Can the Subaltern Speak?")라는 글의 말미에서 하고자 하는 말의 요체다. 그녀는 하위주체는 스스로를 대변할 수 없고, 하위주체가 아닌 누구도 하위주체를 충분히 대변해줄 수 없지만, 그럼에도 불구하고 지식인은 "한계가 있는 일"이긴 해도 "과장된 몸짓으로 그것과 관계가 없다고 해서는 안 된다"(Spivak 308)고 했다. 즉, 하위주체를 반영하려는 노력을 포기해서는 안 된다는 것이다. 고디머가 추구한 것은 바로 이것이었다. 그리고 바로 여기에 고디머 소설의 윤리성이 있다. 그녀가 평생에 걸쳐 흑인이나 혼혈인을 자신의 소설 속에 형상화한 것은 이 윤리성을 추구하기 위한 것이었지, 타자를 통합하고 포섭하여 자기화하려는 식민행위가 아니었다. 그녀는 타자를 반영하려는 자신의 노력이 스피박의 말대로 "한계가 있는 일"이라는 걸 알았지만, 그럼에도 불구하고 타자를 반영해야 한다는 윤리적 신념을 포기하지 않았다.

에드워드 사이드Edward Said가 다른 종족이나 문화에 대한 이해나 지식과 관련하여 했던 말은 타자와 관련된 고디머의 입장을 이해하는 데 있어서 참고할 가치가 있다. 사이드는 이슬람문화에 대한 서구의 왜곡을 다룬 저서에서, 그 왜곡을 푸는 데 중요한 것으로 두 가지를 드는데, 하나는 "상식"이요 다른 하나는 "비판적인 평가"이다. 그에 따르면, "인간 사회에 관한 대부분의 지식은 결국 상식, 즉 보편적인 인간 경험에서 나오는 감각에 접근 가능한 것이고," 그것은 "모종의 비판적인 평가에 종속되고 또 그래야 한다"(Said 170). 즉, 인간은 "누구도 우리가 살고 있는 세계에 관한 모든 것을 알 수는 없지만"(Said 170), "상식"과 "비판적인 평가"를 동원하면, 다른 인종이나 문화, 즉 타자를 이해할 수 있는 가능성이 열린다는 것이다. 맥락은 조금 다르지만, 고디머가 인종문제와 관련하여 그녀의 소설에서 시도한 것은 바로 이것이었다. 그녀는 타자를 이해하기 위해서 상식을 동원했고, 자신이 하는 행위에 대한 비판적 평가를 멈추지 않았다. 고디머가 자신의 최고로 선정해 에이즈 퇴치운동에 대한 기부의 차원에서 편집한 『이야기들』에 수록한 「최고의 사파리」는 그녀의 건강한 상식과 비판적 평가의 면면을 보여주는 좋은 소설이다. 물론 상식과 비판적 평가만으로 모든 것이 가능해지지는 않겠지만, 고디머는 데리다의 말을 빌려 말하자면 "폭력적인 위계질서"를 해체하고 "양자의 평화로운 공존"(Derrida, *Positions* 41)이라는 이상을 향한 걸음을 멈추지 않았다.

따라서 타자 재현의 문제와 관련하여 비판적인 입장을 취하는 문학연구자들은 강박관념이 아닐까 싶을 정도로 백인성을 강조하고 작가를 비판하는 것보다는, 타자를 재현하는 방식에 다소간에 문제도 있을 수 있고 약점도 있을 수 있지만, 타자를 재현해야 하는 절박한 현실에 부응한 고디머 소설의 윤리성을 돌아볼 필요가 있다. 역사적으로 수탈을 당해 온 타자를 온전히 재현하는 것이 이상에 지나지 않을 수도 있지만, 고디머는 "끝없이 이상 때문에 괴로워해야 한다"(Gordimer, *Essential Gesture* 284)고 생각했던 작가였다. 우리는 왜 고디머가 노벨문학상 수상연설에서 문학연구자들을 가리켜, 텍스트를 해체하여 "다른 건축물을 만드는" "일종의 스토리텔러"(Gordimer, "Writing and Being")라고 했는지 숙고할 필요가 있다. 고디머의 말대로, 문학연구자들은 스스로가 텍스트에 충실하기보다는 스토리를 해체하여 또 다른 스토리를 만드는 "일종의 스토리텔러"가 아닌지 숙고할 필요가 있다. 고디머는 자신의 소설을 이론이라는 잣대로 재단하고 또 다른 스토리를 만드는 문학연구자들과의 불화를 마다하지 않았다. 그녀는 "비평가의 정설" (Cooper-Clark 228)을 따르려 했던 작가가 아니었던 것이다. 그녀는 그것이 "비평가의 정설이든, 정권의 정설이든, 심지어 가족과 친구들에 의해 강요되는 우정과 충성의 정설이든, 어떤 종류의 정설로 밀어붙여져서는 안 되는"(Cooper-Clark 228), 자유를 갈구한 작가였다.

02
나딘 고디머의 눈으로 본 J. M. 쿳시의 소설
–『마이클 K』에 나타난 원심력과 구심력에 관하여*

1. 남아프리카에서 백인글쓰기가 수용되는 방식

"J. M. 쿳시Coetzee는 2006년에 오스트레일리아 시민권을 취득했다." 이것은 신문이나 잡지가 아니라, 남아프리카 작가인 나딘 고디머Nadine Gordimer가 2010년에 펴낸 산문집『시대를 말하다』(*Telling Times: Writing and Living*, 1954-2008)에 나오는 문장이다. 더 구체적으로 얘기하면, 고디머가 1984년 2월 2일자『뉴욕 리뷰』(*The New York Review of Books*)에 기고했던『마이클 K』(*Life & Times of Michael K*, 1983)에 관한 비평("The Idea of Gardening")을 이 산문집에 재수록하면서 마지막에 덧붙인 말이다. 그래서 산문집에 수록된 글은 1984년에 발표된 원문에 "덧붙이는 말: J. M. 쿳시는 2006년에 오스트레일리아 시민권을 취득했다" (Gordimer, "Gardening" 403)라는 문장을 마지막에 얹어놓은 형태가 되었다. 그녀가 덧붙인 말은 보기에 따라서는 그다지 특별할 것도 없는 사건에 대한 언급

* 2014년『영어영문학21』(27)에 발표.

이다. 쿳시라는 작가에 조금이라도 관심이 있는 사람이라면, 그가 남아프리카에서 오스트레일리아로 이민을 갔다는 것은 다 아는 사실이기 때문이다. 그런데 고디머는 그다지 특별할 것도 없는 평범한 사실을 자신이 이십여 년 전에 쓴 글의 말미에 덧붙임으로써 쟁점화하고 있다. 당연한 말이지만, 고디머가 덧붙인 말은 긍정적인 것과는 사뭇 거리가 멀다. 그녀의 말에서는 남아프리카를 대표하는 작가가, 그것도 노벨문학상까지 수상한 작가가 자신이 태어나고 육십 년이 넘게 살았던 조국을 '버리고' 더 여유롭고 더 풍요로운 나라로 가버린 것에 대한 일종의 배신감마저 감지된다.

여기에서 제기해볼 수 있는 질문은 『마이클 K』와 쿳시가 오스트레일리아 시민이 된 것이 무슨 관련이 있기에 고디머가 마지막 문장을 덧붙였느냐 하는 것이다. 『마이클 K』가 1983년에 발표되었으니, 쿳시가 오스트레일리아 시민이 된 것은 그로부터 23년이 지난 후였다. 20년 이상 차이가 나는 양자 사이에 무슨 관계가 있을 것 같지 않음에도, 고디머는 관계가 있으며 또 그래야 한다고 생각하는 것처럼 보인다. 그렇지 않고서야 쿳시가 오스트레일리아 국적을 취득한 사실을 굳이 덧붙였을 리가 없다.

자신이 남아프리카를 떠난 것을 가리켜 "결혼 생활의 막을 내리는 것과 같다"며 "그만큼 개인적인 성격의 것"(쿳시 108)임을 강조했던 쿳시의 입장에서는 사적인 문제를 쟁점화 하는 것이 못마땅할 수도 있겠지만, 그의 소설이 그의 오스트레일리아 이주와 결부되어 논의되는 것은 피할 수 없는 일처럼 보인다. 그가 영국에 정착한 트리니다드 출신의 작가 V. S. 나이폴Naipaul에 대해 했던 발언을 그 자신에게 적용해보면, 그가 오스트레일리아에 정착한 것은 "그것의 역사적 무게를 그 자신이 충분히 알고서 선택한 행위였을 것"(쿳시 114)이다. 그렇다면 "그것의 역사적 무게"를 견뎌내는 것은 그가, 그리고 궁극적으로 그의 소설들이, 감당해야 할 운명일지 모른다. 역설적으로, 그의 소설들은 "역사적 무게"를 견뎌내는 과정에서 더욱 남아프리카적인 맥락에서 해석될 가능성이 많다. 그가 이룩한 화려한 예술적 성취는 남아프리카라는 공간을 상정하지 않고는 생각할 수 없는 탓이다. 남아프리카는 그에게 창작의 원천이고 뿌리였다. 그리고 그것은 그가 오스트레일리아로 이주했다 해도 변할 수 없는 사실이다. 오스트레일리아로 이주한 후에 발표한 소설들을 보면, 그는 여전히 『어느 운 나쁜 해의 일기』(*Diary of a Bad Year*)나 『섬머타임』(*Summertime*)처럼 남아프리카와 관련이 있는 소설들을 발표하고 있다. 물론 『슬로우 맨』(*Slow Man*)이나 『예수의 유년시절』(*The Childhood of Jesus*)처럼 남아프리카와 관련이 없는 소설들이 있긴 하지만, 이것은 그가 남아프리카에 있을 때도 『야만인을 기다리며』(*Waiting for the Barbarians*), 『포우』(*Foe*), 『페테르부르크의 대가』(*The Master of Petersburg*) 등처럼 남아프리카를 배경으로 하지 않은 소설들을 발표했다는 점에서 그의 오스트레일리아 이주와 큰 관련이 있다고 보기는 어렵다. 즉, 그의 소설들은 이주와 상관없이 여전히 남아프리카적인 맥락에서 수용되고 해석될 수 있다는 말이다. 그에게는 대단히 불편한 노릇이겠지만, 이것은 그가 남아프리카 출신 작가로서 수용할 수밖에 없는 현실이요 운명처럼 보인다. 고디머가 『마이클 K』에 관한 자신의 옛 글에 일종의 사족으로 덧붙인 말은 그래서 그와 그의 소설이 이후로 맞닥뜨려야 하는 운명일지 모른다. 이것은 그가 이제 남의 나라 국민이 되었으니 더 이상 남아프리카와 아무 관계가 없다는 말이 아니라 그렇게 되었으니 더욱, 남아프리카와의 역학이나 관련성을 따져봐야 한다는 말이기도 하다.

쿳시도 그것이 어쩔 수 없는 운명이라는 것을 인정한다. 그는 비교적 초기부터 그 '운명'을 의식하면서 글을 쓴 작가였다. 예를 들어, 그가 『마이클 K』를 출간한 직후에 했던 발언을 보면, 자신의 소설이 남아프리카에서 어떻게 수용되는지에 대해서 명확히 이해하고 있다는 것을 알 수 있다. 그는 "『마이클 K』를 어떤 점에서 역사가, 구체적으로 남아프리카 역사가 제시한 의무"로 보느냐는 질문에 "어쩌면 그것이 나의 운명일지 모르겠다. 그러나 나는 이따금 출판과 서평과 비평으로 이루어진 거대하고 전적으로 이데올로기적인 상부구조가 '남아프리카 작가'라는 운명을 나한테 강요하는 것은 아닌지 생각할 때가 있다"(Morphet 64)라고 말한 적이 있다. 그의 말에는 자신의 소설이 남아프리카에서 수용되는 방식에 대한 복잡한 심정이 드러나 있다. 그의 말은 한편으로는 운명론적 체념으로, 다른 한편으로는 그런 현실에 대한 불만이나 이의제기로 들린다. 여기에서 그가 "남아프리카 작가라는 운명"이라고 한 것은 예술을 예술의 영역에 놓아두지 않고 번번이 정치와 연결시키려 드는, 그의 표현을 빌려 말하면 "소설들을 정치적인 담론 속으로 삼키려고 하는" (Coetzee, "Grubbing" 5, Kossew, "introduction" 6, 재인용) 남아프리카의 현실을 두고 한 말이다. "삼키다"(swallow)라는 표현을 사용한 데서 알 수 있듯이, 그는 자신의 소설을 "정치적인 담론" 속으로 삼키려고 하는 행위를 일종의 카니발리즘 내지 식민행위로 보았다. 그러나 그 스스로 시인했듯이, 그것은 "운명"이었다. 절대다수인 흑인들이 소수인 백인들의 억압 속에서 신음하고 있는 남아프리카에서는, 그의 말로 표현하면 흑인은 종으로 태어나고 백인은 주인으로 태어나는 "세습적 카스트"(Coetzee, *Doubling* 96) 제도 하에서는 운명이었다. 바로 이것이 그의 소설들을 남아프리카로부터 멀어지려고 하는 원심력과 남아프리카로 돌아오게 만드는 구심력 사이에 끼어있게 만든다. 지상으로부터 "종달새처럼 솟구쳐 독수리처럼 바라보는 상상력"(Gordimer, "Gardening" 397)으로 더 높고 더 원대한 것을 추구하려는 의지가 원심력이라면, 그것을 지상으로 끌어내려 남아프리카의 각박한 정치 담론 속으로 '삼키려고' 하는 현실이 구심력이다. 놀라운 것은 쿳시가 오스트레일리아로 이주했음에도 불구하고, 아니 역설적으로 그랬으니까 더욱, 그의 소설에 원심력과 구심력이 작용한다는 사실이다. 고디머가 이십여 년 전에 쓴 『마이클 K』에 대한 글의 말미에 쿳시가 오스트레일리아에 정착했다는 사실을 밝힌 것은 이와 무관하지 않다. 그리고 쿳시의 입장에서는 애석할지 모르지만, 다분히 감정이 섞인 것처럼 보이는 고디머의 "덧붙이는 말"은 그의 소설이 언제까지고 붙들려 있어야 하는 운명일 것이다.

2. 하위주체를 위한, 하위주체에 관한 내러티브

쿳시가 2014년까지 발표한 열세 권의 소설 중에서 남아프리카를 직접적인 배경으로 하는 것은 『어둠의 땅』(*Dusklands*), 『나라의 심장부에서』(*In the Heart of the Country*), 『마이클 K』, 『철의 시대』(*Age of Iron*), 『추락』(*Disgrace*), 『섬머타임』 등 여섯 권이다. 이 소설들은 예외 없이 백인들이 남아프리카에서 자행한 인종차별과 식민주의를 중심에 놓고 있다. 남아프리카에서 태어나 인종차별의 현실을 목격하면서 성장한 그가 아파르트헤이트를 형상화한 것은 자연스러운 일이다. 그런데 『마이클 K』는 남아프리카를 배경으로 하는 여섯 권의 소설 중에서도 대단히 예외적인 소설이다. "목소리가 없는 사람 중 하나에게 목소리를 부여하는"(Dovey 23) 소설이라는 평가를 받기 때문이다. 여기에서 테레사 도비Teresa Dovey가 말하는 "목소리가 없는 사람"은 안토니오 그람시Antonio Gramsci와 가야

트리 스피박Gayatri Spivak이 말한 "하위주체"(subaltern)와 같은 개념으로 이해하면 무방하다. "하위주체"는 억압과 불의의 대상이면서도 그것에 대해 목소리를 낼 수 없는, 그래서 더욱 누군가가 그들의 목소리를 대변해주어야 하는 하층민을 지칭한다.*

남아프리카의 경우에는 백인에게 수탈을 당해온 흑인들이 이 범주에 해당된다. 작가가 목소리가 없는 사람에게 목소리를 부여하려는 시도를 하는 것은 지극히 자연스러운 일이다. 그런데 주목할 것은 쿳시의 소설 중에서는 『마이클 K』만이 하위주체에게 목소리를 부여하려는 시도를 한다는 사실이다. 바로 이것이 『마이클 K』을 예외적인 소설이라고 하는 이유이다. 그렇다면 여기에서 제기해볼 수 있는 문제는 목소리가 없는 하위주체에게 목소리를 부여하는 것이 작가로서 당연히 감당해야 하는 의무일 법도 한데, 어째서 쿳시는 다른 소설들에서는 그러한 시도를 하지 않느냐 하는 것이다. 결론부터 얘기하면, 그가 그렇게 하지 않은 것은 하위주체나 타자를 반영하고 대변하는 과정에서 허위가 개입될 소지를 차단하고 싶어서다. 그는 식민주의자의 후손이자 아파르트헤이트를 만든 백인집단과 피부색이 같고, 바로 그런 이유로 해서 어쩔 수 없이 특혜를 받으며 살아온 자신이, 잘 알지도 못하는 흑인들과 그들의 삶을 형상화할 수 있는 위치에 있지 않다고 생각한다. 그의 소설들이 대부분, 식민주의자들과의 공모성을 인정하지 않을 수 없는 백인을 중심으로 내러티브를

---

* 물론 스피박이 말한 것처럼, "하위주체"는 동질적이 아니라 "이질적인"(Spivak 284) 개념이어서, 특정한 집단이나 인종을 통틀어서 하위주체라고 말하는 것은 어려울 일이다. 하위주체에 해당하는 집단이나 인종 안에서도 층위가 생겨 그 안에서 하위주체에 해당하는 대상이 가려질 것이기 때문이다. 그래서 스피박이 여성을 하위주체로 상정한 것은 피식민주의자들 사이에서도 여성이 이중, 삼중의 억압을 당하는 대상이어서 하위주체 속의 하위주체에 해당한다고 보았기 때문이다.

전개하는 것은 바로 이러한 이유 때문이다. 그런데 문제는 그가 『마이클 K』에서는 전혀 다른 접근방식을 택했다는 사실이고, 바로 이것이 이 소설을 아주 특별한 것으로 만든다.

실제로 『마이클 K』는 하위주체인 유색인을 대상으로 한다. 남아프리카와 관련된 쿳시의 다른 소설들이 아파르트헤이트 정권에 억압을 받는 유색인을 내러티브의 중심에 위치시킨 적이 단 한 차례도 없다는 점을 감안하면, 『마이클 K』는 그것만으로도 놀라운 소설이다. 내러티브의 중심에 있는 마이클 K는 유색인이다. 그는 케이프타운 시에 고용된 정원사이고, 그의 어머니는 백인 가정을 위해 일하는 가정부이다. 남아프리카의 분류에 따르면, 그는 인종이 섞였다는 의미의 '컬러드'(coloured)이다(Gordimer, "Gardening" 397). 실제로 그는 소설에서 CM, 즉 컬러드 남성(Coloured Male)으로 분류된다(70)**. 엄밀한 의미에서 보면, 그는 남아프리카에서 다수를 차지하는 흑인과는 다른 인종이다. 그러나 작가는 그를 "케이프(Cape) 지역에 원래 거주했던 유목민들, 즉 코이족까지 거슬러 올라가는 계보"(Wright 62)를 가진 컬러드로 설정함으로써 흑인들을 포함한 다른 유색인들을 대변하게 만들고 있다. 즉, 작가는 마이클 K를 흑인이 아니라 케이프 컬러드로 설정함으로써, 그 지역을 자기들의 것이라고 주장할 수 있는 정통성을 가진 유일한 종족이 코이족이라는 역사적 사실을 암시하면서 그로 하여금 억압을 받는 다른 유색인들을 총체적으로 대변하게 하고 있다. 이러한 인물 설정은 과거의 억압(코이족에 대한 흑인들이나 백인식민주의자들의 억압)을 구체적으로 명시하지는 않지만 그것을 외

** 본문에 표기된 쪽수는 별도의 표시가 없는 한, 번역서(『마이클 K』. 왕은철 역. 서울: 들녘, 2004)에 따른 것이다.

면하지 않음과 동시에 현재의 억압(모든 유색인들에 대한 백인들의 억압)을 부각시키기 위한 대단히 의도적인 몸짓으로 보인다. 이 소설의 중심인물이 흑인이 아니라 컬러드라는 것을 중요하게 생각해야 하는 이유가 바로 여기에 있다.

그런데 아파르트헤이트 치하의 모든 유색인들처럼, 당연히 마이클 K에게는 이동의 자유가 없다. 자기가 저축한 돈으로 기차표를 사서 가고 싶은 곳으로 갈 자유마저 없다. 허가가 나지 않으면 기차표를 살 수 없게 되어 있는 것이다. 이것은 사회적인 공간이 완벽하게 통제되어 있다는 의미이다. 그래서 "사회적 공간의 통제가 [...] 아파르트헤이트의 조직적인 통치의 또 다른 핵심적인 양상"(Head 58)이라는 지적은 정확한 지적이다. 게다가 그는 변변한 집도 없고, 제대로 교육을 받은 적도 없다. 아버지가 누구인지도 모른다. 장애아를 수용하는 고아원에서 유년시절을 보내고, 성년이 되어서는 정원사로 일한다. 게다가 어머니는 부종으로 죽어가고 있다. 그것도 그냥 죽어가는 것이 아니라 아들에게 자신이 태어난 카루로 데려다달라고 애원하면서 죽어가고 있다. 설상가상으로 그는 태어날 때부터 입술이 기형이어서 다른 사람에게 자기 생각을 자유롭게 얘기하지도 못한다. 그러다 보니 의사소통만이 문제가 되는 게 아니라 여자들을 사귈 수도 없다. 여자들은 그에게 관심이 없고, 그도 그들에게 관심이 없다. 기형적인 입술과 그에 따른 언어장애, 그리고 피부색은 "그가 평생 지니고 다녀야 하는 낙인"(Weigl 79)이다. 그를 둘러싼 모든 것이 정말로 최악이다. 주변 환경은 말할 것도 없고 의사소통에도 장애가 있으니, 그는 하위주체 중에서도 하위주체에 속한다. 작가는 이러한 인물을 중심에 설정함으로써, 아파르트헤이트 이데올로기가 하위주체를 얼마나 비인간화 하는지를 효과적으로 보여준다.

아파르트헤이트라는 말은 단 한 번도 소설에 나오지 않지만, 마이클 K의 행동반경이 케이프타운에서 프린스 앨버트와 카루 지대로 이어지는 공간이며 소설의 시간적 배경이 되는 1980년대에 "남아프리카 국경에서 흑인들과 백인들 사이에 내전이 벌어지고 있었다"(Gordimer, "Gardening" 400)는 사실을 감안하면, 마이클 K를 옭죄는 것들이 아파르트헤이트와 무관하지 않다는 것은 분명해 보인다. 그래서 마이클 K가 집 없이 떠도는 것이 "1984년 현재, 남아프리카의 무단거주자 단지와 이주 수용소에 있는 수십 만 명의 흑인들이 경험하는 것"(Gordimer, "Gardening" 400)을 대변한다는 고디머의 지적은 적절한 것이다. 작가가 『마이클 K』를 발표하고 3년 후인 1986년에 발표한 『포우』에서 하위주체를 마이클 K가 처한 상황보다 더 심하게, 혀가 잘린 인물(Friday)로 설정한 것은 억압의 상태를 더욱 극단적인 쪽으로 밀어붙여 극화시키기 위한 시도에 다름 아니다.

적어도 이 부분만을 놓고 판단하면, 『마이클 K』에서 작가는 자신을 드러내지 않는 화자를 내세워 남아프리카의 하위주체나 피식민주의자가 느끼는 고통과 실존을 대변하려는 몸짓을 하고 있다고 할 수 있다. 이것은 앞서 언급했듯이 작가가 이전에는 시도한 적이 없는 대단히 예외적인 몸짓이다. 이전의 소설에 등장하는 화자들이 "자신에 대해 서술하는"(autodiegetic) 서술자라면, 이 소설에 등장하는 화자는 "타자에 대해 서술하는"(heterodiegetic) 서술자이다(Dovey 23). 서술방식에 엄청난 변화가 있다는 말인데, 이것이 "희생자의 경험을 이야기함으로써" "목소리가 없는 사람에게 목소리를 부여하려는"(Dovey 23) 의도에서 비롯된 것이라는 지적은 일리가 있다.

"달리는 이야기되지 않을 이야기를 하려는"(Dovey 23) 화자의 노력은 스토리가 진행되면서 탄력을 받는다. 스토리는 마이클 K가 고향으로 데려가 달라는 어머니의 청을 받아들여 카루로 향하는 도중, 어머니가 케이프타운에서 그리 멀지 않은 스텔렌보시에서 죽게 되고, 그가 어머니의 유골을 카루로 가져가는 과정을 리얼리즘 소설이라고 생각될 만큼 세밀하게 묘사한다. 그런데 유골을 어머니가 태어난 곳으로 가져가 묻으려고 하는 마이클 K의 시도는 무모하기 짝이 없다. 통행증이나 허가서가 없어서 곳곳에 배치된 경찰의 검문을 통과하는 것은 불가능에 가까운 일이기 때문이다. 그러나 이 세상에서 달리 원하는 게 아무것도 없는 그에게, 그것은 아무리 무모한 것일망정 중요한 목적이 된다. 자신이 "어머니를 돌보기 위해 세상에 태어난 것"(14)이라는 것을 일찍 깨달았던 그는, 어머니가 카루로 가는 도중에 죽게 되자, 어머니의 유골을 '고향' 땅에 묻어드려야겠다고 결심한다. 목적이 없던 그에게 처음에는 어머니를 돌보는 것이, 다음에는 어머니의 유골을 고향에 묻어주는 것이 목적이 된다. 그는 고디머의 말대로 도스토옙스키의 소설에나 나올 법한 "단순한 사람"(Gordimer, "Gardening" 397)이다. 나라가 편이 갈리어 전쟁을 하고 있음에도 아랑곳하지 않고, 다른 사람이 보면 한심하다고 생각할 만한 목적을 갖고 움직이기에 그렇다. 그 과정에서 그는 어머니가 힘들게 모은 돈을 군인들한테 빼앗기기도 하고, 검문에 걸려 허가서가 없다는 이유로 강제노역에 동원되기도 하지만, 결국 그의 어머니가 태어났다고 추정되는 시골집에 도착한다. 어찌 됐든 어머니의 유골을 드디어 땅에 묻을 수 있게 된 것이다.

그런데 이 부분에서 놀라운 일이 발생한다. 마이클 K는 어머니의 유골을 묻었다가 다시 꺼내 흙과 섞어 거름으로 만든다. 누가 시킨 것도 아닌데 그렇게 하는 것이다. 물론 처음에는 머뭇거린다. 그는 "누군가가 자신이 하는 일이 옳다고 말해줬으면"(80) 좋겠다고 생각한다. "어머니에게 아직도 목소리가 있다면 어머니의 목소리도 상관없고, 누군가 특정한 사람의 것이 아닌 목소리도 상관없고, 때때로 자신에게 무슨 일을 하라고 얘기하는 자신의 목소리도 상관없다"(80). 그러나 아무 소리도 들리지 않자, 그는 "자신이 책임을 떠맡기로 하고, 밭 중앙에 몇 미터 넓이의 흙"을 일구고, "유골이 바람에 날려가지 않도록 몸을 낮게 구부리고, 고운 회색 가루를 흙에 뿌린 다음 그 흙을 한 삽 한 삽 떠서"(80) 뒤집기 시작한다. 이것은 그에게는 엄청난 변화가 아닐 수 없다. 보기에 따라서는, 화장된 어머니의 유골을 흙과 섞어 거름이 되게 한 것이 뭐가 그리 엄청난 일이냐고 반문할 수도 있겠지만, 마이클 K가 지금까지 살아온 삶이 전적으로 타인에 의존하는 수동적인 삶이었다는 점을 감안하면, 혼자서 그런 결정을 내린 것 자체는 조금 과장하면 혁명에 가깝다. 그의 삶이 이 지점에서부터 전후로 갈리는 것은 이 조용한 혁명이 이후의 삶을 지배하기 때문이다. 이전의 삶이 수동적인 삶이었다면, 이후의 삶은 이전의 삶과는 다른 능동적인 삶이다. 마이클 K가 이 대목에서부터 "지배를 하고 긍정적이고 독립적으로 행동할 수 있게 된다"(Kossew, *Post-Colonial* 143)는 지적은 그래서 적절한 것이다. 이후에 그가 피사기 집안의 손자가 나타나 주인 행세를 하려 하자 그를 주인으로 섬기는 것을 거부하고 도망치는 것도 그러하고, 밖으로 나가면 살아갈 아무 대책이 없어서 안에 있는 것이 자신에게 더 이로움에도 불구하고 무조건 수용소를 탈출하고 보는 것도 삶을 대하는 방식이 이전에 비해 더 자주적이고 독립적이기 때문에 가능하다. 또한 수용소를 탈출하여 이전에 살던 농장으로 돌아와 자신만의 거처를 마련하고 자신만의 방식으로 삶을 살아가는 것도 그러하고, 자신에게 과도한 관심을 보이는 군의관(약사)을 피해 달아나는 것도 수동적인 존재가 더 이상 아니기 때문에 가능하다.

그렇다고 그가 거창한 삶을 살아가는 것은 결코 아니다. 평범한 사람의 눈으로 보면, 그것은 삶 같지 않은 삶이다. 호박과 멜론과 콩과 옥수수를 심어서 먹고 메뚜기와 벌레와 새를 잡아먹는 것이 거창한 삶일 수는 없다. 그러나 한 가지 분명한 사실은 그가 다른 사람이 만들어놓은 테두리 안으로 들어가 다른 사람을 위해 일하려고 하지 않는다는 것이다. 그는 더 이상 다른 사람에게 고용되어 그 사람의 정원을 가꾸는 정원사가 아니라 스스로가 만든 정원을 가꾸는 정원사이다. 그는 어머니의 유골을 흙과 섞어 거름으로 만들고 옥수수와 콩과 호박을 심은 시점부터 소설이 끝나는 시점까지 누구에게도 소속되지 않는다. 그는 다른 사람이 자신에게 지시하는 것을 거부할 뿐만 아니라, 자신을 가두려 하는 어떤 것도 거부한다. 그것이 수용소이든, 재활수용소이든 상관없다. 그는 심지어 자신을 안쓰럽게 생각하고 도와주는 사람들의 동정적인 시선에도 갇히지 않으려 한다. 지극히 미미한 것이긴 하지만, 이것이 그가 나름으로 사회에 저항하는 방식이다.

고디머가 문제 삼는 것은 바로 이 지점이다. 그녀는 마이클 K가 사회에 이렇게 대응하는 것을 쿳시라는 작가가 "악에 저항할 의지의 에너지를 거부"(Gordimer, "Gardening" 401)하는 것으로 해석한다. "남아프리카 흑인들 사이에 끈질기고 무너지지 않는 강도로 존재하는 훌륭한 에너지가 있음에도 불구하고"(Gordimer, "Gardening" 401) 쿳시가 그것을 거부하면서 "흑인들이 새로운 정권을 만들 가능성을 믿지 않고" "모든 정치적, 혁명적 해결에 대한 거부감을 드러내고 있다" (Gordimer, "Gardening" 402)는 것이다.

마이클 K의 말과 행동에서 혁명에 대한 작가의 반감을 읽어내는 것이 적절한지 여부는 확실하지 않지만, 고디머의 비판에는 일리가 있다. 소설의 결말을 부조리한 현실에 대한 대응으로 본다면 특히 그렇다. 마이클 K는 자신의 어머니가 기거하던 방이라고도 할 수 없는 일종의 다용도실에 앉아, 시골로 가는 모습을 상상한다. 어떤 노인이 시골에 가서 휴가를 보내고 싶다고 자기를 찾아와 길을 안내해 달라고 하면, 그를 데리고 "버려진 손수레"를 찾아서 "씨앗과 한두 가지 물건을 사고" 시골로 향하는 장면을 상상하는 것이다. 소설은 그가 노인과 함께 시골에 도착했을 때를 상상하는 것으로 끝난다.

> 만약 노인이 수레에서 나와 기지개를 켜고 [. . .] 아무것도 남지 않게 군인들이 폭파해버린 펌프가 있었던 자리를 살피며 불평하면서 '물은 어떻게 할 거요?' 하고 물으면, 마이클 K 자신은 호주머니에서 찻숟가락 하나와 기다란 실타래를 꺼낼 것이다. 그는 펌프의 파이프 입구에 있는 벽돌조각을 치우고, 찻숟가락의 손잡이를 구부려 둥글게 만들어 거기에 실을 매달아 땅속 깊이 내려뜨릴 것이다. 그것을 들어올리면, 숟가락에 물이 담겨 있을 것이다. 그러면 그는 이렇게 말할 것이다. 이런 식으로 살 수 있는 거지요. (184)

아무리 상상이라지만, 이런 식으로 물을 조달하는 것은 동화에서나 가능한 일이다. 숟가락에 물이 담겨 있을지도 불확실하거니와, 담겨 있다 해도 그것으로 갈증을 해소할 수는 없을 것이기 때문이다. 그렇지 않아도 단순했던 마이클 K는 소설의 말미에 이르면, 이처럼 더 이상 나아갈 여지가 없을 정도로 단순해져 있다. 고디머가 말하는 악이 아파르트헤이트라면, 실제로 마이클 K는 그 악으로부터 달아나는 것 말고는 아무것도 하지 않는다. 자신의 운명을 개척할 의지도 없어 보인다. 고디머가 쿳시를 향해 "악에 저항할 의지의 에너지"(Gordimer, "Gardening" 401)를 인물에게 부여하지 않는다고 날을 세운 것도 무리는 아니다.

그런데 전쟁으로 모든 것이 폐허가 되어버린 시골에 가서 어디에도 없는 물을 찻숟가락으로 해결하겠다는 발상이 고디머의 눈에는 악에 대한 저항을 포함한 모든 현실적인 행동과 실천을 봉쇄하는 것으로 비칠 수도 있겠지만, 이것은 악에 대처하는 방식에 두 가지만이, 즉 한편에는 묵종의 방식이, 다른 편에는 전면적인 저항의 방식이 있다고 생각할 때만 가능한 비판이다. 고디머와 달리, 쿳시는 묵종과 저항 외에도 제3의 길이 있다고 믿는다. 이것은 그가 마이클 K라는 인물을 처리하는 방식에서 일관되게 드러난다. 마이클 K는 체제에 순응하지도 않지만 그렇다고 저항하지도 않는다. 그가 택하는 길은 쿳시의 다른 소설 『어느 운 나쁜 해의 일기』에 나오는 말을 빌려서 말하면, "무저항주의, 의도적인 익명성, 내면으로의 이민이라는 길"(Coetzee, 『어느 운 나쁜 해의 일기』 20)이다. 그리고 그 길은 "수천, 수백 만 명의 사람들이 날마다 택하는 제3의 길"(Coetzee, 『어느 운 나쁜 해의 일기』 20)이기도 하다. 이런 의미에서 보면, 마이클 K는 예외적인 존재가 아니라 "제3의 길"을 택한 "수천, 수백 만 명의 사람들" 중 하나이다.

물론 그가 행동하는 방식이 소설의 말미에 적나라하게 드러난 것처럼 비현실적이긴 하지만, 그가 하는 일련의 행동이 "수천, 수백 만 명의 사람들"이 택하는 "제3의 방식"을 극화하기 위한 일종의 과장법이라는 사실을 염두에 두면 이해하지 못할 바는 아니다. 이렇게 보면 고디머의 비판은 나름으로 일리가 없지 않으면서도 다소간에 빗나간 것이 된다. 고디머의 비판은 개성이 강한 작가의 발언이 종종 그러한 것처럼, 공정한 비판이라기보다는 루카치식 리얼리즘을 기초로 하는 자신의 예술관을 피력한 것으로 보는 게 더 합당할지 모른다. 그래서 고디머가 쿳시의 소설을 가리켜 "역사를 만드는 게 아니라 모른 체 한다"(Gordimer, "Gardening" 401)고 하거나 "악에 저항할 의지의 에너지를 거부한다"(Gordimer, "Gardening" 401)고 한 것은 역설적으로, 아파르트헤이트라는 악에 저항함으로써 흑인이 중심이 되는 '역사'를 만드는 데 일조하려 했던 자신의 미학적, 정치적, 이데올로기적 입장을 피력한 것일 수도 있다. 실제로 아파르트헤이트 시기에 발표된 고디머의 소설들은 "악에 저항할 의지"를 저마다 서로 다른 방식으로 표현한 것들이다. 그에 반해, 쿳시는 리얼리즘에 관심이 없는 작가다. 그가 한 인터뷰에서 "현실 세계를 복사하는 데 자부심을 갖는 리얼리즘에 관심이 없거나, 그것에 자신을 심각하게 관련시킬 수 없다"(Morphet 63)고 말한 것은 그의 모든 소설들을 관통하는 미학적 입장이다. 『마이클 K』가 예외일 수 없음은 물론이다. 이처럼 미학적 기반 자체가 다른 소설을 "개인적인 운명과 사회적인 운명 사이의 필수적인 관계를 허용치 이상으로 왜곡시켰다"(Gordimer, "Gardening" 402)고 비난한 것은 그래서 다소 부당한 면이 없지 않다.

3. 하위주체에서 자기를 향해 돌아서는 내러티브

역사적 비전의 제시 여부는 모든 작가가 지켜야 하는 의무나 당위성은 아니다. 악을 제거하고 정의를 구현할 수 있는 가능성을 제시하는 작가가 있는가 하면, 악에 압도당하는 현실을 아무런 비전 없이 있는 그대로 제시하는 작가가 있다. 돌파구를 제시하는 낙관적인 작가가 있는가 하면, 돌파구가 없는 실존적 현실을 직시하는 비관적인 작가가 있다. 양자 사이에는 현실을 인식하는 방식에 차이가 있을 뿐, 어느 쪽이 더 옳다고 할 수는 없다. 따라서 고디머가 긍정적인 역사적 비전을 제시하지 못한다는 이유에서 『마이클 K』를 비난한 것은 다소 설득력이 떨어진다. 그녀의 입장에서 쿳시를 굳이 비난해야 한다면, "달리는 이야기되지 않을 이야기를 하고, 목소리가 없는 사람 중 하나에게 목소리를 부여하는"(Dovey 23) 것처럼 보이는 소설이 어느 지점에 이르면 타자에게 목소리를 부여하는 것보다 그렇게 하려는 자신의 행위를 주제화함으로써, 즉 타자보다는 자신에게 관심을 돌림으로써, 다른 소설들에서처럼 타자의 재현이 얼마나 어렵고 때로 불가능한 것인지를 담론화하기 시작한다는 사실에 초점이 맞춰졌어야 더 합당했을 듯하다.

『마이클 K』가 타자를 중심에 놓는 것처럼 보이지만 속내를 자세히 들여다보면, 특히 후반부를 자세히 보면 타자에게 목소리를 부여하기보다는 그러한 행위나 시도 자체에 대한 담론을 펼치는 대단히 자기반영적인 텍스트라는 것이 드러나는데, 바로 이것이 현실참여적인 리얼리즘을 미학적 기반으로 삼는 고디머의 입장에서는 비판의 대상이 될 수 있다는 말이다. 그럼에도 고디머는 쿳시의 소설을 리얼리즘 소설로 읽어낸 탓에 그것의 핵심을 건드리지 못하고 있다. 즉, 고디머의 문제는 "희생자의 경험을 이야기함으로써" "목소리가 없는 사람에게 목소리를 부여하는"(Dovey 23) 것처럼 보이는 텍스트가 "스스로한테 방향을 돌려 스스로의 텍스트성에 생각하기 시작하는 순간"(Coetzee, *Doubling* 207)을 간과했다는 데 있다.

텍스트가 "스스로한테 방향을 돌려" 타자가 아니라 자기를 주제화하는 것으로 돌아서는 것은 내러티브가 어떻게 전개되는지 유심히 보면 어렵지 않게 파악할 수 있다. 3부로 구성된 텍스트에서 1부와 3부는 마이클 K를 중심으로, 2부는 마이클 K를 바라보는 백인 군의관을 중심으로 내러티브가 전개되는데, 목소리가 없는 타자, 즉 마이클 K에게 목소리를 부여하는 것처럼 보이던 1부의 내러티브는 2부와 3부로 넘어가면서 그러한 과정 자체를 담론화하는 쪽으로 방향을 바꾼다. 달리 말하면, 타자를 재현하는 것처럼 보이던 텍스트는 그것의 어려움과 불가능성을 이야기하는 자기중심적인 메타픽션으로 변질된다. 이것은 엄청난 변화가 아닐 수 없다.

2부는 마이클 K가 군인들에게 잡혀 케이프타운에 위치한 "재활수용소"에서 치료를 받는 것을 묘사한다. 그러니 시간적으로 정확하게, 1부의 마지막과 연결되어 있다. 1부의 마지막에서 마이클 K는 한동안 호박과 멜론을 심어서 먹고 도마뱀을 잡아먹으며 살다가 결국에는 극도로 몸이 허약해져 굴속에서 잠만 잔다. 이제는 더 이상 도마뱀을 잡아먹을 힘도 없고 호박이나 멜론을 따서 먹을 기력도 없다. 죽는 것은 시간문제로 보인다. 그러한 그를 군인들이 게릴라의 첩자나 협력자로 오인하고 체포하여 멀리 떨어진 케이프타운 "재활수용소"로 보내 치료를 받게 한다. 그러니까 케이프타운을 무대로 하는 2부는 1부의 연장인 셈이다. 달라진 점이 있다면 1부에서와 달리 2부에서는 마이클 K를 대변하던 3인칭 화자가 사라지고, 마이클 K를 치료하는 군의관이 1인칭 화자로 등장하여 내러티브를 전개한다는 사실이다. 1인칭 화자의 등장은 쿳시의 소설이 낯설지 않은 영역에 진입했다는 것을 의미한다. 이 화자가 『어둠의 땅』, 『나라의 심장부에서』, 『야만인을 기다리며』, 『철의 시대』에 등장하는 1인칭 화자와 크게 다르지 않기 때문이다. 또한 1인칭 화자의 등장은 내러티브의 중심이 더 이상 마이클 K가 아니라 마이클 K를 바라보는 '나'로 옮겨졌다는 것을 의미한다. 그래서 군의관이 마이클 K를 이해하려고 시도하는 것은 『야만인을 기다리며』의 치안판사가 야만인소녀를 이해하려고 시도하는 것과 다를 바 없다. 치안판사가 야만인소녀를 이해하려고 노력하다가 끝내 좌절하고 그 "여자한테는 몸속이 존재하지 않고, 내가 이리저리 들어갈 곳을 찾아 헤매는 표면만이 있는 것 같다"(Coetzee, 『야만인을 기다리며』 75)고 생각하며 절망스러워하는 것처럼, 군의관도 마이클 K를 이해하려고 노력하다가 끝내는 그를 이해하지 못하고 그가 수용소에 살았던 것을 "하나의 의미가 체제의 일부가 되지 않으면서도 그 안에 자리를 잡을 수 있느냐 하는 것에 대한 알레고리"(220)라고 관념화하고 만다.

군의관이 마이클 K를 알레고리로 보는 것은 그가 갖고 있는 시각의 한계를 여실히 말해준다. 그는 자신의 사고나 행동의 반경으로 들어오지 않으려고 하는 마이클 K를 도저히 이해할 수가 없기에 그를 알레고리로밖에 인식할 수 없다. 그는 나름의 방식으로 마이클 K에게 자신의 "목소리가 들리게" 하고 "자신의 얘기를 하라고"(186) 설득에 설득을 거듭하지만, 자신이 『야만인을 기다리며』의 치안판사처럼 거친 심문관과 사근사근한 심문관 중에서 후자에 속할 뿐, 마이클 K을 억압하는 주체라는 점에서는 마찬가지라는 사실을 인식하지 못한다. 그는 마이클 K에게 "당신을 구할 수 있는 사람은 나밖에 없고" "당신을 염려하는 사람은 나밖에 없다"(201)고 하지만, 재활수용소에 수감된 마이클 K에게는 그가 『야만인을 기다리며』의 치안판사처럼 "격노한 아버지한테 야단을 맞는 아이를 위로하는 어머니 역할 이상의 것을 해줄 수 없는"(Coetzee, 『야만인을 기다리며』 16) 존재일 따름이다. 더욱이 그는 마이클 K가 원하지 않는 것을 그에게 강요함으로써, 동정과 염려와 배려의 이름으로 일종의 폭력을 행사한다. 그가 마이클 K에게 얘기를 하라고 부추기고 때로 강요하는 것은 마이클 K가 살아온 삶과 "역사를 내러티브 기계로 번역하겠다는 것"(Heider 87)이다. 결국 그의 행위는 마이클 K를 "자신의 역사 속으로, 사회라는 기계의 일부인 역사 속으로 통합시키려는"(Heider 88) 식민행위와 다를 바가 없는 것이다.*

결국 군의관은 마이클 K에게 목소리를 부여하고자 하는 일련의 시도에도 불구하고 아무것도 성취하지 못하고 만다. 동정의 형태를 띠고 있지만 그래서 더욱 위험하게 느껴지는 군의관의 접근을 피해 마이클 K가 달아나버린 탓이다. 군의관이 이 때 느끼는 감정은 『야만인을 기다리며』의 치안판사가 모든 것이 끝나고 나서 느끼는 감정과 매우 흡사하다. 치안판사가 마지막에 "오래 전에 길을 잃었지만 아무 곳에도 이르지 못할 길을 따라 걸음을 옮기는 사람처럼 바보 같은 느낌을 받는" 것처럼(Coetzee, 『야만인을 기다리며』 267), 그는 마이클 K의 빈자리를 향해 "당신은 위대한 탈출 예술가예요. 위대한 도망자들 중 한 사람이에요"(220)라고 힘없이 얘기할 뿐이다.

이것은 타자에게 목소리를 부여하려는 노력이 가능한 것이 아니었음을 자인하는 대목이라고 해도 과언이 아니다. 마이클 K에게 목소리를 부여하고 그와 일종의 형제애를 나누려는 시도 자체가 처음부터 불가능한 것이었던 것이다. 그가 형제애의 필요성을 아무리 절박하게 느낀다 하더라도, 그것이 현실적으로 구체화되는 것은 불가능하다. 한 쪽은 주인이고 다른 한 쪽은 노예인 "부자연스러운 권력 구조"(Coetzee, *Doubling* 97), 즉 아파르트헤이트 자체가 없어지지 않고서는 이룰 수 없는 것이기 때문이다. 쿳시의 냉정한 분석에 따르면 "그것에 대한 값을 지불하지 않고

---

* 세라 헤이더(Sarah Dove Heider)는 군의관을 "유대인 수용소의 의사"로까지 비유한다(89).

그것을 원한다면" 그것은 "헛되고 근본적으로 감상적인 갈망"일 뿐이다(Coetzee, *Doubling* 97). 마이클 K를 향해 다가가려는 군의관의 노력은 그래서 "헛되고 근본적으로 감상적인 갈망"에 지나지 않는다. 바로 이것이 마이클 K를 대하는 군의관의 입장을 비판적으로 보아야 하는 이유다. 그는 마이클 K를 제대로 이해하는 것처럼 보이지만, 잘 들여다보면 "신뢰할 수 없는 화자"(Babcock 900)일 따름이다.

타자에게 목소리를 부여할 필요성에도 불구하고 그것의 불가능성을 주제화하고 담론화하고 있다는 점에서, 2부의 내러티브는 1부의 화자가 일반적인 리얼리즘 소설처럼 마이클 K를 묘사하고 그에게 목소리를 부여하면서 느꼈을 일말의 자의식을 전면에 부각시키는 역할을 한다. 어쩌면 작가는 1부를 쓰는 과정에서 타자에게 목소리를 부여하는 것보다는 그렇게 시도하려는 행위나 작업 자체를 주제화하는 것이 더 필요하다고 판단했는지도 모른다. 이는 그가 처음부터 그것을 주제화하려고 했다기보다, 마이클 K를 묘사하는 과정에서 주제를 찾아냈을 수 있다는 말이다. 이런 점에서 작가가 "뭔가에 대해 쓸 것을 갖고 그것에 관해 쓰기 시작하는 게 아니라 [...] 주제를 발견하고 자신이 쓰고자 하는 것을 찾아내는 것은 실제로 글을 쓰는 과정에서"(쿳시 110)라는 작가의 발언은 음미할 가치가 있다. 어쩌면 작가는 1부를 쓰는 과정에서 2부를 써야 할 필요성을 찾아냈고, 다시 2부를 쓰는 과정에서 3부를 써야 할 필요성을 찾아냈던 것인지도 모른다. 마이클 K에 관한 동일한 서술이면서도, 1부와 3부에 나타난 그의 모습이 판이하게 다른 것은 3부가 타자의 형상화에 따르는 자의식을 전면에 부각시킨 2부를 쓰고 나서 쓰인 것이기 때문일 수 있다.

1부에 형상화된 마이클 K와 3부에 형상화된 마이클 K는 서로 다른 사람처럼 보인다. 고디머가 말한 것처럼 1부의 마이클 K가 "단순한 사람"(Gordimer, "Gardening" 397)이라면, 3부의 마이클 K는 세련되고 복잡한 사유를 할 줄 아는 지적인 인물이다. 다음 인용은 그가 지적인 사고를 하는 하나의 예이다.

> 나는 처음에도 벙어리였고 우둔했다. 그리고 끝에 가서도 벙어리이고 우둔할 것이다. 단순하다는 것에는 수치스러울 게 아무것도 없다. [...] 어쩌면 사실 수용소 밖에 있는 것만으로, 동시에 모든 수용소 밖에 있는 것만으로 충분한지 모른다. 어쩌면 당분간은 그것만으로도 충분한 성취인지 모른다. 감금당하지 않거나, 문에 보초가 서 있지 않은 곳에 사는 사람들이 얼마나 될까? 나는 수용소를 탈출했다. 어쩌면 내가 몸을 낮춘다면, 나는 동정심으로부터도 탈출하게 될 것이다. (182)

이 인용을 보면, 마이클 K가 권력이 돌아가는 방식과 자신이 그것에 어떻게 응수해야 적절한 것인지 명확히 이해하고 있는 것으로 드러나는데, 이것은 1부에 나오는 단순하기 그지없는 마이클 K에게는 가능한 것이 아니다. 1부에서 단순했던 마이클 K는 3부에서 가서는 자신의 단순함을 인식하고 "단순하다는 것에 수치스러울 게 아무것도 없다"고 생각할 줄 아는 지적인 인물이 된다. 자신의 단순함을 사유의 대상으로 삼는 그는 더 이상 단순한 사람이 아니다. 1부에 등장하는 마이클 K는 선천적으로 타고난 기형적인 입술 때문에 남에게 자기 의사를 제대로 표현하지도 못할 뿐만 아니라, 제대로 교육을 받은 적도 없어 위의 인용에 나오는 것처럼 사물을 개념화하고 복잡한 사유를 할 능력이 없는 사람이다. 아니, 사유는커녕 프린스 앨버트Prince Albert라는 지명을 앨버트 왕자로 착각할 정도로 '단순한' 사람이다. 그렇다고 그가 카루에서 자급자식을 하거나 수용소에 살면서 지적인 사고를 하는 방식을 익혔을 리도 없다. 3부에 나오는 그가 1부에 나오는 것처럼 "도스토옙스키를 매혹시켰을 법한 분류할 수 없는 사람 중 하나, 즉 단순한 사람"(Gordimer, "Gardening" 397)이라면, 그를 동정하는 군의관을 비롯한 백인들이 그에게 원하는 것이 "가슴을 열고 우리에 갇혀 살았던 삶에 대해서 그들에게 얘기"(238)해주는 것이라는 것을 간파할 리가 없다. 또한 1부에 나오는 마이클 K라면, 자신이 "시골에서 알게 된 것 중의 하나는 모든 것을 위한 시간이 충분히 있다는 것"이라며 "바로 이것이 모든 것들의 교훈이며 모든 이야기의 교훈일까? 바로 이것이 사람이 전혀 그것을 기대하지 않을 때, 사건들이 진행되면서 교훈이라는 게 저절로 나타나는 방식일까?"(240)라고 말할 수는 없다. 고디머가 예리하게 지적한 것처럼, 3부에 나오는 마이클 K는 "군의관이 가진 세련된 지성에나 어울리는 개념적인 생각을 하는 것처럼 보인다"(Gordimer, "Gardening" 402). 1부에서는 단순하기만 했던 사람이 3부에 와서 이처럼 통찰력을 갖춘 사람으로 바뀌어 있는 것은 소설을 판단하는 전통적인 기준에서 보면 하자가 아닐 수 없다. 개연성이 부족해도 보통 부족한 것이 아니기 때문이다. 그러나 쿳시처럼 세밀하고 주도면밀한 작가가 그런 실수를 했을 리가 없다. 더욱이 마이클 K를 묘사하는 3부는 텍스트에서 10분의 1도 안 되는 분량이어서 작가가 실수로 마이클 K를 그렇게 처리했을 리가 없다. 그렇다면 일관성의 결여가 의도적이었다는 말인데, 그 의도가 무엇인지 파악하는 것은 그래서 『마이클 K』를 이해하는 데 아주 핵심적인 일이 된다.

마이클 K를 형상화하는 방식에서 드러나는 모순이나 괴리는 그의 다른 소설들을 참조하면 어렵지 않게 이해할 수 있다. 그것이 이 소설만이 아니라 『어둠의 땅』에서부터 시작하여 『슬로우 맨』이나 『어느 운 나쁜 해의 일기』 같은 후반기 소설들에 이르기까지 공통적으로 나타나는 현상이기 때문이다. 가령, 『어둠의 땅』에 나오는 야코부스 쿳시Jacobus Coetzee라는 인물만 해도 그렇다. 그는 제대로 교육을 받은 적이 없는 네덜란드계 백인으로 내륙으로 원정을 떠나는 인물인데, 그가 얘기하는 것을 보면 지나치게 형이상학적이고 지적이어서 마치 근대 철학자가 말하는 것 같은 인상을 준다. 또한 『나라의 심장부에서』에 나오는 시골처녀 마그다Magda가 말하는 것을 보면 "프랑스 초현실주의자들과 구조주의 언어 이론을 알고 있는 것 같은"(Watson, "Colonialism" 17) 인상을 준다. 이것은 인물형상화에 있어서 일관성을 결여한 전형적인 예이다. 인물형상화만이 아니라 동일한 사건에 대한 서술도 모순되는 경우가 있다.

가령, 이것은 『어둠의 땅』에서 야코부스가 클라버Klawer라는 이름의 하인을 데리고 집으로 돌아가는 장면을 묘사한 것을 보면 잘 드러난다. 한 대목에서는 그가 하인과 함께 물살이 거친 여울을 건너다가 하인을 잃는 것으로 나오고(Coetzee, 『어둠의 땅』 158), 다른 대목에서는 그가 병에 걸린 하인을 동굴에 남겨두고 가던 길을 재촉하는 것으로 나온다(Coetzee, 『어둠의 땅』 160). 『나라의 심장부에서』도 마찬가지다. 한 곳에서는 화자가 하인의 아내를 유혹해 동침하는 아버지를 총으로 쏴서 죽이는가 하면, 다른 곳에서는 죽었던 아버지가 버젓이 살아 있는 것으로 나온다. 이미 죽은 사람이 다음 장면에서는 살아있는 것으로 나오니, 도무지 앞뒤가 맞질 않는다. 이것은 마이클 K가 1부와 3부에서 각각 다른 모습으로 나오는 것과 같은 맥락이다. 그렇다면 작가가 이러한 모순과 불일치를 의도적으로 텍스트에 배치한 이유와 의도가 무엇인지 궁금하지 않을 수 없다. 그리고 그것에 대한 답은 의외로 간단하다. 그러한 모순과 불일치는 내러티브가 어떤 사실이나 사물을 있는 그대로 묘사한 게 아니라, 그러한 묘사가 언어의 매개를 통한 인위적이고 허구적인 것임을 부각시키기 위한 서사전략의 일환이다. 예를 들어 『어둠의 땅』에 나오는 두 개의 단편 중 하나인 「야코부스 쿳시의 이야기」("The Narrative of Jacobus Coetzee")에서 드러나는 모순과 불일치는 그것이 야코부스 쿳시에 의해 기술된 것처럼 보이지만, 사실은 허구적인 것이라는 것을 드러내기 위한 것이다. 같은 논리로, 마이클 K와 관련된 모순과 불일치는 마이클 K에게 목소리를 부여하고자 하는 작업이 인위적이고 허구적인 것이라는 것을 드러내면서 그것을 주제화하기 위한 것이다. 바로 이것이 『마이클 K』를 타자에게 목소리를 부여하는 소설이 아니라, 겉으로는 그렇게 보이지만 사실은 타자에게 목소리를 부여하는 것을 문제시하고 주제화하는 소설로 볼 수 있는 근거이다. 타자를 재현하는 것처럼 보이던 소설이 자신에게 그러한 권위가 있는 것인지 자문하고 회의하는 포스트모던 메타픽션으로 변질되는 것이다.

그런데 보는 시각에 따라서는, 이러한 자기반영성이 내러티브가 전개되는 과정에서 생긴 것이 아니라 1부에서 3부까지 일관되게 계속되는 것으로 생각할 수도 있다. 가령, 1부와 3부에서 공통적으로 나타나는 3인칭과 1인칭을 오가는 서술기법을 "서술자의 의식과 서술대상자의 의식 사이의 긴장"(Clarkson 3)으로 보거나, 서술자가 마이클 K의 생각을 전하는 과정에서 사용하는 언어가 마이클 K가 "자기 생각을 얘기할 때 사용할 법한 언어"가 아니라는 사실을 지적(Attridge 50)하며 내러티브를 처음부터 끝까지 자기반영적인 것으로 볼 수도 있을 것이다. 그러나 이처럼 자기반영성을 일관된 것으로 보면, 1부와 3부 사이에서 발견되는 인물형상화의 모순을 설명할 수가 없게 된다. 1부의 마이클 K와 3부의 마이클 K

가 왜 다른 인물처럼 보이는지, 어째서 단순하던 사람이 갑자기 형이상학적이고 관념적인 진술에 능한 사람이 되었는지 설명할 수 없게 된다. 또한 자기반영성을 일관된 것으로 보면, 타자에 관한 텍스트가 그것의 텍스트성을 반영하기 시작하는 텍스트로 바뀌는 것을 설명하지 못하게 된다.

물론 마이클 K의 변화를 점진적인 것으로 보는 것도 가능하다. 가령 1부의 마지막 부분에서 마이클 K가 본체와 기생충에 관한 얘기를 하는 것을 보면, 그가 더 이상 '단순한' 사람이 아니라는 게 비교적 분명하게 드러난다. 그는 백인 경찰서장이 수용소를 가리켜 "도시에 들러붙어 본체를 먹으면서도 영양분을 되돌려주지 않는 기생충들의 소굴"이라고 했던 것을 이렇게 맞받아친다. "만약 본체들이 [...] 기생충들에 비해 수적으로 열세하다면 어쩌겠는가? 그런 경우에도 여전히 기생충은 기생충이라 불려야 하는가? [...] 어쩌면 수용소가 도시에 기생하고 있다거나 도시가 수용소에 기생하고 있다고 말하는 것은, 누가 목소리를 크게 내느냐에 달려 있는 문제이지 그 이상의 것은 아니었다"(153). 본체와 기생충에 대해서 이러한 사유를 할 줄 아는 마이클 K는 초반부의 그가 아니다. 본체와 기생충을 소수의 백인과 다수의 흑인에 대한 은유로 해석하면, 이는 정말로 놀라운 사유가 아닐 수 없다. 그의 사유는 때로 도발적이기까지 하다. 그는 흑인들을 수용소에 가두고 기생충 다루듯이 하는 경찰들을 향해 속으로 말한다. "이 사람들이 정말 우리를 제거하고 싶다면, 그들이 우리를 영원히 잊고 싶다면, 우리에게 곡괭이와 삽을 주고 구덩이를 파라고 해야 할 것이다. [...] 하지만 그렇게 큰 구덩이를 누가 팔 수 있겠는가?"(126) 본체와 기생충에 대한 발언의 연장으로 보이는 이 생각은 마이클 K의 단순한 머리로서는 도저히 할 수 없는 것이다. 그렇다면 마이클 K의 변화를 그가 어머니의 유골을 흙과 섞어 거름으로 만든 시점에서부터 점진적으로 그에게 찾아온 변화로 보는 것도 충분히 가능하다. 그 시점부터 그가 삶을 대하는 태도가 전면적으로 바뀌었으니, 그리 해석해도 큰 무리는 없을 것이다. 그러나 이런 시각에서 보더라도, 3부의 마이클 K가 1부에서보다 훨씬 더 형이상학적이고 관념적인 사유가 가능한 인물이라는 것은 확실하다. 즉, 인물형상화에 급격한 변화가 있는 것만은 분명하며 이 변화가 하위주체에 관한, 하위주체를 위한 내러티브가 자신을 향해 돌아서는 내러티브로 변화하는 것과 긴밀한 관련이 있는 것도 분명하다.

4. 타자를 위한 내러티브

『마이클 K』는 쿳시의 소설 중에서 예외적인 소설이면서 동시에 예외적이 아닌 소설이다. 예외적인 것은 이 소설이 다른 소설에서와 달리, 타자를 중심에 놓고 내러티브를 전개하기 때문이다. 작가는 마이클 K를 중심에 놓고 내러티브를 전개함으로써 "백인이 흑인에게 행한 것의 진실과 의미"(Gordimer, "Gardening" 401)가 무엇인지를 놀라운 감각으로 형상화한다. 그래서 이 소설이 "남아프리카에서 인간들이 동료 인간들에게 어떻게 하는지에 대해, 그보다 더 잘 할 수 없을 만큼, 낱낱이 얘기하는 훌륭한 작품"(Gordimer, "Gardening" 401)이라는 평가가 가능해진다. 다른 작가 같으면 타자를 중심에 놓는 것이 예외적인 것일 수가 없는데, 쿳시의 경우에는 『마이클 K』를 제외하고는 그렇게 시도한 적이 없다. 이런 점에서 예외적이라는 것이다. 그런데 이 소설은 결국에 가서는 그 예외성을 스스로 무너뜨리면서 다른 소설들과 흡사한 내러티브로 환원된다. 타자를 위해서, 타자에 관하여 내러티브를 전개하는 것 같던 소설은 결국에 가서는 그러한 내러티브의 허구성에 관한 자기반영적인 소설로 변질

된다. 이것이 이 소설이 예외적이 아니라, 쿳시의 다른 소설들과 다를 바 없는 소설인 이유이다.

『마이클 K』는 타자에 관한 소설에서 자기반영적인 소설로 넘어가면서, 고디머를 비롯한 남아프리카 작가들이 그들의 미학적 기반으로 삼는 리얼리즘으로부터 거리를 두고 자신만의 색깔을 드러낸다. 바로 이것이 데이비드 애트웰David Attwell이 그의 소설을 가리켜 "다면성, 형식의 독창성, 내러티브의 생산과 권위에 대한 자문自問이라는 측면에서 남아프리카에는 상대가 없다"(*Politics of Writing* 166)라고 말한 이유일 것이다. 애트웰의 발언은 쿳시의 소설이 1970년대와 1980년대의 남아프리카에서는 유례가 없었던 대단히 이질적이고 독창적인 메타픽션이라는 의미이다. 실제로 쿳시는 다른 작가들이 거의 모두, 리얼리즘에 경도되어 있던 1970년대부터 포스트모더니즘 계열의 작품을 썼다. 그가 1974년에 발표한 첫 소설 『어둠의 땅』은 파격 그 자체였다. 두 개의 서로 다른 이야기, 즉 베트남 전쟁과 관련된 「베트남 프로젝트」("The Vietnam Project")와 18세기 식민지개척자와 관련된 「야코부스 쿳시의 이야기」를 병치시켜 놓은 『어둠의 땅』은 구성도 그렇고 내러티브 전개 방식도 리얼리즘 소설에서는 찾아볼 수 없는 것이었다. 그래서 1974년은 남아프리카 문학사에는 특별한 해였다. 최초의 포스트모던 소설이 발표된 해였기 때문이다(Watson, "Colonialism" 15). 그런데 쿳시의 실험은 일회성에 그친 것이 아니라 이후의 소설들에 저마다 다른 방식으로 계속된 일종의 프로젝트였다. 『마이클 K』도 당연히 그러한 계속적인 프로젝트의 일부였다.

그런데 서술의 권위에 의문을 제기하는 쿳시의 메타픽션은 참신한 것이었을지 몰라도, 심미주의라는 비난으로부터 자유로울 수 없었다. "아파르트헤이트 치하의 삶이 억압에 대한 사실적인 기록을 요구하는 것처럼 보이는"(Attwell, *Politics of Writing* 11) 남아프리카의 현실에서는 특히 그랬다. 예술가들은 백인이 아니라는 이유로 인구의 절대다수를 차지하는 흑인들이 인간 이하의 삶을 강요당하는 현실을 간과할 수도, 그것으로부터 자유로울 수도 없었다. "남아프리카에서는 모든 글이 항의의 형식 아니면 묵종의 형식"(Ashcroft, Griffiths and Tiffin 84)이라는 다소 억지스러운 이분법은 그러한 현실이 만든 논리였다. 리얼리즘 소설이 아닌 것도 리얼리즘 소설로 읽히는 게 현실이었다. 좋든 싫든, 그것이 남아프리카의 현실이었고 남아프리카 작가들이 처한 운명이었다. 그런 상황에서 쿳시의 심미주의는 "공허한 몸짓"(Watson, "Review" 116)이거나 "정치적인 무책임"(Huggan & Watson 3)으로 비쳤다. 『마이클 K』에 대한 고디머의 비판은 그러한 비판의 연장이었다. 고디머의 말을 한 마디로 요약하면 쿳시가 정치적으로 무책임하다는 것이었다.

고디머로서는 충분히 그렇게 생각할 수도 있었다. 『마이클 K』의 시대적 배경인 "1970년대 후반과 1980년대 초반은 남아프리카의 인종 갈등이 새로운 국면, 즉 무장을 통한 저항의 국면으로 접어들던 시기"였다(Gallagher 137). 아파르트헤이트 정부의 인종탄압이 극에 달하자, 그에 대한 저항은 걷잡을 수 없는 국면으로 접어들었다. 남아프리카에서 이웃나라로 빠져 나간 흑인들은 군사훈련을 받고 다시 잠입해 백인 정권을 향해 게릴라전을 펼쳤다. 상황은 갈수록 악화되고 남아프리카는 내전이라고 표현할 만한 소요의 시기로 접어들었다. "80년대 초반의 광범위한 군사적, 게릴라 행동을 감안하면, 당시 남아프리카 내의 담론이 점점 더, 전쟁과 혁명과 종말과 관련된 것이 되었다는 것은 놀라운 일이 아니다"(Gallagher 140)는 지적은 그래서 시대적 상황과 담론이 어떠한 역학관계에 있는지 잘 말해준다. 1983년에 발표된 『마이클 K』가 "전쟁은 모두의 아버지이며, 모두의 왕이다"는 헤라클레이토스Heraclitus의 말을 제사題詞로 삼고 남아프리카 전역에서 벌어지거나 이후에 벌어질 전쟁을 배경으로 한 것도 그러한 시대적 분위기와 무관하지 않다.

그러나 고디머가 보기에 쿳시의 문제는 아파르트헤이트가 흑인들에게 가한 억압과 탄압의 결정체처럼 보이는 마이클 K를 형상화하면서도 그 인물한테 "악에 저항할 의지" (Gordimer, "Gardening" 401)를 부여하지 않음으로써 궁극적으로 "모든 정치적, 혁명적 해결에 대한 반감"(Gordimer, "Gardening" 402)을 드러내고 있다는 것이었다. 이것은 인권유린이 극에 달해 전쟁 아니고서는 달리 해결할 길이 없는 당시의 남아프리카 상황에서는, 그리고 남아프리카 작가라면 "인간이 만든 가장 추악한" (Gordimer, *Essential Gesture* 262) 아파르트헤이트에 대한 저항에 동참해야 한다고 믿는 고디머로서는 충분히 할 수 있는 비판이었다. 실제로 쿳시의 소설은 마이클 K와 같은 하위주체에게 출구를 허용하지 않는다. 소설의 결말을 보면, 마이클 K는 어머니가 묵던 누추한 방으로 돌아와 죽어가고 있다. 그래서 그가 누군가와 같이 시골에 가서 물을 구할 수 없게 되자, 찻숟가락으로 물을 떠먹겠다고 상상하는 장면은 그가 죽어가는 장면을 묘사한 것이다. 그러한 그에게서 "악에 저항할 의지"를 찾기란 불가능한 일이다. 고디머가 쿳시의 소설을 "남아프리카에서 인간들이 동료 인간들에게 어떻게 하는지에 대해, 그보다 더 좋을 수 없을 정도로 낱낱이 얘기하는 훌륭한 작품"(Gordimer, "Gardening" 401)이라고 칭찬하면서도 비판적이었던 이유는 여기에 있다. "정권이 아무리 끔찍하고 비인간적이고 가학적인 것이어도, 그것이 스스로 물러나지 않으면 그것을 종식시킬 수 있다"는 "역사의 변화에 대한 신념"(고디머 19)을 갖고 있던 그녀가 쿳시의 암울한 소설을 달갑게 생각했을 리가 없다.

돌아보면, 고디머가 흑인들이 "악에 대한 저항의 의지"를 갖고 있었다고 했던 것은 역사적 사실에 부합되는 것처럼 보인다. 아파르트헤이트는 쿳시가 『마이클 K』를 발표하고(1983) 고디머가 그 소설에 대한 평을 집필한 시점(1984)부터 10년 후인 1994년에 공식적으로 종말을 고했다. "희생자들이 자신들을 더 이상 희생자로 보지 않고"(Gordimer, "Gardening" 402) 악에 저항함으로써 결국엔 아파르트헤이트 정권을 몰락시킨 것이다. 이런 입장에서 보면, 고디머가 2010년에 발표한 산문집에 『마이클 K』에 관한 과거의 글을 수록하면서 "J. M. 쿳시는 2006년에 오스트레일리아 시민권을 취득했다"(Gordimer, "Gardening" 403)라는 말을 덧붙인 것은 20여 년 전의 판단, 즉 쿳시가 미래에 대한 확신과 비전을 결여하고 있다는 판단이 결국 틀리지 않았으며, 쿳시가 마이클 K를 형상화한 방식과 그가 남아프리카를 떠난 것 사이에 연관이 있다는 생각에서였는지 모른다.*

그러나 시대적인 상황에서 어쩔 수 없는 것이었다 해도, 고디머의 비판은 모든 예술가들에게 획일적인 잣대를 들이댄다는 점에서도 그렇고, 굳이 덧붙일 필요가 없는 말을 감정적으로 덧붙였다는 점에서도 다소 지나친 면이 없지 않다. 이것은 쿳시가 고디머의 발언과 관련하여 했던 말을 참조하면 비교적 분명해진다. 그는 고디머가 『마이클 K』에 관해 쓴 글을 읽고 자신에게 다음과 같은 질문을 한 것으로 이해한다. "나는 억압 앞에서 어떤 형태의 행동 모델을 제시했는가? 나는 왜 더 결단력이 있는 인

* 고디머가 2006년, "옛것과 새것이라고 희망했던 것 사이의 불안하고, 점점 더 편치 못한 틈에 끼어 있는"(쿳시 106) 상황을 그린 『추락』(*Disgrace*)을 가리켜 "흑인인물 중 진짜 인간인 사람이 하나도 없다"(Donalido 재인용)고 비난한 것도 같은 맥락에서 볼 수 있다.

물이 나오는 다른 책을 쓰지 않았는가?"(Coetzee, "Doubling" 207). 그는 고디머를 포함해서 이런 형태의 사고를 하는 사람들에게는 『마이클 K』가 "아파르트헤이트를 어떻게 끝낼 것이냐 하는 압도적인 정치적 문제를 회피하는 것" (Coetzee, *Doubling* 207)으로 비칠 것이고, 궁극적으로 텍스트가 "스스로한테 방향을 돌려 스스로의 텍스트성에 생각하기 시작하는 순간"도 "회피의 순간"으로 비칠 것이라고 판단한다. 결국 "왜 K가 게릴라들한테 합류하지 않느냐는 질문과 왜 텍스트성에 상징적인 가치가 주어지느냐는 질문은 결국 같은 질문"(Coetzee, *Doubling* 207)이라는 것이다. 이러한 질문들에 대한 그의 답은 간단하고 명료하다. 작가가 "자기가 쓰고 싶은 것은 쓰고, 쓰고 싶지 않은 것은 쓰지 않기"(Coetzee, *Doubling* 207)때문이라는 것이다. 즉 『마이클 K』가 사람들의 취향이나 기대에는 맞지 않을지 모르지만, 그것이 그런 식의 소설이 된 것은 "게릴라에 합류하는 것에 관한 소설, 즉, 영웅적인 전통에 속한 소설을 쓰는 것이 [자기가] 쓰고 싶었던 것이 아니었기 때문"이라는 것이다. "아무리 [자신이] 그것을 쓰고 싶었다 하더라도, 그것을 성공적으로 써내고 싶었다 해도, 그것을 실현할 정도로 충분히 쓰고 싶었던 것이 아니었기" 때문이라는 것이다(Coetzee, *Doubling* 207-08). 그가 여기에서 말하고자 하는 것은 모든 작가에게 획일적인 작품을 요구하는 것은 작가가 진실로 원하는 것, 즉 작가의 '욕망'과 배치되는 폭력이라는 것이다. 작가는 외형적으로 자기에게 주어지는 것이 아니라, 자신이 진실로 원하는 것을 쓸 수 있어야 하고 또 그래야 진실할 수 있다는 것이다. 즉 사람들이 뭐라고 하든 '정치적 올바름'에 편승하여 마이클 K를 게릴라에 합류하는 것으로 처리하는 것은 자신이 원했던 것이 아니었다는 말이다. 고디머와 달리, 그에게 "스토리는 무책임에 의해 규정되는 것"이었고 "글을 쓸 때 느끼는 것은 자유와 무책임이었다"(Coetzee, *Doubling* 246). 그것이 책임이라면 그 책임은 "아직 출현하지 않고 그 길의 끝 어딘가에 있는 것을 향한 책임" (Coetzee, *Doubling* 246)이었다. 이러한 입장은 글쓰기를 사회적 책무와 연결시키는 고디머의 다소 완강한 입장과는 너무 다른 것이었다.

그런데 원론적으로는 쿳시의 말이 고디머의 것보다 훨씬 더 논리적이다. 고디머는 자신이 가진 리얼리즘 잣대로 쿳시를 재단하려 하지만, 쿳시는 리얼리즘을 포함한 모든 것의 다양성을 인정하는 쪽이기 때문이다. 리얼리즘을 고수하는 고디머의 입장은 다소 편협하고 때로 순진해 보이기까지 한다. 그러나 고디머는 편협하고 순진해 보이는 미학적 입장 때문에 쿳시보다 "정치적인 의무감과 책임감의 문제에 늘 더 긴급하게 닿아 있고"(Clingman xiii), 쿳시는 더 논리적이긴 하지만 남아프리카에 관한 소설에서마저 남아프리카로부터 달아나려고 하는 원심력을 드러낸다. 그리고 이 원심력은 "병적인 집착과 추상적인 힘들, 분노와 폭력의 세계를 벗어나 느낌과 관념의 생생한 유희가 가능한 세계에 자리를 잡고 싶은 욕구"(Coetzee, *Doubling* 98)의 소산이다. 어쩌면 고디머는 쿳시가 "2006년에 오스트레일리아 시민권을 취득했다" (Gordimer, "Gardening" 403)는 말을 덧붙이면서, 그의 소설에 잠재된 원심력과 그의 이주가 무관하지 않다는 사실을 암시하고 싶었는지 모른다. 그런데 역설적으로, 고디머의 말은 남아프리카로부터 달아나려고 하는 쿳시의 소설을 남아프리카로 끌어당기려 하는 구심력을 환기시키는 말이기도 하다. 결국 『마이클 K』는 남아프리카에 관한 소설이기 때문이다. 쿳시의 소설은 이처럼 원심력과 구심력 사이에 끼어 있다. 『마이클 K』는 두 개의 상반된 힘이 서로와 힘겨루기를 하는 양상을 어느 소설보다 더 생생하게 보여준다. 역설적이게도, 쿳시의 소설이 가진 역동성과 윤리성, 독특함은 이러한 힘겨루기에서 기인한 것이다. 그런데 그가 오스트레일리아로 이주하면서, 이 힘겨루기는 더 이상 필요하지 않은 것이 되었다. 그것이 그의 창작에 어떤 영향을 미칠지는 좀 더 두고 봐야 확인할 수 있겠지만, 그가 오스트레일리아로 이주한 후에 발표한 소설들이 "독특하고 인상적이지만"『어둠의 땅』에서『추락』에 이르는 이전 소설들처럼 "풍요로운 결실을 맺을 것 같지는 않다"(Attwell, "Social Life of Fiction" 176)는 발언은 의미심장한 것이 아닐 수 없다. 어쩌면 바로 이것이 고디머의 "덧붙이는 말"을 가볍게 생각해서는 안 되는 또 하나의 이유일 것이다.

03

J. M. 쿳시의 소설과 미국의 식민주의/제국주의

-『어둠의 땅』의 「베트남 프로젝트」를 중심으로*

1. 폭력의 형이상학

문학을 지나치게 문학 외의 다른 영역으로 몰고 가고 있다는 비판에도 불구하고 유행이라고 생각될 정도로 탈식민 논의가 활발하게 진행되고 있는 것은 인종적, 국가적 윤리 및 정의의 개념이 그 어느 때보다도 인류에게 요원하게만 보이는 현시점에서, 그러한 문제가 문학에 어떻게 투영되고 형상화되어 있는지를 논하는 것이 절실하기 때문이다. 이런 맥락에서 보면, 지난 몇 십 년에 걸쳐 행해진 탈식민 논의는 여전히 유효한 것이고 앞으로도 그러할 것이다. 다양한 형태의 식민주의나 신식민주의는 늘 존재해왔고 앞으로도 그러할 것이기 때문이다.

그간 영문학계의 탈식민 논의는 영국 식민주의와 관련된 것이 대부분이었다고 해도 과언이 아니다. 영국이 세계 곳곳에 가장 많은 식민지를 거느렸던 대표적인 식민주의/제국주의 국가였기에 이러한 현상은 불가

* 2008년 『영어영문학』(54)에 발표.

피한 것이었다. 그런데 주목해야 할 것은 이제는, 아니 벌써부터 영국이 아니라 미국이 식민주의의 주체가 되어 있다는 사실이다. 베트남전쟁, 걸프전쟁, 이라크전쟁 등에서 볼 수 있듯이, 일련의 굵직한 전쟁들은 미국의 주도 하에 벌어졌으며, 탈식민 논의 자체도 미국을 거론하지 않고서는 공허한 것이 될 정도로 미국은 식민주의의 중심에 서 있다. 이러한 맥락에서 J. M. 쿳시Coetzee의 소설과 미국 식민주의/제국주의의 상호적 관계를 논하는 것도 나름대로 의미가 있을 듯하다. 그가 식민주의/제국주의에 관한 담론을 일관되게 전개하면서, 일정 부분을 미국의 식민주의/제국주의에 할애해 왔기 때문에 특히 그러하다.

쿳시의 작품을 대할 때 염두에 둬야 할 것 중 하나는 그가 남아프리카의 식민 상황을 남아프리카만의 특수한 예로 생각하지 않고 "식민주의, 후기 식민주의, 신식민주의와 관련된 더 넓은 역사적 상황의 한 예"(Watson 23)라고 생각하고 그러한 생각을 그의 소설 곳곳에 투영해왔다는 사실이다. 남아프리카의 식민지 역사가 아무리 비극적이고 파란만장한 것이긴 해도, 세계의 도처에 산재해 있는 억압과 수탈이라는 "더 넓은 역사적 상황"에서 보면 예외적인 것이 아니라는 말이다. 이는 남아프리카의 식민주의 역사가 중요하지 않다는 말이 아니라, 그것을 세계사적인 시각에서 폭넓게 파악할 필요가 있다는 말이다. 이런 맥락에서 쿳시의 첫 소설 『어둠의 땅』(*Dusklands*)은 주목할 필요가 있다. 『어둠의 땅』에 수록된 두 편의 소설들 「베트남 프로젝트」와 「야코부스 쿳시의 이야기」가 식민주의의 문제를 세계사적인 시각에서 파악하려는 작가의 소신과 역사관을 보여주고 있기에 더욱 그렇다. 특히 남아프리카의 식민주의가 아니라 베트남 전쟁과 관련된 미국의 식민주의 문제를 형상화하고 있는 「베트남 프로젝트」가 그렇다.

『어둠의 땅』은 앞서 언급한 것처럼 두 개의 소설로 이뤄져 있는데, 하나는 20세기의 베트남 전쟁에 관련된 「베트남 프로젝트」("Vietnam Project")이고, 다른 하나는 18세기의 남아프리카 내륙여행과 관련된 「야코부스 쿳시의 이야기」("The Narrative of Jacobus Coetzee")인데, 쿳시는 서로 다른 시대의 이야기들을 병치시킴으로써 식민주의가 시대에 따라 다른 양상으로 전개되긴 하지만 본질적으로 같은 것임을 환기시키고자 한다. 전혀 다른 시대의 이야기들이 서로를 보완할 수 있게 되는 것은 바로 이러한 이유에서다. 남아프리카 작가가 자신의 나라와 관련된 이야기보다 미국이 주도한 베트남 전쟁에 관련된 이야기를 앞에 배치한 것은 의미심장한 일이 아닐 수 없다. 쿳시가 보기 드물게 주도면밀한 작가이기에 그렇고, 이 소설이 그의 첫 소설이기에 더욱 그렇다. 어느 작가의 어느 소설이 그렇지 않으랴만, 「베트남 프로젝트」는 작가의 개인적 체험과 밀접한 관련이 있다. 다른 소설의 경우와 달리, 쿳시는 이 소설이 씌어지게 된 동기에 대해서는 이곳저곳에서 비교적 소상하게 밝히고 있는데, 이런 점에서라도 이 작품이 씌어지게 된 전기적 사항에 대해서 어느 정도 언급하고 넘어갈 필요가 있다고 판단된다.

쿳시는 1965년부터 1971년까지 미국에서 살았다. 처음 3년은 박사과정을 이수하느라 그랬고 학위를 마친 후에는 뉴욕주립대(Buffalo)의 영문과 교수로서 그랬다. 그의 체류기간은 나이로 따지면 스물다섯 살에서 서른한 살까지였다. 그것은 그에 따르면 그의 "삶의 길고도 중요한 시기"였다(Watson 23). 쿳시는 스물다섯 살이던 1965년, 런던에서 컴퓨터 프로그래머를 하다가 대학원 공부를 위해 미국으로 건너갔다. 당시, 미국은 15만 명(정확히 말하면 148,300명)에 가까운 군인들을 베트남에 파병했다(Gallagher 50, 재인용). 전과 비교할 수 없는 대규모 전쟁이 드디어 시작된 것이었다. 아무리 미국인이 아니라 해도 날마다 보고 듣는 게 전쟁에 관련된 것이었으니 그것에 반응하는 것은 당연했다. 특히 쿳시처럼 예민한 사람에게는 더욱 그러했을 것이다. 쿳시의 말을 그대로 옮기면, 「베트남 프로젝트」는 "베트남에서 벌어지고 있는 것에 대한 나의 감정들에서 생겼다. 내가 전쟁을 하고 있는 나라인 미국에서 살고 있었기 때문에 그러한 감정들은 강렬하지 않을 수 없었다"(Scott 85). 그래서 그 당시를 돌아보며 그가 "정치적인 견해에서 보면, 남아프리카의 상황이 아니라 베트남에 일어나는 전쟁에 감정이 주로 연루"되어 있었다고 말한 것(Watson 23)은 충분히 이해할 수 있는 발언이 아닐 수 없다. 쿳시가 미국생활을 청산하고 남아프리카로 돌아가 1974년에 발표한 『어둠의 땅』에 남아프리카를 배경으로 하는 「야코부스 쿳시의 이야기」보다 미국 식민주의/제국주의를 배경으로 하는 「베트남 프로젝트」를 앞에 배치한 것도 그래서 어쩌면 당연한 것이었다.

물론 어떤 의미에서 보면, 미국이 벌이는 베트남 전쟁은 자신의 나라인 남아프리카와 별 관련도 없는 전쟁이었기에 쿳시가 크게 상관할 일은 아니었을지 모른다. 그러나 텔레비전을 통해 생생하게 전해져 오는 전쟁의 모습은 그에게 폭력이라는 것이 자신의 나라인 남아프리카만이 아니라 도처에 존재하는 것이라는 걸 실감하게 만들었다. 그것이 그가 베트남 전쟁을 그토록 심각하게 받아들인 이유였다. 문제는 텔레비전을 통해서 안방으로 전쟁이 시시각각 들어오고 있기에 베트남에서 "무슨 일이 벌어지고 있는지 알고 있다는 사실이었다. 그걸 피하기 위해 어디로 갈지 명백하지 않았다"(Coetzee, *Doubling* 51).

텔레비전은 전쟁에 관련된 뉴스를 속속들이 내보냈다. 전쟁은 안방으로 침투해 들어오고 있었다. 그것의 효과는 이래저래 대단한 것이었다.

「베트남 프로젝트」의 화자인 유진 돈의 말처럼 "텔레비전에 방영되는 네이팜탄 공격보다 미국인들에게 전쟁을 더 설득력 있게 만드는 건 없(었)다"*는 건 사실이었다. 적어도 전쟁 초기에는 "폭발의 오르가즘"(57)이 미국인들을 최면상태로 만들어 명분이야 어떻든 전쟁에서 이기면 된다는 생각을 갖게 만들었다. 기록에 따르면, 베트남 전쟁 초기, 특히 "1965년에 처음으로 대규모의 파병이 이뤄졌을 때 전쟁에 대한 광범위한 지지가 있었다"(Gallagher 54). 그건 이후에 벌어진 이라크 전쟁이나 아프가니스탄 전쟁의 경우에도 마찬가지였다. 그런데 전쟁이 길어지고 지지부지해지면서, 아니 그것과는 별개로, 쿳시가 지적한 바와 같이, "미국인들이 갖고 있는 바와 같은 막강한 기술적인 파괴력을 나라 전체가 갖게 되면, 그 파괴력이 모든 사람들의 심리적 소유물이 된다"는 게 문제였다. 그렇게 되면서, "전에는 주어지지 않았던 대규모 폭력에 참여할 기회가 사람들에게 주어지고 . . 전쟁은 갇혀 있던 공격성, 가학성을 전쟁터만이 아니라 가정에서 발산하는 수단이 되었다"(Temple 3). 갤러거가 지적한 바와 같이, 이는 텔레비전의 "생생한 리얼리즘이 시청자에게 각인되고 그것의 존재만으로 그 이상의 공격성을 조장할 수 있다"는 걸 쿳시로 하여금 깨닫게 했다(Gallagher 53). 쿳시는 바로 이 "갇혀있던 공격성, 가학성"의 문제를 직시하고자 했다. 그리고 그 결과가 「베트남 프로젝트」였다. 아니, 이 소설만이 아니라 18세기 남아프리카를 배경으로 한 「야코부스 쿳시의 이야기」도 그 "공격성, 가학성"을 형상화한 소설이긴 마찬가지다. 「베트남 프로젝트」의 유진 돈이 자기 아들을 칼로 찌르는 것과 「야코부스

* J.M. Coetzee, *Dusklands*. New York: Penguin, 1996. 57. 이후의 인용은 우리말 번역본(『어둠의 땅』. 왕은철 역. 서울: 들녘, 2006)의 쪽수를 본문에 표기한다.

쿳시의 이야기」의 야코부스가 원주민 아이의 귀를 물어뜯어 떨어지게 하는 것은 "갇혀있던 공격성, 가학성"이 외면적으로 표출된 것에 다름 아니다. 그렇다고 쿳시가 외면적으로 드러나는 "공격성, 가학성"의 문제만을 천착한다는 말은 결코 아니다. 오히려 그의 관심은 그것의 외면성에 있는 게 아니라 공격성과 가학성에 이르게 되는 식민주의자들의 심리나 의식의 문제, 즉 녹스-쇼의 말을 빌리면 "폭력의 형이상학"(Knox-Shaw 107)에 있다.

2. 식민주의/제국주의 폭력

"나한테는 탐구적인 기질이 있다. 내가 이백년 전에 살았더라면, 대륙을 탐사하고 지도를 작성하고 식민화하는 작업을 했을 것이다. 나는 나의 진정한 잠재력을 그처럼 현란한 자유 속에서 한껏 펼치며 살았을 것이다"(61). 이는 「베트남 프로젝트」의 화자이자 심리전 전문가인 유진 돈이 토로하는 말인데, 그의 말을 잘 음미해보면 "대륙을 탐사하고 지도를 작성하고 식민화하"는 자유를 "한껏 펼치며 살았을" 과거의 식민주의자들에 대한 일종의 향수가 거기에 배어 있음을 알 수 있다. 「베트남 프로젝트」에 이어지는 「야코부스 쿳시의 이야기」의 중심이 다름 아닌 이백년 전의 식민주의자라는 걸 감안하면, 유진 돈의 말은 의미심장한 것이 아닐 수 없다. "대륙을 탐사하고 지도를 작성하고 식민화하는" 식민주의자의 "작업"은 야코부스가 자신의 군대로 하여금 원주민들을 살육하고 강간하고 그들의 마을을 불태워 흔적도 없이 사라지게 만들고, 자신을 저버렸던 네 하인의 처형을 직접 관장하는 것에서 적나라하게 드러나듯이 물리적인 폭력과 불가분의 것이었다. "이백년 전"의 식민주의자인 야코부스가 그 하인 중 하나인 아도니스를 처형하는 걸 묘사하는 다음 장면은 그 폭력의 실상을 생생하게 보여준다.

> 아도니스가 다시 소동을 피웠다. 그는 땅에 주저앉아 일어나려고 하지를 않았다. 나는 그가 졸도했을지 모른다고 생각했다. 하지만 그는 눈을 뜨고 초점이 흐릿한 눈으로 나를 바라보고 있었다. "일어서라." 나는 말했다. "내가 장난치는 걸로 보이냐? 여기서 당장 죽여 버리겠다." 나는 총구를 그의 이마에 갖다 댔다. "일어서!" 그의 얼굴은 완전히 얼이 빠진 상태였다. 내가 방아쇠를 당겼을 때 갑자기 그가 머리를 움직여 총알이 빗나갔다. (...) 나는 움직이지 못하도록 아도니스의 가슴팍에 발을 올려놓고 총알을 다시 장전했다. "제발, 주인님, 제발." 그가 말했다. "팔이 아파요." 나는 총구를 그의 입술에 대고 밀었다. "받아라." 내가 말했다. 그는 그걸 받으려 하지 않았다. 나는 그를 발로 짓밟았다. 그의 턱이 풀어지면서 입술에서 피가 나왔다. 나는 그가 웩웩거리기 시작할 때까지 총구를 안으로 밀어 넣었다. 나는 내 발목 사이에 그의 머리를 끼고 있었다. 내 뒤에서 그의 괄약근이 풀어지더니 심한 악취가 풍겼다. (...) 총성은 모래 속에서 발사하는 것만큼이나 미미했다. 그의 머릿속에 있는 속살이 어떻게 됐는지 모르지만, 그의 눈이 닫혔다. (175-76)

야코부스가 자신을 저버린 하인을 병적일 정도로 잔혹하게 살해하는 장면(이는 어쩌면 쿳시가 지금까지 발표했던 소설들을 통틀어 가장 잔인한 장면 중 하나가 아닐까 싶다)을 다소 길게 인용한 이유는 유진 돈이 꿈꾸는 "현란한 자유"가, 그리고 그가 「베트남 프로젝트」에서 작성하는 심리전 전략 보고서가 그러한 물리적 폭력과 떼려야 뗄 수 없는 관계에 있다는 사실을 환기시키기 위함이다. 유진 돈은 자신의 어린 아들을 과도로 찌르는 행위 외에는 이렇다 할 물리적 폭력을 행사하지는 않지만, 그가 수단과 방법을 가리지 않고 폭탄을 퍼붓고 화학무기를 사용함으로써 베트남이라는 땅을 초토화시켜 베트남인들로 하여금 "죽어가는 풍경 속에 벌거벗은 채 서 있다는 걸 보여주자"(57)는 처방을 내린다는 점에서 그의 제안은 야코부스의 물리적 폭력보다 덜한 게 아니다. 아니, 덜한 정도가 아니라 더하다고 해야 맞을지 모른다. 실제로 물리적 폭력을 베트남인들에게 가하지는 않지만, 그 물리적 폭력의 논리적 근거를 제시함으로써 그것을 조장하고 당위성까지 부여하기 때문이다.

유진 돈의 업무는 1961년에서 1972년까지의 "심리전 결과를 평가하고 앞으로의 선전 내용과 형식에서 변화시켜야 할 사항들을 권고"(40)하는 것인데, 결론부터 얘기하자면 그는 상상할 수 없을 정도의 무자비한 물리적 폭력을 가함으로써 저항의 여지 자체를 차단하는 것이 최선이라고 권고한다. 승리가 곧 선이라는 등식인 것이다. 그렇다고 그가 무분별하다는 말은 결코 아니다. 오히려 그 반대다. 그는 미국 국방부를 위해 심리전 자문을 해주는 비밀연구소의 일원으로 활동할 만큼 지식층일 뿐만 아니라 심리학에도 조예가 깊은 "신화서술가"이다. 그의 말은 나름대로 논리가 정연하고 빈틈이 없다.

유진 돈의 심리적 폭력이 논리적이면서도, 앞서 인용한 야코부스의 물리적 폭력 못지않게 폭력적이라는 사실은 그가 가방에 넣어갖고 다니는 석 장의 사진에 대한 반응에서 여실하게 드러난다.* 다른 여러 가지 에피

---

* 페너는 "「베트남 프로젝트」의 미학적 강점은 쿳시가 뇌리를 떠나지 않는 강렬한 전쟁 사진들을 적절히 사용하고 신화적인 주제들을 정교하게 섞어놓은 데서 찾을 수 있다"(Penner 41)고 지적하는데, 이는 적절한 지적이 아닐 수 없다. 사실, 돈이 갖고 다니는 사진들만큼 그의 심리상태를 여실하게 보여주는 건 없다. 본 논의의 상당 부분이 사

소드들이 있음에도 여기에서 사진에 관계된 문제를 집중적으로 거론하는 이유는 그것이 다른 어떤 것보다 더 생생하게 유진 돈의 심리상태를 잘 드러내줄 뿐만 아니라, 유진 돈이 심리전 전문가로서 그 사진에 기대는 바가 그만큼 크기 때문이다. 그는 심리전 전략에 관한 보고서 작성이 지지부진해지면 그 사진들을 꺼내 보고 "전기적 자극"(31)을 받아 상상력을 발동시킨다.

석 장의 사진 중 하나는 "휴스턴 대학 미식축구팀의 라인배커" 출신의 공수부대 하사가 베트남 여자와 성행위를 하는 모습을 담고 있다. 하사는 백팔십팔 센티미터의 키에 몸무게가 백 킬로그램이나 나가는 건장한 체격의 미국 남자이고, 상대는 "어쩌면 어린애일지도 모르"는 "작고 가냘픈" 체격의 베트남 여자다. 남자는 "두 손을 엉덩이에 댄 채로 몸을 활모양으로 구부려 자신의 발기한 페니스 위에 있는 여자를 들어 올리며 힘을 과시하고 있다." 유진 돈은 이 사진에 "아이들과 즐겁게 노는 아버지"라는 엽기적인 제목을 붙인다. 이 사진을 보면 그의 상상력이 발동하기 시작하면서 "머릿속에 거대하고 묵직한 행성처럼 자리 잡고 있던 글이 술술 풀린다"(31-32). 많은 스포츠 종목 중에서 가장 미국적이라고 할 수 있는 미식축구(이 경기는 본질적으로 땅 빼앗기 게임이라는 점에서 일종의 전쟁놀이다) 선수생활을 했던 근육질의 미국남자가 가냘프기 짝이 없는 베트남여성을 정복하는 그 사진이 심리전 전문가인 그에게 어떤 심리전 전략을 세워야 하는지 영감을 주기 때문이다. 역사적으로 식민화의 과정은 남성이 여성을 성적으로 정복하는 것에 비유되어왔다. 이러한 의미에서 "돈의 독백이 성적/정치적 지배와 복종의 이미지로 가득 차 있다"

진에 할애되는 이유도 여기에 있다.

는 페너의 지적은 적절한 것이 아닐 수 없다(Penner 37). 그 정복의 과정에 도덕성이나 윤리성이 개입될 여지는 없었다. 바로 이런 맥락에서 돈은 "베트남에는 오직 승리의 문제만이 있"으며 그 "승리는 충분한 힘을 어떻게 적절히 배치하느냐에 달려 있다"(55)고 생각하는 것이다. 그런데 여기에서 또 한 가지 주목할 점은 "아이들과 즐겁게 노는 아버지"라는 제목에서 알 수 있듯이, 미국남성이 강력한 힘과 권위를 가진 아버지로, 베트남여성은 그 아버지에 짓눌리는 아이로 표현되고 있다는 사실이다. 이는 미국 국방부를 위해 보고서를 작성하고 있는 "신화서술가"이자 선전 전문가인 유진 돈이 미국과 베트남의 관계를 부자간의 신화에 입각해서 서술하는 것과 정확히 같은 맥락의 것이다.

유진 돈이 그의 상사 쿳시에게 제출하는 보고서를 보면, 미국과 베트남은 아버지와 아들의 관계로 비유되어 있다. 그에 따르면 "아버지는 권위이고 절대적인 확실성이며 무소부재無所不在다. 그는 설득하지 않고 명령한다. 그가 예언한 일은 일어난다. 죄를 저지른 사이공 사람이 한밤중에 해방 라디오에 주파수를 맞출 때 거기에서 터져 나오는 목소리는 아버지의 무서운 목소리여야 한다"(44). "아버지는 아들들이 그의 지팡이 앞에 무릎을 꿇을 때까지는 자비로운 아버지일 수 없다. 아버지에 대한 아들들의 음모는 중지되어야 한다. 그들은 완전히 복종하는 자세로 무릎을 꿇어야 한다"(53). 유진 돈이 상정하는 미국/아버지는 "자기들을 종으로 부리는 아버지에 대한 아들들의 반역을 정당화"하는 "전복 신화"(50) 속의 아버지도 아니고, "한 번만 제대로 후려치면 쇠약해지는 연약한 존재"(50-51)도 아닌 "권위이고 절대적인 확실성이며 무소부재"의 아버지다. 즉, 유진 돈은 아버지와 아들에 관한 기존의 "신화를 뒤엎고, 수정하는 일이 더 좋은 반격"(49)이라고 생각한다. 그래서 그는 아버지/미국 앞에 아이들/베트남이 무릎을 꿇을 때까지 무작위로 고엽제를 뿌리고 미사일을 발사하고 폭탄을 투하함으로써 반란 자체가 소용없는 짓임을 베트남인들에게 자각하게 해야 한다는 결론에 다다르게 된다. "땅을 유린하면서 느끼는 죄의식"과 "격세유전적 죄의식"(57)을 억눌러야 한다고 설파하는 것도 같은 이유에서다.* 역으로 생각하면, 죄의식을 억눌러야 한다는 말은 그가 죄의식을 느낀다는 말이다. 다음의 인용은 유진 돈이 자신이 어쩔 수 없이 느껴야 하는 죄의식을 토로하는 대목이다.

> 나는 다른 사람만큼이나 전쟁을 몹시 싫어한다는 사실을 지적한다. (...) 죄의식은 새까만 독이다. 나는 예전에 악마 같은 죄의식이 내 혈관 속에서 낄낄거리는 소리를 들으며 도서관에 앉아 있곤 했다. 나는 점령당했다. 나는 내가 아니었고, 그것을 견딜 수 없었다. 죄의식은 텔레비전 케이블을 통해서 우리의 집으로 침입하고 있었다. 우리는 어두컴컴한 구석에서 적의에 찬 시선으로 우리를 노려보는 그 짐승의 유리눈義眼이 노려보는 가운데 식사를 했다. 좋은 음식은 우리들의 목구멍을 타고 넘어가 썩은 웅덩이에 떨어지고 있었다. 그러한 고통을 견디는 건 너무 가혹한 일이었다. (87-88)

날이면 날마다 안방으로 침투해 들어오는 베트남전쟁 뉴스를 보면서

---

* 애트리지는 유진 돈이 궁극적으로 심리전을 효용성이 없는 전략으로 간주하고 "땅에 대한 대규모 화학전을 전개할 것을 권유한다"며 애트웰(Attwell)이나 갤러거(Gallagher) 등이 이 점을 간과하며 신화서술가로서의 유진 돈을 강조하고 있다고 비판한다(Attridge 14). 유진 돈이 "나는 [심리전이 중요한 역할을 하는] 전투의 4단계를 중요하게 생각하지 않는다. 나는 5단계와 전면전인 공중전의 재개를 고대하고 있다"고 말하면서 "죄의식과 무력감"으로 고통당할 게 아니라 그 행위를 "한껏 즐기자"(『어둠의 땅』 55, 57)고 제안하는 것은 사실이다.

음식이 제대로 '목구멍'으로 넘어가지 않고 죄의식을 느낄 수밖에 없다는 말을 액면 그대로 해석하면, 유진 돈은 평범하고도 선한 사람인 듯한 인상을 준다. 그는 "다른 사람만큼이나 전쟁을 몹시 싫어한다"고 말하기까지 한다. 이러한 점만을 갖고 판단하면, 유진 돈의 생각은 작가 쿳시가 전쟁에 대해 생각했던 바와 전혀 다를 게 없어 보인다. 쿳시는 미국 체류 기간 중, 베트남전쟁 뉴스를 접하며 괴로워하는 그에게 한 친구가 "전쟁이 그렇게 싫으면 떠나는 게 어떠냐? 너를 여기에 잡아둘 건 아무것도 없잖아."하고 말했던 일을 술회하면서 그 친구가 자신을 "잘못 해석했다"며 중요한 "문제는 무슨 일이 벌어지고 있는지 알고 있다는 사실이었다. 그걸 피하기 위해 어디로 갈지 명백하지 않았다"(Coetzee, *Doubling* 51)고 토로한 바 있다. 위의 인용에서 심리전 전문가인 미국인 유진 돈이 고백하는 것처럼, 쿳시가 전쟁을 싫어했다는 점은 분명하다. 그러나 유사점은 여기까지일 뿐이다. "다른 사람만큼이나 전쟁을 몹시 싫어한다"는 첫 문장과 그 다음 문장들 사이에 들어있는 다음 말은 유진 돈과 쿳시의 차이가 무엇인지를 확연히 구분해준다.

> *나는 다른 사람만큼이나 전쟁을 몹시 싫어한다는 사실을 지적한다.* 내가 베트남에 전력을 쏟았던 이유는 전쟁이 끝나는 걸 보고 싶어서였을 뿐이다. 나는 내가 행복할 수 있도록, 우리 모두가 행복할 수 있도록 싸움과 반란이 중단되기를 바랐다. 반란이 멈춘다면 우리는 미국과 화해하고 다시 행복하게 살 수 있다. 나는 삶을 믿는다. 나는 사람들이 그들의 삶을 내던지고, 미국의 아이들이 죄의식에 감염되는 걸 보고 싶지 않다. (...) *그러한 고통을 견디는 건 너무 가혹한 일이었다.* (87-88, 이탤릭체는 강조를 위한 필자의 것임)

여기에서 화자는 자신이 전쟁을 지독히 싫어하면서도 베트남전쟁에 관여하게 된 이유가 오직, 미국인들이 죄의식으로부터 해방되게끔 전쟁을 빨리 종식시키기 위해서였다고 토로하고 있다. 그가 보고서에서 화학전과 폭격과 심리전을 총동원하여 베트남인들로 하여금 "죽어가는 풍경 속에 벌거벗은 채 서 있다는 걸 보여주자"고 제안한 것은 이러한 맥락에서였다. "미국의 아이들"이 "죄의식에 오염되는 걸" 막기 위해서 "죄의식"을 억눌러야 했다는 말인데, 이는 자신들이 벌인 전쟁에서 이기고 싶어 하는 미국인들의 입장에서 보자면 일종의 희생이며 헌신일 수도 있을지 모르지만, 타자가 어떻게 되든 상관없다는 정말로 비정한 논리가 아닐 수 없다. 이는 「야코부스 쿳시의 이야기」의 화자 야코부스가 "내가 여느 다른 남자 이상으로 죽이는 걸 즐기는 건 아니다. 하지만 나는 방아쇠를 당기는 역할을 스스로 자임하고, 내 자신과 내 동포를 위해 이 희생적인 행위를 함으로써 우리 모두가 원했던 검은 사람들에 대한 살인을 수행했다"(179)며 자신은 "역사의 손에 들린 연장일 뿐이다"(180)고 말하며 자신의 행위를 정당화하는 것과 정확히 같은 맥락의 논리다. 양자 사이에 차이가 있다면 후자는 방아쇠를 당기는 이백년 전의 식민주의자이고, 전자는 방아쇠를 당겨야 하는 논리를 제공하는 20세기의 식민주의자라는 점뿐이다.

그러니까 유진 돈이 느끼고 토로하는 죄의식은 진정하지도 못하고 설득력도 없는 허위적인 것이라는 말이다. 죄의식의 문제를 거론하면서도 수단방법을 가리지 않고 베트남인들을 제압해야 한다는 유진 돈의 논리는 그의 잔혹성을 더욱 섬뜩한 것으로 만든다. 이는 식민주의 폭력이 논리가 없어서가 아니라 바로 그 논리 때문에 행해지고 있다는 말에 다름 아니다. 조지프 콘래드Joseph Conrad의 『어둠의 심장』(*Heart of Darkness*)

에 나오는 "짐승들을 전멸시키라"는 커츠Kurtz의 말이 자꾸 연상되는 것은 피식민주의자들에 대한 그 섬뜩한 잔혹성과 비정한 논리 때문일 것이다.

최종적이고 완벽한 승리를 위해서 죄의식을 억누르고 적에게 무자비해야 한다는 유진 돈의 생각은 나머지 두 장의 사진에 대한 반응에서도 여실히 드러난다. 두 번째 사진은 두 명의 특수부대 하사들이 "베트남인의 시체나 시체에 가까운 것에서 잘라낸" 두개골을 "전리품"으로 들고 있는 사진이다.

> 나는 잘린 머리를 보며 우스꽝스러운 생각을 해본다. 살해된 자들의 시체를 내달라며 울부짖는 여자들의 사진들을 보게 되면 마음이 흔들릴지도 모르겠다. 관을 실을 수 있는 손수레나 사람이 들어갈 만한 비닐봉지라도 있다면 기본적인 품위는 갖추게 될지 모르지. 그런데 슈퍼마켓에서 물건을 사서 나르듯이, 자기 아들의 머리통을 봉지에 넣어 갖고 가는 어머니에 대해서도 똑같은 말을 할 수 있을까? 나는 킥킥 웃는다. (35)

"단단한 육체를 과시하며 미소를 짓고 있"는 두 미군병사가 죽은 베트남인들의 머리를 잘라 들고 있는 모습을 보고 경악하기는커녕, 어머니가 아들의 두개골을 "봉지에 넣어 갖고 가는" 모습을 상상하며 킥킥거리는 유진 돈의 모습은 "공격성, 가학성"이라기보다는 차라리 변태에 가깝다. 그의 눈에 비친 베트남인들의 머리는 슈퍼마켓에서 사는 물건과 다를 바 없다. 마르틴 부버Martin Buber의 말을 빌리면, 이는 타자를 "그것"으로 보는 비정함에 다름 아니다. 미식축구선수였던 미군병사가 성기를 포함한 우람한 몸을 과시하며 베트남여성을 성적으로 정복하는 첫 번째 사진을 볼 때 그러했던 것처럼, 유진 돈은 두 미군병사가 두개골을 들고 있는 사진을 보고도 아무런 인간적 고뇌를 느끼지 못한다. 그에게는 베트남인들이 "그것"에 지나지 않기 때문이다. 이는 인간을 사물화하는 전형적인 예인데, 이러한 맥락에서 보면 "식민화는 사물화"(colonisation=thingification)라는 아이메 세자르Aimé Césaire의 말은 참으로 적절한 말이 아닐 수 없다(Césaire 21).

세 번째 사진에 대한 반응도 매한가지다. 이것은 호랑이 우리에 갇혀 있는 베트남죄수를 촬영한 사진이다(사실은 영화 속의 한 장면을 찍은 사진이다.). 죄수는 "한쪽 팔꿈치로 몸을 받치고 흐릿한 쇠창살을 향해 얼굴을 들어 올리고 있다. 햇살에 눈이 부셔 그의 눈에는 관람객들의 흐릿한 윤곽만이 보일 뿐이다"(36). 정작 안에 갇혀 있어야 할 것은 호랑이인데, 몰살당하고 없는 호랑이의 자리에 베트남인 죄수가 갇혀 있는 것이다. 여기에서 유진 돈의 반응은 식민주의자로서의 모습을 유감없이 보여준다. 그는 "서늘하고 냄새 없는 사진의 표면을 손가락으로 만져"보며 그 "남자의 내면"으로 침입해 들어가려고 한다. 물론 그것이 여의치는 않지만, 그는 자신의 "상상력으로 계속 압박하면 그것이 굴복할지도 모른다"고 상상한다(37). 여기에서 중요한 것은 그가 전쟁을 타자의 "내면"으로 침입해 들어가는 것에 비유하고 있다는 사실이다. 우람한 미군남성이 왜소한 베트남여성과 성관계를 갖는 첫 번째 사진이 이 사진과 상호관계에 있는 것은 바로 이러한 이유에서다. 남성이 여성의 몸 안으로 침투해 들어가듯, 식민주의는 식민주의자가 피식민주의자의 내면으로 침투해 들어가는 것에 비유되고 있다. 그가 "우리는 그들의 피에 씻기기를 바라며, 그들의 살을 찢어서 열고 죽어가는 몸 안에 손을 넣어 간을 뜯어냈다. (...) 우리는 전에 그들의 여자 속으로 들어갔던 것처럼 더 깊이 우리 자신을 밀어 넣었다"(39)고 말하는 대목은 식민주의를 타자의 몸에 대한 침투에 비유하는 그의 심리상태를 적나라하게 드러내준다. 여기에서 "몸 안에 손을 넣어 간을 뜯어냈다"는 자극적인 표현은 실제로 물리적으로 그랬다는 것이 아니라, 심리전 전문가로서 그가 타자에 대한 정복욕을, 그것도 물리적인 폭력을 가하는데도 아랑곳하지 않고 아버지에게 기를 쓰고 덤벼드는 반항적인 아들/타자에 대한 필사적인 정복욕을 드러내는 것이라고 보면 무방할 것이다. 이는 "나는 탐험가다. 나의 본질은 닫힌 것을 열고, 어두운 것에 빛을 가져다주는 것이다"(179)고 말했던 이백년 전의 식민주의자 야코부스와 전혀 다를 바가 없는 것이다. 이런 점에서 보면, 이백년 전이나 지금이나 식민주의자가 피식민주의자에게 하는 행위는 다를 바가 전혀 없는 셈이다.

그렇다고 유진 돈이나 야코부스 쿳시가 행하는 식민주의적 침투가 결코 성공적인 것은 아니다. 그들의 소망과는 반대로, 피식민주의자들은 식민주의자들을 받아들이지 않는다. 바로 이것이, 제아무리 "닫힌 것을 열고 어두운 것에 빛을 가져다주는 것"이 자신의 사명이며 과업이라고 하면서도 야코부스가 호텐토트들의 세계를 "뚫고 들어갈 수 없는 세계"(179)라고 하고, 유진 돈이 자신에게 "탐구적인 기질"이 있다고 하면서도 "그들은 어째서 우리를 받아들이지 않은 걸까? 우리는 그들을 사랑할 수도 있었다. 그들에 대한 우리의 증오는 좌절된 희망에서 나왔다."(38)고 말할 수밖에 없는 이유다. 그리고 바로 이것이 쿳시의 또 다른 소설 『야만인을 기다리며』(*Waiting for the Barbarians*)에 등장하는 치안판사가 야만인 소녀에게 "몸 속이 존재하지 않고, 내가 이리저리 들어갈 곳을 찾아 헤매는 표면만이 있는 것 같다"며 "몸을 지지고 찢고 베어서 다른 사람의 은밀한 몸 속으로 들어갈 수 있다"고 믿은 건 "착각"이었다고 말하는 이유이다(75).

석 장의 사진에 대한 반응과 그에 연루된 생각들에서 알 수 있듯이, 심리전 전문가인 유진 돈은 그의 아내 매럴린이 말한 바와 같이 "감성이 천박"해져 있고 "폭력적이고 변태적인 환상에 중독"되어 있다(25). 베트남인들에 대한 심리적 폭력이 결국 자신의 가족한테까지 전이되는 것이다. 그는 아내와 잠을 자면서도 "나의 씨가 매럴린의 생식기의 허망한 하수구 속으로 오줌처럼 떨어진다"(22)고 표현한다. 또한 그는 "불만족스러운 성기 접촉을 통해서보다 [자신의] 힘의 중심에 접촉하기 위한 더 솔직한 방법"으로 메럴린의 몸에 "바이브레이터"를 사용한다(27). 이는 페너가 지적한 것처럼 그의 "가학적이고 남근중심적인 태도"를 여실히 보여주는 예인데, 문제는 그것이 자신의 아내한테만이 아니라 베트남인들에게도 똑같이 적용되고 있으며 다시 그것이 "인간성에 대한 더 큰 혐오"로 이어지고 있다는 것이다(Penner 37).

유진 돈의 폭력은 그의 아들 마틴을 그의 아내에게서 납치하여 모텔에 투숙하고 있는 상황에서, 그의 아내가 경찰들과 함께 그를 찾아왔을 때, 극에 달한다. 그는 경찰이 칼을 내려놓으라고 하자 아이를 과도로 찌른다. 그가 자식의 몸에 칼을 "밀어 넣는" 장면에 대한 묘사를 보면, 앞에서 언급한 석 장의 사진에 대한 반응과 별다른 차이가 없다는 것이 분명해진다. 그는 아이가 발버둥을 치며 내는 소리를 "기다랗고 밋밋한 소리의 빙하"라고 생각하면서, "칼이 살갗을 파고들 때의 느낌"만을 기억한다. 그에게는 아이의 살갗이 "직각의 압력에 저항"하다가 터지는 주관적인 느낌만이 중요하다. 메럴린이 비명을 지르지만, 그는 "나는 괜찮으니까 … 걱정할 필요가 없다"며 "마틴 뒤에서 무릎을 꿇고 그의 어깨 위로 미소를 지으며 아무 문제가 없다는 걸 보여주려고 한다"(78). 그는 정신착란 상태에서 자신의 아이를 "한때는 내 몸의 한복판에 가라앉아 몸을 웅크리고 나의 피를 빨아먹고, 나의 찌꺼기를 먹고 자라던 누리끼리한 갓난애였다가 이제는, 그러니까 1973년에는 속이 빈 내 뼈 속에 몸을 뻗치고, 싱글싱글 웃으면서 내 간을 야금야금 먹고, 불쾌한 오물을 내 몸속에 쏟아내면서 떠날 기미조차 보이지 않는 끔찍한 몽골증(mongol boy)"과 혼동한다(72). 그는 나중에 정신병원에 입원하고 나서는 "마틴을 찌른 건 진짜 내가 아니었다"(80)며 책임을 회피하려 한다. "미안하지만 죄가 없다"(81)는 것이다. "심한 스트레스"(81) 때문에 그렇게 됐다는 것이다. 그리고 "1965년 2월부터" 시작된 "행동하는 남자들"에 의한 베트남 전쟁이 자신을 "희생시키며 계속"(72)됐기 때문에 그렇게 됐다는 것이다. 그는 이처럼 자신의 폭력적인 행동이나 담론, 광기에 대한 책임을 자신 외의 다른 것으로 전가시키는데, 이는 자기 나름의 논리를 갖춘 그의 생각들이 윤리성이나 도덕성과는 천리만리 떨어진 극단적인 쪽으로 흐르는 것임을 여실하게 말해준다.

물론 그의 말이 전적으로 틀리다고는 할 수 없을 터이다. 베트남에서 벌어지는 광기에 대한 책임은 유진 돈의 상사(쿳시)에게도, 그의 상위부서인 국방부에도, 전쟁을 일으킨 위정자들과 그들을 지지한 사람들에게도, 미국이라는 "어둠의 땅" 자체에도 있을 것이다. 그러나 문제는 그것이 아무리 감염된 것일망정 그가 자신의 폭력성과 가학성에 대한 책임을 전적으로 외부로 돌리며 윤리와 도덕의 사각지대로 도피하려 한다는 데 있다. 자기각성의 소리라고 받아들여짐직한 그의 마지막 말 – "나라는 존재가 누구의 잘못인지 알아낼 수 있기를 나는 간절히 바란다"(90) – 이 진정성을 띠기는커녕 허위적으로 들리는 것도 그가 모든 걸 사회나 역사 탓으로 돌리며 윤리와 도덕의 사각지대로 숨어버리려고 하는 탓이다.*

3. 식민주의/제국주의에 대한 알레고리

유진 돈은 "베트남 리포트는 태양이 떠오르는 동쪽을 향한 상태에서, 그리고 황혼의 땅evening-lands에 살면서 내 몸에 밴 매서운poignant(찌르다pierce는 의미의 poindre에서 유래된 말) 회한의 상태에서 썼다"(20)고 말한다. 쿳시의 말에 따르면, 여기에서 "황혼의 땅"이란 독일어로는 das Abendland인데 페니키아어에서 유래한 유럽Europe의 본래 의미를 자기 나름의 방식으로 만들어 쓴 것이다. 그리고 유럽은 페니키아로 '해가 지는 서쪽'이라는 의미의 Erob, 셈어로 '석양, 저녁, 서쪽'이라는 의미의 ereb에서 유래한 것이고, 유럽과 같은 의미의 Occident 또한 라틴어로 '지다, 내려가다'는 의미의 occido에서 유래한 것이다(21). 작가가 베트남과 남아프리카를 배경으로 하는 두 편의 소설을 "어둠의 땅"이라는 제목 밑에 묶어놓은 것은 남아프리카 및 베트남의 식민주의가 결국 "어둠

---

* 이러한 의미에서 유진 돈은 야코부스 쿳시와 함께, 쿳시의 이후 소설들에 등장하는 주요인물들과는 사뭇 다른 경우에 해당한다. 『나라의 심장부에서』(*In the Heart of the Country*)의 마그다, 『야만인을 기다리며』의 치안판사, 『철의 시대』(*Age of Iron*)의 엘리자베스 커런, 『페테르부르크의 대가』(*The Master of Petersburg*)의 대가(도스토예프스키), 『추락』(*Disgrace*)의 데이비드 루리 등은 윤리와 도덕의 사각지대로 회피하기보다는 오히려 그것을 고민하는 실존적 삶을 살아가는 인물들이어서, 독자들의 입장에서 보면 밀쳐내기도 어렵고 끌어당기기도 어려운 양가적인 인물들이다. 그에 반해, 유진 돈이나 야코부스 쿳시는 그들의 사고나 행동의 잔혹성, 윤리와 도덕의 사각지대로 끊임없이 숨어들려고 하는 경향 등을 고려하면 용납하기 힘든 인물들이다. 이후의 소설들에 유진 돈이나 야코부스와 같은 인물들이 내러티브의 중심에 설정되는 경우가 한 번도 없다는 점을 감안하면, 작가는 『어둠의 땅』을 쓰고 출간하는 과정에서, 이후로 자신의 소설이 가야 할 방향을 찾아냈다고 말해도 큰 무리는 아닐 듯하다.

의 땅", 즉 유럽의 산물임을 지칭하기 위한 것이다. 「베트남 프로젝트」의 배경이 되는 미국이 "어둠의 땅"인 유럽에 포함됨은 물론이다. 엄밀한 의미에서 보면, 미국은 유럽의 일부가 아니라 아메리카 대륙에 속하는 나라지만, 미국이라는 나라의 성립 자체가 유럽 식민주의의 산물이었고, 역사가 흘러가면서 유럽의 식민주의/제국주의가 쇠퇴하면서 미국이라는 나라가 그들을 대신하여 식민주의/제국주의 종주국 행세를 하는 현 상황을 고려하면 쿳시가 왜 미국을 유럽(이 소설의 경우에는 네덜란드)과 함께 "어둠의 땅"으로 분류했는지 어렵지 않게 이해할 수 있게 된다.

여기에서 유진 돈은 "황혼의 땅에 살면서" 그리고 "태양이 떠오르는 동쪽을 향한 상태에서" 리포트를 작성하고 있다고 말한다. 즉, 그는 "황혼의 땅" 즉 미국에서 "태양이 떠오르는 동쪽" 즉 베트남을 향해 심리전 전략을 구상하고 집필하고 있는 것이다. 비유적으로 말하면, "황혼의 땅"이나 "어둠의 땅"이 지칭하는 바는 앞서 논의한 유진 돈의 폭력성과 가학성이 적나라하게 표현해주는 바와 같이 도덕과 윤리와 인간성의 황혼이나 어둠이다. 쿳시는 이 황혼과 어둠을 응시하고 해부하고자 한다. 그의 소설을 관통하는 주제 중 하나는 바로 이것이다. (물론 그가 오스트레일리아로 이주한 후에 발표한 『슬로우 맨』(*Slow Man*)이나 『엘리자베스 코스텔로』(*Elizabeth Costello*)는 예외로 해야 할 듯하다.) 다시 한 번 비유적으로 얘기하면, 쿳시의 관심은 "태양이 떠오르는 동쪽" 즉 식민지에서 자행되는 폭력이나 그것을 감당해야 하는 피식민주의자들의 고통이나 비극보다는 "어둠의 땅"이나 "황혼의 땅"에서 식민주의자들이 생산하는 식민 담론에 있다. 작가의 관심은 현실이나 역사적 사실의 고발에 있다기보다는, 남의 나라를 침략하고 종족을 말살하는 야만적인 행위를 주저하지 않는 식민주의자들의 정신 구조에 있다. 그가 그들의 행동의 기반이 되는 "폭력의 형이상학"을 해체하는 데 주된 관심을 할애하는 것도, 그리고 그들의 허위적 심리를 패러디 기법을 통해 폭로하는 것은 이러한 연유에서다.*

그래서 쿳시의 눈은 "태양이 떠오르는 동쪽"이 아니라 "황혼"과 "어둠"의 땅인 서쪽을 향해 있다. "동쪽"이나 타자를 섣불리 형상화하거나 대변하는 과정에서 생길지 모르는 허위나 도덕적 우월감을 차단하기 위함이다. 그가 『어둠의 땅』의 첫 번째 소설에서 유진 돈의 상급자를 자신의 성과 동일한 쿳시로 설정하고, 두 번째 소설에서 극악무도한 폭력을 행사하는 주인공을 자신의 성과 동일한 쿳시로 설정한 것은 식민주의자의 후손으로서 자신의 원죄나 공모성을 외면하지 않고 직시하려는 윤리의식에서 기인한다. 그는 "1760년대까지의 가계家系를 추적할 수는 없었지만 [자신이] 야코부스 쿳시의 후손이라는 것이 얼마든지 가능하다"(왕은철 187-88)고 말한 적이 있는데, 이는 좀 더 확장하여 말하면 그가 유럽에 의한 아프리카 식민주의나 미국에 의한 베트남 식민주의가 자신과 무관하지 않은 백인중심적인 식민주의 이데올로기에서 비롯된 것이라고 인식하고 있다는 말이다. 이러한 맥락에서 "공모성이 이 소설의 주제이며 일인칭 서술의 형태로 전개된 것은 불가피하다"는 헤드의 지적은 적절한 것이다(Head 29). 물론 쿳시는 자신이 미국에 있을 때 진행 중이던 전쟁

---

* 애트웰이 적절하게 지적한 바와 같이,『어둠의 땅』은 근본적으로 패러디를 주조로 하고 있는 소설이다. 「베트남 프로젝트」는 물론이려니와 「야코부스 쿳시의 이야기」도 예외가 아니다. 「베트남 프로젝트」의 경우, 패러디의 대상은 "촘스키가 베트남전의 맥락에서 얘기한 '비밀 연구 종사자들'(backroom boys), 국방부와 관련이 있는 단체에 속한 군사 관료들 및 입안자들"이다(Attwell 35). 더 구체적으로 얘기하면, 1968년에 출판된 『베트남에서 이길 수 있는가? 미국의 딜레마』(*Can We Win in Vietnam? The American Dilemma*)이다. 애트웰은 이 문제를 그의 저서에서 아주 상세하고 논하고 있다(Attwell 40-4).

과 관련하여 베트남에서 "무슨 일이 벌어지고 있는지 알고 있다"는 것과 "그걸 알고 있다는 걸 피하기 위해 어디로 갈지 명백하지 않았다"는 것이 문제였다며 "공모성은 당시에는 당분간은 너무 복잡한 것이어서 문제가 아니었다"(Coetzee, *Doubling* 51)고 밝힌 바 있지만, 이후의 소설들에서 좀 더 심도 있게 담론화 된 공모성의 문제는 베트남에서 벌어지는 전쟁과 남아프리카의 초창기 식민개척의 문제를 병치시키고 있는 『어둠의 땅』에서부터 시작된 것이라고 보아도 무방할 듯하다. 그러니까 베트남전은 베트남전 그 자체이기도 하지만 그것을 뛰어넘어 남아프리카를 비롯한 과거의 식민지 역사를 아우르는 메타포인 셈이다.

쿳시의 소설 중 상당수에 등장하는 전쟁의 궁극적 의미는 그래서 그것들 사이의 상호적 맥락에 있다. 가령, 『어둠의 땅』의 후반부, 『철의 시대』(*Age of Iron*), 『마이클 K』(*Life & Times of Michael K*)에 나오는 전쟁은 남아프리카와 관련된 것이지만, 여기에서 논의하고 있는 『어둠의 땅』의 전반부, 『야만인을 기다리며』에 나오는 전쟁은 남아프리카와 관련이 없는 것이다. 이는 전쟁이나 폭력이 그의 조국인 남아프리카에만 있는 것이 아니라 세계의 도처에 편재한다는 인식 때문이다. 그는 이렇듯 남아프리카를 통해 세계를 보고자 했고, 세계를 통해 남아프리카를 보고자 했다. 이는 남아프리카나 베트남에서 일어나는 식민주의적 폭력이 언제, 어디서나 일어날 수 있다는 인식에 근거한 것이다. 『어둠의 땅』을 읽으면 아직도 진행 중인 이라크 전쟁이 자꾸 연상되는 것은 작가가 그런 인식을 토대로 작품을 썼기 때문일 것이다. 결국 이라크 전쟁도 "어둠의 땅"인 미국과 유럽의 식민주의/제국주의의 산물이다. 베트남 전쟁과 남아프리카의 식민주의가 그랬듯이, 이라크 전쟁도 쿳시의 말처럼 "식민주의, 후기식민주의, 신식민주의와 관련된 더 넓은 역사적 상황의 한 예"(Watson

23)일 것이다.

지난 몇 년간에 걸친 이라크 관련 뉴스를 보면, 『어둠의 땅』에 나오는 폭력적 장면과 흡사한 경우가 많다. 이라크에서 수없이 반복되는 지상과 공중에서의 무차별 폭격-유진 돈의 상스럽고도 도착적인 말을 빌리면 이는 "폭발의 오르가즘"이다-과 무자비한 인명살상, 이라크 남자 포로들의 목에 줄을 매어 개처럼 끌고 다니고, 그들의 옷을 벗기고 여자 옷을 입혀 모멸감을 느끼게 하는 행위 등의 폭력은 『어둠의 땅』에 나오는 것보다 더하면 더했지 덜하지는 않다. 언론 통제가 심한 상황에서 우리에게 전해진 것이 그 정도라면, 우리의 상상을 초월하는 폭력과 잔혹행위는 얼마든지 있을 것이다. 이라크에서 미군들이 자행하는 행위는 18세기에 야코부스 쿳시와 네덜란드 식민주의자들이 남아프리카 원주민들에게 자행했고 20세기 중반에 유진 돈과 미군들이 베트남인들에게 자행했던 행위의 반복이며 재현이다. 결국 『어둠의 땅』에 나오는 서로 다른 시대의 에피소드들이나 지금 이 순간에 벌어지고 있는 이라크전쟁은 길게 보면 "제국의 흥망의 과정에서 스스로를 반복하는 역사 속의 식민주의"를 반영한다(Jolly 111).

앞서 상세하게 언급한 석 장의 사진, 즉 미식축구선수 출신의 미군이 베트남 여자와 성행위를 하는 장면, 죽은 베트남인의 두개골을 의기양양하게 들고 있는 미군들, 호랑이 우리에 갇혀 있는 베트남인들의 사진은 이라크 관련 뉴스에 나오는 인권의 사각지대에 있는 이라크인들을 연상케 한다. 우리가 베트남에서 남아프리카를 읽고, 남아프리카에서 베트남을 읽으며, 또 이라크에서 남아프리카와 베트남을 읽을 수 있는 이유가 여기에 있다. 이처럼 쿳시의 소설은 거의 언제나, 세계의 도처에서 일어나는 식민주의적/제국주의적 폭력에 대한 알레고리로 읽힐 수 있다. 이를 가리켜 "동시성의 탈식민 수사학"(Lin 42)이라고 일컫는 건 이러한 연유에서다.*

『어둠의 땅』이 적나라하게 보여주는 바와 같이, 미국에 대한 작가의 시각은 대단히 부정적이며, 이러한 시각은 여전하거나 더욱 심화된 것으로 보인다. 예를 들면, 쿳시는 노벨문학상을 수상한 직후인 2004년 1월에 발표한「여자가 나이를 더 먹으면」("When a Woman Grows Older")이라는 단편소설에서 미국 식민주의/제국주의를 구체적으로 거론하고 있다. 이 소설 속의 엘리자베스 코스텔로-이 인물은 쿳시의 다른 소설『엘리자베스 코스텔로』,『슬로우 맨』에 등장하는 인물이기도 하다-는 미국에 살고 있는 아들이 미국에서 같이 살자고 하자 "사탄의 뱃속"에서는 살 수 없다며 단호히 거절한다. 미국이 "사탄의 뱃속"처럼 보이는 것은 실제로 그래서가 아니라 백악관에 "미친 사람들"이 있어서 잠시 그러는 것뿐이며, 그들이 떠나면 미국은 정상으로 돌아갈 거라고 아들이 항변하자, 그녀는 이렇게 말한다. "너는 그 사람들이 미쳤다고 하는데, 나한테는 전혀 미친 것 같지 않다. 그와는 반대로 그들은 너무 빈틈이 없고 명민한 것 같다. 게다가 세계사적인 야심까지 갖고 있다. 그들은 역사라는 배의 방향을 바꾸고 싶어 한다. 그렇게 안 되면 침몰시키고 싶어 한다"(14). 여기에서 우리는 이 소설이 2004년 1월에 발표되었다는 사실에 주목할 필요가 있는데, 그것은 세계가 9/11 이후에 미국이 벌인 전쟁의 광기에 휘말려 있

---

* 린은 쿳시의 이후 소설들에서 일관되게 나타나는 "동시성의 탈식민 수사학"(postcolonial rhetoric of simultaneity)을 "그의 소설을 탈식민 글쓰기의 특징인 토착주의, 부정적인 국가주의, 문화적, 인종적, 윤리적 고립에 빠지는 것으로부터 자유롭게 하기 위한" 전략이라고 하는데, 이는 쿳시 소설을 관통하는 일관된 전략을 제대로 짚어낸 것이라고 판단된다(Lin 42-3).

는 시점이었기 때문이다. 코스텔로라는 인물이 토로하는 바를 곧이곧대로 쿳시의 미국관이라고 단정할 수는 없지만, 작중인물의 발언에 작가의 의중이 어느 정도 실려 있는 건 분명해 보인다. 쿳시는 다른 소설에서 그러한 것처럼, 자신의 생각을 직접적으로 표출시키지 않고 자신과 공유하는 바가 없지 않으면서도 그렇다고 전적으로 그와 동일시하기는 어려운 인물을 창조하여, 그 인물에게 자신의 생각의 일부를 투사하고 그 생각을 다른 등장인물들의 생각과 대치시킴으로써 대립적이고 대화적인 의미망이 형성되게 만든다.

2007년도에 발표된 장편소설 『어느 운 나쁜 해의 일기』(*Diary of a Bad Year*)도 상당 부분을 미국의 식민주의/제국주의 문제에 할애하고 있다. 테러리즘, 알카에다, 럼스펠드, 체이니, 부시, 관타나모 수용소, 이슬람 등의 문제가 다양하게 논의된다. 물론 이런 것들이 직접적으로 소설에서 논의될 수 있는 건 쿳시의 새 소설이 에세이와 소설이 혼용된 포스트모던 형식으로 되어 있기 때문인데, 미국 식민주의/제국주의가 내러티브의 중심에 있다고 할 수는 없지만 그것에 대한 작가의 관심의 일단이 잘 드러나 있는 것만은 틀림없다. 그런데 「여자가 나이를 더 먹으면」이나 『어느 운 나쁜 해의 일기』는 미국의 식민주의/제국주의에 대한 작가의 생각을 드러내고 있긴 하지만, 그것이 내러티브의 중심에 설정되어 있다고는 할 수 없는 소설들이다. 나무에 비유해 얘기하면, 미국의 식민주의/제국주의 문제는 이 소설들에서는 몸통이 아니라 곁가지인 셈이다. 곁가지가 중요하지 않다고는 할 수 없지만, 그것이 나름의 의미망을 형성하게 하기 위해서는 아무래도 그 문제가 중심에 설정되어 있는 쿳시의 첫 소설 『어둠의 땅』과의 상호적인 맥락으로 돌아가야 한다. 『어둠의 땅』이 미국 식민주의/제국주의의 문제를 내러티브의 중심에 놓고 있는 쿳시의 유일한 소설일 뿐만 아니라 그가 쓴 모든 소설들의 원형이며 모태가 되는 소설이기 때문이다. 미국 식민주의/제국주의의 소용돌이에 세계가 휘말려 있는 현재 상황에서 쿳시의 첫 소설을 우리가 주목해야 하는 이유는 여기에 있다.

04

"기억이 없는" 식민지 문화와 "개인의 재능"

−올리브 쉬라이너의 소설과 남아프리카 문학*

1. 쉬라이너의 중요성

남아프리카 문학에서 올리브 쉬라이너Olive Schreiner(1855-1920)의 위상은 거의 절대적이다. 영어로 쓰인 남아프리카 소설은 쉬라이너로부터 시작하여, 새라 밀린Sarah Getrude Millin, 윌리엄 플로머William Plomer, 폴린 스미스Pauline Smith, 피터 에이브러햄스Peter Abrahams, 앨런 페이튼Alan Paton, 단 제이콥슨Dan Jacobson, 베시 헤드Bessie Head, 도리스 레싱Doris Lessing, 나딘 고디머Nadine Gordimer, 브링크André Brink, J. M. 쿳시Coetzee 등으로 이어진다. 그런데 쉬라이너의 작가적 위상이 『아프리카 농장 이야기』(*The Story of an African Farm*, 1883)라는 소설 한 권에 의존하고 있다는 점을 감안하면, 그녀가 남아프리카 문학에서 절대적인 위치를 점유한다는 것은 놀라운 현상이 아닐 수 없다. 물론 쉬라이너가 쓴 소설 중에는 『마쇼나랜드의 기병 피터 홀케트』(*Trooper Peter Halket*

---

* 1999년 『영어영문학』(45)에 발표.

of Mashonaland, 1897), 『남자에서 남자로』(*From Man to Man*, 1926), 『언딘』(*Undine*, 1929) 등이 있긴 하지만, 『아프리카 농장 이야기』에 비하면 문학적 완성도가 현저하게 떨어지는 작품들이라는 데 모든 평자들이 의견을 같이 한다. 『남자에서 남자로』는 『아프리카 농장 이야기』에 못지않게 좋은 부분들이 없지 않지만 미완성 작품에 불과하다. 그러니까 쉬라이너는 『아프리카 농장 이야기』 하나만으로 남아프리카 문학에 있어서 절대적인 자리를 차지하고 있다는 말인데, 그것은 에밀리 브론테가 『폭풍의 언덕』(*Wuthering Heights*) 하나만으로 영문학사에서 중요한 자리를 차지하고 있는 것과 흡사한 면이 있다.

제이콥슨, 페이튼, 레싱, 고디머, 브링크, 쿳시 등 수많은 남아프리카 작가들은 그들이 쉬라이너에게 지고 있는 빚을 서로 다른 방식으로 고백한다. 가령 제이콥슨은 『아프리카 농장 이야기』를 읽었을 때 그것이 묘사하고 있는 것이 자신이 살면서 경험했던 것과 똑같은 종류의 것이었다면서 대단한 찬사를 보내고 있고(Jacobson 18), 레싱은 이 소설이 아프리카를 배경으로 하고 있는 "최초의 진짜" 소설(Lessing 98)이라고 말한다. 그리고 브링크는 "쉬라이너가 다른 누구도 할 수 없었던, 외적인 풍경과 내적인 풍경이 겹치는 방식에 대해서 내가 자각하도록 해주었다"(왕철, 브링크와의 대화 171)고 고백하고, 고디머는 이 소설이 "우리가 사회적, 정치적 문제들에 대한 너무 집착한 나머지 거의 잃어버린, 남아프리카 문화에서는 현저하게 결여되어 있는 지적인 호기심을 자극한다"(Gordimer, "Novel" 49)고 말하고 있다. 또한 본래가 과묵한 데다 남아프리카 문학에 관해서는 특히 예민하게 반응하며 과묵한 정도가 더욱 심해지는 쿳시마저도 "중요한 영향을 미친 남아프리카 작가가 있느냐"는 질문에, "올리브 쉬라이너만이 ... 아주 커다란 의미를 띠고 있다"고 말할 정도이다(왕철,

쿳시와의 대담 431). 고디머의 『보존주의자』(*The Conservationist*)나 브링크의 『비의 소문』(*Rumours of Rain*)은 쉬라이너의 소설을 모태로 하고 있으며, 특히 쿳시의 『나라의 심장부에서』(*In the Heart of the Country*)는 쉬라이너의 『아프리카 농장 이야기』를 원형으로 하는 메타소설이라고 해도 틀린 말은 아닐 것이다.

그러나 남아프리카 작가들이나 학자들의 열화와 같은 성원에도 불구하고 『남아프리카 농장 이야기』에 대한 평가는 일치하지 않고 있다. 남아프리카 학자들은 그녀를 쉬라이너가 아니라 올리브라고 부를 정도로 친근하게 대하면서도, 다른 한편으로는 그녀의 소설에 몇 가지 문제가 있다는 점을 굳이 숨기려 하지 않는다. 가령 리처드 리브Richard Rive는 쉬라이너를 애정이 깊었던 예민한 예술가라고 칭하면서도, 그녀가 "소설의 형식을 마스터하는 데 실패했다"(Rive 34)고 평가한다. 제이콥슨조차도 이 소설의 결점이 "명백하다"(Jacobson 19)고 말하고 있을 정도이며, 이탈라 비반Itala Vivan은 이 소설의 스타일상의 결점이 "경험의 부족과 혼란"(Vivan 16)에서 기인하고 있다고 말한다.

영국과 미국의 학자들은 더 비판적이다. 남아프리카의 학자들이나 작가들이 쉬라이너의 결점을 인정하면서도, 그것이 이 소설의 예술적 성취를 압도하거나 모호하게 만들 만한 것이 아니라는 점에 대해 거의 일치된 입장을 취하고 있는 반면, 영미권의 학자들은 이 소설의 예술적 완성도에 높은 점수를 주지 않으려 한다. 가령 페미니스트 비평가인 일레인 쇼월터Elaine Schowalter가 하는 말은 대체적인 공감대를 형성하고 있는 것처럼 보인다. 쇼월터에 따르면, 쉬라이너는 "소설을 어떻게 구성할지를 전혀 몰랐다.... 쉬라이너는 그녀가 알고 있는 남아프리카의 삶을 기록하고, 그것을 침묵과 불개연성으로부터 들어올리기 위한 언어를 찾는 데

몰두했다. 그러나 그녀는 그 경험을 예술로 완전하게 승화시킬 수 없었다"(Showalter 106, 108). 쇼월터의 발언을 풀이하면, 쉬라이너는 다른 것은 물론이려니와 그녀의 강점인 알레고리적인 면에 있어서도 완결성을 결여하고 있다는 결론이 나온다. 쉬라이너가 『여성과 노동』(*Woman and Labor*)이라는 책을 통해서 "영국 여성해방의 어머니"(Gordimer 14)로서의 입지를 굳힌 열렬한 페미니스트였다는 점을 감안하면, 그리고 쇼월터가 여성의 역사적, 사회적, 문화적 소외를 소재로 한 문학작품에 특히 예민하게 반응해 온 페미니스트라는 점을 감안하면, 쇼월터의 지적은 신랄한 정도를 넘어 쉬라이너의 소설에 예술적인 가치가 별로 없다는 최종적인 판단으로 받아들일 수 있을 것이다. 샌드러 길버트Sandra M. Gilbert와 수잔 구바Susan Gubar와 같은 페미니스트들도 쇼월터와 거의 같은 입장을 취한다. 그들에 따르면, 『아프리카 농장 이야기』는 "쉬라이너가 여성의 자유를 주장하면서도, 그런 자유를 여성인물의 삶을 통해 효과적으로 구현하고 있지 못하기 때문에 모순이 많은 소설이다"(Gilbert and Gubar 52).

그런데 쉬라이너에게 비판적인 입장을 취하는 사람들에게 공통점이 있다면, 그들이 쉬라이너의 소설을 영미소설과의 직접적인 관계에서 재단한다는 점이다. 남아프리카의 영문학자들은 대부분 영국과 미국의 문학텍스트를 그들의 비평적 기준으로 삼고 있다고 해도 과언이 아니다. 학자들의 절대다수를 차지하고 있는 백인들의 경우에는 특히 그렇다. 물론 앞서 언급한 리브는 백인이 아닌 혼혈인–남아프리카에서는 이런 사람들을 컬러드(Coloured)라고 부른다–으로서 예외적인 경우에 속하지만, 그도 쉬라이너에 대한 연구로 영국에서 학위를 받은 지식인 작가였다. 물론 이사벨 호프메어Isabel Hofmeyr, 켈빈 소울Kelwyn Sole, 스티븐

그레이Stephen Gray와 같은 학자들처럼, 비평적 기준을 서구문학에서 찾을 게 아니라 남아프리카 나름의 비평적 근거를 창출해서 남아프리카 문학을 평가해야 한다고 역설한 학자들이 없는 것은 아니지만, 지금까지 그들은 소수에 불과했다. 남아프리카 학자들의 상당수가 영미소설의 전통에 입각해서 남아프리카 문학을 평가하는 상황을 고려하면, 쉬라이너의 소설에 대한 영미학자들의 부정적인 반응은 충분히 예상할 수 있는 것이기도 하다. 대부분의 영미학자들에게는 거의 습관적으로 그들의 나라에서 생산된 작품들을 근거로 다른 나라의 문학을 평가하는 경향이 있기 때문이다. 그들의 오만과 독선과 제국주의적인 사고방식은 그들의 입장에서는 편리하고 당연한 것일 수 있다.

물론 쉬라이너의 소설이 1883년에 발표되었으며, 그 소설이 빅토리아조 소설과 공유되는 부분이 많다는 사실을 감안하면, 그녀의 소설을 빅토리아조 소설과 동등한 입장에서 놓고 평가하는 것이 어느 정도 근거가 없는 것은 아니다. 그러나 그러한 접근방식의 정당성을 인정할 경우 생기는 문제는 우리가 생각하는 것보다 훨씬 심각한 것으로, 남아프리카 문학의 자기정체성에 관련되는 문제다. 남아프리카 문학 중 영어로 된 문학은 영국문학의 지류나 아류에 불과한 것이며, 언제나 변방에 위치한 '야만인'의 나라에서 생산되는 '흥미로운 변종' 에 불과한 것인가. 그렇다면 남아프리카의 학문적 예속은 불가피하다는 결론이 나온다. 바로 이것이 쉬라이너의 소설에 대한 심층적인 논의가 남아프리카 문학을 총체적으로 이해하는 데 있어서 반드시 치러야 하는 통과의례에 해당하는 이유이다.

2. 아프리카적인 리얼리즘의 창조

우선 쉬라이너의 작품을 평가하는 전통적인 방식을 점검해 보는 것이 순서일 것 같다. 제인 오스틴Jane Austen, 찰스 디킨스Charles Dickens, 윌리엄 색커리William Thackeray, 조지 엘리엇George Eliot, 토마스 하디Thomas Hardy 등의 빅토리아조 소설에 익숙해 있는 사람들은 소설이란 무릇 형식상의 완결미와 통일성이 있어야 한다는 데 동의한다. 물론 대부분의 소설들이 잡지에 연재되었던 당시의 상황을 감안하면 빅토리아조 소설이 형식상의 완결미와 통일성을 갖추고 있다고 말하는 것은 엄밀한 의미에서 모순적인 발언이지만, 당시의 소설들을 쉬라이너의 소설과 비교해 보면 그 소설들이 나름의 완결성과 통일성을 갖추고 있다는 사실은 비교적 분명하게 드러난다. 가령 엘리엇의 『미들마치』(*Middlemarch*)는 플롯이 세 갈래로 나뉘어져 있고 분량이 방대함에도 불구하고 놀라운 완결성과 통일성을 갖추고 있는 대표적인 빅토리아조 소설이다. 그런데 『미들마치』보다 훨씬 짧은 길이의 『아프리카 농장 이야기』는 전혀 그렇지 못한 게 사실이다.

1부와 2부로 구성되어 있는 『아프리카 농장 이야기』는 구성방식이 상호간에 유기성이 떨어지는데, 이것은 빅토리아조 리얼리즘 소설의 특성 중의 하나인 원인과 결과의 상응이 제대로 구현되지 못하고 있는 것으로 볼 수 있을 것이다. 2부의 첫 장을 보면 1부에서 부분적이나마 유지해 오던 사실적인 묘사가 갑작스럽게 중단되고, 철학적이고 우화적이고 교훈적인 담론이 당혹스럽게 전개된다. 물론 빅토리아조 작가들도 이런 방식을 때로는 차용하기도 한다. 엘리엇의 소설에 나오는 자의식적인 담론이 적절한 예가 될 것이다. 엘리엇의 『아담 비드』(*Adam Bede*)의 17장을 보면, 갑작스럽게 얘기의 흐름이 끊기고 작가의 자의식과 미학적인 입장에 대한 구구한 설명-어쩌면 이것은 포스트모더니즘 계열의 작가들이 거의 상투적으로 사용하는 서사 방식이기도 하다-이 나오기 시작한다. 그런데 엘리엇의 소설이 쉬라이너의 소설과 다른 점이 있다면, 그러한 자의식적인 담론이 전체적인 작품의 통일성을 현저하게 손상시키지 않는 범위 내에서 전개되고 있다는 것이다.

또한 쉬라이너의 소설은 빅토리아조 리얼리즘 소설에 익숙해 있는 독자에게는 인물형상화의 측면에서도 적지 않은 문제를 제기한다. 블렌킨스Blenkins, 엠Em, 린달Lyndall, 왈도Waldo, 탄 사니Tant' Sannie, 그레고리Gregory 등과 같은 주요 인물들은 인물의 설정 자체가 너무나 틀에 박혀 있을 뿐만 아니라 그들의 행동이 개연성을 갖추기에는 어딘지 앞뒤가 맞지 않는 듯한 인상을 준다. 가령 쉬라이너의 페미니즘적인 시각을 대변하는 것처럼 보이는 린달의 행위와 발언은 자연스러운 변천과 각성의 과정을 거치면서 독자를 설득하는 형태의 것이 아니라 다분히 돌출적이고 작위적으로 들린다. 가령 린달이 자신을 사랑하는 남자와 나누는 대화를 보면 이러한 작위성은 그대로 드러난다. 린달은 남자의 사랑을 "아이가 나비를 사랑하는 것"에 비유한다. 그녀에 따르면, 남자는 나비를 "손에 넣을 때까지 쫓아가서" 결국 두 날개를 다 부러뜨려야 만족한다. 이렇게 린달이 말하자 남자는 "당신은 세상일에 대해서 굉장히 심오하군. 당신은 인생을 너무 깊이 알았어."(223)라고 응수한다. 그들의 대화가 너무나 돌발적이고 설득력이 없다는 인상을 주는 것은 그런 상황에 이르는 과정이 준비되어 있지 않은 상태에서 돌출되고 있기 때문이다. 결국 중요한 것은 린달이 원인과 결과에 상관없이 개진하는 페미니즘적인 시각이라는 말인데, 이러한 돌출적인 전개방식은 리얼리즘 소설에서는 적지 않은 문제점을 야기한다.

이처럼 빅토리아조 소설에 적용하는 기준을 적용할 경우, 『아프리카 농장 이야기』는 많은 문제점을 드러낸다. 그래서 쇼월터를 비롯한 영미 학자들의 평가절하는 어떤 측면에서는 타당해 보이기도 한다. 달리 말하면, 영국의 식민지에서 영어로 쓰여진 백인작가의 작품을 영국문학의 전통에 비추어 자리매김하려고 하는 학자들의 입장이 다소 아전인수식의 논리이긴 하지만 이해할 수 있는 측면이 없지 않다는 말이다. F. R. 리비스Leavis가 주창한 "위대한 전통"(Great Tradition)이라는 개념이 지금에 와서는 여러 갈래에서 무차별적인 공격을 받는 사면초가의 상황에 처해 있지만, 한 나라의 문학이란 무릇 그 나라의 "위대한 전통"에 입각해서 자리가 매겨져야 할 필요가 있다. T.S. 엘리엇Eliot에 따르면, 전통이란 예술가나 시인이 "과거의 과거성뿐만 아니라 현재성에 대한 인식"을 포함하는 역사의식을 갖고 "굉장한 노력"을 통해 획득해야 하는 것이다. 따라서 "어떤 시인이나 예술가도 단독으로 완전한 의미를 가질 수 없다. 그들에 대한 평가는 과거의 시인들이나 예술가들과의 관계에 대한 평가이다"(Eliot 14-15). 그런데 문제는 이러한 유럽적인 문화적 전통을 다른 문화권의 문학에 무리하게 적용할 경우, 몰이해뿐만 아니라 제국주의적인 논리마저 가세하게 된다는 데 있다. 그것은 종종 논리의 폭력으로 이어지게 되는데, 쉬라이너의 소설에 대한 유럽중심적인 평가는 이러한 경우에 해당한다.

영국문학의 "위대한 전통"은 쉬라이너에게는 그다지 큰 의미가 없는 전통이었다. 『아프리카 농장 이야기』를 집필할 당시, 쉬라이너에게는 기댈 수 있는 문학적 전통이 없었고, 또 그런 것을 기대하지도 않았던 듯하다. 물론 쉬라이너는 영미문학에 대해서 알고 있었으며 그것을 소설에서 활용하기까지 했다. 디킨스와 엘리엇의 소설에 나타나는 멜로드라마적이고 교훈적인 요소들과 에머슨의 철학-가령 2부 1장 "시간과 계절"에 나오는 명상적인 에세이는 대표적인 예일 것이다-이 그녀의 소설 곳곳에 스며들어 있는 것이 그 증거이다. 그러나 그것은 어디까지나 그녀가 남아프리카적인 상황을 형상화하기 위한 보조적인 수단에 지나지 않았다.

설사 영국문학의 전통을 어느 정도 활용할 수 있는 상황에 있다고 해도, 식민지 문화란 공허할 수밖에 없다. 제이콥슨의 말을 빌려 말하자면, "식민지 문화란 기억이 없는 문화이다. 식민지 경험의 불연속성이 그런 현상을 불가피하게 만든다"(Jacobson 7). 작가의 경우에는 그것이 더욱 심화된 형태로 나타난다. 남아프리카에 거주하는 대부분의 유럽인들이 그랬던 것처럼, 쉬라이너는 남아프리카에도 속할 수 없었고 유럽에도 속할 수 없었던 정신적인 방랑자였다. 쉬라이너는 정신적인 영역에서뿐만 아니라 실제적인 생활에 있어서도 방랑자였다. 그녀는 부모가 선교사업을 위해 남아프리카에 왔다가 무역에 관한 법률을 위반함으로써 그들이 속했던 단체에서 자격을 박탈당하고 결국 파산에 이르게 되면서, 형제들의 집에서 머물거나 이곳저곳을 떠돌며 가정교사를 해야 했다. 특히 그녀가 가정교사를 했던 곳들이 대부분 카루(Karoo)라고 불리는 황량한 고원지대였기 때문에 방랑과 고독의 정도는 더욱 심했다.

그녀는 이러한 경험을 소설 속에 형상화하고자 했다. 그런데 그녀는 자신이 의존할 수 있는 문학적 전통이 없는 상황에 있었기 때문에 그 전통을 스스로 만들어내야 했다. 우선 남아프리카적인 상황에 맞는 말을 찾아내야 했고, 다시 그것을 적절하게 활용하여 서술해야 했다. 남아프리카는 영어, 아프리칸스어(Afrikaans), 그리고 아홉 개의 토착어 등 열 한 개의 언어를 공식언어로 채택하고 있는 지금의 상황은 물론이고 당시에도 다언어적인 공간이었다. 소설 속에는 독일인, 영국인, 흑인, 보어인, 호텐토트인(Hottentot)이 등장하는데, 바로 이것이 쉬라이너가 작가로서 직면해야 했던 어려움을 어느 정도 암시해준다. 소설 속에서는 실제로 아프리칸스어가 사용되는 경우가 많으며, 탄 사니, 엠 같은 보어인들-남아프리카에 정착한 네덜란드인들을 가리켜 이렇게 부르는데, 지금은 아프리카너(Afrikaner)라는 말이 더욱 보편적으로 사용된다-의 말씨를 옮긴 것을 보면 구문이 도치되어 있기도 하고 생략되어 있기도 하다.

소설의 대부분을 차지하는 영국식 표준영어가 등장인물들의 행동이나 표현 양식과 서로 어긋나고 있음은 물론이다. 바로 이것이 식민지에서의 영어 사용의 문제점과 그것에 얽힌 불안감을 그대로 드러내 준다. 따라서 남아프리카적인 특성을 표현하기 위해서는 영국에서 통용되는 것과는 다른 영어가 필요했다. 이것은 치누아 아체베Chinua Achebe가, 영어라는 언어가 "나의 아프리카적인 경험의 무게"를 감당하기 위해서는 "모국과 완전한 교감 관계에 있으면서도, 새로운 아프리카적인 상황에 맞게 조정된" 새로운 영어가 되어야 한다(Achebe, "African Writer" 62)라고 말한 것이나, 쿳시가 "그것을 반영하고 얘기하는 언어를 찾을 때까지는 아프리카의 풍경은 낯선 것이고 침투할 수 없는 것으로 남아 있을 것"(Coetzee 7)이라고 말한 것과 거의 맥락을 같이 한다. 또한 비유, 스타일, 형식, 상징 등의 문학적 장치들도 남아프리카적인 것으로 다시 만들어져야 했다. 이런 것을 종합적으로 고려하면, 남아프리카를 형상화한 문학작품이 없었던 당시의 상황에서 쉬라이너가 접했던 어려움이 얼마나 심각한 것이었을지 어렵지 않게 짐작할 수 있다. 시의 경우에는 토마스 프링글Thomas Pringle(1789-1834)과 같은 선구적인 시인이 없었던 것은 아니었지만, 소설의 경우에는 쉬라이너가 제대로 된 소설을 쓴 첫 작가였다.

그녀가 작가 서문에서 밝혔던 것처럼, 쉬라이너는 모험, 부시맨이 모는 가축떼, 으르렁대는 사자와의 만남, 아슬아슬한 탈출 등에 대한 유럽인들의 기대를 충족시킬 수가 없었다. 그러한 기대감에 맞는 소설은 결국 유럽소설일 수밖에 없었던 것이다. 그녀는 "눈앞에 있는 것을 색칠"하고자 했다(23-24). 케냐를 배경으로 쓰인 아이작 딘센Isak Dinsen의 『아프리카에서』(*Out of Africa*)가 그렇듯이, 쉬라이너의 소설 제목인 "아프리카 농장 이야기"는 다분히 신비롭고 모험적이고 낭만적인 로맨스를 연상시킨다. 그런데 에드워드 사이드Edward Said의 용어를 빌려 비유적으로 말하자면, 바로 이러한 발상 자체가 편견과 독선이 가미된 "오리엔탈리즘"이다. 아프리카는 유럽인들에게 있어서, 아니 유럽인들만이 아니고 동양인들에게 있어서도 밀림과 맹수와 부시맨의 대륙에 불과한 것이다. 비유적인 의미에서의 "오리엔탈리즘"은, 그리고 그것이 내포하는 논리적 폭력은, 우리 한국인의 머릿속에도 엄연히 존재한다.

쉬라이너의 소설은 부시맨, 동물, 모험과는 전혀 관련이 없는 내러티브 방식을 취하고 있다. 설령 관련이 있다 하더라도 그것은 단순한 배경에 지나지 않거나 등장인물의 심리상태를 설명하기 위한 보조적인 기능을 할 뿐이다. 가령 1부 2장의 처음과 마지막 부분에 나오는 부시맨의 그림에 관한 묘사는 좋은 예이다. 쉬라이너는 1부 2장의 서두에서 1862년의 극심했던 가뭄을 한 단락으로 처리한 후, "아무도 본 적이 없는 그로테스크한 소, 코끼리, 코뿔소, 뿔이 하나 달린 짐승"(37)이 그려져 있는 부시맨의 그림을 배경으로 아이들이 대화를 나누는 모습을 묘사한다. 왈도, 엠, 그리고 린달은 그들의 등을 부시맨의 그림에 대고 꿈, 예술, 신, 우주, 부시맨의 그림 등 다양한 주제에 대해 얘기를 나누는데, 그들의 대화를 통해 각자의 성격이 그대로 드러난다. 린달은 "책이 모든 것을 설명해 주지는 않으며 꾸며낸 얘기에서만이 결말이 좋을 뿐이고, 진실한 얘기들은 비극적으로 끝난다"(41)고 말할 정도로 조숙함을 드러내고 있고, 엠은 하나님이 코피(kopje, 작은 언덕)를 이곳에 만들었지 다른 누가 만들었겠느냐며 왈도를 힐난하면서 그녀의 순진함과 안일한 정신자세를 드러낸다. 그리고 왈도는 "못생긴" 부시맨 중의 하나가 어느 날, "왜 그러는지 이유도 모른 채, 아름다운 무엇인가를 그리고 싶어서" 물감을 마련해 "우리에게는 우스꽝스럽고 낯설기만 하지만, 그에게는 아름다웠을" 그림을 그렸고, 자신은 그 바위들이 "보어인들이 쏘아죽인" 부시맨들이 살았던 그 시절에 대해서 얘기를 해주는 것 같은 느낌을 받는다고 말한다. 그는 "우리도 곧 부시맨처럼 사라지고 바위들만 남게 될 것"(42-43)이라며 자신의 허무주의적인 생각을 드러낸다. 결국 부시맨의 그림이 세 아이의 성격을 드러내고 그들의 운명을 암시하는 보조적인 기능을 하고 있는 것이다. 그리고 더욱 중요한 것은 그것이 궁극적으로 작가의 자의식을 분산시켜 드러내는 방식으로 활용되고 있다는 사실이다.

쉬라이너는 비아프리카인들, 아니 좀 더 정확하게 얘기하면 영국인(서구인)들의 논리적 폭력과 기대를 맞받아치면서 환멸과 고통이 교차하는 황량한 고원을 소설의 중심으로 삼고자 했다. 이 소설의 서두는 부시맨의 벽화에 관한 묘사 이상으로 이 소설의 특성과 작가의 의도를 집약하여 보여준다.

> 아프리카의 충만한 달은 푸른 하늘로부터 넓고 외로운 평원으로 빛을 쏟아부었다. 키가 몇 인치밖에 되지 않는 '카루' 덤불들로 덮인 메마른 모래 땅, 평원을 에워싸고 있는 낮은 언덕들, 그리고 손가락 모양의 길다란 잎이 달린 밀

크부쉬는 모두 하얀 달빛 속에서 섬뜩하고 거의 숨막힐 듯한 아름다움으로 물들어 있었다.

단지 한 군데에서만 평원의 엄숙한 단조로움이 깨졌다. 가운데쯤에 작고 외로운 코피(kopje)가 올라와 있었다. 둥근 철광석 더미로 된 그 곳만이 어떤 거인의 무덤처럼 거기에 있었다. 이곳저곳에서 몇 가닥의 잔디덤불이나 수분이 많은 작은 식물들이 그 사이로 올라와 있었고, 맨 위에는 가시배 덤불이 가시돋힌 가지를 들어올리고 있었으며, 넓고 두꺼운 잎들은 거울처럼 달빛을 반사하고 있었다. 코피 밑으로는 농가가 있었다. 처음에는 돌담이 쳐진 양 우리와 캐퍼(Kaffir)들의 오두막들이 있었다. 그 너머에는 짚으로 지붕을 이고 네모난 붉은 벽돌로 지어진 가옥이 있었다. 텅빈 붉은 벽과 다락으로 통하는 나무 사다리 위에서조차, 달빛은 일종의 몽상적인 아름다움을 드리우며, 헐벗은 모래밭과 두 그루의 해바라기를 감싸면서 짚 앞에 처진 낮은 벽돌담을 영묘하게 만들었다. 마차 모양으로 생긴 커다란 집의 함석지붕 위에서, 그리고 옆으로 나와 있는 헛간 지붕 위에서, 달빛은 아주 특이한 광채로 반짝거리며 금속 서까래를 반질반질한 은빛으로 물들였다.

...

하얀 달빛은 하녀가 셔터를 닫는 것을 잊어버린 그 다음 방으로 홍수처럼 밀려들며 낮처럼 방을 환하게 만들었다. 안에는 두 개의 작은 침대가 벽에 붙여져 있었다. 한 침대에는 낮은 이마와 주근깨가 난 얼굴을 한 노란 머리의 아이가 누워 있었다. 그러나 다정한 달빛은 다른 곳에서처럼 아이의 그런 결점을 숨기면서 달콤한 첫 잠을 자고 있는 듯한 순진한 아이의 얼굴만을 보여주었다.

다른 침대에 있는 사람은 달빛의 일부인 것 같았다. 아주 요정 같은 아름다움 때문이었다. 그 아이는 마루에 홑이불을 떨어뜨리고 있었고, 달빛은 그녀의 작은 벗은 수족을 들여다보았다. 곧 그녀는 눈을 뜨고 자신을 목욕시키고 있는 달빛을 바라보았다. (29-30)

인용에서 생략된 부분에는 보어 여인인 탄 사니가 "무섭게" 코를 골며 그로테스크한 모습으로 잠을 자는 장면이 묘사되어 있는데, 이 서두는 생략된 그 부분까지 합해서 카루에 위치한 농가의 야경을 실감나게 보여줌으로써 쉬라이너의 소설이 모험이나 낭만과는 얼마나 거리가 먼 것이 될 것인지를 예시하고 있다.

달빛을 묘사하는 화자의 시선은 다분히 신비적이고 초자연적이며 인상주의적이다. 남아프리카의 모든 것을 집약하고 있는 듯한 카루는 달빛 속에서 "거의 숨막힐 듯한" 아름다움을 발하며 어둠 속에 서 있다. 여기에서는 등장인물보다는 오히려 자연 풍경이 중심이 되어 있다. 하디의 소설 『원주민의 귀향』(*Return of the Native*)의 서두에 나오는 이그돈 히스와 콘래드의 『노스트로모』(*Nostromo*)의 서두에 나오는 플라시도 만의 묘사처럼, 달빛이 홍수처럼 쏟아지는 가운데 펼쳐지는, 아니 달빛이 어느 정도 그 삭막함을 가려주고 있는 카루의 모습은 앞으로 벌어질 드라마에 등장하는 인물들보다 훨씬 더 생생하고 압도적인 느낌으로 다가온다. 이 소설의 내러티브를 따라가다 보면 인물들이 자연을 지배한다기보다는 오히려 역으로 그것에 압도당한다는 느낌을 받게 되는데, 그러한 것의 암시는 "섬뜩하고 거의 숨막힐 듯한 아름다움"이라는 말에 이미 내포되어 있다.

거대한 자연의 힘은 지적인 성취욕이나 고귀한 이상을 압도하고 좌절시키며 파괴한다. 쉬라이너의 표현을 인용할 것 같으면, 인간이 아무리 "노력하고 노력해도 남는 것은 아무 것도 없다"(Cronwright-Schreiner 45).

카루는 거기에 거주하는 사람들에게서 중요한 것들을 고갈시키며, 그곳에 거주하고자 하는 사람들의 기를 꺾는다. 레싱의 『풀잎이 노래하다』(*The Grass is Singing*)나 고디머의 『보호주의자』(*The Conservationist*)에 나오는 자연묘사도 이런 점에서는 쉬라이너의 자연 묘사에 큰 빚을 지고 있다고 할 수 있을 것이다. 남아프리카의 백인작가들이 쓴 소설들을 보면 정도에 있어서 차이는 있지만 이러한 질곡에 처한 인간조건을 자연을 통해 형상화하고 있는 것이 아주 많다. "스미스의 리틀 카루, 레싱의 남부 로디지아, 제이콥슨의 킴벌리, 플로머의 줄루랜드, 페이튼의 나탈, 고디머의 트란스발" 등이 쉬라이너의 카루와 흡사한 비유적인 기능을 하고 있다는 지적(Gray 151)은 적절한 지적이 아닐 수 없다. 이런 점에서 쉬라이너를 기점으로 남아프리카 작가들을 바라보는 것은 지극히 타당해 보인다.

자연이 다른 인물들보다 더 큰 기능을 한다는 것은 중요한 의미를 지닌다. 쉬라이너는 대부분의 빅토리아조 소설가들과는 다르게 인물들의 행위에 극적인 특성을 부여하지 않고, 그 인물들이 결국 카루라는 아프리카 땅에 종속되도록 만든다. 이 소설은 등장인물에 관한 한 처음부터 끝까지 내리막길을 간다. 린달은 그녀가 원하는 자유를 성취하지 못하고 오히려 속박 당하며, 며칠만에 죽는 아이를 낳고 자신도 죽음의 벼랑으로 몰린다. 왈도는 그가 원하는 신을 찾지 못하고 좌절당한 채 죽음으로 내몰린다. 왈도가 죽은 후에 병아리들이 그의 몸에 올라가 장난을 치거나 잠을 자는 모습을 소설의 결말로 처리한 것은 모든 인물들이 거대한 자연의 힘에 종속될 수밖에 없는 상황을 집약적으로 보여주기 위한 전략처럼 보인다.

물론 이러한 조건에서도 살아남는 인물들이 있다. 블렌킨스나 탄 사니와 같은 사람들이 그들이다. 그런데 이 사람들은 왈도나 린달 같은 사람들과는 다르게 지적인 열망이나 자기반성이 없는 계층에 속한다.

여기에서 잠깐 말머리를 돌려 식민지적 상황에 대한 알베르 메미Albert Memmy의 말을 참조하는 것이 좋을 듯하다. 메미에 따르면 식민주의자들이 그들의 상황을 수용하는 방식에는 두 가지가 있는데, 하나는 그 상황에 대한 부정이고, 다른 하나는 긍정이다. 식민지적 상황을 부정하는 사람들은 체재에 대한 반역에서 그들의 고뇌에 대한 해결책을 찾지 않고, 식민지를 떠나든지, 혹은 체념을 하고 "모호한 위치"로 전락해 버리든지 양자택일을 하게 된다(Memmy 45). 식민지적 상황을 긍정하는 사람들은 평범한 사람들로서 다수가 이에 해당하는데, 이러한 사람들에 의해서 식민지의 전반적인 분위기가 결정된다. 이 부분에 관한 메미의 발언은 각별한 주의를 요한다.

> 식민지의 전반적인 분위기를 설정하는 것은 보통사람들이다. 그들은 식민지인들의 진정한 파트너이다. 보상과 식민지적 삶을 가장 필요로 하는 것은 이러한 보통사람들이기 때문이다. 가장 전형적인 식민지적 관계가 그들과 식민지인들 사이에서 형성된다. 그들은 그런 관계와 식민지 체제와 그들의 현재 상황에 훨씬 더 강하게 매달린다. 그들의 식민지적 삶의 전부가 그것에 달려 있기 때문이다....
> 모든 식민주의자들이 보통사람인 것은 아니지만, 모든 식민주의자들은 식민지적 삶의 평범함과 그 위에서 번성하는 사람들을 어느 정도는 받아들여야 한다. (Memmy 50-51)

이러한 사람들이 보수주의적 경향을 띠고, "가슴에 파시스트적인 유혹의 씨를 갖고 다닌다"(Memmy 62)는 것은 놀라운 일이 못된다. 그것이 식민지적 삶에서 살아남기 위한 그들 나름의 방식인 탓이다. 『아프리카 농장 이야기』에서 살아남는 사람들은 대부분의 경우 이런 유형에 속한다. 쉬라이너의 편지에 나오는 말을 빌려 표현하자면, 이들은 "더 낮은 중산층 속물들"이다(Cronwright-Schreiner 183). 몸무게가 260파운드나 나가는 보어 여인 탄 사니는 흑인 하인들이 "원숭이의 후손이기 때문에 구원을 받을 필요가 없다"(62)며 종교적인 모임에서도 제외시켜 버리고 식민지적 현실을 그대로 수용하며 지극히 실리적인 입장에서 삶을 살아간다.

블렌킨스는 피도 눈물도 없이 물질을 좇아 번성하는 전형적인 식민주의자를 구체적으로 반영하는 인물이다. 그는 독일인 오토에게 이렇게 얘기한다. "그렇소. 내게는 돈도 있었고 땅도 있었소. 나는 내 아내에게 이렇게 말했소. '아프리카가 몸부림을 치고 있소. 그들에게는 자본이 필요하오. 그들은 재능있는 사람들을 필요로 하오. 그들에게는 그 땅을 열어젖힐 수 있는 능력 있는 사람들이 필요하오. 거기로 갑시다'"(54). 블렌킨스가 하는 말의 진실성 여부에 상관없이, 남아프리카에 온 수많은 유럽인들이 그와 같은 정신자세를 갖고 있었다는 것은 새삼스럽게 거론할 게 못된다. 샐리앤 머레이Sally-Ann Murray의 말을 빌려서 말하자면, 블렌킨스는 "1867년 남아프리카에서 다이아몬드가 발견되고 그것으로 인해 다이아몬드 산업이 발전하면서 농경사회가 산업자본주의에 기초한 경제구조로 탈바꿈하는 시점에서 남아프리카의 풍경에 들어섰을 법한 최고의 기회주의자"(Murray 24)이다. 그런데 블렌킨스는 탄 사니와 결혼하여 그녀에게 빌붙어 살아보려고 하다가 마지막 순간에 그것이 여의치 않자 달아나서 돈이 많은 다른 여자와 결혼한다. 엠이라는 인물은 탄 사니 혹은 블렌킨스와 근본적으로 달라서 "속물"이라고 표현할 것까지는 없지만 현실을 너무 곧이곧대로 받아들인다는 점에서는 그들과 크게 다르지 않다.

그녀는 그레고리가 자신을 사랑하는 게 아니라 린달을 사랑하는 줄 알면서도 그를 남편으로 받아들이고 살아간다. 그녀는 왈도가 죽었는데도 불구하고 그것을 눈치채지 못할 뿐만 아니라 병아리들이 그의 몸 위에서 홰를 치는 것을 방치한다. 그녀의 무신경과 불감증은 정도를 넘어서는 것이고, 바로 그러한 특성이 그녀의 생존을 가능케 한다는 것은 큰 아이러니가 아닐 수 없다.

이런 인물들을 제외하면 소설 속의 주요 인물들은 자연의 힘에 종속되어 있다. 이것은 정체성의 부재 혹은 결여를 표방하는 장치라고 볼 수 있는데, 남아프리카 문학에서 이러한 정체성의 부재와 운명론을 진지한 예술의 형태로 처음으로 제시한 사람은 쉬라이너였다. 그녀에게는 바로 이것이 진정한 리얼리즘이었다.

그녀는 서문에서 인간의 삶을 묘사하는 두 가지 방법을 제시했다. 하나는 무대의 방법으로서, 여기에서는 하나의 사건이 끝나면 다음 사건이 이어지고, 제 때에 맞춰 인물들이 재등장하여 맡은 역할을 하며, 커튼이 내려오면 모든 사람들이 관객들에게 인사를 할 준비를 한다. 이런 방식에는 완결성이 있으며 만족감도 있다. 두 번째는 우리가 살아가는 삶의 방식으로서, 여기에서는 아무 것도 예측할 수 없다. 낯선 방식으로 사건이 진행되고, 위기가 닥치면 그것을 처리해줄 사람은 돌아오지 않으며, 커튼이 내리면 아무도 준비가 되어 있지 않다(23-24). 물론 쉬라이너는 두 번째 방식 즉, 완결성도 없고 만족감도 없는 삶의 방식을 서술 방식으로 택했다.

그녀의 발언은 그녀 나름의 리얼리즘론이라고 할 수 있을 것이다. 그녀의 소설이 모험 이야기도 아니고 부시맨들이 몰고 다니는 소떼에 관한 이야기도 아니며, 사자와 맞서 싸우는 이야기도 아니고 죽음의 벼랑에서 가까스로 탈출하는 이야기도 아닌 이유가 여기에 있다. 그런데 문제는 그녀 나름의 리얼리즘적인 입장이 군데군데 모순되고 훼손되고 있다는 데 있다. 예를 들면 이렇다. 2부 2장에 나오는 사냥꾼에 관한 알레고리는 앞서의 발언과 어떤 관련이 있는 것인가. 그것은 내러티브의 흐름을 방해하는 반리얼리즘적인 장치는 아닌가. 또한 에머슨의 사유를 소설에 옮겨놓은 것 같은 2부 1장의 "시간과 계절"의 내용은 인물들을 형상화하는 과정에서 자연스럽게 구체화되어야 하는 것은 아닌가. 이렇게 이질적인 것들이 갑작스럽게 병치되는 것을 우리는 어떻게 설명해야 할 것인가.

이러한 의문들은 쉬라이너가 썼던 편지들을 보면 어느 정도 해결될 수 있다. 그녀는 1884년 해브락 엘리스Havelock Ellis에게 보낸 편지에서, 자신의 소설에 교훈적인 내용이 너무 많이 나온다는 점을 솔직하게 시인하며, 자기가 "절대적으로 고립된 생활을 할 당시, 그것들이 예술적으로 표현될 수 있는지 어쩐지를 너무 자세히 고려하지 않고, 불필요한 감정들을 발산시키는 출구로써 작품을 이용했다"(Cronwright-Schreiner 12)고 말했다. 창작을 하는 과정에서 개인적인 감정의 표출이 무엇보다 우선했다는 말이다. 그녀는 5년 후 같은 사람에게 쓴 편지에서 이 점을 좀 더 구체적으로 피력하고 있다. 그녀는 엘리엇과 자신을 비교하는 것에 대해, 두 사람 사이에 엄청난 차이가 있다는 점을 유별나게 강조한다. 그녀에 따르면 "엘리엇이 가장 원하는 것은 가르치는 것이고, 내가 가장 원하는 것은 나 자신을, 나 자신을 위해서, 나 자신에게 표현하는 것이다." 또한 그녀는 "다른 사람의 집 창문에 『아프리카 농장 이야기』가 세워져 있는 것을 보면, 가슴에 칼을 맞은 것 같다"라고 말하면서 "얼마나 많은 사람들이 그 책을 읽었는가 생각해 보면 혐오스럽다"(Cronwright-Schreiner 160)고까지 말하고 있다.

표면적으로만 보면, 쉬라이너의 말은 모순적으로 들린다. 만약 『아프리카 농장 이야기』가 그렇게도 개인적이고 자전적이고 자신만을 위한 것이었다면, 그녀가 영국의 출판사들을 접촉하면서 그 소설을 출판하려고 백방으로 노력했던 것은 어떻게 설명할 수 있을 것인가. 그것은 마치 에밀리 디킨슨Emily Dickinson이 "출판은 인간의 마음을 / 경매에 붙이는 것이다"(Publication-is the Auction / Of the Mind of Man-)라고 선언했음에도 불구하고, 자신의 원고를 불태우거나 버리지 않고 고스란히 뒤에 남겨 두고 죽었던 것과 흡사한 모순적인 행위처럼 보인다. 그러나 이러한 모순은 불가피한 것인지도 모른다. 디킨슨이나 쉬라이너는 개인적인 것을 밖으로 드러내지 않으려는 보호본능과 그것을 출판해야 할 당위성 사이에서 갈등을 겪었던 작가들이었으며, 작가들의 마음속에는 정도의 차이는 있겠지만 부분적으로 이러한 갈등이 있을 소지가 많다.

그리고 무엇보다 중요한 것은 스무 살도 되기 전에 시작한 이 소설에서 쉬라이너가 어떤 형태가 될지도 모르는 자신의 정체성을 찾으려고 노력했다는 것이며, 바로 그러한 정체성의 탐색이 식민지적 불안과 방황을 적나라하게 반영하고 있다는 사실이다. 즉 완결성도 없고 통일성도 없는 것처럼 보이는 그녀의 내러티브가 남아프리카적인 현실과 그녀 자신의 감정과 생각을 오히려 더 진실하게 반영하고 있다는 말이 된다. 그레이의 지적대로, "쉬라이너가 대상으로 했던 사회가 동질적이고 안정적인 것이 아니었기 때문에 그것을 반영하는 소설도 동질적이고 안정적일 수 없었다"(Gray 156). 따라서 그녀의 소설이 리얼리즘이라면, 그것은 일관성에 기초하는 리얼리즘이라기보다는 내러티브가 진행되면서 그 나름의 형태를 갖춰가는 혼종적인 형태의 리얼리즘이다. 희극, 우화, 로맨스, 고딕소설, 전원소설, 모험소설, 종교적 명상 등의 장르가 그녀의 소설공간에 어우러져 있는 것은 결코 우연이 아니다. 그것은 "기억이 없는" 식민지적 공간에서는 역사적인 필연이었을지 모르며, 그것이 식민지 현실을 반영하고 있다는 점에서 혼종적인 리얼리즘이라고 해도 과언이 아닐 것이다. 전통이 부재한 남아프리카적인 공간에서 쉬라이너가 할 수 있는 일은 접근이 가능한 유럽의 문학적 전통을, 일관성을 "너무 자세히 고려하지 않고" 자기만의 공간으로 흡수하는 것이었다.

겉으로 나타난 소설의 내용과 형식을 보면, 『아프리카 농장 이야기』는 꼴라쥬 기법과 흡사하다. 유럽의 모더니즘이나 포스트모더니즘 문학에서 나타나는 꼴라쥬 기법은 결국 전통적인 리얼리즘 기법으로 감당할 수 없는 현실을 복합적이고 현대적인 입장에서 수용하고자 한 데서 비롯된 것이다. 결국 그것은 리얼리즘에 대한 반발과 반성의 형태로 나타난다. 그런데 쉬라이너의 꼴라쥬 기법은 리얼리즘에 대한 반성이나 저항에서 기인한 게 아니라, 유럽의 전통과는 단절되어 있으면서도 유럽의 언어로 식민지 공간에 접근할 수밖에 없었던 식민지적 딜레마에서 파생된 기법이라고 할 수 있다. 그것은 식민지적 불안의 한 양태이며, 쉬라이너를 지나 거의 모든 남아프리카 작가들에게로 이어진다. 남아프리카 백인작가들의 작품에서 볼 수 있는, 어딘가에 정착하지 못하고 떠도는 듯한 정신적 방황상태는 쉬라이너의 작품에서부터 나타난다. 결국 쉬라이너의 소설형식에 나타나는 일관성의 결여, 교훈적인 내용, 장르의 혼합 등은 결코 단점이라고 볼 수 없으며, 그녀의 소설에 내포되어 있는 부조화, 다양성, 불안 등은 오히려 풍요로움일 수가 있다는 말이다.

3. 인종의 문제와 쉬라이너에 대한 평가

그렇다고 쉬라이너의 소설에 나타난 모든 것이 정당화될 수 있다는 말은 아니다. 당연한 말이지만, 그녀에게도 한계는 있었다. 그러나 중요한 것은 그 한계를 지나치게 강조한 나머지 쉬라이너의 예술적 성취를 폄하해서는 안 된다는 사실이다. 쉬라이너의 인종관이나 페미니즘에 대한 논의는 대표적인 예일 것이다. 고디머가 지적한 바처럼, 쉬라이너가 소설의 쟁점 중의 하나로 삼고 있는 여성의 사회적 지위에 대한 문제는 당시의 역사적인 상황에서 보면 "부차적인 문제"에 불과했는지도 모른다. 일차적인 문제는 "투표권도 없고, 힘도 없는" 흑인들을 억압의 굴레로부터 해방시키는 것이었다. 그럼에도 불구하고 페미니즘에 매달린 쉬라이너의 태도는 고디머에게는 "기괴한"(bizarre) 것이다(Gordimer, "Review" 17-18). 수십 년간에 걸친 창작생활에서 일관되게 백인의 자기각성과 흑인의 권리를 소설공간에 형상화해 온 고디머에게는 남아프리카 영문학의 출발점에 해당하는 쉬라이너의 소설에 인종의 문제가 직접적으로 투영되지 않았다는 것이 불만스러울 수밖에 없을 것이다. 흑인이나 호텐토트인이 등장하지 않는 것은 아니지만, 그들의 존재가 백인들의 존재에 의해 뒷편으로 밀려나 "소설의 뒷배경"으로 전락하고 만다는 말도 어느 정도 사실에 부합된다(Vivan 96).

이와 같은 불만에는 납득할 만한 근거가 있으며 그것은 다시, 호프메어나 진 마콰드Jean Marquad와 같은 학자들에 의해 쉬라이너의 한계점으로 지적되어 왔다. 그런데 쉬라이너가 인종문제에 무관심했다는 발언은 사실과 달리 다소 과장된 발언인 것처럼 보인다. 가령 1부 8장을 보면 쉬라이너의 입장이 비교적 분명하게 드러난다. 너그러운 마음씨를 가진 독일인 오토는 원주민여자가 탄 사니에게 쫓겨나서 먹을 것도 없고 입을 것도 변변치 않은 상황을 보고, 그의 음식을 손수건에 싸서 몰래 가져다주고 자기 옷까지 벗어준다. 오토의 이런 행위는 그렇지 않아도 블렌킨스의 중상모략을 받고 노발대발해 있는 탄 사니를 더욱 자극하게 되고 그가 농장으로부터 쫓겨나는 빌미를 제공한다(79-80). 이런 감정은 쉬라이너의 편지에서도 찾아볼 수 있다. 그녀는 한 편지에서 이렇게 밝히고 있다. "저는 그 때, 인간들에 대해서 몹시 쓰라린 감정을 느꼈고 그들을 무척 증오했어요, 저는 그들 가운데서 너무나 외로웠고, 보어인들과 캐퍼들만을 좋아했어요"(Cronwright-Schreiner 183).

여기에서 캐퍼라는 말에 대한 쉬라이너의 언급은 잠시 짚고 넘어가야 할 것 같다. 그것이 자칫 인종문제에 대한 그녀의 무관심을 드러내는 것으로 해석될 수 있는 소지가 있기 때문이다. 캐퍼라는 말은 원래 흑인들 특히 코사(Xhosa) 부족의 흑인들을 비하시키는 말로써, 현재 남아프리카에서 이 말을 사용할 경우 엄청난 사회적 파장을 일으킬 정도로 인종편견적인 말이다. 이것은 미국에서 니거(nigger)라는 말에 대해서 흑인들이 예민하게 반응하는 것과 거의 같은 맥락으로 이해하면 무방할 것이다.* 그런데 남아프리카인들은 이 단어에 너무 예민하게 반응을 한 나머지, 그 단어를 사용한 것만으로 쉬라이너를 인종차별주의자로 몰아붙이고 있는 듯한 인상이 짙다. 흑인학자들은 물론이고 백인학자들도 그러한 공격에 가세하고 있는 것처럼 보인다. 그러나 쉬라이너가 살았던 시대에 캐퍼라는 단어가 지금처럼 그렇게 엄청난 감정을 유발하는 인종차별적인 의미가 부여된 것이었느냐 하는 것은 점검해 봐야 할 문제인 것 같다.

---

* '니거'와 관련된 보다 심층적인 논의는 본 저서에 수록된 다음 논문 참조. 마크 트웨인과 낸시 롤스의 대화적 관계.

설령 그런 부정적인 의미가 있었다고 해도, 쉬라이너가 캐퍼라는 말에 내포되어 있는 부정적인 의미보다는 흑인들을 인간적으로 대해야 할 필요성에 더 큰 비중을 실어주고 싶었던 것으로 해석하는 게 더 합당하지 않을까 싶다.

다음에 이어지는 장면도 그녀가 인종문제에 무관심하지 않았다는 것을 증언해 준다. 탄 사니는 블렌킨스의 말을 믿고, 오토가 부지런히 일을 했더라면 자신이 부자가 되었을 것이라고 말하며 오토를 해고하면서, "양의 우리 뒤에서 캐퍼들과 기도를 하다니, 꺼져! 캐퍼의 개야!"라고 악담을 퍼붓는다. 무슨 일이 일어났는지를 모르는 오토는 평소에 자신이 친절하게 대해줬던 호텐토트Hottentot 여인이 왜 근거도 없는 그런 악담을 자신이 들어야만 하는지 설명해 주기를 기대한다. 그러나 그 여자는 "주인이었던 백인이 그렇게 코너로 몰리는 것을 너무 좋아"한다(82). 소설 속에 인종간의 갈등이 전면에 드러나 있지는 않지만, 우리는 호텐토트 여인의 반응을 통해서 인종간의 문제가 이들의 인간관계에 내재되어 있다는 것을 알 수 있다. 우리는 이 부분에서 쉬라이너가 적어도 상황을 정확하게 바라볼 줄 알았던 리얼리스트였다는 사실을 어느 정도 인정할 필요가 있을 듯하다.

『마쇼나랜드의 기병 피터 홀케트』라는 소설에서 드러나는 쉬라이너의 인종관도 이런 점에서 이해해야 할 것 같다. 이 소설은 당시에 가장 큰 영향력을 행사하던 케이프의 세실 로즈 수상Cecil Rhodes을 풍자한 소설인데, 예수와 비슷한 인물을 등장시켜 영국 군인들의 침략행위와 잔혹성을 폭로하고 궁극적으로 로즈의 비인간적인 식민정책을 신랄하게 공격하고 있다. 자신이 한 때는 "유일하게 위대한 남자"(Cronwright-Schreiner 179)라고 일컬었던 로즈를 이렇게 공격하는 쉬라이너의 기개는 이 작품의 예술적 완결성의 문제와는 별도로 높이 사줘야 맞다. 이 소설의 속표지 앞에는 세 명의 흑인들이 교수형에 처해지는 것을 백인들이 지켜보고 있는 실제 사진이 실려 있어서 그녀의 내러티브를 더욱 자극적이고 사실적인 것으로 만들고 있는데, 이것 또한 쉬라이너가 인종적인 문제에 각별한 관심이 있었다는 증거라고 할 수 있다.

쉬라이너는 1908년 5월 10일, 동생에게 쓴 편지에서 이 소설에 대해서 이렇게 말했다. "이 소설은 예술적이 아니며 어떤 것을 성취하는 데도 실패했다. 그러나 내가 죽는다면 사람들이 내 비석에 다른 것은 그만 두고, '그녀는 『마쇼나랜드의 기병 피터 홀케트』를 썼다'는 문구만 새겨줬으면 좋겠다. 우습지만, 죽는다고 생각하니 내 마음을 위로해주는 유일한 것은 내가 그 책을 썼다는 사실이다"(Clayton 125). 자신이 죽는다면 숱한 비평적 각광을 받고 그녀를 상업적으로 성공하게 만들었던 『아프리카 농장 이야기』가 아니라 예술적인 실패작이 되고 만 『마쇼나랜드의 기병 피터 홀케트』를 쓴 작가로 기억되고 싶다는 쉬라이너의 말은 종족적 정의의 문제에 대한 그녀의 지속적이고 깊은 관심뿐만 아니라 그녀의 성실성과 따뜻한 품성을 그대로 드러내준다. 그렇다고 쉬라이너에게 인종편견적인 부분이 전혀 없었다고 말하는 것은 아니다. 앞서 인용한 것처럼, 캐피라는 말에 내포된 부정적인 의미를 신중하게 고려하지 않고 여러 군데에서 그 말을 사용했다는 점도 그렇고, 『마쇼나랜드의 기병 피터 홀케트』에서 그랬듯이, 식민주의의 폭력과 야만성에 대한 해결책을 영국의 진보적 이데올로기에서 찾으려 했다는 점은 쉬라이너의 한계일 수밖에 없다. 또한 그녀가 '부시맨'이라는 말을 반복하여 사용한 것도 한계이긴 마찬가지다. '부시맨'은 아프리카 남부에 사는 산족(San People)을 일컫는 말로 서양인들이 붙여준, 당사자들에게는 대단히 모욕적인 말이다. 그들을 모욕하고자 하는 의도가 없었음에도 불구하고 '부시맨'이라는 말을 거듭해 사용한 것은 자기도 모르는 편견이 그녀의 내부에 있었음을 암시한다. 우리가 그녀에게 당대에 만연한 인종적 편견을 뛰어넘기를 바라는 것은 과도한 기대일지 모르지만, 어쨌든 이것이 그녀의 한계임은 분명해 보인다.

그러나 이와 같은 쉬라이너의 한계보다 중요한 것은 쉬라이너의 『아프리카 농장 이야기』가 개인적인 정체성의 문제와 직결되는 실존적인 소설이었다는 사실이다. 이 말을 달리 하면, 그녀의 소설이 종족의 문제를 전면에 내세우지 않았다고 비난하는 것은 일부 학자들의 지나친 기대감에서 연유한다는 것이다. 즉, 그녀가 카루에서 고독한 생활을 하면서 자기 정체성의 문제를 갖고 실존적인 몸부림을 치는 과정에서 쓰인 것이 『아프리카 농장 이야기』라는 자전적인 소설이었기 때문에 총체적인 역사성의 부족은 불가피한 것이었을지 모르며, 역설적인 말일지 모르지만 역사성이 부족하다는 사실 자체가 "기억이 없는" 식민지의 상황을 더 효과적으로 대변해 주고 있다는 점이 훨씬 소중하다는 말이다.

게다가 쉬라이너가 『아프리카 농장 이야기』를 집필했던 시기는 1874년부터 1881년까지였다. 그녀가 태어난 게 1855년이었으니 이 소설을 10대 후반에서 시작하여 20대 중반까지 썼다는 말이 되는데, 그녀가 그 나이에 역사를 총체적으로 파악하기에는 역부족이었을 것이다. 그것은 고디머의 초기소설 『남아있는 나날들』(*The Lying Days*)의 주인공 헬렌이 자기가 읽었던 동화의 세계와 자신의 주변에 일어나는 광산의 현실조건들이 너무나 달라 마음의 갈피를 잡을 수 없어 하는 상황(Gordimer, *The Lying Days* 20-21) 이상의 것이었다. 쉬라이너가 그 나이에 인종적인 측면을 포함한 모든 면에서 완벽했기를 바라는 것은 너무 무리한 요구처럼 보인다. 진보주의자였던 그녀에게도 결점은 있었고, 흑인과 백인을 완전히 동일시하여 바라볼 수 없었다는 한계도 있었다. 그것은 콩고에서 자행되는 벨기에의 식민통치의 참상을『어둠의 심장』(*Heart of Darkness*)에 담아냈음에도 불구하고 제국주의적인 이데올로기로부터 완전히 자유로울 수 없었던 콘래드의 경우와 마찬가지라고 할 수 있다. 그러나 쉬라이너의 소설을 인종적인 입장에서만 바라보기를 고집할 경우, 그것은 아체베가 콘래드의 반제국주의적인 입장을 도외시하고 그를 "불량한 인종차별주의자"(a bloody racist)–그는 후에 이것을 "철두철미한 인종차별주의자"(a thoroughgoing racist)라는 말로 대치한다–라고 몰아쳤던 것(Achebe, "Image" 399)과 흡사한 감정적인 단순논리에 빠질 우려가 있다. 쉬라이너가 흑인들에게 목소리를 부여하지 않았다고 불만을 토로하는 마카드, 제이콥슨, 고디머의 논리(Marquad 151, Jacobson 21, Gordimer, "Review" 17-18, Gordimer, "Politics" 103)는 아체베가 콘래드를 "한 쪽(소설의 말미에 커츠의 약혼녀로 등장하는 백인여성)은 인간적인 표현을 할 수 있도록 허락하고 다른 쪽(커츠의 여자로 등장하는 흑인여성)은 그렇게 하도록 하지 않았다"(Achebe, "Image" 397)는 이유로 냉소적으로 몰아쳤던 근시안적인 논리와 전혀 다를 바가 없다. 더욱이 그레이가 지적한 바와 같이, 카루 사회에서 흑인들이 맡았던 역할이 극히 미미한 것(Gray 157)이었다면, 그러한 추궁은 더욱 온당치 못한 것일 수밖에 없다.

그리고 어떤 의미에서 보면 인종의 문제와 이 소설의 핵심에 해당하는 페미니즘의 문제를 반드시 구분하여 논할 필요도 사실상 없는 것처럼 보인다. 인종이나 성에 대한 논의가 공통적으로 지배와 피지배, 중심과 변방, 주체와 타자 등의 기본개념을 전제로 하기 때문이다. 린달이라는 여성이 신여성이라면 그런 여성을 남아프리카라는 새로운 공간에 배치시킴으로써 작가가 "신여성이 구세계에서는 점유할 자리가 없다는 것을 암시하고, 따라서 여성과 식민지 원주민들을 동일시할 수 있는 선례를 확립하고 있다"는 길버트와 구바의 말(Gilbert and Gubar 63)은 그런 면에서 어느 정도 일리가 있다. 즉, 남성중심주의적인 사회에서 린달이 느끼는 좌절과 절망과 갈등은 궁극적인 의미에서는 제국주의의 폭력 밑에서 철저하게 비인간적인 삶을 강요당했던 식민지인들의 감정과 상응한다는 말이다. 페미니스트들이 식민지인들과 같이 억압받는 사람들과 자신들을 동일시하는 것은 불가피한 일이며, 그렇게 해서 성의 문제와 인종의 문제가 겹치게 되는 것이다.

남아프리카를 대상으로 한 러드야드 키플링Rudyard Kipling의 「남아프리카」("South Africa")와 쉬라이너의 「남아프리카의 울음」("The Cry of South Africa")을 비교해 보면, 이 점은 더욱 분명해진다. 키플링은 이 시에서 남아프리카를 "단순하지도, 친절하지도, 그렇다고 진실하지도 않은 / 굉장한 여인"이라고 부르고, 그 여인이 영국의 기독교 신사들을 "거세게 끌어들였다"고 노래하면서, 그 땅을 "우리의 남아프리카"라고 선언한다. 남아프리카라는 공간이 결국 남자(영국)에게 정복당하는, 혹은 남자를 자기한테 "거세게" 끌어들이는 여자로 비유되어 있는 것이다. 쉬라이너의 「남아프리카의 울음」의 화자는 "작은 언덕과 샘 옆에서/ 나의 바위 같은 가슴 위로 빛을 처음 보았던", 그리고 "내 젖가슴에 내 아이들의 피를 묻히며/ 당신들이 나로부터 떼냈던" 죽은 아들들을 돌려달라고 절규하는 한 많은 여인이다. 키플링과 쉬라이너는 남아프리카를 여성으로 비유하고 있다는 점에서는 같지만, 키플링이 남아프리카를 소유대상인 여성(타자)으로 설정하고 있는 반면, 쉬라이너는 그러한 식민지적 상투성을 해체하고 타자(여성)를 중심으로 삼고 있다. 쉬라이너의 시가 보어전쟁을 소재로 쓰여진 것-쉬라이너는 이 전쟁에서 영국인들이 아니라 보어인들의 편에 섰다-이긴 해도, 그녀가 아프리카를 여성으로 묘사하고 있다는 점은 그녀의 일관된 페미니즘적인 시각을 감안하면 의미심장하다. 쉬라이너는 이렇게 함으로써 인종과 성의 문제가 서로 연결될 수 있는 것임을 우리에게 암시한다.

어쨌든, 쉬라이너의 『아프리카 농장 이야기』에 대한 진정한 평가는 인종적인 측면을 너무 지나치게 강조하려는 성향을 자제하고 미학적이고 실존적인 작가의 입장을 고려하면서 접근해야 가능해진다. 그것은 유럽중심적인 시각을 보류하고 이 소설을 남아프리카적인 상황에 맞게 자리매김해야 하는 것과 마찬가지로 중요하다. 물론 수백 년 동안 정치적, 경제적, 사회적 수탈과 억압을 당했고, 즉 마르크스의 용어를 빌려 말하면 "인간이하"(subhuman)의 취급을 당했고, 그 여파로 인해 지금도 눈을 뜨고는 차마 볼 수 없을 정도로 비참한 생활을 하고 있는 수많은 흑인들을 염두에 두면, 문학텍스트에 대한 담론이 정치적, 종족적 담론으로 이어지는 것은 불가피한 현상일지 모른다. 그러나 모든 텍스트를 그렇게 접근할 경우 그것은 지나친 강박관념과 결벽증으로 이어질 수밖에 없을 것이다. 남아프리카 문학에 대한 논의에서 무엇보다 정치적이고 인종적인 측면이 우선적으로 고려되는 게 남아프리카의 국내 뿐만 아니라 국외의 학문적 경향이다. 그것은 모든 정치적, 경제적, 문화적, 사회적 현상을 아파르트헤이트 정권과 결부시키고 모든 것을 인종의 문제로만 보려 하는 남아프리카의 슬픈 현실과 너무나 흡사하다. 이러한 현실로부터 자유로울 수 있는 어떠한 것도 남아프리카에는 존재하지 않는다. 파란만장한 억압의 역사가 자유로운 담론의 공간을 압박하고 있기 때문이다. "기억이 없는" 식민지 문화에 "기억"의 씨를 뿌림으로써 수많은 남아프리카 작가들에게 비옥한 영감의 원천이 되었던, 그리고 그러한 사실만으로도 어떤 작가보다 큰 몫을 했던 쉬라이너에 대한 논의도 이러한 상황으로부터 자유롭지 못한 것이 남아프리카의 엄연한 현실이다.

05
남아프리카 문학과 포스트모더니즘
– 안드레 브링크의 포스트모던 소설*

1. 지배이데올로기의 해체 전략

우리는 보통 포스트모더니즘을 논하면서, 그것의 비역사적이고 유희적이며 허무주의적인 특성을 언급하게 된다. "작가의 죽음", "디페랑" 등의 개념이 공박의 대상이 되는 것은 물론이다. 그래서 일부 학자들이 포스트모더니즘의 허무주의적이고 비역사적인 인식론을 거론하는 것은 불가피한 측면이 없지 않은 것도 사실이다. 특히 그러한 논의가 미국, 영국, 프랑스 같이 정치적, 역사적으로 비교적 안정된 공간이 아니라, 제반 여건이 불안정한 제3세계적 공간에서 행해질 때는 이러한 부정적인 측면이 유달리 강조될 수밖에 없다. 생존의 문제가 걸려 있는 현실이 유희적이고 허무주의적인 경향의 예술을 허용하지 않으려 하는 것이다. 남아프리카의 문학 논의가 이러한 경우에 해당한다. 아파르트헤이트라는 인종차별 정책으로 인해 수많은 사람들이 죽고 고문당하며 다수의 흑인들이 철

* 1999년 『현대영미소설』(6)에 발표.

저하게 인간 이하의 삶을 강요당했고, 아파르트헤이트 정책이 철폐되고 흑인 정부가 들어선 지금 역시 많은 흑인들이 눈뜨고는 볼 수 없는 삶을 살고 있는 현실을 생각할 때, 흑인 예술가들은 물론이고 상당수의 백인 학자들까지 예술을 위한 예술을 가당치 않거나 사치스러운 것으로 간주하는 것도 무리는 아니다. 대부분의 흑인 작가들이 저항문학을 할 수밖에 없었던 것도 비참한 남아프리카의 역사적 현실 때문이었다. 남아프리카의 대표적인 시인이자 소설가이며 지금은 국회의원으로서 의정 활동을 하고 있는 몬가네 세로테Mongane Wally Serote가 "작가는 중립적일 수도 없으며, 단순한 관찰자일 수도 없다"(Serote, *On The Horizon* 16)고 했던 것은 남아프리카의 현실을 감안하면 불가피한 발언이었을지 모른다. 현실을 모사하여 독자들에게 제시하는 리얼리즘이 여타의 실험적인 문학 형식보다도 더 지배적인 것도 비슷한 맥락에서일 것이다.

그런데 이러한 점을 염두에 두고 안드레 브링크André Brink의 소설을 접근하면, 심각한 문제들이 제기된다. 브링크의 소설이 초기부터 일관되게 실험적인 형태를 띠고 있으며, 시간이 흐를수록 포스트모더니즘적인 경향을 더욱 두드러지게 드러내고 있기에 그렇다. 특히 최근에 발표한 『악마의 계곡』(*Devil's Valley*, 1998)은 보르헤즈와 루시디의 '매직 리얼리즘'적인 기법을 전면에 부각시키며 내러티브를 전개하고 있다. 그런데 이러한 포스트모더니즘적인 소설 경향과 더불어 우리가 염두에 둬야 할 것은, 브링크가 남아프리카의 어느 작가 못지않게, 아니 누구보다도 더, 작가의 책임을 강조하면서 창작을 해 왔다는 사실이다. 그는 문학이 편견을 부수고, 자유를 위해 투쟁하고, 더 공정하고 더 자유로운 미래의 사회를 준비하는 데 필요한 강력한 매개체(Brink, *Liberty and Literature* 4)이며, "남아프리카에서는 언어만큼 치명적인 전쟁 무기는 거의 없다"(Brink,

"State of Siege" 1989)고 생각했다.

브링크의 소설 세계는 겉보기에 상호 모순되는 것처럼 보이는 이러한 두 가지 측면 즉, 포스트모더니즘적이고 실험적인 내러티브 기법과 사회 변혁의 주체로서의 문학의 기능과 작가의 책임의 문제를 종합적으로 고려해야 그 실체가 드러난다.

브링크는 최근에 발표한 에세이에서 포스트모더니즘의 특성을 두 가지로 분류하면서 자신의 입장을 분명히 밝힌 바 있는데, 우선 그것을 논의의 출발점으로 삼는 게 좋을 듯하다. 브링크는 프레더릭 제임슨Frederic Jameson으로 대변되는 반포스트모더니즘적인 정서와 기류를 이렇게 요약한다. 포스트모더니즘이 집중적인 공격을 받는 것은 역사성이나 도덕성의 문제와 유리되어 텍스트 속으로 함몰되어 버리는 '신보수주의적인' 경향 때문이다. 이러한 부정적인 입장에 타당성이 없지는 않으나 포스트모더니즘을 꼭 그렇게만 볼 것이 아니라, 반대급부적인 측면에서 바라볼 필요가 있다. 린다 허천Linda Hutcheon이나 데이비드 웰베리David E. Wellbery가 지적한 바와 같이, 포스트모더니즘은 지배적인 이데올로기를 해체하고 전복하는 기능을 할 수도 있다. 밀란 쿤데라Milan Kundera, 이탈로 칼비노Italo Calbino, 움베르토 에코Umberto Eco 등은 실험과 상대주의, 텍스트성 등에 민감하게 반응하면서도 그들의 작품을 역사적인 문제로부터 유리시키지 않고 오히려 그것을 더욱 충실하게 반영했다(Brink, "Interrogating Silence" 18-19). 브링크의 주장을 요약하면, 리얼리티라는 것이 정해지고 예상할 수 있는 형식으로 포착될 수 있고, 포착되어야 한다는 생각은 너무 안일하고 순진한 것이며, 오히려 포스트모더니즘은 남아프리카와 같이 역사적, 정치적, 문화적으로 숱한 문제를 안고 있는 나라에서는 지배적인 이데올로기를 해체하고 전복하는 데 유용한 전략으로 사용될 수 있다는 것이다.

포스트모더니즘에 대한 브링크의 주장을 면밀히 살펴보면, 그가 언어에 대한 자의식과 역사의식을 그의 작품 속에서 통합시키고자 했다는 것을 어렵지 않게 알 수 있다. 그의 소설세계를 통틀어서 이러한 자의식이 배어 있지 않은 소설이 거의 없다는 것은 그가 얼마나 이 두 가지 측면을 의식하고 작품을 썼는가 하는 것을 단적으로 말해 준다. 그렇다고 브링크가 처음부터 포스트모더니즘 계열의 작품을 썼다는 말은 결코 아니다. 브링크의 소설이 처음부터 어느 정도 실험적이었던 것은 사실이지만, 그것이 포스트모더니즘적인 특성을 띤 것만은 아니었다. 오히려 브링크의 초기 소설은 모더니즘적인 특성을 내보이고 있다고 하는 게 더 합당한 말이 될 것이다. 따라서 그의 소설을 총체적으로 이해하기 위해서는 포스트모더니즘적인 특성만을 강조하는 것보다 오히려 그의 소설 세계가 60년대부터 어떤 변화를 거치면서 포스트모더니즘 쪽으로 방향을 잡았는지 이해하는 것이 훨씬 중요하다.

2. 전통서사와 저항문학 사이의 딜레마

우선 브링크가 17세기 중반에 남아프리카의 케이프에 와서 정착한 초기 네덜란드 식민주의자들의 후손이라는 점부터 짚고 넘어가야 할 것 같다. 브링크의 문학작품을 이해하는 데 그의 종족적, 인종적 배경이 중요한 것은 그의 작품들이 대부분 아프리카너(Afrikaner)-남아프리카의 네덜란드 후손들을 지칭하는 말로써 처음에는 '농부'라는 의미의 보어인(Boer)이라는 말이 보편적으로 사용되었지만 지금은 아프리카너라는 말이 더 보편적으로 사용된다-라고 불리는 네덜란드 식민주의자들의 후손들과 원주민 흑인들 사이에 빚어지는 제반 문제점들을 형상화하고 있을 뿐만 아니라, 이를 표현하기 위해 아프리칸스어(Afrikaans)-초기의 백인 정착자들이 사용하던 네델란드어가 세월이 흐르면서 다양한 인종, 문화와의 접촉을 통해 변형된 언어를 가리킨다-문학을 출발점으로 하고 있기 때문이다. 여기에서 출발점이라 함은 브링크의 문학이 근본적으로 리얼리즘을 근간으로 하는 아프리칸스어 문학이라는 게 아니라, 그것에 대한 반발이자 반역의 형태를 띠면서 전개되어 왔다는 말이다.

브링크는 1960년, 다른 젊은 아프리칸스 작가들과 같이, 리얼리즘을 탈피하여 모더니즘이라는 유럽적인 문학 양식을 차용하게 되는데, 이것이 아프리칸스로 "세스터허스"(Sestigers)라고 불리는 작가들의 모임이다. 세스터허스는 60년대 작가들(60ers)이라는 의미인데, 브링크는 당시에 학자이자 작가로서 이 모임의 대변인 역할을 했고 이 운동의 창구 역할을 했던 『세스터허』(*Sestiger*)라는 저널을 편집했다. 유럽의 모더니즘 시기를 정확하게 구분하는 것은 쉬운 일이 아니고 그것에 관해 학자들 사이에 이견이 있는 것도 사실이지만, 유럽의 모더니즘은 1900년부터 1930년까지 꽃을 피웠다고 어림잡아 말할 수 있을 것이다. 이 시기는 제임스 조이스James Joyce, 에즈라 파운드Ezra Pound, 버지니아 울프Virginia Woolf, 조지프 콘래드Joseph Conrad, 앙드레 지드André Gide, 토마스 만Thomas Mann 등이 리얼리즘과 자연주의에 대한 반발의 형태로 새로운 종류의 문학 양식을 실험하며 작품 활동을 했던 시기였다.

이러한 유럽의 모더니즘과는 달리 아프리칸스어 문학은 매우 보수적인 리얼리즘 계열의 문학이었다. 브링크를 비롯한 세스터허스 작가들에게는 리얼리즘을 중시한 아프리칸스어 문학이 여러 가지 면에서 장애물일 수밖에 없었다. 아프리칸스어 문학은 기독교, 민족주의, 가정을 중심

주제로 설정하고 그것을 사실적으로 묘사하는 문학이었다. 그러한 문학 속에서 남자는 경제적인 행위의 중심이자 가장이었으며, 여성은 집에 머물면서 아내와 어머니로서의 역할을 했다. 그리고 이러한 남녀 관계가 기본이 된 아프리카너 가정은 결국 아프리카너의 민족주의와 종교를 보존하는 구심체의 역할을 했다. 아프리칸스어 문학에 투사된 보수적이고 전통적인 가족 개념이 반드시 부정적인 것이었을 수만은 없었겠지만, 이러한 보수주의적인 아프리카너의 이데올로기는 결과적으로 흑인들을 인간 이하의 존재로 내모는 아파르트헤이트 이데올로기의 모태를 제공한 셈이었다. 브링크가 아프리칸스어 문학의 전통인 리얼리즘을 거부하게 된 것은 바로 이러한 맥락에서였다. 그것이 얼마나 어려운 일이었는지 하는 것은 "아프리칸스어 작가는 본질적으로 문화적인 정신분열증 환자"라고 말한 브링크의 말에서 적나라하게 드러난다(Brink, "Position" 13). 왜냐하면 아프리칸스어 작가는 "세상 사람들의 눈에 아파르트헤이트 이데올로기 자체로 비치는 거짓말의 언어"(Brink, "Future" 34-35)인 아프리칸스어로 작업을 하는 동시에 그것에 반하는 역할을 해야 하는 이중적인 분열 상태에 있기 때문이다.

1963년에 아프리칸스어로 처음 출판되었다가 1년 후 저자가 직접 영어로 번역한 『대사』(*The Ambassador*)는 아프리칸스어 문학에 대한 브링크의 저항 정신을 어느 정도 가시적으로 드러내 준다. 우선 이 소설은 전통적인 가정이 아니라 주요 인물인 파리 주재 남아프리카 대사가 그 틀을 이탈하는 과정에 초점을 맞추고 있다. 대사는 가장으로서의 책무를 버리고, 전통적인 아프리카너들이 중시하던 삶의 양식에 전적으로 대치되는 비윤리적인 삶을 사는 니꼴레트라는 여성을 사랑하게 되는데, 전통적인 아프리칸스어 문학에서는 그러한 여성이 등장하는 것 자체가 금기였다.

니꼴레트는 결혼이라는 제도를 믿지 않으며 아이를 원하지도 않는다. 또한 한 남자만을 사랑하는 게 아니라 여러 남자들을 필요로 한다. 대사는 아버지와 같은 존재로서, 마크루이라는 학생은 성적인 쾌락을 위한 대상으로서, 그리고 스티븐 키터는 그녀가 느끼는 콤플렉스를 해결해 줄 대상으로서, 그녀에게 필요한 남자들일뿐이다. 남성의 욕구와 필요에 입각해서 여성을 보아 온 전통적인 가부장적 질서가 이 소설에서 완전히 전복되고 있는 것이다. 가드프리 메인키스Godfrey Meintjes에 따르면, 니꼴레트라는 인물은 단테의 『신곡』에 나오는 베아트리체를 변형시킨 인물이다. 그녀는 베아트리체처럼 남자를 도시로 안내하는데, 결국 베아트리체와는 다르게 남자를 버린다(Meintjes, 6). 따라서 그녀는 아프리칸스어 문학에서는 소설의 중심이 될 수 없는 인물이다. 이러한 인물을 소설의 중심에 설정했다는 것은 브링크가 얼마나 의도적으로 아프리칸스어 문학에 반하는 방향으로 그의 소설을 몰고 갔는가 하는 것을 알 수 있다.

시점이나 화자의 문제도 『대사』를 아프리칸스어 문학과 대치되는 지점에 놓을 수 있는 근거를 제공한다. 전통적인 아프리칸스어 리얼리즘 소설에서는 하나의 화자를 내러티브의 중심에 배치하는 기법-물론 이것은 아프리칸스어 리얼리즘 소설만이 아니라 전통적인 리얼리즘 소설 모두에 해당하는 기법이다-이 지배적인데, 『대사』는 세 명의 화자 즉 대사, 스티븐 키터, 니꼴레트, 그리고 전지적 화자가 등장하여 다소 변칙적으로 내러티브를 끌고 간다. 이것은 듀렐, 포크너, 콘래드와 같은 모더니즘 작가들이 구사하는 내러티브 기법과 유사한 것으로서, 기승전결의 논리에 의존하는 리얼리즘을 탈피하는 전략으로 이용되고 있다. 이러한 시점의 전환은 브링크의 소설에 자주 활용되는 기법으로써 『이어지는 목소리들』(*A Chain of Voices*)(1982)에서는 30명의 화자가 등장하여 다른 목소리

(들)에 대한 보완적인 시점에서 혹은 다른 목소리들과 상반되는 시점에서 똑같은 사건을 기술한다. 『어둠을 바라보며』(*Looking on Darkness*, 1975)의 내러티브가 시작되기 직전에 놓인 브링크의 말-"중요한 것은 표면의 리얼리티가 아니라 그 표면 밑에 있는 패턴과 관계이다"-은 이런 점에서 시사하는 바가 크다. 표면에 나타난 리얼리티는 하나의 단순한 역사적, 사회적 사건일지 모르지만, 그 밑에 도사리고 있는 수많은 패턴과 관계를 드러내는 것이 소설가가 할 일이라는 것이다. 브링크가 여러 개의 다른 시점을 소설 속에 도입하여 내러티브를 끌어가는 것은 이러한 입장에서 설명할 수 있다. 결국 다성성-마하일 바흐친Mikhail Bakhtin이 말하는 "다성성"(polyphony)-의 도입은 리얼리즘으로부터 탈피하기 위한 전략이었다는 말이다.

그런데 『대사』는 브링크와 아프리칸스어 문학의 상관관계를 잘 알 수 있게 해주는 소설이기는 하지만, 사회적 책임의 문제에 대한 작가의 지속적인 관심과는 어느 정도 동떨어져 있는 소설이기도 하다. 『대사』는 아프리칸스어 문학의 전통을 어느 정도 해체하긴 했지만, 그것이 남아프리카에서 가장 핵심적인 문제인 인종적 불의를 외면하고 있었기 때문에 결국 불완전한 것일 수밖에 없었다. 아프리칸스어 문학은 아프리카너의 지배이데올로기에 충실한 문학이었다. 그렇다고 아프리칸스어 문학이 아파르트헤이트에 직접적인 책임이 있었다는 말은 아니다. 다만 그것이 아프리카너의 가정, 종교, 민족주의를 중심 주제로 설정하고 있기 때문에 지배이데올로기를 더욱 공고히 하는 데 기여한 측면이 없지 않은 것은 분명한 사실이다.

이런 점에서 『어둠을 바라보며』는 브링크 소설의 새로운 방향을 가시적으로 보여주는 소설이다. 이 소설은 남아프리카의 정치 현실을 소설의 중심 주제로 설정하면서 이후 소설들이 참여문학으로 발돋움하는 결정적인 계기가 되어준다. 이 소설의 아프리칸스어 판본(*Kennis van die Aand*, 1973)이 남아프리카에서 최초로 판매가 금지된 아프리칸스어 소설이었다는 사실은 이 소설이 얼마나 폭발적인 정치소설이었는가 하는 것을 잘 말해 준다.

우선 『어둠을 바라보며』는 컬러드(coloured)-남아프리카에서는 혼혈인을 이렇게 부른다-남성과 백인 여성 사이의 사랑이 갖는 사회적, 정치적 의미를 탐색한다. 요셉 말란은 아프리카너들에게 노동력을 제공하면서 수난의 삶을 살았던 조상들의 삶을 언어를 통해 재현하는 한편, 백인 여성인 제시카 톰슨과의 불법적인 사랑을 역사적, 정치적인 시각에서 돌아보기 시작한다. 우선, 이 소설이 인종간의 불법적인 사랑을 중심에 놓고 있다는 사실이 중요하다. 여기에서 '불법적'이라 함은 백인과 다른 인종간의 성적 접촉이나 결혼을 불법으로 규정한 법령(Immorality Act)-1949년부터 발효되었다-에 근거하는 말이다. 브링크는 말란과 톰슨의 불법적인 사랑을 형상화함으로써 아파르트헤이트 이데올로기에 정면으로 도전하면서 백인중심주의적인 아프리카너들의 세계관을 해체한다. 브링크는 이 소설뿐만 아니라 다른 소설에서도 백인과 비백인 사이의 사랑을 소설의 중심에 놓고 성적으로 노골적인 묘사를 시도하는데, 이 모든 것은 아프리카너들이 금기시하는 것을 의도적으로 위반하고 침해하기 위한 것이다.

지배이데올로기에 대한 브링크의 전면적인 저항은 당시의 살벌했던 정치 현실을 감안하면 용기가 없이는 불가능한 일이었다. 게다가 그는 전형적인 아프리카너 가정에서 성장했고 교육을 받은 사람이었다. 브링크의 말에 따르면, "어렸을 때 나는 다른 유형의 삶을 접할 수가 없었던 탓에" 그가 "누리는 특권을 당연한 것으로 받아들였다"(왕철, 브링크와의 대화 164). 이러한 그에게 시각의 변화를 가져다 준 결정적인 계기는 1959년부터 1961년까지 프랑스의 소르본느 대학에서 체류한 경험이었다. 당시 브링크는 박사과정 학생으로서 자유롭게 다른 인종들과 어울릴 수 있었는데, 그것이 그의 시각에 전환점을 가져다주었다고 한다. 특히 1960년도에 일어난 샤프빌(Sharpville) 사건–당시 경찰이 통행증 제도에 반대하며 평화적으로 시위를 하는 군중에게 발포하여 69명이 죽었고 많은 사람들이 다쳤다–은 결정적으로 그가 "정치적인 눈을 뜨게 된 역사적 사건"(왕철, 브링크와의 대화 164)이었다.

그래서 『어둠을 바라보며』는 브링크가 "정치적인 눈"을 뜨고 남아프리카의 지배이데올로기를 정면으로 응시하면서 쓴 최초의 정치소설이라고 할 수 있다. 그러나 이 소설을 지나치게 정치소설의 관점에서만 바라보면 이 소설의 실험적인 특성을 외면하는 결과가 된다. 이런 점에서 앞서 인용한 부분을 조금 더 확대하여 인용할 필요가 있을 것 같다.

> 이 소설에 있는 어떤 것도 꾸며낸 게 아니다. 이 소설이 나오게 된 풍토, 역사, 환경 등은 오늘날 남아프리카의 것들이다. 그러나 개별적인 사건들과 사람들은 소설의 맥락에 맞게 개조한 것으로서 오직 허구로서만 존재한다. 중요한 것은 표면의 리얼리티가 아니라 그 표면 밑에 있는 패턴과 관계이다. 따라서 이 책 속에 나오는 인물들이나 사건들과 외부적인 사람들과 상황들 사이에 유사한 모든 것은 전적으로 우연이다. (Brink, *Looking on Darkness* 4)

이 인용문을 잘 보면, 브링크가 현실과 허구의 경계를 무너뜨리면서 허구에 더 많은 비중을 주고자 했고, 그 허구를 통해 리얼리티보다 더 중요한, 리얼리티의 "표면 밑에 있는 패턴과 관계"를 드러내고자 했다는 사실을 알 수 있다. 이러한 발언을 염두에 두고 다음에 이어지는 말란의 내러티브를 보면, 그 내러티브 자체가 아파르트헤이트 이데올로기의 부당함을 폭로하는 정치적인 코드를 형성하고 있음을 알 수 있다.

또한 수감생활 중에 쓰인 말란의 수기는 성 오거스틴St. Augustine과 존 버니언John Bunyan에서부터 20세기의 알렉산드르 솔제니친Alexandr Solzhenitsyn에 이르기까지 수백 년에 걸친 옥중수기들과 대화 관계에 있음을 알 수 있다(Meintjes 7). 바로 이것이 크리스티바가 말하는 상호텍스트성의 문제이다. 달리 말하면 이 소설은 말란의 메타 내러티브임과 동시에 브링크의 역사편찬적인 메타픽션인 셈이다. 알베르 카뮈Albert Camus, 루이지 피란델로Luigi Pirandello, 마르틴 하이데거Martin Heidegger 등이 소설에 거론되는 것도 우연은 아니다. 그것은 브링크가 실존주의 계열의 작가들이나 철학자들에게서 받은 심오한 영향뿐만 아니라, 『어둠을 바라보며』가 갖고 있는 자기반영적인 포스트모더니즘의 특성을 고스란히 보여준다. 가령 말란이 피란델로의 『작가를 찾는 여섯 명의 등장인물들』이라는 희곡을 직접적으로 인용하는 대목(250-52)은 그의 친구인 둘퍼트의 죽음과 자신이 처한 상황을 피란델로의 희곡을 모델로 하여 은유화하고 자의식화한 것인데, 이것은 포스트모더니즘적 '상호텍스트성'과 '자기반영성'의 문제와 깊이 관련되어 있다.

결국 『어둠을 바라보며』는 브링크의 참여문학적 성향에 불을 지핀 작품이었으며, 동시에 언어에 대한 그의 자의식을 심화시켰던 작품이라고 할 수 있다. 어떤 의미에서 보면 『바람 속의 한 순간』(*An Instant in the Wind*, 1977)은 『어둠을 바라보며』가 추구해 온 두 가지 측면을 한층 더 밀고 나간 소설이라고 할 수 있다. 우선 이 소설은 앞의 것과 마찬가지로 서로 다른 인종의 남녀가 내륙에서 만나 사랑을 하면서 케이프로 돌아오는 과정을 그리고 있는데, 이는 아파르트헤이트 법령이 용납하지 않은 현실을 의도적으로 소설의 중심에 설정하고 그들의 성행위 장면을 도발적으로 묘사함으로써 아파르트헤이트 이데올로기에 저항하기 위한 몸짓이자 전략이다. 또한 이 소설은 사건이 일어나는 시점을 1749년으로 설정함으로써 표면적으로 역사소설의 형태를 띠고 있는데, 작가는 그러한 전략을 통하여 역사를 상상 속에서 재창조함으로써 백인중심적인 이데올로기의 파괴적인 영향력을 독자에게 보여주고자 한다. 작가는 탈주 노예인 아담의 삶을 기술하면서 수세기에 걸친 백인 식민주의가 얼마나 (원주민)을 인간 이하의 삶으로 전락시켰는지를 보여주고자 한다. 브링크가 이 소설을 반체제 아프리카너 작가이자 친구인 브라이텐 브라이텐바흐Breyten Breytenbach*에게 헌정하면서 "그대와 내 앞에 놓인 길고도 긴 여정을 위하여"(*Instant in the Wind* 7)라고 한 것은, 그가 얼마나 종족적 불의에 대해 민감하게 반응했고, 소설을 통해 그런 불의를 불식시키려고 노력했는지를 잘 말해 준다.

그런데 브링크가 인종적 정의와 자유라는 현실과 대치되는 개념을 설정했다고 해서 당대의 현실을 반영하지 않았다는 말은 결코 아니다. 케이프로 돌아오는 과정에서 엘리자베스와 아담 사이에 생기는 사랑과 유대감, 그리고 인종을 초월한 요셉과 제시카 사이의 교감과 사랑은 결국 현실 앞에서 철저히 무너지고 만다. 엘리자베스는 케이프 사회의 압력 때문에 아담을 배반하게 되고, 제시카는 비극적인 죽음을 맞으며, 요셉은

---

* 브라이텐바흐는 아파르트헤이트 정권에 정면으로 도전함으로써 옥고를 치러야 했던 대표적인 또 다른 아프리카너 작가들 중 하나이다.

경찰서에서 고문을 당하고 죽을 날을 기다린다. 자칫 로맨스나 멜로드라마로 빠질 수 있는 브링크의 내러티브를 구원해 주는 것은 어쩌면 바로 이러한 현실감각일 것이다.

『메마른 계절』(*A Dry White Season*, 1989)은 앞서 논의한 소설의 정치성을 더욱 강하게 밀고 나간다. 특히 이 소설은 흑인들의 언어를 전면적으로 금지하고 아프리칸스어로만 교육을 하라는 정부의 강압 정책에 대한 저항으로 1976년 6월 16일부터 시작되어 다음 해까지 계속돼 적어도 600여명이 죽은 소웨토(Soweto) 봉기와 스티브 비코Steve Biko라는 흑인 자의식 운동(Black Consciousness Movement)의 활동가가 살해된 실제 사건에서 영향을 받은 소설로, 브링크의 텍스트가 더욱 가시적으로 남아프리카의 정치 상황에 반응하며 쓰였음을 보여준다. 이 소설의 화자는 벤 듀 토이가 남긴 일기장을 통하여, 그 친구가 경찰한테 끌려갔다가 죽은 두 흑인의 사인을 규명하는 작업에 끼어들었다가 죽음을 당하는 사건을 재구성하기 시작한다. 이 소설은 1인칭 화자가 내러티브를 도입하고 난 다음, 듀 토이의 일기를 직접 인용하거나 그것에 근거하여 사건을 재구성하고, 그것을 다시 마무리하면서 끝나는 형식으로 되어 있다.

우선, 화자가 백인 작가로 설정되어 있다는 사실이 중요하다. 화자는 주로 "옛 케이프를 배경으로, 혹은 먼 이국적인 배경에서, 사랑과 모험을 다룬" 소설들을 쓰며, "정치는 내가 상관할 일이 아니다"(15)라는 지극히 편리한 사고방식을 갖고 있는 소시민 작가이다. 그의 친구에게는 "삶이었던 것"이 그에게는 "하나의 스토리"에 지나지 않는다(33). 그러나 그 스토리를 알기 위해서는 일기에 쓰인 언어를 참조하여 친구의 삶을 재구성해 보는 길밖에 없다. 언어가 비밀의 열쇠를 쥐고 있는 것이다. 비록 화자가 그의 친구를 재구성하는 동기가 순수한 것이든 아니든, 그가 언어를 통하여 앞서 일어난 사건을 파헤치기 시작한다는 사실이 중요하다. 화자는 일기 속의 언어만으로 그의 친구의 삶을 완전히 파악할 수는 없지만, 그렇다고 그의 친구를 자신으로부터 떼어낼 수도 없다. 언어를 통한 사건의 복원 작업은 그를 더욱 언어의 미로로 밀어 넣으며, 그 속에서 남은 것은 절망감뿐이다. 결국 화자는 자신이 소망할 수 있는 것은 "그것을 적고, 내가 아는 것을 기록해서 아무도 '나는 그것에 대해서 아무 것도 몰랐소'라고 말할 수 없도록 하는 것이다"(316)라는 결론에 도달한다. 바로 이것이 브링크가 이 소설에서 전하고자 하는 메시지이다. 이것은 비단 이 소설만이 아니고 브링크의 소설들을 모두 관통하는 일관된 메시지라고 해도 과언은 아니다. 『역병의 벽』(*The Wall of the Plague*)에 나오는 화자/작가인 폴도 "책이라는 것이 바깥 세계의 폭력에 대해 큰 무게가 나가는 것도 아니고 리얼리티의 대체물도 될 수는 없지만, 말이 없는 세계는 어떻게 될 것인가?"(444)라고 반문하며, 결국 자기가 할 수 있는 일은 "모든 것을 걸고 내 안에 있는 것을 쓰는 것"(445)이라는 결론에 이른다.

여기에서 또 한 가지 간과할 수 없는 것은 브링크가 백인으로서 느끼는 죄의식의 문제를 거론하고 있다는 점이다. 브링크는 샤프빌 사건 이후 "아프리카너라는 사실에 점점 더 죄의식과 분노를 느끼기 시작했고, 서서히 내가 속했던 집단으로부터 등을 돌리기 시작했다"(왕철, 브링크와의 대화 164). 이런 의미에서, 『메마른 계절』의 아프리카너 주인공인 듀 토이가 토로하는 죄의식은 작가 자신의 것으로 간주해도 무방할 것이다. 듀 토이는 어떤 일을 하든 자신은 백인일 수밖에 없으며, 남아프리카에서 백인이라는 것은 자신의 의도와 상관없이 특권적인 인종임을 의미한다는 사실을 뼈저리게 깨닫는다. 자신이 흑인들의 상황을 아무리 동정해도 그들의 삶을 살아줄 수도 없으며, 아무리 자신이 체제에 저항한다고 해도 자신은 결국 백인이라는 것을 깨달은 것이다. 그렇다고 불의를 보고도 아무런 행동을 취하지 않을 수는 없다. 인간 양심에 위배되기 때문이다. 그래서 듀 토이는 체제에 대한 저항이 아무리 무위로 끝난다고 해도 그렇게 하는 과정에서 소외당하고 있는 사람들과 잠시 동안만이라도 교감을 나눌 수 있는 것이 "이 세상에서 소망할 수 있는 가장 경이로운 것이 아니겠는가?"(305)라고 자문하게 된다. 적어도 이러한 희망이 있기 때문에 듀 토이의 행위는 가능했던 것이다. 브링크가 남아프리카의 현실에 절망하면서도, 그리고 그 절망 때문에 실존적이지 않을 수 없으면서도, 끝까지 희망을 버리지 않았던 것은 적어도 이러한 믿음 때문에 가능했다.

아무리 노력해도 자신은 특권적인 백인일 수밖에 없다는 듀 토이의 말은 브링크가 백인 작가로서 느끼는 자의식을 반영한다. 이를 이해하기 위해 우선 듀 토이가 소설 속에서 한 말과 브링크의 말을 구체적으로 비교할 필요가 있다.

> 나는 돕고 싶었다. 맞다. 아주 진심으로 그렇게 하고자 했다. 그러나 나는 그것을 내 방식대로 하고자 했다. 그런데 나는 백인이고 그들은 흑인이다. 나는 우리가 백인이라는 것과 흑인이라는 것을 넘어서는 것이 아직 가능하다고 생각했다. 나는 갈라진 틈을 넘어서 손을 뻗어 상대의 손을 잡는 것 그 자체만으로 충분하다고 생각했다. 그러나 실제로 손에 잡힌 것은 거의 없었다. 내 쪽에서 좋은 의도만을 갖고 있으면 모든 것이 풀릴 수 있다고 생각하기라도 했던 것처럼. 나는 보통의 세계 혹은 자연스러운 세계에서는 성공했을지도 모른다. 그러나 이렇게 찢어지고 발광한 시대에는 그럴 수가 없었다. 나는 고든이나 나에게 도움을 구하러 온 얼마간의 사람들을 위해서 내가 할 수 있는 모든 것을 할 수 있다. 나는 그들의 입장이 되어 볼 수 있다고 상상하고, 그들의

> 고통 속으로 나를 투사시킬 수도 있을 것이다. 그러나 나는 결코 그들을 위하여 그들의 삶을 살아 줄 수 없다. 그럴 경우 실패밖에 더 있을까?
>
> ....
>
> 반면에 나는 내가 한 것 말고 무엇을 할 수 있단 말인가? 나는 끼어들지 않을 수 없다. 그렇지 않다면, 그것은 내가 믿는 모든 것뿐만 아니라 동정심이 인간 사이에 살아남을 수 있다는 희망조차 부정하고 조롱하는 결과가 될 것이다. 내가 행동한 것처럼 행동하지 않았다면, 나는 거대한 틈새기를 메울 수 있다는 가능성조차 부정한 결과가 되었을 것이다. (Brink, *A Dry White Season* 304)

> 나는 아파르트헤이트 정권 밑에서 신음하는 흑인들 편에 서 있었지만, 그들의 고통에 대해서 그들에게 얘기해 줄 바가 거의 없다는 사실을 언제나 의식하고 있었습니다. 그들이 그 고통에 대해서 나보다 훨씬 더 세밀하게 알고 있다는 자의식 때문이었습니다. 그래서 내가 할 수 있는 일은 내가 흑인 친구들과의 접촉을 통해서 경험했고 목격했던 실상을 (백인) 독자들에게 해석하여 알려주는 일이라고 생각했습니다. 많은 수의 백인들은 그들의 정책이 남녀노소, 특히 흑인들의 실제 삶에 어떤 영향을 미치고 있는지 모르고 있었습니다. 만약 작가가 특정한 독자를 타깃으로 설정한다고 말할 수 있다면, 나는 바로 그러한 독자들을 타깃으로 설정하여 아파르트헤이트의 해악에 대해 알리고 싶었습니다. (왕철, 브링크와의 대화 165).

아무리 자신이 압박 받는 흑인들에 동정한다고 해도 자신은 혜택받은 아프리카너일 수밖에 없고, 그렇다고 수수방관하게 되면 그것은 인간성에 대한 배반으로 이어질 수밖에 없다는 듀 토이의 실존적인 사고는, 자신이 아무리 노력해도 흑인들이 느끼는 바를 흑인들에게 전달해 주는 것이 불가능하기 때문에 작가로서 자신이 해야 할 일은 백인들을 주된 독자층으로 설정하여 아파르트헤이트의 포악성과 인종적 불의에 대해서 깨닫게 하는 것이라는 브링크의 실존적인 자의식과 맞닿아 있다. 『역병의 벽』에 나오는 화자/작가도 똑같은 문제를 갖고 고민을 한다. 그는 "당신이 남아프리카의 흑인들에게 흑인이라는 사실이 어떤 의미를 갖고 있는지 말해 줄 수 있다고 생각하느냐?"는 도전적인 질문에 이렇게 대답한다. "백인 독자들도 있지 않습니까? ... 그들이 무슨 일을 하는지도 모르는 사람들 말입니다.... 일단 한 사람이 악에 대해서 알게 되면, 그것에 대해 무슨 일인가를 시작할 수 있습니다"(Brink, *Wall of Plague* 433). 화자/작가는 "최악의 범죄는 우리가 충분히 어떤 것을 할 수 없다는 두려움에서 아무 일도 하지 않는 것"(Brink, *Wall of Plague* 436)이라는 결론에 도달한다.

여기에서 브링크나 화자/작가가 백인 독자를 겨냥할 수밖에 없다는 말은 남아프리카 문학의 딜레마를 적나라하게 보여준다. 이 딜레마는 남아프리카의 모든 작가들에게 해당하는 것이기도 하다. 고디머에 따르면, 백인은 흑인적 경험을 이해할 수 없고, 흑인은 백인적 경험을 이해할 수 없으며, 따라서 남아프리카의 "인간 경험의 총체성"을 드러내려는 시도는 실패로 끝날 수밖에 없다. 이것은 아무리 자신이 노력해도 흑인들의 경험을 흑인들에게 총체적으로 전달하는 것이 불가능하다는 브링크의 자의식과 맞닿아 있으며, 바로 이것이 독자층을 백인으로 설정할 수밖에 없었던 작가 브링크의 딜레마이자, 고디머의 말을 빌려 말하자면 "남아프리카에서의 문학의 딜레마"(Gordimer 119)이다. 또한 이것은 "백인은 백인이다,/ 그들은 세상을 태운다./ 흑인은 흑인이다,/ 그들은 연료다. /

백인은 백인이다,/ 그들은 듣는 법을 배워야 한다./ 흑인은 흑인이다,/ 그들은 말하는 법을 배워야 한다"(Serote, "Ofay-Watcher")라고 흑백간의 균열 상태를 시로 읊었던 흑인 시인 몬가네 세로테의 딜레마이기도 했다.

그러나 이러한 딜레마 혹은 죄의식에 빠져 있기에는 아파르트헤이트의 현실은 너무 심각한 것이었다. 그래서 『메마른 계절』과 『역병의 벽』의 화자/작가가 죄의식에 침잠하는 것보다는 책임감을 갖고 글을 쓰는 게 중요하다는 인식에 도달하는 것은 최선의 윤리적인 선택인 셈이다. 여기에서 브링크가 죄의식과 책임감을 전혀 다른 차원에서 보고 있다는 점에 주목할 필요가 있을 것 같다. 그는 죄의식이 "사람을 마비시키며, 부정적이고 파괴적이고 궁극적으로 유용하지 않은 힘"(왕철, 브링크와의 대화 176)인 반면, 책임감은 훨씬 더 긍정적이고 창조적이며 윤리적인 힘이라고 생각했다. 그가 그의 작품에서 "〈그들〉에 관해서 쓰거나, 혹은 〈그들〉을 비난하는 입장을 취하지 않고, 언제나 〈우리〉를 암시"(왕철, 브링크와의 대화 176)한 것은 소모적이고 파괴적이고 무책임한 죄의식에 갇히는 것보다 긍정적이고 창조적이며 윤리적인 책임감을 갖고 최선을 다하는 것이 옳다는 신념 때문이었다. J. M. 쿳시Coetzee의 소설 『철의 시대』(*Age of Iron*)의 작중인물이 "이제 나의 눈은 뜨였다. 나는 결코 다시는 눈을 감을 수가 없다"(Coetzee 95)고 말하는 것도 어쩌면 같은 맥락에서일 것이다. 눈을 뜨고 불의를 목격한 이상, 자신이 할 수 있는 최소한의 것을 하는 것이 지식인이자 작가로서 그가 할 일이었던 것이다.

3. 아프리카너 내러티브의 창조적 해체

앞서 논의한 소설들이 브링크의 언어에 대한 자의식과 참여의식을 두

드러지게 보여주고 있는 반면, 『비상시국』(*States of Emergency*, 1989), 『아다마스터의 첫 번째 삶』(*The First Life of Adamastor*, 1993), 『악마의 계곡』(*Devil's Valley*, 1998) 등은 포스트모더니스트로서의 면모를 잘 드러내 주는 소설들이다.

우선 『비상시국』은 롤랑 바르트Roland Barthes, 미셸 푸코Michelle Foucault, 밀란 쿤데라Milan Kundera, 줄리아 크리스테바Julia Kristeva, 자크 데리다Jacques Derrida 등을 직접적으로 언급하거나 암시하면서 스토리를 전개하는데, 『메마른 계절』의 화자/작가처럼 이 소설의 화자/작가는 온 주위가 폭력으로 얼룩진 비상시국의 와중에서 대학교수와 조교 사이에 일어나는 연애소설을 쓰려고 한다. 이 사랑과 병치되는 것은 제인 퍼거슨과 현실참여적인 의사 사이의 관계를 다루는 또 다른 연애소설의 원고이다. 그런데 문제는 화자/작가가 연애소설을 쓸 수 없다는 것이다. 제인의 내러티브는 텍스트 공간에 존재하지 않고, 내러티브적 충동만이 텍스트에 산재되어 있을 뿐이다. 그래서 화자/작가가 할 수 있는 최선의 것은 이런저런 형태의 단편들을 긁어모으는 일뿐이다. 데리다의 말처럼 의미가 끝없이 뒤편으로 밀려나면서 종잡을 수 없게 되는 것이다. 이 소설에서 데리다의 말이 느닷없이 튀어나오곤 하는 것은 바로 이러한 포스트모더니즘적인 인식론에 근거한다.

그런데 텍스트에 나타난 포스트모더니즘적인 인식론을 너무 강조한 나머지 브링크의 정치적 상상력을 가볍게 여겨서는 안 될 일이다. 사랑의 문제가 텍스트 바깥으로 밀려나면서 그 의미가 지연되고 실종되는 것은, 남아프리카처럼 모든 것이 정치화되는 상황에서는 가장 은밀한 사랑이나 개인적인 감정마저도 정치적인 것이 되지 않을 수 없기 때문이다. 브링크의 말을 그대로 옮기면 "작가가 어떤 글을 쓰던 그것은 정치적인 범주 내에서 쓰이는 것이고, 그것의 암호어는 아파르트헤이트인 것이다."

> 나는 아프리카처럼 모든 것이 정치화된 상황에서 작가가 정치에 영향을 받지 않는 '단순한 러브 스토리'를 쓸 수 있는지 시험해 보고 싶었다.... 물론 나는 '순수한' 러브 스토리는 내가 처한 상황에서는 쓸 수 없다는 것을 알게 되었다. 나의 소설에 나오는 연인들의 삶은 모든 면에서 외부 세계의 영향을 받는다. ... 소설 속의 작가/화자는 결국 소설을 쓸 수도 없고 쓰지도 않겠다고 결심한다. 그것은 무의미하고 소용없으며 역겨운 일이기도 하다. 그에게 있어서 '단순한 문학'은 그의 시대의 폭력적인 요구에 대한 적절한 대응 방식으로 보이지 않는다. 그러나 동시에, ... '나의' 소설은 쓰이고 출판되었다. (Kossew 179-80).

우리가 흔히 말하는 '순수문학'이 남아프리카에서는 존재할 자리가 없다는 브링크의 확신은 그의 소설이 갖고 있는 자기반영성의 문제가, 포스트모더니즘의 자기도취적이고 허무주의적인 경향에 대해 부정적인 학자들의 입장과 다르게, 정치적이고 윤리적이며 현실적인 것일 수 있다는 것을 보여준다. 바로 이러한 점이 앞서 발표한 소설들보다도 『비상시국』이 더 직접적으로 포스트모더니즘적인 전략을 드러내고 있으면서도 그것들의 연장선 위에 있다고 말할 수 있는 근거가 된다.

브링크가 1993년에 발표한 『아다마스터의 첫 번째 삶』은 그것보다 4년 전에 발표된 『비상시국』이 내포하는 메타픽션적인 측면과 탈식민적인 측면을 결합시킨 소설이다. 여기에서 아다마스터는 그리스 신들의 새로운 질서에 반항하고, 물의 요정인 테티스(Thetis)신을 사랑하다가 처벌을 받아 남아프리카로 추방되어 케이프의 산으로 변신하게 되는 타이탄인데, 포르투갈 시인 드 카모에스Luis Vaz de Camoes가 16세기에 쓴 『루시아드』(*The Lusiads*)라는 서사시에 등장하고 라블레Rabelais의 『가르강튀아와 팡타그루엘』(*Gargantua and Pantagruel*)에도 언급된다(Kossew 56). 브링크가 아다마스터라는 신화적인 소재를 택한 이유는 그리 복잡하지 않다. 우선 그는 유럽에서 추방된 거인이 케이프의 산으로 바뀌었다는 신화가 유럽을 중심으로 하고 케이프를 유형지 혹은 변방으로 취급하는 유럽중심적인 세계관에 근거하고 있다는 것을 제시하고 그것을 해체하고 싶었을 것이다.

브링크는 아다마스터의 첫 번째 삶이 유럽이 아니라 1400년대 후반의 남아프리카 코이족의 삶이었으며, 그의 이름을 큰 새라는 의미의 트카마(T'kama)라고 설정하고, 코이족의 족장인 트카마와 포르투갈 원정대가 뒤에 남겨 놓고 떠난 유럽여인-소설에서는 이 여인의 이름이 여자라는 의미의 코이스(Khois)로 되어 있다-사이에 일어난 로맨스를 그린다. 유럽이 아니라 아프리카가 중심이 되면서 인종과 문화의 차이에서 연유하는 충돌과 갈등은 불가피하다. 그러나 브링크의 텍스트가 거의 언제나 그러하듯, 이 소설은 인종적인 편견을 넘어설 수 있는 가능성을 암시하고 있다. 즉, 아다마스터와 코이 사이에서 태어난 아이가 인종적인 불의와 편견을 벗어난 미래를 살아갈 수도 있다는 것을 암시하는 것이다. 『이어지는 목소리』에서 노예인 갤런트가 죽기 전에 백인 여인 헤스터의 몸에 아이를 남기는 것이 미래에 대한 가능성을 암시하듯, 아다마스터와 코이의 아이 또한 뒤에 남아서 새로운 미래를 열 가능성을 암시한다. 그것이 현실적으로 불가능한 것이기는 하지만 메타픽션의 전략상 소설 공간에서는 가능한 역사인 것이다. "모든 것은 나의 소설을 위하여 존재하기 때문에 모든 것이 가능"(29)한 것이다. 이런 점에서 역사편찬적인 포스트모더니스트로서의 브링크의 입장이 분명해진다.

『그 반대로』(*On the Contrary*, 1993)는 『아다마스터의 첫 번째 삶』의 연장선에서 볼 수 있는 소설이다. 『아다마스터』가 유럽중심적인 신화를 해체하고 아프리카를 중심으로 설정하고 그것을 포스트모더니즘인 기법으로 밀고 나간 소설이라면, 『그 반대로』는 18세기의 역사적 인물을 한층 더 복잡한 포스트모더니즘 기법을 통해서 재구성한 소설이다. 브링크가 작가 후기(374-76)에서 밝혔듯이, 이 소설은 당시의 역사적 사실뿐만 아니라 잔 다르크, 세르반테스, 에라스무스의 『우신예찬』(*In Praise of Folly*), 데리다의 『그래마톨로지』(*Of Gammatology*)와 『디세미네이션』(*Dissemination*) 등이 소설 공간에 어우러져 있다. 이 소설은 브링크의 자유분방한 상상력을 유감없이 보여준다.

표면적으로 보면, 이 소설은 브링크가 가장 좋아하고 즐겨 인용하는 작가인 세르반테스의 『돈키호테』처럼 피카레스크 소설의 형태를 취하고 있다. 18세기의 모험가인 주인공 에스틴 바비어Estienne Barbier는 네덜란드 동인도 회사와 관계된 일을 하면서 케이프에 오게 되는데 결국 권모술수에 휘말리면서 사형 선고를 받는다. 이 소설은 바비어가 십자가형을 기다리면서 성의 "검은 구멍"에서 그가 사랑하는 노예 로제트Rosette에게 쓰는, 두서가 없이 산만하게 배열된 302개의 파편적인 편지 형식으로 되어 있다.

그런데 화자는 처음부터 자신의 내러티브를 해체하기 시작한다. "나는 죽었다. 당신은 이것을 읽을 수 없다. 따라서 이것은 편지가 아닐 것이다." 그가 갇혀 있는 곳에는 펜과 종이가 없을 뿐만 아니라 너무 어두워 어떤 것을 볼 수도 없다. 따라서 이 내러티브가 편지라면 "아주 불가능한 편지"(3)일뿐이다. 결국 그는 "이것은 이야기일 뿐이다. 나는 내가 그것을 얘기하고 있는 것조차 확신할 수 없다"(4)라고 말하면서, 자기가 언어에 갇힌 상황과 똑같이 독자를 언어의 미로 속으로 밀어 넣는다. 그는 자신이 "자신으로부터 부재不在하며" 자신이 "부재" 자체라고 설명한 다음, 자신에게 남은 것은 이 스토리밖에 없으며 자신은 이야기를 통해서 수많은 이야기에 하나의 이야기를 더 하고 있을 뿐이라고 말한다. 그리고는 금세 말을 바꿔 이렇게 얘기한다. 모든 것이 "환상일 수도 있다." "어쩌면 내가 이야기하는 것만큼 내게 이야기될지도 모른다." "어쩌면 내가 나한테 일어났다고 상상하려는 노력 자체는 다른 장소에서 다른 시간에, 지금부터 50년 혹은 1백년 혹은 2백 50년 후에, 나를 상상할 줄 아는 누군가 다른 사람의 부산물에 지나지 않을지 모른다."

그런데 이 소설이 화자/죄수/예술가가 자신이 쓰는 내러티브를 처음부터 해체하는 형식으로 되어 있지만, 그 해체 작업이 남아프리카의 역사적인 상황을 어느 정도 염두에 두고 행해진다는 점에 주목할 필요가 있다. 유럽인들이 남아프리카에서 자행한 식민주의와 인종차별이 바비어의 눈을 통해 드러나는 것이다. 물론 브링크가 발표한 앞서의 소설들과 비교하면, 이 소설의 정치성은 현저히 약화되어 있으며, 형이상학적인 담론에 더욱 충실하고 있음이 분명하다. 그런데 이것은 시대적인 상황과 연결시켜 보면 쉽게 이해할 수 있다. 남아프리카의 아파르트헤이트 정권은 90년대에 들어서면서 아파르트헤이트 정책을 공식적으로 폐기하면서 흑인들에게 정권을 이양하기 시작했다. 1994년 4월 27일에는 역사상 최초로 민주적인 선거가 실시되었고, 로벤 섬의 감옥에서 석방된 넬슨 만델라가 초대 대통령으로 취임했다. 아파르트헤이트 정권에 맞서 생명을 걸고 싸우던 시대가 결국 종말을 고한 것이었다. 더불어, 문학이 정권의 폭력성과 비인간성을 드러내는 저항문학이나 투쟁문학 일변도로 나아가던 시대도 종말을 고했다. 『그 반대로』와 『아다마스터의 첫 번째 삶』 등이 이전에 발표되었던 『어둠을 바라보며』 등에서 표출되는 도발적인 정치의식을 외면하지 않으면서도 그것을 전면에 드러내지 않고 형이상학적인 담론에 더 가깝게 다가서 있는 것은 이처럼 한 시대가 막을 내리고 남아프리카 문학이 새로운 전기에 서 있다는 사실과 맞물려 있다.

브링크가 최근에 발표한 『악마의 계곡』은 이러한 시대적 현실을 더욱 실감케 해주는 소설이라고 할 수 있다. 이 소설은 대중적인 모험소설과 알레고리와 우화 등이 이리저리 뒤엉키면서 삶과 죽음, 역사와 환상 등, 반대되는 것들의 모순적 통합 상태를 포착하려는 매직 리얼리즘 형태의 메타픽션이다. 표면적으로는 낙원처럼 보이는 곳은 폭력과 기만과 위험과 거짓으로 얼룩진 '악마의 계곡'에 불과하다. 그곳에 거주하는 아프리카너들의 일부는 염소의 발을 하고 있으며, 어떤 여성은 젖꼭지가 네 개 달려 있고 짐승처럼 몸이 온통 털로 덮여 있다. 때로는 죽은 사람이 등장해서 산 사람들과 대화를 나누는가 하면, 새로 결혼하는 사람들은 그들의 결혼을 완성하기 위해 관 속에서 첫날밤을 보내기도 한다. 모든 것이 "이상야릇한 똥"이며 거짓이고 위험하다. 브링크는 아주 은밀하고 재미있는 방식을 통해서 폭력과 기만과 술수로 얼룩진 '악마의 계곡'을 남아프리카의 범죄적인 과거와 결부시키고 있는 것처럼 보인다. 이런 점에서 매직 리얼리즘적인 요소들을 총동원한 것 같은 이 소설은 남아프리카의 과거와 현재에 대한 알레고리라고 볼 수 있다.

'악마의 계곡'에 사는 보어인들에게는, 남아프리카에 흑인 정권이 들어서고 흑인 대통령이 통치를 하고 있다는 역사적인 사실과 변화가 아무 의미도 없다. 그들에게는 "흑인들과 영국인들은 적"이고 부시맨들은 "해충"

이며, "그들이 우리의 뒤꿈치를 짓이기면 우리는 그들의 머리를 짓이기라"고 성경에 쓰여 있다고 믿으며, 가나안 땅의 이스라엘인들이 하나님이 이교도들을 죽이라고 했음에도 불구하고 그 명령을 이행하지 않음으로써 그곳을 이교도와 우상 숭배자들의 지옥으로 만들었다는 사실을 교훈 삼아 결코 그렇게 해서는 안된다고 믿는다(96-97). 이 소설은 어떤 면에서 보면, 새로운 세상이 왔지만 아파르트헤이트 이데올로기가 머리 속에 심어 놓은 편견과 오만과 독선과 인종차별을 지금껏 버리지 못하고 있는 백인들을 알레고리적인 방식으로 조롱하고 질타하고 있는지도 모른다.

여기에서 이 소설의 화자가 대학에서 역사를 전공한 범죄 전문 기자라는 사실은 의미심장하다. 브링크는 인터뷰에서 이 화자를 찾는 데 자신이 얼마나 고심했는지를 밝힌 바 있다. 그는 소설의 소재에 맞는 스타일을 찾아내려고 애썼으며 결국 저널리스트이자 역사가인 인물을 화자로 설정했다고 밝히고 있다(Higgins 10). 저널리스트와 역사가는 사실에 집착한다. 과거사를 기술하는 데 있어서 오직 사실에만 집착하는 것이다. 그런데 사실에만 집착할 때 남는 것은 의미를 드러낼 수 없을 만큼 상반되는 스토리들뿐이다. 화자가 '악마의 계곡'을 떠나면서 토로하는 말–나는 예상과 다르게 앞으로 잘 나아갔다. 벌써 저 아래에서 일어났던 것을 믿는 것이 어렵다. 사실, 사실, 사실을 추적하는 역사가이며 범죄 전문 기자인 내게 남은 것은 상반되는 이야기들의 실타래일 뿐이다(367-68)–은 바로 이러한 딜레마를 보여준다. 결국 사실에 집착하는 게 기자와 역사가의 기본 입장이지만 사실 자체만을 갖고서는 어떠한 역사나 사건을 기록할 수 없으며 그것의 의미망은 허구적 내러티브를 동원해야 열린다는 것이다. 디킨스의 『어려운 시절』(*Hard Times*)에 등장하는 그래드그라

인드Gradgrind라는 인물이 사실에 너무 집착한 나머지 진정한 리얼리티의 의미를 파악하지 못하고 기계적인 인간으로 전락하고 마는 것처럼, 역사가와 기자도 사실에만 집착함으로써 사실의 노예가 되어 버리며 그것을 종합적으로 파악하는 시각을 상실하게 된다. 자신이 사실을 있는 그대로 보고한다고 생각하면서, 자기도 모르는 사이에 자신이 그 사실을 해석하고 있다는 사실을 인지하지 못하는 것이다. 장폴 사르트르Jean-Paul Sartre의 『구토』(*Nausea*)에 나오는 주인공인 역사가가 객관적인 역사적 지식의 가능성에 대한 신뢰를 잃고 실존주의적 구토에 시달리는 것처럼, 『악마의 계곡』의 화자도 상반되는 사실들에만 집착한 나머지 그것들의 실타래를 풀어 진정한 의미를 헤아릴 수 없는 실존적인 위기에 봉착한다. 프리드리히 니체Friedrich Wilhelm Nietzsche의 말을 인용하면, "우리는 종종, 진실을 찾는 것에 대해서 아무 생각도 없이 찬사를 보낸다. 그러나 진실을 찾고자 하는 자에게 정의에 대한 무조건적이고 성실한 의지가 있을 때만 그 안에 위대한 게 있는 법이다"(Nietzsche 35).

어떤 사실이 의미를 띠고 다가오는 것은 그것이 객관적인 것이어서가 아니라 바라보는 자의 눈, 특히 정의를 구현하고자 하는 의지가 있는 자의 눈을 통해서만 가능하다는 니체의 말은, 역사적 "사실들은 우리의 해석에 의하지 않고는 접근이 불가능하다"며 역사적 해석이 온전한 것이 되려면 상상력을 통해야 가능하다는 브링크의 견해(Brink, "Truth" 31)와 흡사하다. 또한 이런 의미에서 브링크의 견해는 니체, 사르트르, 헤이든 화이트Hayden White, 바르트 등의 주관적인 역사관과 흡사하다. 결국 역사적 사실에 대한 우리의 지식은 내러티브를 통해서 가능하다는 논리인 셈이다. 브링크의 말을 다시 인용하자면, 그래서 "워털루"라는 역사적 사건은 "언어의 사건"이며 "역사의 해석뿐만 아니라 역사도, 그리고 세계에 대한 우리의 인식뿐만 아니라 세계도 하나의 텍스트"(Brink, "Truth" 32, 42)인 것이다. 또 다른 측면에서 보면, 남아프리카의 역사를 알레고리적으로 다루면서 화자를 범죄 전문 기자로 설정한 것은 여러 가지로 긍정적인 기능을 한다. 범죄 전문 기자는 그 속성상 비참하고 비극적인 사건들을 다루기 때문에 거칠 수밖에 없으며 욕도 자연스럽게 나올 수 있다. 모든 기자들이 그렇다는 것이 아니라 직업의 속성상 그럴 수도 있다는 말이다.

독자가 욕설을 내러티브의 리듬으로 착각할 만큼 화자가 욕설을 많이 하는 것은 화자의 개인적인 고통과 외로움에 부분적인 이유가 있긴 하지만, '악마의 계곡'에 사는 보어인들의 시대착오적이며 위선적이고 도착적인 특성들이 그를 그렇게 만들고 있다고 보아야 한다. 여기에서 화자가 하는 욕은 바흐친이 그의 카니발 이론에서 말한 바처럼, 권위에 대한 전복 의지이자 억눌린 감정의 해소책으로 볼 수 있을 것이다. 전복 의지나 감정의 정화 혹은 해소가 브링크의 소설 특유의 문자적인 속성을 통해서 해결될 수는 없었을 것이다. 브링크의 말을 잠시 인용해 보면 그 점 때문에 작가가 얼마나 고심했는지가 분명해진다.

> 처음에는 소설의 스타일이 훨씬 더 문자적이었지요. 그런데 어딘지 맞지 않는 게 있었습니다. 나는 아마 열세 번 정도 고쳐 썼음이 분명합니다. 쓸 때마다 화자가 욕을 더 많이 하도록 했지요. 나는 내가 알았던 일부 범죄 전문 기자들의 언어 습관을 지면에 포착하려고 했습니다. 그런 사람들이 구사하는 용어는 아주 제한되어 있습니다. F용어-여기에서 브링크가 F라고 일컫는 말은 영어권에서 쓰는 상스러운 욕을 의미한다-를 아주 반복적으로 사용하지요. 나는 내러티브를 단조롭게 만들지 않으면서도, 그런 언어 습관을 전달하

고 싶었습니다." (Higgins 10)

브링크는 매직 리얼리즘적인 기법을 활용함과 동시에 욕을 잘 하는 기자를 화자로 설정하여 스토리를 전개함으로써, 남아프리카의 과거에 대한 비판적인 시각을 잃지 않으면서 동시에 그것으로부터 텍스트를 어느 정도 해방시켜 자신의 문학 공간을 확장시키고자 한 것처럼 보인다.

그렇다고 이러한 특성이 정치 상황이 변했기 때문에 나온 임기응변적인 전략이라는 말은 아니다. 지금까지 논의한 바와 같이 언어에 대한 브링크의 자의식은 초기 작품에 이미 반영되어 있었으며, 끊임없이 텍스트에 이런저런 형식으로 반영되어 왔다. 다만 그것이 남아프리카의 폭력적 현실에 대한 저항 의식에 어느 정도 눌려 있다가 정치 현실이 새롭게 편성된 현재 상황에서 더 자유롭게 분출되었다고 보는 게 적절할 것 같다. 작중인물인 엠마가 화자에게 하는 말처럼 역사가 "제 때에 그것으로부터 깨어난 악몽"(318)에 비유될 수 있다면, 역사는 브링크라는 작가에게 하나의 해방공간 즉 카니발적 공간을 마련해 준 셈이다. 브링크가 인터뷰에서, 남아프리카 문학의 미래를 어떻게 생각하느냐는 질문에 답변을 한 것을 보면 그가 얼마나 낙관적인 시각을 갖고 있는가 하는 것이 잘 드러난다.

> 나는 남아프리카의 문학에 대해 낙관적입니다. 새로운 가능성들이 열려 있기 때문이지요. 어쩌면 흑인작가인 은자불로 은데벨레Njabulo Ndebele가 말한 바처럼 "일상성의 재발견"에 대한 가능성 때문이지요. 모든 것이 가능합니다. 작가들이 이러한 가능성에 대해 활발하게 반응하고 있다는 조짐이 보이고 있습니다. 가장 개인적이고 은밀한 것에 대한 더 깊은 탐색에서부터 역

사를 다시 쓰고 다시 상상하는 일까지, 그리고 알레고리로부터 리얼리즘까지, 또한 이야기 서술의 매직에서부터 사회적 경험의 변방을 점검하는 일까지, 모든 가능성이 열려 있는 것입니다. (왕철, 브링크와의 대화 181)

이런 점에서 보면 남아프리카의 민주주의의 역사는 브링크의 소설의 역사와 호흡을 같이 해 왔고, 앞으로도 그럴 것처럼 보인다. 예순 중반에 접어든 작가가 이처럼 개방적이고 '젊은' 예술관을 갖고 끝없이 자신의 예술 양식을 실험하고 있다는 것은 흔하지 않은 경우일 것이다. 특히 그것이 날카로운 현실적 안목과 정의에 대한 확고한 신념, 그리고 흔들리지 않는 역사의식을 바탕으로 한 것이기 때문에 더욱 그러하다. 브링크의 소설에 이르면 포스트모더니즘과 매직 리얼리즘은 더 이상 무책임하고 무정부주의적인 예술 양식도 아니고 모더니즘의 파산도 아닌, 열려 있는 가능성으로서의 문학 양식이며 남아프리카의 과거에 창조적으로 대응하는 도덕적인 문학 양식이 된다.

06
남아프리카 문학의 탈식민 논의*

1. 백인 중심의 담론

남아프리카의 식민주의 역사는 식민주의를 경험하고 독립을 쟁취한 다른 나라들의 역사와 상당한 차이가 있다. 대부분의 아프리카 국가들이 60년대를 전후하여 식민주의의 예속으로부터 풀려나 독립을 할 수 있었던 반면, 남아프리카는 그럴 수 있는 상황이 아니었다. 표면적으로 보면, 남아프리카도 1910년에 영국으로부터 독립하여 남아프리카 연방이 되었고, 1961년에 영연방에서 축출–남아프리카는 1994년 다시 영연방으로 되돌아갔다–되어 남아프리카 공화국이 되었으니, 엄연한 독립국이었다. 그런데 문제는 그것이 다수의 흑인이 아니라 소수의 백인에게 정권이 독점되는 아파르트헤이트 즉 "폭력적인 위계질서"에 불과했었다는 사실이다. 자크 데리다Jacques Derrida가 말한 바와 같이, 아파르트헤이트란 말 자체가 "격리 체계, 철조망" 등을 포함한 나치의 "집단수용소와 같은 영역

---

* 2000년 『현대영미소설』에 발표.

을 점유"하고 있었다(Derrida 292). 그래서 남아프리카에 진정한 독립이 성취된 것은 역사상 최초의 흑백 구분이 없는 민주선거가 실시되고 흑인 정권이 들어선 1994년이라 할 수 있다.

남아프리카 문학의 포스트콜로니얼리즘 논의는 이처럼 복잡한 역사적 상황을 배경으로 전개된다. 상당수의 남아프리카 학자들은 지하단체들이 합법화되고 정치범들이 석방된 1990년과 흑인정권이 들어선 1994년 사이를 식민주의가 종식된 시기로 해석하는 것처럼 보인다. 물론 그것은 보는 사람에 따라서 달라질 수는 있다. 가령 데이비드 애트웰David Attwell과 같은 학자는 포스트가 이후(after)의 의미보다는, "배가 이미 물 위를 지나갔지만, 물이 아직도 출렁거리고 대기에는 그 흔적이 가득 남아 있는" 상태를 지칭한다(Attwell 2)고 말한다. 그러나 그러한 경향의 사고를 하는 학자들도 백인정권이 아파르트헤이트 정책을 포기한 시점을 기준으로 남아프리카의 상황을 바라보고 있다는 점에서는 다른 남아프리카 학자들과 별로 다를 바가 없다.

포스트콜로니얼리즘 논의는 현재 남아프리카의 모든 대학에서 뜨거운 쟁점이 되어 있으며, 대학마다 포스트콜로니얼리즘에 대한 강의를 개설하지 않은 곳이 없는 실정이다. 1998년 케이프타운 대학에서 열린 〈조지프 콘래드 국제학회〉조차도 "본국의 정전과 포스트콜로니얼 강의계획서에서의 『어둠의 심장』(*Heart of Darkness*)의 위치"를 주된 쟁점 중의 하나로 삼았을 정도다. 또한 남아프리카에서 발행되는 잡지 중 포스트콜로니얼리즘에 지면을 할애하지 않는 잡지가 거의 없으며, 어떤 잡지는 아예 전체를 그것에 할애하기도 한다. 1990년대에 발표된 『최근의 글』(*Current Writing*), 『문학연구저널』(*Journal of Literary Studies*), 『올터네이션』(*AlterNation*) 등과 같은 학술지를 대충 훑어보면 포스트콜로니얼리즘이 얼마나 활발하게 논의되고 있는지를 쉽게 알 수 있다.

어떤 의미에서 보면 '포스트콜로니얼'이란 용어는 다른 나라에서도 그렇지만 특히 남아프리카에서는 축제적인 의미를 띠고 있는 것처럼 보인다. 남아프리카의 하늘에 드리우고 있던 아파르트헤이트와 식민주의라는 먹구름이 걷히고 자유와 평등의 날이 도래했다는 논리다. 이런 논리가 어느 정도 현실에 기반을 두고 있음은 부인할 수 없는 사실이다. 아파르트헤이트가 종식되자 세계는, 폭력과 유혈 혁명을 거치지 않고 해방과 자유의 날을 맞은 남아프리카에 박수갈채와 환호를 보내며 그들의 앞날을 축복했다. 두 개의 상반된 힘이 서로 맞부딪쳐 결국 한 쪽이 다른 한 쪽을 완전히 몰아내는 "폭력의 불가피성"을 역설했던 프란츠 파농Franz Fanon의 예언과 경고(Fanon 36)가 남아프리카의 경우에는 들어맞지 않았던 셈이다. 남아프리카는 "무지개 나라"의 꿈을 안고 세계의 축복을 받으며 새로운 역사의 장을 시작했고, 넬슨 만델라는 27년 동안 감옥에 갇혀 있다가 석방되어 최초의 민주선거에 의한 대통령으로 선출되어 흑백간의 화해 분위기를 조성하고 나라의 터전을 다지려 했다. 데스몬드 투투Desmond Tutu 주교가 주창한 "진실과 화해 위원회"(Truth and Reconciliation Committee, TRC로 약칭)는 세계의 이목을 집중시키며, 아파르트헤이트 정권의 실상을 폭로함과 동시에 가해자와 피해자가 서로 사죄하고 용서하는 역사적인 공간을 마련하고자 했다.

그러나 역사는 상징적인 화해의 몸짓만으로는 안 된다는 것을 증명하기라도 하듯, 만델라의 집권이 끝나고 타보 음베키가 2대 대통령으로 취임한 현재, 남아프리카의 현실은 암담하기만 하다. 외국의 자본에 기대고 있는 남아프리카의 경제적 현실, 상상할 수 없을 정도로 높은 실업률과 범죄율, 부패, 에이즈를 비롯한 각종 질병, 전문지식을 가진 백인들의 이민에 수반되는 인적자원의 고갈, 그리고 무엇보다도 갈수록 증폭되는 인종 갈등의 문제를 생각하면 포스트콜로니얼이란 용어에 내포된 축제적인 의미는 현저히 퇴색될 수밖에 없게 된다. 닉 피서Nick Visser나 켈빈 소울Kelwyn Sole 등과 같은 마르크시스트 비평가들이 지적하는 것은 바로 이 점이다. 그들은 남아프리카의 포스트콜로니얼 비평가들/학자들이 그들의 논의에서 종족과 식민주의의 문제에만 초점을 맞춤으로써 그것보다 더 원론적인 경제와 계급의 문제를 등한시하고 있다고 비난한다(Visser 83, Sole 91). 또한 J. M. 쿳시Coetzee가 적절하게 표현한 것처럼, "남아프리카가 과거를 청산하고 정말로 새로운 역사적 장에 들어섰는지 의심할 필요가 있으며," 그런 의미에서 남아프리카인들은 "현재, 옛 것과 새 것이라고 희망했던 것 사이의 불안하고, 점점 더 편치 못한 틈에 끼어 있다"(왕철, 쿳시 인터뷰 437)고 할 수 있다.

상당수의 백인 학자들이 다소 축제적인 의미로 포스트콜로니얼리즘이라는 용어를 사용하는 것은 또 다른 문제를 제기한다. 문자적 전통이 없던 남아프리카에서 담론의 공간을 지배한 것은 백인들이었다. 그것은 흑인정권이 들어선 후, 영어와 아프리칸스어를 비롯한 다른 아홉 개의 원주민어를 공식언어로 지정한 현재 상황도 마찬가지다. 아직도 흑인들의 문학은 쿳시, 애솔 퓨가드Athol Fugard, 나딘 고디머Nadine Gordimer, 안드레 브링크André Brink 등 화려한 백인작가들의 명성과 문학적 성취에 압도당해 있으며 앞으로도 오랫동안 그래야 할 것이다. 또한 코사어, 줄루어, 수투어 등 흑인들의 언어는 백인들의 언어인 아프리칸스어와 영어의 위세에 눌려 기를 펴지 못하고 있으며, 그들의 언어로 쓰인 문학작품은 독자층을 확보하지 못하여 존립기반 자체가 흔들리고 있는 실정이다. 흑인 작가들이 자기들의 언어가 아닌 백인들의 언어 특히 영어로 창작을 하는 현실은 그들의 애매모호한 입지를 여지없이 드러내 준다. 흑인들이 아프리칸스어보다 영어를 선호하게 된 것은 아파르트헤이트 정권이 교육현장에서 아프리칸스어를 흑인들에게 강요한 결과였다. 대다수 흑인들에게 아프리칸스어는 억압의 대명사였고 지금도 정도의 차이는 있지만 마찬가지다. 1976년 6월 16일, 요하네스버그 근교에서 일어난 소웨토(Soweto) 봉기는 아파르트헤이트 정부의 억압적인 아프리칸스어 정책이 기폭제가 되어 일어난 사건이었다. 그러나 이처럼 강렬한 저항에도 불구하고 "지난 25여년 동안 아프리칸스어가 남아프리카의 정치적, 경제적, 사회적 현상에서 지배적인 영향력을 행사"(Maake 45)해 온 것 또한 엄연한 현실이다. 결국 영어와 아프리칸스어라는 두 개의 유럽어가 원주민어들을 주변으로 몰아내고 서로 각축전을 벌이는 상황이 된 것이다.

이러한 맥락에서 보면, 포스트콜로니얼리즘이란 용어는 축제적인 의미가 아니라 오히려 암울하고도 고통스러운 의미를 띠게 된다. 아니, 그 용어는 존립기반 자체가 흔들리고, 어떤 면에서 보면 백인의 언어로 글쓰기를 강요당하는 흑인작가들에게는 공허한 것인지도 모른다. 앤 맥클린토크Anne McClintock의 말을 인용하자면, 이러한 포스트콜로니얼리즘에는 "시기상조적으로 축제적인" 의미가 부여돼 있다(McClintock 256). 백인작가들과 문학적 역량 면에서 비교를 할 수는 없지만, 나름대로 작가적 명성을 누려 온 에스키아 음파흘렐레Es'kia Mphahlele, 루이스 은코시Lewis Nkosi, 은자불로 은데벨레Njabulo Ndebele와 같은 흑인작가들이 한결같이 영어로 글을 쓰고 있다는 사실은 흑인작가들의 현실을 적나라하게 말해준다. 영어를 버리고 자신의 부족어인 기쿠유어로 글을 씀으로써, "정신의 탈식민화"를 기하고자 한 케냐 작가 응구기 와 시옹오Ngugi wa Thiong'o의 자존심과 기백이 남아프리카의 흑인작가들에게도 없을

리는 없겠지만, 지배언어에 속수무책으로 묶여 있는 상황에서, 그리고 영어가 세계의 언어권을 장악하고 식민화해 가는 상황에서, 그들이 그런 생각을 실천에 옮긴다는 것은 요원한 일처럼 보인다.

남아프리카 문학을 둘러싼 포스트콜로니얼리즘 논의의 대부분은 바로 이러한 이유 때문에 백인작가들을 중심으로 전개된다. 식민주의자들이 본국으로 물러나버린 다른 아프리카 나라들의 경우는 흑인작가들을 중심으로 포스트콜로니얼리즘 논의가 전개될 수 있겠지만, 백인과 흑인이 같은 지리적 공간에 공존하면서도 담론의 비중이 백인 쪽으로 치우쳐 있는 남아프리카에서는 아직 그럴 여유가 없다. 따라서 고디머, 브링크, 쿳시 등과 같은 백인작가들을 포스트콜로니얼리즘적인 입장에서 어떻게 이해하고 자리매김하느냐 하는 것은 아주 중요한 의미를 지닌다. 그것이 남아프리카 문학에 대한 개략적인 이해와 맞물려 있기 때문이다.

2. 백인작가들의 한계

빌 애쉬크로프트Bill Ashcroft, 가레스 그리피스Gareth Griffiths, 헬렌 티핀Helen Tiffin이 공동 저술한 『제국은 되받아 쓴다』(*The Empire Writes Back*)의 기본개념 중의 하나는 식민주의의 기초가 되는 지점에 포스트콜로니얼리즘의 시작이 있다는 것이다. 남아프리카의 일부 학자들이 사용하는 포스트콜로니얼리즘의 개념이 남아프리카가 식민주의 정권으로부터 벗어난 시점에 따라 정의된 것이라면, 그리고 거기에 다소간의 축제적인 성격이 가미될 수밖에 없는 것이라면, 애쉬크로프트나 티핀 같은 학자들의 '포스트-콜로니얼리즘'은 그 시기에 상관없이 식민주의에 대한 대항 담론(counter-discourse)의 형태로서 정의된 개념이다. 애쉬크로프트에 따르면, 앞의 포스트콜로니얼리즘이 포스트와 콜로니얼리즘 사이에 연자부호(-)를 넣지 않음으로써 시간적인 개념을 나타내는 반면, 뒤의 포스트콜로니얼리즘은 연자부호를 넣음으로써 "고쳐쓰기, 침해하기, 차단하기, 담론에 대응하기 등의 의미를 나타내고자 한다"(Kossew 1). 그래서 부호가 곁들여진 포스트-콜로니얼리즘은 "식민지가 된 시점부터 현재까지, 제국주의적인 과정에 영향을 받은 모든 문화"(Ashcroft 2)를 논의의 범주에 넣는다.

1998년에 출간된 『포스트콜로니얼 아프리카 작가들』(*Postcolonial African Writers*)을 보면 응구기, 치누아 아체베Chinua Achebe, 벤 오크리Ben Okri 등과 같이 시간적인 개념에 입각해 정의된 용어 '포스트콜로니얼'에 맞는 작가도 있지만, 올리브 쉬라이너Olive Schreiner, 알렉스 라 구마Alex La Guma, 베시 헤드Bessie Head 등과 같이 시간적인 개념에서 보면 전혀 합당하지 않은 작가들까지 포함되어 있는데(Parekh v-vii), 그것은 포스트 다음에 연자부호를 넣는 애쉬크로프트식의 정의를 시기에 구애받지 않고 광범위하게 적용한 데서 나온 결과다. 백인작가인 고디머가 "포스트콜로니얼 아프리카 작가들" 속에 포함되어 있음은 물론이다. 포스트콜로니얼리즘을 시기적으로 정의할 것 같으면 고디머의 소설 중 그 범주에 속할 수 있는 작품은 『거짓의 날들』(*The Lying Days*)(1953)로부터 『내 아들의 이야기』(*My Son's Story*)(1990)에 이르는 소설들을 제외한 『아무도 나와 동반할 자 없네』(*None to Accompany Me*)(1994)나 『가정의 총』(*The House Gun*)(1998) 등과 같은 소설들이 되겠지만, 그녀의 소설을 식민주의 체제에 대한 대응담론적인 입장에서 본다면 그녀의 모든 소설이 거기에 해당된다고 할 수도 있을 것이다.

물론 이런 식으로, 피부 색깔이나 시기에 구애받지 않고 작가를 제국주의 담론에 대한 대응적 입장에서 보고, 거기에 합당하는 작가를 포스트콜로니얼 작가라고 규정하는 것은 여러 가지 면에서 유용한 전략임에 틀림없다. 이렇게 되면 시간적인 구분에 따르는 문제점이 생기지 않을 뿐만 아니라 쉬라이너, 퓨가드, 도리스 레싱Doris Lessing과 같은 백인작가들의 작품을 제국주의 이데올로기에 대한 대응담론으로 총괄하여 논의할 수 있게 된다. 그런데 포스트콜로니얼리즘을 광범위하게 규정한 애쉬크로프트 식의 정의는 다소 심각한 문제를 제기할 수도 있다. 우선 포스트콜로니얼리즘 논의를 식민주의가 종식된 것을 기점으로 하지 않고 식민주의 내에서 행해진 모든 저항적 담론에 무차별적으로 적용한다면 몇 백 년 전의 문학 텍스트들도 그 논의에 포함시켜야 할지 모른다. 또한 애쉬크로프트 식의 포스트콜로니얼리즘 논의는 백인작가들의 대응담론적인 입장에 너무 중점을 둔 나머지, 그들의 백인중심적이며 식민주의적인 입장을 등한시하는 결과를 초래한다.

남아프리카 백인작가들에 대한 압둘 잔모하메드Abdul JanMohamed의 논의는 바로 이러한 애쉬크로프트 식의 논의가 무엇을 간과하고 있는지를 잘 보여준다. 잔모하메드는 고디머를 응구기나 아체베와 같은 흑인 아프리카 작가들과는 근본적으로 다른 "식민주의 작가"로 분류하는데, 그것은 그녀의 소설이 한결같이 백인의 진보주의 이데올로기에 초점을 두고, 남아프리카의 아파르트헤이트 "파시즘"이 백인들의 진보적인 의식에 미치는 영향을 형상화하고 있다고 보기 때문이다. 고디머의 소설은 결국 백인의 눈으로 본 식민주의의 문제를 형상화한 백인중심주의적 소설에 불과하다는 것이다. 백인과 흑인의 위계질서가 뒤바뀐 상황을 그리고 있는 『줄라이의 사람들』(*July's People*)조차도, 그 초점이 흑인들이 아니라 자신의 하인이었던 흑인에게 의존해야 하는 백인들의 상황에 맞춰져 있다. 결국 고디머의 문학은 한쪽으로 치중된 문학이며, 따라서 "순수한 민족문학을 형성하는 데 참여할 수 없는 무능력"을 드러낸다 (JanMohamed, "Economy" 82). 잔모하메드의 시각을 고디머의 다른 소설에 적용해 볼 것 같으면, 식민주의가 공식적으로 종식된 이후에 쓰인 『가정의 총』도 흑인 변호사가 법정에서 백인을 변호하게 되는 변화된 시대 상황을 그리고 있지만 백인의 시각으로 세계를 바라본다는 점에서 백인중심주의적 소설이라고 할 수 있을 것이다.

잔모하메드의 논리는 근본적으로, 식민주의자들의 후손일 뿐만 아니라 자의든 타의든 자신의 피부 색깔 때문에 혜택을 받아 온 백인들이 완전한 탈식민주의적 작품을 쓴다는 게 거의 불가능하다는 생각을 전제로 하고 있는 것처럼 보인다. 이러한 생각은 포스트콜로니얼리즘 논의에서 주된 연구대상이 되고 있는 쿳시나 브링크에 대한 잔모하메드의 발언에서 더욱 분명하게 드러난다. 브링크의 『이어지는 목소리들』(*A Chain of Voices*)은 "인식적인 의도성의 측면에서 보면 '과격한' 역사소설"이다. 즉, 이 소설은 당시의 남아프리카적 상황에서는 생각하기 힘든 "다성적인 코러스"의 공간을 만들고 있다. 즉, 작가는 파격적으로 노예들과 그들의 자유에 대한 갈망에 목소리를 부여하고 있다. 그러나 이러한 "과격한" 소설도 결국 백인식민주의자들의 마니교적 이분법을 완전히 탈피하지 못하고 있다는 게 잔모하메드의 입장이다.

예를 들자면, 이 소설에서 백인들은 심한 성적 억압상태에 있는 것으로 묘사되어 있는 반면, 흑인(혼혈인)들은 성에 강박관념이 되어 있는 것으로 묘사되어 있다. 성적 억압상태에 있다는 말은 자기통제력이 있다는 말이고, 성적 욕구에 탐닉한다는 것은 자기통제력이 없으니 통제가 필요하다는 발상이다. 잔모하메드의 말을 그대로 옮길 것 같으면, "이 소설의 발상 자체, 그것의 감정적 의도성 자체가 마니교적인 알레고리의 '상상적' 메카니즘에 의해 결정되고 있다". 또한 그에 의하면, 쿳시의 『야만인들을 기다리며』(*Waiting for the Barbarians*)는 "의도적인 알레고리"로써, "식민주의 소설의 탈역사적이고 탈사회적인 경향을 집약"하고 있는 소설이다. 이 소설은 "진보적인 백인들의 죄의식과 백인들의 종족적인 편집병"을 형상화하고 있지만, "그것의 역사적인 출처를 인정하기를 거부하고, 아파르트헤이트 정권의 특정한 야만성을 암시하기를 거부한다." 그래서 이 소설은 "자아와 타자의 관계를 형이상학적인 측면에서 반영함으로써 제국주의적인 행위를 신비화하고 있다"(JanMohamed, "Economy" 73).

잔모하메드가 남아프리카 작가들의 작품을 분석하는 데 사용하고 있는 이론적 근거는 파농의 식민지 이론인데, 파농에 따르면 식민지 사회는 "순수한 아리스토텔리스적인 논리에 입각한 규칙을 추종하고, 상호배타성의 기본원칙을 고수하는" 두 개의 영역으로 쪼개진 "마니교적인" 세계이다(Fanon 38-39). 백인 정착민들은 "군대와 경찰력을 동원해 원주민들의 자리를 제한하는 것으로는 충분치 않다고 생각하고, 원주민들을 악으로 규정한다. (...) 그들은 원주민을 윤리에 무감각하며 가치개념이 없을 뿐만 아니라 가치개념을 부정하는 존재로 생각한다. 원주민은 가치의 적이며, 이런 의미에서 절대적인 악이다"(Fanon 41). 원주민은 원주민대로 백인 정착민들의 마니교적인 논리를 똑같은 논리로 맞받아치며 그들을 "절대적인 악"으로 규정한다. 그런데 문제는 양쪽 모두 서로를 필요로 한다는 것이다. 백인 정착민들의 경우에는 그 의존도가 특히 심하다. 결국 식민지는 애증이 교차하는 공간이 될 수밖에 없는 것이다. 1990년 이전의 남아프리카는 이처럼 애증이 교차하는 공간의 대표적인 예였다. 아파르트헤이트 이데올로기가 파농이 말했던 상호배타적인 마니교적 논리에 의존하고 있었음은 두말할 필요도 없다.

그렇다고 잔모하메드가 브링크, 고디머, 쿳시와 같은 백인작가들이 이처럼 조야한 마니교적인 이분법을 갖고 창작을 했다고 원색적으로 비난한다는 의미는 아니다. 다만 그가 지적하고자 하는 것은 식민주의의 저변에 깔려있는 마니교적인 이분법이 백인작가들의 심리에 암암리에 투사되어 그들의 작품에 반영되어 있다는 것이다. 잔모하메드에 따르면, 아파르트헤이트 정권이 다수 흑인들에게 저지르는 참혹상을 소설을 통해서 세계에 알리는 데 앞장섰던 브링크와 고디머, 그리고 그들과는 다르지만 자기 나름의 알레고리적인 방식으로 아파르트헤이트 이데올로기를 해체하고자 했던 쿳시마저도 예외일 수 없었던 것이 바로 이 마니교적인 이분법이었다. 백인작가들은 아파르트헤이트 정권이 그들에게 강제로 부과한 마니교적인 이분법과 그것을 해체하고자 하는 의도 사이에서 갈등을 겪었다. 그리고 그들의 의도가 어떤 것이었든, 그들이 쓰는 어떤 것도 백인으로서의 글쓰기라는 테두리를 벗어날 수가 없었다.

백인작가들에 대한 잔모하메드의 문제 제기에서 알 수 있듯이, 식민주의자들과 같은 피부의 작가가 생산한 작품을 식민주의에 대한 대응담론의 형태로써 제시하는 데는 어느 정도 무리가 따르는 것도 사실이다. 백인작가들의 작품이 아무리 식민통치나 그 이데올로기에 대한 저항담론의 형태를 띠고 있다고 해도, 결국 그들의 글쓰기가 백인이라는 테두리를 벗어나기 힘들기 때문이다. 그것은 식민지 백인작가들의 숙명인지도 모른다. 그 대상이 백인작가가 아니고 수탈과 억압의 대상이었던 유색인작가라면 문제는 훨씬 간단해질 것이다. 가령 은코시나 세로테Mongane Serote 같은 흑인작가들을 포스트콜로니얼리즘과 관련해서 논의하는 데 이의를 제기할 사람은 아마 거의 없을 것이다. 그러나 백인작가는 백인이기 때문에 문제가 된다.

물론 피부색을 중심에 놓는 이러한 발상 자체를 말이 안 되는 논리라고 반박하는 작가도 있을 것이다. 가령 집권당인 아프리카 민족회의(ANC)의 당원으로써 활동하고 있는 백인작가 고디머는 이런 생각을 터무니 없는 것으로 일축한다. 그녀는 "아프리카를 중심으로 한 의식"을 갖고 "아프리카에 의해 형성된 정신적이고 영적인 경험"을 형상화하는 작가를 "아프리카 작가"라고 규정(Gordimer, "Interpreters" 5)한다. 그녀에게는 피부색이 문제가 될 수도 없고, 그렇게 되어서도 안 된다. 그러나 그녀의 입장이 어떻든, 그녀가 남아프리카를 식민통치했던 유럽인들과 피부색이 같고, 바로 그것 때문에 혜택을 받았다는 것은 좋든 싫든 엄연한 현실이었다. 어쩌면 브링크, 쿳시, 고디머, 퓨가드와 같은 작가들은 그들의 작품의 예술적 완성도가 무엇보다도 우선적인 고려사항이었겠지만, 아파르트헤이트 이데올로기에 대한 그들의 저항적 담론 때문에 더욱 세계적인 주목을 받게 되었다는 일부 흑인들의 주장을 전면적으로 부인하기는 어렵다. 가령 은데벨레에 따르면 쿳시, 고디머, 브링크, 페이튼 등과 같은 백인작가들의 작품은 "아파르트헤이트 시대의 예술적 성취를 대변하는데, 이들의 문학이 그것을 만든 시대에 대한 도덕적 저항을 기조로 하고 있다는 사실이 객관적인 역사적 리얼리티에 영향을 미치지는 않는다. 그들의 문학적 성취는 그것의 성장에 자양분을 준 양심의 괴로움뿐만 아니라 특수한 합법적 기회 덕분이었다. 이러한 리얼리티는 그 문학의 지속적인 관련성뿐만 아니라 한계를 나타내 준다"(Ndelebe 150).

3. 백인작가와 정체성의 문제

고디머는 만델라 대통령이 인정할 만큼, 소설과 연설과 비평 등 다양한 경로를 통해서 아파르트헤이트에 저항해 온 작가이다. 잔모하메드는 그러한 고디머의 기백과 용기와 실천적 지성을 높게 평가하고 존경하는 학자이고, 실제로 여러 곳에서 그렇게 말한 바 있다. 다만 그가 유감스러워 하는 것은 고디머처럼 재능이 있는 작가의 작품이 "자신의 선택뿐만 아니라 남아프리카의 정치 상황에 대한 혐오로 인하여, 파시스트 사회가 일부 사람들에게 미치는 영향"만을 형상화하는 데 그치고 말았다(JanMohamed, "Degeneration" 149)는 것이다. 이것은 고디머의 용기와 작가적 역량에도 불구하고 백인작가로서의 모호한 입장이 아무래도 마음에 걸린다는 말이다. 잔모하메드의 구조주의적인 입장과 발언이 타당한 것이라면, 남아프리카의 백인작가들은 어디에서 자기정체성을 찾아야 하는가. 아니, 그러한 진단과 평가는 적절한 것일까. 우리가 다음에 짚고 넘어가야 할 것은 이러한 유형의 질문들이다.

고디머가 E. M. 포스터Forster나 조지프 콘래드Joseph Conrad와 같은 영국소설가들과 같은 맥락에서 논의되는 것은 이제 흔한 일이 되었다. 스티븐 슬레몬Stephen Slemon이 지적한 것처럼, 이것은 유럽과 비유럽, 식민주의자와 피식민주의자, 중심과 변방, 여기와 저기 등의 이원론에 입각해서 포스트콜로니얼리즘을 논하는 제 1세계 학자들의 논의에서 두드러지는 현상인데, 그들은 식민지 백인작가들을 "너무 모호하고, 너무 부차적이고, 너무 흔치않다"는 이유로 논외로 쳐버린다. 이런 학자들은 그들이 갖고 있는 식민주의자와 식민지인이라는 절대적인 이원론 때문에 백인작가들을 영국문학의 일부분으로 간주해 버리고 만다(Slemon 108). 때로는 작가들도 그런 논리에 적당히 가세할 때가 있다. 가령 고디머 자신도 어느 인터뷰에서, "나는 영어로 글을 쓰는 아프리카 작가입니다. 따라서 영국문학의 일부이기도 합니다."(Tetth-Lartey 282)는 말을 한 적이 있는데, 이런 발상 자체가 식민지 백인작가의 위상을 아주 애매한 것으로 만든다. 물론 문학을 식민주의나 제국주의에 대한 저항의 차원에 국한시키지 않는다면, 이러한 발상은 어느 정도 이해할 수 있는 것이겠지만, 지배담론에 대한 텍스트의 저항을 탐색하는 포스트콜로니얼리즘 논의에서는 문제가 될 수 있다. 슬레몬이 지적한 바처럼, 스피박이나 바바가 그들의 포스트콜로니얼리즘 논의를 통해 부각시키고자 한 것은 바로 그러한 식민지 작가들을 영국 문학의 범주에서 빼내 포스트콜로니얼리즘이라는 영역에 자리잡게 만드는 것이었다(Slemon 109).

샐먼 루시디Salman Rushdie도 거의 비슷한 입장을 취하는 것처럼 보인다. 그는 "연방문학"이라는 용어를 "아주 이상한 짐승"이라고 생각하는데, 그것은 "실제로 연방에 속하지 않는 남아프리카와 파키스탄을 포함시키면서도 연방에 속하는 영국은 빼놓고 있기 때문이다"(Rushdie 37-38). 루시디가 이 말을 했던 시점은 1987년으로써 남아프리카와 파키스탄이 연방에 속하지 않았던 때였고, 지금은 두 나라가 모두 연방에 속해 있고, 파키스탄은 최근에 있었던 군부의 쿠데타로 인해 연방으로부터 축출당할 위기에 있다. 결국 '연방문학'이라는 용어는 중심을 공고히 하고 타자를 철저하게 주변화시키기 위한 전략이라는 것이다. 그런데 바바와 스피박이 주장하는 것처럼, 순수성이나 절대성의 개념만을 갖고는, 아니 그런 개념으로는 포스트콜로니얼리즘 논의가 제대로 이뤄질 수 없다. 에드워드 사이드Edward Said의 이원론적인 오리엔탈리즘 이론이나 잔모하메드나 파농의 이원론이고 이항적인 "마니교적 알레고리"로 설명할 수 없는 게 바로 이 부분이다.

고디머, 쿳시, 퓨가드, 브링크 등과 같은 백인작가들의 작품에서는 압박과 피압박, 식민주의자와 피식민주의자, 자아와 타자, 여기와 저기 등의 안정된 이원론이 아니라, 대치되는 가치나 이데올로기의 회색지대가 나타난다. 슬레몬에 따르면, 이런 작가들은 양면적이고 상호 대치되는 가치들을 "내면화"한다. 바로 이러한 이유 때문에, 앞서 잔모하메드가 지적한 바와 같은 "모호성"이 불가피해지는 것이다. 따라서 이들의 문학에 나타나는 저항은 "자아에 순수하게 외적인 대상이나 추론적인 구조를 향하는 법이 결코 없다"(Slemon 109-10). 저항의 대상이 "외적인 대상이나 추론적인 구조"만이 아니라 백인인 작가 자신이 될 수도 있다는 말이다. 그들은 결국 식민지 체제에 대한 저항적인 글을 쓰지만, 그것이 식민지 체제의 언어인 영어나 아프리칸스어를 통한 글쓰기이기 때문에 체제에 대한 공모성을 띨 수밖에 없는 속성을 내포하고 있다. 미셸 푸코Michelle Foucault가 『지식의 고고학』(*The Archaeology of Knowledge*)에서 설득력있게 제시한 바처럼, 권력은 자신에 대한 저항을 제시하고 용인하며 그 저항행위를 안으로 끌어들여 자체를 더욱 공고히 한다. 그러니까 체제 안의 저항이라는 것이 넓고 크게 보면 기존의 권력의 일부분이라는 말이다.

어쩌면 남아프리카 백인작가들의 작품에 만연해 있는 죄의식의 문제는 이런 맥락에서 이해할 수 있을 것이다. 브링크는 인터뷰에서, "언제나 그들(아파르트헤이트 정권)에 관해서 혹은 그들을 비난하는 입장을 취하지 않고, 언제나 우리를 암시"하면서 글을 써 왔다(왕철, 브링크와의 인터뷰 176)는 발언을 한 적이 있는데, 이 말은 그가 네덜란드계 백인인 아프리카너로서 느끼는 죄의식의 일단을 여실하게 보여준다. 브링크는 아파르트헤이트 정권의 실상을 폭로하기 위해 말의 '칼날'을 들이대는 순간에도, 자신이 백인으로서 식민지 정권에 연루되어 있다는 한계를 잊지 않는다. 과묵하기로 유명한 쿳시마저도, 「야코부스 쿳시의 내러티브」("The Narrative of Jacobus Coetzee")의 주인공이며 식민주의자인 야코부스 쿳시가 "1760년대까지의 가계家系를 추적할 수는 없었지만" 자신이 "야코부스 쿳시의 후손이라는 것이 충분히 가능하다"는 사실을 인정하고 있을 정도다(왕철, 쿳시 인터뷰 427). 『야만인들을 기다리며』에 나오는 진보적인 성향의 변방 관리가 토로하는 죄의식은 어쩌면 쿳시가 백인으로서 갖고 있을 수밖에 없는 죄의식이 투영된 것이라고 해도 큰 무리는 아닐 것이다.

또한 남아프리카 백인작가들이 끊임없이 탐색하고 있는 자기정체성의 문제도 이들의 "모호한" 위상과 불가분의 관계에 있다. 가령 고디머의 소설을 보면 거의 모두가 백인의 정체성을 문제삼고 있다. 물론 그것이 진보주의에서 출발하여 점차 과격한 쪽으로 변화해 가지만, 정체성의 문제를 중심에 놓고 있다는 점에서는 다를 바가 없다. 고디머의 궁극적인 지향점이자 메시지는 남아프리카 백인들이 "서양문명의 경험과 문화에 입각해 충고를 하려고 하고, 선도를 하려고 하는 옛 충동들을 잊어야 한다"는 것이며, "백인임을 앞세우고 아프리카인임을 뒤에 세우는 백인들은 남아프리카에 머물지 않는 것이 좋다"(Gordimer, *Essential Gesture* 35, 37)는 것이다. 『주빈』(*A Guest of Honour*)에 나오는 백인 주인공 이블린 브레이가 흑인정부에서 미미한 역할을 담당하고, 『자연의 변종』(*A Sport of Nature*)에서 백인여성인 힐렐라가 흑인지도자의 부인이 되는 것은 주역이 아닌 조역에 머물 수밖에 없는, 아니 그래야만 자신의 존재를 인정받을 수 있는 백인의 위상을 극명하게 보여준다. 결국 백인들이 아프리카에 뿌리를 박고 살기 위해서는, 다수 흑인들 속의 소수집단이 되어야 한다는 논리다. 백인작가의 역할이 그런 소수집단에 준해야 함은 물론이다.

그렇다고 모든 백인작가들이 고디머와 같이 선명하게 자기정체성의 문제를 제시하는 것은 아니다. 어쩌면 자기정체성에 대한 백인작가들의 태도는 대부분 애매모호한 것이라고 해야 더 맞는 말일 것 같다. 가령 쿳시와 같은 작가는 종족적 구분 자체를 못마땅해 한다. 그는 흑인임이 분명한 "마이클 K가 흑인인지 알 수 없으며, 내가 백인인지도 알 수 없다"(Coetzee, *Cape Times*, 1987)는 얘기를 했고, 어떤 점이 그를 남아프리카 작가로 만드냐는 평범한, 그러나 평범하기 때문에 더욱 곤혹스러울 법한 질문을 받고, 그가 "남아프리카 시민인 것은 여권에 그렇게 되어 있기 때문이며, 그것이 나를 남아프리카 작가 혹은 남아프리카 시민이며 작가로 만드는 것인지는 다른 사람들이 결정할 문제"(왕철, 쿳시 인터뷰 431)라고 다소 신경질적으로 응수한다. 그는 자신이 남아프리카 작가임에 분명한데도, 그런 질문을 받을 수밖에 없는 현실이 못마땅한 것이다. 쿳시의 답변에는 남아프리카 작가의 애매모호하고 불편한 위상에 대한 자의식이 짙게 깔려 있다. 쿳시와 달리, 브링크는 똑같은 질문을 받고, 자신의 "전체적인 의식은 남아프리카에 의해 형성되었"으며 "남아프리카가 없었다면 글을 쓸 수가 없었을 것"이라고 대답하며 "다른 남아프리카 작가들 특히 흑인작가들과 공통되는 게 있다면, 억압과 인간성의 부정에 대한 분노, 역경을 넘어서 승리하는 인간정신의 찬양 같은 것"(왕철, 브링크와의 대화 172)이라고 답변하면서, 불편한 감정을 별로 드러내지 않으려 한다. 그러나 그도 자신이 "남아프리카 작가로서, 유럽과 아프리카가 교차하는 아주 활력적인 지점에 있다"(왕철, 브링크와의 대화 171)고 말함으로써 자신의 이중적인 유산과 모호한 자기정체성을 드러낸다.

결국 이런 백인작가들을 묶는 것은 이중성, 모호성, 중간성, 혼종성이라고 해야 할 것이다. 어쩌면 바바의 이론으로 잘 설명할 수 있는 게 이 부분일 것이다. 바바의 이론은 문화가 서로 교차하는 지점과 식민지 이전 상태의 허구성을 강조함으로써, 식민주의자들에 대한 토착민들의 저항의 의미를 다소 퇴색시키는 경향이 있지만, 식민지 백인작가들을 설명하는 데 아주 유용한 개념이다. 특히 남아프리카와 같이 문화가 섞이고 자아와 타자의 개념이 흐려진 공간에서는 아파르트헤이트라는 이원론적인 이데올로기에도 불구하고, 바바의 모호성이나 모방이나 혼종성이 중요한 개념으로 자리를 잡는다.

4. 남아프리카 내부의 식민주의

포스트콜로니얼리즘 논의는 식민주의자와 피식민주의자 혹은 가해자와 피해자의 구분이 분명한 상황-물론 앞서 논의한 것처럼, 이처럼 절대적이고 순수한 이원론은 존재하기 어렵다-에서는 대체적으로 이견이 분분하지 않을지도 모르지만, 백인들이 유럽으로 물러난 게 아니라 인구의 12퍼센트 정도를 차지하며 눌러앉아 있는 남아프리카의 경우에는 아주 복잡한 양상을 띠고 전개된다. 남아프리카의 포스트콜로니얼리즘 논의를 시간적이고 발전적인 개념에 입각해서 전개할 수 없는 이유가 여기에 있다. 더욱 상황을 복잡하게 만드는 것은 백인들 사이에도 식민주의가 있었으며, 흑인 쪽으로 정권이 넘어간 지금도 그 후유증이 심각하다는 것이다. 영국계 백인들과 네덜란드계 백인들 사이에는 해묵은 식민주의의 골이 파여 있다. 그래서 상당수의 아프리카너들은 백인민족주의당이 선거에서 승리한 1948년을 영국식민주의자들로부터 그들이 독립을 쟁취한 시점으로 본다. 그러니까 아프리카너들의 입장에서는 1948년이 포스트콜로니얼리즘의 분기점이었던 것이다. 언뜻 보면, 아파르트헤이트 이데올로기를 근거로 흑인들의 인권을 짓밟았던 자들이 해괴망측한 논리를 펴고 있다고 생각될지 모른다. 그러나 그들의 주장에 근거가 전혀 없는 것은 아니다. 그들은 보어전쟁에서 패배함으로써, 자기들이 정착하여 개척한 땅을 이권에 눈이 어두운 영국 제국주의자들에게 송두리째 빼앗겼다. 보어전쟁은 1899년 10월에 시작되어 3년간 계속되었는데, 그 전쟁 기간 중 3만 명에 달하는 아프리카너 부녀자들과 아이들이 나치의 집단 수용소 같은 수용소에서 희생당했고, 남아프리카는 결국 영국의 손으로 넘어갔다.

그런데 그런 식민주의의 희생자들인 아프리카너들은 1948년에 정권을 잡은 후, 파시즘이라고까지 일컬어지는 아파르트헤이트 정책을 입법화 하고 흑인들을 지배했다. 아이러니도 보통 아이러니가 아니었다. 잭 코프Jack Cope의 말을 빌리면, 1948년에 정권을 잡은 아프리카너 지도자들은 "자기들이 가장 사악한 면에서 제국주의의 희생자였음에도 불구하고, 스스로 새로운 제국주의자들이 되었다. 그들은 영국으로부터 제국과 식민주의라는 외투를 인계받았다"(Cope viii). 그러나 다른 측면에서 보면, 영국의 식민주의가 "아프리카너 민족주의의 기초"(Turrell 20)가 되었다는 점도 무시할 수 없다. 영국인들에게 패배한 것이 아프리카너들을 더 단합하게 만들었던 것이다. 브링크에 따르면, 아프리카너들의 민족주의는 "영국의 제국주의와 네덜란드의 종교적, 언어적 지배에 대한 저항"에서 출발한 것이었다(Brink, *Reinventing* 189). 그런데 이처럼 긍정적일 수도 있는 민족주의가 1948년 이후로는 이름만 바꾼 사악한 제국주의가 되어 버렸다. 브링크와 같은 아프리카너 작가들은 바로 이러한 자기 민족의 "새로운 제국주의"에 등을 돌려야 했다. 그것은 아프리카너 작가들이 물려받은 이중적인 짐이었다. 그들은 영국의 식민주의뿐만 아니라 자기 민족의 식민주의에 저항해야 했다. 아프리카너 작가를 "문화적인 정신 분열증 환자"라고 말한 브링크의 말은 바로 이러한 이중적인 분열상태를 잘 말해준다(Brink, "Position" 13). 수 코수Sue Kossew가 지적한 바와 같이, 아프리칸스 소설 중에서 최초로 판매금지를 당했던 『어둠을 바라보며』(*Looking on Darkness*)는 브링크가 "자기 자신의 아프리카너 식민지 배경에 대해 도전을 하면서, 통치를 할 권리와 아프리카너들의 가치들에 대해 의문을 제기하고, 그가 '아프리카너와의 사랑과 증오의 관계'라고 일컬었던 것을 탐색한다는 점에서, 포스트콜로니얼하다고 생각할 수 있다"(Kossew 6).

영국계 백인들의 작품에는 아프리카너들이 아주 부정적으로 묘사되어 있는데, 그것은 아파르트헤이트 정권과 아프리카너들을 연결시키는 데 급급한 나머지, 자신들의 식민주의 역사를 간과하기 때문에 그렇다. 가령, 고디머의 소설에 나오는 한결같이 부정적이고 상투적인 아프리카너들의 묘사는 부당한 면이 없지 않다. 고디머는 아프리카너들에게 아파르트헤이트의 책임을 돌리는 현실에 대해서 어떻게 생각하느냐는 질문을 받고, "그것이 아프리카너 정부였고, 아프리카너들이 공무원이었으니 그들에게 책임을 묻는 것은 당연"하다(왕철, 고디머와의 대화 169)라고 말한 적이 있는데, 그녀의 입장을 이해하지 못하는 것은 아니지만 아프리카너들과 영국 식민주의자들 사이의 역학과 함수를 전혀 감안하지 않는 듯한 그녀의 태도에는 석연치 못한 구석이 없지 않다. 물론 그녀는 아프리카너들은 물론이고, 다른 백인들에게도 아파르트헤이트의 책임이 있다는 점을 분명히 하고 있지만, 노벨문학상을 수상할 정도의 대표적인 남아프리카 작가가 아프리카너들을 천편일률적으로 도식화하는 것은 유연하지 못한 태도일 뿐만 아니라, 아프리카너들에 대한 상투적인 이미지들을 영속화시키는 데 가세할 소지마저 있다는 점에서 경계할 필요가 있어 보인다. 가령 부커상을 수상한 『보호주의자』(*The Conservationist*)를 보면, 드 비어 아프리카너 가정에 대한 묘사가 나오는데, 아무리 주인공 메링의 눈을 통한 묘사라고 하지만, 지나치게 상투적이고 야유적이다. 어쩌면 바로 이것이 아프리카너 백인작가들과 고디머를 가르는 선인지 모른다. 가령 브링크의 소설에 나오는 아프리카너들은 고디머의 아프리카너 인물들과 달리 생동감이 있는데, 그것은 남아프리카라는 땅에 정착하여 수백 년 동안 척박한 땅을 일궈 온 자기 민족에 대한 작가 나름의 자긍심을 엿볼 수 있게 한다.

물론 소수의 백인들, 특히 아프리카너들에 의한 식민통치 때문에 다수의 흑인들이 인간 이하의 취급을 받아온 식민지 역사를 돌아보면 영국 식민주의자들과 네덜란드계 백인들 사이에 있었던 식민주의 역사를 거론한다는 것은 사치스러운 일일지 모른다. 그러나 영국의 제국주의가 남아프리카 역사에 미친 막대한 영향을 생각하면 그러한 논의가 그렇게 정도를 벗어난 것만은 아닐 것이다. 영국 제국주의와 아파르트헤이트 역사는 서로 뗄래야 뗄 수 없는 관계에 있는 것이다. 그러나 불행하게도, 남아프리카 학자들 사이에서 진행되는 포스트콜로니얼리즘 논의에서는 이러한 논의가 흑백 문제에 압도되어 설 자리를 잃고 있는 것처럼 보인다. 어떤 측면에서 보면, 남아프리카의 학자들은 포스트콜로니얼리즘을 흑백간의 문제로 좁혀서 보고 논하도록 강요받고 있는 셈이다. 포스트콜로니얼리즘 담론을 담당하는 학자들이 대부분 백인들이기 때문에 더욱 그렇다.

비단 백인과 흑인, 아프리카너와 비아프리카너 사이에 있었던 식민주의 역사만이 문제가 되는 것은 아니다. 흑인과 흑인 사이에 있었던 식민주의 역사도 포스트콜로니얼리즘 논의에서 거론할 필요가 있다. 베시 헤드Bessie Head가 『마루』(*Maru*)와 같은 소설에서 문제 삼았던 서로 다른 흑인 종족 간의 식민주의는 비록 그것이 이웃나라인 보츠와나를 배경으로 한 것이긴 하지만, 남아프리카나 짐바브웨 등 아프리카 전역에 적용될 수 있는 일반적인 것이다. 이제는 관광객의 눈요기감으로 전락하고 만 소수의 부시맨들이 처해 있는 현실은 백인의 식민주의만이 아니라 서로 다른 흑인종족 사이의 식민주의도 문제가 될 수 있다는 사실을 우리에게 보여준다. 또한 콰줄루 나탈에서 벌어지고 있는 아프리카 민족회의와 잉카타 자유당(IFD)의 전쟁과도 같은 권력투쟁은 흑백간의 문제만을 담론의 중심에 놓고 있는 남아프리카의 포스트콜로니얼리즘 논의의 한계를 여지없이 드러낸다. 어쩌면 이러한 문제는 남아프리카의 포스트콜로니얼리즘 논의만이 지닌 한계라고는 할 수 없을 지 모른다. 우리는 모두 흑과 백, 피해자와 가해자, 피식민주의자와 식민주의자라는 편리한 이분법적 논리의 함정에 빠져, 피해자나 피식민주의자의 내부에 있는 식민주의자나, 가해자나 식민주의자의 내부에 있는 식민주의자를 자칫 도외시하기 쉽다. 이것이 바로 포스트콜로니얼리즘 논의가 경계해야 할 점 중의 하나임은 분명해 보인다.

5. 포스트콜로니얼리즘 논의의 향방

남아프리카에서의 포스트콜로니얼리즘 논의는 언어, 종족, 식민주의, 식민주의 내의 또 다른 식민주의 등 다중적인 요소들 때문에 걷잡을 수 없이 복잡한 양상으로 전개된다. 포스트콜로니얼리즘의 정의가 무엇이며, 그것이 남아프리카에 적용될 수 있는 이론인가 하는 문제부터 논란

거리가 되는 것이다. 물론 포스트콜로니얼리즘 논의가 남아프리카 문학을 논하는 데 있어서 유용하다는 것은 부인할 수 없다. 그리고 고디머, 쿳시, 브링크와 같은 백인작가들을 남아프리카 문학 속에 자리매김할 경우, 바바와 스피박 등 포스트콜로니얼 이론가들의 논의가 상당히 유용하다는 것도 분명한 사실이다. 쿳시처럼 의도적으로 식민주의 텍스트에 대한 "되받아쓰기"를 시행하는 작가의 경우에는 특히 그렇다. 가령 그의 『포우』(*Foe*)는 다니엘 드포Daniel Defoe의 『로빈슨 크루소』(*Robinson Crusoe*)와 『록새나』(*Roxana*)를 다시 쓰는 형태의 포스트콜로니얼 소설이라고 할 수 있다.

그러나 남아프리카에서 포스트콜로니얼리즘 논의는 적어도 현재로서는 그러한 유용성의 차원을 벗어날 수 없는 것처럼 보인다. 남아프리카 문학이라는 개념 자체가 아직 분명하지 않은 상황이기 때문에 더욱 그렇다. 남아프리카의 지배적인 문학 텍스트가 백인 정착민들의 것이라는 현실은 사안을 더욱 어렵게 만든다. 물론 코사어나 줄루어 등 흑인들의 언어로 쓰인 문학도 있지만, 그것이 영어나 아프리칸스어로 쓰인 문학과 어깨를 나란히 하려면 오랜 세월이 지나야 할 것처럼 보인다. 그리고 아파르트헤이트 정권의 붕괴 이후, 그 이데올로기의 대명사격인 아프리칸스어의 위상이 상당히 실추되고, 그 실추된 자리를 영어가 차지하고 있는 현실에서는, 영어가 앞으로 어떤 위상을 차지할 것이냐에 따라 포스트콜로니얼리즘 논의의 향방도 달라질 것처럼 보인다. 그리고 쿳시의 소설 『추락』(*Disgrace*)의 주인공이 토로하는 것처럼, 영어는 "남아프리카의 진실을 전달하는 데 부적절한 언어"(117)일지도 모른다. 가야트리 스피박Gayatri Spivak의 용어를 빌려서 말하자면, 포스트콜로니얼리즘 논의의 향방은 결국 남아프리카인들이 "영어라는 짐"을 어떻게 처리하느냐에 따라 달라질 것이다.

포스트콜로니얼리즘 논의의 대부분이 그러한 것처럼, 남아프리카의 포스트콜로니얼리즘 논의도 미학적 측면을 너무 희생시키고 지나치게 이데올로기적인 측면에 중심을 두고 있다는 데서 예외가 아닌 것처럼 보인다. 물론 후기구조주의자들이 밝힌 바와 같이, 미학과 이데올로기를 확연하게 구분할 수는 없겠지만, 텍스트와 이데올로기와 종족과 제국주의의 문제만을 지나치게 강조하는 포스트콜로니얼리즘 논의는 한 쪽으로 편향된 것이라는 비난을 피할 수 없을 것이다. 이것은 작가의 경우에도 마찬가지다. 고디머가 이룩한 화려한 문학적 성취는 이데올로기에 집착할 수밖에 없었던 남아프리카의 특수한 상황과 불가분의 관계에 있으며, 그것은 결국 노벨문학상 수상으로 이어졌다. 그러나 고디머의 소설이 남아프리카의 정치적 변화와 필요에 따라 과격해져 갈수록, 특유의 "시적 속성"을 잃어간다는 사실은 주목을 요한다. 그녀의 후기소설에서는 『거짓의 날들』이나 『보호주의자』와 같은 초기소설에 스며 있는 시적 속성이 사라지고, 그 자리에 정치적 이데올로기와 역사가 들어서 있다. 이제 남아프리카의 정치상황이 바뀌었으니, 고디머가 "그녀의 최고의 작품들의 특징인 강력한 시적 속성"으로 돌아갈 필요가 있다"(Driver 77)는 도로시 드라이버Dorothy Driver의 말은 "시적 속성"을 비롯한 모든 것이 희생당하고 한 쪽으로 집결될 수밖에 없었던 남아프리카의 문화현실을 잘 암시한다.

쿳시가 1987년, "오늘의 소설"에서 했던 말–"현재와 같이 강한 이데올로기적 압력을 받는 상황에서는 (...) 소설은 역사에 대한 보조적인 역할 혹은 대항 외에는 선택의 길이 없는 것처럼 보인다"(Coetzee, "Novel Today" 3)–은 10년이 넘은 지금도, 정도의 차이는 물론 있지만, 남아프리카의 상황에 그대로 적용될 수가 있다. 물론 쿳시의 말은 그가 작가로서 느끼고 감당해야 했던 이데올로기적인 압력을 두고 한 말이었지만, 그것은 작가뿐만 아니라 비평가의 경우에도 마찬가지였다. 지난 10여 년간에 걸쳐 전개되고 있는 남아프리카의 포스트콜로니얼리즘 논의도 남아프리카라는 특수한 사회가 담론에 미치는 이데올로기적인 압력과 강박관념에서 생긴 것이었다.

어떻게 보면, 남아프리카의 복잡한 상황은 포스트콜로니얼리즘 이론이 어느 정도의 보편성을 띠고 있느냐 하는 것을 가늠해 볼 수 있는 좋은 지평이 될 수 있을 것이다. 이 말을 조금만 달리해 보면, 현재 논의되는 포스트콜로니얼리즘 이론 중에서 남아프리카 문학의 복잡성을 일목요연하게 설명할 수 있는 게 없다는 말도 된다. 사실, 남아프리카의 모든 작가들을 포스트콜로니얼리즘이라는 획일적인 범주에 넣고 논의하는 것 자체가 비평적 오류인지도 모른다. 이런 의미에서 "이론의 생산에 따르는 가장 큰 문제는 자기가 맞다고만 하는 데 있다"(Spivak, Post-colonial 45)는 스피박의 말은 귀담아 들을 필요가 있다. 현재 남아프리카의 학계에서 벌어지고 있는 포스트콜로니얼리즘 논의의 한계는 어쩌면 모두 "자기가 맞다고만 하는 데" 있는 것인지도 모른다.

남아프리카 문학의 정의나 개념 자체가 불분명하고 미설정된 상황에서 이질적인 문학 전체를 포스트콜로니얼리즘이라는 테두리에 가두고 논하는 데는 한계가 있을 수밖에 없다. 그리고 유럽이나 미국이 남아프리카를 아프리카 대륙의 무역창구로 보고 있는 현실을 생각하면, 포스트콜로니얼리즘 논의의 폭을 지나치게 확장할 게 아니라, 신식민주의에 대한 저항의 개념으로 축소하는 것이 더 생산적일 수도 있을 것이다. 베니타 패리Benita Parry가 지적한 대로, "식민주의의 비판은 지난 몇 십년간의 학계에서 시작된 것이 아니라 오히려, 서구 모더니티의 프로젝트로써의 식민주의와 제국주의를 의문시했던 해방투쟁에 관계된 이론가/활동가들의 사고였다"(Parry 85)는 사실을 기억하는 게 더 생산적일 수도 있다. 또한 안나마리아 카루시Annamaria Carusi가 지적한 바와 같이, "다수 흑인의 문학이 소수문학의 형태를 탈피하지 못하고 있는" 현재 상황에서는, 포스트콜로니얼리즘보다는 "아파르트헤이트 이후에 대해 얘기하는 것이 더 유용하고 더 실제적"일지도 모른다(Carusi 96). 또한 로즈메리 졸리Rosemary Jolly가 적절하게 지적한 바처럼, "어쩌면 포스트콜로니얼리즘은 너무 자주, 아파르트헤이트와 같은 쉬운 대상을 공격목표로 삼았"으며, 그것이 "속죄양을 찾아냄으로써 포스트콜로니얼 이전의 공동체가 갖고 있는 모순과 난관을 점검해야 하는, 긴박하고 고통스러울 게 틀림없는 일을 지연시키고 있을 수도 있다"(Jolly 26). 이런 때일수록 철저한 자기성찰이 필요하다는 말이다. 그리고 브링크도 같은 맥락의 말을 한 바가 있다. 그에 따르면, 지배이데올로기에 대한 저항 담론이 상정하고 있는 "언어의 힘"에 대한 신뢰는 저항의 대상인 권력이 "우리 자신들의 일부"이기 때문에, "옛날식의 이원론적인 사고 형태를 의심의 눈초리로 바라봐야" 할 필요성도 동시에 제기한다(Brink, *Reinventing* 189). 아파르트헤이트와 같은 가시적인 공격대상이 사라지고 없는 지금의 상황에서는 특히 그렇다는 말이다. 이러한 것들은 지나치게 사변적인 쪽으로 치달으려고 하는 남아프리카의 포스트콜로니얼리즘 논의가 꼭 짚고 넘어가야 할 문제인 것처럼 보인다.

III.

기타 아프리카 작가들

기독교와 서구문명 - 그대들의 이름으로 얼마나 많은
죄들이 저질러졌는가.

- 응구기 와 시옹오

01
르완다 대학살과 식민 후유증
–우웸 아크판의 「내 부모의 침실」*

1. 독립이후에도 지속되는 아프리카의 불행

식민주의의 문제는 그것이 공식적으로 종식되었음에도 좀처럼 물러나지 않고 유령처럼 떠돌며 부정적이고 파괴적인 영향력을 행사한다는 데 있다. 이것을 데이비드 애트웰David Attwell의 다소 온건한 메타포를 빌려 말하면, "배가 이미 물 위를 지나갔지만, 물이 아직도 출렁거리고 대기에는 그 흔적이 가득 남아 있는"(Attwell 2) 상태라고 할 수 있다. 예로 들어, 아프리카의 많은 국가들은 1960년대에 유럽 국가들로부터 독립을 쟁취했지만 아직도 식민주의의 후유증에 시달리고 있다. 이것은 "공적인 기구는 제거되었을지 모르지만, 식민지배가 확립해 놓은 정치적, 경제적, 문화적 고리가 약간의 변형과 함께 여전히 남아 있는"(Kelley 27) 탓이다. 아프리카 작가들이 이러한 현실에 주목하고 그것을 그들의 문학작품에 형상화해 온 것은 그래서 당연한 일이다. 특히 그들은 지금까지 아프

* 2016년 『영어영문학 연구』에 발표.

리카의 역사적, 문화적 가치들에 대해 알려진 대부분의 이야기가 주로 서구의 프레임으로 내면화 되어 왔다는 사실에 주목한다. 루츠 판 다이크Lutz van Dijk의 말을 빌려 말하면, 아프리카 작가들은 "유럽이 아프리카의 모든 것을 설명하려고 하고 무엇보다도 자기들이 대충도 알지 못하는 갈등과 전쟁, 특히 질병과 비참함에 대해 설명"(다이크 12)하려고 하는 현실에 주목했다. 그리고 이것은 아프리카인이 아프리카에 대해 이야기해야 한다는 공감대의 형성과 더불어 과거의 프레임에 대한 반감과 정정의 필요성으로 이어졌다. 그것은 시대적 소명이었다.

나이지리아 출신의 우웸 아크판Uwem Akpan(1971-)은 이러한 시대적 소명을 간과하지 않고 소설을 통해 아프리카가 처한 곤경과 원인을 총체적으로 제시하고자 했다. 소설가이자 예수회 사제이기도 한 그는 다섯 개의 단편소설 및 중편소설로 구성된『너도 한편이라고 말해』(*Say You're One of Them*)를 통해 아프리카인이 직접 아프리카의 이야기를 하는 방식으로 스토리를 전개함으로써 아프리카를 향한 왜곡을 정정하고 유럽인이 설명하는 아프리카가 세계인들에게 얼마나 많은 편견을 심어주었는지를 보여주고자 했다.

아크판이 이 소설에서 서사의 배경을 한 국가에 한정하지 않고 케냐, 에티오피아, 나이지리아, 르완다, 가봉으로 확장한 것은 다양한 사례를 부각시켜 아프리카가 직면한 문제를 총체적으로 제시하기 위해서였다. 영어로 쓰인 다른 많은 아프리카 소설들처럼, 이 소설도 "아프리카를 다른 유럽인들에게 설명하려는 의도로 글을 쓴 유럽 식민주의자의 글쓰기에 대한 반작용으로 탄생"(고든 467)했다고 보면 크게 틀린 말은 아닐 것이다. 여기에서 특히 주목할 것은 작가가 그의 소설에서 빈곤, 매춘, 아동학대, 에이즈, 종교분쟁, 종족갈등과 같은 무겁고도 어두운 사회문제를 아이들의 시각에서 바라보게 하고 있다는 사실이다. 그렇게 한 주된 이유는 아프리카 대륙의 다양한 국가에서 발생한 크고 작은 분쟁을 비롯한 비극적 사건들을 과장이나 은폐 없이 전달함과 동시에 그러한 사건들이 아이들에게 남긴 상흔을 조명하고 그것을 거시적으로 보기 위한 것이다.

아크판은 아프리카를 비극으로 내몬 여러 가지 배경이 되는 사건을 형상화하는 과정에서 내전을 비롯한 종족 갈등에 얽힌 문제들에 주된 관심을 할애하는데, 이러한 관심이 「내 부모의 침실」("My Parents' Bedroom")에서는 르완다 분쟁을 내러티브의 중심에 놓는 것으로 이어진다. 이는 아프리카의 종족갈등과 분쟁을 아프리카의 내부적인 문제로만 환원시키고 그것을 빌미로 아프리카를 자민족끼리 살인을 일삼는 야만적인 공간으로 인식하는 외부의 시각을 교정하기 위한 것이다. 「내 부모의 침실」은 한 평범한 가족이 비극으로 내몰리는 과정을 중심으로 르완다 학살사건과 식민주의 유산이 어떻게 유기적인 관련을 맺는지를 생생하게 보여준다. 달리 말해, 작가는 포스트 식민기의 아프리카에 식민통치가 남긴 부정적인 영향력이 어떻게 민족/종족 갈등과 같은 내부 갈등으로 이어지는지를 르완다에서 발생한 대학살극을 사례로 들어 제시하고 있다.

아프리카 대륙에 문명과는 동떨어진 원시성과 야만성의 이미지를 씌우는 데 일조한 민족/종족 갈등과 내전들은 사실상 식민주의의 유산이다. 이 소설의 배경인 르완다의 종족분쟁도 마찬가지이다. 르완다의 경우, 다수를 차지하는 후투족과 소수인 투치족 사이의 갈등이 시작된 것도 과거에 있었던 벨기에의 식민정책 때문이다. 르완다를 점령한 벨기에 식민주의자들의 눈에 투치족은 검은 아프리카인들, 즉 후투족보다 우월한 "갈색 백인"(bronze Caucasian)이어서 특별한 대접을 해줄 필요가 있었다(Smith 60). 그래서 그들은 소수인 투치족에게 교육과 경제적 혜택을 비롯한 다양한 권력을 부여했고 이것은 불행히도 식민정권의 비호를 받은 그들이 후투족에게 부당한 권력을 행사하는 계기가 되었다. 이러한 내막에서 탄생했다는 점에서 "르완다의 민족갈등은 집단 간의 민족적, 인종적, 종교적, 사회적 차이에 대한 식민 착취의 산물"(Kamalu 64)임이 분명하다.

벨기에 식민주의자들은 소수 종족에게 권력을 쥐어주며 다수 종족을 관리하는 통치방식을 택함으로써, 르완다가 식민정권의 종식 이후에도 식민주의의 후유증으로부터 좀처럼 벗어날 수 없는 토대를 만들었다. 그렇다고 식민주의 이전에는 후투족과 투치족 사이의 갈등이 없었고 모든 것이 식민지배의 산물이라고 단정하는 것은 역사적 사실에 부합되지 않는다. 벨기에 식민정권이 들어서기 전에도 투치족은 "귀족계급"이자 "지배계급"이었다(De Heusch 4). 다만 벨기에 식민정권이 그것을 교묘히 이용했을 따름이다. 그들은 "투치족 귀족들에게 식민 권력의 일부를 이양하고" 투치족으로 하여금 통치를 하게 하는 "간접적인 통치방식"을 택함으로써 "이미 존재하는 투치족의 지배를 강화했다"(De Heusch 4). 그렇지 않아도 지배계급이었던 투치족이 식민권력을 등에 업고 그들의 지배력을 더욱 공고히 하게 된 것이었다. 그래서 후투족에게 투치족은 벨기에 식민정권과 마찬가지로 타도의 대상이었다. "독립투쟁에 이어 투치족에 대한 폭력이 발생한" 것은 거의 예정된 수순이었다(Smith 66).

오랜 세월동안 울분과 증오를 삭혀오던 후투족은 식민정권이 물러나자 투치족에 대한 대대적인 보복에 나섰다. 그렇지 않아도 독립 후에 남북으로 갈리어 주도권 다툼을 하던 후투족들에게 투치족은 손쉬운 공격의 대상이었다(Smith 68). 정권을 잡은 자들은 자신들의 실정과 타락에서 비롯된 문제들까지도 투치족 탓으로 돌리며 증오를 부추겼다. 급기야 1994년 4월 6일, 후투족 출신의 르완다 대통령 쥐베날 하브자리마나Juvénal Habyarimana와 후투족 출신의 부룬디 대통령 시프리앙 은타랴미라Cyprien Ntaryamira가 비행기 사고로 의문의 죽음을 당하자 복수극은 걷잡을 수 없이 확산되었다. 훗날 후투족의 자작극이라는 소문과 함께 아직도 누구의 소행인지 확실히 밝혀지지 않은 이 사건은 폭발적인 증오와 살인을 부추기는 기폭제가 되었다. 후투족 민병대는 라디오 방송까지 동원해 투치족이라면 누구든 살해하라는 명령을 내렸다. 이것은 단순한 보복이나 은밀한 학살이 아니라 후투족 정부의 방관 하에 후투족 민병대가 주도했던 조직적인 인종청소였다. 아프리카 대륙에서 일어난 가장 비극적인 참상이라는 기록을 남긴 이 대학살사건(1994년 4월-7월)에서 투치족은 물론이고 후투족까지 80만에서 100만 명으로 추정되는 르완다인들이 희생을 당했다. 르완다 대학살을 촉발시킨, 과거 벨기에 통치하에서 투치족이 후투족을 대했던 방식은 서구가 비서구에 이식시킨 열등감이 다시 비서구권 내에서 자신들보다 열등하다고 여기는 집단에 투사하는 일종의 "하위 오리엔탈리즘"(sub-orientalism)이었으며 이것은 서구의 인종주의가 아프리카에서 다시 종족주의로 순환되어 학살의 형태로 나타난 것이라고 할 수 있다(Kim 439).

아크판의 소설은 이러한 일련의 문제들을 되짚으면서 종족 공동체를 중심으로 평화롭게 공존해 온 르완다가 폭력의 공간으로 전도되는 양상을 보여준다. 본 논문은 이러한 과정에 주목하여 「내 부모의 침실」에서 작가가 강조하려는 사안도 르완다의 대다수 민족이 학살사건에 동참하게 된 배경에 종족 우월의 개념, 폭력을 유발하는 소속과 경계의 문제, 그 이면에 본질적으로 분열을 이용한 식민통치의 후유증이 자리잡고 있다는 사실을 밝히고자 한다. 이는 아프리카 대륙을 향한 막연한 편견과 서구의 시선을 걷어내고 르완다인들이 처한 국가적 곤경에 어떻게 공감할 것인지의 문제를 식민사라는 역사적 맥락에서 살피는 것이 중요하다는 판단에서다.

2. 민족/종족 증오의 탄생

아프리카 출신의 많은 학자들과 작가들이 아프리카의 민족/종족 분쟁을 점차 중대한 사안으로 확장하여 다루려고 하는 것은 아프리카인들이 동족을 향해 총칼을 겨누는 행위를 아프리카인의 불가해한 원시성과 동일시하는 외부의 시선을 불식시키기 위한 의도에서 비롯된 것이다. 그들은 왜 아프리카인들이 그토록 폭력적인 상황으로 치닫게 되었는지에 대한 역사적 배경을 제시함과 동시에 그것을 예술적으로 형상화하여 외부인들, 특히 서구인들에 의해 왜곡되어 있는 아프리카의 이미지를 복원시키고자 한다. 그들은 르완다의 경우처럼, 아프리카의 많은 국가들이 당면한 갈등이 자국민들 사이의 문제라기보다 식민주의자들에 의한 분열정책에서 기인한 폐해이자 악영향이라는 사실을 주지시키고자 한다. 이케나 카말루Ikenna Kamalu는 아크판을 포함해 아프리카의 많은 작가들이 문학에 접근하는 방식을 다음과 같이 요약한다.

> 현대 아프리카 문학은 군사독재, 지도력의 실패, 부패, 아파르트헤이트, 실업, 소년병, 사회적 불평등, 매춘 등과 같은 사회적 문제에 관심을 가져왔다. 그러나 집단들 사이의 인종-종교적 폭력에 대한 경향이 점점 많아지는 데다 집단 사이의 차이를 강력히 주장하는 것은 많은 아프리카 국가들의 국가성/민족성에 심각한 위협이다. 그리하여 현대 아프리카 작가들은 민족중심주의

와 종교적 근본주의라는 쌍둥이 악, 그리고 그것들이 아프리카의 사회정치학적 발전과 집단 간의 관계에 미치는 결과에 초점을 맞추기 시작하고 있다. (Kamalu 63)

카말루가 적절하게 지적하는 것처럼, 아프리카 현대 작가들은 아프리카의 정치 현실에 적극적으로 개입하기 시작하면서 식민주의의 여파와 후유증에 주목하고 그것에 대응하면서 내부에 만연한 모순과 불협화음의 실상을 제시하고자 한다. 아크판이 종족분쟁을 포함해 여러 국가의 불행에 관심을 갖는 것도 현대 아프리카 작가들이 공통적으로 내보이는 일련의 특징 중 하나라고 볼 수 있으며, 특히 「내 부모의 침실」은 그러한 대응 차원의 서사전략이 돋보이는 소설이다.

이 소설은 아홉 살짜리 여자아이 모니크의 눈을 차용해 그녀의 가족과 관련하여 발생하는 종족갈등의 문제를 형상화한다. 소설은 무언가에 쫓기듯 불안해하는 모니크의 어머니가 방으로 들어와 불을 켜지 말라고 딸아이에게 주의를 주는 장면에서 시작된다. 어머니는 모니크에게 자신이 밖으로 나가면 문을 걸어 잠그고 아무한테도 열어주지 말고, 사람들이 공격하려고 하면 그들에게 "그들과 한편"(327)이라고 응수하라고 한다. 어머니가 사라지고 얼마간의 시간이 흐르자 모니크는 잠이 드는데, 잠결에 사람들이 웅성거리는 소리가 들린다. 일어나 보니, 아버지의 동생 톤톤 안드레 삼촌이 다른 사람들과 함께 문을 열라고 소리를 지르고 있다. 그녀는 어머니가 자신에게 당부했던 것을 떠올리며, 부모님이 모두 외출했다고 말하면서 문을 열어주지 않으려 한다. 그러자 대문 밖의 삼촌이 "사람들은 모두 갔고 네 아빠는 나랑 여기에 같이 있다"(330)라며 그녀를 안심시키고 문을 열게 만든다. 그 순간, 삼촌과 많은 사람들이 집안으로 쏟아져 들어온다. 그들은 그녀의 부모가 보이지 않자 가구와 집기를 부수면서 집안을 헤집기 시작한다.

그런데 부모의 방에서 갑자기 소란스러운 소리가 들리기 시작한다. 모니크는 부모가 단 한 번도 침실에 다른 사람을 들인 적이 없다는 사실을 떠올리며 그곳으로 달려간다. 거기에는 뚱뚱하고 건장한 대머리 남자와 중학생쯤 되어 보이는 남자아이가 방안을 뒤지고 있다. 그런데 뚱뚱한 남자가 갑자기 그녀에게 달려든다. 그녀는 동생과 함께 침대 밑으로 들어가지만 발목이 잡혀 끌려나온다. 그 남자는 그녀의 속옷을 찢는다. 아홉 살짜리 아이한테 성적 폭력을 행사하려고 하는 것이다. 그녀가 소리를 지르며 그를 물어뜯자 그는 그녀의 얼굴을 후려치고 목을 누르고 그녀를 강간하려고 한다. 그때 다른 사람들과 함께 집안으로 들어왔던 모니크 아버지의 작은 아버지이자 "마법사"라고 불리는 사람이 나타나 "아이는 우리들과 같은 편이야"(333)라며 그 남자의 행동을 제지한다.

르완다에서 학살이 고조되던 시기에 다른 종족의 여성을 성폭행하는 것은 보복의 차원에서 충분히 수용할 만한 행위로 간주되었다. 여성과 여자아이에 대한 성폭력이 비일비재했던 것은 이러한 논리에서였다. 인권감시단체(Human Rights Watch)의 기록에 따르면, 르완다 학살사건 기간 동안 후투족 남성들은 실제로 투치족 여성들을 잔인하게 성폭행하고 살해하면서, 투치족 여성들이 과거에 자신을 특권층으로 여기며 자신들을 경멸했다는 이유로 자신들의 행위의 정당성을 주장했다(18). 후투족 남자가 모니크를 겨냥한 것도 투치족 어머니를 닮은 그녀의 외모가 후투족인 그에게 투치족에게 당한 과거를 연상시켰기 때문이다. 모니크가 이전에 "엄마, 난 늘 아름다울 거예요!"라고 말했을 때 어머니가 딸이 아름다워지는 것을 꺼리며 "넌 다른 방식으로 아름다울 수 있어"(339)라고 대꾸한 것도 딸의 아름다운 모습이 그처럼 재앙으로 끝날지 모른다는 불안감에서였다. 모니크의 어머니를 찾아내지 못한 후투족 남성에게 그 딸은 합당한 대체물이었던 셈이다. 그 상황에서 모니크가 아홉 살짜리 아이에 불과하다는 사실은 그에게 중요한 것이 아니었다.

모니크의 가족에게 위기가 닥친 것은 그녀의 부모가 서로 다른 종족이라는 사실 때문이다. 모니크는 부모의 상반된 모습을 이렇게 묘사한다.

> 내 엄마는 투치족이다. 높은 광대뼈, 좁은 코, 아름다운 입, 가녀린 손가락, 큰 눈, 그리고 갸름한 얼굴형을 가졌다. 피부는 매우 밝아서 손 등에 있는 푸르스름한 정맥이 보일 정도다.... 아빠는 대부분의 후투족처럼 대단히 까맣다. 둥근 얼굴, 넓적한 코, 그리고 갈색 눈을 가졌다. 입술은 바나나처럼 두툼하다. (326)

모니크의 부모는 이처럼 종족도 다르고 겉모습도 대조적이다. 그러나 모니크의 부모의 대조적인 모습과 달리, 르완다 역사에서 후투족이나 투치족은 때로 종족의 이름으로 존재할 뿐 생김새로 양자를 구분할 수 없는 경우가 다반사였다. "서구의 대중매체들에 따르면 그들은 서로 다른 두 '민족'"이지만 "그들 사이에 신체적인 차이가 있더라도 당사자들조차 첫눈에 누가 투치[족]이고 아닌지를 항상 분간할 수가 없을 정도의 차이"(들라캉파뉴 347-48)에 지나지 않았다. 게다가 그들은 섞여 산 지 오래여서 서로를 구분하기 애매한 경우가 비일비재했다. 그러한 예는 모니크의 아버지와 안드레 삼촌이 형제간이지만, 서로 다른 모습을 하고 있다는 사실에서 찾을 수 있다. 그런데 이렇게 인종이 표시된 신분증이 아니면 종족적 정체성을 구분할 수 없는 게 현실인데, 모니크의 삼촌인 톤톤이 애써 투치족을 가려내어 폭력을 행사하려 든 것은 인종적 증오라는 것이 고착된 불변의 실체가 아니라 인위적이고 임의적인 대상을 향한 것이라는 사실을 말해준다.

한나 아렌트는 르완다의 인종적 증오를 이해하는 데 유용한 틀을 제공한다. 아렌트는 악이 얼마나 일상적이고 평범한 형태로 사람들에게 가까이 존재할 수 있는지를 "악의 평범성"이라는 개념으로 설득력있게 제시한 바 있는데, 그녀는 남에게 저지르는 엄청난 악행이 행위 주체자의 고의성이나 체계적인 계획에 따라 일어나지 않고 직무를 성실하게 일상적으로 수행하는 과정에서 발생한다는 사실을 『예루살렘의 아이히만』에서 지적한다. 그녀가 예로 삼은 것은 유대인 학살에 엄청난 역할을 한 루돌프 아이히만의 경우이다. 그녀에 따르면, 많은 사람들의 예상이나 추측과 다르게 아이히만은 '개인적으로' 유대인에게 거부감을 가질 이유가 전혀 없었고 오히려 유대인을 증오하지 않을 많은 "사적인 이유"를 갖고 있었다(아렌트 79). 그럼에도 불구하고 그는 많은 유대인 학살에 적극적으로 가담하고 성실하게 학살행위를 수행했다. 아렌트는 그것의 동인이 "사고하지 않음"과 "사유의 불능"이었다고 제시한다.

아렌트의 견해는 후투족과 투치족 간에 벌어진 종족살해의 발단과 확대과정을 이해하는 데 유용하다. 두 종족 역시 다른 종족을 증오하거나 제거하는 것을 자신들이 행해야 하는 의무로 규정하고 그것을 성실하게 이행함으로써 "악의 평범성"을 실현하는 데 동참했다. 좀 더 구체적으로 말하면, 르완다인들은 식민통치의 후유증이 그들에게 얼마나 처참한 방식으로 전유되고 있는지를 사유하지 못하고, 자신들의 손으로 같은 민족을 성실히 그리고 무자비하게 살해하는 행위에 가담했다. 즉 그들은 그 행위 이전에 이미 "사유의 불능" 상태에 있었고, 따라서 이후에도 자신들의 행위에 대해 양심의 가책을 느끼지 않았다. 이것은 "자신이 명령받은 일을 하지 않았다면 양심의 가책을 받았을 것"(아렌트 78)이라는 아이히만의 말과 일맥상통하는 것이다. 종족갈등에 휘말린 르완다인들이나 나치의 인종주의 이념을 신봉한 아이히만 모두, 그러한 이유로 타자의 고통을 염두에 두지 않았고, 따라서 양심의 가책을 받을 필요 없이 다른 종족과 인종을 살해하는 행위에 적극적으로 동참할 수 있었던 것이다.

3. 민족/종족이라는 명분

인종분규가 시작되기 전만 해도 모니크의 집은 평화롭고 행복했다. 모니크의 아버지는 정부 부처에서 일하는 공무원이고 어머니도 대학을 나온 지식층이다. 톤톤 삼촌 부부 역시 교사이고 대중 앞에서 공개적으로 키스를 할 정도로 개방적이다. 그러나 등장인물들의 높은 교육과 개방적인 성향이 종족갈등의 현실을 개선시키지는 못한다. 그들의 가치관이 종족/민족 문제 앞에서만큼은 무력해진다. 이편 아니면 저편으로 나누는 이분법적 가치관에 제대로 대응을 하지 못하기 때문이다.

르완다의 비극은 이렇게 외부의 식민주의가 사라진 자리에 또 다시 권력을 잡은 집단이 다른 집단을 차별하는 내부 식민주의가 들어서며 보복에 보복을 반복하는 악순환의 고리에 있다. 이 전유과정에서 내부 식민주의의 핵심으로 자리잡은 종족갈등은 가족과 마을 공동체의 붕괴를 초래하면서 궁극적으로 국가의 기반을 흔든다. 이와 관련해서 주디스 버틀러Judith Butler의 의견은 참조할 가치가 있다. 버틀러는 가야트리 스피박Gayatri Spivak과의 대담에서, "민족국가가 자신의 존재와 적법성을 내부의 민족적 소수집단을 지속적으로 추방하고 그들의 권리를 박탈하는 것에 의존하는 정치적 구성체라는 점을 어떻게 생각해야 하는지는 쉽지 않은 문제"(Butler 38)라고 전제하면서, 민족국가가 과연 적법한지에 대한 회의를 표명한 바 있다. 그녀는 "민족국가의 기반이 되는 민족을 발명하기 위해 민족 내부의 이질성이 제거되어야 한다"(Butler 38)는 사회적 분위기가 팽배해지는 것에 우려를 표하며, 하나의 국가가 민족을 중심으로 단일화와 동질화를 지향하다가 소수 민족을 배제하거나 추방해 온 일련의 과정이 얼마나 폭력적이었는지 지적한다. 그녀가 지적한 바와 같이, 민족국가의 형성과정에 필연적으로 나타나는 소수에 대한 배제와 폭력의 기제가 르완다의 종족 갈등에서도 그 모습을 드러냈다. 르완다 대학살은 특정 집단에 종족/민족이라는 이름으로 권력이 주어진 순간, 그것이 기폭제가 되어 소수종족이 폭력과 배제의 대상이 된 비극적 사건이었다.

그런데 여기에서 간과하지 말아야 할 것은 종족분쟁과 관련된 불행이 후투족과 투치족에게만 해당되지 않는다는 사실이다. 모니크를 성폭행의 위기에서 구해 준 마법사의 삶은 르완다의 인종 문제가 후투족과 투치족만의 문제가 아니라는 사실을 잘 말해준다. 마법사는 "약간의 커피에 우유를 탄"(327) 피부색 때문에 정상적인 삶을 살지도 못하고 종족을 불문하고 모든 사람들에게 불길한 인물로 통한다. 그러니 스스로도 자신의 피부색을 좋아할 리가 없다. 모니크는 그를 이렇게 묘사한다.

> 그의 말에 따르면, 그가 결혼하지 않은 것은 자신의 피부색을 증오하고 그것이 다음세대로 전해지는 것을 원하지 않기 때문이라고 한다. 때때로 그는 비가 와서 다 씻겨내릴 때까지 몸을 숯으로 칠하고 다닌다. 나는 어떻게 해서 그의 피부색이 그렇게 됐는지 모른다. 내 부모님은 그것이 인종 간의 결혼에 얽

힌 복잡한 이야기라고 말한다. (327-28)

비록 모니크가 복잡한 인종의 문제를 완전하게 이해하지 못하고 있긴 하지만, 그녀의 말은 어느 한 곳에 소속되지 못하고 경계인으로 살 수밖에 없었던 마법사의 고단한 삶을 독자로 하여금 유추할 수 있게 하는 데 모자람이 없다. 후투족과 투치족이 서로를 증오하는 와중에도 백인과 흑인의 피가 섞인 마법사는 그들 모두에게, 흑인성이 훼손되고 오염된 증거로 인식되면서 멸시의 대상이 된다. 이쪽도 아니고 저쪽도 아닌 마법사의 처지는 종족이라는 이름과 피부색이라는 명분으로 증오의 고리를 확장해가는 르완다의 실상을 말해주는 지표이다. 작가는 마법사의 피부색과 관련한 편견과 차별의 실상을 보여줌으로써 후투족이나 투치족은 물론이고 르완다인이라면 누구도 종족/민족 갈등의 덫으로부터 자유로울 수 없는 딜레마를 환기시킨다.

이 소설에는 마법사 외에도 또 다른 희생양인 트와족 소녀가 등장한다. 그래도 마법사는 스토리 안에서는 후투족과 같이 행동을 하는 입장이어서 자신의 안전을 보장받을 수 있는 위치에 있지만, 이 소녀에게는 아무런 보호막이 작동하지 않는다. 트와족이기 때문이다. 그녀는 모니크의 집까지 기어와서 울면서 살려달라고 애원한다. 모니크는 울음소리만을 듣고도 그 아이가 부모님이 에이즈로 사망하여 고아가 된 헬렌임을 즉각 알아차린다. 르완다 역사에서 트와족(소위 말하는 피그미족)은 소수 중에서도 소수였다. 르완다의 인종별 인구분포를 보면 전체 인구에서 후투족이 84퍼센트, 투치족이 15퍼센트, 트와족이 1퍼센트를 차지하고 있었다. 모니크의 부모가 예전에 딸에게 "세상이 우리나라에 대해 이야기할 때 그들[트와족]은 결코 언급되지 않았다"(346)라고 했던 것은 르완다의 인종적 현실을 정확하게 꿰뚫은 발언이었다. 세상은 1퍼센트에 불과한 트와족이 어떻게 되든 관심을 두지 않았다. 트와족은 식민주의 정권 하에서 투치족이 득세했을 때도 그랬고, 식민주의가 종식되고 후투족이 정권을 잡았을 때도 존재성이 없긴 마찬가지였다. 후투족이 투치족을 몰아치는 상황에서 트와족이 무사할 수는 없는 노릇이었다. 그들은 후투족과 투치족 사이에서 오갈 데가 없는 처지였다. 그래서 온몸이 피투성이가 되고 오른발이 골절이 되어 "빨랫줄에 널어놓은 신발처럼 끈으로 묶여 덜렁거리는"(348) 헬렌의 모습은 후투족과 투치족의 종족갈등 사이에서 오갈 데 없는, 소수민족 중에서도 더 소수민족인 트와족의 서러움을 상징적으로 보여준다.

이렇듯 르완다의 종족갈등은 다수를 차지하는 후투족과 투치족만이 아니라 혼혈인이나 트와족까지 분노의 광풍에 휩싸이게 만들었다. 그 광풍에는 아렌트의 말을 빌려 말하면 오직 "미치광이의 분노" 혹은 "통제될 수 없는 분노"(Arendt, *On Violence* 21)만 있을 뿐이었다. 설상가상으로 그 분노에 군중심리까지 가세하면서 상황은 최악으로 치달았다. 이런 의미에서 군중 심리에 내재된 집단적인 환상과 착각의 모순적인 측면을 파헤친 프랑스 철학자 구스타프 르 봉Gustave Le Bon의 말은 경청할 필요가 있다. 그는 "문명의 여명기부터 현재까지 군중은 언제나 환상의 영향"(58)을 받아왔다고 하면서 군중의 무의식적 행동이 개인의 의식적인 활동들을 어떻게 배타적으로 통제해 왔는지를 체계적으로 설명한다. 그는 실체없는 상상력에 기초한 군중의 판단력이 왜곡과 변질을 불러일으키는 위험한 사고로 무장되어 있다고 보았다. 이것은 르완다의 인종적 폭력의 경우에도 정확히 들어맞는 말이다. 그러한 폭력의 기저에 르 봉이 지적한 배타적 군중심리가 작동되고 있었음이 분명하기 때문이다. 아크판이 작가로서, 그리고 성직자로서 개탄하는 바도 바로 이 부분이다.

4. 종종갈등의 딜레마—소속과 경계의 문제

지금까지 분쟁과 관련한 르완다의 비극이 다른 국가나 집단과의 사이에서 발생한 것이 아니라 민족국가 내의 집단 사이에서 발생했다는 점을 살펴보았는데, 여기에서 대두되는 심각한 문제는 내부분쟁이 폭력과 갈등을 재생산할 때 외부의 개입을 무력화한다는 점이다. 이 한계는 폭력 사태가 벌어져도 유엔군이 방관만 할 뿐 그것에 개입하지 못하는 현실로 나타난다. 유엔의 대응은 르완다가 처한 딜레마와 종족학살에 내포된 용서와 화해의 불가능성을 부각시킨다. 서로를 향한 분노와 증오는 용서의 필요성과 교훈을 환상에 불과하게 만들며 그것은 모니크의 집에 맴도는 죽음과 폭력, 그리고 공포의 기운으로 대변되며 그중에서도 톤톤 삼촌의 행위에서 더욱 극적으로 부각된다.

톤톤이 주도하는 가운데 모니크의 부모를 찾아왔다가 돌아갔던 이웃들은 이튿날, 더 많은 군중이 되어 모니크의 집으로 몰려온다. 모니크의 아버지는 어쩔 수 없다는 듯 모든 것을 체념하고, 광기에 사로잡힌 사람들에게 문을 열어준다. 문이 열리자마자 그들이 홍수처럼 집으로 밀려오는 것을 보면서 모니크는 "우리 집에서 갑자기 도살장 같은 냄새가 난다"(349)고 느낀다. 그녀의 예감대로 그들은 그녀의 아버지의 손에 마쉐티 칼을 쥐어주며 그녀의 어머니를 죽이라고 명령한다. 아버지는 제발 다른 사람을 시키라고 부탁하지만, 그의 동생이자 모니크의 삼촌인 톤톤은 "내가 어제 아네트를 죽였을 때 넌 우리와 함께 있었어. 임신한 내 아내를 죽일 때 말이야. 너도 네 것을 지킬 수 없어....내가 내 가족을 사랑했던 것보다 네가 네 가족을 더 사랑하니? 그런 거니?"(349)라고 말하며 그의 애원을 단호히 거절한다. 이때 옆에 있던 마법사가 "우리가 널 대신해 너의 부인을 죽인다면, 우리는 너도 죽여야 해. 그리고 너의 자식들도 죽여야 해."(349-50)라고 하면서 그 자신이 아내를 직접 죽여야 하는 이유가 무엇인지 설명한다. 마법사는 부연하기를 "그렇지 않으면, 골칫거리인 투치족 땅을 없애고 난 후에, 너의 자식들이 우리를 쫓아 올 거야. 우리는 하나로 있어야 해. 어떤 것도 우리의 피를 희석시킬 수 없지. 신조차도. 결혼도"(349-50)라고 말하며, 모니크의 아버지의 청을 용납하지 않는다.

그렇게 해서 모니크의 어머니는 남편의 손에 야만적인 죽음을 당한다. 종족말살에 대한 집단적 광기가 핵심적으로 드러나는 이 사건은 르완다라는 공간이 도덕과 윤리의 문제를 거론할 수 없을 만큼, 넘지 말아야 할 선을 넘었고 대물림 된 증오가 멈춰야 할 지점을 찾지 못했음을 예증한다. 같은 민족으로부터 과거에 끔찍한 일을 당한 당사자들이 '분노'와 '증오'로 일관되게 대응한다거나 이 두 심리가 겹친 종족폭력의 행태가 묘사를 허용하지 못할 정도의 '가족살해'와 같은 형태로 나타난 것이다.

모니크는 어머니가 아버지의 손에 죽고 나서야, 화장을 하고 외출을 했던 어머니가 사실은 밖이 아니라 집 천장에 숨어 있었고 그렇게 한 이유가 자신에게 외출을 위장하기 위한 것이었음을 깨닫는다. 그리고 어머니와 아버지가 알 수 없는 대화로 자신을 혼란스럽게 했던 다음의 이야기도 어머니가 죽은 후에야 그 의미를 깨닫게 된다.

> "자, 우리는 여기에서 도망칠 수 없어요," 엄마는 말한다.
>
> 아빠는 어깨를 으쓱한다. "그래도 난 못해. 내가 어떻게 그것을 하란 말이야?"

그들은 은밀한 것들에 관해 다시 이야기하고 있다.

"당신은 할 수 있어요," 그녀는 말한다. "어제, 당신도 아네트에게 그렇게 했잖아요."

"나는 어제 안드레의 집에 가지 말았어야 했어. 큰 실수였어."

"우리는 안드레한테 협조해야 해요. 그는 지금 미쳐 있어요." (343)

여기에서 '그것'이란 모니크의 아버지가 톤톤 삼촌의 부인, 즉 그때 당시 어렵게 아이를 임신하게 된 아네트를 죽이도록 몰아간 상황을 의미하고, 그녀가 남편에게 "당신은 할 수 있어요"라고 한 것은 톤톤이 그랬듯이 남편이 자신을 죽여야 한다는 의미이다. 톤톤 삼촌이 그토록 모니크의 부모를 찾았던 것도 그들에게 똑같은 식으로 앙갚음을 하기 위해서였던 것이다.

모니크는 어머니가 아버지의 칼에 죽게 된 내막을 과거의 이야기들을 통해 조립해 보다가 마침내 톤톤 삼촌이 그토록 외쳤던 '빚'이라는 것이 '돈'이 아니라 강요된 살인을 통한 복수였다는 사실을 깨닫게 된다. 톤톤 삼촌이 그의 아내 아네트를 죽여야 했던 자리에 모니크의 아버지가 있었듯이, 모니크의 아버지가 모니크의 어머니를 마쉐티로 내리치는 자리에 톤톤 삼촌이 있었다. 이로써 아버지의 형제는 서로 '살인'이라는 '빚'을 주고받은 셈이다. 르완다 대학살 사건을 어떤 민족분규보다 더 끔찍한 재앙이라고 일컫는 것은 집단적인 분노에 배인 맹신과 가족과 친척, 그리고 이웃까지 서슴없이 죽이려 했던 광신에서 찾을 수 있다. 실제로 르완다 대학살 사건의 현장에서 수사를 지휘했던 유엔 소속의 게리 하우겐Gary Haugen과 증오범죄 사건의 수사심리를 맡은 빅터 부트로스Victor Boutros는 『연꽃 효과』(*The Lotus Effect*)에서 "식량, 약품, 교육, 보호시설,

식수, 소액대출 같은 활동이 모두 유익하지만 죽음의 마쉐티를 막지 못했다"(15)면서 르완다인들에게 절박하게 필요했던 것은 "마쉐티를 든 손을 저지해 줄 사람"(14)이었다며, 자신들이 직접 목격한 "르완다의 분위기는 종말 이후의 세상처럼 섬뜩하고 공허했다"(13)고 전한다. 이들의 말은 모니크의 가족에 관련된 참사가 허구가 아니라 르완다 전역에 걸쳐 행해진 광범위한 야만적 행위였음을 증언한다.

이 소설의 제목이자 모니크의 어머니가 살해되는 장소가 "내 부모의 침실"이라는 점은 의미심장하다. 모니크에게 "부모의 침실"은 아무도 들어간 적이 없는 신성한 사적 공간이다. 그런데 후투족 사람들은 그 공간에 난입해 그녀의 아버지로 하여금 어머니를 살해하도록 강요한다. 모니크에게는 하늘같은 아버지와 어머니의 신성한 공간이 야만성에 노출된 것이다. 아크판은 모니크 가족의 사적인 공간이 야만성과 광기에 노출되는 모습을 가족이 붕괴되고 결국에는 공동체가 붕괴됨으로써 맞는 국가의 비극적인 순간으로 치환하고 있다. 이러한 비극은 모니크의 어린 동생 진이 피바다가 된 방바닥에서 마치 놀이를 하듯, 쪼개진 어머니의 두개골과 피를 만지는 장면에서 고조된다. 가족과 국가의 비극을 상기시키는 천진난만한 아이의 행동은 현실을 인지하지 못하는 안타까움을 전달하는 데 그치지 않고 훗날 이 아이 세대가 부모 세대가 경험한 비극에 또다시 휘말리고 복수극에 가담하게 될 불행을 예고하는 것처럼 보인다.

집 앞에는 벌써 투치족 이웃들이 어머니를 죽인 후투족에게 복수하기 위해 무리지어 대기하고 있다. 모니크는 횃불과 총으로 무장한 그들을 보면서 "아빠조차도 엄마의 목숨을 구할 수 없었다면, 내 엄마의 친척들이 내 목숨을 구할 수 있을까? 아니면 내 동생의 목숨을 구할 수 있을까?(354)라고 생각하며 그들을 불신의 눈으로 바라본다. 모니크는 자기 종족을 지키기 위해서 다른 종족을 죽이면 그 종족이 또 이 종족을 죽이기 위해 몰려오는 르완다에서 누구도 자신과 동생을 보호할 수 없음을 이미 본능적으로 느끼고 있다. 그녀는 어머니가 위기에 처하면 “그들과 한편이라고 말해”(327)라고 당부했던 이유를 이제야 비로소 이해하게 된다. 상대와 같은 편이 아니면 누구도 죽음으로부터 자유로울 수 없다는 것을 어머니가 죽고 나서야 이해하게 된 것이다. 그래서 그녀는 어머니의 부족인 투치족 사람들이 복수하러 무리지어 몰려드는 틈을 타, 동생을 데리고 숲으로 도망친다. 그리고 “우리는 살고 싶다, 우리는 죽고 싶지 않다. 나는 강해져야만 한다”(354)라고 생각한다. 모니크가 집에 대해 마지막으로 기억하는 것은 뒤따라오던 투치족 무리가 어머니의 시신을 꺼낸 직후 집에 불을 지르자 천장에 숨어 있던 수십 명의 투치족이 죽어가면서 살려달라고 울부짖던 소리이다. 아이러니컬하게도 투치족이 지른 불에 투치족 사람들과 트와족인 헬렌이 휩싸여 죽게 된 것이다.

피터 트라첸버그Peter Trachtenberg는 르완다의 사례처럼 통제되지 않는 복수심 때문에 인간이 어떤 고통에 처하게 되는지를 상세히 설명한 바 있다. 그는 『재앙의 책』(*The Book of Calamities: Five Questions about Suffering and its Meaning*)이라는 저서에서 “어떤 중재들이 부재하기 때문에 본래의 복수심이 갈등 당사자들에게 뿐만 아니라 자식과 그 다음 세대까지 걷잡을 수 없이 확대된다”(Trachtenberg 173)고 말하는데, 이것은 복수심에 차 모니크의 집을 찾은 후투족 사람들과 이들에게 다시 복수하려는 투치족 사람들의 행렬에서 뚜렷해진다. 그들은 다른 종족을 제거해야 한다는 명분과 사명감 앞에서 증오의 당사자는 물론이고 그 다음 세대에까지 폭력을 물려준다. 이미 깊어질 대로 깊어진 식민사의 흔적이 한 세대의 갈등으로 끝나지 않고 다음 세대로 이어지면서 급기야 무방비 상태로 치닫는 것이다. 그리고 이 보복의 고리는 모니크 가족의 비극과 국가의 비극이 중첩되는 지점이다. 종족주의의 무게에 짓눌린 르완다에서 이성적이고 정당한 대항폭력이 불가능한 이유는 바로 이러한 보복의 악순환에 있다.

5. 르완다의 국가적 트라우마

지금까지 살펴본 것처럼 이 소설에 내재된 비극의 본질은 보복과 증오의 대상이 외부가 아닌 내부로 향하고 있다는 사실에 있다. 서로 다른 종족이라는 이유로 같은 민족 안에서 살인과 증오를 대물림하고 그 결과 실마리를 찾지 못하는 현실을 대면해야 하는 어린 주인공의 트라우마적 상황이야말로 이 소설이 "인간의 비극에 대한 초상화"(Knapp 1)로 정의되는 이유일 것이다.

작가는 아홉 살짜리 소녀의 눈으로 전개되는 이 소설을 통해, 식민사의 폐허와 맞물려 있는 종족분쟁에 휘말리지 않고 "민족청소를 모면하고 민족 간의 보편적인 '인간다운' 방식을 장려하기 위해서는 다른 부족이 갖는 보편적인 휴머니티를 인식"할 필요가 있다고 호소한다(Cevik 9). 이런 의미에서 소설의 후반부에서 모니크가 트와족 친구인 헬렌과 함께 봉사를 하러 갔을 때 만났던 어떤 할아버지가 해준 얘기를 떠올리는 것은 이 소설의 지향점이 어디에 있는지를 잘 말해준다. 그 할아버지는 모니크와 헬렌에게 이렇게 말했다. "만약 네가 후투족이라면 투치족과 트와족을 위해 물을 가져와야 한다. 만약 네가 투치족이라면 후투족과 트와족을 위해 그렇게 해야 한다. 만약 네가 트와족이라면, 다른 두 종족을 위해 그렇게 해야 한다"(346). 그런데 모니크는 후투족이면서 투치족이었고, 그런 의미에서 후투족도 아니고 투치족도 아니었다. 그래서 그녀는 모두를 위해서 물을 떠왔다고 말한다. 그 할아버지의 말처럼, 르완다의 인종문제 해결은 후투족과 투치족이 자기들만의 정체성과 독립성을 주장할 것이 아니라 '우리'보다는 '그들'을 위해 물을 떠다주는 환대의 몸짓을 통해 가능할 것이다. 작가는 이러한 환대의 몸짓을 통해 르완다가 벨기에 식민주의자들이 남긴 증오의 유산을 거부하고 그들이 갖고 있던 인간성을 회복해야 한다고 암시하는 것처럼 보인다. 이 소설의 전반적인 분위기가 암울하고 비극적이긴 하지만, 희망의 빛이 없지만은 않은 이유가 여기에 있다.

이런 의미에서 이 소설의 마지막 단락-"모든 것이 어둡다. 바람은 검은 구름을 담요처럼 하늘에 펼친다. 나의 동생은 반짝이는 십자가상을 만지작거리며 엄마의 이름을 웅얼대고 있다"(354)-은 절망스러운 상황 속에서도 구원의 가능성을 포기하지 않으려 하는 작가의 염원을 드러내고 있는 것처럼 보인다. 결국 모니카의 어머니가 자발적으로 목숨을 포기한 것은 남편과 아이들을 살리기 위한 몸짓, 즉 가족을 위해 십자가를 진 행위였다. 그 덕에 세 사람은 살아남았다. 그들이 이후로 어떠한 삶을 살 것인지는 분명치 않지만, 적어도 이 시점에서 중요한 것은 한 사람이 십자가를 지면서 세 사람이 살아남았다는 사실이다. 그래서 소설이 모니크의 어린 "동생이 반짝이는 십자가상을 만지작거리며 엄마의 이름을 부르고 있다"는 문장으로 끝나는 것은 일반적으로 생각하는 것 이상으로 큰 의미를 갖고 있다. 작가이기 전에 예수회 사제인 아크판은 이 마지막 문장을 통해 성모마리아의 모습을 환기시키며, 어둠 속에 비치는 일말의 빛을 제시하고 싶었던 것인지도 모른다. 이렇게 보면, 소설은 크게 보아 스토리의 형식을 빌린 일종의 간절한 기도인 셈이다.

02 정신적 독립을 위한 긴 여정과 케냐 문학

-응구기 와 시옹오의 소설세계*

1. 제국주의 잔재에 대처하는 응구기의 서사

응구기 와 시옹오Ngugi wa Thiong'o(1938-)는 1964년 『울지 마라, 아이야』(*Weep Not, Child*), 『샛강』(*The River Between*)을 시작으로 『한톨의 밀알』(*A Grain of Wheat*), 『피의 꽃잎들』(*Petals of Blood*) 등과 같은 명작을 발표함으로써 이제는 월레 소잉카Wole Soyinka, 치누아 아체베Chinua Achebe, 나딘 고디머Nadine Gordimer 등과 더불어 아프리카를 대표하는 작가로 꼽힌다. 그가 세계적인 각광을 받게 된 것은 당연히 그의 탁월한 작가적 역량 때문이었지만, 영어로 창작활동을 했다는 것도 적잖은 몫을 했다. 세계적 공용어라고 생각될 만큼 영어가 한껏 기승을 부리는 현실에서 영어로 작품 활동을 하는 것이 여러 가지로 유리하다는 것은 굳이 언급할 필요가 없을 것이다. 그런데 특이한 것은 1977년에 『피의 꽃잎들』을 발표한 이후부터 영어가 아니라 기쿠유어로 글을 쓰겠다고 선언하고 그렇

* 1995년 『외국문학』(가을호)에 발표.

게 해 왔다는 사실이다. 그가 제임스 응구기James Ngugi라는 영어식 이름을 버리고 응구기 와 시옹오라는 기쿠유식 이름을 택한 것도 바로 1977년이었다. 어쩌면 이것이 응구기의 작품세계를 이해하는 데 가장 핵심적인 문제일 것이다.

응구기는 『정신의 탈식민화』(*Decolonizing the Mind*, 1986)라는 저서에서, 빌려 온 언어(영어)를 가지고 아프리카 특유의 경험을 제대로 형상화할 수 있을 지에 대해 의문을 제기한다. 식민주의자들의 언어를 그대로 쓴다는 것은 독립이 된 후에도 정신적 예속 내지 식민 상태에서 벗어나지 못하고 있는 증거가 아니냐는 것이다. 그런데 문제는 영어의 사용 여부가 단순한 선택의 문제가 아니라는 데 있다. 응구기가 영어 대신 택한 기쿠유어는 기쿠유족-이 부족은 케냐의 20퍼센트 정도를 차지하는 최대 부족인데, 케냐에는 이 부족 말고도 40여 부족이 있다고 알려져 있다-의 언어일 뿐이다. 더욱이 영국의 식민통치를 통해 영어가 정착해 있는 현실을 감안하면 영어를 외면하는 것은 비현실적인 것일 수도 있다.

이런 의미에서 나이지리아 작가 아체베가 한 말은 선택의 여지가 별로 없는 아프리카의 딜레마를 적나라하게 보여준다. "한 사람이 다른 사람의 말을 사용하기 위해 자신의 모국어를 버리는 것이 옳은 일인가? 그것은 끔찍한 배반처럼 보이며 죄의식을 느끼게 만든다. 그러나 내겐 달리 선택할 여지가 없다. 그 언어(영어)는 나에게 주어진 것이며, 그래서 나는 그 언어를 사용할 작정이다." 자신의 창작활동이 식민주의자들의 모국어인 영어를 통한 것이기 때문에 죄의식을 느끼지만 그렇다고 다른 대안이 없다는 아체베의 고백은 아프리카의 서글픈 현실을 너무나 솔직하게 말해 준다. 그러한 상황에서 아체베는 "아프리카적인 경험의 무게"를 감당할 수 있는, "모국과 완전한 교감 관계에 있으면서도, 새로운 아프리카적인 상황에 맞게 조정된" 새로운 영어를 찾아내는 일이 자신의 작가적 소명이라고 생각했다. 아체베가 그러한 것처럼 대부분의 아프리카 작가들이 영어, 프랑스어, 포르투갈어와 같은 식민주의자들의 언어로 창작활동을 하는 이유는 이러한 복합적인 현실에 근거하는 것이지 결코 사대주의적 속성 때문이 아니다.

그러나 응구기는 이러한 입장을 안이한 "숙명론"이라며 반박한다. 아프리카 작가가 굳이 외국어로 작품활동을 하면서 아프리카어에만 있는 표현들을 영어로 옮기는 데 그토록 강박관념을 느껴야 하는 이유는 무엇인가. 아프리카 작가들이 모국어를 풍요롭게 만드는 작업을 소홀히 하는 이유는 무엇인가. 이런 것들이 응구기가 제기하는 질문들이다. 그에 따르면 "총탄은 물리적인 복종을 위한 수단이었으며, 언어는 정신적인 복종을 위한 수단이었고", 물리적 힘을 통한 식민화는 결국 "교실에서의 심리적인 폭력"으로 이어졌다. 이러한 인식의 언저리에는 제국주의라는 것이 정치, 경제, 문화, 심리 등 다방면에 걸쳐 동시다발적인 영향력을 행사하는 파괴적인 이데올로기라는 생각이 있다. 이런 맥락에서 응구기는 『십자가 위의 악마』(*Devil on the Cross*, 1982)를 기점으로 그의 작품을 기쿠유어로 쓰게 된다. 이것은 정신의 탈식민화를 향한 주목할 만한 사고의 전환 때문에 가능해진 일이다.

2. 『울지 마라, 아이야』와 『샛강』

응구기의 초기 소설인 『울지 마라, 아이야』는 마우마우(Mau Mau) 운동을 배경으로 벌어지는 한 가족의 비극사를 소재로 하고 있다. 마우마우는 1952년부터 1960년까지 케냐의 중부 지방의 농부들을 주축으로 일어난 조직적인 무장투쟁을 일컫는데, 그로 인하여 케냐 전역에 비상사태가 선포되고 식민지인들의 정치활동이 전면적으로 금지되었다. 영국은 마우마우 운동을 진압하기 위해 6천만 파운드라는 엄청난 돈을 쏟아 붓고 5만 명의 군인과 경찰을 투입했고, 그로 인해 1만여 명의 흑인들이 목숨을 잃었고 9만여 명이 강제수용소에 갇혔으며, 100만 명이 넘는 기쿠유족과 엠부족이 강제이주를 당했다.

이 소설에 등장하는 응고쏘는 다른 케냐인과 마찬가지로 자기 땅을 빼앗기고 하울랜드라는 영국인의 농장에서 삯일을 해 가족을 부양하는 평범한 식민지인이다. 그래도 응고쏘는 그 땅이 언젠가는 자기에게 돌아올 것이라는 막연한 희망을 품고 애무하듯 흙을 만지고, 마치 나무들이 자기 것이라도 되는 것처럼 조심스럽고 부드럽게 다룬다. 이러한 자연과의 교감을 묘사할 때의 응구기는 영국 작가 D. H. 로렌스Lawrence를 연상시킨다. 실제로 응구기의 영어를 대하노라면 로렌스의 흔적을 곳곳에서 느낄 수 있는데, 그 자신도 세상의 모든 만물에 깃들어 있는 영혼과 대화를 나누는 듯한 로렌스의 문체에서 많은 것을 배웠다고 고백한 적이 있다. 그런데 아이러니하게도 하울랜드는 응고쏘의 그러한 태도를 충성심이라고 생각한다. 하울랜드의 눈에는 응고쏘가 피와 살이 있는 인간이 아니라 주인의 심부름을 잘 하는 충직한 개에 지나지 않는다.

미래에 대한 응고쏘의 믿음이 다분히 수동적이고 막연한 형태의 것이라면, 그의 아들 보로는 그와는 상반된 적극적인 삶을 살고자 한다. 보로는 아버지의 방식을 구태의연하다고 생각하고 아버지를 배척하며 정치에 뛰어들어 급기야 마우마우 운동을 마을에 전파한다. 급기야 그는 하울랜드에 기생하여 동족을 배반하고 수탈하는 자코보를 살해하기에 이른다. 식민지인들을 세 계층, 즉 농민, 프롤레타리아, 원주민 부르주아로 분류한 프란츠 파농Franz Fanon의 말에 따르면, 자코보 같은 원주민 부르주아는 독립을 원치 않으며, 독립이 된다 하더라도 식민주의자들의 방식을 버리지 않고 그대로 답습하는 "기생적인" 존재이다. 그런데 문제는 보로가 이러한 "기생적인" 자코보를 살해하는 과정에서 그의 가족이 만신창이가 된다는 데 있다. 응고쏘는 하울랜드에게 고문을 받아 거세가 되고 급기야 목숨까지 잃게 되며, 그의 또 다른 아들인 카마우도 체포되어 극형을 기다리고, 이 소설의 주인공인 막내아들 응조로게도 학교에서 쫓겨나 자살할 생각까지 하게 된다.

응조로게가 학교에서 쫓겨난다는 사실은 이 소설이 겨냥하는 아이러니컬한 효과 중의 하나다. 응고쏘는 응조로게를 백인이 세운 기독교 학교에 보내 백인의 지식을 습득하게 하고, 아들을 무지로부터 탈출시켜 '출세'시키고자 한다. 그런데 그는 형이 마우마우 요원이고 아버지가 자코보를 죽였다는 소문이 나돌면서 학교에서 쫓겨나고 고문까지 당한다. 여기에서 응조로게의 아버지가 백인에 의해 실제로 거세되고, 응조로게 역시 거세의 위협에 시달리는 것은 식민주의자들이 피식민주의자들에게 가하는 유형, 무형의 폭력을 적나라하게 보여준다.

이 소설이 한국독자들의 눈물샘을 자극하는 것은 서술구조의 멜로드라마적인 특성—가령 로미오와 줄리엣처럼 응고쏘의 아들과 자코보의 딸이 서로를 사랑하면서 빚어내는 멜로드라마를 염두에 두면 좋을 것이다—에도 부분적으로 이유가 있지만, 우리가 식민 역사를 경험했다는 사실에도 이유가 있을 것이다. 얼마 전 일본의 대학 교수 한 사람이 자기 학생들에게 아프리카 소설을 읽혔더니 대부분 흑인이 아니라 백인과 자기를 동일시하는 것을 보고 놀랐다는 말을 한 적이 있다. 그런데 그것은 조금만 생각해 보면 놀랄 일이 아니다. 남의 나라를 식민화했던 일본인들이 백인 제국주의자들과 자신들을 동일시하는 것은 어쩌면 당연한 현상일지도 모른다. 몇 년 전 응구기의 『한톨의 밀알』을 가르쳐 본 필자의 경험에 의하면, 우리 학생들은 하나같이 식민주의자들이 아니라 피식민주의자들과 자기를 동일시했다. 역사의 지배자와 피지배자는 똑같은 소설에 대해서도 이처럼 서로 다른 반응을 하는 것이다. (물론 이것을 모든 집단에 일반화할 수는 없을 것이다. 모든 일본인들이 그렇게 반응할 것이라고 말하거나 예상하는 것은 너무 순진한 생각이다. 식민주의자들을 조상으로 뒀으면서도 그들과 자신을 분리시키려 하는 일본인들이 얼마든지 있을 수 있다. 다만 여기에서 강조하고자 하는 것은 식민주의를 경험한 국가의 독자들이 식민주의를 형상화한 소설을 읽으며 피식민주의자들과 자신을 동일시할 수 있는 가능성이 있다는 것이다.)

응구기는 교육에 대한 응조로게의 열정이 만신창이가 되는 과정을 보여줌으로써 압박받는 민족에게 교육이 전부일 수가 없음을, 아니 전부여서는 안 된다는 사실을 암시한다. 즉 식민주의 폭력에 대한 다른 유형의 폭력의 당위성을 인정하는 것이다. 죽어 가면서도 끝까지 케냐의 땅이 자기 땅이라며 농장에 집착하는 하울랜드 같은 백인의 존재를 몰아내기 위해서는 "네 땅이라고? 그래, 너 흰둥이, 네 땅에서 죽어 봐라."라고 악을 쓰며 총부리를 겨누는 보로와 같은 행동주의자들의 저항 정신도 필요하다는 말이다. 전체 인구의 1퍼센트도 되지 않던 유럽인이 수백만 명의 케냐인들을 손아귀에 넣고 모든 것을 통제하는 식민지 상황에서 교육이 전부일 수는 없었을 것이다.

그렇다고 이러한 저항이 소설의 주조를 이루고 있다는 말은 아니다. 그러기에는 저항 정신을 대표하는 보로가 그다지 이상적인 인물로 그려져 있지 않다. 자신이 하는 일만이 옳다며 아버지마저 구석으로 몰아대는 보로의 태도는 이상적인 것과는 거리가 멀다. 그는 자신의 마우마우 활동이 아무리 독립을 위한 것이라 해도 가족을 비극의 수렁으로 몰아넣는 것에 대해 양심의 가책을 느낄 법도 한데 전혀 그렇지 않다. 그의 비정함과는 대조적으로 그의 아버지는 자신이 자코보를 죽였다고 경찰에 거짓신고를 함으로써 자식을 보호하고자 한다. 이것은 적어도 이 소설을 쓸 당시의 응구기가 식민지적 폭력에 대한 대응적 폭력의 당위성을 어느 정도 인정하면서도 그것의 정당화보다는 식민지적 폭력으로 인해 수난 당하는 사람들의 애환을 그리는 것에 더 관심이 있었다는 사실을 증명한다.

『샛강』은 식민지적 상황에서 두 갈래로 찢겨 갈피를 못 잡는 케냐인들의 정신적 공황상태를 형상화하고 있는 소설이다. 조슈아를 중심으로 한 마쿠유 마을 사람들이 광신적인 기독교도들이라면, 카보니를 중심으로 한 카메노 마을 사람들은 할례와 같은 전통을 고수하고자 하는 원칙주의자들이다. 두 마을을 사이에 두고 흐르는 호니아 강은 두 마을이 분리되는 지점이기도 하고 합치되는 지점이기도 하다.

주인공인 와이야키는 시리아나 학교에서 서양식 교육을 받고 학교를 설립하여 무지한 주민들을 일깨우고자 하는 선각자이며 지도자이다. 그는 두 마을을 화해시키고자 동분서주한다. 그는 두 마을의 자녀들에게 교육의 기회를 균등하게 제공함으로써 화합을 추진한다. 백인들에게서 배운 "지혜와 비밀"을 종족을 구하는 수단으로 활용하는 것이다. 바로 그것이 와이야키의 아버지 체게가 그를 선교사들이 있는 곳으로 보내며 당부했던 것이었다. 그런데 아이러니하게도 그가 다른 사람도 아닌 광신도 조슈아의 딸을 사랑함으로써 마을 사람들에게 배신감을 안겨준다. 결국 그는 그의 영향력을 시기하는 카보니 부자의 모함을 받게 되고 급기야 일종의 인민재판에 회부된다. 이렇게 해서 두 마을을 화해시키고자 하는 그의 노력은 산산조각이 나고, 그는 조슈아의 딸과 같이 죽음의 벼랑으로 몰린다.

『울지 마라, 아이야』에서 그랬던 것처럼, 응구기는 교육에 대한 필요성과 열정을 부분적으로 인정하면서도 결코 그것이 전부일 수가 없다는 것을 암시한다. 여성의 할례를 고집하는 등 극단적인 보수층도 문제가 있고 그러한 의식을 악마적인 것으로 치부하는 기독교도들에게도 문제가 있는 것은 사실이지만, 모든 문제를 식민지 교육을 통해서 해결하려고 하는 와이야키의 영웅주의에도 문제가 있다는 논리다. 아무리 좋은 것이라도 자기 혼자서 모든 것을 어깨에 짊어진 듯 행동하는 개인주의나 영웅주의에는 어차피 한계가 있기 마련인데, 하물며 행동의 매개체인 식민지 교육 자체가 문제점을 안고 있다면 그것은 더욱 그럴 수밖에 없다는 것이 작가의 입장이다.

여기에서 교육에 대한 작가의 견해를 참조하는 것이 좋을 것 같다. 그는 학창시절에 서구의 식민지 교육이 초래한 결과에 대해서 토론하는 도중, 어떠한 이유로도 "서구식 교육은 영국인들이 케냐의 농민들로부터 빼앗아 간 땅과 같은 것일 수 없다"는 점을 역설하면서 이렇게 반문했다고 한다. "누군가가 다가와서 입에 물고 있는 음식을 뺏고 만년필을 준다고 하면 과연 그 만년필이 음식을 대신할 수가 있겠습니까?" 여기에서 만년필이란 영국식 식민지 교육이며, 음식이란 빼앗긴 땅을 의미한다. 응구기에 따르면, 영국의 식민통치가 도입한 서구식 교육은 그것이 갖고 있는 장점에도 불구하고 식민통치의 파괴력과는 비할 바가 못 된다. 와이야키가 몰락하면서 깨닫게 되는 것이 바로 이것이다. 그는 "압박 받는 민족에게 교육이 전부가 아니라는 사실"을 절감하게 된다.

3. 『한톨의 밀알』

앵거스 캘더Angus Calder를 비롯한 많은 학자들은 응구기가 지금까지 발표한 소설들을 총망라하여 『한톨의 밀알』이 최고 걸작이라는 데 의견을 같이 한다. 이 소설은 형식이나 내용 등 모든 면에 있어서 응구기가 소설가로서 도달할 수 있는 정점인 것처럼 보인다. 『한톨의 밀알』은 조지프 콘래드Joseph Conrad의 『서구인의 눈으로』(*Under Western Eyes*, 1911)와 비슷한 스토리 구조를 갖고 있다. 특히 배반행위에 따르는 죄의식을 들여다보는 응구기의 모습은 여러 가지 면에서 콘래드를 연상시킨다. 케냐의 독립을 위해서 물불을 가리지 않는 투쟁에 몸을 바치는 키히카는 그의 친구인 무고에게 배반당해 죽게 되는데, 아이러니하게도 무고는 키히카를 도운 영웅으로 대접받는다. 무고는 결국 죄의식 때문에 자신의 배반 행위를 대중 앞에서 고백하고 역사의 뒤안길로 사라져 간다. 이러한 이야기 구조는 혁명주의자인 할딘의 구원 요청을 묵살하고 그를 배반한 라주모프가 죄의식 때문에 괴로워하다가 결국 죄를 고백하고 처벌을 받는 내용의 『서구인의 눈으로』와 너무나 비슷하다. 특히 키히카의 영웅주의 혹은 이상주의와 무고의 현실주의의 대립, 둘 사이의 서로 다른 가정환경에서 기인하는 기질적인 차이 등은 할딘과 라주모프를 거의 똑같은 식으로 처리한 콘래드로부터 직접적인 영향을 받은 부분이라고 할 수 있다. 실제로 응구기는 콘래드로부터 받은 영향을 구체적으로 밝힌 바 있다. 그는 콘래드의 소설들 특히 『노스트로모』(*Nostromo*)-그는 이 소설을 가장 좋아하는 작품으로 꼽는다-로부터 받은 가장 심오한 영향이 하나의 사물을 다양한 각도에서 바라봄으로써 다면적인 텍스트를 형성하는 방식이었다고 밝힌 적이 있다. 이런 의미에서 『한톨의 밀알』은 내용적인 면에서는 『서구인의 눈으로』와 흡사하고, 기법적인 면에서는 『노스트로

모』나 『로드 짐』(*Lord Jim*, 1900)과 흡사하다고 할 수 있다.

『한톨의 밀알』은 무고의 배반 행위와 죄의식에 대한 관심 못지 않게 기코뇨, 카란자 등의 배반 행위에 대해서도 각별한 관심을 기울인다. 기코뇨도 비상사태 선포 후 수용소에 끌려가서 여러 해를 강제노동에 시달리다가 아내 곁으로 돌아가고 싶은 욕구를 못 이겨 마우마우에 관한 비밀을 누설하고 동료들을 배반함으로써 고향으로 돌아온다. 그런데 그는 집에 돌아와서, 그의 아내인 뭄비가 백인 정권에 기생하여 치안대장이 된 카란자의 아이를 낳아 키우고 있는 현실을 목도하게 된다. 그렇다고 뭄비가 남편이 없는 사이에 부정을 저질렀다는 말은 아니다. 이 아이는 카란자가 그녀를 거의 강제로 범해서 생긴 아이이다.

작가는 배반 행위에 대한 죄의식에 몸부림치는 무고나 기코뇨를 도덕적 불감증에 걸린 카란자와 날카롭게 대조시키고 있다. 기코뇨가 마우마우의 비밀을 밝힌 것은 수년 동안의 강제수용소 생활에 지쳐 정신착란이 됐을 때였다. 그리고 무고가 키히카를 배반한 것은 자신의 삶이 송두리째 위협 당하는 실존적인 상황에서 행해진 일이었다. "나는 나 자신의 삶을 살고 싶었습니다. 나는 다른 것은 상관하고 싶지 않았습니다. 그런데 그가 오늘 같은 밤, 나의 삶 속으로 들어와서 나를 파도 속으로 끌어들였습니다. 그래서 나는 그를 죽였던 것입니다." 그런데 무고는 키히카를 배반하는 순간, 무엇인가 잘못되었다는 것을 즉각적으로 깨닫고 그 행위를 보상하려는 실존적 삶을 살게 된다. 그는 자신의 배반 행위에 대한 자의식 때문에 양심의 가책에 시달리면서 도덕적인 인간으로 다시 태어난다. 그래서 그가 자신의 배반 행위를 공개적으로 고백할 때 사람들은 그렇게 할 수 있는 그의 용기를 높이 산다. 그리고 바로 그러한 용기에 자극을 받아 기코뇨와 뭄비의 얼어붙었던 관계도 해빙의 조짐이 보인다. 이 소설이 아이와 함께 있는 여성상-결국 기코뇨는 자신의 허물을 깨닫고 카란자와 뭄비 사이에 태어난 아이의 존재를 인정하고 받아들이겠다는 너그러운 마음을 갖게 된다-을 새긴 의자를 만들겠다는 기코뇨의 다짐과 함께 마무리되는 것은 숱한 고난과 시련을 이겨내는 인간의 능력에 대한 작가의 한없는 신뢰를 상징적으로 보여준다.

응구기는 인간의 삶에서 긍정적인 것을 높이 평가해야 한다고 믿는 작가이다. 그에게는 압박과 수탈에 대한 저항과 부정적인 것들을 극복하고자 하는 강한 의지가 무엇보다 중요한 인간적 특성이다. 응구기는 "사람들의 삶에 영향을 미치는 제반 요인들의 총체성을 부각시키는 것"이 소설가가 감당해야 할 몫이라고 생각한다. 이런 작가에게 콘래드의 소설들에 어김없이 드러나는 회의주의나 실존적 염세주의가 끼어들 틈이 없음은 물론이다. 바로 이것이 응구기가 콘래드와 다른 점 중의 하나이다.

독자는 인간의 삶을 구성하는 제반 요인들의 "총체성"을 부각시키는 것이 소설의 지향점이라는 응구기의 말을 염두에 두고 『한톨의 밀알』을 읽을 필요가 있다. 특히 주목해야 할 것은 『한톨의 밀알』의 화자가 『울지 마라, 아이야』와 『샛강』의 전지적 화자와는 다르게 "우리"라는 복수적이고 공동체적인 화자라는 사실이다. 화자가 복수인 것처럼, 주인공도 개인이 아니라 민중이다. 따라서 작가가 화자를 "우리"로 설정한 것은 지극히 자연스러운 발상처럼 보인다. 화자 "우리"는 역사가이기도 하고 사건에 동참하는 마을 사람들이기도 하며, 거리를 두고 사물을 바라보는 관찰자이기도 하다.

응구기가 "우리"라는 화자를 사용한다는 것은 소설을 쓰는 주체도 응구기 개인이 아니라 집단일 수 있음을 시사한다. 주인공이 민중이라는 복수 개념이듯이 작가도 복수 개념인 것이다. 응구기는 개인에게 지나칠 정도로 많은 것을 부여하기에는 너무나 집단을 강조하는 작가다. "어떤 일도, 문학적 창작물조차도, 개인적인 재능의 산물이 아니라 집단적인 노력의 산물이다. 하나의 이미지, 하나의 생각, 하나의 논쟁 ... 등이 실제로 만들어지는 것에는 너무 많은 정보들이 들어간다. 우리가 사용하는 단어들도 집단적인 역사의 산물이긴 마찬가지다." 이처럼 언어를 비롯한 모든 것을 공동체의 문제로 돌리는 응구기의 시각은 거의 신앙에 가깝다.

응구기는 "우리"라는 화자를 사용함으로써 독립에 이르는 역사를 일종의 의식儀式의 차원으로 끌어올린다. 가령 기코뇨와 뭄비가 각각 무고에게 자신의 죄를 고백하고, 무고는 해방에 맞춰 모든 사람이 모인 곳에서 자신의 죄를 고백하고 희생을 당하는 과정은 하나의 의식에 해당한다. 어떤 의미에서 보면 무고는 공동체를 대신하여 죽는다. 진정한 우후루(Uhuru) 즉 자유는 개인적인 행위나 노력에 의해서가 아니라 하람비(Harambee) 즉 공동체 의식에 의해서 성취된 것이다.

"우리"라는 화자를 사용함으로써 생기는 또 다른 부수적 효과는 미하일 바흐친Mikhail Bakhtin이 말하는 "다성성"(polyphony)의 개념과 연관이 있다. 이 소설은 화자나 개별적 인물이 서술 구조를 독점하는 독백적이고 단성적인 형태가 아니라 등장인물들이 자기들의 논리로 소설 공간에서 각축을 벌이며 의미를 생성시키는 대화적이고 다성적인 형태를 취하고 있다. 작가는 이렇게 다성적인 목소리를 소설 공간에 배치함으로써 독자가 케냐의 독립 투쟁에 얽힌 역사를 더 포괄적으로 조망할 수 있게 만든다.

『한톨의 밀알』은 이후의 소설들에서 보이는 정치성을 외면하지 않으면서도 이전의 소설들에서 보이는 서정성을 십분 활용하고 있는 고전적 작품이다. 『피의 꽃잎들』을 포함한 이후의 소설들은 정치성과 메시지가 너무 강한 나머지 미학적인 특성이 현저하게 약화되는 듯한 인상을 준다. 날로 악화되는 케냐의 정치 상황과 부정부패가 응구기 소설의 방향이나 흐름과 거의 정확하게 맞물려 있음은 두말할 필요도 없다. 미학과 정치가 반드시 분리될 필요는 없겠지만, 불의와 수탈과 억압에 대한 분노가 예술적 완성도에 부정적인 영향력을 행사하는 경우는 얼마든지 있다. 응구기가 바로 이런 경우에 해당한다. 『한톨의 밀알』이 출판된 1967년과 『피의 꽃잎들』이 출판된 1977년 사이에는 10년의 간격이 있는데, 응구기는 이 기간 동안 점점 더 깊숙이 정치에 관여하게 된다. 독립 이후의 정치 상황과 현실이 점점 더, 민중의 기대를 저버리는 방향으로 흘러간 탓이다.

4. 『피의 꽃잎들』

『피의 꽃잎들』도 『한톨의 밀알』과 마찬가지로 다성적인 소설로 초점이 네 주인공, 즉 무니라, 압둘라, 카레가, 완자 사이로 옮겨 다닌다. 소설의 진행 방식도 하나의 사건이 일사불란하게 전개되는 게 아니라 여러 개의 사건들이 이리저리 분산되어 전개된다. 그런데 이전의 소설들이 1963년의 독립에 이르는 민족의 수난과 고통의 역사를 형상화하고 있다면, 이 소설은 독립 이후의 케냐가 처한 모순과 갈등을 중심에 놓고 있다. 또한 앞서의 소설들이 복수보다는 용서나 화해를, 갈등보다는 중용을, 증오보다는 인간애를 강조하고 있다면, 『피의 꽃잎들』은 갈등이나 복수, 혹은 증오를 마다하지 않는 '싸움꾼'으로서의 응구기의 면모를 보여주기 시작한다. 영국으로부터 독립을 쟁취했지만 나라는 여전히 가치의 무정부 내지 식민지 상태로 남아 있는 현실에 대한 작가의 환멸이 고스란히 작품에 투영되어 있다.

가치의 무정부 상태는 음지고, 추이, 키메리아, 무니라의 아버지, 웅데리 와 리에리, 고드프리 등에 의해 대변된다. 학교를 감독하고 선도해야 하는 장학관의 신분이면서도 백성들의 수탈에 앞장서는 음지고, 한 때는 영웅적인 학생이었다가 자본가로 변신하여 사람들을 수탈하는 데 앞장서는 추이, 영국군에 희생된 마우마우 단원들의 시체를 나르는 치안 요원으로 한 몫을 잡고 그것을 바탕으로 승승장구하는 기업가 키메리아, 자신을 국회의원으로 뽑아 준 사람들을 대변할 생각은 하지 않고 자신의 정치적, 경제적 이익만을 계산하는 웅데리, 살인과 방화가 있게 된 근원적인 이유를 헤아려 볼 생각은 하지 않고 고문을 포함한 온갖 수단을 동원하여 범인을 잡는 것이 상책이라고 생각하는 고드프리 경감, 그리고 돈과 권력에 눈이 멀어 자신의 아버지와 부족을 배반할 뿐만 아니라 독립 투쟁의 가치와 중요성을 인정하지 않으려 하는 무니라의 아버지 등이 가치의 무정부 상태를 온 나라에 전염병처럼 퍼뜨리고 있다.

물론 압둘라, 카레가, 조지프 등과 같이 미래에 대한 희망의 횃불을 지피는 사람들도 있다. 압둘라는 인도인 아버지와 아프리카인 어머니 사이에 태어난 혼혈아로서 케냐의 독립 투쟁에 일익을 담당하다가 한쪽 다리를 잃은 사람이며, 카레가는 독립 투쟁의 와중에서 죽은 응딘구리의 동생으로서 젊은 세대를 대표한다. 특히 카레가는 노조의 구심점이 되어 농민과 노동자의 파업을 주도하며, 압둘라가 데려다 키운 조지프는 나라의 정세를 객관적으로 파악하는 지적이고 야심만만한 젊은이로 성장함으로써 케냐의 미래에 대한 희망의 상징으로 제시된다.

무니라와 같은 인물은 어느 쪽에도 속하지 않고 엉거주춤한 입장에 있는 지식인이다. 그는 처음에는 아무도 가려 하지 않는 시골 벽지에 자발적으로 가서 학교를 운영하는 등 긍정적인 인물로 등장한다. 응구기는 무니라에게 시골 벽지에 근무하는 선생의 역할을 맡김으로써 『울지 마라, 아이야』와 『샛강』에서 천착했던 교육의 문제를 다시 들고 나온다. 이것은 응구기가 끝없이 교육 문제의 심각성에 대해 의식하고 있다는 증거이다. 그런데 문제는 무니라가 여자에 대한 질투심과 아버지와 관련된 콤플렉스와 고질적인 방관적 태도로 말미암아 교육자적 사명을 망각하고 광신도가 되어 간다는 데 있다. 그가 나중에 광신적인 기독교신도가 되어 완자가 운영하는 유곽에 불을 지르고 음지고, 추이, 키메리아를 죽게 만든 것은 아이러니도 보통 아이러니가 아니다. 그것이 의로운 분노에서 기인하는 것도 아니고, 또한 이성적이고 합리적인 근거에서 행해진 것도 아니기에 더욱 그렇다.

완자는 응구기의 소설 공간에서 커다란 역할을 부여받고 있는 것처럼 보인다. 그녀는 키메리아의 유혹에 넘어가 그의 아이를 낳게 되는데, 그 아이를 변기에 던져버리고 술집 여자로 전락한다. 그러한 생활을 전전하다가 고향인 일모로그로 돌아와 살게 되는데 한동안 새 삶을 찾은 것처럼 보인다. 그런데 다시 일모로그가 키메리아, 추이, 음지고와 같은 자본가들에 의해 능욕 당하게 되자 그녀는 더 이상 당하고만 있지는 않겠다고 생각하고 여자들을 고용하여 포주가 된다. 수탈당하는 것보다 수탈하는 것이 더 낫다는 생각 때문이다. 그러니까 키메리아와 같은 인간들이 현실에 적용하는 수탈의 논리를 그대로 적용하여 그들을 치겠다는 것이다.'이에는 이, 눈에는 눈' 식의 논리다. 그렇게 해서 음지고, 추이, 키메리아와 같은 자본가들은 돈 보따리를 짊어지고 그녀의 몸을 '사기' 위해 그녀의 단골이 된다.

그런데 유곽에 불이 나자 완자는 키메리아에게 복수를 할 수 있게 되고 그 와중에서 자신도 화상을 입는다. 여기에서 불은 일종의 정화 작용을 한다. 완자는 불이 난 것을 계기로 과거를 딛고 일어설 수 있게 된다. 소설의 끝에서 그녀가 무니라도 아니고 카레가도 아닌 압둘라의 아이를 임신한 것으로 암시되는 것은 이런 의미에서 의미심장하다. 키메리아의 아이를 변기에 내던진 후 여러 차례 임신을 하려 했지만 불임이었던 그녀는 소설의 결말에 이르러 독립을 위한 투쟁에서 한 쪽 다리를 잃은 압둘라의 아이를 임신하게 되는데, 응구기는 완자의 임신을 통하여 아직 문제가 많은 사회이긴 하지만 그래도 희망이 없지는 않다는 사실을 암시하는 것처럼 보인다.

더욱 중요한 것은 이 소설이 카레가가 더 이상 혼자가 아님을 깨닫고 "내일"을 꿈꾸는 장면으로 마무리된다는 것이다. 그는 살인 사건이 규명되고 혐의를 벗었지만 아직도 공산주의자라는 혐의 때문에 감옥에 갇혀 있는데, 한 여성이 찾아와 그를 지지하는 수많은 동지들이 있다는 것을 상기시키면서 시련을 극복하고 그들 곁으로 다시 돌아올 것을 당부한다. 『한톨의 밀알』과 같이 이 소설도 미래에 대해 낙관적이다. 다른 점이 있다면 『피의 꽃잎들』이라는 제목이 암시하듯이 이 소설이 전작들에 비해 더 호전적이고 혁명적이라는 것이다. 끝없는 자기희생 위에서 더 큰 것이 가능하다는 의미에서 두 소설이 실질적인 내용 면에서는 큰 차이가 없지만, 『한톨의 밀알』이 온건하고 예술적인 데 반해 『피의 꽃잎들』은 과격하고 도전적이며 혁명적이다. 1977년 『피의 꽃잎들』이 출간된 후, 응구기가 경찰에 체포되어 거의 1년간을 감옥에서 보냈다는 사실과 이 소설의 과격성은 무관하지 않다. 이 소설은 케냐의 부정, 부패를 겨냥한 "문학적 폭탄"이었던 것이다.

5. 『십자가 위의 악마』

응구기는 1977년 12월 31일 케냐 경찰에 체포되어 다음 해 12월 12일까지 수감 생활을 해야 했다. 재판이라는 절차도 거치지 않은 암울한 수감 생활이었다. 그러나 그것은 역설적으로 그에게 창조의 세월이기도 했다. 『십자가 위의 악마』가 감옥 속에서 기쿠유어로 쓰여졌던 것이다. 그렇다고 케냐 정부가 그에게 소설을 쓸 종이와 펜을 준 것은 결코 아니었다. 그는 화장실에 있는 화장지 위에 소설을 썼다. 그것은 보통의 화장지가 아니라, 당국이 수감자들에게 고통을 주기 위해 의도적으로 배치해 놓은 빳빳하고 거친 종이였다. 그가 이처럼 열악한 상태에서 집필한 소설은 기쿠유어로 쓰인 최초의 근대소설이 되었다.

앞서의 소설들이 리얼리즘을 근간으로 하는 소설들이었다면 『십자가 위의 악마』는 부분적으로 리얼리즘을 차용하면서 우화, 풍자 등을 적절하게 혼합한다. 주제적인 면에서만 말한다면 이 소설은 『피의 꽃잎들』과 마찬가지로 정부, 교회, 경찰 등에게 노동력을 착취당하는 민중의 삶이 주된 내용을 이루고 있다. 이 소설은 『피의 꽃잎들』보다는 서술 구조가 훨씬 간단한데, 그것은 누구든지 이해하기 쉽게 하려는 작가의 배려이다. 작가는 이제, 케냐의 노동자와 농민에 '관한' 소설을 쓰는 것에 그치지 않고, 그들이 읽을 수 있도록 그들을 '위해' '그들'의 언어로 소설을 써야 할 필요성을 느꼈던 것이다. 그가 기쿠유어를 택하고 대중과 밀착된 장르인 희곡에 집착하게 된 이유가 바로 여기에 있었다. 그는 농민들과 노동자들이 쓰는 언어를 사용하여 창작행위를 함으로써 그들과 "직접적인 대화"를 나눌 수 있게 되기를 바랐다.

이 소설의 플롯은 지극히 단순하다. 응구기는 네 명의 인물들, 즉 완가리, 무투리, 가투이리아, 와링가가 나이로비에서 일모로그로 가는 택시

안에서 우연히 만나 "가장 영리한 도둑과 일곱 강도 선발대회"인 "악마의 잔치"에 갔다가 다시 나이로비로 되돌아오는 간단한 형태의 서술 구조를 활용하고 있다. 누구라도 읽거나 들으면 쉽게 이해할 수 있는 플롯이다. 과장법이 도입된 것도 같은 이유에서다.

바흐친의 용어를 빌려 말하자면, 『십자가 위의 악마』는 "그로테스크 리얼리즘"에 속한다. 그로테스크 리얼리즘이 리얼리즘에 그로테스크한 요소를 도입하여 현실을 풍자하고 조롱하고 전복하고자 하는 민중의 의지를 대변하는 장르라는 점에서 보면, 『십자가 위의 악마』가 "그로테스크 리얼리즘"에 속하는 소설이라는 사실은 분명해 보인다. 응구기는 제국주의적인 외국의 자본가들에 기생하여 민중을 착취하는 케냐의 "도둑들과 강도들"을 신랄하게 풍자한다. "악마의 잔치"에서는 민중을 착취하는 기상천외한 방법이 총동원되어 소개되며, 자본가들의 호화롭고 타락한 삶의 양태들이 그로테스크한 형태로 소개된다. 다음에 요약한 것은 웃음과 풍자와 재치를 섞어 가며 이야기를 이끌어 가는 응구기의 "그로테스크 리얼리즘"을 잘 보여준다.

어떤 도둑은 수많은 사람들의 돈을 그렇게도 많이 강탈했는데도 자기한테 심장과 목숨이 하나밖에 없다는 것을 아쉬워한다. 그래서 심장이식수술에서 힌트를 얻어 인체의 각 부분을 생산하는 거대한 공장을 세우겠다는 구상을 한다. 그렇게 되면 부자는 성기도 몇 개 더 구입할 수 있고 영원히 죽지 않도록 "불멸"을 구입할 수도 있게 되리라는 것이다. 그러자 그의 부인은 이 말을 듣고 너무나 좋아 한다. 부잣집 마나님은 가난뱅이의 부인과 달리 "두 개의 입, 두 개의 배, 두 개의 심장, 두 개의 성기"를 가질 수 있게 될 것이라며 기뻐하는 것이다. 남편이 두 개의 성기를 어디에 쓰려고 하느냐고 핀잔을 하자, 여자는 "그러는 당신은 두 개의 성기를 어디에 쓰려고 하느냐"고 되물으며 "남녀평등"을 부르짖는다. 그러자 남자는 "이게 어디 유럽인 줄 아느냐, 남녀평등을 들먹이게?"라고 말하며 여자에게 주먹질을 한다. 여자는 별수 없이 수그러든다. 그러자 남자는 "한 대 맞았을 때 들을 것이지"라고 말하며 흡족해 한다.

이처럼 배꼽을 쥐게 하는 얘기가 도처에 등장한다. 응구기는 이렇게 재미있는 얘기를 곁들임으로써 독자들의 흥미를 일단 유발시킨 뒤, 그런 해학을 통하여 나라를 '말아먹는' 못된 정치가들과 자본가들을 풍자한다. 여기에서 우리는 응구기의 『십자가 위의 악마』가 1970년에 발표된 김지하의 『오적』과 비슷하다는 점에 주목할 필요가 있다. 김지하의 『오적』에서는 재벌, 국회의원, 고급공무원, 장성, 장차관 등 소위 오적이 "도둑시합"을 벌이게 되는데 그 내용이 『십자가 위의 악마』와 그대로 들어맞는다. 그리고 다섯 도적을 잡으러 출동한 포도대장이 그들을 잡을 생각은 하지 않고 오히려 "여러 도둑님들께옵선 도둑이 아니라, 이 사회에 충실한 일꾼"이라며 "부디 소신껏 그 길에 매진, 용진, 전진, 약진하시길 간절히 간절히 바라옵고, 또 바라옵니다"라는 아첨을 떨고 엉뚱한 "꾀수놈"을 낚아채 감옥으로 보내는 대목이 나오는데, 이것 또한 『십자가 위의 악마』에 같은 형식으로 등장한다.

응구기의 소설을 보면 완가리가 "도둑놈 선발대회"를 여는 곳으로 경찰을 데리고 오는 대목이 나오는데, 경찰은 여기에서 "도둑놈들"을 체포하기는커녕 오히려 완가리와 무투리를 체포하고 도둑들 앞에서 갖은 아양을 다 떤다. 「오적」의 한 부분을 그대로 옮겨 놓았다고 해도 과언이 아니다. 응구기는 실제로, 구전적 전통을 활용하여 한국의 신식민주의적 현실을 풍자한 김지하의 담시 「오적」과 「비어」에서 큰 감명을 받아 『십자가 위의 악마』를 썼다는 것을 『정신의 탈식민화』라는 저서에서 구체적으로 밝힌 바 있다. 김지하는 1975년 6월에 모스크바에서 열린 아시아, 아프리카 작가 회의에서 그 해의 로터스상-응구기는 1974년 이 상을 수상했다-의 특별상 수상자로 결정될 만큼 제3세계에 잘 알려진 작가였다. 여기에서 김지하로부터 응구기가 영향을 받은 것이 주제나 소재뿐만이 아니라 구전적 전통을 활용한 방식이라고 말한 대목은 중요하다. 응구기는 대중이 그의 소설에 쉽게 접근할 수 있도록 구전적 전통을 활용할 필요성을 느꼈으며, 구전적 전통이 갖고 있는 가장 중요한 요소 중의 하나인 풍자성을 소설에 도입하는 방식을 김지하에게서 배웠다.

"가장 영리한 도둑과 일곱 강도 선발대회"에 참석하는 네 인물들 중 완가리는 자기들의 땅을 자본가에게 착취당하는 농민들을 대표하는 인물이다. 그리고 무투리는 "먹고 먹히는" 논리로만 되어 있는 체제를 전복하고자 하는 혁명주의자이다. 와링가는 잘못된 사회 체제 때문에 고난의 삶을 살아가는 젊은 여인이다. 그녀는 공부에 소질이 많은 소녀였는데 부유층 노인에게 성적으로 농락당하고 아이까지 낳는다. 그녀는 자신을 성적인 희롱의 대상으로 삼는 상사와 애인의 변절 때문에 자살을 시도하다 극적으로 구출된다. 그녀는 일모로그에서 "악마의 잔치"에 참석한 후 현실을 깨닫게 되고 나이로비에 가서 자동차 수리를 배운다. 그런데 그녀는 부유한 부모를 둔 가투이리아와 결혼을 약속하고 그의 부모를 만나러 가는데, 그녀를 농락했던 노인이 가투이리아의 아버지라는 사실을 알게 된다. 그녀는 노인이 다시 자기를 유혹하자 그를 죽이고 집을 나선다.

이렇게 하여 『십자가 위의 악마』는 와링가의 앞길에 "가장 힘든 투쟁"의 나날이 놓여 있다는 말과 함께 끝난다. 여기에서 우리가 유념해야 할 것은 응구기가 싸우고자 하는 대상이 이 소설에 희화된 "도둑놈들과 강도놈들"과 같은 외형적인 적만이 아니라 식민시대가 종식된 후에도 아프리카 문화를 지배하는 무형의 유럽 문화, 그리고 아프리카를 유럽중심주의적인 시각에서 바라보려 하는 식민사관과 같은 무형의 적이라는 사실이다. 응구기가 영어로 글을 쓰지 않고 기쿠유어로 글을 쓰게 된 이유가 바로 여기에 있다. 그는 기쿠유어로 소설을 씀으로써 명실상부하게 몸과 마음을 탈식민화하고자 한 것이다. 정신의 독립선언인 셈이다.

응구기는 작가를 가리켜 "마음의 의사요, 공동체의 영혼"이라고 한다. 이런 의미에서 그는 병에 걸린 케냐를 수술대에 놓고자 하는 일종의 의사이다. 그런데 문제는 소위 지도층 인사라고 하는 지식인들이 식민사관을 고수하면서 수술을 거부한다는 데 있다. 현실의 모순이나 오류를 시정하는 것보다는 현상 옹호가 그들이 원하는 실리에 더 부합되기 때문이다. 응구기의 소설 속에서 이런 사람들이 경멸과 조롱과 풍자의 대상이 되는 것은 물론이다.

『십자가 위의 악마』에는 『울지 마라, 아이야』나 『샛강』과 같은 초기 소설들에서와 달리 작가 특유의 화해 의지나 심리적인 통찰력이 엿보이지 않으며, 로렌스를 연상케 하는 서정성도 현저하게 약해져 있다. 응구기의 소설은 뒤로 갈수록 서정성이 전투성에 밀리는 양상을 보인다. 이러한 사실은 응구기가 그만큼 과격해졌거나 여유가 없어졌다는 의미도 될 수 있을 것이고, 또한 그의 예술의 미학적 토대가 시대적 상황에 따라 변화했다는 의미도 될 수 있을 것이다. 실제로 초기의 소설들이 전통적인 서구 소설의 형태를 띠고 있는 것과 달리 기쿠유어로 쓰인 『십자가 위의 악마』나 『마티가리』(*Matigari*, 1986)는 복잡한 문장보다는 간단한 문장을 주로 구사하는 구전소설의 형식을 취하고 있다. 그래서 기쿠유어로 쓰인 응구기의 소설들은 다른 소설들보다도 메시지가 훨씬 강하다. 그 메시지란 그의 소설들에서 거듭 강조되는 식민주의의 문제와 관련된 것이다. 응구기에 따르면 케냐는 독립된 나라가 아니라 또 다른 형태의 식민통치를 받는 상황에 있기 때문에 그것을 물리치기 위한 투쟁은 불가피하다. 응구기가 『마티가리』의 주인공을 1950년대에 영웅적으로 독립투쟁을 주도했고, 독립이 된 후에는 산에서 살면서 자유의 불을 지피고 있다가 위기에 처한 케냐를 구원하기 위해 돌아온 마우마우 단원으로 설정한 것은 케냐의 현실에 대한 환멸에서 기인한 것이다.

응구기는 작가가 투쟁의 선봉에 서야 한다고 믿는다. 그는 문학이 "아이들이 한 번에 조금씩, 그리고 영원히 맛보도록 보존된 한 나라의 영혼의 꿀"이기 때문에 그러한 "영혼의 꿀"을 생산하는 작가가 민중의 고난과 시련으로부터 멀어져 있어서는 결코 안 된다고 믿는다. 문학에 대한 응구기의 신념은 대단한 것이다. 『십자가 위의 악마』에 등장하는 한 인물이 "문학을 버리는 나라는 영혼을 팔아먹고 껍데기만 남은 나라입니다."라고 말할 때 우리는 문학에 대한 응구기의 '신앙'을 엿볼 수 있다. 그가 나이로비 대학의 영문과 교수로 있을 때 영문과를 폐지하고 아프리카문학을 가르치라고 요구했던 것은 바로 자기 나라의 문화와 문학을 소중히 해야 한다는 작가적 신념이 있었기 때문에 가능했을 것이다.

그런데 응구기의 후기 소설은 특정한 이데올로기나 메시지를 전달하기 위한 "선전 도구"에 지나지 않는다는 비난을 받는다. 그가 초기 소설에서 보여줬던 창조적인 재능이 이념 지향적인 문학에 밀리고 있다는 비난이다. "문학의 죽음"을 논하게 된 시대에 작가를 "국가의 양심"이라고 선언하는 응구기의 말은 시대착오적인 것으로 들릴 수도 있다. 사실 문학에 대한 응구기의 입장은 지나치게 협소한 것이 사실이며, 때로는 너무 피상적이고 낭만적인 것이 아닌가 하는 느낌마저 들게 한다. 그러나 우리는 그의 오류와 위험을 지적하기에 앞서, 케냐와 같이 부패와 독재에 시달리는 나라에서 과연 어떤 문학이 참다운 문학인지 자문해 보아야 한다. 우리는 이렇게 물을 수 있어야 한다. 독재와 부패와 자본의 문제가 산적해 있는 제3세계에서는 메시지를 지향하는 문학을 하는 것이 오히려 도덕적이지 않을까. 식민주의를 대치한 신식민주의가 민중을 착취하는 상황에서는 응구기가 말한 것처럼, 문학이나 지식을 무기화 하는 것이 정당한 것이 아닐까. 아직도 학자들이 식민지 시대의 제국주의적이고 유럽 중심주의적인 역사관을 수정할 생각은 하지 않고 그들의 이론을 답습하여 국민을 교육하고 있는 상황에서는 민중의 입장에서 역사를 다시 서술하는 일은 의미 있는 행위가 아닐까. 응구기의 예술을 제대로 평가하기 위해서는 바로 이러한 물음들에 답을 내릴 수 있어야 한다.

아체베나 소잉카와 마찬가지로 응구기도 자신을 민족의 "교육자"로 생각하고 작품활동을 해 왔다. 그는 자신의 소설을 통하여 왜곡된 역사의 원형을 복원하고 잘못된 현실을 폭로함으로써 독자가 현실을 직시할 수 있는 계기를 마련해 주고자 했다. 그의 소설 대부분에 교육자가 등장하는 것은 소설을 통해 가르치고 싶은 작가의 의중이 반영된 것이라고 봐야 한다. 응구기는 정신을 "탈식민화"할 때 비로소 진정한 독립이 이루어질 수 있다고 생각한다. 그가 아프리카어로 글을 쓰기 시작한 것은 "정신의 탈식민화"를 위한 것이었다. 그래서 아체베나 응구기와 같은 작가는 예술을 개인적인 표현의 수단이라기보다 사회적 기능을 수행하는 매개물로 생각한다.

응구기는 아프리카어로 글을 쓰는 모든 작가들은 농민들과 노동자들이 제국주의를 몰아내고 민주주의와 사회주의의 이상을 실현하기 위해서 분투했던 "전통"을 내면화해 글쓰기에 반영해야 한다고 믿는다. 그리고 그는 "투쟁이 역사를 만든다. 투쟁이 우리를 만든다. 투쟁 속에 우리의 역사와 우리의 언어와 우리의 존재가 있다"는 자신의 말을 실천하는 삶을 살아온 작가이다. 그의 말이 다소 협소하고 과격한 것도 사실이지만, 일반 대중을 '위한', 그리고 일반 대중에 '관한' 문학을 지향하고자 하는 아프리카 작가들 중에서 응구기의 말로부터 자유로울 수 있는 작가는 아무도 없을 것이다.

어쩌면 우리나라가 처했던 상황은 케냐에 못지않게 심각한 것이었다. 우리에게는 식민지적 경험만이 문제가 아니었다. 독립 이후에는 우리 민족의 가슴에 못을 박은 전쟁이 나라를 두 동강으로 만들었고, 독재와 부패의 경험과 그 망령은 지금도 우리에게 극심한 자괴감을 불러일으킨다. 이것이 김지하가 그의 시에서 "타는 가슴속" "타는 목마름으로", 그리고 "떨리는 치떨리는 노여움으로" 부르짖은 것이었다. 그만큼 우리의 현실은 응구기의 소설에 엿보이는 케냐의 역사적 현실과 공유하는 바도 많고 유사한 바도 많았다.

IV.

영국의 주변부 작가들

절대적인 환대는 외국인만이 아니라 절대적이고 알려지지 않고
익명인 타자에게 나의 집을 개방하는 것을 의미한다.

—자크 데리다

01

V. S. 나이폴의 문학에 나타난 제3세계

–"혐오감의 과잉과 부드러움의 부족"에 관하여*

1. 트리니다드, 아프리카, 이슬람에 대한 나이폴의 견해

2003년에 노벨문학상을 수상한 J. M. 쿳시Coetzee는 인터뷰에서, 남아프리카 출신인 자신과 서인도제도의 트리니다드 출신인 V. S. 나이폴의 관계를 가리켜 "두 사람 모두, 목소리와 방향을 찾기 위해 대영제국의 식민지에서 온 작가라는 공통점"이 있기 때문에 "서로에게 거울을 비추는 관계"로 생각할 수 있지 않겠느냐는 질문을 받고 다음과 같이 답변한다.

> "영국에 관해서 얘기하자면, 내가 영국에 살았던 건 몇 년에 지나지 않으며, 그 후로 영국으로 돌아갈 생각은 해본 적이 없습니다. 그러나 나이폴은 그곳에 정착한 작가입니다. 정착민(settler)이라는 말은 탈식민주의 정치학에서는 무거운 의미가 실린 말입니다. 나이폴이 모국에 정착하여 적응한 것은(이는 나이폴이 영국에 살면서 그의 이름 앞에 Squire나 Sir 같은 경칭을 부여받

* 2004년 『성곡학술총서』(35)에 발표.

게 되는 것에서 잘 알 수 있는 일입니다) 그것의 역사적 무게를 그 자신이 충분히 알고서 선택한 행위였을 것입니다." (왕은철 209-10)

그의 발언은 나이폴과 같은 식민지 출신의 영국 작가를 판단하는 데 아주 중요한 걸 시사해준다. 그의 말대로 "탈식민주의 정치학"의 지형에서는, 똑같은 식민지 출신의 작가라 하더라도, "모국"에 "정착"하는 작가와 그렇지 않은 작가 사이에는 엄청난 차이가 나기 마련이다. 전자가 "모국"의 중심에서 목소리를 낸다면, 후자는 "모국"의 변경에서 목소리를 내기 때문이다. 이는 전자와 후자가 똑같이, 제3세계의 문제를 문학의 중심으로 삼는다고 해도, 발언의 수위에 따라서 그 의미와 파장이 다를 수밖에 없다는 말이기도 하다.

그래서 나이폴이 영국에 정착한 작가라는 사실은 그의 문학을 이해하는 데 가장 핵심적인 요소 중 하나가 된다. 영국에 정착했다는 사실은, 나이폴 자신이 고백한 바처럼, "영국을 위해 글을 쓴다"는 말이기도 하기에 더욱 그렇다.* 그런데 특이한 것은 나이폴의 소설이 『스톤 씨와 기사 친구들』(*Mr. Stone and the Knights Companion*)과 『도착의 신비』(*Enigma of Arrival*)를 제외하면 대부분, 트리니다드를 비롯한 제3세계를 배경으로

---

* V.S. Naipaul, *The Overcrowded Barracoon and Other Articles*. London: André Deutsch, 1972, 11. 이후의 모든 인용은 본문에 제목의 첫 단어와 쪽수를 표기한다. 나이폴의 소설 및 여행기, 수필 등도 같은 방식으로 본문에 표기한다. 가령 *Finding the Center: Two Narratives*의 5쪽을 인용할 때는 (*Finding* 5)라고 표기하고, *The Return of Eva Peron with The Killings in Trinidad*의 5쪽과 *Beyond Belief: Islamic Excursions Among the Converted Peoples*의 5쪽을 인용할 때는 각각 (*Return* 5), (*Beyond* 5)라고 표기한다. 또한 "Our Universal Civilization"과 같은 에세이의 5쪽을 인용할 때는 이탤릭체를 사용하지 않고 (Our 12)라고 인용한다. 따라서 저자의 이름이 괄호 속에 표시되지 않은 모든 인용은 '인용문헌'에 있는 나이폴의 텍스트에서 인용한 것이다.

하고 있다는 것이다. 즉, 영국에 정착해서 "영국을 위해서" 쓰는 글이긴 하지만 그것이 영국에 '관한' 것은 아니라는 말이다. 사람들이 그에게 "영국에 충분히 오래" 살았으니 "지역적인 작가"(regional writer)의 한계를 벗어나 "영국에 관해서 쓰라"고 충고해도, 그는 외국에서 온 사람으로서 "어려움이 많다"며 지역적인 소재에 매달렸다(*Overcrowded* 14). 그가 "만약 영국에서 태어났다면 훨씬 더 성공했을지 모른다"라고 말했던 것도 같은 이유에서다(Rowe-Evans 33). 바로 이 어려움이 그로 하여금 트리니다드, 아르헨티나, 베네주엘라, 자이르, 아이보리코스트, 우간다, 인도, 파키스탄, 이란, 말레이시아, 인도네시아 등의 제3세계권을 수없이 여행하게 만들고, 그것을 바탕으로 엄청난 분량의 소설, 여행기, 에세이를 쓰게 만든 것이었다. 나이폴은 그 "어려움"을 자신의 한계로 인식하고 있었지만, 어쩌면 그것은 한계라기보다는 다른 영국작가들로부터 그를 차별화시키는 데 아주 유용한 예술적 조건이었고 토대였다. 나이폴은 여행을 통해서 그 어려움을 극복하고 작가로서의 입지를 확고히 할 수 있었다. 그에 따르면, 여행은 "세상에 대한 생각을 확장시켜 주었고, [그]에게 변화하는 세계를 보여주었고, [그를] 자신의 식민지 껍질에서 나오도록 해줬다"(*Finding* x).

제3세계 출신의 작가인 나이폴이 "영국을 위해" 글을 쓰며 살기로 결정한 것은, 쿳시의 말을 다시 빌리면, 그것의 "역사적 무게를 그 자신이 충분히 알고서 선택한 행위"였다. 그것은 "메트러폴리턴 센터"인 런던에서 제3세계를 바라보고, 그것을 영국 독자들에게 제시하겠다는 일종의 약속이었다("What's Wrong" 41). 그가 리얼리즘을 그의 소설의 주된 방식으로 택한 것도 결코 우연이 아니었다. 그것은 영국 독자들에게 제3세계의 리얼리티를 제시하겠다는 의지의 소산이었다. 그는 빅토리아조 작가들이 차용한 리얼리즘 방식이 리얼리티를 포착해 내는 데 최선이라고 생각했다. 이런 의미에서 보면, 영국의 비평가 윌리엄 월쉬William Walsh가 그를 가리켜 F. R. 리비스Leavis가 표방한 "위대한 전통"에 합당한 작가라고 치켜세운 것은 결코 놀라운 일이 아니다(Walsh 21). 나이폴은 제3세계의 리얼리티라는 게 존재한다고 믿었고, 그 속에서 진실을 찾아내 독자들에게 제시하는 것이 자신의 소임이라고 생각했다. 그가 매직 리얼리즘과 같이 현대적인 기법을 불신하는 것도 이러한 이유에서다. 그는 가브리엘 마르케즈Gabriel Marquez, 귄터 그라스Günter Grass, 샐먼 루시디Salman Rushdie 등의 매직 리얼리즘을 가리켜 "작가에게서 진실을 빼앗아 가는 기법"이라고 말한 바 있는데(Singh 12, Gupta 2에서 재인용), 이는 리얼리즘과는 다른 전제를 밑바닥에 깔고 있는 새로운 문학양식에 대한 그의 불신 때문이다. 그가 "의식의 흐름" 기법을 활용하고 있는 제임스 조이스James Joyce와 버지니아 울프Virginia Woolf를 향해 곱지 않은 시선을 보내는 것도 부분적으로는 같은 맥락에서다. 그는 조이스나 울프가 지구의 "2분의 1 혹은 4분의 3"에 해당하는 세계를 등한시하고 내면세계에 집착하는 것을 가리켜 "눈이 멀었다"며 질타했다(Hussein 157).

나이폴이 제3세계권을 수없이 여행하게 된 것은 제3세계의 리얼리티를 포착하여 영국 독자들에게 제시하기 위한 것이었다. 그에게 여행은 글을 쓰기 위한 것이었다. 그는 제3세계를 여행하면서 사람들을 관찰하고 그들의 말과 행동을 메모했고, 그것을 언어화하는 작업을 계속했다. 그렇지 않으면 그는 상상력이 고갈되는 걸 느꼈다. 그는 "트리니다드나 인도와 같은 곳으로 여행을 함으로써 내 자신을 새롭게 하지 않으면, (런던에) 산다는 것이 결국 내 자신의 빈곤으로 이어질 것"이라고 느꼈다("London" 12). 물론 영국 출신의 작가들도 제3세계를 여행하고 그것을 바탕으로 소설이나 여행기를 남겼지만, 나이폴은 자신이 그들과는 다르다고 생각했다. 그는 "생생하고 재미있는(picturesque) 것을 찾기 위해 여행하는" 그들과 달리, 자신이 찾아가는 "나라들에 필사적으로(desperately) 관심을 갖고 있다"고 생각했다. 그는 그레이엄 그린Graham Greene과 같은 영국 작가들이 제3세계를 너무 낭만적으로 생각한다며, 작가가 제3세계에 대해 "할 수 있는 것은 아무 것도 없지만 그렇다고 그들을 낭만화해서는 안 된다"고 주장했다. 나이폴에게는 "식민지인들을 동정하는 것에서 시작하여 그들의 가치를 치켜세우는 것에서 끝나는 낭만주의"는 위험한 것이었다(Michener 70, 72). 그는 타자에 대한 동정심에서 출발하는 낭만주의-물론 이것은 낭만주의에 대한 고전적 정의라기보다는 나이폴 나름의 정의라고 보아야 맞을 것이다-보다는 리얼리티를 예리하게 주시하고 보고하고 해석하는 리얼리즘이 작가적 사명을 완수하는 데 훨씬 더 적합한 방식이라고 생각했다.

그런데 문제는 그가 리얼리즘 소설마저 제3세계의 리얼리티를 담아내는 데 극히 불충분한 것이라고 인식했다는 데 있었다. 그는 소설이라는 장르가 20세기에 접어들면서 본래의 기능을 상실하고 자기유희적으로 전락하여, 이제는 더 이상 소설가의 "확신"이나 믿음을 전달하지 못하는 형식이 되어버렸다고 생각했다.

> 과거의 위대한 소설들을 만들어냈던 위대한 사회들은 와해되어 버렸다. 소설은 더 개인적이고, 더 개인적으로 매혹적인 것이 되어버렸다. 하나의 형식으로서의 소설은 더 이상 확신을 그 안에 담고 있지 않다. 진정한 어려움을 목적으로 하는 게 아닌 실험적인 작품은 독자의 반응을 타락하게 만들었고, 독자들과 작가들은 소설의 목적이 무엇인지 혼란스러워 하고 있다. 화가가 그

> 러하듯, 소설가는 해석자로서의 기능을 더 이상 인정하지 않는다. 그는 그걸 넘어서고자 한다. 그리고 그의 독자는 줄어든다. 그래서 우리가 사는 세계는, 언제나 새로운 그 세계는, 점검되지 않고 넘어가 버리고, 아무런 생각도 없이 카메라에 의해 평범한 것이 되어 버린다. 진정한 경이로움을 일깨워 줄 사람은 아무도 없다. (*Return* 227).

이처럼 나이폴은 현대소설가들이 리얼리티의 "해석자로서의 기능"을 외면하고 소설을 "개인적인" 것으로 만들어 결국 소설이 대중적인 영향력을 상실하게 만들었다고 비판하고 있다. 대중의 눈과 귀가 되어야 할 소설가들이 실험적이고 개인적인 것에 탐닉하고 있으니, 영향력을 행사할 수가 없게 됐다는 것이다. 소설은 이제 "다수의 편협한 자기애를 권장하는 것"이 되어 버렸다. 그러한 상황에서 소설을 아직도 "문학의 최종적이고 가장 높은 표현방식"이라고 생각하는 것은 시대착오적인 "허영"이었다(*Reading* 63). 그래서 나이폴은 "해석자로서의 기능"을 회복하고 자신의 "확신"을 담아낼 수 있는 다른 양식이 필요하다고 판단했다. 그것은 소설이 절름발이가 된 상황에서 그 한계를 보완하는 것이 불가피하다는 판단이었다.

나이폴은 그가 생각하는 현대소설의 한계를 에세이, 저널리즘, 여행기 등의 논픽션을 통해 극복할 수 있다고 믿었다. 그는 "세상에 대한 반응이 논픽션과 저널리즘에서도 상상적으로 표현될 수 있다"고 믿었다. 그에게 저널리즘은 "대단히(extremely) 심각한" 것으로써, "세계에 대한 아주 올바른 반응"이며 "소설로 전환될 수 없는 어떤 것"이었다(Bryden 367). 달리 말하면, 그에게 논픽션과 저널리즘은 하위 장르가 아니라 소설의 한계를 극복하고 보완할 수 있는 대안적인 장르였다. 후반기로 갈수록, 여행기나 에세이가 소설을 양적으로 압도하는 것은, 그가 쓴 소설들과 소설 외적인 글들이 상호보완적인 관계, 즉 "쌍둥이 관계"에 있다는 증거이다 (Hughes 10). 또한 그가 후반기에 쓴 『도착의 신비』, 『세상에서의 하나의 길』(*A Way in the World*), 『인생의 반』(*Half a Life*) 등과 같은 소설들이 자전적인 형식으로 되어 있는 것도 소설보다는 논픽션을 통해 자신의 세계관을 직접적으로 드러내고 싶은 작가적 소신의 결과이다.

따라서 나이폴에 대한 평가는 "쌍둥이 관계"에 있는 그의 소설과 논픽션을 아우르는 것이어야 한다. 나이폴이 소설이라는 장르에 작가의 "확신"이나 소신을 더 이상 담을 수 없다고 판단했다는 점을 감안하면, 소설만을 갖고 그에 대한 평가를 내린다는 것은 적절하지도 못하고 그의 의도에 배치되는 것이기도 하다. 예를 들어, 흑인에 대한 그의 입장은 『게릴라들』(*Guerrillas*), 『강의 한 굽이』(*A Bend in the River*) 등과 같은 소설뿐만 아니라 『트리니다드의 살인과 에바 페론의 귀환』(*The Return of Eva Peron with The Killings in Trinidad*), 『중심을 찾아서』(*Finding the Centre*) 등과 같은 여행기를 동시에 고려해야만 그것의 실상을 제대로 파악할 수 있다. 물론 똑같은 소재에 대한 소설과 논픽션이 언제나 공존하는 것은 아니다. 가령, 그의 소설에는 이슬람교도나 인도인이 등장하긴 하지만, 그 빈도와 깊이가 그들에 대한 작가의 생각을 완전히 파악할 수 있게 할 정도는 아니어서, 그것을 제대로 파악하기 위해서는 『신자들 속에서』(*Among the Believers: An Islamic Journey*), 『믿음을 넘어』(*Beyond Belief: Islamic Excursions Among the Converted Peoples*), 『어둠의 땅』(*An Area of Darkness*), 『인도-상처받은 문명』(*India: A Wounded Civilization*), 『인도-1백만 개의 반란들』(*India: A Million Mutinies*) 등과 같은 여행기를 참조해야 한다. 이런 경우에는 "제한된 도덕적, 문화적 영역에 가장 잘 맞는" 소설보다 더 "적절한 양식"인

여행기가 나이폴의 입장을 대변한다(*Reading* 49).

그렇다면 나이폴의 소설과 논픽션에 제3세계의 리얼리티가 어떻게 투영되어 있느냐, 그리고 나이폴이 그 리얼리티를 어떤 식으로 해석하여 어떤 목소리에 담아 영국 독자들에게 제시하고 있느냐 하는 것은 중요한 문제가 아닐 수 없다. 또한 그 리얼리티가, 적어도 그 리얼리티의 일부가 영국의 식민주의와 관련이 있는 것이라면, "정착민" 작가인 나이폴이 영국의 식민주의와 제3세계의 리얼리티를 어떠한 역학관계로 파악하느냐 하는 것도 중요한 문제가 아닐 수 없다. 이 글은 이러한 문제들을 집중적으로 논의하기 위한 것이다.

우선, 이 글은 나이폴이 그의 소설과 논픽션에서 자신의 출신지역인 트리니다드의 리얼리티를 어떠한 형식으로 해석하고 있는지 논할 것이다. 트리니다드는 나이폴이 18세 때 그곳을 떠나 영국으로 가서 작가가 된 후부터 일종의 강박관념이었다. 『수수께끼 안마사』(*The Mystic Masseur*), 『세상에서의 하나의 길』(*A Way in the World*), 『흉내내는 사람들』(*The Mimic Men*), 『비스와스 씨의 집』(*A House for Mr Biswas*), 『미구엘 스트릿』(*Miguel Street*) 등의 주요 소설들이 트리니다드를 배경으로 하고 있는 것은 그래서 결코 우연이 아니다. 그곳은 그가 영원히 결별하고 싶었던 천박한 역사와 문화의 땅이었지만, 그는 자신의 문학을 위해 그곳으로 돌아가야 했다. 이것이 나이폴의 문학을 이해할 때 트리니다드와의 상관성을 파악해야 하는 주된 이유이다.

둘째, 이 글은 나이폴이 아프리카의 리얼리티를 어떠한 형식으로 해석하고 있는지를 논할 것이다. 그가 아프리카를 바라보는 시각은 트리니다드를 바라보는 시각과 상당히 유사한 바가 있다. 이 글은 그 점에 착안하여, 그 유사성의 의미를 점검할 것이다. 트리니다드와 아프리카가 식민주의를 경험했다는 점에서 대동소이하다는 점을 감안하면, 양쪽에 대한 그의 시각이 유사하다는 점은 그가 식민주의의 문제를 어떻게 받아들이느냐 하는 문제에 대한 해답의 열쇠를 제공할 수도 있을 것이다. 물론 양자를 바라보는 시각에 차이가 있다면 그 차이의 의미가 무엇인지도 아울러 논하게 될 것이다.

셋째, 이 글은 나이폴이 이슬람교를 어떠한 입장에서 바라보고 해석하고 있는지 논할 것이다. 나이폴이 이슬람교를 대하는 입장은 그가 트리니다드나 아프리카를 대하는 입장과 크게 다르지 않으나, 매우 민감한 문제인 종교를 대상으로 하고 있다는 점에서 각별한 주목을 요한다. 특히 미국이 2001년 9월 11일에 일어난 대참사를 계기로 이라크, 아프가니스탄 등의 이슬람권 국가들을 향해 전쟁을 벌여왔으며, 그 와중에 반이슬람적인 시각을 갖고 있는 나이폴이 노벨문학상을 수상했다는 점을 감안하면, 이슬람교에 대한 나이폴의 시각은 세밀하게 짚고 넘어갈 필요가 있을 것 같다. 이 부분은 앞의 것과 달리, 나이폴의 소설과 논픽션을 아우르는 논의가 아니라 그가 쓴 두 권의 여행기에 의존하는 논의가 될 것이다. 그리고 나이폴에 관한 논의에서 빼놓을 수 없는 것이 그의 "조상의 땅"인 인도에 관한 것인데, 이 부분은 이슬람을 논하는 과정에서 자연스럽게 논의될 것이다. 인도에 관한 나이폴의 시각을 개별적으로 논하지 않고 이슬람에 관한 논의에 포함시키는 것은 그것들이 상호보완적이기 때문이다. 그가 인도에 대해 갖고 있는 일말의 애정과 이슬람을 향한 극도의 불신과 증오는 동전의 앞뒤에 해당한다고 해도 될 만큼 불가분의 것이어서, 그 불균형이 의미하는 바를 점검해 보는 것은 나이폴을 이해하는 데 반드시 필요한 작업일 것이다.

트리니다드, 아프리카, 이슬람에 대한 나이폴의 시각을 차례로 논하게 될 이 글은 결국, 제3세계의 리얼리티가 어떠한 형태로 그의 소설과 논픽션에 투영되어 영국의 독자들에게 제시되고 있고, 거기에서 우리가 추론할 수 있는 것이 무엇인지를 밝히고자 하는 시도이다. 달리 말하면 이 글은, 쿳시가 말한 바와 같이, "정착민" 작가인 나이폴의 제3세계관을 "모국"과의 관계에서 파악해 보고자 하는 시도이다.

2. 트리니다드를 둘러싼 작가의 모호한 태도

2001년 10월 12일자 AP통신은, 나이폴이 노벨상을 타게 됐다는 소식을 듣고 "영국과 나의 선조들의 땅인 인도 대륙에 영광을 돌리고 싶다"고 말했다고 전하고 있다. 그런데 여기에서 주목할 점은 그가 자신이 태어나 18년(1932-50)을 살았던 곳이고, 그의 소설과 논픽션의 주된 배경이었으며, 그런 의미에서 그를 세계적인 작가로 만들어준 트리니다드에 대해서는 일언반구도 언급하지 않았다는 사실이다. 그가 처음부터 일관되게 "서인도제도 사람" 혹은 "서인도제도 작가"라는 호칭을 늘 불만스러워했던 만큼, 그가 이렇게 반응하는 것은 어느 정도 예상돼 온 일이긴 하다. 그는 어떤 출판사가 자신을 "서인도제도 작가"로 분류하자 계약을 즉시 파기하고 출판사를 옮긴 적도 있으며, "나는 (서인도제도 작가라는) 꼬리표로부터 평생 동안 벗어나려고 했다. 서인도제도 사람이라는 말은 정치적인 말이다. 그것은 내가 거부하는 모든 것이다. 그건 내가 아니다."고 말하며, 서인도적인 것으로부터 자신을 분리시키고자 했다(Michener 68). 하지만 트리니다드를 제외시키고 영국과 "선조들의 땅"만을 언급하는 그의 태도는 자신의 문학적 기반을 무시하는 것이어서 어딘지 석연치 않은 느낌을 준다. 1992년에 서인도제도 작가인 데릭 월콧Derek Walcott이 노벨문학상을 수상한 후, 9년만에 다시 그 상을 서인도제도 출신 작가가 수상하게 됐으니, 비참한 식민주의 역사와 그 후유증을 고스란히 견디며 살아야 했던 그곳 사람들로서는 겹경사가 아닐 수 없었을 테지만, 나이폴은 자신이 태어난 곳을 전혀 언급하지 않음으로써 그곳 사람들과의 거리를 다시 한 번 분명하게 그은 셈이 되었다.* 이런 맥락에서 월콧이 2001년 10월 11일, 나이폴의 노벨상 수상이 결정된 직후, BBC 라디오와의 인터뷰에서 했던 말은 새겨볼 만한 것이다.

> "나는 정말로 기쁘게 생각합니다. 나이폴이 카리브해 국가들에 대해서 아주 가혹한 글들을 쓴 건 사실이지만, 그는 이 상을 오래 전에 받았어야 합니다. 나는 트리니다드에 대한 그의 판단이 잘못되어 있고 이상한 것이라고 생각합니다. 어떤 경우에는 악의적이라고 생각될 때도 있습니다. 하지만 그는 트리니다드 사람입니다. 그는 그곳에서 성장했습니다. 그리고 그는 서인도제도 사람입니다. 그가 그 사실을 부정하고 싶어 해도 말입니다." (Walcott, "Interview")

나이폴의 노벨상 수상을 당연한 것으로 받아들이면서도, 서인도제도에 관한 그의 시각이 "잘못되어 있고 이상한 것"이며 종종 "악의적"인 경

---

* 이 부분의 주요 내용은 나이폴이 노벨문학상을 수상한 직후인 2001년 11월에 『현대문학』에 발표된 필자의 글에서 빌려온 것이다. 『현대문학』에 발표된 글을 굳이 이 저서에 수록하는 것은 필자가 2001년도에 나이폴에 대해 생각했던 것과 그것을 확장하고 보완하여 2004년에 『성곡학술총서』에 발표한 글과의 유사성과 차이점을 제시하려는 데 목적이 있다. 어찌 보면, 나이폴에 대한 글들은 필자가 느꼈던 감정의 기록인 측면이 없지 않다. 같은 말을 반복한 것도 같은 맥락에서다. 이것은 2002년 『타자비평』에 발표된 글 "V.S. 나이폴과 이슬람"이라는 논문의 경우에도 마찬가지다.

우도 있다는 월콧의 시각은 카리브해 사람들이, 아니 제3세계 사람들이 나이폴을 바라보는 시각과 흡사하다. 그는 노벨상을 수상함으로써 작가로서의 탁월한 능력을 다시 한 번 인정받은 셈이 됐지만, 역설적으로 그것은 트리니다드를 비롯한 서인도제도, 더 나아가 아프리카, 아시아 등의 제3세계권에 대한 부정 일변도의 시각을 다시 한 번 사람들에게 일깨우고 논쟁을 촉발시키는 계기가 되었다.

1957년에 발표된 첫 소설 『수수께끼 안마사』에서부터 1987년에 발표한 『도착의 신비』에 이르기까지, 나이폴의 소설들은 거의 모두, 트리니다드로부터 거리를 두려는 작가의 의식적, 무의식적 욕구를 직, 간접적으로 드러낸다. 트리니다드는 그에게 벗어나고 싶은 모든 것의 화신이었다. 그는 그곳의 "기후도 싫었고, 빛도 싫었다." 그리고 그곳이 그에게 준 "천식도 싫었고, 주변에 있는 많은 종족갈등도 싫었다." 또한 그는 그곳의 "음악도 싫었고, 시끄러움도 싫었다." 그가 거기에서 태어난 것은 "커다란 실수"였으며, 그곳은 자신이 있어야 할 곳이 아니었다(Levin 93). 이것은 그가 영국에 정착한 이후에도 계속되었다. 그곳은 여전히 "악몽"이었고, 꿈에서도 되돌아가고 싶지 않은 곳이었다(*Middle* 43).

그런데 아이러니컬한 것은 그가 영국에 정착해 글을 쓰는 과정에서 그 "악몽"에 더욱 집착하게 됐다는 사실이다. 자신의 말처럼, 그는 "작가가 되기 위해서는 (트리니다드를) 떠나는 게 필요하다고 생각했지만, 실제로 글을 쓰기 위해서는 (그곳으로) 돌아가야 할 필요성을 느꼈다"(*Finding* 34). 그도 그럴 것이, 그가 첫 소설 『수수께끼 안마사』를 발표한 것은 그가 트리니다드를 떠난 지 7년만인 1957년, 그의 나이 25세 때였다. (사실은, 1959년에 세 번째로 출간된 『미구엘 스트릿』이 그의 첫 작품이었다.) 영국적인 것을 소설의 소재로 택하기에는 영국에 대해서 너무 몰랐고, 영국에서의 체류기간마저 짧았던 젊은 나이의 그에게, 트리니다드는 선택의 여지가 달리 없는 유일한 소설적 배경이었다. 그가 이 소설에서 트리니다드에 사는 동인도 힌두교도들의 사이비 지도자 가네쉬와 그에게 속아 넘어가는 힌두교도들을 코믹하게 풍자한 것은 이러한 맥락에서였다. 또한 그가 『미구엘 스트릿』에서 머릿속에 뭔가가 빠져있는 듯한 다수의 코믹한 인물들을 묘사한 것도 같은 맥락에서였다.* 그것은 1958년과 1961년에 발표된 『엘비라의 투표』(*The Suffrage of Elvira*)와 『비스와스 씨의 집』도 마찬가지였다. 그는 『수수께끼 안마사』와 『미구엘 스트릿』으로 르웰린 기념상과 섬머셋 몸상까지 수상하였으니, 트리니다드를 소설의 배경으로 택한 것은 다른 여지가 없는 불가피한 것이었지만 그로서는 대성공이었다.

그런데 문제는 그에게 성공을 가져다 준 트리니다드가, 앞서 언급한 것처럼, 그에게는 혼돈과 무질서의 땅이었고, 바로 그것 때문에 그가 영국에 정착했다는 사실이었다. 그렇다면 그의 소설 속에 드러나는 트리니다드는 부정적인 것이어야 했다. 그런데 『수수께끼 안마사』, 『엘비라의 투표』, 『미구엘 스트릿』, 『비스와스 씨의 집』 등의 초기소설에 드러나

---

* 『미구엘 스트릿』에 등장하는 코믹한 인물들은 신비스럽고도 과묵한 중혼자(重婚者) 보가트, 아무런 일도 하지 않는 목수 포포, 의사가 되려 하지만 보는 시험마다 낙방을 거듭하는 학생 일라이아스, 예수가 십자가에 못박힌 것을 재현하려고 하는 맨맨, 자신이 영국의 백인시인 윌리엄 워즈워스와 같은 마음을 지녔다고 믿는 시인 B. 워즈워스(여기에서 B는 흑인(black)을 지칭한다), "진짜 크고, 진짜 흑인"이어서 위협적인 존재여야 하지만 실제로는 겁쟁이인 빅 풋(Big Foot), 자신의 능력을 테스트하기 위해 학생들 대신에 신문사에 편지를 쓰는 선생 티투스 호이트, 상대를 열심히 사랑하지만 결국 돌아오는 것은 무자비함 뿐인 헤라이라 부인, 아무리 견고한 것이라 해도 그의 손이 닿으면 부서져 버리는 "기계적인 천재" 바쿠 아저씨, 미국인이 되고 싶어 하는 에드워드, 감옥에서 생을 마감하는 해트 등이다.

는 트리니다드의 모습은 부정적이라기보다는 인간적인 것으로 다가온다. 마치 작가가 이 작품에 등장하는 인물들에 일말의 애정을 갖고 있는 듯한 착각마저 들 정도다. 굽타Suman Gupta가 예리하게 지적한 바와 같이, 우리가 이 소설들에 나타난 부정적이고 비판적인 면을 들춰낼 수 있는 것은 나이폴이 이후에 발표한 글에 트리니다드가 어떠한 모습으로 나타나고 그 의미하는 바가 무엇인지를 파악한 후, 초기소설들을 "되돌아볼 때에야" 비로소 가능하다(Gupta 5). 즉, 이 소설들이 트리니다드 사회가 "개인적인 야망과 바램"이 있을지는 모르지만 "그러한 것들을 성취할 수도 없고, 더 큰 사회적 변화를 성취할 수 있는 능력도 없는 수동적인 사람들이 사는 사회"라는 부정적 이미지를 그 안에 내포하고 있다는 것을 알게 되는 것은 『흉내내는 사람들』, 『게릴라들』 등의 소설들과 『중간 행로』(*The Middle Passage*), 『트리니다드의 살인과 에바 페론의 귀환』, 『엘도라도의 상실』(*The Loss of El Dorado*) 등과 같은 여행기와 에세이를 종합적으로 검토한 후에나 가능하다는 말이다(Gupta 10). 초기의 네 소설에 나타난 트리니다드 "사회의 결핍, 편협성, 수동성, 보수성, 결속력과 확실성의 부족" 등과 같은 부정적인 면들은 "나이폴이 그 효과를 완화시키기 위해 정교하게 구축해 놓은 서술자의 시각을 통해 즉, 『미구엘 스트릿』의 표면적인 소년화자와 다른 소설들에 등장하는 멀리 떨어져 있고, 재미있어 하고, 끼어들지 않고, 전지적인 화자와 같은 장치를 통해 걸러진다." 만약 그렇지 않았다면, 그런 요소들은 나이폴의 소설을 "가장 비방적인 유베날리스[Juvenal, 고대로마의 풍자시인] 식의 풍자로 만들 수도 있었다"(Gupta 17). 이 말을 달리 하면, 나이폴은 트리니다드에 대해서 처음부터 부정적인 시각을 갖고 있었지만, 적어도 초기소설에서는 그것을 예술적으로 처리할 수 있었거나, 아니면 그것을 소설의 주된 담론으로 삼기에는 아직 이른 상태였다는 말이기도 하다.

나이폴의 초기소설들에 잠재되어 있는 트리니다드 사람들에 대한 부정적인 시각은 『흉내내는 사람들』에 가면, 더 이상 암시적인 것이 아니라 단도직입적인 형태로 드러난다. 이 소설은 식민주의가 종식된 상황에서 벌어지는 정치적, 문화적, 경제적 혼란 상황을 화자이며 주인공인 랄프 싱의 글쓰기를 통해서 짚어보는 형태로 되어 있는데, 여기에서 주된 이미지는 제목이 암시하는 바와 같이 식민지인들의 "흉내내기"이다. 식민지인들에게 독립이란 외관상의 변화일 뿐, 그들은 여전히 식민주의에 예속된 상태이다. 화자에 따르면, 식민지인들은 "버림을 받았고 잊혀진 존재"로서 "새로운 삶을 위해 스스로 준비하는 체 하지만" 결국 "새로운 세계의 흉내내는 사람들일" 뿐이다(*Mimic* 146). 즉, 식민지인들은 해방이 되었지만 스스로의 운명을 개척할 능력도, 여지도 없이, 지배적인 힘을 단순히 반사하는 데 그치고 있으며, 영원히 식민주의자들의 흉내를 내도록 운명이 지워져 있기 때문에, 그들이 하는 무슨 일이든 속빈 강정이나 마찬가지라는 것이다. 정체성을 찾고자 하는 그들의 민족주의마저도 "감정적인 소리"에 지나지 않는다(*Mimic* 220). 나이폴은 흉내를 식민지인의 정체성을 회복하기 위한 단계로서가 아니라 고착된 것으로 파악하고 있다.

셀윈 커조Selwyn Cudjoe가 말한 바와 같이, 흉내는 식민주의가 탈식민주의로 전환되는 과정에서 식민지인의 주체성을 재구성하는 데 필요한 "전제조건"일 수가 있다. 라캉의 말을 빌리자면, 이것은 자아가 상상적인 단계에서 상징적인 단계로 넘어가기 위해서 필요한 전제조건이다. 따라서 "탈식민주의 주체를 해석하고 이해하려는 어떤 시도도 절대적인 맥락에서가 아니라 관계적인 측면에서 해석해야 한다." 문제는 나이폴이 이사벨라 사회를 "관계적인 측면에서 바라보지 못한다는 것"이다(Cudjoe 109). 결국 나이폴이 이사벨라(트리니다드)를 향해 갖고 있는 "분열, 상실, 무질서, 무기력, 소외감, 불안감" 등은 "거울 단계에서 완전히 빠져나와 모국으로부터 분리된 사회적 정체성을 확보하지 못하는 무능력"의 결과이며, "모국과의 근친상간적인 관계"에서 비롯된 것이라는 말이다(Cudjoe 111). 따라서 나이폴이 트리니다드를 조지프 콘래드의 소설의 배경인 아프리카와 동일시하며 "만들어지다 만(half-made) 상태로 영원히 남아있을 운명에 처한 것처럼 보이는, 세계의 만들어지다 만 사회들"(*Return* 216) 중의 하나로 파악하는 것도, "흉내"의 개념을 앞세우며 리얼리티를 피상적으로 파악한 데서 생긴 결과라고 할 수 있을 것이다.

제3세계의 리얼리티를 "흉내"의 개념으로 파악하는 나이폴의 시각은, 롭 닉슨Rob Nixon이 지적한 바와 같이, 흉내에 대한 프란츠 파농Franz Fanon의 시각과 부분적으로 흡사한 바가 있다. 파농에 따르면 미개발국가의 부르주아들은 식민지 정권이 종식된 후에도, 그 유산을 독점하고 독식하는 데 혈안이 된다. 자신들의 생각이라고는 조금도 없는 이들은 식민주의자들로부터 물려받은 유산을 그대로 답습한다. 이 "졸부 계급은 거창한 관념도 없고 독창성도 보여주지 못한다. 이 계급은 유럽의 책에서 읽은 것들을 기억하고, 암암리에 유럽의 복사나 복제도 아닌 서투른 모방(caricature)만을 계속한다"(Fanon 175). 이들의 흉내내기는 따라서 "혐오스러운"(Fanon 251) 것일 수밖에 없다. 나이폴도 그러한 흉내내기를 "혐오스러운" 것으로 보고 있다는 점에서는 파농과 다를 바가 없다. 그러나 식민주의자들의 가치관을 서툴게 모방만 하는 부르주아 계층과 그들보다 덜 모방적이고 덜 의존적이며 더 토착적인 계층을 구분하는 파농과 달리(Nixon 137), 나이폴은 모든 식민지인들을 싸잡아 흉내라는 개념으로 설명하려고 한다.*

『흉내내는 사람들』에 긍정적이고 제대로 된 인물들이 전혀 등장하지 않는 것은 바로 이러한 이유 때문이다. 이사벨라 사람들을 싸잡아 "흉내내는 사람들"이라며 깎아내리는 화자 랄프 싱도 이사벨라를 떠나기 전까지는 거기에서 예외가 아니다. 따라서 그가 흉내내기에 불과한 정치에 염증을 느끼고 이사벨라를 떠나 런던에 정착하는 것은 그의 입장에서 보면 자연스러운 것이다. 그는 흉내내기에 대한 혐오감 때문에, 이사벨라를 모조적이고 열등한 곳으로, 런던을 진실하고 우월한 곳으로 인식한다.

물론 랄프 싱의 아버지처럼, 흉내가 아니라 자생적인 정치운동을 하는

---

* 제3세계 사람들의 흉내내기에 대한 나이폴의 부정적인 견해는 호미 바바(Homi Bhabha)의 이중적인 개념을 감안해서 다시 한 번 검토할 필요가 있다. 바바는 "흉내와 인간에 대해서"("Of Mimicry and Man")라는 논문에서, 피식민주의자들의 흉내내기를 두 가지 측면에서 해석하고 있다. 하나는 식민주의자들이 피식민주의자들을 통치하기 위한 방편으로 그들에게 자신들의 가치들을 흉내내도록 조장함으로써 자신들의 통치를 용이하게 만든다는 것이다. 결국 피식민주의자들은 실체가 없는 앵무새가 되어 식민주의자들의 가치를 무분별하게 추종하게 된다. 여기까지는 바바와 나이폴이 같은 입장이다. 그런데 바바는 흉내내기의 또 다른 측면을 부각시킨다. 즉, 흉내내기는 피식민주의자들의 종속적인 상태를 반영하기도 하지만, 전복적인 기능을 하기도 한다. 피식민주의자들은 식민주의자들을 모방함으로써 잠재적인 힘을 보유하게 되고 그것은 결국 전복적인 조롱의 차원으로 바뀔 수 있다. 결국 그들의 말과 가치개념을 배워, 그들을 조롱하고 그들의 권위에 도전하고 저항하는 데 활용한다는 것이다. 이것은 모든 흉내내기를 부정적인 차원에서만 해석해서는 안 된다는 말이다. 바바의 이론이 궁극적으로 흉내내기의 저항적 차원을 넘어서, 식민주의자의 문화와 피식민주의자의 문화가 서로 만나 새로운 형태의 정체성을 형성하는 "혼종성"의 개념으로 넘어가는 것은 당연한 귀결인지도 모른다. 나이폴의 눈에는 그 혼종성이 흉내내기에 불과한 것으로 비칠지 모르지만, 바바와 같은 사람들에게는 오히려 현실을 수용하는 긍정적인 방식일 수도 있다. 나이폴과 조상이 같은 인도 출신 작가인 루시디도 "인간과 문화와 생각과 정치와 영화와 노래"가 "새롭고 예기치 않게 섞이는" 혼종성을 『한밤의 아이들』(*Midnight's Children*)과 같은 소설이나 다른 글에서 긍정적으로 평가한 바 있다.

사람도 등장하긴 하지만, 이들의 행동은 이사벨라 문화의 천박성과 비역사성으로 말미암아 지리멸렬함을 면치 못한다. 이들이 주도하는 일은 가시적인 목적이 없는 무질서와 혼란 속에서 행해지기 때문에 "드라마"처럼 금세 끝나고 잊힌다(*Mimic* 127). 그것은 절망의 또 다른 이름에 지나지 않는다.

『게릴라들』도 서인도제도 사람들의 흉내내기를 중심에 놓고 있다는 점에서는 예외가 아니다. "점심식사가 끝난 후, 제인과 로치는 능선에 있는 그들의 집을 떠나 스러시크로스 농장(Thrushcross Grange)으로 차를 몰았다"(*Guerrillas* 3)는 문장으로 시작되는 이 소설은 첫 문장부터 서인도제도의 모조적인 특성을 강조하고 있다. 여기서 말하는 스러시크로스 농장이란 제임스 아메드라는 흑인지도자가 빈민층 흑인들을 모아놓은 우스꽝스러운 사이비 농장의 이름인데, 본래 그것은 에밀리 브론테Emily Brontë의 『폭풍의 언덕』(*Wuthering Heights*)에 나오는 농장 이름이다. 그는 『폭풍의 언덕』을 비유적으로 해석하여, 자신을 백인한테서 차별받는 히스클리프로, 영국여자인 제인을 자신에게 매료된 캐서린으로 상상하고, 백인에 대한 끌림과 혐오감을 도처에서 표출하고 있다. 그는 흑인들이 힘을 가져야 한다고 설교하면서도, 그것이 런던에서 온 백인들의 관심을 끌 때만 힘을 느낀다. 즉, 그의 성공의 척도는 모국인들이 그걸 어떻게 수용하느냐에 달려 있다. 그에게는 자신을 판단할 잣대가 없는 것이다. 따라서 그가 백인들에게 느끼는 경멸감도 스스로에 대한 경멸감이나 다름없다. 결국 그가 그의 동성애 파트너인 브라이언트에게, "저 쥐를 죽여라"(*Guerrillas* 238)하고 말하며 제인을 칼로 난자하게 만들고 자신도 덩달아 그녀의 목을 졸라 살해하고 구덩이에 던져버리는 것도 그녀가 대변하는 영국성에 대한 애증의 콤플렉스 때문이다. 영국적인 것을 흉내내다 보니 현실에 맞지는 않고, 그에 따르는 명분도 없으니 증오감만 생긴 것이다. 게릴라도 마찬가지다. "모든 사람이 싸우고자 하는데, 싸울 것은 아무 것도 없다. 모든 사람은 자신의 작은 전쟁을 하고 싶어 한다. 모든 사람은 게릴라이다"(*Guerrillas* 82). 나이폴이 생각하는 서인도제도의 게릴라란 결국 아무런 명분도 없는, 지극히 이기적인 오합지졸, 즉 게릴라의 흉내내기에 불과하다.

『게릴라들』은 실제로 있었던 살인사건을 소재로 한 나이폴의 에세이 "마이클 X와 트리니다드 흑인지위향상 단체의 살인"("Michael X and the Black Power Killings in Trinidad")을 기반으로 쓰인 것인데, 이 소설은 흉내내기의 개념을 엽기적이라고 할 만한 폭력과 결부시키고 있다는 점에서 다른 소설들과 다르다. 이 에세이는 우선, 마이클 X가 흑인지위향상 운동에 기여한 바가 결국 흉내내기에 기반하고 있다는 점을 부각시킨다. 그의 "모든 행동과 말은 다 빌려온 것이다"(*Return* 23). 서구의 진보주의 및 혁명적 사회주의 사상에서 빌려온 공산주의, 서구문학과 정치철학에 대한 얄팍한 지식, 1960년대 미국의 흑인지위향상 운동에서 빌려온 정치적 구호, 미국의 흑인지도자 말콤 X가 그랬듯이 자신의 이름을 마이클 드 프레이타스에서 마이클 X로 개명한 행위, 말콤 X가 그랬던 바와 유사하게 백인 진보주의자들과 흑인 부르주아들에 대해 취하는 비판적 태도, 이슬람 개종 등 그가 행하는 모든 것이 빌려온 것이다. 그러한 흉내내기의 집합체이자 결정체인 그가 온전할 사람일 리가 없다. 나이폴에 따르면 그는 콤플렉스 덩어리다. 거기에 한술 더 떠, 마이클 X는 엽기적인 폭력을 선동하는 변태주의자다. 이 에세이의 마지막을 보면, 그의 명령을 받은 자들이 영국여자(자말의 연인)인 게일 앤 벤슨을 구덩이에 처넣고 칼로 난자한 다음 똥을 붓고 묻어버리는 장면이 나오는데, 엽기도 보통 엽기가 아니다.

이러한 폭력을 묘사하는 나이폴의 어조에는 어딘지 문제가 있어 보인다. 그는 "아무런 호기심도 보이지 않으면서" 그 충격적인 살인 장면을 담담하게 묘사한다. 그리고 그렇게 함으로써 "이 집단농장에서의 살해사건으로부터 미스터리를 없애버리고, 그 사건이 자명하고 완전히 이해할 만하기 때문에 아무런 설명도 필요하지 않다는 인상을 준다. 즉, 그것은 마이클 X와 흑인지위향상 운동에 내재한 병의 혐오스러운 징후이다. 그리고 나이폴은 그 병이 종족갈등의 왜곡이라는 걸 암시한다"(Gupta 46). 『게릴라들』에 나오는 지미는 에세이에 묘사되는 마이클 X의 폭력에서 한 걸음 더 나아가, 여자의 입속에 침을 뱉으며 그녀를 강간한 다음 살해하고 묻어버리는 엽기적인 행각을 벌인다. 육체적인 폭력에 성적인 폭력이 겹쳐지는 것이다. 이는 나이폴의 이전 소설에서는 찾아볼 수 없었던 것이다.

트리니다드 흑인들에 의해 저질러지는 육체적, 성적 폭력에 대한 묘사가 그들에 대한 나이폴의 편견 때문이라고 단도직입적으로 말할 수는 없겠지만, 그가 자신과 출신배경이 같은 힌두교도 인도인들을 묘사할 때와 너무 다른 입장으로 흑인들을 묘사하고 있다는 사실은 어딘지 석연치 않은 느낌을 준다. 그리고 그 폭력은 이 논문에서 나중에 다루게 될 흑인에 대한 입장과 묘한 역학관계에 있다는 점에서 다시 한 번 생각해 볼 여지가 있다. 나이폴의 소설에 제대로 된 남녀관계가 등장하지 않고, 특히 여성인물이 많은 경우 왜곡된 형태로 등장한다는 걸 감안하면, 그의 제3세계관뿐만 아니라 여성관에도 문제가 있는 건 아닌지 의심될 정도다. 제인에게 가해지는 유형, 무형의 폭력이 『자유로운 나라에서』와 『강의 한 굽이』와 같은 소설에서도 거의 같은 형식으로 존재하면서 어느 정도의 일관성을 갖추고 있으니 더욱 그렇다. 전자에서는 동성애자인 백인 남자와 성적으로 문란한 백인 여자가 자동차를 타고 익명의 아프리카 나라를 가로지르는 이야기가 나오는데, 그 과정에서 남자는 여자에게 입에 담기 어려운 욕설을 하고(*Free* 219), 후자에서는 화자인 살림이 성행위를 할 준비가 되어 있는 이베트의 다리 사이에 "입안의 침이 다 없어질 때까지 침을 뱉고" 그녀를 구타한다(*Bend* 237). 특히 후자의 경우는 『게릴라들』의 지미가 제인의 입속에 침을 뱉으며 그녀를 강간하는 것을 연상케 한다. 물론 이러한 성적 폭력은 제3세계적 상황과 맞물려 있어서, 그 안에서의 정치적인 섹슈얼리티의 문제일 수도 있겠지만, 동성애에 대한 폭언만큼이나 격렬한 것이어서, 나이폴 자신의 여성관이 부정일변도의 것일 수 있다는 걸 시사한다.* 닉슨이 말한 바와 같이, 여성에 대한 집요한 혐오감이 여성(특히 그의 어머니)이 지배하는 그의 가족사와 연루된 것인지는 명확히 알 수는 없지만(Nixon 10), 여성에 대한 혐오감이 그의 글 속에 배어있는 것만은 분명해 보인다.

트리니다드에 대한 나이폴의 부정적인 생각은 그의 트리니다드 여행기인 『중간 행로』에서도 잘 드러난다. 이 여행기는 그가 1960년, 트리니다드 수상이었던 에릭 윌리엄스Eric Williams의 초청과 지원을 받아 그

* 동성애에 대한 나이폴의 편견은 너무 극단적이다. 『자유로운 나라에서』, 『게릴라들』 등과 같은 소설에서 동성애자들을 그로테스크하게 그린 것과 흡사하게, 그는 인터뷰를 통해서도 그것에 대한 자신의 견해를 분명하게 밝힌 바 있다. 그는 포스터(E.M. Forster)의 『인도로 가는 길』(*A Passage to India*)에 관한 질문을 받고, 포스터는 "인도에 관한 진실을 얘기하는 것보다는 정원에서 일하는 애들을 꼬드기는 데 더 관심이 있었던 성적인 약탈자(predator)"라며 그 소설을 "완전한 쓰레기"라고 일컬은 바 있다. Paul Kelso, "Naipaul Derides Novels of Forster, 'A Nasty Homosexual'," *The Guardian* (1 August 2001).

지역을 여행하면서 기록한 다큐멘터리 형식의 에세이다. 그에 따르면, 트리니다드의 문화는 "빌려온 문화"로써 "중요하지도 않고 창조적이지도 않고 냉소적일 뿐이다"(*Middle* 73, 43). "자신들에 대한 확신이 없는" 트리니다드 사람들에게는 자신들만의 "취향도 없고 스타일도 없다"(*Middle* 50). 그들에게는 관대함도 없다. 그런 것들은 나이폴이 오직 "책에서만 알았고, 영국에 가서야 찾았던 것들"이다(*Middle* 44). 그리고 트리니다드 사람들에게 정체성이라는 게 있었다면, 그것은 언제나 식민치하에서 "영국제국에 속한다는 것", 즉 그런 의미에서 "영국적"이라는 데 있었다(*Middle* 45). (그런데 아이러니하게도, 나이폴은 찰스 킹슬리Charles Kingsley나 앤서니 트롤로프Anthony Trollope가 그들의 여행기에서 트리니다드에 대해서 언급한 것들을 세세히 열거하며, 그들의 생각이 옳았다는 걸 증언함으로써, 그들의 말을 흉내내는 것처럼 보인다.) 킹슬리나 트롤로프가 식민지 시대에 여행을 하고 그것을 기록으로 남겼다는 점을 감안하면, 식민지 시대가 종식되고 서인도제도의 국가들이 독립을 한 상황에서 트리니다드를 비롯한 서인도제도를 바라보는 나이폴의 의식에는 어딘지 과거에 대한 "향수"마저 깃들어 있는 것처럼 보인다(Gupta 35).

또한 나이폴은 이처럼 자신의 것은 아무 것도 없고 모든 것을 모국에서 "빌려온 문화"에 제대로 된 문학이 있을 리 없다고 단언한다. 따라서 서인도제도 사람들은 "그들이 누구이며 어디에 서 있는지 말해줄 작가들이 필요한데" 서인도제도 작가들은 지금까지 "종족의 편견을 반영하거나 거기에 비위를 맞추는 일밖에 하지 않았다"는 것이다. 나이폴이 서인도제도 작가들을 이렇게 몰아쳤으니, 그들과의 불화는 예정된 것이었다. 또한 그는 "문학은 사회적인 관습의 단단한 틀에서만 자랄 수 있다"며, "백인 세계와의 관계"가 유일한 관습인, 달리 말하면 백인세계를 흉내내는 데 급급한 서인도제도 문화권에서 행해지는 문학행위는 그 어떤 것도 "보편적인 호소력"을 가질 수 없다고 생각한다(Middle 73, 74). 이쯤 되면, "나이폴의 주된 주제는 서구를 앵무새처럼 흉내내고, 어설프고 불법적으로 빌려쓰는 제3세계의 능력에 관한 것"이라는 닉슨의 말은 사실에서 크게 벗어나지 않은 발언인 셈이다(Nixon 157).

그런데 서인도제도에 관련된 나이폴의 시각을 논하면서 반드시 짚고 넘어가야 할 것이 하나 있는데, 그것은 트리니다드에 대한 나이폴의 이중적 태도이다. 즉, 나이폴이 왜, 런던에서 온 다른 여행자들처럼 거리를 두고 트리니다드를 바라보면서, 동시에 자신의 눈으로 본 것에 대해 분노를 표출시키느냐 하는 것이다. 그것은 나이폴이 트리니다드 출신 정착민 작가라는 사실을 상기하면 어렵지 않게 답변할 수 있는 문제이다. 그는 영국의 문화와 교육을 향유한 아웃사이더로서 트리니다드를 바라보며 일종의 문명비판을 시도하고 있지만, 서구의 오리엔탈리즘적인 시각에서 보면 비판의 대상인 제3세계와 자신이 연루되어 있다는 자의식을 떨쳐버릴 수 없는 태생적 한계를 지닌 작가이다. 그의 문명비판적인 글에 분노가 깔려 있는 이유는 바로 여기에 있다. 굽타가 적절하게 지적한 바와 같이, 나이폴의 트리니다드 비판에 깔려있는 "가치는 유럽중심적인 것이지만, 그것을 기꺼이 채택하는 그는 자신을 부정하지 않고서는 그럴 수가 없다"(Gupta 37). 결국 트리니다드를 바라보는 그의 시각이 "자기부정의 고뇌"를 내포하고 있는 만큼, 그의 어조 자체가 냉정함과 초연함을 유지할 수가 없게 된다는 말이다.

나이폴이 끝없이 트리니다드를 붙잡고 늘어지며, 그것을 서인도제도로 확장시키고, 다시 그것을 아프리카, 아시아, 남아메리카로 확장시키는 것은 이러한 이중성에서 기인한 "자기부정의 고뇌" 때문이다. 그가 태어나서 경험했던 식민지적 굴레가 그를 붙잡고 놓아주지 않는 것이다. 그것은 그래서 그의 강박관념이고, 그의 식민화된 정신상태를 반영하는 것이기도 하다.

3. 트리니다드와 아프리카의 접점

나이폴은 『강의 한 굽이』와 관련해, 아프리카의 미래가 어떤 것이냐는 질문을 받고 "아프리카에는 미래가 없다"(Hardwick 49)고 단언한다. 여기에서 그는 아프리카만을 특정해 말하고 있지만, 이러한 결정론적인 시각은 앞서 논의한 트리니다드와 서인도제도 국가들에 그대로 적용해도 되는, 제3세계에 대한 나이폴의 일반적인 시각이다.* 결국 나이폴이 트리니다드를 바라보는 시각은 아프리카를 바라보는 시각과 대동소이하다는 말이니, 트리니다드는 그에게 제3세계에 대한 소우주인 셈이다.

나이폴이 트리니다드를 주된 배경으로 많은 소설이나 여행기, 에세이들을 썼음에도 불구하고, 그것이 트리니다드 사람들에게 읽히기 위한 것이 아니었음을 분명히 한 것처럼, 그는 아프리카에 관한 글도 아프리카인들을 위한 것이 아님을 분명히 한다. "나는 아프리카 독자들을 감안하지 않는다. 그래야 한다고도 생각하지 않는다. 다시 말하지만, 아프리카는 그리 문학적인 땅이 아니다. 그곳은 숲의 땅이다"(Mukherjee and Boyers 77). 여기에서 나이폴이 말하는 "숲"이란 문자적인 의미를 넘어,

* 나이폴의 결정론적인 시각에 대해서는 다음을 참조할 것. Nana Wilson-Tagoe, "History as Loss: Determinism as Vision and Form in V.S. Naipaul," *Historical Thought and Literary Representation in West Indian Literature* (Oxford: James Currey, 1998), 54-76.

아프리카의 문화적, 정치적, 역사적 상황을 지칭할 때 그가 즐겨 쓰는 메타포이다. 가령, 『강의 한 굽이』에 나오는, 유럽 식민주의자들이 숲을 개간하여 건설한 도시가 독립이 된 후에 숲에 의해 조금씩 잠식당하는 것에 대한 묘사는 숲(야만)과 도시(문명)의 이질적인 면과 아프리카의 야만성을 부각시키기 위한 그 나름의 전략이다. 그것이 트리니다드의 경우에는 드럼의 메타포가 된다. "드럼 위에 놓고 책을 두드릴 수는 없다"는 그의 말은 "책의 출판과 그걸 읽는 독자와 그걸 리뷰하는 평자들이 부재한," 즉 문명이 부재한 트리니다드의 원시적 상황을 지칭하기 위한 것이다(Theroux 326). 그가 트리니다드에서 유일하게 가치와 실재를 인정하는 것이 칼립소와 스틸밴드(steel band)라는 것은 결코 우연이 아니다. 트리니다드 사람들에게 문화란 음악이고 춤이며 나이트클럽과 같은 것으로서, "트리니다드 사람들이 리얼리티에 접촉하는 것은 칼립소에서만 가능하다"(*Middle* 76, 75). 그래서 드럼과 숲은 일맥상통하는 것이다. 더욱이 칼립소와 스틸밴드의 주축을 이루고 있는 트리니다드 사람들이 흑인들이요, 그들이 "숲"에서 "드럼"을 두드리다 노예로 끌려와 트리니다드에 정착한 사람들의 후손이라는 걸 감안하면, 숲과 드럼은 나이폴의 인식체계 내에서는 똑같은 것이라고 해도 과언이 아니다.

다른 점이 있다면, 트리니다드의 드럼은 숲보다는 바다가 더 압도적인 서인도제도에 강제로 정착한 이주민들의 것이요,** 아프리카의 숲은 본래의 자리에 있는 원주민들의 것이라는 점일 것이다. 이 차이는 아프리카인들의 흉내내기를 바라보는 나이폴의 시각에 영향을 미친다. 트리니

** 바다의 이미지가 모든 걸 압도하는 트리니다드의 풍경은 『흉내내는 사람들』에 잘 나타나 있다. (*Mimic* 126-27)

다드의 흉내내기가 비역사적인 진공상태에서 비롯된 공허한 것이라면, 아프리카의 흉내내기는 그 이면에 뭔가를 깔고 있는 것이다. 트리니다드의 흑인들이 "얼굴도 없고" 이름도 없고 "스토리도 없는" 존재(*Loss* 319), 즉 흉내내기 외에는 아무 것도 없는 존재라면, 아프리카의 흑인들은 원시적인 의식과 관습이라는 걸 흉내의 이면에 깔고 있는 존재이다. 그렇다고 아프리카의 흑인들이 트리니다드 흑인들보다 더 창조적이라거나 더 가치지향적인 행위를 한다는 말은 아니다. 추장을 기리기 위해 아이들을 희생시키거나 터무니없는 신화를 날조하여 독재자를 미화시키는 것은 결코 가치지향적인 행위일 수가 없기 때문이다. 아프리카인들이 자이르의 독재자 모부투가 쓰는 모자와 그가 들고 다니는 지팡이에 터무니없는 상징적 의미를 부여하는 것도 식민주의자들이 그들에게 남긴 문명과는 너무나 이질적인 야만적 의식에 근거한 것이다. 모부투의 모자가 표범가죽으로 되어 있다는 것은 "추장만이 표범을 죽일 수 있기 때문이고," 그가 갖고 다니는 지팡이에 뱀처럼 생기고, 배가 불룩 나온 인간의 형상처럼 생긴 두 마리의 새가 그려져 있는 것도 그것에 부여된 아프리카식의 야만적 의식과 신화화 때문이다. 추장이 지팡이를 들고 있는 동안에는, 사람들이 말을 할 수 있지만, 그가 지팡이를 땅에 짚으면 아무도 말을 해서는 안 되는 것도 그들의 원시성 때문이다(*Return* 174). 자이르를 배경으로 한, 아니 그렇다고 추정되는 『강의 한 굽이』를 보면 백인여성인 이베트가 빅맨Big Man이 지팡이를 땅에 내려놓았음에도 불구하고 그 의미를 파악하지 못하고 불쑥 말을 하다가 그의 노여움을 사게 되고, 그 후로 그를 만나지 못하게 되는 장면이 나오는데, 그것도 그러한 관습에 집착하는 아프리카인의 비근대성 때문이다(*Bend* 203). 나이폴은 이처럼 아프리카인들의 비근대성과 야만성이 그들의 문화에 내재되어 있다는 본질론적 사고의 함정에 빠져 있는 것처럼 보인다.

모부투와 빅맨이 보여주는 비근대성은 그들이 사는 사회를 "만들어지다 만"(half-made), 즉 온전하지 못한 사회로 만드는 요인 중의 하나다. 모부투와 빅맨이 독재를 합리화하기 위해 자신의 어머니를 신화적 인물로 만들어 아프리카인들로 하여금 신처럼 추앙하게 만들고, 자신의 권위에 도전하는 부족들을 무참히 살해하는 것도 이러한 비근대적이고 야만적인 속성 때문이다.

이런 맥락에서 보면, 나이폴의 『강의 한 굽이』가 콩고를 배경으로 한 콘래드의 『어둠의 심장』(*Heart of Darkness*)과 상호텍스트적인 관계에 있다는 것은 의미하는 바가 크다. 나이폴은 어느 정도까지는 콘래드와 자신을 동일시하는 것처럼 보인다. 그는 1975년에 콩고를 여행하면서, 자신보다 85년(1890년 6월12일-12월 4일)이나 앞서 그곳을 찾았던 콘래드를 떠올리며, 자신의 여행이 콘래드의 것과 마찬가지로 "여전히 무(nothingness) 속으로의 여행"임을 강조한다(*Return* 181). 이것은 아프리카가 19세기 말과 마찬가지로 변한 게 없다는 생각을 기반으로 한다. 콘래드의 소설에 나오는 "발전의 전진기지에 부적합한 너무 단순한 사람들"은, 당시에는 배를 타고 왔고 이제는 비행기를 타고 온다는 차이점은 있지만, 아직도 콩고에 와 있으며, 그들이 가져온다고 믿었던 "문명"은 왔다가는 금세 사라져 버리고 없다(*Return* 193). 그러나 나이폴은 자신이 콘래드와 어느 정도 유사한 바가 없지 않지만, 자신이 콘래드보다 아프리카의 본연적인 리얼리티에 더 접근해 있다고 확신한다.

> 조지프 콘래드에게, 스탠리빌-1890년에는 스탠리 폴스 스테이션이었다-은 어둠의 심장이었다. 콘래드의 소설 속에서, 커츠가 황폐함과 고독과 권력에

의해 이상주의에서 야만상태로 전락하고, 인류의 초창기로 되돌아 가, 그의 집 둘레에 사람의 머리를 말뚝에 꽂아놓고 군림하던 곳이 그곳이었다. 그런데 70여년이 지난 후, 강물이 굽이진 이곳에, 콘래드의 환영과 흡사한 어떤 것이 지나갔다. 그러나 "억제력도 모르고, 믿음도 모르고, 두려움도 모르는 한 영혼의 상상할 수 없는 미스터리"를 갖고 있는 사람은 백인이 아니라 흑인이었다. 그 흑인은 황폐함과 원시주의와의 접촉 때문에 미친 게 아니라, 킨샤사 급류 위쪽에 있는 응갈리에마 산에 지금 묻혀 있는 개척자들이 수립해 놓은 문명과의 접촉 때문에 미쳐버린 것이었다. (*Return* 195-96)

위의 인용은 나이폴이 콘래드의 소설을 정확하게 이해하고 있다는 것을 증언해 주면서 동시에, 그가 콘래드와 입장을 달리하는 게 무엇인지를 유감없이 드러내준다. 첫째, 나이폴은 이 인용을 통해, 콘래드가 치누아 아체베Chinua Achebe와 같은 아프리카 작가들이나 학자들로부터 공격을 많이 받았지만, (아체베는 콘래드의 『어둠의 심장』이 아프리카를 "어둠"으로 묘사하고 아프리카인들을 희화화한다며 그를 "불량한 인종차별주의자"(a bloody racist)라고 공격했고, 이 말을 후에 약간 수정하여 "완전한(thoroughgoing) 인종차별주의자"라고 했다) 그의 소설이 궁극적으로, 제국주의에 대한 비판을 목적으로 하고 있었다는 사실을 분명히 하고 있다. 콘래드에게 "억제력도 모르고, 믿음도 모르고, 두려움도 모르는 한 영혼의 상상할 수 없는 미스터리"를 갖고 있는 사람은 커츠, 즉 백인이었다. 따라서 콘래드의 내러티브는 인종적 상투성을 벗어날 수 없었다는 한계는 있었지만, 궁극적으로 제국주의의 폭력성과 부도덕성을 비판하기 위한 것이었다.* 둘째, 나이폴은 억제력도 없고, 믿음도 없고, 두려움도 없는 사람은 백인이 아니라 흑인이라는 것을 강조함으로써, 아프리카에 대한 자신의 비판이 콘래드의 것과는 다르게 흑인들을 향한 것임을 분명히 하고 있다. 물론 그가 여기에서 흑인이라고 지칭하는 것은 자이르의 독재자 모부투를 지칭하는 것이긴 하나, "아프리카에 미래가 없다"는 그의 아프리카관에 비춰보면, 모부투 개인에 한정된 공격이라기보다는 원시적이고 야만적인 아프리카인들을 포괄적으로 공격한 것으로 볼 수 있다. 즉, 그는 눈앞에서 벌어지는 아프리카인의 야만성을 공격하는 것이지, 콘래드가 그랬던 것처럼 식민주의가 그 야만성에 빌미를 줬을 수도 있다는 생각은 전혀 하지 않는 듯하다. 그는 벨기에의 국왕 레오폴드 2세가 20여년간 식민통치를 하면서 1천만이 넘는 흑인들을 떼죽음으로 몰았다는

---

* 아체베는 1975년, 매사추세츠 대학에서 "아프리카의 이미지: 콘래드의 『어둠의 심장』에 나타난 인종차별주의"라는 제목으로 연설을 하고, 그것을 보완하여 1977년, 『매사추세츠 리뷰』(*Massachusetts Review*)에 게재했다. Achebe, Chinua. "An Image of Africa: Racism in Conrad's *Heart of Darkness*," *Heart of Darkness*, ed. Robert Kimbrough, New York: Norton, 1988, 243-250. 아체베의 비판에 어느 정도 일리가 있는 건 사실이지만, 그것의 다소 감정적이고 논쟁유발적인 성격은 이 비판이 그가 영문학의 정전이 된 『어둠의 심장』을 근거로 삼아, 서구문학에 내재된 제국주의 담론을 논의의 장으로 끌어들이기 위한 전략이었을 수도 있다는 점을 암시해준다. "아체베에 따르면, 인종차별주의자로서의 콘래드를 가장 잘 보여주는 것이 아프리카인들에 대한 묘사이다. 그는 콘래드가 말로우의 입을 빌려 아프리카를 선사시대로, 아프리카인을 선사시대의 인간(prehistoric man)으로 묘사하면서 고의적으로 아프리카인에게 인간성을 부여하지 않을 뿐만 아니라 아프리카 대륙을 문명과는 담을 쌓고 사는 세계로 묘사하고 있다는 것이다. 사실 무자비한 밀림의 침묵, 고막이 찢어지는 듯한 고함소리, 말뚝에 꽂힌 해골 등 이미지들이 부정적인 것도 사실이다. 그러나 이것이 전체적인 맥락에서 과연 부정적인 기능을 하고 있는가 하는 것이 중요하지 그 자체로서 부정적인 의미를 갖고 있는가 하는 것은 사실 별로 의미가 없다." 이런 의미에서 콘래드에 대한 나이폴의 평가는 자신의 논리를 정당화하기 위한 것이긴 하지만 어느 정도, 균형감각을 갖추고 있다고 판단된다. 아체베와 콘래드에 대한 상세한 논의는 다음 논문을 참조할 것. 왕철, "콘래드의 소설과 아체베의 소설의 대화적 관계," 『현대영미소설』(1997).

사실은 언급하지 않은 채, 흑인을 "억제력도 모르고, 믿음도 모르고, 두려움도 모르는 영혼의 상상할 수 없는 미스터리"와 동일시하고 있는 것이다. 그는 현상을 분석할 뿐, "누구의 잘못인지를 찾는 데엔 관심이 없다"(Michener 64). 그의 말대로 하면, 그는 냉철한(clear-sighted) 눈으로 리얼리티를 바라보고 해석하고 있을 따름이다. 그것이 설령 편견이라고 해도 비판을 가하기 위해서는 별 수 없으며, "오래 남을 작품에는 냉철함이 필요한 법이고, 그러기 위해서 작가는 몇몇 편견을 필요로 한다"는 것이 그의 논리다(Hardwick 47). 아전인수식의 논리이긴 하지만, 나이폴은 언제나 '정치적 올바름'보다는 자신의 생각을 과감하게 드러내는 쪽을 택했던 작가였다. 그는 "아프리카인들이 원시적이라는 것을 부인함으로써 그들을 문명화시키는 것"은 낭만주의라며*, "그들을 문명화시키는 문제 자체도 논쟁의 여지가 있는 것이지만, 만약 아프리카를 문명화시켜야 한다면, 그 원시성을 인정하고 근절시켜야(eradicate) 한다"는 말을 서슴지 않고 할 수 있는 작가였다("What's Wrong" 12). 원시성을 근절시켜야 한다는 나이폴의 말은 "짐승들을 전멸시켜라"는 커츠의 말을 연상시키는 듯하여 섬뜩하기까지 하다.

4. 여행기에서 드러나는 이슬람 혐오

서인도제도와 아프리카에 대한 나이폴의 견해가 그의 소설과 논픽션

---

* 미국의 저명한 비평가 어빙 하우(Irving Howe)도 나이폴의 의견에 동조하는 발언을 한 바 있다. 그는 자신이 나이폴을 높게 평가하는 이유를 "원시인들의 도덕적 매력이나 피투성이의 독재자들의 미덕에 낭만적인 달빛을 드리우는 걸 한사코 거부하며 글을 쓰기 때문"이라고 말한 바 있다(Howe 265).

을 통해 드러난다면, 이슬람에 대한 생각은 소설이 아니라 여행기를 통해 드러난다. 그 자신이 밝힌 바와 같이, 나이폴은 이슬람을 소설의 중심에 놓을 수 있을 만큼 이슬람에 대해서 잘 알지는 못했다.

> 이슬람은 내가 태어난 트리니다드의 작은 인도 사회의 일부였다. 그래서 나는 평생, 이슬람을 알고 있었다고 말할 수도 있을 것이다. 그러나 나는 그들의 종교에 대해서는 거의 아무 것도 몰랐다. 내 자신의 배경은 힌두교였다. 나는 그 이슬람들의 조상이 인도이고, 그런 점에서 우리와 공유점이 없지는 않았지만, 근본적으로 다르다는 걸 알고 성장했다. 나는 종교적인 세부사항에 대해서는 교육을 받은 바도 없었고, 나의 가족 중에 그것에 대해서 알고 있는 사람은 어쩌면 아무도 없었을 것이다. 힌두교도들과 이슬람들의 차이는 집단적 감정의 문제였고, 설명할 수 없는 것이었다. 우리의 이슬람, 힌두 조상들이 인도에서 가지고 왔던 두 집단 사이의 적개심은 상대방이 믿을 수 없고 배반을 잘 한다는 일반적인 생각으로 완화되었다. (*Among* 11)

결국, 이슬람은 힌두교도였던 나이폴에게는 그 속내를 알 수 없는 영원한 타자였던 셈이다. 피상적인 수준을 벗어나지 못하는 이슬람에 대한 그의 이해와 지식을 감안하면, 나이폴의 소설에 등장하는 대부분의 중심인물들이 이슬람교도가 아니라 힌두교도 혹은 힌두교와 관련을 맺고 있는 인물들이라는 것은 우연이 아니다. 그렇다고 그는 이슬람 세계를 외면할 수는 없었다. 제3세계의 문제를 글에 담는 것이 작가로서의 사명인 것처럼 생각하고 살아온 그로서는, 이슬람은 넘지 않으면 안 되는 산이었다.* 그래서 그가 선택한 것이 여행기였다. 그는 더 이상 작가의 "확신"을 담아내지 못하는 소설보다는 여행기라는 장르를 택함으로써 자신의 믿음과 "확신"을 독자에게 전달하고자 했다. 1981년에 발표된 『신자들 속에서』와 1998년에 발표된 『믿음을 넘어』는 그러한 작가의 의중이 반영된 여행기이다. 전자는 1979년에 이란, 파키스탄, 말레이시아, 인도네시아를 여행하고 집필한 것이고, 후자는 1995년에 똑같은 곳들을 다시 여행하고 집필한 것이다. 그가 1979년 이란에서 미국인 인질사건이 벌어졌을 때 『뉴스위크』의 표지인물이 되고, 1990년 걸프전쟁 때 『뉴욕타임스』에 "우리의 보편적인 문명"("Our Universal Civilization")이라는 글을 기고하고(Nixon 4), 2001년 9/11 사건 이후에 이슬람 근본주의자들에 대해서 다양한 인터뷰를 하게 된 것은 이슬람권을 두루 여행하고 쓴 글들이 그에게 가져다 준 제3세계 전문가로서의 명성에서 비롯된 것이었다.

1990년 걸프전이 일어났을 때 나이폴이 『뉴욕타임스』에 기고한 "우리의 보편적인 문명"은 몇 가지 면에서 우리에게 시사하는 바가 크다. 나이폴은 이 기고문에서 자신의 이슬람관을 더 효과적으로 전달하기 위해, 나히드 라츨린Nahid Rachlin이라는 이란 여성작가가 쓴 소설 『외국인』(*Foreigner*)을 소개하는데, 그가 요약한 내용을 보면 대충 이렇다. 중심인물은 생물학자로서 보스턴에서 연구를 하고 있는 젊은 이란 여성(페리)

---

* 나이폴은 작가의 위상을 빅토리아조 작가들이 누렸던 것 정도로 생각하고 있는 듯하다. 그는 "작가"("The Writer")라는 글에서 이셔우드(Christopher Isherwood)의 소설을 평하며 이렇게 말한 바 있다. "작가에 대한 사회의 무관심에 대해서 말해질 수 있는 모든 것에도 불구하고, 작가는 매력적인 존재이다. 작가는 예언자로서, 저널의 기록자 혹은 편지작성자로서, 여행자와 관찰자로서, 이야기를 꾸며내는 자 혹은 말을 갖고 요술을 부리는 자로서, 언제나 사회의 위에 있다고 느껴져 왔다. 작가란 마지막 남은 자유인이다"("Writer" 30).

이다. 그녀는 미국인 남성과 결혼하여 미국사회에 잘 적응하는 것처럼 보이지만, 휴가차 테헤란에 갔다가 자신이 미국에서 보냈던 시간을 돌아보고, 그것이 의미 없는 시간이었다는 걸 깨닫는다. 그러는 와중에 그녀는 몸이 아파 병원에 입원하게 된다. 의사는 금세 그녀의 고통이 오래된 종기 때문에 생긴 것이라고 진단한다. "당신은 그 병을 가지고 왔군요. 이제 당신에겐 병원이나 나, 혹은 당신의 나라를 두려워 할 권리가 없어요. 당신이 갖고 있는 것은 서양 병이오." 그녀는 의사의 처방에 따라 살겠다고 결심한다. 결국 그녀는 편안함이 보장된 미국 생활을 단념하고, 차도르를 쓰고 사원을 방문하며 이슬람 여인답게 살기로 결심한다.

나이폴은 이러한 체념이 소설의 결말로서는 "대단히 만족스러운 것이지만 지적으로는 결함이 있다"고 생각한다. 그에 따르면, 소설에서 제시하는 체념은 "그곳에서 약과 의료장비를 생산해 이란 의사가 근무하는 병원을 돌아가게 할 사람들이 계속 존재할 것이라는 걸 전제로 할 때만 가능하다"("Our" A21). 그런데 유감스럽게도, 그 약과 의료장비는 미국과 같은 서구 문명권에서 생산되어 이란과 같은 이슬람권에 유입되는 것이다. 즉, 이란의 병원이 돌아가기 위해서는 미국에서 생산된 의약품들과 의료장비가 필요한 상황인데, 그걸 생산할 기반도, 능력도 없는 나라에서 전도양양한 생물학자로 하여금 자신의 연구를 포기하게 하고 이슬람권에서 살아가도록 결말을 처리하는 것은 지적으로 결함이 있는 낭만적 발상이라는 것이다. 나이폴의 말을 빌리면, 이슬람은 "보편적인" 서구문명에 심하게 의존하는 "기생적인" 문명이면서도 서구문명의 가치를 부정하는 모순적인 존재이다.

나이폴이 1990년의 기고문에서 예로 든 이란여성의 소설은 공교롭게도, 그가 1979년에 여행을 한 것을 토대로 쓰여 1981년에 발표된 『신자들

속에서』의 서두에 이미 소개한 것이다(*Among* 14-15). 그가 70년대 말에 썼던 글의 내용을 1990년대에 다시 되풀이하고 있다는 것은 그 사이에 그의 생각이 전혀 변하지 않았다는 걸 말해준다. 이슬람권이 서구문명에 기생을 하고 있다는 생각도 여전하고, 서구문명이 "보편적인 문명"이라는 생각도 여전하다. 『신자들 속에서』에서 이슬람권을 기생적인 존재로 몰아붙이는 대목을 보면 다음과 같다.

> 서구 혹은 그것이 이끌고 가는 보편적인 문명은 감정적으로 거부된다. 그것은 침식시키고 위협한다. 그러나 동시에 그것은 기계류, 상품, 의약품, 전투기, 이민자들로부터 송금, 칼슘 결핍증을 치료하는데 필요한 시설이 있는 병원, 매스미디어 분야의 석사학위를 수여할 대학 등을 위해서 필요한 것이기도 하다. 서구에 대한 모든 거부는 호소력이 있는, 이상하게 중립적인, 살아있는 창조적 문명이 언제나 그곳에 존재할 것이라는 가정을 염두에 둔 것이다. 따라서 거부는 절대적인 거부가 아니다. 그것은 동시에, 공동체 전부가 지적으로 노력하는 걸 정지하는 하나의 방식이다. 그것은 기생적이다. 기생은, 인정을 안 할 뿐, 근본주의가 거두는 열매 중의 하나이다. (*Among* 168)

이 인용은 나이폴이 파키스탄을 여행하며 받은 느낌을 기술한 것이지만, 그 나라뿐만 아니라 이슬람권 전체에 적용해도 무방한 말이다. 기생이라는 개념은 나이폴이 이슬람권을 지칭할 때 수없이 되풀이한 말이기 때문이다. 이 인용문에 나오는 "보편적인 문명"이라는 말이 기고문의 제목에서 반복되는 것은 나이폴의 생각이 전혀 바뀌지 않았다는 또 하나의 증거이기도 하다. 이란 여성작가의 소설에 대한 비판과 위에 인용된 직설적인 비판은 10년 정도의 차이를 두고 행해진 것이지만, 그 본질에 있어서는 조금도 다를 바가 없다. 그런데 이슬람문명을 서구에 기생하는 문명으로 파악하는 것은 트리니다드를 유럽 특히 런던을 흉내내는 것으로 파악했던 입장에서 한 발짝 더 앞으로 나아간 것이다. 흉내라는 개념은 어떠한 것에 대한 이해나 성찰, 직관이 수반되지 않은 것이어서 깊이가 결여되고 유치하기 짝이 없는 것이긴 하지만, 흉내의 대상에 대해서는 해를 끼치지 않는 행위이다. 트리니다드의 "흉내내는 사람들"은 런던으로 대변되는 서구의 것들을 흉내내지만 영국이나 서구에는 무해한 존재들이다. 그러나 기생은 어떤 것에 들러붙어 그것의 생명력을 빨아먹으며 자신의 생명을 유지하려 하는 아주 부정적인 개념이다. 나이폴이 보기에 이슬람권의 사람들은 "보편적인 문명"이 시간과 돈과 정력을 쏟아 힘들게 개발한 기술을 이용하면서도 그것에 대해 고마워할 줄을 모르는 배은망덕한 사람들이다.

이슬람 문명을 "보편적인 문명"에 기생하는 존재로 파악하는 나이폴은 자신의 시각이 정확한 것이라는 점을 분명히 한다. 그는 "보편적인 문명"을 당연시하는 서구인들과 달리, 자신은 "트리니다드에서 영국으로, 주변에서 중심으로" 이동한 사람이기 때문에 "보편적인 문명"의 "주된 원리를 더 신선한 것으로 느꼈을 수도 있었을 것"이라며, 그 문명이 "그것의 바깥에 있거나 주위에 있는 그렇게 많은 사람들에게 매력을 느끼게 하는 것은 행복의 추구라는 개념"에 있다고 말한다. 그에 따르면 "행복의 추구"는 "개인, 책임, 선택의 개념, 지적 삶, 직업과 완전성과 성취의 개념"과 동일한 것이다. 이처럼 서구문명에 대한 나이폴의 신뢰는 거의 맹목적일 정도이다. 그가 "보편적인 문명"이라고 일컫는 것은 그가 생각하는 것처럼 거창한 것이라기보다는, 조운 콕스Joan Cocks가 지적한 바처럼 "압도적인 물질적 힘으로 세계를 보편적인 것으로 만들기 때문에 보편적일 수 있는 것이다"(Cocks 51). 달리 말해, 나이폴은 "런던-뉴욕이라는 축 위에 있는 메트로폴리탄 문화에 근본적인 우호관계"(Nixon 3)를 맺고 있기 때문에, 자본주의 사회가 창출해 내는 물질적 풍요와 그에 따른 세계화를 "보편적인" 것으로 인식하고 있다는 말이다. 이런 의미에서 보면, 나이폴이 "서구적 스타일의 물질과 지적 성장에 대한 노골적인 찬사를 통해 다양한 지역을 하나의 경제 체제로 주조하는 데 간접적인 이데올로기적 협력자로 보일 수도 있다"는 평가는 그리 과장된 평가는 아닐 것이다(Cocks 60).

이슬람 문명에 대한 그의 여행기는 불과 몇 개월에 걸쳐 해당지역을 여행한 것을 근거로, 아주 피상적으로 기술된 것으로 보인다. 그는 그 여행을 하기 전에는 이슬람에 관한 책을 읽은 바도 별로 없었고, 또 읽고 싶지도 않았다고 한다. 그것은 "거짓말을 거짓말이라고, 기생충을 기생충이라고, 야만인을 야만인이라고 부르지 못하는 사람들이 학문이랍시고 써놓은 책들"에 오염이 되지 않은 "열린 마음"을 갖고 이슬람을 대하고 싶었기 때문이라는 것이다(Michener 71). 그런데 묘한 것은 이슬람에 관한 그의 글에 수없이 반복되는 말들이 "거짓말" "기생" "야만" 등과 같은 부정일변도의 말들이라는 것이다. 이는 나이폴이 처음부터, "열린 마음"이 아니라 선입견을 갖고 이슬람 국가를 여행했다는 사실을 암시한다. 그는 이슬람을 이해하는 데 필요한 학문적인 책들을 읽고 타자를 이해하려는 겸허한 태도를 취하지 않았다. 그는 이슬람권 국가를 여행하면서 사람들을 직접 만나고 대화를 나눔으로써 그들을 이해할 수 있다고 믿었지만, 결국 눈앞에 보이는 것에만 의존해 이슬람을 이해하다 보니 피상성과 상투성을 벗어날 수 없었다. 그것은 이슬람에 대한 "열린 마음"이 아니라 닫힌 마음이었다. 그는 여행을 통해서 이슬람권의 리얼리티를 본 것이 아니라 결론을 미리 내려놓고 자신이 보고자 했던 것을 본 것에 불과했다. 여행이라는 것이 제한된 시간 내에서 행해지는 것이고, 더욱이 해당국가의 언어를 이해하지 못하여 통역의 도움을 받아 행해지는 것이라면, 그 나라의 역사와 문화에 대한 전문서적을 참고하는 것이 "열린 마음"을 갖기 위해 선행되어야 하는 작업인데, 오히려 나이폴은 전문서적을 읽지 않는 것이 "열린 마음"을 위해서 필요하다고 생각했다.

그가 "텅 빈 마음으로 가서 사실들이 드러나게 하는 것이 최선의 방법"이라고 생각했다면(Shatz interview), 정말로 그것이 "텅 비고, 열린 마음"이었는지 검토할 필요가 있다. 여행기의 저자는 자신이 만난 사람들과 사건들 중에서 제한된 일부를 선별하고 추출하여 기록으로 남길 수밖에 없다. 그렇다면 기록자가 무엇을 선택해서 제시하느냐에 따라 그 여행기의 성격과 맥락이 결정되기 마련이다. 즉, 기록자는 일종의 플롯을 설정하고 그것에 맞춰 기술을 하게 되어 있는 것이다. 여행기가 픽션과 다를 바 없는 이유가 여기에 있다. 헤이든 화이트Hayden White와 같은 학자가 역사서술도 서술자에 따라 달라지는 플롯을 가진 픽션이라는 논리를 펴는 이유도 알고 보면, 서술행위는 서술자의 시각에 따라 달라질 수밖에 없다는 인식 때문이다. 역사서술이 그렇다면, 개인의 여행기는 더더욱 그렇다. 나이폴처럼 좋고 싫음이 명확한 사람의 여행기는 특히 그러하다. 가령, 『신자들 속에서』를 보면 사데크라는 이란인 통역이 등장하는데 나이폴은 그의 여행기의 첫 페이지에서 그에 대해서 이렇게 기술하고 있다.

> 나는 여덟시 몇 분 전에 도착했다. 그는 20대 후반의 남자였는데, 몸집이 작았고 정성을 들여 옷을 차려입은 잘 생긴 사람이었다. 그의 머리는 잘 다듬어

> 져 있었다. 나는 그가 싫었다. 나는 그가 비천한 출신에 비천한 교육을 받았지만 자부심만 높은 사람이라고 생각했다. 그는 공손한 태도를 취했지만 자신이 하고 있는 일이 못마땅해 속으로 분노를 삭이는 사람이었다. 그는 정치적 확신이 없이, 분노만으로 이란 혁명을 일궈낸 그런 종류의 사람이었다. (*Among* 3)

그의 눈에 비친 이란인 통역은 마음 같아서는 외국인을 위한 통역은 하고 싶지 않으나 경제적 필요 때문에 그런 일을 할 수밖에 없어 심사가 꼬일 대로 꼬여 있는 사람이다. 그런데 통역에 대한 부정적인 묘사가 여행기의 서두에 배치되어 있다는 것은 단순히 넘길 일이 아니다. 나이폴처럼 주도면밀한 전략에 입각해 내러티브를 전개하는 작가라면 그러한 부정적인 인물의 도입 자체가 그의 여행기 전체에 그림자를 드리울 것이라는 사실을 충분히 알고도 남았을 것이다. 앞으로 전개될 이슬람에 대한 부정적 시각이나 비판이 이 도입부와 관련이 있음은 물론이다. 작가는 일정한 의도로 그것을 서두에 배치한 것이다. 소설은 물론이려니와 여타의 모든 텍스트는 작가의 수사적인 의도로부터 자유로울 수가 없다. 모든 텍스트는 보거나 읽거나 듣는 사람을 설득하기 위한 의도로 생산되는 것이기 때문이다.

서문이 없이 사데크에 대한 묘사로부터 바로 시작되는 『신자들 속에서』와 달리, 『믿음을 넘어』에는 친절하게도 "프롤로그"가 붙어있는데, 이것도 부정적인 말을 서두에 배치하고 있다는 점에서 내러티브 전체에 그림자를 드리우긴 마찬가지다.

> 이슬람은 근본적으로 아랍의 종교이다. 아랍인이 아닌 이슬람들은 모두 개

종한 사람들이다. 이슬람은 단순히, 양심이나 사적인 믿음의 문제가 아니다. 그것은 위엄 있는 요구를 한다. 개종자의 세계관은 바뀐다. 그에게 신성한 곳은 아랍 땅이다. 그에게 신성한 언어는 아랍어이다. 역사에 대한 생각도 바뀐다. 그는 자신의 모든 것을 부정하고, 좋든 싫든 아랍 이야기의 일부가 된다. 개종자는 자신의 것인 모든 것으로부터 등을 돌려야 한다. 그것이 사회에 미치는 혼란은 막대하다. 1천년이 지나도 그 혼란은 해결되지 못한 채 남아있다. 등을 돌리는 행위는 거듭해서 행해져야 한다. 사람들은 그들이 누구이며 무엇인가에 대해 환상을 만들어낸다. 개종한 이슬람권 국가에는 신경증과 허무주의의 요소가 있다. 이 나라들은 쉽게 끓어오를 수 있다. (*Beyond* xi)

인용문에 따르면, 이슬람은 무서운 종교이다. 개종자에게는 자신의 뿌리를 부정하게 만들고 사회적 혼란을 야기하며 신경증, 허무주의, 혼란, 불행, 무기력 등을 몰고 오는 종교이다. 이처럼 여행기의 서두에서 이슬람에 관한 결론을 내려놓고도, 프롤로그의 후반부에서 "여행자로서의 작가는 지속적으로 뒤로 물러나고 그 나라의 사람들이 전면에 나온다"며 독자들에게 "결론을 기대하지 말라"고 충고하는 것은 너무나 모순적이고 자가당착적이며 허위적이다(*Beyond* xii).* 그의 여행기가 신경증과 허무주

---

* 메리 프래트(Mary Louise Pratt)에 따르면, 19세기의 여행기에는 두 종류가 있다. 그 중 하나는 정보지향적인 것과 또 하나는 감성적인 것이다. 첫 번째 것은 "미학적, 지리적, 광물학적, 식물학적, 농업적, 경제적, 생태적, 인종학적" 정보를 독자에게 제시하고자 한다(Pratt 143-44). 이 경우에 "작가가 자신을 드러내지 않는 것은 그 정보들을 지식과 권력 사이의 서구적 상호작용의 결과로서보다는 자연스러운 것이라고 제시하기 위한 수사적인 전략으로 볼 필요가 있다." 두 번째 여행기에 해당하는 감성적 여행기는 "극적인 것과 모험에 강세가 주어지는 경험적인 것이다." 이것은 정보전달을 위한 여행기와 성격을 달리 하여, "여행자가 여행의 주역이며 여행기의 기본적인 초점이다"(Pratt 150). 두 종류의 여행기는 "유럽의 확장주의를 신비화한다"(Pratt 151, Dissanayake 3-5

의라는 주제를 끊임없이 변주하고 있음은 물론이다. 나이폴을 비판하는 데 누구보다 앞장을 서 온 사이드Edward Said의 말에 따르면, 개종자들을 이렇게 몰아치는 나이폴 식의 "논법으로 이야기한다면 오로지 로마 사람만이 로마 가톨릭의 독실한 신자가 될 수 있을 뿐이다. 로마 사람이 아니면서 가톨릭으로 개종한 이탈리아, 스페인, 라틴아메리카, 필리핀의 신자들은 순종이 아니며 그들의 전통에서 단절된 것이다. 또한 나이폴 식으로 말하면 영국인이 아닌 영국 성공회 신자들 역시 말레이시아나 이란의 이슬람처럼 개종을 했으므로 단순한 모방과 무기력한 운명에 처해져야만 한다." 사이드가 나이폴을 가리켜 그처럼 "능력있는 지식인이, 대부분의 이슬람은 개종을 한 사람들이고 개종을 했기 때문에 그들이 어디에 살든 같은 운명을 겪어야 한다는 원시적이고 초보적이며 축소적인 명제를 천편일률적으로 반복하는 그토록 어리석고 지루한 책을 쓸 수 있느냐"고 한탄하며 이슬람에 대한 나이폴의 생각을 "지적 파탄"이라고 규정한 것은 나이폴의 이슬람관을 고려하면 이해하지 못할 바는 아니다(사이드 72-73).

에서 재인용). 그런데 프래트는 또 한 가지 유형의 여행기를 제시하는데, 그것은 더 근대적인 성격의 것이다. 이것은 "내러티브가 일종의 지적, 사회적 해설자(commentator) 역할을 하는" 여행기로서, "서술자의 권위가 많은 양의 정보를 전달하거나 모험담을 기술하는 데서 생기는 게 아니라 예리한 관찰과 깊이있는 분석에서 생기는 성격의 것이다." 위말 디사나야케(Wimal Dissanayake)가 지적한 바와 같이, 나이폴의 여행기가 세 번째 유형에 속하는 것임은 물론이다(Dissanayake 5). 그러나 나이폴은 세 번째 유형에 속하는 "지적, 사회적 해설자"로서 여행기를 서술하고 있음에도 불구하고, 마치 그것이 다른 유형의 여행기나 되는 것처럼 자신에게서 결론을 기대하지 말라는 모순을 범하고 있다. 이는 어쩌면 디사나야케가 나이폴의 여행기를 분석하며 지적했듯이, 주변적인 제3세계 출신의 작가가 "서서히 중심으로 이동해서 식민지 작가들의 서술전략과 그들의 담론을 활용하여(employ)" 주변부인 제3세계를 논하는 과정에서 생기는 "모순들" 중의 하나일 수도 있을 것이다(Dissanayake 20).

물론 나이폴이 두 권의 여행기에서 신랄하게 비판하는 것이 이슬람 근본주의이며 그것이 초래한 독선적이고 무정부적인 혼란 상태라는 걸 감안하면, 나이폴을 "지적 파탄"에 이른 자라고 비난하는 것은 과도한 것일 수도 있다. 그러나 그가 2001년 10월 28일, 그러니까 9/11이 일어난 지 한 달 후에 애덤 샤츠Adam Shatz와 대담을 하면서 근본주의자와 비근본주의자를 구분하는 것은 "모순"이라며, 노선이나 경향에 상관없이 모든 이슬람이 본질적으로 근본주의자들이라고 얘기한 것을 보면, 사이드의 비난이 그렇게 빗나간 것은 아닐지 모른다. 나이폴에 따르면 이슬람에는 온건함이란 없다. 온건한 국가(moderate state)라는 것은 "이곳저곳에서 차관을 얻기 위해 정치인들이 날조한 것일 뿐이다." 이슬람은 "언제든 모든 운동을 압도하고 익사시키도록 규합될 수 있는 것이다." 따라서 9/11에는 아무런 명분도 없었고, 오직 "종교적 증오, 종교적 동기"만이 있었다. 그것은 "미국의 대외정책 때문이 아니었다." 오사마 빈 라덴이 이란, 파키스탄, 말레이시아, 인도네시아 등에서 인기가 있는 것은 그 나라들이 "자신을 증명해야 하는 개종자들"의 나라이기 때문이다(Shatz interview). 아랍인이 아닌 사람들이 아랍 종교를 갖고 아랍인들보다 더 자신의 충성심을 부각시키려고 하다 보니 신경증이 생길 수밖에 없다는 논리다. 이쯤 되면, 트리니다드에 대한 나이폴의 판단을 가리켜 "잘못되어 있고 이상한 것"이며 "악의적이라고 생각될 경우도 있다"(Walcott, "Interview")는 월콧의 말은 그의 이슬람관에 대해서 똑같이 적용해도 무방하다. 아니, 그의 이슬람관은 그의 트리니다드관보다 더 악의적이고 자의적인 것처럼 보인다. 나이폴이 이슬람에 대해서 언급할 때마다 판에 박힌 듯이 똑같은 말을 하는 걸 보면, 그것이 그의 고착된 편견이라는 걸 명백하게 알 수 있다.

어떤 의미에서 보면 그는 이슬람에 대한 공포심을 갖고 그것에 대한 반작용으로 이슬람을 한없이 폄하하고 증오하는 것이 아닐까 하는 느낌마저 들게 한다. 그는 샤츠와의 대담에서 이슬람이 인도를 처음 정복했던 8세기에 있었던 일화를 소개하며 자신의 두려움을 토로하고 있다. 그에 따르면, 지금은 파키스탄의 일부가 된 신드흐Sindh가 이슬람의 침략을 받았을 때, 그곳의 왕이 처음에는 효율적으로 저항을 하다가 어느 날, 이슬람들이 기도를 할 때 하나의 목소리로 일사분란하게 기도한다는 말을 전해 듣고 그것이 "세상에서의 새로운 힘"이라는 걸 알고 질겁했다고 한다. 나이폴이 이 에피소드를 인용하는 것은 이슬람 제국주의가 진보적이고 건설적인 서구 제국주의와 달리 저돌적이고 부정적이며, "퇴행적이고 중세적"이라는 점을 부각시키기 위함이다(Gupta 72). 서구 제국주의에는 교육, 합리성, 발전을 위한 여지가 있지만, 이슬람 제국주의에는 그런 것들을 갉아먹고 고갈시키는 근본주의 정신만이 있기에, 이슬람은 결국 "20세기에 맞지 않는" 종교라는 것이다(Michener 64).

나이폴에 따르면, 영국의 제국주의는 인도의 힌두교도들에게는 "재생의 시간"이었다. 힌두교도들은 "유럽의 새로운 학문들과 영국인들이 가져온 제도를 환영했다." 그런데 영국인들에게 권력을 뺏긴 이슬람들은 "옆으로 비켜서서 관망만 했다." 결국 그것이 "두 공동체 사이에 지적인 거리가 생기게 된 계기였다." 그리고 이 지적인 거리는 인도가 독립을 하면서 더욱 커지다가, 결국 인도라는 나라는 둘로 갈라져 인도와 파키스탄이 되었다. 그래서 인도는 "지식인들과 함께 사방팔방으로 성장하고 확장되고 있지만, 파키스탄은 신앙만을 찬양하다가 계속 움츠러들고 있다"(*Beyond* 65). 결국 이슬람은 어떠한 형태로든, 어떠한 사회에서든 문제가 된다는 말이다.

인도와 파키스탄에 대한 나이폴의 언급에서 확인할 수 있는 한 가지 놀라운 사실은 그가 파키스탄을 이슬람의 나라로, 인도를 힌두의 나라로 생각하고 있다는 것이다. 그는 1억 명이 넘는 이슬람들이 분할 후에도 인도에 여전히 살고 있다는 걸 의도적으로 무시하고, 인도를 힌두들의 나라로 돌리고 있는 것이다(Gupta 96). 그가 인도를 여행하고 집필한 세 편의 여행기들, 즉 『어둠의 땅』, 『인도-상처받은 문명』, 『인도-1백만 개의 반란들』에서 주된 관심을 힌두교도에 할애하고 있다는 것은 그래서 놀라운 일이 아니다. 놀라운 것은 인도를 바라보는 그의 시각이 너무나 단순하다는 사실이다. 그는 인도는 힌두교도의 땅이었으며, 처음에는 이슬람에, 나중에는 영국에 정복당했다가 이제 독립이 됐으니 힌두교를 중심으로 인도를 바라보는 건 당연하다는 입장을 취한다. 그는 1992년 12월 6일, 과격파 힌두교도들이 아요드야Ayodhya에 있는 바브리 마스지드Babri Masjid 이슬람 사원을 완전히 파괴했던 사건에 대해서도, 이슬람에 1천년 동안 억눌려 있던 힌두교도들이 가슴의 응어리를 푼 것이라며 여러 차례 옹호한 바 있다.

> 나는 인도인들이 (서기 1000년경에 있었던 이슬람의 침공에 따른) 파괴를 수긍할 수 있었다고 생각하지 않는다. 나는 그들이 무슨 일이 실제로 있었는지 이해한다고 생각하지 않는다. 그것은 너무 고통스러운 것이다. 나는 이 BJP 운동(극우 힌두 민족주의당)과 이 마스지드 사건이 역사에 대한 새로운 의식의 일부이며, 무슨 일이 있었는지에 대한 새로운 생각이라고 생각한다. 그것은 방향이 잘못되었을지 모른다. 그것을 정치적으로 오용하는 것은 잘못된 것일 지도 모른다. 그러나 나는 그것이 역사적 과정의 일부라고 생각한다. 그것

을 파시스트로 몰아붙이면, 그것이 왜 인도에서 그렇게 많은 사람들에게 호응을 얻었는지 이해할 수 없다. (Singh 1-11, Gupta 95에서 재인용.)

나이폴이 위의 발언을 한 것은 1998년 1월 23일이었는데, 지금도 변한 건 없지만 이 때도 바브리 마스지드 사원 폭파사건을 계기로 촉발된 이슬람교도와 힌두교도 사이의 유혈사태가 끊임없이 발생하고 있는 상황이었다. 그럼에도 불구하고 그는 극우파 힌두교도들의 폭력과 야만성을 "역사적 과정의 일부"라고 말하며 그들을 옹호한 것이었다. 그러나 그 사건은, 9/11의 명분이 무엇이라고 생각하느냐는 질문에 그가 답하면서 사용했던 말을 빌려서 표현하자면, "종교적 증오, 종교적 동기"에서 비롯된 야만적 사건이었다. 결국, 이 사건은 힌두교도들을 정치적으로 결집시키면서 1995년, BJP당이 선거에서 승리하는 발판을 마련해주었고, 나이폴은 이것을 가리켜 "좋은 징조"라고 말했다. 모든 사람이 "땅에 대한 권리를 주장하는 그들의 운동에 동정적이어야 하고, 그들을 파시스트로 몰아쳐서는 안 된다"는 게 그의 생각이었다(Gupta 95).

나이폴에게 이슬람은 모든 악의 근원이었다. 그와 같은 지식인 작가가 이처럼 단순한 사고를 한다는 게 도무지 믿기지 않을 만큼, 그는 이슬람에 관한 한 힌두 근본주의자들과 견해를 같이 하는 것처럼 보인다. 이런 점에서 보면, 그는 자신이 비난하는 이슬람 근본주의자들과 전혀 다를 바 없다. 또한 그는 인종적 순수성을 주장하면서 식민지 이전의 정체성을 회복하자는, 탈식민주의 이론에서 가장 경계해야 하는 것 중의 하나인 본질주의의 함정에 빠져들고 있다. 그는 앞서 열거한 여행기에서 인도에 대해 상당히 비판적인 입장을 취하고 있지만 그것은 어디까지나 힌두 본연의 정체성을 잃고 서양문명을 단순히 흉내내려고 하는 힌두 사회에 대한 비판이었지, 이슬람이나 트리니다드, 아프리카 문화에 대한 일방적인 비판과는 거리가 먼 것이었다. 브루스 킹Bruce King이 지적한 바와 같이, "인도에 대한 그의 비판은 외국이 인도를 침략하는 걸 허용하고 과거의 위대한 인도문명이 쇠퇴하게 만든 수동성, 분파주의, 전통주의 때문에 모욕감을 느끼는 민족주의자의 비판"일 수도 있다. 그는 그만큼 "인도인으로서의 정체성과 자신의 유산을 의식하고 있다"(King 10). 하지만 민족적 정체성을 지나치게 강조한 나머지, 종교적 증오감에서 생긴 바브리 마스지드 사원 폭파사건을 "역사에 대한 새로운 생각의 일부"라고 치켜세우는 것은 힌두의 인종적 순수성에 입각한 민족주의를 강변하는 것에 다름 아니다.

힌두의 증오는 역사를 바로잡자는 것이고 이슬람의 증오는 역사를 부정하자는 것이라는 나이폴의 편협하고 이중적인 종교관은 그가 객관적이고 초연한 관찰자나 분석가가 아니라 조상의 나라에 대해 집착하고 있는 우익 보수주의자라는 걸 잘 말해준다. 그가 그의 소설이나 여행기, 에세이에서 혁명과 좌익을 위선적인 것으로 묘사하는 것은 그의 보수적 우파 이데올로기와 무관하지 않다.

이슬람 문화와 종교를 그런 식으로 접근하려거든, 적어도 다른 세계나 종교, 특히 기독교를 대할 때에도 적어도 일관성은 유지했어야 했다. 다음의 인용은 나이폴의 편협성과 이중성을 잘 보여준다.

> "나는 인간적인 가치를 확산시키는 데 관심이 있습니다. 나는 약 2주 전에 가톨릭 식으로 치러지는 결혼식에 참석하기 위해 에섹스에 간 적이 있습니다. 매혹적인 경험이었습니다. 모든 것이 나에게는 새롭고 정말로 신선한 경험이었습니다! 나는 제단과 포도주와 성찬용 빵을 보면서, 그것이 잔인한 희생

의 의식이 행해지던 그리스, 로마의 세계와 관련이 있다는 걸 알았습니다. 나는 기독교가, 신들의 마음을 달랜다는 그리스, 로마식의 생각에 덧붙인 것은 인간에 대한 한없는 사랑의 메시지와 자선이라는 걸 알게 되었습니다. 그렇다고 기독교가 해를 끼치지 않았다는 말은 아닙니다. 다만 내가 하고 싶은 말은 법에 대한, 계약에 대한 로마식의 개념에 대해 더해진 기독교적인 사랑의 개념이 서양문명을 만들었다는 것입니다!" (Michener 71)

위의 인용을 보면, 이슬람에서는 증오와 저주와 광기와 폭력을 찾아내던 나이폴이 놀랍게도, 기독교에서는 "인간에 대한 한없는 사랑의 메시지와 자선"을 찾아낸다는 걸 알 수 있다. 그는 이슬람이 강조하는 것도 궁극적으로 사랑과 자선과 형제애라는 걸 간과하고 마니교적인 이분법으로 그들을 악으로 몰아붙이고 있는 것이다. 이는 그가 이슬람권의 아랍 제국주의에는 혹독하지만, 기독교권의 서구제국주의에는 너무 관대한 입장을 취하는 것과 맥을 같이 한다. 그는 이슬람 제국주의에 대해서는 책임을 묻지만, 서구 제국주의에 대해서는 과도한 책임을 묻지 않는다. 가령, 그는 "이슬람권의 혼란에 서구도 부분적으로 책임이 있지 않느냐"는 질문을 받고, "나는 잘못을 따지는 데 관심이 있는 게 아니라 문명에 관심이 있으며" "만약 아랍인들이 남부 켄싱턴에 있는 나의 집 계단에 오줌을 싼다면, 나는 그것에 신경을 쓰지 않을 수가 없다. 그들이 야만인들이 아닌 체 하는 것은 어리석은 짓이다"(Michener 64)는 말로 핵심을 비켜간다. 서양문명의 문제점은 들추지 않겠다는 것이다. 그런데 문제는 파키스탄과 관련된 논의에서 알 수 있듯이, 이슬람이 다른 나라들에 영향을 미친 과거는 언급하면서 서양문명의 과거는 덮어버리려고 한다는 데 있다. 아니, 과거까지 거론할 필요도 없다. 나이폴은 아프가니스탄과 이라크 등을 향해 제국주의 정책을 펴는 미국에 대해 "인간적인 문명과 문화"가 만들어진 곳이라며 호의적인 입장을 취하면서도, 이슬람 국가들에 대해서는 악감정을 곧이곧대로 표출한다(Robinson 109).

가령 『미국남부 여행기』(*A Turn in the South*)를 보면, 닉슨이 누누이 지적한 바와 같이, 나이폴이 미국을 얼마나 호의적으로 생각하는지 잘 알 수 있다. 그는 이슬람 근본주의자들에 대해서는 "야만적"이고 "기생적"이라는 발언을 서슴지 않지만, 미국 남부의 기독교 근본주의자에 대해서는 과거의 고뇌와 와해된 질서를 비논리적으로 보상하기 위한 불가피한 선택이라는 궁색한 논리를 편다. 또한 이란이나 인도네시아에서는 문화의 야만성에 주목했던 나이폴은 미국 남부(사우스 캐럴라이나)에서는 "말로 하기에는 너무 깊은 어떤 감정"이 있음에 주목한다. 물론 그의 존경심은 흑인들이 아니라 백인들을 향한 것이다. 그가 백인들의 시각을 대부분 수용하며 흑인들을 지도했던 보수적인 흑인지도자 부커 T. 워싱턴 Booker T. Washington을, 그보다는 더 급진적인 입장에서 흑인들의 시각을 드러내려 했던 W. E. B. 두보이스Du Bois보다 위에 둔 것은 제3세계 사람들에 대한 그의 우파적이고 보수적인 입장을 생각해 보면 충분히 이해할 수 있는 일이다. 그런데 그가 카리브해나 아프리카의 흑인들을 대하는 경멸적인 시선을 생각해 보면, 그의 미국 여행기 속에 스며있는 반흑인적인 시각은 그래도 상당히 온건한 편이다. 그는 미국인들을 공격하지 않으려고 십분 자제하고 있는 듯하다. 그의 마음 밑바닥에서는, 미국 흑인들이나 카리브해 흑인들이 크게 다르지 않겠지만, 미국 흑인들은 "무정부주의적인" 제3세계가 아니라 "보편적인 문명"이며 "법과 안정의 나라"에 속한 존재이기 때문에 그들을 공격했다가는 "정치적으로 올바른 자세"에 민감한 미국학자들이 그를 가만 두지 않았을지도 모르는 일이다. 미국의 기독교 근본주의자들과 제3세계의 이슬람 근본주의자들을 분리하여 한 쪽에는 이해와 포용을, 다른 쪽에는 광신도라는 낙인을 찍고 있는 나이폴의 세계관은 모순적이어도 너무 모순적이다.* 사이드가 말한 바와 같이, "더더욱 유감스러운 것은 이슬람에 대한 나이폴의 최신 저서들이 이슬람 종교에 대한 주요 해설서로 간주되고, 이 때문에 더욱 많은 이슬람교도들이 고통받고 모욕당할 것이라는 점이다"(사이드 73). 그렇지 않아도 서구의 인식론적인 폭력에 시달려 온 이슬람이 나이폴과 같은 세계적인 작가의 저서에서 또 한 번의 인식론적인 폭력을 경험하고 있는 것이다. 특히, 미국과 영국이 이라크를 점령하고 있는 현 상황을 감안하면, 담론적인 공간에서 무시하지 못할 위상을 차지하는 노벨문학상을 수상한 나이폴이 일관되게 유지하고 있는 부정일변도의 이슬람관은 아랍과 서구 사이의 골을 더욱 깊이 파서 세월이 흘러도 메우지 못할 성격의 것으로 만드는 데 일조하고 있는 듯하다.

5. 제3세계 지식인의 한계와 공모성

이슬람에 관계된 질문을 받고 나이폴이 "나는 잘못을 따지는 데 관심이 있는 게 아니라 문명에 관심이 있다"(Michener 64)고 한 말은 이슬람권만이 아니라 제3세계를 바라보는 나이폴의 시각이 얼마나 경직되어 있는지를 집약하여 보여준다. 제3세계의 역사가 식민주의의 역사와 불가분의 관계에 있다면, 그 식민주의가 종식된 후에 생기는 제반 문제점들도

---

* 『미국남부 여행기』에 나타난 나이폴의 모순에 대한 보다 자세한 논의는 닉슨의 저서를 참조할 것(Nixon 163-68).

식민주의와 불가분의 관계에 있다. 가령, 식민정권에서 벗어나 독립한 나라에서 폭동이 일어나면, 그것은 단순한 폭동이 아니라 어떠한 식으로든 식민주의의 유산과 관련이 있는 폭동이다. 식민주의가 독립이 되었다고 해서 완전히 사라지는 것이 아니라 부재하지만 끝없이 영향력을 행사하는 탓이다. 그것의 영향력은 식민정권이 종식된 후에 더욱 심한 형태로 나타난다. 그래서 '포스트콜로니얼'이라는 말에서 포스트(post)는 이후(after)의 의미보다는, "배가 이미 물 위를 지나갔지만, 물이 아직도 출렁거리고 대기에는 그 흔적이 가득 남아 있는" 상태를 지칭한다는 지적은 설득력이 있다(Attwell 2). "물이 아직도 출렁거리고 대기에는 그 흔적이 가득 남아 있는" 상태를 배가 지나간 것과 분리하여 생각할 수는 없는 법이다. 배가 없었으면 그 출렁거림도 없었을 테고 대기에 그 흔적도 남지 않았을 것이니 그렇다. 나이폴이 제3세계를 바라보는 시각은 배가 지나간 것은 따지지 않고 물이 출렁거리고 대기에 흔적이 남아 있는 것만을 따지는 격이다. 즉, 식민주의의 잘못과 책임을 논하지 않고 식민지 이후에 생긴 제반 사회현상만을 따진다는 것은 눈앞에 보이는 것만을 따지고 그 원인에 대해서는 눈을 감는 행위나 다름없다. 이 점은 앞에서 논의한 바 있는 『강의 한 굽이』를 예로 들어보면 쉽게 이해할 수 있다. 이 소설은 자이르가 독립이 되고, 걷잡을 수 없는 무질서와 혼란에 빠진 상황을 묘사한다. 즉, 배가 지나가고 난 후에 물이 출렁거리는 상황을 묘사한 소설이다. 그러한 묘사가 정당성을 얻으려면 "아프리카에는 미래가 없다"(Hardwick 49)는 결정론적인 발언보다는, 지나간 배의 성격을 심층적으로 제시해야 한다. 그래야 사회의 리얼리티가 편향되지 않게 제시될 수 있다. 그런데 작가는 이 소설의 어디에서도 균형잡힌 시각의 확보를 위해 고심하는 것처럼 보이지 않는다. 서구 식민주의의 발단이 무엇보다도 경제적인 착취에 있으며, 그래서 식민주의와 관련된 모든 통치행위가 경제적 주도권을 행사하는 데 우선권을 두고 있음에도 불구하고, 나이폴은 그런 문제에는 전혀 관심을 두지 않고 눈앞에서 벌어지는 폭력에만 관심을 쏟고 있는 것이다.

1960년대에 독립한 아프리카 국가들이 그간 겪어야 했던 독재정치와 종족갈등, 내란 등을 생각하면, 나이폴이 아프리카의 리얼리티라고 제시하는 것들은 그렇게 빗나간 것이 아닐 수 있다. 『강의 한 굽이』의 빅맨(모부투) 정권은 사하라 사막 이남에 있는 거의 모든 아프리카 나라들이 그 밑에서 이런저런 형식으로 시달려야 했고 지금도 상당수의 나라들이 시달리고 있는 독재주의이다. 소설 속에 나오는 약탈과 폭력과 종족갈등도 마찬가지다. 정도가 조금은 다르긴 하지만, 독재에 시달리는 아랍권 국가들이나 아시아 국가들도 그건 마찬가지다. 제3세계를 낭만화하는 것을 죄악시했던 나이폴은 그러한 제3세계의 참혹한 리얼리티를 포착하여 서구에 제시하고자 했다. 미국과 영국을 비롯한 서구의 독자들은 '제3세계 전문가'인 나이폴의 소설과 논픽션을 통해, 경제, 정치, 문화 등 모든 것이 벼랑 끝으로 몰린 제3세계의 현실을 생생하게 체험할 수 있었다. 아니, 체험할 수 있다고 생각했다. 그런데 그것은 그들이 상상하고 생각하는 제3세계의 모습과 너무나 닮아 있었다. 영미권의 사람들이 나이폴처럼 제3세계를 묘사했다면, 누구든 오리엔탈리스트라는 비판을 면할 수가 없었을 것이었다. 그런데 나이폴이 제3세계 출신이면서 서구의 오리엔탈리스트들과 같은 시각을 갖고 글을 썼으니, 서구로서는 자신들을 위해 담론 전쟁에 뛰어든 나이폴이 고마울 수밖에 없었을 것이다.

서두에 언급했듯이, 나이폴은 정착민 작가로서 "영국을 위하여" 글을 쓰고자 했다. 그는 제3세계 사람들이야 자신의 책을 읽든 말든 괘념치 않았다. 그는 아프리카나 서인도제도의 독자들은 안중에도 없었다. 어쩌면 그가 제3세계의 리얼리티와 그가 정착한 나라의 식민주의 정책의 연관성을 폭로해 독자들의 공모성과 죄의식을 부각시키고 환기시키기보다는 전자만을 부각시켜 독자들에게 제시한 것은 정착민작가로서의 생존전략이었는지 모른다.

엄밀하게 말하면, 스웨덴 한림원이 노벨문학상 선정경위를 발표하며 나이폴을 "콘래드의 계승자"라며 "도덕적인 의미에서 제국들의 운명의 연대기편자(annalist)"라고 한 것은 사실에 그다지 부합되지 않는 과도한 찬사로 들린다. 콘래드가 제국주의의 자기파멸적인 측면을 대변하는 커츠의 어머니를 반영국인으로, 그의 아버지를 반프랑스인으로 설정하고 "모든 유럽이 그를 만드는 데 기여했다"(Conrad 50)고 발언함으로써 제국주의의 문제와 공모성, 그리고 죄의식의 문제를 부각시켰다면, 나이폴은 제국주의의 문제는 아예 외면하고 독립 이후의 식민지 현실만을 부각시킴으로써 공모성은 물론이고 죄의식의 문제도 전혀 들춰내지 않았다.

이처럼 제3세계에 대한 나이폴의 시각은 숱한 문제점을 안고 있다. 그가 노벨상을 수상한 직후, 많은 사람들이 그의 작품에 관한 질문보다는 제3세계 특히 이슬람에 대한 질문을 많이 한 것은 나름대로 이유가 있었다. 나이폴처럼 서인도제도에서 태어난 작가인 조지 래밍George Lamming이 40여 년 전에 한 발언이 지금도 유효하다는 것은 얼마나 그의 세계관이 고착된 것인지를 실감케 해준다.

> (나이폴의 소설은) 거세된 풍자 이상으로 나아갈 수 없다. 풍자는 소설에서 유용한 요소이긴 하지만, 중요한 작품은 풍자에만 의존하면 안전할 수 없다. 그러한 작가가 식민지 출신이라면, 그리고 자신의 출신배경을 수치스러워

> 하고, 그것의 가치가 심각하게 의심되는 '우월한' 문화의 꼭대기에 도달하려고 미친 듯이 노력한다면, 풍자는 ... 나에게 도피처 이외의 아무 것도 아니다. 그것은 심각하게 받아들여지길 원하는 작가에게는 너무나 작은 도피처이다. (Lamming 225)

우연이었는지 고의였는지 알 길은 없지만, 같은 서인도 출신의 작가 월콧은 트리니다드를 "무섭고" "불길한" 곳이라고 얘기한 나이폴에게 공교롭게도 풍자에 관한 질문-"당신은 전에 풍자가보다는 아이러니스트로 불러주기를 선호한다고 말한 적이 있는데, 왜 그렇죠?"-을 한 적이 있는데, 나이폴은 그 질문에 자신은 풍자가가 아니라고 답변했다. 그는 "풍자는 굉장한 낙천주의의 충동에서 나오는 것"이고, "사람은 죽음을 기다리면서 풍자에 탐닉할 수는 없는 법"이라며, 자신의 문학은 "분노의 한 유형"인 풍자에 속하지 않고 "수용의 감각"에서 나오는 "아이러니와 코미디"에 속한다고 했다(Walcott 8). 그런데 풍자에 관한 그의 발언은 맞는 말이기도 하고 틀린 말이기도 하다. 영국 독자들의 입장에서 보면, 트리니다드와 관련된 그의 소설들은 아이러니와 코미디의 영역에 속할 수 있다. 『수수께끼 안마사』와 같은 소설이 아이러니와 코미디를 주된 전략과 기법으로 활용하고 있는 것도 사실에 부합된다. 그러나 그것은 래밍과 같은 제3세계 사람들에게는 아이러니나 코미디가 아니라 트리니다드 사람들의 허위와 위선과 속물근성을 폭로하는 풍자로 비칠 것이다. 『흉내내는 사람들』, 『자유로운 나라에서』, 『강의 한 굽이』, 『게릴라들』 등이 그의 분노가 때로는 억제되고, 때로는 날것으로 표출된 풍자가 아니라면, 과연 어느 것이 풍자일 수 있을까. 또한 그의 여행기들, 특히 이슬람 국가들에 관한 여행기들에 배어 있는 것이 풍자와 냉소와 악의가 아니라면,

과연 어느 것이 풍자이고 냉소이며 악의일 수 있을까. 분노가 있고 없음이 아이러니와 풍자를 가르는 선이라는 나이폴의 말은 원론적인 의미에서 맞는 말일 수도 있지만, 그는 자신이 때로는 아이러니의 차원을 벗어나 풍자 쪽으로 나아간다는 사실을 망각하고 있다.

물론, 그 풍자와 냉소와 악의가 그 나름의 권위를 갖고 행해지는 것이라면, 비판할 일만은 아닐 것이다. 그러나 제3세계에 대한 그의 지식은 그의 주장과는 상반되게 불완전해 보인다. 그는 1984년에 아이러니컬하게도 "처음에는 언제나 내 자신에 관한 모든 사실들을 갖고 있다고 생각하지만, 결국에 가서 자신의 앞에 놓인 책은 언제나 불완전한(incomplete) 지식을 갖고 있는 사람에 의해 쓰인 것이었다"(*Finding* 20)고 말한 바 있는데, 이는 다른 것들을 염두에 두고 한 말은 물론 아니지만 제3세계와 관련된 그의 글들에 포괄적으로 적용해도 무리가 없는 발언인 듯하다. 아니, 제3세계에 대한 그의 지식은 "불완전한" 것일 뿐만 아니라 서구인들의 오리엔탈리즘을 그대로 답습하고 그들과 공모하고 있는 듯한 인상마저 준다. 파우지아 무스타파Fawzia Mustafa가 말한 바와 같이, "현대 학자들이나 작가들이 비서구 세계에 대해서 쓸 때는, 그들의 텍스트에 식민지시대에 받아들인 가정들을 다시 적는(reinscribing) 위험에 대해 경계할 필요가 있다"면, 나이폴은 이 점을 등한시 하고 "과거의 식민상태를 다시 생각할 필요성을 인정하지 못한" 제3세계 출신의 오리엔탈리스트인 것처럼 보인다(Mustafa 25, 27). 그렇다고 나이폴을 오리엔탈리스트라고 단정할 수는 없을 것이다. 사이드가 정의한 오리엔탈리스트는 동양을 서구적인 합리성에 대한 타자 즉 부정적이고 상투적인 이미지로 담론화하여 동양에 인식론적인 폭력을 가하는 서구인을 지칭하는 개념이기 때문이다. 그러나 제3세계에 대한 인식론적인 폭력 즉 오리엔탈리즘이 비유적이고 실제적인 의미에서의 동양인(오리엔탈), 즉 "제3세계에서 서구세계로 거꾸로 파견된 사람"(사이드 68)에 의해 강화되고 있다는 것은 아이러니도 보통 아이러니가 아니다.

사이드가 "세속적이고 어느 정도는 판에 박힌 서구인들의 관점에서 보면 이슬람은 올바르게 말하지도 못하고, 논리적이지도 않고, 이해할 수도 없는 잠재적인 광신도이자 테러리스트일 뿐이다. 그들은 이슬람의 약점을 제시하려 할 때마다 나이폴과 같은 제3세계출신의 훌륭한 증인을 즉각 끌어들인다."(사이드 70)라고 한 말은 새겨들을 필요가 있다. 결국 나이폴은 서구인들의 담론에서 제3세계의 이미지가 "그들을 알고 그들에게 무엇이 좋은지를 그들이 알 수 있는 것보다 더 잘 알고 있는 민족에 지배당하는 종속된 민족"(Said, *Orientalism* 35)의 이미지로 고착되는 데 기여하고 있는 셈이다. 식민담론의 인식론적인 폭력을 폭로하고 해체하고 교정해야 할 오리엔트 출신의 정착민 작가가 상투성에 가까운 식민담론을 강화하고 재생산하는 역할을 떠맡고 있는 것이다. 특히, 이슬람과 아랍에 관한 한, 나이폴은 감정에 치우지지 않고 객관적 담론을 생산할 수 있는 "전문적인 학자도 아니고, 모험가도 아니다"(사이드 68). 따라서 나이폴을 가리켜 "이데올로기적인 측면이 전혀 없고" 객관적으로 초연하다고 한 앨프레드 카진Alfred Kazin의 발언(Kazin 22)은 나이폴의 제3세계관을 간과한 데서 비롯된 서구학자의 비평적 오류로 보인다.

그가 이슬람 개종자들을 가리켜 한 말을 그 자신에게 돌려 말하면, 나이폴은 영국인들보다 더 영국적이고 더 서구적이려고 했던 정착민 작가이다. 그것은 나이폴이 모국에 정착하여 적응하는 과정에서 생긴 타협이자 공모성이었다. 그의 글이 스타일의 유려함, 형식미의 뛰어남, 언어구사의 훌륭함 등 예술적인 완결성을 갖추고 있음에도 불구하고 대화적이 아니라 독백적인 이유가 바로 여기에 있다. 나이폴을 극구 칭찬해 온 어빙 하우Irving Howe가 『정치와 소설』(*Politics and the Novel*)에 추가된 에필로그에서, 스스로를 "불편한 찬미자"(uneasy admirer)라고 한 것은 나이폴의 '독백'에 담긴 "혐오감의 과잉과 부드러움의 부족" 때문이었다(Howe 265). "과잉"과 "부족"이 동시에 존재한다는 것은 균형감각이 부재하다는 말에 다름 아니며, 이는 나이폴 스스로가 그의 텍스트에 투사하고 주입한 것이어서 어빙 하우, 존 베일리John Bayley, 코너 오브라이언Conor Cruise O'Brien, 앨프레드 카진, 나딘 고디머Nadine Gordimer, 브렌트 스테이플즈Brent Staples 등과 같이 그를 좋아하는 학자나 작가들마저도 스스로의 비평적 입지를 때때로 변호해야 할 정도로 곤혹스러운 성격의 것이다. 나이폴을 옹호하는 입장에 있는 릴리언 피더Lilian Feeder가 2001년에 발표된 저서 『나이폴의 진실』(*Naipaul's Truth: The Making of a Writer*)에서 나이폴을 가장 체계적으로 비판했다고 볼 수 있는 닉슨, 커조, 무스타파의 저서를 집중적으로 공격한 것도 따지고 보면, 나이폴의 문학이 갖고 있는 "혐오감의 과잉과 부드러움의 부족"에 대한 방어적인 자세라는 걸 어렵지 않게 알 수 있다. 결국 나이폴을 위한 비평적 공격이 비평적 방어로 전환되는 셈인데, 이는 때로는 독단적이고 편향적인 나이폴의 이데올로기적 입장 때문에 생기는 불가피한 현상이다. 어쩌면 나이폴의 소설과 논픽션에 대한 논의는 앞으로도 "혐오감의 과잉과 부드러움의 부족"이라는 문제로부터 영원히 자유롭지 못할 것이다.

02
V. S. 나이폴과 조지프 콘래드의 대화적 관계

-『강의 한 굽이』와 『어둠의 심장』에 나타난 아프리카의 이미지*

1. 상호텍스트성

> 수평적인 축(주체-수신인)과 수직적인 축(텍스트-콘텍스트)이 겹치면서 중요한 사실이 드러나는데, 그것은 하나의 텍스트는 적어도 다른 하나의 텍스트가 읽힐 수 있는 텍스트들의 교차점이라는 것이다. 바흐친은 자신이 대화, 양가성이라고 명명한 이 두 축을 그의 글에서 분명하게 구분하지 않고 있다. 그러나 엄밀성이 부족한 것처럼 보이는 것이 사실은, 바흐친에 의해 문학이론에 처음으로 도입된 통찰력이다. 즉, 어떠한 텍스트든 인용의 모자이크로 구성되며, 어떠한 텍스트든 다른 텍스트의 흡수이자 변형이라는 것이다. (Kristeva 66)

위의 인용은 줄리아 크리스테바Julia Kristeva가 미하일 바흐친Mikhail

---

* 2004년 『현대영미소설』에 발표.

Bakhtin의 대화이론을 응용한 상호텍스트성의 개념을 설명하는 대목인데, 여기에 제시된 상호텍스트성(intertextuality)은 나이폴의 『강의 한 굽이』(*A Bend in the River*)와 콘래드의 『어둠의 심장』(*Heart of Darkness*)의 관계를 설명하는 데 매우 유용한 개념일 수 있다. 크리스테바가 말한 바대로, "하나의 텍스트는 적어도 다른 하나의 텍스트가 읽힐 수 있는 텍스트들의 교차점이다." 여기에서 크리스테바가 "적어도 다른 하나의 텍스트"라고 말하는 것은 하나의 텍스트가 존립하기 위해서는 "적어도 다른 하나의 텍스트"가 있어야 한다는 말이요, 다시 그것은 여러 개의 다른 텍스트들과의 상호적인 관계가 얼마든지 가능하다는 말이다. 바흐친의 말을 인용하면, "하나의 목소리는 아무 것도 종결시키지 않으며 아무 것도 해결하지 못하고, 두 개의 목소리는 삶을 위한 최소한의 것이며 존재를 위한 최소한의 것이다"(Bakhtin, 252). 결국 텍스트는 "다른 텍스트"를 "흡수"하고 "변형"시킴으로써 그 텍스트와 대화적 관계를 형성하게 된다는 말인데, 나이폴의 『강의 한 굽이』와 콘래드의 『어둠의 심장』이 그것의 좋은 예이다.

그렇다면 『강의 한 굽이』가 어떠한 입장에서 『어둠의 심장』을 흡수하고 변형시키는지, 그리고 그 흡수와 변형의 방식이 궁극적으로 아프리카에 대한 인식에 있어서 나이폴을 콘래드로부터 어떻게 차별화시키는지 점검해보는 것은 나름대로 의미 있는 작업일 수 있다. 특히 나이폴이 이 소설을 구상하고 집필하는 과정에서 콘래드의 소설을 염두에 두고 있었다는 점을 감안하면, 두 소설의 대화적 관계를 파악하는 것은 나이폴의 소설이 갖고 있는 의미망을 파악하는 데 도움이 될 수 있을 것이다.

그렇다고 나이폴과 콘래드의 대화적 관계를 파악하기 위해 논의를 두 소설에 한정시키겠다는 말은 아니다. 나이폴이 소설이라는 장르가 더 이상 소설가의 "확신"이나 믿음을 전달하지 못하는 형식이 되었다("Conrad's Darkness" 227)고 개탄하면서* 그 한계를 논픽션과 저널리즘을 통해서 극복하려고 했다는 점을 고려하면, 그가 쓴 일련의 소설 외적인 글들을 아울러 참조하는 것이 그의 소설의 의미망을 짚어내는 데 오히려 더 효과적일 것이다. 이를 『강의 한 굽이』에 적용해 보면, 1979년에 발표된 이 소설은 나이폴이 1974년에 쓴 "콘래드의 어둠"("Conrad's Darkness")이라는 에세이와 1975년에 쓴 "콩고를 위한 새로운 왕-모부투와 아프리카의 허무주의"("A New King for the Congo: Mobutu and the Nihilism of Africa")라는 두 편의 상호보완적인 에세이를 참조해야만 본연의 의미가 드러난다. 즉, 콘래드 소설의 배경을 시대만 달리 하여 다시 재현하는 『강의 한 굽이』와 『어둠의 심장』의 상호텍스트적 관계는 전자와 밀접한 관련이 있는 두 에세이를 참조할 때 더 확연히 드러날 수 있다는 말이다.**

---

* 소설에 대한 나이폴의 발언은 다음과 같이 길게 이어진다. "과거의 위대한 소설들을 만들어냈던 위대한 사회들은 와해되어 버렸다. 소설은 더 개인적이고, 더 개인적으로 매혹적인 것이 되어버렸다. 하나의 형식으로서의 소설은 더 이상 확신을 그 안에 담고 있지 않다. 진정한 어려움을 목적으로 하는 게 아닌 실험적인 작품은 독자의 반응을 타락하게 만들었고, 독자들과 작가들은 소설의 목적이 무엇인지 혼란스러워 하고 있다. 화가가 그러하듯, 소설가는 해석자로서의 기능을 더 이상 인정하지 않는다. 그는 그걸 넘어서고자 한다. 그리고 그의 독자는 줄어든다. 그래서 우리가 사는 세계는, 언제나 새로운 그 세계는, 점검되지 않고 넘어가 버리고, 아무런 생각도 없이 카메라에 의해 평범한 것이 되어 버린다. 진정한 경이로움을 일깨워 줄 사람은 아무도 없다." ("Conrad's Darkness" 227). 나이폴이 여행기를 비롯한 논픽션에 의존하게 된 것은 따라서 불가피한 일이었다. 논픽션은 그에게 "즉각적인 환경의 탐색"인 소설보다 "더 멀리 나아갈 수 있게 해준" 장르였다. 소설은 "나의 주제로 나를 이끌어줬지만 나를 끝까지 데려다 준 것은 아니었다"(*Reading and Writing* 30-1, 38).

** 이런 점에서 보면 콘래드의 『콩고일기』(*Congo Diary*)와 나이폴의 『콩고일기』(*A Congo Diary*)도 마찬가지다. 여기에서는 나이폴의 『콩고일기』를 부분적으로만 논의에 포함시킨다. "콩고를 위한 새로운 왕"과 "콘래드의 어둠"이 두 작가가 형성하고 있는 상호텍스트적 관계의 파악에 보다 유용하고 실질적이기 때문이다. 여하튼 나이폴이 콘래

공교롭게도 나이폴이 두 에세이에서 콘래드를 구체적으로 언급하고 있는 만큼, 나이폴과 콘래드의 대화적 관계를 제대로 이해하기 위해서는 두 에세이에 투영된 나이폴의 생각을 참조할 필요가 있을 것이다.

2. 나이폴이 느낀 "영향력의 불안"

해럴드 블룸Harold Bloom의 용어를 빌려 말하자면, 콘래드는 나이폴에게 "영향력의 불안"(anxiety of influence)을 느끼게 한 작가였고 두 사람의 관계는 비유적인 의미에서 아버지(precursor)와 아들(ephebe)의 관계였다. 그것은 콘래드가 나이폴이 태어났고 청소년기를 보냈던(1932-50) 트리니다드의 정치적, 문화적 '모국'인 영국의 "위대한 전통"(F. R. 리비스Leavis의 용어임)에 속한 "위대한" 작가였을 뿐만 아니라, 콘래드가 그의 조국 폴란드를 십대 중반에 떠나 20여년 동안 선원생활을 하며 트리니다드와 같은 제3세계권을 두루 여행하고 그것을 바탕으로 소설을 썼던 외국인 작가였기에 성립될 수 있었던 부자관계였다.***

드와 똑같은 곳을 여행하면서 자신이 기록한 일지에 콘래드의 것과 똑같은 제목을 붙일 정도로 콘래드에 집착했다는 사실을 주목할 필요가 있다.

*** 휴간은 1988년에 발표된 글에서 블룸의 이론을 해리스(Wilson Harris)의 『공작의 궁전』(*Palace of the Peacock*)과 나이폴의 『강의 한 굽이』에 적용하고 있다. 휴간은 tessera(모난 유리)와 kenosis(비하)의 개념을 이용하여 해리스와 나이폴이 콘래드의 소설을 어떤 맥락에서 다시 쓰고 있는지 설명한다. 여기에서 "모난 유리"라 함은 그것을 잘 다듬어 좋은 것으로 만들 수 있었음에도 작가가 자신의 한계에 갇혀 "충분히 나아가지 못했다"는 인식에서 출발한다. 이는 해리스가 콘래드의 반제국주의적 담론을 부분적으로 인정하면서 그것이 결국 제국주의적 인식론에서 벗어나지 못한 미완적인 것이라고 생각하고 자신의 소설에서 그걸 시정하려 했다는 말이다. 또한 "비하"라 함은 나이폴이 콘래드의 텍스트를 "비하"하고 "탈신비화"하면서 콩고의 "냉혹한 경제적, 정치적 현실"(Huggan 455)을 제시하고 있다는 것이다. 휴간에 따르면 나이폴은 콘래드의 "자기

나이폴은 다른 영국 작가들에게서는 "아버지"를 찾을 수 없었다. 그가 읽었던 다른 "위대한 작가들은 고도로 체계화된 사회에 대해서 작품을 썼다." 그는 그들과 같은 사회에 살지도 않았고 그러한 "작가들의 생각을 공유할 수도 없었다." 그들의 작품에는 그의 "세계가 반영되어 있지 않았고" 그의 세계는 그들의 것보다 "더 혼합적이고 간접적(secondhand)이며 더 제한된 것이었다"("Conrad's Darkness" 213-14). 그는 "버지니아 울프나 프루스트나 우리가 숭배하는 다른 작가들이 [그]가 떠나온 세계에 어떤 가치를 부여하는 것을 상상할" 수 없었다. 그런데 콘래드는 그들과 달랐다. 콘래드는 "고도로 체계화된 사회"가 아니라 나이폴이 자신을 일치시킬 수 있는 제3세계를 소설의 주된 공간으로 삼은 작가였다.* 콘래드의 소설에 나오는 "기후와 초목"은 나이폴이 고백한 바와 같이, 그가 태어나고 자랐던 트리니다드의 그것과 흡사한 것이었다(*Reading and Writing* 9). 또한 콘래드는 "19세기 소설에서는 배경에 지나지 않았

정당화"와 "권위적인 수사법"을 폭로함으로써 "민중의 생존과 불가피한 불안정성"을 강조한다(Huggan 457). 필자는 이 글을 집필할 당시, 휴간의 글을 읽지 못한 상태였는데, 블룸의 이론을 콘래드와 해리스, 콘래드와 나이폴의 관계에 적용한 논문을 나중에 찾아 읽게 되었다. (콘래드는 상대적으로 당연시하고) 나이폴에 초점을 맞춘 나머지, 한 발자국도 떨어지지 않은 내 서가에 꽂힌 콘래드 비평모음집(*Joseph Conrad: Critical Assessments*)을 참조하지 못한 셈이지만, 필자의 논문과 휴간의 논문이 우연하게도 블룸의 이론을 공통적으로 차용하고 있다는 것은 작가들의 상호관계를 파악할 때 정신분석이론에 근거한 블룸의 "영향력의 불안" 논의가 때로는 아주 효과적인 것일 수 있음을 말해준다. 여하튼, 휴간의 글은 나이폴의 콘래드 '오독'을 긍정적으로 보고 있다는 점에서 필자와 입장을 달리 한다. 휴간 자신이 그의 글 말미에서 지적한 바와 같이, 콘래드와 나이폴에 관련된 그의 논의는 나이폴을 감싸고도는 듯하여 자칫, 서구적 인식론에 근거하고 있다는 비판을 받을 수도 있을 듯하다.

* 물론 콘래드는 런던을 배경으로 한 『비밀요원』(*The Secret Agent*)이라는 장편소설을 쓰기도 했지만 그 소설마저도 영국에 국한된 것이 아니라 러시아와 관련된 것이었다.

던" "개인으로서는 존재하지 않는 거나 마찬가지인 아시아인들"을 비롯한 제3세계 사람들을 "최대한도로 진지하게 바라볼 수 있었던" 유일한 작가였다(Mukherjee 80). 콘래드는 그에 "앞서 모든 곳을 다녀온 사람이었다"("Conrad's Darkness" 216). 따라서 그가 "콘래드의 가치는 지금 내가 알아보는 세계 즉 나의 세계에 대해서 6~70년 전에 깊은 사유를 했다는 것이다. 나는 이 세기의 작가들 중 다른 아무에게서도 이런 느낌을 받지 못한다"("Conrad's Darkness" 219)고 실토한 것도 너무나 자연스러운 것이었다. 결국 나이폴은 콘래드의 소설에서 자신이 기댈 수 있는 전범을 찾았던 셈이고, 그것은 다시 광범위한 제3세계 여행으로 이어졌다. 나이폴로서는 "콘래드를 이해하기 위해서는 그의 경험에 필적할 필요가 있었다"("Conrad's Darkness" 217). 그 여행은 "변화하는 세계를 [나이폴]에게 보여줬고, [그]를 식민지적 껍질에서 나오게 해줬다. 그것은 [그]의 출신배경과 [그]의 삶의 본질이 [그]에게 거부했던, 성숙한 사회적 경험 즉 사회에 대한 깊어가는 지식에 대한 대체물이 되었다"(*Finding the Centre* x). 그는 콘래드처럼 세계를 여행하고 자신의 "식민지적 껍질" 밖으로 나오면서, 영국에 정착하여 글을 쓰기 시작할 때 느꼈던 "발밑의 땅이 움직이는 느낌"("Conrad's Darkness" 216)을 극복할 수 있었다. 이처럼 콘래드는 나이폴에게 정체성을 찾게 해준 정신적 아버지였다.

나이폴은 어렸을 때 그의 아버지로부터 콘래드의 소설을 소개받은 이래로, 콘래드의 소설을 거의 모두 읽었다. "전진의 발전기지"("An Outpost of Progress"), "카레인"("Karain") 등과 같은 단편소설들은 말할 것도 없고 『로드 짐』(*Lord Jim*), 『비밀요원』(*The Secret Agent*), 『노스트로모』(*Nostromo*), 『승리』(*Victory*) 등과 같은 장편소설까지 빠짐없이 통독했다. 특히 『어둠의 심장』은 다음의 인용이 말해주듯 그에게 심오한 영향을 미친 작품이다.

> 나는 아프리카적인 배경—약탈과 허가받은 잔인성의 '타락한 땅'—을 당연한 것으로 받아들였다. 그런 식으로 우리는 우리의 억측에 구속당할 수 있다. 지금 보면 그 배경은 그 책의 가장 효과적인 부분인 것처럼 보인다. 그러나 당시에는 그것이 내가 기대했던 것 이상은 아니었다. 야만인들에 대한 무제한적인 힘 때문에 야만주의와 광기로 내몰리는 강 상류의 상아 책임자인 커츠에 관한 이야기는 나한테 효과가 없었다. 그러나 나에게 직접적인 호소력을 띤 페이지가 있었다. 그것은 단순히 아프리카에 관련된 것만은 아니었다.
>
> 증기선이 커츠를 만나기 위해 강의 상류를 향해 간다. 그것은 '세계의 시원始原으로 되돌아가는 것 같았다.' 오두막 한 채가 강둑에 보인다. 그것은 텅 비어 있다. 그런데 거기에 60년이 된 한 권의 책이 있다. 표지도 없이 너덜너덜 떨어졌지만 '흰 실로 멋지게 꿰매져 있는' 『선박조종술 연구』(*An Inquiry into Some Points of Seamanship*)라는 책이다. 악몽의 와중에 있는 화자에게, '도형과 불쾌한 삽화가 그려져 있어 따분하지만, 일을 제대로 하는 방법에 대한 정직한 관심과 한 가지 목적에 대한 성실성'이 배어 있는 이 낡은 책은 '전문적인 지식 이상의 광채를 발하고 있는 것처럼 보인다.'
>
> 이 장면은 현재의 입장에서 보면, 어쩌면 내가 너무 오랫동안 마음속에 품고 다녔기 때문에, 혹은 내가 이야기의 다른 부분에 더 민감하게 반응하기 때문에, 덜 인상적이다. 하지만 그 당시에는 그것이 내가 느끼기 시작한 정치적 혼란에 대한 해결책을 제시해줬다. ("Conrad's Darkness" 216)

이 인용은 적어도 세 가지 면에서 시사하는 바가 크다.

첫째, 나이폴이 리스John Llewellyn Rhys 기념상(1958), 몸Somerset

Maugham 상(1961), 호손덴Hawthornden 상(1964), 스미스W. H. Smith상(1968), 부커Booker 상(1971) 등을 수상함으로써 영국에서 작가적 명성을 확고히 한 시점(이 에세이는 1974년 7월에 쓰여졌다)에서 자신이 영국에 정착하여 소설을 쓰려고 했던 초창기(1950년대)에 느꼈던 "정치적 혼란"을 어떻게 해소했는지 고백하고 있다는 사실이 중요하다. 나이폴의 말을 그대로 옮기면, 콘래드의 『어둠의 심장』은 그가 "당시에 느끼기 시작하던 정치적 혼란에 대한 해결책을 제시해줬다." 나이폴은 『어둠의 심장』의 2장 초반부의 "그 강을 거슬러 올라가는 것은 세계의 시원始原으로 되돌아가는 것 같았다"라는 말로우의 말(Conrad 35)을 인용하고, 이어서 말로우가 강둑에 있는 오두막에서 찾아낸 책을 묘사한 부분을 구체적으로 거듭 인용한다. 그 책은 표지가 너덜너덜 떨어진 볼품없는 것이지만, 그 속에 깃든 저자(이 사람의 이름은 말로우에 따르면 타우슨Towson 혹은 타우저Towser이다)의 "일을 제대로 하는 방법에 대한 정직한 관심"과 "한 가지 목적에 대한 성실성"로 말미암아 말로우로 하여금 "밀림과 배에 탄 사람들을 잊게 만들었다"(Conrad 39). 나이폴은 바로 이것이 자신의 "정치적 혼란에 대한 해결책"이 될 수 있다고 판단했다. 즉, "작가로서 낭만적인 삶을 꾸려갈 수 있다는 생각을 갖고 영국에 왔던" 나이폴은 아프리카와 관련된 콘래드의 소설을 읽으며 자신의 생각이 결국 "환상"에 지나지 않았다는 사실을 깨닫고("Conrad's Darkness" 216), 결국 자신의 작가적 소임은 말로우가 "세계의 시원으로 되돌아가듯" 콩고 강을 거슬러 올라간 것처럼 그가 태어나 성장했던 제3세계로 되돌아가, 말로우가 찾아낸 책의 저자처럼 충실하고 정직하게 그곳을 형상화하는 것이라는 결론을 내린 것이었다. 그는 "작가로 출발하기 위해서는 옥스퍼드와 런던을 잊고 처음으로 돌아가야 했다"(*Reading and Writing* 26).

나이폴 소설의 주된 배경은 이러한 연유로 해서, 영국과 같이 체계와 조직이 잘 잡혀있는 사회가 아니라 "새로운 정치, 제도를 훼손시키면서도 이상하게도 그것에 매달리는 사람들의 특성, 믿음의 단순성과 행동의 끔찍한 단순성, 반쯤 만들어지다 만(half-made) 상태를 영원히 면할 수 없는 반쯤 만들어지다 만 사회"("Conrad's Darkness" 216)가 된 것이었다. 그는 콘래드를 "끊임없이 만들어졌다가 다시 파괴되는 걸 반복하고 목적도 없으며, '성공적인 행동의 필요성 안에 관념의 도덕적 타락이 내재해 있는' 반쯤 만들어지다 만 사회에 대한 비전을 제시했던" 작가라고 생각하고 높이 평가했으며 자신과 동일시했다. 아니, 동일시했다기보다는 자신보다 수십 년이나 앞선 아버지 같은 존재로 생각했다. 그의 초기 소설들의 주된 배경이 서인도제도이며, 아프리카를 배경으로 한 소설들 즉 『자유로운 나라에서』(*In a Free State*)와 『강의 한 굽이』가 세월이 한참 흐른 후인 1971년과 1979년에 발표되었다는 것은 따라서 전혀 우연이 아니었다. 아프리카를 배경으로 한 두 소설들은 세 번에 걸쳐서 행해진 여행(1965-6년의 동아프리카 및 자이르 여행, 1971년의 동아프리카 여행, 1975년의 자이르 여행)의 결과였는데, 이는 나이폴이 서인도제도 외의 나라들과 관련된 소설을 쓰기 위해서는 콘래드의 경험에 필적하는 광범위한 여행을 할 필요가 있음을 깨닫고 그걸 실천에 옮겼다는 걸 말해 준다. 어떤 입장에서 보면 나이폴은 자신의 "과거의 희생자"였다(Cudjoe 164). 자신이 딛고 설 안정된 사회가 없으니만큼, 부단한 여행을 통해 경험을 축적하고 그것을 바탕으로 소설을 써야 했기 때문이다. 따라서 여행은 나이폴에게 강박관념이었다.

둘째, 위의 인용은 나이폴이 1950년대에는 『암흑의 심장』의 "아프리카적 배경 즉 약탈과 허가받은 잔인성의 '타락한 땅'을 당연하게" 생각했지만, 1970년대에 가서는 그 배경을 "그 책의 가장 효과적인 부분"이라고 생각하게 됐다는 사실을 토로하고 있다는 점에서 중요하다. 이를 다른 말로 하면, 나이폴은 초창기에는 식민주의나 정치적인 배경과 같은 거시적인 것보다는 소설의 소재가 되는 미시적인 것들을 필요로 했다는 말이다. 그래서 그는 단순히, "세계의 시원으로 되돌아가듯" 콩고 강을 거슬러 올라가는 말로우처럼 트리니다드로 돌아가 그곳을 창작의 원천으로 삼게 된 것이었다. 식민주의에 관련된 복잡다단한 나이폴의 담론이 『수수께끼 안마사』(*The Mystic Masseur*)(1957), 『미구엘 스트릿』(*Miguel Street*)(1959), 『비스와스 씨의 집』(*A House for Mr Biswas*)(1961) 등과 같은 초기 소설들이 아니라, 『흉내내는 사람들』(*The Mimic Men*)(1967), 『자유로운 국가에서』(1971), 『게릴라들』(*Guerrillas*)(1975), 『강의 한 굽이』(1979) 등과 같은 소설들에 이르러서야 본격적으로 나타나게 된 것은 이런 이유에서 보면 당연한 것이었다.

셋째, 나이폴이 위의 인용에서 구체적으로 말하고 있지는 않지만, 그가 언급하는 『선박조종술 연구』가 다른 언어가 아닌 영어로 된 책이라는 사실이 중요하다. 말로우는 『어둠의 심장』에서 그것이 영어로 된 책이라는 걸 보고 그걸 소유한 사람이 "영국인임이 틀림없다"(Conrad 40)고 말하는데, 호미 바바Homi K. Bhabha에 따르면 이는 "말로우와 콘래드가 영국적인 '자유'와 그것의 자유주의적, 보수적 문화의 이상(이념)에 지고 있는 특별한 빚을 인정하는 대목"이다. 영어로 된 그 책은 "'선사시대적인'(prehistoric) 아프리카의 '광기'와 선원의 이야기의 반경 내에서 근대 식민주의의 정신외상적인 간섭을 반복하고자 하는 무의식적 욕망에 사로잡힌" 말로우에게 "한 가지 목적에 대한 성실성"을 얘기해준다. 말로우가 아프리카의 밀림에서 느끼는 "정신착란을 문명적인 말의 담론으로 바꿔주는 것은 그 책이다"(Bhabha 148–49). 즉, 말로우에게는 그 책에 담긴 내용이나 그 책이 발견된 아프리카적인 맥락보다는, 그것이 상징하는 영국 본연의 문화가 중요하며, 그것을 통해서 그의 눈에 비치는 아프리카를 담론화하는 계기를 마련한다는 것이 중요하다. 이는 "특정한" 것에 앞서 "보편적인" 진실이 존재한다는 가정이요, 아프리카보다 영국이 선행한다는 가정이다. 말로우의 눈에 비친 그 책은 바바의 말을 빌리자면 "경이로움의 표시"(Signs taken for Wonders)다. 이 점에 있어서는 말로우가 느끼는 "경이로움"을 자신의 것으로 받아들이는 나이폴도 전혀 다를 바 없다. 나이폴이 "식민지 시대 이후의 역사적 절망을 예술의 자율성을 위한 힘으로 변형시키기 위해 콘래드를 아프리카에서 카리브해로 '번역'한 것은 그가 문명성(civility)의 전통이라고 이해하는 것에 대한 특별한 감각을 보존하기 위한 것이다." 여기에서 바바가 "문명성의 전통"이라고 하는 것은 나이폴의 이분법적 인식체계 내에서, 제3세계의 문화적 부재 혹은 차용에 대치되는 영국적인 문화적 전통을 의미한다. 이 말은 나이폴이 트리니다드를 비롯한 제3세계에서 소재를 찾기는 하지만, 그 세계의 "혼종적"인 역사성을 인정하고 탐색하는 것보다는 "영문학의 보편적 영역에 시선을 고정시키려는 데"(Bhabha 149) 목적이 있었다는 말이다. 또한 그것은 제3세계의 문화를 "빌려온" 것으로만 파악하려고 하는 "문화에 대한 [나이폴의] 독백적 견해"(Mustafa 5)를 반영하는 것이기도 하다.

여하튼, 이 인용이 말해주듯 나이폴은 콘래드의 소설에서 자신이 원하는 것을 찾았음이 분명하다. 그의 에세이들과 『강의 한 굽이』가 드러내주는 것처럼, "빌려온 문화"에 살다가 영국에 정착한 나이폴은 콘래드의 발자취를 따라가며 "자신이 누구이며 어디에 서 있는지"(*Middle* 73)를 확인하고자 했다. 그것은 식민지 역사를 탐색하기 위한 것이라기보다는 오히려 "심미적인" 것이었고, 그런 의미에서 영문학으로 편입해 들어가려는 정착민 작가의 "정전적인"(Mustafa 5, 3) 몸부림이었다.

3. 타자로서의 아프리카

나이폴은 자신보다 80여년(1890년 6월12일-12월 4일)이나 앞서 그곳을 찾았던 콘래드를 떠올리며 자신의 여행이 콘래드가 그랬던 바와 흡사하게 "여전히 무(nothingness) 속으로의 여행"임을 강조한다("Conrad's Darkness" 181). 그곳은 여전히 "암흑의 심장"이다(*A Congo Diary* 41). 콘래드의 소설에 나오는 "진보의 전진기지에 부적합한 너무 단순한 사람들"은, 당시에는 배를 타고 왔고 이제는 비행기를 타고 온다는 차이점이 있을 뿐, 아직도 콩고에 와 있으며, 그들이 가져온다고 믿었던 "문명"은 왔다가는 사라져 버리고 없다("Conrad's Darkness" 193). 콘래드의 소설의 정치적 배경이 되는 벨기에의 식민통치는 1960년에 종식되었지만, 콩고* 는 여전히 정치적, 문화적, 역사적 암흑기에 들어있어서 근본적으로 변한 게 없다는 게 나이폴의 시각이다. 말로우가 "불가사의한"(inscrutable), "말할 수 없는"(unspeakable), "이해할 수 없는"(incomprehensible), "무자

---

* 나이폴이 방문할 당시에는 콩고는 자이르라는 이름으로 바뀌었다가 지금은 다시 콩고로 바뀌어 있다. 나이폴은 이 나라의 이름부터가 못마땅한 듯하다. 그의 에세이의 첫 단락은 그 점을 분명히 해준다. "벨기에 식민지였던 콩고는 이제 아프리카 왕국인데 자이르라 불린다. 그것은 자이르 사람들의 말에 따르면, 그 지역어로 '강'을 16세기 포르투칼인들이 잘못 발음한 것에서 연유한, 말도 안 되는 이름이다. 그래서 그것은 마치 타이완이 중국적 정체성을 되찾으며 포르모사(Formosa)라는 포르투칼식 이름을 나라 이름으로 삼는 것과 마찬가지로 넌센스다. 콩고강은 이제 자이르강이라 불리는데, 그것은 그 지역 화폐와 마찬가지로 가치가 거의 없는 이름이다"("A New King" 173).

비한"(implacable) 등의 형용사들을 통해 부각시키고자 했던 아프리카의 암흑은 여전히 콩고를 지배하고 있다. 나이폴에 따르면 아프리카는 다시 "수풀의 땅"으로 돌아가 있다(Mukherjee 77). 여기에서 그가 말하는 "수풀"(bush)이란 문자적인 의미를 넘어, 아프리카 본연의 어떤 것을 지칭할 때 그가 즐겨 사용하는 메타포이다. 그것은 "선하고 도덕적이고 문명적인 모든 것을 말살하는 무분별하고 격세유전적인 야만성" 즉 "문명의 궁극적인 악몽"을 의미한다(Berger 149). 나이폴은 안정적인 의미의 숲을 가리키고자 할 경우에는 bush라는 말 대신 forest라는 말을 사용한다.

이러한 수풀의 이미지는 『강의 한 굽이』에 나오는 수풀의 이미지와 거의 정확하게 일치한다. 즉, 에세이에 나오는 아프리카의 부정적인 이미지가 소설에 그대로 재현되고 있는 것이다. 앞에서 인용한 파괴적 이미지를 재현하는 데 사용되는 단어들도 놀라울 만큼 반복적으로 소설에서 사용된다. 가령, "콩고를 위한 새로운 왕"의 190쪽과 『강의 한 굽이』의 32쪽을 비교해보면 이러한 반복성이 우연의 일치일 수 없다는 사실이 분명히 드러난다. 전자가 나이폴이 직접적으로 서술하는 에세이의 일부인 데 반해, 후자는 소설 속 화자의 서술이다. 그런데 작가의 말과 화자이자 작중인물이기도 한 살림의 말이 일치한다는 것은 이 화자가 작가의 전폭적인 신뢰를 받고 있다는 말이고, 이는 곧 작가의 에세이에 나타나는, 식민주의자들의 것과 다를 바 없는 아프리카에 대한 냉소적인 "응시"와 "욕망"이 소설 속에 그대로 투영되었음을 의미한다. 카르멘 비카라마가마게Carmen Wickaramagamage와 위말 디사나야케Wimal Dissanayake가 적절하게 지적한 바와 같이, 제3세계 출신인 나이폴은 아이러니컬하게도 유럽인들의 여행기에 공통적으로 나타나는 "타자를 길들이기(domestication)" 하려는 "식민적 욕망"(colonial desire)—따라서 이들의 여행기는 "제국의 확장에 대한 부속물이다"–을 아무런 "수정 없이" 그대로 흉내내어 아프리카, 트리니다드, 인도 등의 제3세계를 바라보고 있다(Wickaramagamage 155). 따라서 작가의 시각과 화자의 시각이 중첩된다는 것은 예사로운 일이 아니다. 여행기에 투사된 나이폴의 "식민적 욕망"이 소설 속으로 전이되었을 가능성이 얼마든지 있기 때문이다. 화자인 살림이 "나이폴의 생각을 가끔 그대로 흉내내는 것처럼 보인다"(Gorra 106)는 평가는 따라서 적절한 것이다.

나이폴은 콘래드가 제1화자와 제2화자(말로우)를 내세움으로써 아프리카에 대한 직접적인 담론보다는 간접적이고 우회적인 담론을 시도한 바와 유사하게, 살림이라는 화자를 내세움으로써 자신의 여행과 관찰을 기초로 하는 아프리카 소설로부터 심미적 거리를 확보하고자 했는지 모르지만, 이처럼 화자와 자신 사이의 거리를 최대한도로 축소시키거나 아예 제거함으로써 살림이 표방하는 허무주의나 냉소, 아이러니로부터 자유로울 수 없게 된 셈이다. 아체베가 『어둠의 심장』의 화자 말로우를 가리켜 "콘래드의 전적인 신뢰를 즐기는 것처럼 보인다"(Achebe 256)며 말로우의 눈에 비친 아프리카의 부정적인 이미지를 작가 자신의 것으로 단정하고 콘래드를 매몰차게 공격한 것은, 그 소설의 인상주의적이고 상징주의적인 특성을 도외시한 단순논리적인 비판이어서 논의의 여지라도 있지만,* 나이폴의 경우에는 그것이 작가 스스로 그 거리를 좁히거나 제거한 리얼리즘적인 것이어서 아프리카를 부정적인 타자로 설정하고 있다

* 콘래드는 『어둠의 심장』의 서문에서 이 소설을 가리켜 "경험"에서 우러난 것이긴 하지만, "실제적인 사실들 이상으로 약간 (약간만) 앞으로 밀어붙인 경험"(Conrad 4)이라고 말하는데, 이는 이 소설이 리얼리즘 소설일 수 없음을 확인시켜 주는 대목이다.

는 비판을 피할 수 없게 된다.

가령, 나이폴이 "콩고를 위한 새로운 왕"에서 묘사하는 독재자 모부투(1965년부터 1997년에 쫓겨날 때까지 32년간 권좌에 있었다)와 관련된 광기, 무질서, 미신, 타락, 혼돈은 『강의 한 굽이』에서 이름만 달리 하여 빅 맨Big Man이라는 인물에 거의 그대로 투사된다. 모부투가 들고 다니는 지팡이에 대한 묘사만 해도 그렇다. "콩고를 위한 새로운 왕"에는, 뱀처럼 생기고 배가 불룩 나온 인간의 형상처럼 생긴 두 마리의 새가 그려진 지팡이에 대한 묘사가 나온다. 사람들은 추장이 그것을 들고 있는 동안에는 말을 해도 되지만, 땅에 짚으면 말을 해서는 안 된다("A New King" 174). 그런데 이 지팡이는 『강의 한 굽이』에서 백인여성인 이베트가 빅 맨이 그것을 땅에 짚었음에도 불구하고 그 의미를 파악하지 못하고 불쑥 말을 했다가 그의 노여움을 사게 되고, 이후에는 그 '무례' 때문에 그를 '알현'하지 못하게 되는 소설적 장치로 변형되어 나타난다(*Bend* 203). 이런 의미에서 보면, 모부투와 빅 맨의 지팡이는 아프리카에 비근대성에 대한 '객관적 상관물'에 다름 아니다.

결국, 아프리카는 나이폴에게 비근대적이고 '수풀'적인 타자인 것이다. 그가 "콩고를 위한 새로운 왕"을 마무리하며, "모부투의 왕권은 그 자체가 목적이 되었다. 물려받은 근대 국가는 와해되고 있다. 그러나 나라는 돌아가고 있다(work)는 사실이 중요하다. 수풀이 작동한다(work). 수풀은 언제나 자족적(self-sufficient)이었다"("A New King" 204)고 말하는 것도 아프리카를 '수풀'적 타자로 규정하고 있기에 가능한 말이다.

『강의 한 굽이』에 나오는 나즈루딘이 자신이 구입한 개발구역을 보면서 "이것은 재산이 아니다. 이것은 수풀일 뿐이다. 이것은 언제나 수풀이었다"(*Bend* 29)고 생각하면서 그곳을 헐값에 처분하고 떠나버리는 것도 아프리카를 "수풀의 땅"으로 인식하는 나이폴의 생각과 무관하지 않다. 그 수풀은 나이폴에게는 "무질서하고 웃자라고 돌보지 않고, 문명이라는 정밀한 가위로 가지치기가 되지 않은, 본래적이지만 혐오스러운 인간 조건"(Gorra 99)을 나타낸다. 이 수풀은 콩고 강에 급속도로 번지기 시작하여 배가 오가는 데 장애가 되는 히아신스와 함께, 아프리카의 이미지를 부정적인 쪽으로 몰고 간다.

수풀의 메타포는 나이폴이 즐겨 사용하는 드럼의 메타포와 같은 맥락의 것이다. 다른 점이 있다면, 수풀은 아프리카 흑인들에, 드럼은 서인도제도 흑인들에 적용되는 메타포라는 것이다. 나이폴이 트리니다드에서 유일하게 그 가치와 실재를 인정하는 것이 칼립소와 스틸밴드(steel band)라는 것은 결코 우연이 아니다. 트리니다드 사람들에게 문화란 음악이고 춤이며 나이트클럽과 같은 것으로서, "트리니다드 사람들이 리얼리티에 접촉하는 것은 칼립소에서만 가능하다"(*Middle* 75-76). 그래서 드럼과 수풀은 일맥상통하는 것이다. 더욱이 칼립소와 스틸밴드의 주축을 이루고 있는 트리니다드 사람들이 흑인들이고, 그들이 "숲"에서 "드럼"을 두드리다 노예로 끌려와 트리니다드에 정착한 사람들의 후손이라는 점을 감안하면, 숲과 드럼은 나이폴의 인식체계 내에서는 똑같은 것이라고 해도 과언이 아니다.

숲과 드럼의 메타포를 통해 아프리카와 트리니다드를 바라보는 나이폴의 시각을 보면 그가 "탐색하기보다는 미리 예정된" 시각으로 그 세계를 바라보고 있음을 알 수 있다. 따라서 그와 역사의 관계는 "역사 서술적이라기보다는 심미적이다"(Mustafa 5). 그는 그 세계를 새로운 정체성을 형성하려고 몸부림치는 역사적 현장이 아니라, 숲과 드럼이라는 원시적이고 고정된 정체성을 갖고 있는 것으로 판단하고 그것을 소설 속에서 제시하고 있는 것이다. 살림의 내러티브가 "세상은 있는 그대로의 것이다. 아무 것도 아닌 사람들은, 자신들이 아무 것도 아닌 존재가 되도록 하는 사람들은 그곳에 있을 자리가 없다"(*Bend* 9)는 문장으로 시작되는 것도 아프리카를 정지된 것으로 예단하고 그곳을 "역사화하기보다는 기억 속으로 밀어 넣으려 하는"(Mustafa 5) 나이폴의 심미적 입장을 잘 드러내준다. 『강의 한 굽이』에 나오는 역사적, 정치적 사건들이 유동적이기보다는 닫혀 있고 정지된 느낌을 주는 것은 나이폴의 이러한 미학적, 이데올로기적 입장 때문이다. 나이폴은 콘래드를 가리켜 "콘래드 소설의 모든 주제들과 결론들이 그가 글을 쓰기 시작했을 때 그의 머리 속에 이미 있었다"고 말한 바 있는데, 이는 아이러니컬하게도 콘래드보다는 그 자신에게 더 어울리는 말이다. 만약 그의 말처럼 콘래드의 경우에 "경험은 과거에 있었고, 그의 작품생활은 이 경험을 들춰내는 데 있었다"면("Conrad's Darkness" 221), 그의 경우에 작품생활은 눈앞에 보이는 것을 미리 정해진 잣대에 맞춰 재단하는 것에 다름 아니었다.

4. 콘래드와 나이폴의 유사점과 차이

나이폴은 "다른 사람들에게는 어떤 출발점, 즉 지방사투리, 전통, 역사, 그 시대의 편견 혹은 유행 등과 같이 붙잡을 것이 있지만 ... 나한테는 그게 없다. 나한테는 어떤 인상, 어떤 느낌이 있을 뿐이고 그것마저도 모두 퇴색해버렸다"는 콘래드의 편지글을 인용하며 "콘래드의 경험은 너무 흩어진 것이었다. 그는 많은 사회들을 외면적으로는 알았지만 어느 것에 대해서도 깊이 알지 못했다"("Conrad's Darkness" 226)고 말한다.

그런데 나이폴의 발언의 진위와 상관없이, 그의 말은 그 자신에게 적용되는 말일 수 있다. "콩고를 위한 새로운 왕"과 『강의 한 굽이』에서 아프리카를 유럽문명에 대치되는 '수풀'적 타자로 규정하고 있는 나이폴의 시각은 콘래드의 『어둠의 심장』에 나오는 피상적인 아프리카 묘사와 크게 다를 바 없다. 아니, 『강의 한 굽이』의 내러티브는, 아프리카를 텍스트에 반영하기보다는 유럽문명의 허상을 비춰보는 거울로써 아프리카를 활용하는 『어둠의 심장』의 인상주의적이고 상징주의적인 내러티브와 달리,* 아프리카를 잘 알고 있는 내부인 화자의 눈으로 아프리카를 바라보는 사실적인 내러티브여서 결과적인 의미에서 보면 콘래드의 것보다 훨씬 더 부정적이다. 가령, 두 소설의 화자인 말로우와 살림을 비교해 보면 이것은 자명해진다.

"이곳[템스 강]도 한 때는 지구상의 어두운 지역 중의 하나였다"(Conrad 9)는 말과 함께 시작되는 말로우의 내러티브의 중심은 어쩌면, 문명을 전파하겠다는 자못 거창한 사명감을 갖고 아프리카로 갔다가 문명을 전파하기는커녕 야만인들보다 더 야만적인 사람이 돼가는 커츠의 자가당착도 아니고, 벨기에 식민주의의 야만성에 수탈당하는 흑인들의 비극성도 아니며, 오히려 커츠와 자신을 동일시하고 흑인들과의 "먼 친족관계"(remote kinship)를 암시하는 말로우가 참혹한 식민주의 현장에서의 경험을 통해 자신의 내부에 "어둠"이 도사리고 있다는 것을 깨닫는 자기 인식의 과정이라고 해야 합당할 것이다. 이야기를 마친 말로우가 "명상을 하는 부처의 자세"(Conrad 76)를 취하는 것도 이와 무관하지 않다. 그

---

* 이런 점에서 아체베가 콘래드를 "아프리카를 유럽을 돋보이게 하는 대상으로서만 활용하는 서구적 심리"(Achebe 251)에 젖은 작가라고 공격한 것도 어느 정도 일리는 있다.

렇다면 템스 강의 묘사와 콩고 강의 묘사가 다르고, 또 백인들에게는 목소리를 부여하면서도 흑인들에게는 목소리를 부여하지 않음으로써 흑인들을 비인간화한다는 이유로, 아체베가 그러한 것처럼 말로우를 비난하고 급기야 그것을 빌미로 콘래드를 공격하는 것은 그리 온당한 게 아닐 수 있다. 커츠의 애인인 아프리카 여성이 "세련된 유럽 여인[커츠의 약혼녀]에 대한 야만적인 상대자"(Achebe 255)로 형상화되어 있다는 비난도 마찬가지다.*

그런데 『강의 한 굽이』의 화자인 살림은, 묘사하고 있는 대상에 대한 자기 확신이 없는 말로우와 달리, 자신이 묘사하고 있는 대상을 잘 알고 있을 뿐만 아니라 그 속에서 장사를 하면서 일종의 아프리카적 삶을 살고 있는 사람이다. 그는 아프리카인들의 정치적, 사회적, 문화적 행태를 소상히 묘사하면서 그것에 대해 판단을 내리는 화자이자 등장인물이다. 독자는 화자의 말을 들으며 "거기에 가 있는 듯한" 느낌을 받게 되는데, 이는 "강력한 미메시스"적 서술기법이다(Berger 144). 또한 그는 앞서 논한 바와 같이, "콩고를 위한 새로운 왕"에 스며있는 나이폴의 아프리카관을 그대로 흉내내고 있을 만큼 작가의 신뢰를 듬뿍 받고 있는 인물이다.

고라에 따르면, 살림은 "말로우와 달리, 자신의 내러티브의 중심적인 메타포에 충분히 관련되어 있음을 처음부터 알고 있다"(Gorra 103). 여기에서 고라가 "중심적인 메타포"라고 하는 것은 "수풀"이나 "어둠"과 같은

* 물론 이러한 비난에 대해, "아프리카 여성은 진실을 직면하고 버림받은 것에 따르는 고통을 감내하지만 두 유럽 여성들[말로우의 숙모와 커츠의 약혼녀]은 유럽사회에 대한 분별없는 환상 속에서 살아간다"(Sarvan 284)고 응수하며, 부정적으로 그려진 것은 아프리카 여성이 아니라 오히려 유럽 여성 쪽이라고 반박할 수도 있겠지만 이 또한 콘래드 소설의 핵심을 비켜선 것이긴 마찬가지다.

부정적인 이미지를 일컫는데, 이는 살림이 아프리카에 부정적인 메타포를 투사하긴 하지만 아웃사이더가 아니라 인사이더이기 때문에 자신도 그 메타포로부터 예외일 수 없다는 말이다. 이것은 분명히 살림을 말로우로부터 분리해주는 점이긴 하다. 그런데 여기에서 한 가지 유의할 점은 화자가 완전한 인사이더가 아니라는 사실이다. 화자는 인사이더임과 동시에 아웃사이더이다. 그는 동아프리카에서 태어나 살다가 콩고 내륙으로 들어가 장사를 하면서 살고 있는 사람이기에 아프리카인이라고 할 수도 있지만, 그의 조상이 인도인들이며 아프리카에 정착한 이유가 오직 상업적인 데 있었다는 사실을 감안하면 아웃사이더일 수밖에 없다. 특히 그가 묘사하는 대상으로부터 가능한 한 자신을 분리시키려고 하는 것을 보면 인사이더적인 측면보다는 아웃사이더적인 측면을 더 부각시키려는 내적 충동을 갖고 있는 것으로 판단된다.

또한 살림은 응구기 와 시옹오Ngugi wa Thiong'o나 아체베 같은 아프리카 작가들의 소설에 등장하는 인사이더로서의 흑인화자들로부터 천리만리 떨어져 있는 것처럼 보인다. 살림이 말하는 "우리"는 "아시아인들, 그리스인들, 다른 유럽인들"(*Bend* 60)을 지칭하고, "그들"은 독립이 되자 "식민지 시대의 축적된 분노와 모든 종류의 일깨워진 종족적 두려움" 때문에 도시를 완전히 파괴하여 폐허로 만드는 "사람들"이고 "그들 자신의 마음을 모르는 사람들"(*Bend* 72)이다. 또한 그의 "우리"는 빅 맨의 국유화 정책으로 인해 사유재산을 강탈당하는 일종의 부르주아 계층이요, 그의 "그들"은 "이미 태워버린 나무들의 뿌리에 숨어서 타고 있다가 탈 것이 없음에도 그슬린 땅에 다시 솟구쳐 오르는 산불 같은"(*Bend* 73) 분노에 사로잡혀 도시(문명)를 약탈하고 파괴한 후 "수풀"로 돌아가는 사람들이다. 결국 나이폴이 아프리카를 배경으로 한 소설에서 인도인 화자를 내세운 것은 "탈식민화에 따르는 급속한 사회적, 정치적 변화와 관련된 인도인들의 디아스포라"("A New King" 122)를 부각시키기 위한 것이다. 따라서 화자가 소설의 말미에서 "수풀"의 나라인 자이르를 떠나 런던에 정착하게 되는 것은 나이폴이 "드럼"의 나라인 트리니다드를 떠나 '모국'의 수도 런던에 정착한 것처럼 어쩌면 처음부터 예정되어 있던 것이라고 할 수 있다.*

이러한 맥락에서 보면, 『강의 한 굽이』에 비친 아프리카의 이미지는 『어둠의 심장』에 암묵적으로 스며있는 것에 비해 훨씬 더 부정적이다. 비유적으로 얘기하면, 나이폴은 『자유로운 나라에서』에 등장하는 바비와 린다라는 백인인물들이 그러하듯 아프리카를 주마간산 식으로 여행하며 자신의 눈에 비친 모습만을 본 것이고, 또 그것을 크게 변형시키지 않고 소설 속에 투영시킨 셈이다. 어쩌면 나이폴은 흑인을 화자로 설정하여 내러티브를 전개하기에는, "콩고를 위한 새로운 왕"에 적나라하게 드러나 있는 것처럼 아프리카에 대한 편견이 너무 많은 작가이며, 그 편견을 감추기에는 어쩌면 너무나 '정직한' 작가인지 모른다. 그러나 나이폴이 콘래드를 깎아내리며 "많은 사회들을 알고 있었지만, 어느 것도 깊이 아는 게 없었다"고 한 말은, 인상주의적이고 상징주의적인 내러티브와 심미적 거리를 통해 유럽의 식민주의 이데올로기를 비판했으며, 커츠의 "어머니는 반 영국인이었고, 그의 아버지는 반 프랑스인이었다.

---

* 나이폴에게 런던은 "메트로폴리턴 센터"였다(Hamner 41). 그런데 그는 아프리카를 비롯한 제3세계를 혹독하게 비판했던 것과는 너무나 대조적으로, 런던으로 대변되는 영국에 대해서는 비판하려고 하지 않았다. 닉슨에 따르면, 그에게는 "영국을 그의 삶의 내러티브에서 생략(edit out)하려는 경향"이 있었다. 이는 미국에 대해서도 마찬가지였다. 그는 수십 년에 걸쳐 수많은 여행기를 통해 제3세계를 "폄하하고 조롱했지만 영국과 미국에 대해서 할애한 것은 20페이지가 채 안 됐다"(Nixon 34-5).

모든 유럽이 커츠를 만드는 데 기여했다"(Conrad 50)며 커츠의 야만성을 영국, 프랑스, 벨기에를 포함한 유럽의 야만성으로 환치시킬 수 있었던 콘래드보다는 그 자신에게 더 들어맞는 말이다. 이런 입장에서 보면, 『수수께끼 안마사』에서부터 『인생의 반』(*Half a Life*)에 이르는 나이폴의 소설들에 작가의 시각이 부분적이나마 반영됨직한 흑인이 등장하지 않는 것은 결코 우연이 아니다. 1970년대의 콩고를 가리켜 "미래가 왔다가 가버린 곳에 있다"(*Bend* 33)라고 한 살림의 말이 "아프리카에는 미래가 없다"(Hardwick 49)는 나이폴 자신의 말과 겹치는 것 또한 결코 우연이 아니다.

그런데 "아프리카에는 미래가 없다"는 나이폴의 생각은 가볍게 넘길 수 있는 말이 아니다. 그것은 그가 "과거에 대한 동정심과 식민지인들이 그들의 소외받은 상태를 넘어설 수 있다는 신념을 갖고 있지 않다"는 말이기도 하고, "미래에 대한 이해력을 결여하고 있다"는 말이기도 하다. 페르디난드, 인다르 등을 비롯한 다수의 인물들이 암울한 현재에 갇혀 옴짝달싹 못하는 존재로 형상화되어 있는 것은 아프리카를 미래가 없는 일종의 '지옥'으로 규정하고 있는 작가의 부정적 시각에서 기인하는 현상이다. 나이폴에게 아프리카는, 살림의 친구인 마헤쉬가 한 말처럼, "옳고 그름이 없는 게 아니라, 옳은 게 없는"(*Bend* 99) 무정부적이며 가치가 부재한 곳이다. 따라서 나이폴의 글이 "명료하긴 하지만 현재의 영원한 유동성에 갇히는" 한계와 단점을 드러낸다는 평가는 적절한 것이다(Cudjoe 164).

결국 『강의 한 굽이』는 타자로서의 아프리카를 제대로 이해하고 반영하는 데 실패하고 있는 셈이다. 타자를 이해하고 반영하는 것은, 탈식민주의 이론이 설득력있게 제시하는 것처럼 언제나 어려운 것이며, 완전한 이해에 도달한다는 것은 어쩌면 거의 불가능한 일인지 모른다. 이는 스피박이 크리스테바가 『중국여성들에 관하여』(*About Chinese Women*)에서 중국여성들을 "기록적인 증거의 침해 없이" 지나치게 일반화함으로써 "인식의 폭력"(epistemic violence)을 가했다고 공박한 것에서 좋은 예를 찾아볼 수 있다(Spivak 137).*

그렇다면 2003년도의 노벨문학상 수상작가인 쿳시J. M. Coetzee가 말한 바와 같이 작가가 "할 수 있는 최선의 것은 그 왜곡을 최소화하는 것"인지도 모른다(Begam 425). 쿳시는 예술의 기능이 모두 "타자, 즉 틈, 도치된 것, 베일에 가려진 것, 어두운 것, 묻힌 것, 여성적인 것, 타자성(alterity) 등을 읽어내는 데 있다"(*White Writing* 81)고 말하면서, 그와 동시에 타자를 재현 혹은 "번역"하는 데 따르는 "왜곡"을 최대한도로 경계한다. "왜곡이 없는 '순수한' 번역을 할 수 없다"는 이유에서다. 쿳시와는 대조적으로, 나이폴은 왜곡을 전혀 경계하지 않고 '과감히' 번역하는 쪽을 택한다. 물론 그것이 문자적인 의미에서 전면적인 왜곡이라는 말은 아니다. 콩고의 1970년대 현실은 『강의 한 굽이』에 묘사된 바와 크게 다르지 않을 것이니 왜곡이라는 말은 다소 심한 말일지 모른다. 그러나 눈앞에 보이는 것들에 과도하게 집착하면서 발전과 미래의 가능성을 차단시킨다는 것은 거기에 숙명의 그림자를 드리우는 것이며, 따라서 그것은 왜곡으로 이어질 수 있는 것이다. 그가 서구인들에게 "제3세계에 대한 예언자(apocalyptist)"(Cudjoe 166)로 비치는 것은 그의 제3세계에 대한 운명론적

---

* 스피박은 크리스테바가 기록적인 증거가 없이 중국여성들을 일반화함으로써, 중국여성들보다는 오히려 "자신의 정체성"에 관해 얘기하고 있다고 공박하며, "유럽의 타자에 대한 [유럽인들]의 간헐적인 관심은 강박관념적으로 자기중심적이다"(Spivak 137)고 말한다.

인 시각에 기인한 바 크다.

어쩌면 나이폴은 왜곡을 경계하기에는 자아가 너무 강한 작가인지도 모른다. "자아를 버릴 때 윤리성이 생긴다"(Levinas 85)는 레비나스의 말은 역으로 얘기하면, 자아에 대한 집착을 버리지 않은 상태에서 타자를 바라보고 해석하는 것은 비윤리적일 수 있다는 말이다. 나이폴의 아프리카관은 좋은 예가 아닐까 싶다.

5. 인식론적 폭력의 반복

바흐친의 대화이론에서 대화란 우리가 흔히 말하는 오순도순한 대화의 개념이 아니라 적어도 두 개의 서로 다른 힘(목소리)들이 서로를 일방적으로 압도하지 못하는 가운데 형성되는 적대적인 몸부림이나 투쟁의 개념이다. 따라서 바흐친적 대화의 요체는 결론의 도출이 아니라 두 개의 서로 다른 힘이 팽팽한 긴장관계 속에서 이루는 역학에 있다.

이는 블룸이 작가들의 관계를 아버지와 아들에 비유하여 설명하는 것과 크게 다를 바 없는 개념이다. 블룸에 따르면, 아들(후대의 작가)은 "자신보다 터무니없이 더 살아있는 죽은 사람(선구자)이 말을 거는 것에 대해 반항하는 사람"이다(Bloom 19). 즉, 아들은 죽었으면서도 끊임없이 자신에게 영향력을 행사하려 드는 아버지를 밀어내고 자신의 자리를 확보하려 든다. 다른 맥락에서이긴 하지만, 아체베는 콘래드에 대해서 "콘래드의 문제가 무엇이었든, 그는 이제 안전하게 죽어 있다. 정말 사실이다. 그런데 불행하게도 그가 말한 어둠의 심장은 우리를 아직도 괴롭히고 있다"(Achebe 259)고 말한 바 있는데, 콘래드를 "인종차별주의자"로 단정하는 아체베의 논의의 타당성 여부에 상관없이, 그가 영문학의 정전이 되어 수많은 사람들에게 읽히고 또 읽히는 『어둠의 심장』이라는 소설을 쓴 콘래드를, 죽었음에도 불구하고 "터무니없이 더 살아있는 죽은 사람"으로 인식하고 있다는 사실에 주목할 필요가 있다. 결국 콘래드는 아체베에게 극복의 대상인 것이다.

맥락이 약간 다르긴 하지만, 나이폴의 경우에도 그건 마찬가지다. 그는 처음에는 아웃사이더로서 느끼는 한계와 "정치적 혼란"을 콘래드를 통해 해소할 수 있었지만, 궁극적으로 차별화를 시도할 수밖에 없었다. 그렇지 않으면 콘래드의 아류가 될 수밖에 없는 상황이었다. 블레이크, 워즈워스, 셸리, 키츠에게 밀턴의 시가 "사건"(event)이었던 것처럼, 나이폴은 콘래드의 "사건"적 소설 "이후"(belatedness)에 글을 쓰고 있다는 자의식-"콘래드는 나보다 앞서 모든 곳을 다녀온 사람이었다"-에 시달려야 했고, 그것은 그의 작품 속에서 콘래드에 대한 부단한 언급과 암시로 나타났다. 그는 콘래드라는 "사건"을 넘어서고자 했다.* 그렇게 함으로써 자신의 입지를 구축했다는 평가를 받는 창조적인 작가이고 싶었다. 다음의 인용을 보면 나이폴이 콘래드와의 관계에서 자신을 어떻게 차별화시키고자 했는지 잘 드러나 있다.

> 조지프 콘래드에게, 스탠리빌—1890년에는 스탠리 폴스 스테이션이었다—은 어둠의 심장이었다. 콘래드의 소설 속에서, 커츠가 황폐함과 고독과 권력

---

* 여기에서 "사건"이라고 하는 것은 블룸이 밀턴과 낭만주의 시인들의 관계를 지칭하여 쓴 말이다. 그에 따르면 낭만주의 시인들은 밀턴의 시라는 "사건"이 있은 다음에 늦게 왔다는 일종의 콤플렉스를 갖게 된다. 이는 "영향력의 불안"이라는 개념과 그 맥락을 같이 한다. 자세한 설명은 그의 『오독의 지도』(*Map of Misreading*)의 63-80쪽("The Belatedness of Strong Poetry")을 참조할 것.

> 에 의해 이상주의에서 야만상태로 전락하고, 인간의 초창기로 되돌아 가, 그의 집 둘레에 사람의 머리를 말뚝에 꽂아놓고 군림하던 곳이 그곳이었다. 그런데 70여 년이 지난 후, 강물이 굽이진 이곳에, 콘래드의 환영과 흡사한 어떤 것이 지나갔다. 그러나 "억제력도 모르고, 믿음도 모르고, 두려움도 모르는 한 영혼의 상상할 수 없는 미스터리"를 갖고 있는 사람은 백인이 아니라 흑인이었다. 그 흑인은 황폐함과 원시주의와의 접촉 때문에 미친 게 아니라, 킨샤사 급류 위쪽에 있는 응갈리에마 산에 지금 묻혀 있는 개척자들이 수립해 놓은 문명과의 접촉 때문에 미쳐버린 것이었다. ("Conrad's Darkness" 195-96)

이 인용은 나이폴이 콘래드의 소설을 정확하게 이해하고 있다는 것을 증언해 줌과 동시에, 그가 콘래드와 입장을 달리하는 게 무엇인지를 적나라하게 드러내준다. 나이폴은 이 인용을 통해, 콘래드가 아체베와 같은 아프리카 작가들이나 학자들로부터 공격을 많이 받긴 했지만,** 그의 소설이 궁극적으로, 제국주의에 대한 비판을 목적으로 하고 있다는 사실을 이해하고 있음을 보여준다. 콘래드에게 "억제력도 모르고, 믿음도 모르고, 두려움도 모르는 한 영혼의 상상할 수 없는 미스터리"를 갖고 있는 사

** 아체베는 콘래드의 『어둠의 심장』이 아프리카를 "어둠"으로 묘사하고 아프리카인들을 희화화한다며 그를 "불량한(bloody) 인종차별주의자"라고 공격했고, 이 말을 후에 약간 수정하여 "완전한 인종차별주의자"(Achebe 257)라고 했다. 그러나 아체베의 비판은 그 정도가 심해 받아들이기 어려운 부분이 없지 않다. 세드릭 와츠(Cedric Watts)는 이 점을 다음 논문에서 아주 설득력있게 제시하고 있다. "'A Bloody Racist': About Achebe's View of Conrad," *Joseph Conrad: Critical Assessments*. Vol. 2. ed. Keith Carabine. East Sussex: Helm Information, 1992. 405-18. 아울러, 『어둠의 심장』과 『사물들의 와해』(*Things Fall Apart*)를 비교하며 아체베의 콘래드 비판에 문제가 없지 않음을 논한 다음 논문 참조. 왕철, "콘래드의 소설과 아체베의 소설의 대화적 관계," 『현대영미소설』(1997): 137-152.

람은 커츠, 즉 백인이었다. 따라서 콘래드의 내러티브는 아체베가 말한 바와 같이 인종적 상투성을 벗어날 수 없었다는 한계는 있지만, 궁극적으로 식민주의의 폭력성과 부도덕성에 대한 비판이 주된 목적이었다. 나이폴은 억제력도 없고, 믿음도 없고, 두려움도 없는 사람은 백인이 아니라 흑인이라는 것을 강조함으로써, 아프리카에 대한 자신의 비판이 콘래드의 것과는 다르게 흑인들을 향한 것임을 분명히 하고 있다. 물론 그가 여기에서 흑인이라고 지칭하는 것은 자이르의 반군 지도자였던 삐에르 물렐리Pierre Mulele를 구체적으로 지칭하는 것이긴 하지만, "아프리카에는 미래가 없다"는 그의 아프리카관에 비춰보면, 물렐리 개인에 한정된 것이라기보다는 아프리카인들의 원시성과 야만성에 대한 포괄적인 공격이라고 볼 수 있다. 그는 벨기에의 국왕 레오폴드 2세가 20여년간 식민통치를 하면서 1천만이 넘는 흑인들을 죽음의 벼랑으로 몰았으며, 미국의 중앙정보국이 자이르의 초대 수상이었던 패트리스 루뭄바Patrice Lumumba를 자국의 이익에 부합되지 않는다는 이유로 쫓아내고 암살당하게 했으며 당시에 모부투의 독재정권을 지지하고 있었다(Nixon 100-01에서 재인용)는 사실은 언급하지 않은 채, "억제력도 모르고, 믿음도 모르고, 두려움도 모르는 한 영혼의 상상할 수 없는 미스터리" 즉 백인식민주의자에 대한 콘래드의 이미지를 아프리카인들을 위한 이미지로 전이시키고 있다.

물론, 아프리카 국가들의 근대사 특히 독립이후의 역사를 바라보면 나이폴의 소설이나 에세이에 나타난 아프리카의 부정적인 이미지를 꼭 잘못된 것이라고만은 볼 수 없다. 나이폴에 비판적인 학자의 말을 그대로 옮기면, "나이폴이 아프리카에 대한 묘사에서 환기하는 내전의 시나리오들, 살인적인 반목, 잔인하고 불필요한 유혈참사 등은 많은 아프리카 전문가들과, 비슷한 일들을 경험한 아프리카인들의 말을 생각나게 한다. 아프리카와 관련된 나이폴의 글 중에서 그런 면들에 이의를 제기할 사람은 거의 없을 것이다"(Gupta 53). 그런데 문제는 나이폴이 현상을 바라보고 분석할 뿐, "누구의 잘못이었는지를 찾는 것에는 관심이 없다"(Michener 64)는 입장을 취하고 있다는 것이다. 그의 말대로 하면, 그는 "냉철한"(clear-sighted) 눈으로 리얼리티를 바라보고 해석하고 있는 셈이다. 그는 그것이 설령 편견이라고 해도 비판을 가하기 위해서는 별 수 없으며, "오래 남을 작품에는 냉철함이 필요한 법이고, 그렇게 하기 위해서 몇몇 편견을 필요로 한다"(Hardwick 47)고 생각한다. 때로는 아전인수식의 논리가 되긴 하지만, 나이폴은 언제나 '정치적 올바름'보다는 자신의 생각을 과감하게 드러내는 쪽을 택했던 작가였다. 그는 "아프리카인들이 원시적이라는 것을 부인함으로써 그들을 문명화시키는 것"은 낭만주의라며,* "그들을 문명화시키는 문제 자체도 논쟁의 여지가 있는 것이지만, 만약 아프리카를 문명화시켜야 한다면, 그 원시성을 인정하고 근절시켜야(eradicate) 한다"는 말을 서슴지 않고 할 수 있는 작가였다(Hamner 37). 이런 점에서 보면 그는 "자연주의" 계열의 작가라고 해도 무방할 것이다(Cudjoe 165). 그러나 그가 자연주의자라면, 아프리카를 만신창이로 만든 식민주의 역사, 냉전체제 하의 미국식 신식민주의 등의 복잡다단한 측면들을 포괄하여 아프리카를 제시하지 못한 근시안적인 자연주의자라고 해야 적절한 말일 것이다.

---

* 하우(Irving Howe)는 자신이 나이폴을 높게 평가하는 이유에 대해서, "원시인들의 도덕적 매력이나 잔인한 독재자들의 미덕에 낭만적인 달빛을 드리우는 걸 한사코 거부하며 글을 쓰기 때문"이라고 말한 바 있다(Howe 265).

나이폴의 주된 공격의 대상은 닉슨이 말한 바와 같이 "식민시대 이후에 출현한 정권들"인데, 그것에 비하면 영토를 유린하고 "문화적 경제적 힘"의 "불균형"을 초래하게 만든 "식민주의 통치"에 대한 그의 비판은 "하찮고 부차적인 것에 불과하다"(Nixon 37). 즉, 나이폴은 아프리카인들의 퇴행성과 폭력성을 "수풀"만큼이나 자연스러운 아프리카인들의 본래적 속성으로 돌리면서(이런 점에서 그는 탈식민주의 이론이 경계하는 "본질주의"에 빠져들고 있다) 그것이 식민주의와 신식민주의가 이식해놓은 퇴행성이나 폭력성과 무관하지 않다는 사실을 도외시하고 있는 것이다. 1960년대와 1970년대에 자이르에서 발생한 폭력과 무정부 상태는 나이폴로서야 누구의 잘못인지 따지는 데 관심이 없었을지 모르지만, 벨기에 식민주의의 유산이었다. 벨기에가 1960년에 물러날 당시, 콩고는 물질적, 문화적, 교육적으로 초토화된 상태였다. 절대다수의 콩고인들이 교육과 직업훈련을 받지 못한 상태였다. 통계에 의하면 "16명만이 대학졸업생이었고, 중고등학교 과정을 마친 사람도 136명에 불과했다. 의사도 없었고 교사도 없었으며 군인장교도 없었다. 1,400개의 공직 중, 콩고인이 차지한 것은 두 자리뿐이었다. 나라는 여러 개의 지역으로 쪼개져 120개의 정당이 난립하고 있었다. 그들이 독립 후에 세계시장에서 다른 나라들과 경쟁할 가능성은 전혀 없었다"(Weiss 191). 결국 식민주의가 그들을 "수풀"적 "타자"로 만든 것이지, 그들이 처음부터 "수풀"적 "타자"는 아니었다는 말이다.*

---

* 이런 점에서 브라운이 나이폴을 가리켜 "독단적인 어둠에 대한 종말론적인 역사인식이 낭만적인 미성숙성을 드러낸다"고 한 말은 지나치기 어려운 말이 아닐까 싶다. 나이폴의 묵시론적인 세계관에 대한 브라운의 말은 다음과 같이 이어진다. "과거에 대한 나이폴의 지식은 그에게, 모든 종말은 또 하나의 시작이며, 사람들이나 사건들은 요지

이런 맥락에서 보면 불행하게도, 나이폴이 시도한 콘래드로부터의 차별화는 아프리카의 부정적이고 상투적인 이미지를 재현하거나 반복하는 데 그치고 만 불완전한 것이다. 콘래드의 『어둠의 심장』은 그 안에 배어 있는 인종적 상투성에도 불구하고 제국주의의 위선과 폭력성을 고발하는 데 여전히 효과적인 작품이다. 아체베의 가시 돋친 공격과는 달리, 케냐의 대표적인 소설가이자 학자인 응구기는 오두막 둘레의 막대기에 꽂힌 두개골들에 관한 묘사를 구체적으로 지칭하면서, "어느 아프리카 작가도 그렇게 아이러니컬하고 적절하고 강력한 이미지를 창조해낸 적이 없다"(Sarvan 285)면서 콘래드의 식민주의 비판을 높게 평가했다.** 그런데 나이폴의 『강의 한 굽이』는 그의 여행기나 에세이와 더불어, 눈에 보이는 현상만을 묘사하는 데 그침으로써 콘래드의 소설에서는 다소 부차적인 것일 수도 있는 인종적 상투성의 문제를 전면에 부각시키고 있다. 다수의 학자들이 콘래드의 인종주의에 대해서는 양가적인 입장을 취하는 반면, 나이폴의 인종주의에 대해서는 예외가 거의 없을 정도로 비판적 입장을 취하는 것도 바로 이러한 이유 때문이다. 나이폴이 "아프리카니스트"(Africanist)라는 비난을 받는 것(Gorra 101)도 같은 이유에서다. 아이러니컬한 것은 아프리카와 같은 제3세계를 누구보다 더 잘 이해할 수

부동하게 미리 운명지어진 것도 아니며, 인간의 모험은 선과 악, 어둠과 빛의 영원하고 당혹스러운 혼합이라는 사실을 깨닫게 해줬어야 한다. ... 그러나 그는 지금까지, 세계의 종말을 예언한 예언자들이 과거에도 늘 나타났지만, 그들의 예언에도 불구하고 지나가버린 자리를 차지하기 위해 새로운 세계들이 출현했다는 사실을 충분히 알지 못하고서, 어둠이 승리한다는 쪽에 일관되게 내기를 걸어왔다"(Brown 227).

** 나이폴은 소설에서는 이 장면을 변형시켜 흑인들이 백인 신부 후이스만을 죽이는 것으로 처리하고 있는데, 이 또한 소설에 나타난 나이폴의 인종적 편견과 무관치 않은 것으로 판단된다.

있는 위치에 있는 제3세계 출신의 작가가 인종적 상투성을 그의 작품 속에 투영시킴으로써 그렇지 않아도 서구인들의 식민주의에 시달려 온 아프리카를 고질적인 인식론적 폭력 속으로 밀어넣고 있다는 사실이다. 그래서 그의 소설 속에 나타난 아프리카는 "보편적인 유럽적 질서의 붕괴에 대한 상징적 황무지"이며 단테의 것에 비견되는 "아프리카식 지옥"("A New King" 122, 124)이다.

웨이스에 따르자면, "식민 상태 이후의 담론과 '검은 대륙'에 관한 이전의 식민담론은 대화적으로 연결되어 있다"(Weiss 192). 이는 식민담론은 다시 신식민담론으로 방향을 틀 뿐, 그것의 인식론적 폭력을 쉽사리 거둬들이지 않으려 한다는 말이다. 나이폴이 "검은 대륙"에 관한 서양의 신화 혹은 담론을 끌어들여 해방 후의 자이르에 들이댄 것은 따라서 신식민주의 담론에 해당한다고 할 수 있다. 결국 나이폴은 아프리카를 소설 속에 형상화하면서, 기존의 신화에 "관해서" 혹은 그 "안에서" 상투적인 아프리카 담론을 재생산하고 있는 셈이다(Weiss 192). 정착민 작가인 나이폴의 한계는 바로 여기에 있다.

쿳시가 말한 바와 같이, "나이폴이 모국[영국]에 정착하여 적응한 것은 그것의 역사적 무게를 그 자신이 충분히 알고서 선택한 행위였을 것이다"(왕은철 2004: 209). 그런데 문제는 그것이 자신의 출생지인 트리니다드를 비롯한 아프리카, 중동 등의 제3세계에 등을 돌리면서, 자신들의 책임보다는 눈앞의 현재만을 부각시키려 하는 유럽중심적인 시각을 차용하는 것으로 이어졌다는 데 있다. 특히, "나는 누구의 잘못이었는지를 찾는 것에는 관심이 없다"는 나이폴의 말은 현재를 과거와의 역학 속에서 바라보지 못하는 그의 근시안적인 역사의식이 어디에서 유래된 것인지를 잘 말해준다. "누구의 잘못이었는지"에 "관심이 없다"는 말에서 엿볼 수 있는 나이폴의 이데올로기적 입장은 아이러니컬하게도, 착취와 억압의 식민지 역사보다는 식민지 시대 이후에 발생한 폭력과 독재와 무정부 상태에 관심을 할애함으로써, 자신들의 식민사관을 정당화하거나 미화하고, 때로는 과거의 말세적 폭력을 은폐하려고 하는 유럽 식민주의자들의 그것과 크게 다를 바 없어 보인다. 이데올로기를 "왜곡과 은폐에 의해 지배 계급이나 집단의 이익을 정당화하는 것을 돕는 생각과 믿음"이라고 정의할 수 있다면(Eagleton 45), 제3세계 출신의 정착민 작가인 나이폴은 놀랍게도 바로 그 이데올로기를 작품 속에 투사함으로써 식민주의자들에 봉사하고 있는 것처럼 보인다. 그가 아랍권을 여행하고 집필한 『신자들 속에서』(*Among the Believers: An Islamic Journey*)와 『믿음을 넘어』(*Beyond Belief: Islamic Excursions Among the Converted Peoples*)에서 엿볼 수 있는, 말도 많고 탈도 많은 이슬람관도 이와 무관하지 않다.*

여하튼, 탈식민적인 입장에서 보자면, 나이폴은 『강의 한 굽이』에서 콘래드의 『어둠의 심장』을 제대로 '다시' 혹은 '되받아' 쓰지도 못하고, 또 극복하지도 못한 셈이다.** 그는 콘래드 소설의 핵심에 놓인 정의를 향한

---

* 그렇다고 나이폴의 소설에 식민주의 비판이 아예 없다는 말은 아니다. 그러나 그것은 그의 부정적인 제3세계관에 비교하면 극히 미미한 것이어서 형평성에 어긋나도 보통 어긋나는 것이 아니다. 하우가 말한 바와 같이, 아프리카, 이슬람을 비롯한 제3세계에 대한 그의 "혐오감"은 너무 과도한 것이어서, 그를 두둔하는 학자들마저 "불편"(uneasy)하게 만든다(Howe 265). 나이폴을 옹호하는 서구의 학자들이나 국내 학자들은 어쩌면 앞으로도 나이폴의 소설이나 비소설에 나타나는 "혐오감의 과잉" 때문에 곤혹스러울 수밖에 없을 것이다. 혐오감의 과잉이 "부드러움의 부족"으로 이어지고, 다시 그것은 인식론적인 폭력과 왜곡으로 이어질 수 있는 것이다.

** 여기에 "탈식민적인 입장에서 보자면"이라는 전제를 다는 것은, 나이폴의 아프리카관이나 제3세계관에 대한 필자의 비판적 시각이 자칫, 나이폴의 소설에 대한 폄하로 비치지 않을까 하는 우려 때문이다. 나이폴은 결코 '자격 미달'의 작가가 아니다. 노벨문학상은 그저 주어진 것이 아니었다. 나이폴이 2001년도의 노벨문학상 수상자로 발표

지향성과 연민의 정신을 부각시키지도 못했을 뿐만 아니라, 템스 강과 콩고 강을 대비시킨 콘래드와 달리 유럽의 공모성과 원죄성을 부각시키지도 못함으로써 결과적으로 콘래드를 '오독'하고 잘못 활용한 셈이 되었다.* 두 작가 사이의 대화적 관계가 어딘지 불만족스러우며, 발전적이라기보다는 퇴행적인 느낌을 주는 것은 바로 이러한 이유 때문일 것이다.

된 직후, 필자가 쓴 글의 마지막 문장이 그의 문학성에 대한 필자의 생각을 잘 반영하고 있기에 여기에 인용한다. "나이폴의 다양한 소설들이 보여주는 화려한 예술적 성취는 제3세계에 대한 그의 보수적이고 때로는 이해하기도 힘들고 용서하기도 힘든 편향된 시각에도 불구하고, 문학사에서 후한 평가를 받으며 살아남을지 모른다. 예술의 역사는 윤리의 역사가 아니라 미학의 역사, 그것도 비정한 미학의 역사이기 때문이다. 나이폴의 이데올로기가 우리의 마음을 아무리 뒤숭숭하게 만든다고 해도, 그것이 그의 예술적 성취도를 폄하하고 부인하는 것으로 이어져서는 안 되는 이유가 바로 여기에 있다"(왕은철 2001: 65).

* 닉슨에 따르면, 그린(Graham Greene)의 『지도 없는 여행』(*Journey Without Maps*), 지드(André Gide)의 『콩고 여행기』(*Voyage to the Congo*), 코폴라(Francis Ford Coppola)의 『지옥의 묵시록』(*Apocalypse Now*) 등과 같은 작품들은 콘래드를 "다른 문화들에서 그들의 자율적 혹은 비자율적 역사와 정체성을 박탈하고 그것들을 서구의 거대하고 계속적인 담론 속으로 흡수해버리려 하는 서구인들의 강박관념을 강화하는 수단으로" 활용하는데, 나이폴도 마찬가지다(Nixon 92-98). 이런 점에서 보면, 아체베의 "분노가 단순히 콘래드를 향한 것이라기보다는," 나이폴처럼 서구중심적인 인식론을 공고히 하기 위한 수단으로 콘래드를 '편리하게' 활용하는 "문학적, 비문학적 담론" 생산자들을 향한 것이라는 닉슨의 지적은 적절하다고 판단된다(Nixon 105).

03

V.S. 나이폴의 소설과 애증의 역학*

1. 나이폴에 대한 이중적 시선

제3세계에 대한 독특한 시각 때문에 학자들과 비평가들 사이에 적지 않은 논란이 돼 왔던 비디아하르 수라이프라사드 나이폴Vidiahar Surajprasad Naipaul－그는 자신의 이국적인 이름을 축약하여 V. S. Naipaul이라는 이름을 공식적으로 사용해 왔고, 1990년에는 영국여왕으로부터 작위를 받아 이제는 나이폴 경(Sir)이라고 불린다－이 오랫동안 노벨문학상 후보에 오르다가 드디어 2001년도에 그 상을 수상하게 됐다. 그런데 그 소식을 접하고 나이폴이 한 말은 주목을 요한다. 10월 12일자 외신(AP)은, 나이폴이 노벨상 수상의 영광을 "나의 선조들의 땅인 인도, 그리고 아대륙(subcontinent)에 있는 다른 국가들에 돌린다"고 말했다고 전하고 있다. 여기에서 놀라운 것은 나이폴이 자신이 태어나 20년에 가까운 세월(1932-50)을 보냈던 트리니다드에 대해서는 전혀 언급하지

---

* 2001년 『현대문학』(11월호)에 발표. 나이폴의 노벨상 수상이 결정된 직후, 일반독자들을 위해 쓰인 글임.

않고 있다는 사실이다. 외신은 나이폴이 태어났던 집 옆에 사는 웨슬리 퍼롱Wesley Furlonge이라는 사람이 나이폴의 발언을 전해 듣고, "카리브해 사람들은 실망하고 있다. 그 사람은 자신이 태어난 땅을 전혀 인정하지 않았다"라고 말했다며, 트리니다드 사람들이 나이폴에게 느끼는 서운한 감정을 곁들여 전하고 있다. 카리브해 출신의 작가인 데릭 월콧Derek Walcott이 1992년에 노벨문학상을 수상한 후, 9년만에 다시 그 상을 그곳 출신의 작가가 수상하게 됐으니, 그곳 사람들로서는 겹경사가 아닐 수 없겠지만, 월콧과 달리 나이폴은 서인도제도나 트리니다드에 대해서는 일언반구도 하지 않고 자신의 "선조들의 땅"인 인도만을 언급함으로써, 그것을 그곳 사람들과는 전혀 상관이 없는 일로 만들어버린 셈이다. 그가 처음부터 일관되게, 자신을 "서인도제도인" 혹은 "서인도제도 작가"라고 부르는 것에 거부감을 표시해 왔으니만큼 그 일이 새삼스럽게 놀라운 일은 물론 아니다. 그러나 그가 발표한 상당수 소설의 주된 배경이 아이러니컬하게도 트리니다드이니, 그곳 사람들이 그에 합당한 발언을 노벨문학상을 수상하게 된 그에게서 기대하는 것도 무리한 요구는 아닐 것이다. 이렇게 장황하게, 트리니다드 얘기로 이 글의 운을 떼는 이유는 바로 그것이 나이폴이라는 작가와 그의 작품을 이해하는 데 있어서 반드시 거쳐야 할, 어떻게 보면 서글프고 비정하기까지 한 관문이기 때문이다.

또 한 가지 우리가 주목해야 할 것은 나이폴이 노벨상을 수상하게 된 미묘한 시점이다. 지금 세계는 미국의 '세계무역센터'와 '국방부'에 대한 테러행위의 여파로 생긴 미국과 아프카니스탄의 전쟁, 아니 좀 더 정확히 말하면 미국의 일방적인 선전포고에 의해 시작된 전쟁의 회오리에 휘말려 있다. 나이폴은 9월 11일에 있었던 테러를 가리켜, "내 생각에 9월 11일은 엄청난 재앙이다. 나는 미국이 그것 때문에 작아지지 않기를 바란다. 너무 많은 것들이 미국에 달려 있다. 세계는 그때까지는 낙관적이고 상대적으로 행복한 곳이다. 세계가 찌그러든다면 끔찍한 일일 것이다"라고 말하면서도, 그러한 전대미문의 테러가 왜 발생했으며 그 증오의 원천이 무엇인지 의문시하지 않는다. 더욱이 나이폴은 이슬람 근본주의자들을 가리켜 역사를 지우고 없애려 하는 "야만인들"이라고 비난한 바 있는데, 그 "야만인들"이 이번 테러의 주범들로 지목되고 있고, 아프가니스탄은 바로 그 "야만인들"이 집권하고 있는 나라이다. 그는 1981년과 1998년에 출간된 『신자들 사이에서』(*Among the Believers*)와 『믿음을 넘어』(*Beyond Belief*)에서도 인도네시아, 이란, 말레이시아, 파키스탄의 이슬람 근본주의자들을 신랄하게 비판한 바 있다. 물론 노벨상 심사위원회는 "예민한 내러티브와 청렴한 탐구정신을 결합하여, 독자로 하여금 억압된 역사들의 현재를 보지 않을 수 없게 하는 작품들"을 씀으로써 인류에 봉사한 점을 높이 평가해 나이폴에게 노벨문학상을 수여하게 됐다고 밝히고 있지만, 세계의 많은 국가들이 미국에서 일어난 참사를 계기로 이슬람 국가들을 향해 곱지 않은 시선을 보내고 있으며, 미국이 그것을 전쟁의 논리와 명분으로 삼아 세계에서 최빈국 중의 하나인 아프가니스탄을 향해 무차별적인 전쟁을 벌이고 있는 시점에서 들려온 나이폴의 노벨문학상 수상 소식은, 그의 보수주의적인 이데올로기가 수상자 결정에 아무런 영향을 미치지 않았다 하더라도 우리의 마음을 착잡하게 만든다.

여기에서 한 가지 짚고 넘어가야 할 것은 이 글을 쓰는 시점이 2001년 10월 13일, 즉 스웨덴 한림원이 나이폴에게 노벨문학상을 수여하기로 했다고 발표한 직후라는 사실이다. 이후에 전개되는 문장의 시제가 현재형인 것은 그 때문이다. 이후로 세계정세는 급격하게 변하여, 미국은 아프가니스탄에 이어 이라크를 무력으로 침공했으며 세계는 현재, 이 전쟁으로 극심한 소용돌이에 빠져 있는 상황이다. 2001년을 기점으로 급변한 세계정세를 감안하며 나이폴의 소설론에 접근하는 것이 효과적일 것 같아, 이 글에서는 시제를 변화시키지 않고 원래의 글대로 두기로 한다.

나이폴이 정상급 작가라는 데 이의를 제기할 사람은 거의 아무도 없을 것이다. 그가 지금까지 써 온 소설들을 살펴보면, 나무랄 데 없는 작품세계를 구축해 왔음을 어렵지 않게 알 수 있다. 밀도 있는 탄탄한 문장, 임상적이라는 표현에 어울리는 날카로운 통찰력, 거의 완벽하다고 생각될 정도의 서술구조 등, 정상급 소설가가 갖춰야 할 모든 것을 그의 소설에서 찾아내는 것은 어려운 일이 아니다. 그러나 앞서 언급한 바처럼, 그는 정치적 이데올로기의 측면에서는 많은 문제점을 갖고 있는 작가이기도 하다. 특히 그의 소설의 주된 공간인 인도, 아프리카, 트리니다드 등과 같은 제3세계에 대한 시각은 많은 학자들이나 비평가들로부터 집중적인 비판의 대상이 되고 있다. 트리니다드 출신이면서도 강박관념이라고 생각될 만큼 그곳으로부터 끊임없이 거리를 지키려는 조금은 위선적인 시각과 몸부림, 마치 야만인들을 대하듯 트리니다드 사람들을 응시하는 곱지 않은 시선, 트리니다드인들을 비롯한 제3세계에 대한 경멸적인 태도 등 많은 것들이 그를 달갑지 않은 작가로 만들어 온 것은 부인할 수 없는 사실이다. 그는 소위 "정치적으로 올바른 자세"를 갖고 있는 작가가 아닌 셈이다.

문화적 담론 중에서 상당한 비중이 탈식민주의로 넘어갔다고 해도 과언이 아닐 만큼, 탈식민주의에 관련된 논의가 분분한 이 시점에서, 에드워드 사이드Edward Said와 같은 지식인으로부터 "정치적으로 올바른 자세"를 결여하고 있다는 비난을 받아온 나이폴에게 노벨문학상이 수여됨으로써, 그의 작품과 보수적인 이데올로기에 관련된 논란은 가속화될 것으로 보인다. 어쩌면 바로 이것이 우리가 지금, 나이폴의 예술세계와 그 성취도를 문학사에서 제대로 자리매김을 하려는 노력을 해야 하는 이유인지도 모른다.

2. 트리니다드를 바라보는 시각의 변화

나이폴이 태어나 열여덟 해를 살았던 트리니다드는 그가 개인적으로, 그리고 작가로서 살아오는 동안 그를 줄곧 따라다닌 강박관념과도 같은 것이었다. 그것은 그가 벗어나고 싶었지만 끝없이 그를 물고 늘어지는 악몽이었고, 잊고 싶었지만 돌아가야 했던 것이었다. 그가 스물다섯 살 때 발표한 『수수께끼 안마사』(*The Mystic Masseur*)에서부터 환갑이 넘은 나이(62세)에 발표한 『세상에서의 하나의 길』(*A Way in the World*)에 이르기까지, 거의 모든 작품들은 트리니다드를 배경으로 하고 있다. 물론 『강의 한 굽이』(*A Bend in the River*), 「자유로운 나라에서」(*In a Free State*) 등과 같은 소설들은 아프리카를 배경으로 하고 있지만, 그러한 소설들도 결국 트리니다드와 같은 제3세계 국가라는 이유 때문에 그의 소설적 배경으로 자리잡고 있을 뿐이다. 결국 나이폴이 구축한 소설세계의 한복판에 트리니다드가 자리를 잡고 있다는 말이다. 그것의 형상화가 긍정적이든 부정적이든 상관없이, 나이폴은 트리니다드를 자양분으로 해서 그만의 독특한 작품세계를 구축해 왔다. 그래서 그가 강박관념이나 악몽으로 생각했던 트리니다드는 아이러니컬하게도 그에게는 풍요로운 작품의 온상이었으며, 결국 그런 의미에서 축복이었다. 나이폴은 1994년, 『세상에서의 하나의 길』이 출간된 후, 스티븐 쉬프Stephen Schiff와 인터뷰를 하면서, "만약 이것이 나의 마지막 작품이라면 나는 아주 만족할 것이다"라고 말한 바 있는데, 이 말은 가볍게 넘길 말이 아니다. 그의 작품세계가 트리니다드로부터 거리를 지키고 싶은 욕망과 세계를 들여다보는 소우주로서 트리니다드를 활용해야 할 필요성 사이의 창조적 갈등을 기조로 하고 있다면, 『세상에서의 하나의 길』은 지금까지 나이폴이 작가로서 걸어온 길을 최종적으로 축약하여 제시하면서도, 전면적인 것은 아니지만 부분적이나마 변화된 모습을 보여준다. 스웨덴 한림원은 많은 학자들이나 비평가들이 그러한 것처럼 아이러니컬하게도, 영국을 배경으로 하고 있는 『도착의 신비』(*The Enigma of Arrival*)를 나이폴의 대표작으로 꼽고 있지만, 그 소설보다는 트리니다드를 배경으로 하고 있는 『세상에서의 하나의 길』이 나이폴을 설명하는 데 더 적절한 작품일 것이다. 그것은 이 소설이 부분적이긴 하지만 나이폴의 변화된 모습을 보여주고 있으며, 독자로 하여금 나이폴이 트리니다드의 삶과 역사와 어느 정도 화해를 하고 있지 않았나 하는 느낌마저 들게 하는 처음이자 마지막 작품이기 때문이다. 여기에서 마지막이라고 하는 것은 잠정적인 의미에서 그렇다는 말이고, 외신에 따르면 또 다른 작품들이 곧 출간된다고 하는데, 거기에서도 나이폴의 변화된 모습이 보여질지는 두고봐야 알 것 같다.

1957년에 발표한 첫 소설 『수수께끼 안마사』에서부터 1987년에 발표한 『도착의 신비』에 이르기까지, 나이폴의 거의 모든 소설들은 철저하게 트리니다드로부터 거리를 두려는 작가의 의식적, 무의식적 욕구를 직, 간접적으로 드러낸다. 트리니다드는 그에게 벗어나고 싶은 어떤 것이었다. 그는 아이들이 북적대며 떠드는 환경도 싫었고 가난도 싫었으며, 척박한 식민지 문화도 싫었다. 그렇다고 그가 영국으로 이주했다고 해서, 영국사람이 되거나 쉽게 영국화될 수 있었던 것도 아니었다. 그러나 그는 그의 표현을 빌리면, "아주 빨리 작가가 되어야 했다." 어쩌면 그는 영국제국주의가 자행한 비극적인 역사의 소용돌이를 제시하는 것보다는, 그것에 대한 비판적인 시각을 애써 외면하거나 감추고 그 초점을 피식민주의자들의 문제에 맞추는 것이 자신이 작가생활을 하는 입지에 더 부합되는 것이라고 판단했던 듯하다. 가령 그는 『수수께끼 안마사』에서, 트리니다드에 사는 동인도 힌두교도들의 사이비 지도자와 그에게 속아 넘어가는 대중들을 신랄하게 풍자하였으며, 『비스와스 씨의 집』(*A House for Mr Biswas*)에서는 비스와스로 하여금, 힌두교 의식을 받아들이기보다는 의문시하게 함으로써, 그것의 시대착오적인 면을 드러내고자 했다. 논픽션인 『중간행로』(*The Middle Passage*)와 『어둠의 영역』(*An Area of Darkness*)에서는 식민지 시대가 끝난 후 스스로 재생할 의지나 힘이 없는 사회를 비판했다. 결국 그러한 무기력한 상황을 초래한 식민정권보다는 그 책임을 식민지인들에게 돌려 그들을 비판했던 것이다. 그러한 내러티브 밑에 깔려있는 것은 그 사회에 대한 일말의 애정보다는 임상적이고 예리한 비판의식이었으며 그것으로부터의 미학적, 문화적, 정치적 거리였다. 어쩌면 이러한 작가적 입장은 서인도제도에서 태어나 영국에 정착하여 글을 써서 '먹고살아야' 했던 나이폴의 입장에서는 불가피한 것이었는지도 모른다.

『어둠의 심장』(*Heart of Darkness*)이나 『노스트로모』(*Nostromo*)에 나타나는 조지프 콘래드Joseph Conrad의 제국주의 비판이 정당하면서도 일정한 선을 넘지 못했던 것이 그가 영국이라는 제국의 시민이 되어 글을 써서 '먹고살아야' 했던 입장과 불가분의 관계였던 것처럼, 나이폴의 제국주의 담론도 바로 그러한 이유 때문에 일정한 한계를 벗어날 수가 없었다. 다만 나이폴의 경우에는, 제3세계 사람들에 대한 부정적인 시각이 더 돋보이는 쪽으로 방향을 틀고 있다는 것이 콘래드와는 다소 차이가 나는 점일 것이다. 그러한 양자 사이의 차이에도 불구하고 사이드가 콘래드나 나이폴의 소설을 식민주의 담론에 물들어 있다고 비판한 것은 어느 정도 맞는 말이 아닐까 싶다. 사이드는 콘래드보다는 나이폴을 더 심하게 공격한다. 가령, 그는 나이폴이 제3세계의 문제들이, 악의적인 제국주의자들에 의해 파생된 것이 아니라 제3세계 사람들에 의해 야기된 것이라는 시각을 갖고 있다고 비판한다. 사이드는 나이폴을 가리켜 "제국의 폐허를 먹고사는 사람"(scavenger)이라는 표현을 쓴다. 다소 심한 표현이기는 하지만, 사이드의 비판에 일리가 없는 것도 아니다. 그것은 나이폴이 제3세계 특히 트리니다드를 형상화하는 태도에서 확인할 수 있다.

나이폴은 실제로 인터뷰에서도, 트리니다드 사람들에 대해서 아주 부정적인 입장을 취한다. 그에게 트리니다드 사람들은 "육체적인 삶만을 영위하는 경멸스러운" 사람들이며, 트리니다드 사람들의 천박하고 무지한 것을 가리켜 "원숭이" 같다고 말하기조차 했다. 트리니다드 사람들이 그에게 이런 모습으로 비칠진대, 아프리카 사람들이야 더 말할 나위도 없다. 아프리카인들은 그에게 "마법을 기대하는 마음으로 책을 읽으며" 그의 독자이기에는 턱없이 부족한, "활과 화살을 든 사람들"일뿐이었다. 「자유로운 나라에서」에서 아프리카인들이 아주 조야한 형태로 묘사되는 것은 트리니다드 사람들을 홀대하는 나이폴의 입장을 감안하면 전혀 놀랄 일이 아니다. 그들은 쓰레기를 먹거나 사람을 죽이는 '야만인'에 지나지 않는다. 『강의 한 굽이』에 나오는 흑인들은 과거와 타협할 줄도 모르고 오직, 식민지 시대를 포함한 모든 과거의 역사를 송두리째 자기 나라로부터 쓸어내려고 하는 야만인으로 묘사된다. 보는 입장에 따라서는, 나이폴이 묘사하는 인물들은 어느 정도 현실에 근거한 것이라고 말할 수도 있다. 특히 "누구의 편도 아니고, 나라도 없고, 공동체도 없고, 전적으로 개인"이라는 입장을 취하는 나이폴과 같은 작가의 입장에서는 오히려 더 사실적으로 제3세계의 현실을 그릴 수 있다고 말할 수 있을지도 모른다. 그러나 아무리 중립적이거나 탈이데올로기적인 입장을 취한다고 해도, 그것은 결국 자신의 가치관이나 이데올로기가 되는 것이며, 또한 그것이 결국 식민주의자들의 논리와 부합될 때는 식민주의자들에 영합 내지 공모하고 있다는 비난을 피하기 어렵다.

나이폴은 자신의 작품들에 대한 그간의 비판을 감안해서인지, 아니면 자신의 세계관을 다소 수정해서인지 모르지만, 『세상에서의 하나의 길』에서는 약간 다른 면모를 보여준다. 이전의 소설에 나타나는 트리니다드 묘사가 앞에서 언급한 것처럼 일사불란하게 부정적이고 신랄한 것이었다면, 『세상에서의 하나의 길』에 나타나는 작가의 시선은 그의 전매특허인 임상적인 속성을 어느 정도 속으로 감추거나 억누르고 일말의 따뜻함을 드러낸다. 이것은 이 소설이 트리니다드의 식민지 역사의 전후를 세심하게 아우르고 있기 때문이기도 하지만, 이전의 소설에서 느껴지던 거리를 어느 정도 유지하면서도 트리니다드에서 일어나는 삶과 역사를 어느 정도 인정하고 있기 때문이기도 하다.

『세상에서의 하나의 길』은 아홉 개의 내러티브가 서로 관련이 있는 주제를 통해 회고록, 역사학, 소설 등의 형식으로 얽혀 있는 소설이다. 아홉 개의 내러티브는 서로 독립적이지만, 트리니다드를 중심으로 한 주제로 꿰어져 있다는 점에서 의미가 서로 연결되어 있는데, 다 읽고 나면 트리니다드에 의해 형성되고 변형된 사람들의 삶의 진열장이 되고, 궁극적으로 작가의 문학적 의식을 적나라하게 드러내는 "예술가의 자기초상화"가 된다.

"유산"이라는 제목이 붙어있는 첫 내러티브는 유산에 관한 화자(작가)

나름의 정의와 함께 시작된다. (나이폴의 많은 작품에서는 화자를 나이폴과 동일시해도 큰 문제가 되지 않는다.) "우리 중 대부분은 우리를 태어나게 한 부모나 조부모를 안다. 그러나 우리는 영원히 돌아가고 또 돌아간다. 우리 모두는 바로 그 첫 출발점으로 돌아간다. 우리는 우리의 피와 뼈와 뇌 속에, 수천의 존재들의 기억들을 갖고 다닌다. (...) 우리는 우리가 물려받은 모든 특징들을 이해할 수가 없다. 때때로 우리는 우리 자신들에게 이방인일 수도 있다." 이 말은 이 소설의 모든 내러티브가 트리니다드를 둘러싸고 진행된다는 사실을 감안하면, 나이폴이 그간의 거리두기를 어느 정도 접고 트리니다드를 자신의 "첫 출발점"으로 인정하고 있다는 사실을 암시하는 듯하다. 여기에서 나이폴이 "우리"라는 표현을 쓰고 있다는 데 주목할 필요가 있다. "우리"는 자신의 문화적 유산을 트리니다드에서 좀처럼 쉽게 찾을 수 없으나, 그렇다고 찾지 않을 수도 없는 나이폴 자신임과 동시에, 그와 동시대에 살았고 지금도 살아가고 있는 다른 트리니다드 사람들인 것이다. 그런데 그 트리니다드 사람들이란 식민주의의 물결에 의해 인도나 아프리카 등 세계 곳곳으로부터 트리니다드라는 곳으로 휩쓸려 온, 갈라지고 분열된 정체성을 가진 사람들이다.

여기에서 작가는 레오나드 사이드라는 "이상한, 그리고 이상하지 않은" 인물을 등장시키는데, 그 사람은 한 편으로는 시체를 염하는 일을 하고, 또 다른 한 편으로는 여자들의 모임에 나가서 케이크를 장식하는 시범을 보이며, 학교의 연례 꽃꽂이 행사에 나가 심사위원을 맡기도 한다. 또한 그는 이슬람교도이면서도, 황금색 후광을 발산하면서 손을 들어 축복하고 있는 그리스도의 그림 액자를 침실 벽에 걸어놓기도 하고, 관과 시체를 덮는 인조비단 쿠션을 장례식장에서 가져다가 그의 침실에 있는 의자 위에 놓아두기도 한다. 그를 부르러 간 여선생은 "장미와 꽃들과 멋진 음식들을 꾸미는 일과 시체를 치장하는 일이 그대로 혼합되어 있는" 사이드의 "미적 감각"을 보고 깜짝 놀라 달아난다. 화자는 "우리는 우리가 유전으로 물려받은 모든 특성들을 다 이해할 수는 없다"고 말하며, 사이드의 혼란스러운 "미적 감각"의 "신비"를 명료하게 설명할 수 없다고 고백한다. 그런데 여기에서 독자들이 한 가지 잊지 말아야 할 것은 "우리"라는 범주 속에는, 사이드를 보고 달아나 버리는 여선생과 화자만이 아니라, 기이한 혼종적 미의식을 갖고 있는 사이드도 포함된다는 사실인데, 이러한 입장은 나이폴에게는 적지 않은 변화인 것으로 보인다.

나이폴이 이전의 소설에서 문화, 역사, 종교, 언어, 이데올로기, 종족이 어울리는 것을 화음이라기보다는 불협화음으로 보고, 그 불협화음적인 요소들을 쪼개고 분석하여 그것들의 본질적인 요소들을 독자들에게, 아마도 제3세계 독자가 아닌 영국과 같은 제 1세계의 독자들에게 이해시키고자 했다면, 그는 『세상에서의 하나의 길』에서는 사이드와 여선생이 대변하는 두 가지 입장과 자신을 일체화하는 것처럼 보이며, 이것은 지금까지 나이폴이 취해 온 입장과는 사뭇 다른 것이다. 이런 점에서 보면, 나이폴이 이 소설을 가리켜 "만약 이것이 나의 마지막 작품이라면 나는 아주 만족할 것이다"라고 말한 것은 작가가 이 소설을 이전의 소설들에 대한 대미로 보고 있음을 암시해 준다.

다음에 이어지는 "역사-생선 풀의 냄새"라는 제목이 붙은 내러티브도 첫 번째 내러티브와 크게 다를 것이 없어 보인다. 나이폴은 자신이 영국으로 가기 전에 목격하고 경험했던 것을 바탕으로, 트리니다드의 흑인들이 정치적으로 각성해 가는 과정을 묘사하는데, 그 시선에서는 지금까지 나이폴이 보여줬던 모습과는 다르게 일말의 온기마저 느껴진다.

그렇다고 나이폴이 그의 임상적이고 관찰자적인 입장을 완전히 포기했다고 생각하는 것은 무리다. 가령 작가(화자)는 흑인들이 정치적인 눈을 떠가는 1940년대 후반기를 묘사하면서, 같은 반 친구와 그 친구의 아버지인 변호사 에반더를 등장시켜, 자신의 입장이 정당하다는 것을 부각시킨다. 흑인 변호사인 에반더는 공식적으로는 "자수성가한 흑인으로서 백인처럼 되기를 원할 뿐 다른 흑인들의 일에는 전혀 상관하지 않고 오직 모든 일에 자기 자신만을 위해" 싸우는 사람으로 알려져 있었는데, 화자가 그를 직접 만났을 때는 "인종! 인종!"하고 외치며 인종적인 정의를 부르짖는 전혀 상반된 사람이 된다. 그런데 화자는 에반더와 같은 흑인들이 주장하는 인권과 종족적인 정의에 대해 이해는 할 수 있지만, 그들 중의 하나가 될 수는 없다. 그는 "앞으로 전개될 대규모 인종운동에 대한 에반더의 생각이 너무 감상적인 것"이라고 규정한다. 화자는 정치화된 종족 의식이 궁극적으로 보면, 결함이 있는 의식에서 생기는 것이라고 생각한다. 그것이 종족의 소외라는 억압된 저장소에서 나오기 때문에, 반지성적이고 종교적인 형태로 외부에 표출된다고 보기 때문이다. 그래서 화자는 트리니다드에서 일어나고 있는 일련의 정치적, 종족적 움직임으로부터 거리를 지키고, 그것과 아무런 상관이 없다는 듯한 입장을 취한다. 이것은 일면적으로 화자에게 유리한 입지를 확보해준다. 즉, 그는 이러한 거리를 유지함으로써, 식민사회에서 포스트식민사회로 옮아가는 정치적 전환과정을 세밀하게 관찰할 수 있게 된다. 가령, 그는 흑인들이 그러한 "자각에 이르기까지 너무도 오랜 시간이 걸렸"으며 "식민지에서 흑인들을 위해 싸우는 사람들은 백인들이거나 벨베누와 같은 혼혈인이었고" 그들은 "스스로에 대한 불신감이 강해서 오히려 그런 사람들을 그들의 지도자로 선출했다"고 진술하는데, 이것은 흑인들에 대한 나이폴의 부정적인 시각임과 동시에 역사적인 현실로부터 크게 동떨어지지 않은 진술일 것이다.

그런데 우리는 나이폴이 여기에 기술하고 있는, 옥스퍼드 대학으로 유학을 가기 전에 자신이 취했던 초연한 입장이, 그의 작가적 삶을 통해 계속 이어졌으며, 몇 십 년 전으로 돌아가서 그 때를 회상하는 지금도, 그 입장에 변함이 없다는 사실에 주목할 필요가 있다. 비록 나이폴이 이전의 소설들과 다르게 이 소설에서, 트리니다드 사람들의 삶과 역사를 어느 정도 따뜻한 시선으로 바라보는 것은 사실이지만, 근본적인 시각이 바뀐 것은 아니라는 말이다. "마치 식민지 시대와 과거와 함께 모든 식민지적 풍경들마저 유린당하고 파괴되고, 과거와 함께 규칙에 대한 생각 자체도 거부당하고, 그 광장의 성찬 이후에는 반란의 에너지가 그 자체로 하나의 사물이 되어 나라를 좀먹는 것 같았다." 이 말은 반란과 폭동을 통해 어떤 것을 성취하려고 하는 흑인들에 대한 화자의 부정적인 생각을 잘 드러낸다. 이것은 흑인들이 "점차 더욱 극단적인 방법으로 모든 일을 해결하려고" 하고 "언제 어디에서나 반란과 폭동의 위협이 존재하던" 상황에 대한 묘사인데, 나이폴은 여기에서 집회를 광장의 성찬(sacrament)이라고 표현함으로써, 그것의 비이성적이고 비합리적인 측면을 암시하고 부각시킨다. 그는 이러한 무질서와 혼란이 역사를 지워버리려는 비이성적인 것이라고 생각했다.

나이폴에게 트리니다드는 비명을 지르면서 울어대는 아이들과 수도인 포트오브스페인의 카니발적인 불빛으로 상징되는 혼돈과 무질서의 공간이었다. 그는 이 혼돈을 평생 경멸하며 살았던 사람이었고, 혼돈 대신 질서에 매달리고자 했던 사람이었다. 그에게 질서는 "혼돈으로부터의 요새요, 개인적이고 정치적인 혼돈으로부터의 요새"였다. 이러한 그에게, 종족적 정의를 폭력으로 쟁취하려는 흑인들이 곱게 보일 리가 없었고, 그러한 생각은 그가 트리니다드에 있을 때부터 그랬고, 그 뒤로도 변함없이 이어졌다. 그는 제3세계를 구원하려고 하는 사람들을 몽상가로 규정한다. 그는 마르크시즘, 이슬람교, 아프리카주의자 등 역사를 부정하고 지워버리려고 하는 어떠한 이데올로기도 부정한다. 그에게는 무엇보다 질서가 소중한 것이다. 그는 이슬람 근본주의자들이 판을 치는 혼돈과 무질서의 이란보다는 "백만의 폭동"이 있으면서도 질서가 유지되고 있는 인도를 선호한다고 서슴없이 얘기한다. 그는 그러한 혼란이 질서를 압도하는 세계에서는 인간의 근본적인 필요에 눈을 감고 귀를 막으며, 비합리적인 독재정권이 세워질 수밖에 없다고 보는 것이다.

트리니다드는 나이폴에게 무질서를 대변하는 장소였을 뿐만 아니라, 식민정권과 마찬가지로 잘못된 인종차별의 장소이기도 했다. 그는 흑인들의 분노가 소수의 백인들에게보다는 백인들보다 수적으로 많은 인도인들에게 집중됐다고 판단했다. "식민지에 살고 있는 백인들은 사실 소수에 불과했다. 그들은 그다지 위협적인 대상이 아니었다. 광장의 성찬으로 분출되어 나오는 엄청난 적대적인 감정들은 오히려 인구의 절반 정도를 차지하고 있는 인도인들에게 쏠리고 있었다." 나이폴의 생각에 이것은 백인들의 식민정권과 유사한 인종정치에 다름 아니었다. 결국 인도인들은 시골에 거주하게 되었고 흑인들은 도시를 점유하게 되었다. 나이폴은 이러한 유형의 인종정책에 편승하고 있는 트리니다드 사람들이 남을 탓하는 것은 똥 묻은 개가 겨 묻은 개를 나무라는 격이라며, 인종문제의 근원이 제국주의나 식민주의 정책만이 아니라, 각 나라의 내부에 도사리고 있다는 점을 여러 차례에 걸쳐 지적한 바 있다. "트리니다드와 구야나와 카리브 섬들의 인종 정치를 생각해 보면, 그리고 아프리카인들과 아시아인들 사이에서 벌어지는 종족적인 소요의 과도함을 생각해 보면, 또한 파키스탄이 생긴 후에 있었던 '인종 청소'를 생각해 보면, 당신은 아무도 여기에서 와서 종족적인 편견을 얘기할 자격이 없다는 걸 느낄 것이다. 사람들은 입을 다물고 있어야 한다. 그렇지 않다면 당신은 자신에게 기대하는 것 이상으로 더 높은 행동 규범을 다른 사람들에게 기대하는 것이기 때문이다." 이것은 남을 탓하기 전에 자신부터 반성하라는 말이다. 그러나 그 종족적인 편견이라는 것이 근원적인 의미에서 보면, 이질적인 사람들을 노예나 계약직 노동자로 끌어와 낯선 땅에 강제로 정착시킨 식민주의 정책에 의한 것인 만큼, 아무리 눈앞에 보이는 현실이 그렇다고 해도, 그 근원적인 책임을 식민주의자들에게 묻지 않고, 눈앞에 보이는 현실에 기초하여 흑인들을 탓하는 것도 어느 정도, 문제가 있는 시각이 아닐까 싶다. 이것은 식민주의자들이 자신들의 식민주의 정책을 합리화하며 내세우는 논리와 흡사한 것인데, 나이폴은 바로 이러한 시각 때문에 제3세계의 작가들이나 비평가들로부터 식민주의자들의 담론을 "모방하는" 유색인 작가라는 비난을 받는다.

"옷, 쓰여지지 않은 이야기"라는 제목이 붙은 세 번째 내러티브는 화자가 남아메리카에 있는 미지의 강을 보트를 타고 거슬러 올라가는 여정을 기록한 여행기 형식으로 되어 있다. 나이폴은 콘래드의 『어둠의 심장』에 나오는 화자 말로우가 콩고 강을 거슬러 올라가면서 보고 느낀 것들을 서술한 것을 모델로 하여, 남아메리카의 내륙으로 들어가면서 보고 느낀 것들을 기록한다. 그는 여행 중에, 그 지방에서 만든 카사바 빵을 먹게 되는데, 그것을 계기로 카사바에서 독을 제거하고 빵을 만들 수 있게 된 역사에 대해서 곰곰이 생각해 본다. 가령, 이 숲에 사는 사람들이 아시아에서 건너오는 데 수백 년은 족히 걸렸을 것이고, 그들이 와서 카사바를 발견하는 데도 수백 년이 걸렸을 것이고, 카사바에서 독을 제거하는 데도 수백 년이 걸렸을 것이라고 추측한다. 또한 그들이 사는 숲도 새로운 곳도 아니고 처녀지도 아니라고 생각한다. 결국 '아보리지날'(원주민 aboriginal)들도 정말로 '오리지날'(original)로부터 천리만리 떨어져 있다는 말이다. 결국 여기에서 화자가 제시하고자 하는 것은 시간과 공간의 이동은 인간의 본래적인 경험이라는 말이다.

결국 이 소설의 제목 "세상에서의 하나의 길"이 암시하는 바처럼, 인간이 희망할 수 있는 것은 자신의 "길"(a way)을 찾아내는 것이다. 만약 이것이 나이폴 나름의 처방이라면, 그것은 그가 전에 발표한 『도착의 신비』의 마지막 장에서 처방한 것을 시간과 장소를 달리해 변주한 것에 다름 아닐 것이다. 『도착의 신비』의 마지막 장은 화자(작가)가 자신의 여동생이 죽었을 때 트리니다드로 건너가서 장례를 치르면서 느꼈던 심정을 적은 일종의 회고록 형식으로 기술한 내러티브인데, 작가는 거기에서 이렇게 술회하고 있다. "우리가 어렸을 때 거기에 경이감을 불어넣었기 때문에 신성하게 여겨지는 것들, 그리고 멀리 떨어진 영국에서 상상을 통해 그것들을 보았기 때문에 이중 삼중으로 신성하게 여겨지는 것들로, 우리는 환상의 집을 지을 수 있었다. 그러나 나는 그 땅이 피비린내 나는 곳이었고, 그곳에는 원주민들이 살았었지만 결국 살해당하거나 죽도록 강요당했다는 사실을 알게 되었다. 그러자 우리의 신성한 세계는 사라져버렸다." 우리가 '오리지날'하다고 생각하는 것들이 더 이상 그렇지 않게 됐다는 화자의 자각은 "옷, 쓰여지지 않은 이야기"의 화자가 말하고자 하는 것들과 지시대상이 약간 다르기는 하지만, 거의 같은 맥락의 것이라고 할 수 있다.

결국 나이폴이 세 번째 내러티브를 통하여 제시하고자 하는 것은, 그러한 이주와 이식의 역사가 트리니다드에 국한된 것이 아니라 보편적인 인간의 경험이라는 것이다. 그래서 이후의 내러티브들은, 엘 도라도를 찾을 수 있다고 사기를 친 것이 들통이 나 쇠사슬에 묶여 조국으로 끌려가는 월터 렐리 경, 동아프리카에 있는 어느 나라에 가서 그 나라를 위해 봉사하다가 처참한 죽음을 당하는, 나이폴의 어렸을 적 친구인 블레어, 트리니다드 출신의 혁명주의자이지만 도피행각을 하지 않을 수 없는, 그와는 이데올로기가 다르지만 지적이고 존경할 만한 레브룬, "새로운 사람"으로 인정받기 위해 자신의 출신배경을 부정하지만 결국 가족에게 문제가 생기자 귀향하고 마는, 베네주엘라에 사는 트리니다드계 동인도인, 남아메리카의 혁명을 꿈꾸는 베네주엘라인 프란시스코 미란다 등에 대한 내러티브로 채워져 있는데 이들은 모두, 자신의 출신지로부터 달아나 정체성을 바꾸며 살다가, 결국 돌아와서는 자신과 출신지의 관계가 더 이상 그들이 떠났을 때와 같지 않다는 것을 깨닫게 된다. 이주와 이식에 따른 정체성의 분열은 불가피한 것이고, 그것은 인류의 보편적인 문제라는 말이다.

여기에서 나이폴이 트리니다드 출신 흑인혁명가인 레브룬을 대하는 방식에 대해서 잠시 언급하고 넘어갈 필요가 있을 것 같다. 나이폴의 변화에 대해 많은 걸 시사하고 있기 때문이다. 나이폴은 레브룬이 신봉하는 급진적인 마르크시스트 이데올로기를 불신하는 사람이다. 그는 "어떤 명분에 봉사할 수가 없으며 명분에 봉사한 적도 없다. 명분은 언제나 타락하기 마련이기 때문이다"라는 신념을 갖고 살아온 사람이다. 따라서 나이폴이 급진적인 마르크시스트였던 레브룬의 이데올로기를 불신하는 것은 당연한 일이다. 그러나 두 사람 사이의 이데올로기적인 차이에도 불구하고, 나이폴은 이 소설에서 레브룬의 삶을 시종일관 애정있게 바라보고 있다. "전기작가들이나 텔레비전 면담가들은 그(레브룬)가 이미 오래 전에 얻은 명분을 다루고 있을 뿐이었다. 그들은 전혀 위험을 겪은 적이 없었다. 그들은 레브룬이 금세기 초기에 태어나 아주 혹독한 세계에서 살아가면서 각 단계마다 지적인 성장을 하다가 결국에는 정치적인 해결을 얻게 되었다는 사실을 이해할 수 없었다. 레브룬이 제시한 정치적 해결은 그의 존재 깊은 곳에서 일어나고 있는 그의 영적인 투쟁의 본질이 되었다." 인용문이 말해주듯이, 나이폴은 레브룬에 대한 판단을 보류하지 않으면서도, 레브룬의 투쟁과 몸부림을 사려깊게 서술하고 있다. 트리니다드에 관해서 거의 언제나 임상적이고 분석적이며 관찰자적인 입장을 취하던 나이폴로서는 상당한 발전이요 새로운 일면인 셈이다.

또한 나이폴은 자신이 영국으로 가기 전에 등기사무소에서 같이 근무한 적이 있던 블레어를 향해서도 아주 따뜻하고 우호적인 시선을 보낸다. 나이폴은 "그에게서는 다른 인종들과 섞여서 자란 흑인들이 갖고 있는 호전성이나 뻔뻔스러움을 전혀 찾아볼 수 없었다"고 기술하면서, 동부아프리카에 가서 "단기간의 계약 조건으로 그곳에 있는 지방정부의 일"을 하다가 "그의 등장으로 인해 위협을 느꼈던 정부의 어떤 난폭한 정치가들이 고용한 청부업자들에 의해 살해된" 그의 삶을 애도한다. 나이폴은 블레어가 "자신의 특별한 재능을 가지고 (나와 비슷한) 다른 길로 갈 수도 있었을 것"이라고 생각하며 "복잡하게 엉킨 과거의 실타래를 풀며" 회상에 잠긴다. 이 소설이 블레어가 동아프리카에서 살해당한 후 비행기에 실려 트리니다드로 돌아오는 장면으로 끝나는 것도 죽은 친구를 배려한 소설적 장치인 듯하다. 이것은 『수수께끼 안마사』, 『미구엘 스트릿』(*Miguel Street*), 『비스와스 씨의 집』에서 일말의 애정도 없이, 신랄하게 트리니다드를 풍자하고 희화화하던 나이폴을 생각하면 상당히 의미심장한 변화라고 할 수 있다.

나이폴이 트리니다드를 보는 시선은 근본적인 점에 있어서, 비록 몇 십 년 전과 크게 다를 바 없을지 모르지만, 그리고 블레어나 레브룬을 보는 시각이 여전히 부정적인 것도 사실이지만, 그 시선에 일말의 따뜻함이 배어있다는 것은 나이폴이 트리니다드라는 강박관념과 어느 정도 화해를 하지 않았나 하는 생각마저 들게 한다. 블레어나 레브룬도 그들의 이데올로기가 환상이었든 어떻든, 이 소설의 제목처럼 결국 "세상에서의 한 길"을 간 사람들이었고, 나이폴은 어느 정도나마 그들을 인정하고 있는 것이다. 바로 이것이 나이폴의 작품들이 처음부터 끝까지 일련의 발전과정을 거쳐 『세상에서의 한 길』로 모아지고 있다고 말할 수 있는 이유일 것이다. 페로자 주사왈라Feroza Jussawalla는 나이폴의 작품들을 하나의 커다란 범주에서 바라보면 "처음에는 (트리니다드의) 문화로부터 멀어지고, 그 다음에는 식민주의자들의 정신구조로 병합되고, 다시 혼종성으로 이동하고, 마지막으로 그가 출발했던 문화에 속하는 자신을 인식하는 방향"으로 이동하는 "전형적인 탈식민 발전소설"의 형태를 이루고 있다고 말한 바 있는데, 이것은 아주 적절한 지적인 듯하다.

그러나 트리니다드와 주변 국가들에 살았던 사람들의 삶과 역사를 아우르고, 급진적인 마르크시스트였던 레브룬을 향해 따뜻한 시선을 보내고, 자신의 동료였던 블레어의 죽음으로 『세상에서의 한 길』을 마무리했다고 하여, 나이폴이 정신적, 지리적, 문화적, 역사적인 모든 면에서 전적으로 트리니다드로 귀향했다고 보는 것은 잘못된 생각일 것이다. 이 글의 서두에서 언급한 바와 같이, 나이폴은 자신의 노벨상 수상의 영광을 트리니다드가 아니라 인도로 돌렸다. 나이폴은 자신이 트리니다드에서 태어나긴 했지만, 자신의 고향은 흑인들이 다수를 이루고 있는 트리니다드가 아니라 자신의 "선조들의 땅"인 인도라고 생각하고 있는 것이다. 그가 20여 년의 사이를 두고 『인도-상처받은 문명』(*India: A Wounded Civilization*)(1977)과 『인도-백만의 폭동』(*India: A Million Mutinies*)(1990) 등의 인도 여행기를 썼으며, 두 번째 여행기에서 인도에 대한 부정적인 생각을 상당히 누그러뜨린 것은 우연이 아닐 것이다. 그는 데릭 월콧에게, "자신의 공동체 혹은 자신의 공동체에 대한 충성을 저버릴 수 없다"고 말한 바 있는데, 여기에서 그의 충성의 대상인 "공동체"는 트리니다드가 아니라 인도를 지칭하는 것처럼 보인다. 만약 그것이 부분적으로나마 트리니다드와 연관되어 있다면, 그것은 그의 말처럼 "동인도를 떠나 트리니다드로 출발한 계약직 노동자의 손자였다"는 사실을 잊지 못하는 배타적인 개념의 트리니다드일 것이다. 그 "공동체"가 트리니다드의 어딘가에 있다면 그것은 『도착의 신비』의 마지막 장에 나타나는 것처럼, 트리니다드 내의 동인도계 힌두교도들이 그들의 종교적 의식과 함께 유지해 온 인도 "공동체"일 것이다.

3. 제3세계에 대한 시각의 문제

트리니다드에 관한 나이폴의 복잡다단한 시각을 좀 더 넓은 시각에서 바라보기 위해, 나이폴을 콘래드와 비교해보는 것도 좋을 듯싶다. 많은 학자들과 비평가들이 콘래드와 나이폴을 비교하는데, 이는 어느 의미에서 적절한 것이다. 우선 그들은 공유하는 바가 많은 작가들이다. 전기적인 사항만 해도 그렇다. 콘래드는 16세에 그의 조국 폴란드를 떠나, 이후 20년에 달하는 세월을 바다에서 떠돌다가 영국에 정착하여 소설가로서의 삶을 살았고, 나이폴은 18세에 트리니다드를 떠나 영국의 옥스포드 대학으로 유학을 가 공부를 마친 후 그곳에 정착하여 작가로서의 삶을 살았던 작가이다. 그들은 명실상부한 정신적, 지리적 떠돌이였고, 그로 인한 자아의 분열을 경험했으며, 그것은 곧 그들의 작품의 주요 주제가 되었다. 그래서인지 두 작가는 매사에 회의적이었다.

콘래드는 회의주의를 일종의 "구원"이라고 생각했을 만큼 회의적이었고, 나이폴은 그가 태어난 트리니다드를 몇 십 년 동안이나 회의적으로 바라보았으며 다른 제3세계 국가를 향한 시선도 매몰차게 회의적이었다. 결국 이들의 회의주의는 궁극적으로 인간의 삶과 역사를 아이러니컬하게 보게 만들었고, 그 아이러니가 때로는 풍자로까지 이어졌다. 또한 제국주의에 얽힌 제반 문제를 집요하게 그들의 작품 속에 형상화했다는 점에서도 두 작가는 많이 닮았다. 그래서 콘래드는 나이폴에게 어느 작가보다도 더 심오한 영향력을 행사했고, 나이폴 자신도 솔직하게 그 사실을 시인한 바 있다. 『세상에서의 한 길』의 세 번째 내러티브는 콘래드의 『어둠의 심장』을 모母텍스트로 하여 쓰인 것으로 보이며, 『강의 한 굽이』와 『자유로운 나라에서』도 콘래드의 소설과 상호텍스트적인 관계를 형성하고 있는 소설들이다. 또한 다른 소설들과 달리 영국을 주된 배경으로 삼고, 제국주의 시대 이후로 쇠락해 가는 영국 사회를 그리고 있는 『도착의 신비』도 런던의 무정부주의자들을 중심으로 벌어지는 도덕과 가치의 타락상을 가차없이 묘사한 콘래드의 『비밀요원』(*The Secret Agent*)과 상호텍스트적인 관계에 있다고 할 수 있다.

그러나 콘래드와 나이폴을 비교할 때 종종 간과되는 것이 있는데, 그것은 콘래드는 나이폴과 달리 폴란드에 대한 애착이 남달랐다는 사실이다. 그는 급진적인 좌파 애국자였던 아버지가 그토록 심신을 불사르며 봉사했던 조국 폴란드를 떠나 영국에서 이방인으로 살아간다는 사실에 죄책감을 느꼈고, 급기야 그것은 그의 작품 속에 끈끈한 죄의식으로 남게 되었다. 『어둠의 심장』, 『로드 짐』, 『서구인의 눈으로』, 『승리』 등으로 이어지는 콘래드의 소설들을 관통하는 것 중의 하나가 그의 뿌리깊은 죄의식이며, 그 죄의식은 바로 콘래드와 폴란드의 역학관계 속에서 파악할 수 있는 속성의 것이다. 폴란드와 아무 관련이 없는 듯 보이는 콘래드의 소설들도 조금만 유심히 들여다보면, 폴란드를 둘러싼 일련의 메타포이며 알레고리라는 것이 어렵지 않게 드러난다. 콘래드는 괴팍했을지 모르지만 자신의 조국을 사랑한 폴란드인이었다. 콘래드가 폴란드에 대해 제국주의적인 견해를 노골적으로 피력했던 러시아의 작가 도스토옙스키를 끝까지 증오했던 것은 조국에 대한 그의 애착을 감안하면 조금도 이상할 것이 없다. 그러나 나이폴과 트리니다드의 관계는 콘래드와 폴란드의 관계와는 사뭇 다른 것이었다. 트리니다드는 나이폴의 문학의 중추를 이루는 소재를 제공했지만, 그에게는 타자적인 존재였다. 그는 그곳에서 태어나긴 했지만, 그는 그곳에 자신의 뿌리가 있다고 생각하지 않았다. 그곳은 나이폴이 떠나야 했던 곳이었고, 영국에 정착해서는 강박관념적으로 거리를 두려고 했던 곳이었다. 그러나 역설적으로, 트리니다드는 나이폴이 아무리 거리를 지키려고 하고 지우려고 해도 끝없이 그를 물고 늘어지는 강박관념이었다. 트리니다드라는 지리적인 공간을 중심으로 보면, 나이폴은 행복할 수 없는, 아니 행복할 수 없다는 사실에 익숙해 있는 사람이었다. 트리니다드는 그가 "쓴 글을 좋아하지 않는 사람들"이 사는 공간이었으며, 그 말은 달리 말해 그를 "싫어하는" 사람들이 사는 공간이었다. 그곳은 "야만인을 연구하고 싶어하는 학자들의 흥미"를 끄는 장소에 불과했고, 책을 읽는 것보다는 "북을 두드리는 것이 더 고급스러운 활동"인 공간이었다. 결국 그는 그의 할아버지가 태어났던 인도를 자신의 영혼이 돌아갈 고향으로 택할 수밖에 없었던 듯하다. 이런 의미에서 보면, 나이폴이 『세상에서의 한 길』에서 보여주는 트리니다드에 대한 일말의 애정과 관심은 이전의 소설과 비교해 볼 때는 다소 진전되고 균형이 잡힌 것이지만 어딘지 미진해 보인다. 특히 나이폴이 서구문명에 대해 대단히 호의적인 입장을 취하고 있다는 것을 감안하면, 트리니다드를 비롯한 제3세계에 대한 한결같이 부정적인 시각은 그의 완벽한 소설구성, 장인정신, 질서에 대한 확고한 믿음과는 별개로, 어딘지 석연치 않은 인상을 풍긴다. 그리고 "서구 제국주의의 종말이 일부 사람들이 믿고 싶은 것처럼 아프리카, 아시아, 라틴 아메리카의 사람들에게 혜택을 주지는 않았다"라는 그의 발언이나, "옛날 식민지 시대에는 바라는 게 있었다. 이것이 사회의 모티브였다. 사람들은 세계의 중심으로부터 너무 멀리 떨어져 있다고 느꼈다. (...) 우리는 목표를 높게 설정했고, 우리는 훌륭한 사람들을 많이 배출했다. 그런데 그러한 염원은 없어지고 말았다. 프롤레타리아들의 매너가 사회의 모든 가치들에 침투되고 말았다."라는 그의 발언은 서구 제국주의에 대한 인정이나 향수는 물론 아닐지 모르지만 오해의 소지가 없지 않고, 더욱이 제3세계에 사는 사람들의 입장에서 보면 곤혹스럽고도 불쾌하고 복장이 터지는 말인지 모른다.

그리고 「자유로운 나라에서」라는 단편과 『강의 한 굽이』에 나타나는, 독립을 한 후에 아프리카의 많은 국가들에 출현한 독재자들과 그들의 타락상에 관한 묘사는 어느 정도 사실적인 면이 없지 않지만, 그러한 현실이 제국주의적인 역사가 그들의 삶과 현실에 드리운 비극적인 그늘이라는 역사적 인식 대신, 문제를 그들의 내부적인 것으로 돌리며 "아프리카에는 미래가 없다"는 식으로 말하는 나이폴의 태도는 앞으로도 두고두고 논란이 될 것이다.

나이폴은 그를 비난하는 제3세계 사람들을 가리켜 그들이 "그들의 사회에 무엇이 잘못되고 있는지 분석하는 데 있어서 충분히 지적이지 못하고" 그들이 알고 있는 것은 "오직 그들의 적일뿐"이라며, 그들의 문화가 왜 서구에 의해 식민화 됐으며, 그에 대한 "보호"장치를 마련하지 못하고 그렇게 당했어야 했는지 자기점검을 해야 한다고 말한다. 어쩌면 바로 이것이 사이드가 나이폴을 가리켜, 제3세계의 문제가 악의적인 제국주의자들에 의해 파생한 것이라고 인식하기보다는, 백인 제국주의자들의 논리를 따라, "문제는 우리 안에 있다"는 식으로 제3세계 민중들에게 그 책임을 돌리는, "가장 흥미롭고 가장 부도덕한" 유색인 식민주의자라고 험악하게 비판한 이유일 것이다. 물론 사이드의 공박은 나이폴이 썼던 소설들의 예술적 완성도를 조금은 도외시하고 작가의 이데올로기만을 들어 한 말이긴 하지만, 불행하게도 나이폴의 작품은 이러한 이데올로기적 논의로부터 앞으로도 상당한 기간 동안 자유롭지 못할 것이다. 그것은 나이폴 스스로가 자신의 작품에 이데올로기의 그림자들을 드리웠기 때문에 불가피한 일일 것이다.

그러나 그 그림자가 나이폴에 대한 후대의 문학평가에 어떠한 영향을 미칠지는 좀 더 두고 볼 일이다. 에즈라 파운드Ezra Pound는 이탈리아의 무솔리니 정권을 위해 라디오로 선전방송을 해, 전쟁이 끝난 후 전범으로 체포되어 정신병원에 구금되고 급기야 국외로 추방되어 삶을 마감해야 했지만, 그의 작품은 그가 역사에 드리운 그림자에도 불구하고 그 아름다움과 생명력을 잃지 않고 독자들에게 사랑을 받고 있다. 도스토옙스키는 범슬라브주의를 적극적으로 주창하면서 폴란드를 멸시하고 그 나라를 차라리 속국으로 만들어야 한다고 주장했던 제국주의자였지만, 아무도 그가 드리운 이데올로기의 그림자 때문에 그의 소설을 읽지 않거나 위대하지 않다고 말하지 않는다. 나이폴의 다양한 소설들이 보여주는 화려한 예술적 성취는 제3세계에 대한 그의 보수적이고 때로는 이해하기도 힘들고 용서하기도 힘든 편향된 시각에도 불구하고, 문학사에서 후한 평가를 받으며 살아남을지 모른다. 예술의 역사는 윤리의 역사가 아니라 미학의 역사, 그것도 비정한 미학의 역사이기 때문이다. 나이폴의 이데올로기가 우리의 마음을 아무리 뒤숭숭하게 만든다고 해도, 그것이 그의 예술적 성취도를 폄하하고 부인하는 것으로 이어져서는 안 되는 이유가 바로 여기에 있다.

04
도리스 레싱의 삶과 문학*

-"나는 이야기꾼일 뿐이다"

2007년도의 노벨문학상은 여든여덟 살이 다 된 영국의 여성작가 도리스 레싱Doris Lessing(1919-)에게 돌아갔다. 2005년에 해럴드 핀터Harold Pinter가 노벨문학상을 수상했으니 영국은 한 해를 건너뛰어 또 하나의 수상작가를 배출하는 기염을 토했다. 레싱이 거의 60년에 걸쳐 영문학에 기여한 바를 생각하면 그녀의 노벨문학상 수상이 별로 놀라울 건 없지만, 그럼에도 불구하고 조금 놀랍게 생각되는 것은 그 상이 번번이 그녀를 비껴가다가 2007년에 들어서야 그녀에게 돌아가면서 그녀를 노벨문학상 역사상 최고령 수상자로 만들었기 때문이다. 스웨덴 노벨상위원회의 위원 중 하나가 레싱에게 "우리는 당신을 좋아하지 않는다. 그래서 당신은 노벨상을 수상하지 못할 것이다."고 말한 것이 세상에 공공연히 알려져 있었기에 더욱 그런지도 모른다. 그 위원의 말을 비웃기라도 하듯, 노벨문학상이 레싱에게 돌아간 것

* 『현대문학』(2007년 11월호)에 발표. 레싱의 노벨상 수상이 결정된 직후, 일반독자들을 위해 쓰인 글임.

이다. 그래서일까, 레싱의 노벨문학상 수상 소식을 듣고, 영문학을 전공한 사람이라면 모르는 사람이 없을 정도로 저명한 영문학자인 예일대 교수 해럴드 블룸Harold Bloom은 "순전히 정치적인 올바름"(pure political correctness)에 입각해 그녀에게 상이 돌아갔다고 말했다. 여기에다 블룸은 "레싱의 작품이 초기에는 몇몇 훌륭한 특성을 갖추었지만, 지난 15년 동안 발표된 그녀의 작품은 정말 못 읽겠다"는 '악담'까지 덧붙였다.

레싱의 문학에 아낌없는 찬사를 보내는 많은 평론가들과 학자들이 있음에도 불구하고, 그녀에 대해 아주 비판적인 블룸의 발언을 인용하며 이 글을 시작하는 이유는, 블룸의 비판에 다소 지나친 면이 없지 않지만, 레싱의 문학적 명성이 그가 지적한 "초기 작품의 몇몇 훌륭한 특성"에 많은 걸 기대고 있는 게 어느 정도 사실이기 때문이다. 레싱이 서른 살 때 발표한 첫 소설 『풀잎은 노래한다』(*The Grass Is Singing*), 레싱의 대표작이라 일컬어지는 포스트모더니즘 계열의 메타픽션 『황금 노트북』(*The Golden Notebook*), 『마사 퀘스트』(*Martha Quest*)에서 시작하여 『사대문 도시』(*The Four-Gated City*)에서 끝나는 마사 퀘스트 연작소설 모두가 그녀의 초기작품에 속한다. 연도로 따지자면, 『풀잎은 노래한다』가 1950년에 발표되었고 『사대문 도시』가 1969년에 발표되었으니 20년에 해당하고, 작가의 나이로 따지자면 30세에서 50세까지에 해당한다. 그렇다고 이후의 30여 년이 공백기에 해당한다는 말은 결코 아니다. 그녀는 문학장르 중에서 시도해보지 않은 것이 없을 만큼 다양한 장르를 섭렵한 작가이다. 자연주의에서부터 시작하여 심리적 리얼리즘, 포스트모던 실험소설, 도덕적인 우화, 공상과학소설, 공포소설 등을 "순회"(peripatetic)-저명한 평론가 미치코 카쿠타니Michiko Kakutani의 표현이다-하며 다양한 작품들을 발표해온 것이다. 그러니 처음 20년만을 따진다는 건 온당치 않은 일이다. 재미있기로 하면, 1995년에 발표한 『다시 사랑을』(*Love, Again*)도 빼놓기 어렵다. 다만 레싱의 작가생활 중 처음 20여 년을 강조하는 것은 레싱을 언급할 경우엔 거의 누구나 십중팔구는 그녀가 아직 사십 대였을 때 발표한 『황금 노트북』을 떠올릴 정도로 그것이 대표작으로 굳어졌기 때문이다. 블룸의 가시 돋친 발언은 그녀의 후기소설이 전기소설을 능가하지 못하고 있다는 점을 강조하기 위한 역설적 화법이라고 보면 될 듯하다. 비평가에게도 텍스트에 대한 선호도나 편견이 있기 마련이어서, 블룸의 발언을 액면 그대로 받아들일 수는 없지만, 많은 학자들이 레싱의 전기소설에 강세를 주어온 것만은 분명해 보인다.

초기의 작품들과 마찬가지로, 레싱의 초반부 삶도 중요하긴 매한가지다. 레싱은 1919년 영국인 부모 사이에서 태어났다. 그녀의 아버지 앨프레드 쿡 테일러Alfred Cook Taylor는 제1차 세계대전에 참전했다가 참호에서 한쪽 다리를 잃고 병원에 입원했다가 그를 간호하던 간호사 에밀리 모드Emily Maude와 사랑에 빠져 결혼했다. 테일러는 부인과 함께 페르시아(현재의 이란)의 케르만샤로 갔다. 페르시아은행(Imperial Bank of Persia)에서 근무하기 위해서였다. 그리고 그곳에서 레싱은 태어났다. 그녀의 처음 이름은 도리스 테일러였고 후에는 도리스 위즈덤Wisdom이었다가 나중에는 도리스 레싱이 되었다. 레싱은 5년을 이란에서 살았고, 이후 25년을 영국 식민지였던 로디지아(현재의 짐바브웨)에서 살았다. 아버지가 옥수수 농장을 경영한다며 1925년에 로디지아로 이주한 탓이었다. 그녀의 아버지는 다른 백인 식민주의자들처럼 농장을 운영해서 돈을 벌어 잘살기 위해 그곳으로 갔다. 레싱이 첫 소설인 『풀잎은 노래한다』를 완성한 곳도 로디지아였고, 그 소설의 배경이 된 곳도 로디지아였다. 이런 의미에서 보면 레싱은 남아프리카 작가 혹은 짐바브웨 작가라고 해도 크게 무리가 없을 것이다. 물론 레싱은 자신을 아프리카 작가라고 하면 내키지 않아 하겠지만, 그녀는 자신의 감성이 아프리카에서, 그리고 아프리카에 의해 형성되었다는 점만은 솔직하게 시인하고 있다. 이는 그녀의 문학적 감성이 제국의 문제와 불가분의 것이라는 말이기도 하다. 그도 그럴 것이 로디지아는 대영제국의 변경이었다. 이런 점에서 그녀는 1991년에 노벨문학상을 수상한 나딘 고디머Nadine Gordimer, 남아프리카 문학의 시발점으로 여겨지는 올리브 쉬라이너Olive Shreiner와 같은 국제적인 유명세를 탄 남아프리카 출신의 백인 여성작가들과 크게 다를 게 없다. 아프리카의 식민 현실에서 문학의 자양분과 영감을 얻었던 쉬라이너, 고디머와 마찬가지로, 레싱도 자신이 25년을 살았던 남아프리카의 로디지아로부터 이후에 화려하게 펼쳐질 문학적 삶의 자양분과 영감을 얻었다.

쉬라이너의 『아프리카 농장 이야기』(*The Story of an African Farm*), 고디머의 『보존주의자』(*The Conservationist*) 등과 마찬가지로, 레싱의 소설 『풀잎은 노래한다』도 백인 정착민들의 편견과 인종차별의 문제를 세밀하게 묘사하고 있다. 서로 다른 인종 사이의 성, 식민주의자들의 고뇌를 다루고 있는 이 소설은 1950년대에 남아프리카 백인 작가들 사이에 유행하던 소설 장르였다. 문제는 그것이 아프리카에 뿌리를 둔 아프리카적인 시각이라기보다는 아웃사이더의 시각으로 씌어졌다는 것이다. 이는 백인 여주인 메리를 살해하는 흑인 인물 모세를 처리하는 방식을 보면 아주 분명하게 드러난다. 모세가 메리를 왜 죽여야 했는지, 그리고 왜 그가 그녀를 죽이고 난 후 사로잡히고 또 처형되기를 기다리는지가 텍스트에 드러나 있지 않다. 강세가 백인 인물들에게만 주어지고 있다는 말인데, 이는 적당히 넘어가도 좋을 부조화가 아니다. 레싱은 소설에서 백인 정착민들을 풍자하고 비판하고 있긴 하지만, 비판의 대상인 백인 정착민들만이 아니라 흑인들로부터도 거리를 두는 아웃사이더의 시각으로 식민지를 바라본다. 그러니까 식민주의자들을 비판하면서도 식민주의 이데올로기로부터 완전히 벗어나지 못하고 있다는 말이다. 그녀는 백인 정착민들에 대한 비판과 풍자 때문에 로디지아를 떠난 이후로 그곳에서 환영받지 못하는, 아니 입국을 금지당하는 신세가 되긴 했지만, 식민주의에 대한 비판과 자신의 의지에도 불구하고 식민주의 이데올로기에 감염되어 있었던 것이다. (그녀는 남아프리카의 아파르트헤이트에 반대하는 입장 때문에 오랫동안 남아프리카와 로디지아에 입국을 금지당했다.) 그러나 이러한 비판에도 불구하고, 흑백차별에 대한 비판이 하나의 유행처럼 되기 훨씬 이전에 레싱이 그 문제를 소설 속에서 제기할 수 있었던 건 신념과 용기가 있었기에 가능한 일이었다. (그것에 한계가 있었다면 누구에게나 있기 마련인 한계였을지 모른다. 그리고 그 한계를 굳이 누군가가 지적해야 한다면, 그것은 레싱의 소설에서 타자의 범주에 머무르고 있는 흑인들, 구체적으로 짐바브웨의 흑인들이어야 할 것이다. 그러나 불행하게도, 짐바브웨의 흑인들은 한때는 독립영웅이었지만 무자비한 독재자인 로버트 무가베Robert Mugabe 대통령의 폭정으로 나라가 만신창이가 되어 『풀잎은 노래한다』의 함의를, 아니 그것은 고사하고 레싱의 노벨문학상 수상의 의미를 논하고 말 여유 자체가 없는 것처럼 보인다.)

제대로 된 정규교육을 받지 못한 쉬라이너, 고디머와 마찬가지로 레싱도 그러했다. 세 작가 모두, 고등학교를 마치지 못했다. 그만큼 식민지 현실은 여성들에게 가혹한 것이었다. 학교는 그들에게 가정에 안주할 것을 강요했다. 이런 점을 감안하면 세 작가가 독학으로 일가를 이뤄 세계에 내놓을 만한 대단한 지식인 작가가 된 것은 놀라운 일이 아닐 수 없다.

레싱의 초반부 삶은 대단히 불행한 것이었다. 다리 하나를 잃고 과거에 집착하는 아버지, 아이들과 흑인 하인들에게 끝없이 잔소리를 늘어놓는 어머니, 식민지가 백인의 땅이 아니라는 걸 인식하지 못하는 부모, 옥수수농장을 경영하지만 끝없이 빚에 쪼들리는 삶, 백인 정착민들의 위선과 인종차별, 어느 것 하나 제대로 된 게 없었다. 자신이 "영국을 떠나지 말았어야 했다."고 생각하는 어머니는 레싱이 원하는 사랑을 주지 않고 끝없이 잔소리만 했고, 절단한 다리 부위가 "혐오스럽게 느껴지던"(레싱의 표현이다.) 아버지는 무능력했다. 레싱은 반항했고, 부모의 기대에 역행하여 물건을 훔치고 거짓말을 하고 어머니의 옷을 갈기갈기 찢었으며 불을 질렀다. 특히 어머니와의 관계가 나빴다. 그녀는 자신의 부모가 진짜 부모가 아니라고 생각했다. (이 모든 것을 레싱은 자서전 『내 피부 밑』(*Under My Skin*)과 『그늘 속에서 걷기』(*Walking in the Shade*)에서 낱낱이 고백하고 있다.) 그녀는 일곱 살 때, 수녀들이 운영하는 기숙사학교에 보내져, 수녀들로부터 지옥의 유황불에 관한 이야기를 지긋지긋하게 들으면서 비참한 4년을 보내다가, 당시 로디지아의 수도였던 솔즈베리Salisbury에 있는 여자고등학교에 입학했다. 그리고 열세 살에 학교를 자퇴했고, 열다섯 살에 집을 나가 보모, 전화교환원, 사무원, 속기사 등의 일을 전전했다.

그녀의 소설에서 일부 여성인물들이 신경쇠약에 걸릴까 두려워하고 분노를 원색적으로 표출하고 공격적인 성향을 보이는 것도, 그리고 『다섯째 아이』(*The Fifth Child*)『제인 소머즈의 일기』(*The Diaries of Jane Somers*)『착한 테러리스트』(*The Good Terrorist*) 등과 같은 일련의 소설들에 가족의 문제가 초미의 관심사로 되어 있는 것도 그녀의 험난했던 어린 시절과 무관하지 않은 것처럼 보인다. 특히 집필을 하는 과정에서 "모든 걸 다 설명할 수 없는 고통"을 작가에게 안겨줬다고 하는 『다섯째 아이』에서 다섯 번째로 태어난 아이(Ben)를 부모가, 특히 그의 어머니가 철천지원수처럼 생각하고, 아이는 아이 나름대로 공격적이고 폭력적인 성향을 드러내며 대립구도를 형성해 행복하고 단란했던 가정을 만신창이로 만드는 것도 레싱의 불행했던 성장과정과 무관한 것만은 아닐 듯하다.

레싱이 인종과 계급, 개인과 사회의 관계, 가정생활과 자유 사이의 갈등, 책임과 독립 사이의 갈등에 관심을 갖게 된 건 로디지아에서 25년을 산 결과였다. 그녀가 1949년, 즉 서른 살이 되었을 때 로디지아를 떠나 영국에 정착하여 발표하기 시작한 이후의 소설들이 어떤 것을 배경으로 하느냐에 상관없이, 설령 그것이 외계를 배경으로 하는 공상과학소설이라고 해도, 이러한 주제를 나름의 방식으로 변주하는 형태의 것이라는 사실은 레싱이 로디지아에서 보냈던 청소년기가 그녀의 문학을 이해하는 데 얼마나 중요한 것인지를 잘 말해준다. 그렇다고 로디지아에서의 삶이 비생산적이었던 것만은 아니었다. 당시 솔즈베리에는 1만여 명의 백인들이 살고 있었다. 그중에는 유럽에서 온 도피자들도 있었다. 그들은 대부분 좌파 유태인들이었는데, 레싱은 이들에게서 깊은 영향을 받았다. 그녀가 공산주의 활동을 하게 된 것은 그들의 영향을 받아서였다. 물론 나중에 영국에 가서 활동을 계속하다가 소련과 공산주의 이데올로기와 공산주의자들의 표리부동에 염증을 느끼고 더 이상 활동을 하지 않았지만, 그녀가 지금까지 개인과 사회의 역할에 대한 관심을 포기하지 않은 것은 그 영향이라고 해도 큰 무리는 아닐 것이다.

레싱은 남아프리카 공산당에 가입하고, 당의 기관지인 『가디언』(*The Guardian*)을 가난한 지역 사람들에게 판매하는 일을 했다. 그것은 그녀의 좌익활동 중에서 가장 유익하고 유용한 것이었다. 『가디언』을 팔면서 노동자들과 하층민들을 만나고 그들의 삶을 직접 체험할 수 있는 기회가 되었던 것이다. 솔즈베리의 공산주의자들과 같이 활동을 한 경험은 앞서 언급한 마사 퀘스트 연작소설 중 처음 세 작품의 주요 소재가 되었다. 이런 의미에서, 그녀의 대표작 중 하나라고 할 수 있는 마사 퀘스트 연작은 레싱의 자서전적인 소설들이라고 해도 무방하다. 공산당에 가입하게 되면서 생긴 또 다른 일 중 하나는 1943년, 그녀가 스물네 살이었을 때, 고트프리트 레싱Gottfried Lessing과 두 번째 결혼을 하게 된 것이었다. (첫 번째 결혼은 열아홉 살 때였는데, 레싱은 남편인 프랭크 찰스 위즈덤 Frank Charles Wisdom과의 사이에 낳은 두 아이들에 대해서 대단히 무책임했던 듯하다. 아니, 무책임했을 뿐만 아니라 다른 남자들과 관계를 갖는 등 남편에게 충실하지도 못했다. 이러한 내용은 마사 퀘스트 연작에서 두 번째에 해당하는『적절한 결혼』(*A Proper Marriage*)에 고스란히 반영되어 있다. 그래서 이 소설은 레싱의 작품 중 가장 자서전적이다.) 고트프리드와의 결혼도 첫 번째 것처럼 불행하기는 마찬가지였다. 고트프리드는 레싱의 말에 따르면, "차갑고 통렬하고 마르크시스트적인 논리의 화신"이었다. 레싱이 후에 그러한 논리에 회의를 느끼고 공산당을 떠났다는 걸 감안하면 그들이 갈라선 것은 이미 예정되어 있었던 것인지도 모른다. 레싱의 소설에 거의 단골메뉴처럼 등장하는 "사랑, 배반, 이데올로기적인 믿음의 불가피성과 인간의지 사이의 줄다리기"는 그녀의 삶을 소설로 재현한 것이라고 봐도 그리 틀리진 않을 듯싶다.

공산주의자로서의 활동을 통해 레싱은 많은 걸 배우고 시행착오도 많이 겪었던 듯하다. 그녀는 공산주의가 인간 마음의 고귀한 부분에 호소하긴 하지만, 본질적으로 "거짓말을 만들고 사람들로 하여금 거짓말을 하게 만들고 사실을 왜곡하고 속임수를 강요한다."고 생각했다. 그녀는 스탈린 치하에서 일어났던 것들이 서서히 밝혀지면서, 스탈린에 비하면 히틀러는 "범죄에 있어서 단순한 어린애"에 불과하고 스탈린이 그보다 "천 배는 더 나쁘다."고 생각했다. 당의 강령에 입각해 『배고픔』(*Hunger*)이라는 소설을 쓰기까지 한 작가로서, 그녀의 환멸은 결정적인 것이었다. 공산주의 작가동맹에서 일했던 경험을 그녀는 후에 "요람에서 내게 주어진 저주"이며 "가장 잘못된 것"이었다고 술회했다. 그녀가 원하는 것은 교조적인 도그마나 당의 "노선"이 아니라 좀 더 인간적이었던 것이다.

페미니즘과의 불화도 이런 맥락에서 볼 수 있을 것이다. 『황금 노트북』은 1962년 발표된 이래로 페미니즘문학의 고전처럼 되어버렸고 지금도 그 상황은 크게 다르지 않다. 페미니스트들은 작가의 분신이라고 할 수 있는 안나 울프Anna Wulf를 중심으로 전개되는 『황금 노트북』을 여성들에게 영감을 줄 수 있는 페미니즘문학의 정수라고 생각했다. 노벨문학상 수상자를 발표하면서 스웨덴 한림원도 『황금 노트북』이 "남녀 관계에 대한 20세기적인 생각을 잘 묘사한 몇 권 안 되는 기념비적이고 개척적인 작품"이라고 했는데, 이는 페미니스트들의 일반적인 생각과 정확하게 합치된다. 그런데 레싱은 당의 "노선"만을 강조하는 공산주의에 환멸을 느꼈듯이, "정치적인 올바름"만을 강조하는 페미니즘과 페미니스트들이 못마땅하고 불편했다. 레싱과 페미니스트들의 불화는 보기에 따라서는 원칙과 신념의 문제일 수도 있지만, 다분히 감정적인 측면도 없지 않다. 그들이 우상이라고 생각하는 작가의 입에서 "나는 성 전쟁(sex war)이 가장 중요한(important) 전쟁이라고 생각하지도 않으며, 우리의 삶에서 가장 절대적인(vital) 문제라고 생각하지도 않는다."는 말이 나오니, 페미니스트들로서는 복장이 터지지 않을 수 없었을 것이다. 또한 그들이 숭배하는 작가의 입에서 "당신들이 당신들 스스로한테 얘기를 한다면 뭘 바꾸길 기대할 수 있느냐?"며 여성운동은 남자들과 함께 일하려고 노력해야 한다는 말이 나오니, 황당하기 그지없었을 것이다. 에이드리언 리치Adrienne Rich가 "자율적인 페미니스트 정치학"을 개념화하는 데 실패했다고 레싱을 공격했던 것은 이러한 맥락에서였다. 좀 더 넓고 깊은 차원에서 삶의 다면성을 보려고 하는 작가와 페미니즘의 기치를 내걸고 여성의 억압에 초점을 맞추려 하는 페미니스트들과의 불화는 그래서 불가피한 측면이 없지 않았다.

이러한 입장은 앞서 언급한 바 있는 나딘 고디머의 입장과 조금도 다르지 않다. 1998년, 필자와 인터뷰를 하면서 밝힌 바와 같이, 고디머도 "페미니즘의 명분을 지지하지 않는다는 이유로 비난을 받아왔는데" 그것은 페미니즘의 문제를 "인권문제나 차별의 문제와 분리된 게 아니라 그것의 일부라고 생각해왔기" 때문이다. 결국 고디머와 마찬가지로 레싱이 문제를 삼는 것은 성의 문제를 지나치게 자폐적인 공간으로 끌어들여 여타의 문제를 배제하려고 하는 배타적인 페미니즘인 것이다. 사실, 고디머와 레싱은 "노선"을 따르기에는 너무 자유롭고 독립적이지만, 페미니스트인 측면이 없지 않다. 그래서 좀 더 광의적인 측면에서 보면, 레싱과 페미니스트의 불화는 크게 문제될 것이 없는 것처럼 보인다. 물론 페미니스트들이 레싱이나 고디머의 입장을 수용하느냐의 여부는 다른 문제일 것이다. 다만 『황금 노트북』에 페미니즘의 딱지를 붙인 페미니스트들이 감안해야 할 것은 그 소설뿐만 아니라 다른 모든 소설들에서 레싱이 여성의 역할과 잠재력의 문제를 형상화하고 있지만 그것이 무한히 큰 사회적 맥락에서 형상화되고 있다는 것이고, 바로 그것이 레싱의 비전이라는 사실이다. "페미니스트운동에 등을 돌리긴 했지만, 그녀는 삶을 살아가고 나이가 들어가면서 여성이 무엇인지에 대해 끊임없이 쓰고 있다."

는 페미니스트학자 린 세갈Lynne Segal의 말은 음미해야 할 발언이 아닐 수 없다.

학자들과의 불화도 마찬가지다. 학자들은 『황금 노트북』이 발표되자 그걸 가리켜 "포스트모던소설의 원형에 해당하는 작품"이라고 했다. 레싱은 자신의 소설에 그처럼 딱지를 붙여 의미망을 좁히려고 하는 학자들이 못마땅했고, 학자들은 텍스트를 해석의 공간에 내놓지 않고 해석을 독점하려드는 레싱이 못마땅했다. 『황금 노트북』이 포스트모더니즘 계열의 소설들이 공유함 직한 여러 특성들을 갖고 있다는 걸 감안하면, 그와 같은 딱지를 붙인다고 학자들을 비난할 것까지는 없었을지 모른다. 그러나 페미니스트들이 『황금 노트북』을 페미니스트들에게 영감을 주는 작품이라며 그들 편으로 끌어들여 페미니즘소설이라는 딱지를 붙인 것과 마찬가지로, 이 소설을 포스트모던소설로 분류하고 재단하는 것은 레싱이 누누이 지적한 것처럼 소설이 제기하고 있는 다른 문제들을 외면하는 것으로 이어질 수도 있을 것이다. 논의의 전개상 편리한 것이긴 하지만, 딱지를 붙여 분류하는 것에 따르는 위험이 여기에 있다. 오히려 어빙 하우Irving Howe가 말한 것처럼, 레싱은 페미니스트나 포스트모더니스트가 아니라 "인간관계의 고고학자"라고 하는 게 더 적절할지 모른다. 그것이 페미니즘이든, 이데올로기든, 아프리카의 흑백문제든, 인간심리의 갈라진 틈이든, 인간관계에서 파낼 수 있는 것은 무엇이든 파내 들여다보려고 하는 "고고학자"가, 자신을 옭아매는 딱지를 달가워할 리 없었을 것이다.

그런데 "인간관계의 고고학자"라서 그런지, 레싱의 스타일은 대단히 산문적이고 실용적이고 건조하다. 달리 말하자면, 그녀는 별다른 스타일이 없는 평범하고 밋밋한 문장을 구사한다. 레싱과 마찬가지로 남부

아프리카 출신인 2003년도 노벨문학상 수상작가인 J.M. 쿳시Coetzee는 1994년에 발표한 글에서 "레싱은 위대한 스타일리스트인 적이 없다. 너무 빨리 쓰고 너무 가볍게 문장을 가지치기 한다."고 말한 바 있는데, 이는 정곡을 찌르는 말이 아닐 수 없다. 쿳시의 말을 좀 더 인용하면, "마사 퀘스트 연작소설들 중 처음 셋, 혹은 그와 관련된 이후의 소설들은 산문적 언어의 짐뿐만 아니라 소설적 형식에 대한 비창의적인 생각의 짐에 눌려 있다." 그렇다고 쿳시가 그것을 꼭 부정적인 것으로만 보는 건 아니다. 그는 레싱이 찾고자 했던 것은 "등장인물뿐만 아니라 자아, 시간에 대한 자아의 경험에 대한 더 내면적이고 더 충분하게 동시대적인 개념"이라며, 레싱이 "적어도 어느 정도"는 이후의 소설들에서 그걸 찾았다고 판단한다. 그런데 블룸은 레싱에게 쿳시보다 훨씬 더 혹독하다. 그는 레싱이 자신만의 스타일을 전혀 갖고 있지 못하다고 비판한다. 어쩌면 블룸은 자신의 경험에서 소설의 소재와 주제를 대부분 끌어다 씀으로써 소설이 사실에 압도당하게 만드는 레싱이 못마땅해서 그런 식으로 그녀를 비판하는 건지도 모른다. 여하튼 레싱의 산문이 시적인 속성을 결여하고 대단히 실용적이라는 건 의심의 여지가 없다. 『아르고스의 카노푸스-기록들』(*Canopus in Argos: Archives*)처럼 지구가 아니라 외계를 배경으로 하는 소설들에서는 서정적인 문장을 더러 구사하기도 하지만, 그녀가 일반적으로 구사하는 실용적인 문장과 묘한 부조화를 이뤄 그리 큰 효과를 발휘하지는 못하는 것처럼 보인다. 여하튼, 수많은 작가들이 내러티브의 탄력적인 전개를 위해서 실용적인 문장을 구사하는 게 현실이므로 그것이 단점일 필요는 없겠지만, "너무 빨리 쓰고 너무 가볍게 문장을 가지치기 한다."는 것이 장점만은 아닐 듯하다.

영국의 유명작가 A. S. 바이어트Byatt는 노벨문학상 수상자가 발표된 후, "해럴드 핀터가 2005년에 노벨상을 탔을 때, 도리스 레싱이 타지 못할까봐 걱정을 많이 했다."고 말했다. 그녀의 대표작이 아직도 『황금 노트북』이라는 데 이견이 거의 없다는 사실을 감안하면, 레싱은 20년쯤 전에 이 상을 수상했어야 맞다. 블룸이 올해의 노벨문학상이 "순전히 정치적인 올바름"에 입각해 선정되었다고 한 것은 그녀의 후기소설들이 못마땅해서도 그러겠지만 작가의 상상력이 최고조로 달했던 최적기에 상을 주지 못한 스웨덴 한림원에 대한 쓴소리이자 안타까움 정도로 받아들여도 무방할 것 같다.

평자들의 생각과는 판이하게, 레싱은 수피(이슬람 신비주의) 개념에 입각해 집필한 『아르고스의 카노푸스』 연작소설들을 자신의 작품 중 가장 중요하다고 생각한다고 말한 바 있다. 작가의 발언을 심각하게 받아들인다면, 70권에 육박하는 작품을 생산한 작가에 대한 세밀하고 총체적인 평가는 좀 더 기다려 보아도 괜찮을 듯싶다. 노벨문학상의 수상 여부가 중차대한 의미가 있는 것은 아니지만 적어도 그 상이 그간 잠잠했던 논의를 촉발시킬 수 있는 계기를 마련해주는 건 사실이기에, 레싱의 문학적 성취와 공과에 대해서 이후로 다양한 논의들이 있을 것이기 때문이다. "그녀보다 더 자격이 있는 작가를 생각할 수 없다."는 극작가 아놀드 웨스커Arnold Wesker의 말은 괜한 수사가 아닐지 모른다.

05 조지프 콘래드와 표도르 도스토옙스키의 더블*

1. 폴란드와 러시아의 복합적 역학

조지프 콘래드Joseph Conrad는 평생을 두고 도스토옙스키를 지독히도 싫어했던 작가였다. 그는 도스토옙스키를 가리켜 "그 귀신 붙은, 찡그린 인간"이라고 했을 정도였다(Guerard 2). 그가 도스토옙스키의 작품을 어느 정도로 평가절하했는가는 그의 친구인 에드워드 가네트Edward Garnett에게 보낸 편지에 잘 드러난다.

> 그 작품[『까라마조프가의 형제들』]은 가치 있는 것들을 불가능할 정도로 집합시켜 놓은 덩어리입니다. 그것은 너무 형편없고 인상적이고 사람의 화를 자극합니다. 게다가 나는 도스토옙스키가 어떤 입장에 서 있으며 무엇을 말하려고 하는지 모르겠습니다. 다만 내가 아는 것은 그가 나에게는 너무 러시아적이라는 사실입니다. 그 소설은 나한테는 선사시대에서 들려오는 거친

* 1996년 『영어영문학』에 발표.

소리만 같습니다. (Garnett 240)

수많은 세월을 러시아를 비롯한 열강의 등쌀에 부대껴온 폴란드 태생의 작가인 콘래드로서는 범슬라브주의를 열렬히 주창했던 도스토옙스키를 결코 좋아할 수 없었다. 폴란드인들에 대한 도스토옙스키의 감정은 불신의 차원을 넘어 혐오에 가까울 정도였다. 콘래드가 "너무 러시아적인 소설"이라고 지칭하는 『까라마조프가의 형제들』의 8권 7장을 보면 그루센카를 농락하고 떠나버린 폴란드 대위가 5년 후에 그녀를 다시 찾아오는 대목이 나오는데, 여기에서 도스토옙스키는 폴란드인을 무자비할 정도로 희화화한다. 지난 5년간 그루센카가 그토록 못잊어 하던 폴란드 대위는 결국 그녀의 돈이 욕심나서 다시 그녀를 유혹하려고 찾아온 피도 눈물도 없는 인간에 불과하다. 또한 그는 한 술 더 떠서 카드놀이를 할 때는, 동행한 다른 폴란드인과 더불어 사기를 쳐서 드미뜨리를 비롯한 러시아인들의 돈을 긁어 버리는 사기꾼이다. 게다가 폴란드 여자들은 러시아 병사들과 춤이라도 한 번 추었다 하면 "고양이가 그러하듯 남자의 무릎에 냉큼 올라앉는" 행실이 헤픈 여자들로 묘사된다. 그리고 러시아를 위해서 건배하자는 드미뜨리의 제안에 폴란드인 중의 하나가 "1772년 이전의 러시아를 위해서!" 하고 건배를 하는 대목이 나오는데 여기에 등장하는 폴란드인이 사기꾼인 점과 도스토옙스키가 철저하게 제국주의적인 시각을 갖고 있다는 점을 감안하면 이 부분도 폴란드인 자체에 대한 빈정거림으로 다가온다. 폴란드인들로서는 오스트리아, 프러시아(독일), 그리고 러시아가 폴란드를 분할한 1772년이 한이 맺힌 해였을 것이 분명하지만, 도스토옙스키는 품성이 좋지 않은 폴란드인으로 하여금 이 말을 하게 함으로써 폴란드에 대한 그의 뿌리 깊은 적대감을 노골적으로 드러내고 있다. 폴란드인이라면 누구나 이 부분을 읽을 때 분노를 금치 못할 것이 분명하다.

게다가 도스토엡스키는 폴란드인들이 러시아로 이주해 오는 것을 철저하게 반대한 사람이었다. 그는 폴란드인들이 러시아에서 와서 할 일이라고는 러시아와 러시아인들을 증오하고 배반하는 일밖에 없을 것이라는 막말을 서슴지 않았다. 도스토엡스키의 생각으로는 폴란드인들의 이주를 허락할 수 있는 예외적인 상황은 그들이 자신들의 조국을 잊고 러시아에 복종할 것을 맹세할 경우였다. 또한 도스토엡스키는 레도쵸우스키 폴란드 주교가 1877년에 교황으로 선출되었을 때 폴란드 사람이 무슨 가당찮은 교황이냐며 폴란드인들을 향한 그의 악감정을 노골적으로 드러냈다(Lewitter 77-78).

폴란드를 떠나 남의 땅에 살면서도 처음부터 끝까지 자신의 조국에 대한 감정을 소설 속에 투영하기를 그치지 않았던 콘래드로서는 폴란드를 러시아의 속국 정도로 인식했던, 오만하고 제국주의적인 도스토엡스키를 좋아할 수 없었다. 그가 도스토엡스키를 싫어했던 것은 이러한 맥락에서 이해해야 한다.

그런데 아이러니컬한 것은 많은 학자들이 지적한 바처럼, 도스토엡스키에 대한 혐오증에 가까운 콘래드의 감정에도 불구하고 그의 소설들이 도스토엡스키의 소설들과 흡사한 점이 많다는 것이다. 더욱 흥미로운 것은 콘래드가 겉으로 표출된 도스토엡스키에 대한 악감정에도 불구하고 도스토엡스키의 소설을 아주 열심히 읽었다는 사실이다. 콘래드의 아들인 보리스의 말에 따르면 도스토엡스키는 콘래드가 즐겨 읽은 작가들 중 하나였다고 한다(Kirschner 253). 이는 그가 주위 사람들에게 도스토엡스키에 대해서 했던 말과는 아주 상반되는 것이다. 그는 한편으로는 국수주의자인 도스토옙스키를 싫어했던 반면, 적어도 작가로서의 도스토옙스키는 무시할 수 없었던 것처럼 보인다.

콘래드는 기질적인 면은 물론이고 아니라 소재적인 면에 있어서도 도스토옙스키와 공유하는 바가 많다. 특히 콘래드의 『서구인의 눈으로』(*Under Western Eyes*)를 보면 도스토옙스키의 냄새가 물씬 풍긴다. 라주모프는 라스코르니코프와 아주 유사한 모습으로 등장하며, 심신이 만신창이가 된 라주모프를 구원하여 주는 여인인 테클라는 라스코르니코프를 수렁으로부터 구원하여 주는 여인인 소냐와 다분히 흡사하다. 게다가 이 소설은 러시아를 주 배경으로 하여 일어나는 사건을 다루고 있다.

『서구인의 눈으로』가 도스토옙스키적인 소설이라면 「은밀한 동반자」("The Secret Sharer")도 그럴 가능성이 없지 않다. 콘래드는 『서구인의 눈으로』를 쓰는 도중에 정해진 시일 안에 완성된 원고를 넘기지 않으면 원고료를 주지 않겠다는 출판업자인 핑커의 성화 섞인 협박을 받고 있었음에도 불구하고 시간을 쪼개어 「은밀한 동반자」를 썼다(Karl 676-77). 이것은 콘래드가 시간이 촉박함에도 불구하고 쓰던 소설을 멈추고 이 소설을 썼다면 그럴 만한 이유가 있었을 것이며 그것이 『서구인의 눈으로』와 모종의 관계가 있을 것이라는 의미가 된다.

「은밀한 동반자」는 콘래드의 다른 소설에 드러나는 주요 관심사를 축약하여 보여주는 작품이라고 할 수 있다. 『어둠의 심장』(*Heart of Darkness*), 『로드 짐』(*Lord Jim*)과 같은 소설에 등장하는 더블에 대한 콘래드의 거의 강박관념적인 집착은 「은밀한 동반자」의 핵심에 해당한다. 『더블』 또한 더블에 대한 도스토옙스키의 강박관념적인 집착을 축약하여 보여주는 소설이다. 『까라마조프가의 형제들』에서 도스토옙스키가 그리고 있는 형제들은 어떻게 보면 더블을 또 다른 형태의 모습으로 변형 내지 변주시킨 것이라고 볼 수 있다. 콘래드나 도스토옙스키의 소설 중에서 「은밀한 동반자」나 『더블』 만큼 더블에 대한 그들 나름의 관심을 곧이곧대로 반영하고 있는 소설도 없다. 물론 두 작가가 이 소설들을 썼을 당시의 내적, 외적인 상황에 있어서는 상당한 차이가 있었다. 도스토옙스키는 『가난한 사람들』이라는 첫 장편을 겨우 발표하고 두 번째 소설인 『더블』을 써낸 신출내기 작가였고, 콘래드는 이미 『어둠의 심장』이나 『로드 짐』, 『노스트로모』(*Nostromo*) 『비밀요원』(*The Secret Agent*) 같은 굵직한 소설을 발표해 영국 문단에서 주목을 받고 있던 작가였다. 따라서 더블에 대한 두 작가의 입장은 차이가 날 수밖에 없었다. 어떻게 보면 콘래드의 입장에서는 더블에 대한 관심이 자신의 세계관과 인생관을 압축하는 쪽으로 표출되었고, 햇병아리 작가인 도스토옙스키의 입장에서는 그 관심이 그가 앞으로 발표할 작품에 대한 주제를 암시하고 예언하는 쪽으로 표출되었다고 할 수 있다.

이와 같은 맥락에서 콘래드의 「은밀한 동반자」와 도스토옙스키의 『더블』을 비교하여 보는 것도 두 작가를 포괄적으로 이해하는 방법 중의 하나일 수 있다. 다만 우리가 여기서 경계해야 할 것은 두 작가의 관계를 지나치게 수직적인 영향관계에서 파악하면 너무 단순논리적인 해석이 되어 버릴 가능성이 많다는 사실이다.

2. 「은밀한 동반자」에 나타난 이중적 자아의 문제

콘래드는 시간에 쫓겼음에도 불구하고 「은밀한 동반자」를 쓰고 나서야 『서구인의 눈으로』를 완성했다. 그러고 나서 7개월 동안이나 신경쇠약증에 시달렸다. 이러한 사실은 「은밀한 동반자」가 어느 정도 콘래드의 심리 상태를 직접, 간접으로 반영하고 있을 가능성이 있다는 것을 암시한다. 버나드 메이어Bernard Meyer는 콘래드의 신경쇠약증의 원인을 포드 매덕스 포드Ford Madox Ford와의 불화와 결별에서 찾으려고 했다. 메이어에 따르면, 당시 포드는 바이올렛 헌트라는 여인과 불륜의 사랑을 하고 있었는데 이것이 포드의 무책임한 다른 행동과 더불어 콘래드를 포드로부터 멀리하게 만들었다. 이것이 계기가 되어 10여 년간의 우정이 회복할 수 없는 상태로 와해되어 버렸다. 콘래드가 「은밀한 동반자」와 『서구인의 눈으로』를 집필한 후 신경쇠약증에 걸린 것은 바로 포드와의 관계가 악화된 것에 그 이유가 있다는 것이다(Meyer 166). 말하자면 포드는 오랫동안 콘래드의 더블 내지 동반자(secret sharer) 역할을 해왔는데 여기에 균열이 생겼다는 말이다. 이러한 메이어의 견해에 입각해 「은밀한 동반자」에 등장하는 선장과 레거트의 관계를 해석할 수 있는 가능성도 없지 않다. 「은밀한 동반자」는 1912년에 출판되었지만 콘래드가 이 소설을 쓴 것은 1909년 가을이었다. 포드와 콘래드의 관계가 와해되기 시작한 것은 이 무렵이었다.

여하튼 포드와 콘래드의 더블 관계는 「은밀한 동반자」에 등장하는 선장과 레거트의 관계와 어느 정도 부합되는 바가 없지 않다. 이야기의 처음에 등장하는 선장은, 선장으로서의 첫 임무를 어떻게 수행할 것인가, 그리고 자신이 어떻게 능력을 발휘하여 지휘체계를 확립하고 배를 안전하게 항해하게 할 수 있을 것인가에 대한 고심으로 불안하고 갈피를 못 잡는 심리 상태에 빠져 있다. 로버트 로저스Robert Rogers의 말을 빌리자면, 선장은 자기 정체성의 위기에 처해 있다(Rogers 42). 레거트가 이러한 선장에게 나타난 것은 그래서 우연이라기보다는 선장이 자신의 분신을 자기 배에 초대한 셈이 된다. 배의 옆에 내려뜨려져 있는 사다리를 걷어

올렸어야 하는데 그냥 놓아둠으로써 선장은 그의 더블을 스스로 불러들인 결과가 된 것이다. 물론 상징적이고 심리적인 의미에서 그렇다. 선장은 그의 더블을 불러들여 그의 더블이 처하고 있는 상황을 공유함으로써 심리적으로 자기 정체성의 위기를 해결한다. 선장은 자기 정체성의 위기를 레거트라는 인물을 통해 외면화하여 그 위기를 극복하는 셈이 된다.

우선 그의 더블인 레거트는 세포라 호에서 선원을 죽이고 그 배를 탈출하여 다른 배로 헤엄쳐 온 범법자이다. 그런데 살인을 한 동기가 개인적인 것이 아니라 세포라 호를 위기에서 구해내는 과정에서 생긴 것이라는 데 문제의 심각성이 있다. 레거트가 아니었다면 세포라 호는 침몰되거나 심각한 위기에 처하고 말았을 것이다. 그러니 레거트는 영웅이자 범법자인 셈이다.

레거트에 대한 학자들의 평가는 극단으로 치닫는다. 앨버트 게라드 Albert Guerard는 레거트를 가리켜 어둡고 "범죄적으로 충동적인" 선장의 자아라고 일컫는다. 그러니까 선장의 이성적이고 책임감이 강한 외면적인 모습과는 정반대되는 자아가 레거트라는 충동적인 인물을 통해서 나타나고 있다고 보는 것이다. 그래서 게라드에게는 「은밀한 동반자」가 "어둠 속으로의 여행"(night journey)을 보여주는 전형적인 소설이다(Guerard 14). 따라서 선장이 결국 자신의 어두운 내면을 대변하는 레거트와 결별하게 되는 것은 필연이다. 그렇게 함으로써 선장은 초기의 불안과 자기정체성의 위기를 극복하고 자기완성을 하게 된다는 것이다. 메이어도 게라드와 마찬가지로 콘래드가 「은밀한 동반자」에서 자기 충족적이고 자기 완성적인 측면을 그리고 있다고 보고 있다(Meyer 353). 사실, 선장이 레거트를 떠나보내고 순탄한 항해의 길로 접어들면서 하는 말은 밤의 여행을 끝내고 난 자만이 느낄 수 있는 자기완성의 고백이라고 할 수 있다.

> 그리고 나는 배와 홀로였다. 이제는 아무 것도, 그 누구도, 은밀한 경험과 말없는 애정의 길 즉 선장으로서 첫 임무를 부여받은 선장이 갖는 완전한 교감에 그림자를 드리우며 우리 사이에 서 있어서는 안 되었다. ("The Secret Sharer" 143)

그런데 레거트를 "범죄적으로 충동적인" 인간으로 분류하는 게라드의 견해는 약간 지나친 면이 없지 않다. 물론, 이런 이분법적인 해석 방식이 콘래드와 포드의 관계를 설명하는 데 상당한 도움을 주는 것 또한 사실이다. 선장의 더블로서 충동적인 성격을 지니고 있는 레거트는 콘래드의 더블인 포드의 즉흥적인 성격과 다소간에 일치하는 바가 있다. 콘래드는 선장을 레거트와 결별하게 하고 홀로 설 수 있게 함으로써 지난 10여 년간 자신의 더블이었던 포드와 결별하고 상징적인 방식으로 독립을 선언하고 싶었는지도 모른다. 이것은 역설적으로 그만큼 포드와의 관계가 깊었다는 말도 된다. 콘래드는 그의 더블인 포드를 절실히 필요로 했으며 포드는 콘래드의 기대에 부응해 오랜 세월동안 콘래드를 물심양면으로 도와주었다. 사실 콘래드는 포드와 친밀하게 지냈던 시기에 대부분의 중요한 소설들을 썼다. 『어둠의 심장』, 『로드 짐』, 『비밀요원』, 『개인적인 기록』(*A Personal Record*), 『서구인의 눈으로』, 그리고 「은밀한 동반자」가 이 시기에 쓰여졌다. 게라드나 모제와 같은 학자들은 이후에 발표된 소설들이 앞서의 소설들과 비교하여 필적할 만한 게 별로 없다는 데 의견을 같이한다. 물론 이러한 작품이 쓰이게 된 것이 모두 포드 때문에 가능했다고 말하는 것은 콘래드의 재능을 과소평가하는 것이 되겠지만, 적어도 포드가 콘래드에게 좋은 친구 내지 더블이었다는 것은 부인할 수 없는 사실이다. 콘래드로서도 이러한 역할을 한 포드와 결별하는 것은 결코 쉬운 일이 아니었을 것이다. 그가 1909년 말에 쓴 편지에는 이러한 콘래드의 감정이 엿보인다. "나는 앞으로 그(포드)를 볼 것 같지 않습니다. 그 사람이 괴롭겠지요. 내가 아닙니다. 하지만 그것도 얘기할 가치가 없는 것입니다. 11년 동안이나 친한 관계였기에 아직도 상처는 남아 있습니다"(Blackburn 191). 어쩌면 콘래드는 어떤 식으로든 친구를 잃는 것을 상쇄시킬 심리적인 필요성을 느꼈을 지도 모른다. 더욱이 콘래드는 무엇을 잃는다는 것을 굉장히 두려워했던 사람이었다. 콘래드는 『개인적인 기록』에서 자기 통제력을 잃는다는 것이 본능적으로 싫다(*A Personal Record* 112)며 자신의 심경을 고백한 바 있었다. 메이어는 상실에 대한 콘래드의 두려움을 다음과 같이 표현하고 있다.

> 성인이 된 후에, 아니 어쩌면 더 일찍, 콘래드는 사람을 잃는다는 것뿐만이 아니고 아주 하찮은 물건을 잃는다는 것에 강박관념적으로 집착했다. 그는 물건을 잘못 놓거나 잃어버리는 수가 종종 있었다. 그런데 자신이 물건을 어디다 두고 못 찾는 경우가 되면 그것을 영원히 잃어버렸다고 주장하곤 했다. (Meyer 49-50)

메이어의 주장을 받아들인다면, 콘래드가 포드와 결별한 후 느꼈음직한 감정이 「은밀한 동반자」에 표출되었을 가능성은 얼마든지 있다. 그래서 선장이 마지막에 홀로 서서 배를 통제하는 자기완성과 자기독립에 이른 것은 다분히 예술적인 형태로 자신의 독립을 선언하는 콘래드의 모습으로 받아들일 수 있을 것 같다.

그런데 메이어나 게라드의 견해와 달리 레거트를 "범죄적으로 충동적인" 인간으로서가 아니라 오히려 선장과 아주 비슷한 인물로 간주해야 한다는 의견도 적지 않다. 사실 메이어나 게라드의 비평이 갖고 있는 한계는 선장과 레거트의 관계를 미리 설정된 도식 속에서만 파악하려고 한다는 것이다. 레거트를 "범죄적으로 충동적인" 인간으로 분류하는 것은 도식에 치우친 나머지 모든 『더블』의 관계를 지나치게 이분법적인 틀 안에서 보려고 하는 지나친 단순화의 위험을 안고 있다. 조슬린 베인즈 Jocelyn Baines는 게라드의 비평이 갖고 있는 한계를 이렇게 밝히고 있다.

> 내 생각엔 게라드의 오류는 부분적으로는 레거트의 행동에 대한 콘래드나 화자의 태도를 잘못 해석하는 데서 기인한다. 게라드는 주장하기를, 콘래드에게 있어서 선상에서의 범죄는 어느 경우를 막론하고 돌이킬 수 없는 범죄였다고 한다. 그러나 콘래드나 화자인 선장이 레거트의 행동을 비난하는 것을 암시하는 곳이 소설의 어디에도 나타나 있지 않다. 오히려 그 반대이다. (Harkness 119)

베인즈의 말을 다른 말로 풀이하면, 레거트가 갖고 있는 즉흥적이고 충동적인 성격을 범죄적이고 악한 것으로 치부하는 게라드의 비평은 미리 설정된 이분법적인 틀 안에서만 작품을 보려고 하는 경직된 해석방식이라는 것이다. 컬리도 이런 점에 있어서 베인즈와 의견을 같이 한다. 컬리는 레거트가 형태에 있어서는 범죄를 범했지만 사실상에 있어서는 범죄가 아닌 의로운 인간으로 소설 속에 등장한다는 점에 주의해야 한다고 말한다(Harkness 77). 세포라 호가 위기에 처해 있음에도 선장은 자신의 역할을 제대로 하지 못하고 있었고 그 역할을 레거트가 도맡은 셈이었다.

그런 와중에 뱃사람 하나가 희생된 것이다. 그래서 그 희생은 고의가 아니라 지극히 우발적인 것이었다.

이제, 문제는 선장이 그러한 살인을 하고 자신의 배로 헤엄쳐 온 레거트를 어떻게 처리하느냐 하는 것이다. 콘래드의 소설에서 흔히 등장하는 "당신이라면 어떻게 했겠습니까?"(Lord Jim 92)라는 도덕적이고 실존적인 질문이 여기에서도 똑같이 제기된다. 선장은 그런 실존적인 상황에 처해 있는 레거트와 자신의 입장을 동일시한다. 이러한 동일시는 "자아"(self), "더블"(double), "동반자"(secret sharer) 등과 같은 말이 이야기의 처음부터 끝까지 되풀이됨으로써 명료해진다. 컬리의 말을 빌리자면, 레거트라는 인물은 선장이 삶에 눈을 떠가는 "개안의 의식"(initiation-ritual)에 있어서 거쳐야 하는 테스트에 해당한다(Harkness 82).

선장의 딜레마는 『서구인의 눈으로』의 라주모프가 처한 딜레마와 흡사하다. 라주모프는 그의 친구인 할딘이 자신의 방을 불쑥 찾아옴으로써 몹시 난처한 상황에 처하게 되는데 결국 그는 친구를 배반한다. 이처럼 「은밀한 동반자」의 선장도 다른 배에서 사람을 죽인 레거트를 어떻게 처리해야 할지, 갈등에 빠진다. 그런데 여기서 우리가 눈여겨보아야 할 것은 선장은 단 한번도 레거트를 세포라 호의 선장에 넘겨줘 재판을 받게 하겠다는 생각을 하지 않는다는 점이다. 말하자면 선장은 레거트를 보호함으로써 법보다는 자신의 개인적인 도덕적인 책임감을 위에 놓고 있는 것이다. F. R. 리비스Leavis의 말을 빌리자면 선장은 "개인적인 도덕적인 판단의 필요성을 느끼는 것이며 규약을 무시하고 법이나 고정화된 도덕률이나 재판을 거부할 필요성을 느끼는 것"이다(Leavis 114). 선장은 레거트가 자신의 분신임을 과감하게 인정함으로써 자신이 처한 위기를 극복한다. 자신의 배를 위험할 정도로 육지 가까이 몰고 레거트를 탈출하게 하는 것은 바로 이러한 선장의 도덕성에서 연유하는 행동이다. 선장은 이러한 모험을 감행함으로써 자신의 분신인 레거트를 탈출하게 할뿐더러 거기에서 바람을 받아 순조롭게 항해를 할 수 있게 된다. 여기에서 배를 구하는 것이 레거트가 낯선 곳에서 외롭게 떠돌며 따가운 햇볕을 받게 될 것을 염려하여 선장이 건네준 모자라는 것은 의미심장하다. 그 모자는 배가 바람을 받아 회전하고 있다는 것을 알게 해주는 유일한 표시가 된다. 융의 심리학에서는 모자가 인간의 개성이자 자아에 해당한다. 그래서 모자가 상징하는 것이 선장의 자아라면, 선장은 그 자아를 자신의 분신에게 건네줌으로써 자신의 배를 살린 셈이다. 자신을 포기하여 자신을 얻은 격이다.

「은밀한 동반자」는 콘래드의 다른 소설들 같지 않게 도덕적인 갈등의 문제를 아주 행복한 결말로 처리하고 있다. 『로드 짐』이나 『서구인의 눈으로』와 같은 소설에서는 더블의 문제가 야기한 도덕적인 갈등이 결국 비극적이고 파괴적인 쪽으로 치닫는다. 짐은 그의 더블인 브라운과의 만남에서 브라운의 청을 들어줌으로써 원주민들을 배반하는 결과를 낳고 그것 때문에 결국 도라민의 총에 맞아 죽게 되며, 라주모프는 그의 더블인 할딘을 경찰에 넘겨줌으로써 그에 따르는 양심의 가책 때문에 철저하게 찢겨지고 구겨진 삶을 살아가게 된다. 어쩌면 콘래드는 『로드 짐』이나 『서구인의 눈으로』가 갖고 있는 비극의 늪에서 탈출하고 싶은 욕구를 느꼈는지도 모른다. 같은 시기에 쓰여진 『서구인의 눈으로』가 비극적인 작품인 데 반해 「은밀한 동반자」가 더블의 문제를 자기 완성적이고 자기 충족적인 쪽으로 처리하고 있는 것은 바로 이러한 이유가 아니었을까 싶다.

3. 『더블』에 나타난 이중적인 자아의 문제

도스토옙스키는 그의 첫소설 『가난한 사람들』을 발표한 후 마음이 한껏 들떠 있었다. 그것은 거물 비평가인 비사리온 벨린스키Vissarion Belinsky와 시인 니콜라이 네크라소프Nicolai Nekrasov를 비롯한, 문단의 유명인사들로부터 극찬을 받았기 때문이었다. 그는 특히 벨린스키의 극찬을 받음으로써 일시적이나마 문단의 총아가 되었다. 벨린스키는 도스토옙스키에게 "당신에겐 재능이 있습니다. 그 재능을 갈고 닦아 발휘하면 위대한 작가가 될 겁니다."라고 하면서 그의 재능을 인정했다. 그런데 이것이 도스토옙스키의 허영을 과도할 정도로 부추긴 결과가 되었다. 당시에 그가 형인 미카일에게 쓴 편지를 보면 그가 얼마나 들떠 있었던가를 알 수 있다.

> 그런데 형, 내 생각엔 내 명성은 지금보다 더 높이 올라갈 수는 없을 것 같아. 어디를 가도 믿을 수 없을 만큼 존경을 받고 사람들은 나에 관해 알고 싶어 난리법석이고.... 모든 사람이 나를 일종의 천재라고 생각하고 있어. 내가 무슨 말을 하면 사람들은 도스토옙스키가 이렇게 말했다느니 도스토옙스키가 이렇게 하려고 생각한다느니 하면서 도처에서 난리법석이야. ... 형, 내가 얼마만큼 성공을 했는가 하는 것을 다 적으려면 종이가 모자랄 지경이야.... 솔직히 말해서 나는 지금 나의 영광에 거의 도취돼 있어. (Frank 160)

도스토옙스키의 자기과시는 위험수위에 육박했던 것처럼 보인다. 그는 벨린스키의 칭찬을 빌미로 삼아 극도의 자만심을 드러내고 다녔다. 그것이 문제였다. 벨린스키가 자주 드나들던 살롱의 주인이었던 파나예프 부인은 당시의 상황을 이렇게 묘사하고 있다.

> 젊은 데다가 신경질적인 기질까지 겹쳐 있던 도스토옙스키는 어떻게 처신해야 할지 몰랐다. 그는 작가가 됐다는 우쭐함과 자신의 문학적 재능에 대한 자만심을 너무 노골적으로 드러냈다. 그는 그의 문학 인생의 첫 걸음이 예기치 않게 성공한 데 대해 스스로도 놀랐다. 그는 유명 비평가들의 찬사를 듬뿍 받고 있던 터라 자기와 마찬가지로 신출내기지만 아직 이름이 없는 작가들 앞에서 너무 거만하게 행동했다. 신출내기 젊은 작가들이 나타나면 도스토옙스키는 마치 일부러 그러는 것처럼 자신이 그들보다 재능 면에서 월등하게 앞서 있다는 것을 암시하는, 거만하고 신경질적인 어조로 그들의 비위를 긁어댔다. (Frank 163)

도스토옙스키가 이렇게 행동을 했다면 누구하고라도 문제가 생겼을 것이다. 당대의 작가들 대부분이 그에게서 등을 돌린 것은 그래서 이해할 수가 있는 일이다. 당시의 작가들을 이끌고 있던 사람은 도스토옙스키가 불과 얼마 전까지만 해도 자신의 친구라고 생각했던 이반 트루게네프Ivan Turgenev였다. 트루게네프는 도스토옙스키를 논쟁으로 끌어들여 그를 묵사발이 되게 하고 조롱거리로 만들었다. 거기다가 설상가상으로, 그의 두 번째 작품인 『더블』에 대한 평은 그의 기대와는 전혀 상반된 것이었다. 단도직입적인 적대감에서부터 무관심까지 온통 부정적인 것 일색이었다. 『가난한 사람들』을 그토록 열렬하게 칭찬하면서 러시아에 문학천재가 나타났다고 열광하던 벨린스키마저 『더블』에 대해서는 부정적이었다. 벨린스키는 『더블』이 한 편으로는 도스토옙스키의 재능의 힘, 깊이와 독창성을 내보이고 있지만 또 다른 한 편으로는 문제점을 갖고 있다고 생각했다. 그 문제점이란 이 소설의 주조를 이루고 있는 환상적인 배경이었다. 그는 "현대에 있어서 환상적인 것은 정신병원에서만 있을 수 있는 것이지 문학에서 있을 수 있는 것이 아니다. 그것은 의사가 다뤄야 할 문제이지 작가가 다뤄야 할 문제가 아니다"(Breger 111)라고 말하며 도스토옙스키의 소설을 비판했다. 결국 벨린스키가 문학에서 지향하는 바는 사회주의 리얼리즘이었다. 당시 벨린스키는 러시아의 급진주의자들의 우상이었으니 그럴 만도 했다. 『더블』이 그의 구미에 맞을 수는 없었다. 『가난한 사람들』이 그의 열렬한 칭찬을 받을 수 있었던 것은 그 작품이 어느 정도 사회주의 리얼리즘에 충실했기 때문이었다. 벨린스키도 지적했듯이, 『더블』은 경제적인 결핍 상태 혹은 그것과 관련된 인물이나 사건을 다룬 게 아니라 하인까지 있는 9등 문관인 골랴드킨의 내면을 다룬 환상적인 소설이다. 여하튼 자신의 첫 소설을 그토록 극찬했던 벨린스키로부터 받은 혹평은 신출내기 도스토옙스키에겐 엄청난 심리적 타격이 아닐 수 없었다. (도스토옙스키는 그가 말년에 집필한 『까라마조프가의 형제들』의 10권 6장에서 꼴랴라는 조숙한 사회주의자와 알료샤의 대화를 통해서 벨린스키가 신봉하는 사회주의의 맹점을 완곡하게 비평하고, 또한 자신의 생각이 벨린스키의 생각과 어떻게 다른지 밝히게 된다. 이는 벨린스키가 도스토옙스키에게 한편으로는 얼마나 중요한 인물이었으며, 또 다른 한편으로는 얼마나 극복해야 할 대상이었는가 하는 것을 잘 예증해준다.)

그런데 묘한 것은 도스토옙스키의 날카로운 투시력 때문이었는지, 혹은 그저 기민한 감각 때문이었는지, 이도 저도 아니라면 우연의 일치에 의해서였는지 모르지만, 『더블』은 당시의 도스토옙스키가 처한 상황과 정신적인 위기를 묘하게 담아내고 있다. 골랴드킨은 한쪽으로는 어떤 야망에 사로잡혀 있고 다른 한쪽으로는 극단적으로 무기력하고 무능력한 사람으로 등장한다. 그는 현실 세계에서 그가 원하는 바를 실천해 보려고, 그의 하인을 그럴 듯하게 차려 입혀 상급자의 딸인 클라라의 생일 파티에 간다. 그런데 문제는 클라라가 그가 누구인지조차 모른다는 것이다. 그는 자신이 파티에 초대받았다고 과대망상을 하지만 파티에 초대받은 적이 없다. 그는 부엌을 통해 파티장에 나타나서 클라라가 얼마나 아름다운가를 말하려고 하지만 말을 더듬거리며 자신을 우스개로 만들고, 결국 파티장에서 내쫓기고 만다. 미모의 여성인 클라라의 생일 파티에 참석함으로써 자신의 허영을 채우려 하던 그의 야망이 무참히 짓밟히고 만 것이다. 골랴드킨이 두 골랴드킨으로 나뉘는 것은 바로 이 때이다. 사람들한테서 모욕당하고 소외되어 죽고만 싶은 골랴드킨의 마음이 두 개로 쪼개지면서 자기방어적인 정신분열증을 일으키는 것이다.

> 그는 설명할 수 없는 불안감으로 자기 주위를 둘러봤다. 그러나 아무도 없었다. 특별히 주목할 만한 아무 일도 일어나지 않았다. 그러나 그럼에도 불구하고 ... 그럼에도 불구하고 그에게는 바로 지금, 바로 이 순간, 누군가가 거기에, 그 가까이에, 그의 곁의 강둑 난간에 팔꿈치를 대고 서 있는 것 같았다. 그리고 그에게 무엇인가 알아들을 수는 없지만 그와 관계된 무슨 말인가를 빠르고 갑작스럽게 하고 있는 것 같았다. (Dostoevsky 167)

바로 이 부분에서부터 골랴드킨은 둘로 나뉘어 행동하게 된다. 그런데 처음에는 두 골랴드킨은 같이 잠을 자고 음식을 같이 먹는 등 절친한 관계를 유지하지만 시간이 갈수록 갈등이 증폭되고 불신과 반목이 심화된다. 옛 골랴드킨은 자신이 정직한 인간이라고 계속 주장하며 상급자에게 알랑거려 출세를 하려고 하는 새 골랴드킨을 저질적인 인간이라며 비난한다.

골랴드킨이 두 사람의 골랴드킨으로 나뉘어서 『더블』에 나타나고 있다는 것은 중요한 의미를 지닌다. 바로 여기에서 도스토옙스키가 평생 그렸던 인간심리의 드라마가 그 싹을 보이기 때문이다. 의심과 박해, 그리고 분노와 히스테리에 대한 도스토옙스키의 이해가 어느 작가보다도 깊은 것은 바로 도스토옙스키 자신의 개인적인 경험과 연루된 자기탐색이 이때부터 형성되고 있었기 때문이다(Frank 168-69). 또한 심리적인 우위를 차지하려는 갈등과 몸부림이라는 입장에서 인간의 상호관계를 파악하려는 도스토옙스키의 작가적인 입장은 새 골랴드킨과 옛 골랴드킨을 설정하여 이야기를 끌고 나간 『더블』에서 이미 태동하고 있다고 할 수 있다.

『더블』이 갖고 있는 또 다른 의미는 골랴드킨의 이중적인 자아를 통해 도스토옙스키가 자신의 의식적이고 무의식적인 내면을 밖으로 표출하고 있다는 사실이다. 도스토옙스키는 자신의 무분별한 허세에 떠밀려 사면초가에 처하게 된 상황에서 심각한 자기성찰을 할 수밖에 없었던 것처럼 보인다. 이 당시 그의 형인 미카일에게 보낸 편지를 보면 도스토옙스키가 진지하게 자기성찰을 하고 있었다는 것이 드러난다. "나에게는 정말 심각한 결점이 있어. 그것은 헤아릴 수 없는 이기심과 허영이야"(Frank 169). 그는 한 걸음 더 나아가 자신을 무식한 허풍선이라고 선언하기에 이른다. 달리 말하면 도스토옙스키는 새 골랴드킨과 옛 골랴드킨이 자기 안에 동시에 존재하고 있음을 시인하고 있는 셈이다. 그가 『더블』 이후에 쓴 작품에 등장하는, 사랑과 미움이 갈피를 잡을 수 없을 정도로 뒤섞여 있는 인물들의 마음을 그토록 빼어나게 형상화하고 인간사에 있어서 마음속에서 느끼는 의도와 실제 행동과의 괴리를 그토록 깊게 그릴 수 있었던 것은 그의 개인적인 체험과 그에 어우러진 인생관에서 비롯된 것이다. 적어도 영어권 내에서는 가장 빼어난 도스토옙스키 학자라고 할 수 있는 조지프 프랭크Joseph Frank가 골랴드킨을 가리켜 도스토옙스키의 소설에 등장하는 인물들의 원형이라고 한 것은 그래서 일리가 있는 지적이다. "골랴드킨은 위대한 소설의 기억될 만한 장면에서 볼 수 있는 의사擬似 더블 혹은 더블과 항상 직면하는--그것이 실제 인물의 형태로든 아니면 환각의 형태로든간에--갈라진 자아의 문제와 씨름하는 도스토옙스키의 모든 위대한 인물들의 조상이다"(Frank 311).

도스토옙스키의 인물들은 대부분, 정도의 차이는 물론 있지만 골랴드킨처럼 마음이 이중, 삼중으로 찢긴 인물들이다. 이러한 점에서 바흐친이 도스토옙스키의 『더블』에 대해서 한 발언은 주목을 요한다.

> 도스토옙스키의 주요 인물들의 거의 대부분은 다른 사람 혹은 여러 사람들(스타브로낀과 까라마조프)에 부분적인 더블을 갖고 있다. 도스토옙스키는 그의 마지막 작품에서 더 심오하고 더 미묘한 입장에서이긴 하지만 다시 제 2의 목소리를 완전히 구현하는 방식으로 돌아섰다. 외면적인 형식에서는 이반 까라마조프와 악마의 대화는 골랴드킨이 그 자신 그리고 그의 더블과 이끌어가는 내적인 대화의 형식과 흡사하다. 두 경우는 상황과 이념적인 내용에 있어서는 다르지만 예술적인 문제를 똑같은 방식으로 처리하고 있다. (Bakhtin 217)

바흐친은 골랴드킨의 내적 고백이 단순한 내적 고백이 아니라 대화적 차원의 내적 고백임을 강조한다. 그는 도스토옙스키의 후기소설에 나타나는 "대화적 상상력"의 속성이 초기 소설인 『더블』에 이미 내재하고 있음을 구체적인 실례를 들어가며 논하고 있다. 『카라마조프가의 형제들』

에서 이반이 악마와 대화를 한 후 그의 동생 알로샤에게 그 대화를 옮기는 부분이, 더 심오하고 더 복잡한 형태를 띠고 있긴 하지만, 골랴드킨의 내적 고백과 똑같은 형식으로 되어 있다는 것이다. 사실 『카라마조프가의 형제들』의 4권 9장에서 이반이 그의 더블과 대화하는 장면은 골랴드킨이 그의 더블과 대화하는 장면과 거의 흡사하다. 이런 더블의 문제는 『카라마조프가의 형제들』에만 국한된 것이 아니다. 바흐친에 따르면, 한 인물의 귀에 그 인물의 말로 속삭이는 제 2의 목소리가 존재하고, 그리고 그 목소리로 인해 하나의 단어나 말에 다면적이고 다층적인 말과 목소리가 섞이게 되고, 또한 하나의 의식 안에 두 개의 의식이 교차하여 존재하는 현상은 도스토옙스키의 다른 소설에도 이런 저런 형태로 존재한다 (Bakhtin 29). 이는 『더블』이 도스토옙스키의 소설을 평가하는 데 있어서 얼마나 중요한 위치를 차지하고 있는가를 다시 한 번 확인해 준다.

4. 콘래드와 도스토옙스키의 상호적 관계

『더블』은 도스토옙스키가 당시 처해 있던 사회적, 심리적인 상황과 직접적으로 맞닿아 있다. 그런 점에서 『더블』은 콘래드의 「은밀한 동반자」와 아주 비슷하다고 할 수 있다. 「은밀한 동반자」가 포드와의 관계에서 비롯된 콘래드의 심리적인 상황을 우회적이고 상징적으로 그리고 있다면 『더블』은 정신분열증적인 9등 문관 골랴드킨을 통해 상반되는 감정에 휘말려 있던 야심만만한 도스토옙스키의 심리적인 상황을 그리고 있다. 여기서 한 가지 차이점이 있다면 더블을 처리하는 두 작가의 방식일 것이다. 「은밀한 동반자」가 선장과 레거트의 관계를 상징적이고 현실적인 방식으로 모호하게 처리함으로써 최대한의 효과와 균형을 얻고 있다면, 『더블』은 심리적인 쪽에 더 많은 강세를 줌으로써 균형보다는 한 사람의 내면을 예리하게 파고 들어가는 치열함을 택하고 있다. 콘래드의 선장이 더블과의 문제를 지혜롭게 처리함으로써 자기충족적이고 독립적인 상태에 이르는 반면, 도스토옙스키의 골랴드킨은 정신분열증적인 증세가 소설이 진행될수록 더 악화되어 소설의 마지막에 이르면 앞으로 정신병원 신세를 져야 되는 상황으로 치닫는다. 콘래드는 「은밀한 동반자」를 썼을 당시 이미 인정을 받고 있던 작가였다. 콘래드는 그 때까지의 자신의 삶을—포드와의 관계를 포함해서—「은밀한 동반자」에 응축해 표현하고 싶었을 것이다. 그러나 콘래드와 달리, 문단에 첫발을 간신히 내딛은 햇병아리 작가인 도스토옙스키는 자신도 의식하지 못한 채 자신의 문제를 표출해 버렸던 듯하다. 그래서 『더블』은 도스토옙스키가 썼다기보다는 도스토옙스키에 의해서 쓰였다는 쪽이 훨씬 사실에 가까운 것처럼 보인다. 도스토옙스키가 그의 형 미카일에게 쓴 편지는 이러한 점을 잘 나타내준다.

> 골랴드킨은 웃기는 인간입니다! 그는 아주 저질입니다. 나는 그 인간을 정말 어떻게 해야 할지 모르겠습니다. 그는 한 발자국도 움직이지 않으려고 해요. 항상 준비가 돼있지 않다는 것입니다. 그는 자기가 완전히 무無라는 겁니다. 그런데 이 자는 언제라도 필요하면 자신의 진정한 성격을 보여줄 수 있다는 겁니다. 그렇다면 왜 그렇게 하지 않는 걸까요? 그자가 한 말에 따를 것 같으면 자기는 결국 다른 사람들보다 더 나쁠 것이 하나도 없다는 겁니다. 그 인간이 내가 하는 노력에 대해서 무슨 상관을 하겠어요? 아주 저질 인간이에요. (Breger 110-11)

도스토옙스키의 『더블』이 콘래드가 「은밀한 동반자」에서 보여주는 절제미를 결여하고 있는 것은 바로 이러한 도스토옙스키의 태도에 부분적인 이유가 있다. 어쩌면 바로 이러한 차이가 더블을 처리하는 방식에 있어서도 똑같은 차이를 만들었는지도 모른다. 「은밀한 동반자」가 자기완성을 지향하는 반면, 『더블』이 자기완성보다는 더욱 심화된 자기분열 쪽으로 치닫는 것은 이러한 상황을 고려해 볼 때 충분히 이해할 수 있는 일이다. 「은밀한 동반자」가 다분히 우회적이고 상징적으로 콘래드의 심리적인 상황을 반영하는 데 반해, 『더블』은 도스토옙스키의 심리상태를 거의 직접적으로 반영하고 있다. 골랴드킨이 그의 정신분열증 때문에 의사인 끄레스티얀 이바노비치의 치료를 받는 것처럼, 도스토옙스키 자신도 『더블』을 출판한 후 벨린스키를 비롯한 사람들한테서 혹평을 받고 그 후유증으로 인해-물론 다른 요인도 있었겠지만-3년 동안이나 의사인 스테판 야노프키의 치료를 받았다. 이러한 사실은 『더블』이 도스토옙스키의 개인적인 삶과 얼마나 밀착되어 있는 소설인가를 잘 말해준다.

도스토옙스키의 『더블』은 그로테스크한 정신분열증을 다루고 있으면서도 도덕적인 관심에서 결코 멀어져 있지 않다. 골랴드킨의 정신분열증은, 허드만이 지적하고 있는 것처럼, 그가 처해 있는 상황이 그를 억압하고 좌절시키고 제한하는 데 부분적인 이유가 있고, 그의 허영과 야망과 상처받은 자존심이 또 한 몫을 하고 있다(Herdman 102). 바로 이런 점에서 『더블』은 부분적이나마 도스토옙스키의 도덕적인 관심사가 무엇이었는지를 말해준다. 콘래드의 「은밀한 동반자」가 선장과 레거트의 더블 관계를 통해서 인간의 도덕적인 문제를 천착하고 있는 소설이라면, 『더블』은 「은밀한 동반자」와는 사뭇 다르게 골랴드킨의 내면으로 들어가 상충되는 인간의 내면을 탐색하고 있다. 프랭크가 지적한 바와 같이, 『더블』

에 문제가 있다면 그것은 도스토옙스키가 이러한 심리적인 정황을 묘사하는 데 있어서, 그리고 골랴드킨의 비정상적인 증상이 개인에 대한 러시아 사회의 압력이 깊게 작용한 데 그 원인이 있다는 걸 제시하는 데 있어서, 독자에게 너무 지나치게 의존하고 있다는 사실일 것이다(Frank 309). 독자는 『더블』을 읽어가면서 어떤 것이 현실이고 어떤 것이 골랴드킨의 마음 속에 일어나는 것인지 도무지 종잡을 수 없는 상태에 빠진다. 이는 「은밀한 동반자」가 사실적인 면과 심리적이며 동시에 상징적인 면을 드나들면서 어느 한 쪽에 치우치지 않고 완벽한 균형을 취하고 있는 것과는 대조적이다. 그렇다고 두 작품을 평면적으로 비교하여 우열을 논한다는 것은 온당치 않아 보인다. 도스토옙스키의 『더블』이 균형미에 있어서 「은밀한 동반자」에 비해 뒤쳐지는 것은 사실이지만, 이 소설은 이미 그가 앞으로 쓸 소설들에 제시될 폭풍 같은 인간 드라마의 싹을 그 안에 담고 있다는 점에서 높이 평가되어야 한다. 도스토옙스키 자신이 이 작품을 그가 쓴 소설들 중 가장 중요한 소설 중 하나라고 생각했다는 점도 시사하는 바가 크다.

여하튼, 「은밀한 동반자」가 콘래드 소설의 가장 중요한 주제 중의 하나인 더블의 문제를 압축하여 변주하고 있다는 점에서 콘래드의 소설세계의 중심이 되는 소설이라면, 『더블』은 도스토옙스키가 미래에 쓰게 될 소설들의 주제를 예시하고 있다는 점에서 도스토옙스키 소설의 중심에 있는 소설이라고 할 수 있을 것이다.

그렇다고 「은밀한 동반자」와 『더블』이 어떤 직접적인 관련을 갖고 있다고 보기는 어렵다. 콘래드가 도스토옙스키에게 개인적인 미움을 갖고 있으면서도 그의 소설들을 읽은 것은 사실이지만, 그 사실에 너무 무게를 실어 콘래드에 대한 도스토옙스키의 직접적인 영향력을 논하는 것은 무리가 있어 보인다. 다만 「은밀한 동반자」와 『더블』이 보여주는 바와 같이, 두 작가는 주제적인 유사점, 인간의 내면을 추적하려는 고독하고 진지한 작가정신, 그리고 더블에 대한 강한 집착 등 많은 점에서 공유점이 있다. 그래서 과거의 빛나는 예술적 유산을 자신의 것으로 합금시켜 재창조하는 것이 개인의 재능이라는 T.S. 엘리엇Eliot의 말에 합당한 의미에서, 콘래드가 도스토옙스키에게 힘입은 바가 크다고 말하는 것이 진실에 가장 근접한 말이 된다.

V.

미국의 주변부 작가들

나는 세상이 선하고 아름답고 친절해지기를 기다리는 데 지쳤습니다.
당신은 안 그렇습니까?

– 랭스턴 휴즈, 「지쳤다」(“Tired”)

01
마크 트웨인과 낸시 롤스의 대화적 관계
-『허클베리 핀의 모험』을 '다시 쓴'『나의 짐』*

1. 백인작가의 상투성 벗어던지기

I

영국과 캐나다에서는 1884년에, 그리고 미국에서는 이듬해인 1885년에 출간된 마크 트웨인(1835-1908)의『허클베리 핀의 모험』(*Adventures of Huckleberry Finn*)은 미국문학의 정전 중에서도 정전에 속하는 소설이다. T. S. 엘리엇Eliot에 따르면 이 소설은 트웨인의 "천재성이 완벽하게 구현된 걸작"이며(Eliot 103), 라이오넬 트릴링Lionel Trilling에 따르면 "거의 완벽한 소설"(Trilling, "Greatness" 90)이자 "미국문화의 중추적인 기록 중 하나"이고 "세계의 위대한 책 중 하나"(Trilling, *Imagination* 101)이며, 로리앳 레인Lauriat Lane에 따르면 "위대한 세계적 소설"이다(Lane 157). 또한 어니스트 헤밍웨이Ernest Hemingway는 이 소설을 가리켜 "미국 근대문학의 시발점"이라고 했으며(Hemingway 23), 윌리엄 포크너William

* 2007년『영어영문학』에 발표.

Faulkner는 이 작가를 가리켜 "미국문학의 아버지"라고 칭송했다(Jelliffe 88, Fishkin 9에서 재인용). 학자들, 문학평론가들, 교사들, 기자들, 그리고 심지어 주지사들과 대통령들까지도 이 소설을 미국인들의 사랑과 관용의 정신을 대변하는 명작 중의 명작이라고 치켜세웠고, 결과적으로 이 소설은 중고등학교와 대학교의 교과과정에서 학생들이 반드시 읽어야 하는 텍스트가 되었다. 이는 어느 학자가 지적한 바와 같이, "우상숭배"에 육박할 정도다(Arac 16-19).*

그런데 문제는 흑백간의 문제를 중심에 설정하고 있는 이 소설을 "위대한 세계적 소설"로 떠받드는 기준이 집단적 합의가 아니라 대부분이 백인들로 구성된 학자들, 평론가들, 기자들, 교육자들의 자의적이고 임의적인 판단에 근거한 것이라는 사실이다. 백인소년 헉이 짐이 붙잡혀 있다는 걸 알리는 편지를 노예주인 미스 왓슨에게 썼다가, 짐이 그간에 자신에게 잘해 줬던 일들을 떠올리고 편지를 찢어버리면서 "좋아, 난 지옥으로 가겠어"**라고 말하며 그를 배반하지 않기로 결심하는 장면이 백인

---

* 이 소설에 대한 국내의 평가도 크게 다르지 않을 듯싶다. 한 예만 들면, 1996년 랜덤하우스에서 발행한 『허클베리 핀의 모험』을 우리말로 번역한 김욱동은 "프랑스 문학사에서 스탕달의 『적과 흑』, 독일 문학사에서 괴테의 『파우스트』, 그리고 러시아 문학사에서 레오 톨스토이의 『전쟁과 평화』를 빼놓을 수 없듯이 미국 문학사에서 『허클베리 핀의 모험』을 빼놓을 수 없다"며 이 소설을 "미국 문학사는 말할 것도 없고 세계 문학사의 반열에 올라 있다"고 평가한다(김욱동 598). 이는 엘리엇이나 트릴링의 평가를 그대로 반복한 것이 아닌가 싶을 정도로 그들의 것과 흡사하다. 이와는 다른 문제지만, 역자가 백인들의 말과 다르게 짐의 '촌스러운' 말을 옮길 때 충청도와 전라도 사투리를 사용한 것은 둘을 차별화시키려는 순수한 의도였겠지만 거기에 배인 정치적, 역사적, 사회적 함의를 충분히 생각하지 않고 그렇게 한 게 아닐까 싶다.

** Mark Twain, *Adventures of Huckleberry Finn*. New York: New American Library, 1987. 210. 이후의 인용은 본문에 HF 210으로 할 것이며, Nancy Rawles의 *My Jim*에서 인용할 경우에도 MJ와 페이지를 본문에 표시할 것임.

들에게는 미국인들의 관용과 자유와 화해의 정신을 압축해 보여주는 것이라고 생각될 수 있겠지만, 흑인들에게는 그것이 인종차별의 과거와 현재를 의도적으로 외면하고 감상과 낭만을 곁들여 노예제도와 관련된 비참한 과거를 미화하는 것으로 비칠 수 있다. 흑인들의 입장에서는 "검둥이"(nigger)***라는 표현이 2백 번 이상 반복되면서 짐을 비롯한 흑인들이 희화화되는 소설을 백인들처럼 받아들이기는 힘들다. 그래서 존 월리스John H. Wallace와 같은 흑인 교육자는 이 소설을 가리켜 "지금까지 씌인 인종차별적 쓰레기 중 가장 그로테스크한 예"(Wallace, "Case" 16)라고 했을 정도다. 물론 백인비평가들이 제시하는 것처럼, 트웨인의 소설을 제대로 평가하기 위해서는 거기에 나타난 유머, 아이러니, 풍자 등을 종합적으로 고려해야 하겠지만, 인종차별에 시달려온 흑인들에게는 그럴 여유도 없을 뿐만 아니라, 설령 그것을 고려한다 하더라도 흑인을 한 수 아래로 내리깔고 보는 듯한 트웨인의 텍스트에 후한 점수를 주기는 어렵다. 그렇다고 모든 흑인들이 이 소설을 혹평하는 것은 아니다. 가령, 채드윅-조슈어Jocelyn Chadwick-Joshua는 이 소설을 "인종차별적 쓰레기"로 분류하는 것은 "수동적이거나 피상적인 독서"의 결과라며, 이 소설에 깃든 패러디, 풍자, 아이러니를 종합적으로 고려하면 인종차별적인 텍스트

*** nigger를 부득이하게 '검둥이'로 번역하면서도 마음이 편치 않다. 흑인에 대한 비하적인 표현인 '검둥이' 혹은 '껌둥이'라는 말이 nigger라는 단어와 별개로 우리말에 이미 존재한다는 것은 우리가 흑인들에 대한 인종적 편견으로부터 자유롭지 못하다는 걸 말해주기 때문이다. 따라서 나의 글은 흑백간의 문제를 주된 논제로 삼고 있지만, 필자를 포함한 한국인들의 인종적 편견에 대한 자기반성의 필요성을 우회적으로 암시하는 글이기도 하다. 『허클베리 핀의 모험』을 읽고 연구하고 가르치면서 nigger라는 말이 거슬리지 않았다면, 우리 안에 내재한 인종적 편견 때문은 아닌지, 우리가 너무 안이하게 백인들의 시각만을 차용해서 생긴 현상은 아닌지, 혹은 우리가 텍스트의 사회적 수용에 대해서 너무 무심해서 그런 건 아닌지, 진지하게 생각해볼 일이다.

가 결코 아니라는 게 드러난다고 역설한다(Chadwick-Joshua 41). 또한 스미스David L. Smith는 짐을 비롯한 흑인들이 상투적으로 형상화된 것은 피상적으로 보면 인종적인 상투성을 강화하기 위한 것으로 비칠 수 있지만 "자세히 들여다보면" "인종적인 상투성의 토대를 훼손시키기 위해 선택된 전략"이라는 것이 드러난다고 말한다. 달리 말하면, 트웨인의 텍스트에서 인종차별적인 담론으로 보이는 것이 실은 그것을 "전복하기 위한 전략"이었다는 말이다(Smith 108, 105). 채드윅-조슈어와 스미스의 말을 종합하면, 독자들은 트웨인의 소설을 "피상적으로" 읽을 게 아니라 심층적으로 들여다보고 해석함으로써 인종적 상투성과 편견을 전복하고 극복하려는 작가의 의지를 찾아낼 줄 알아야 한다는 것이다. 이는 트웨인의 텍스트를 옹호하는 백인학자들의 발언과 어느 정도 합치되는 발언이 아닐 수 없다.

여기에서 우리는 묘한 딜레마에 처하게 된다. 대부분의 백인학자들과 일부 흑인학자들의 주장처럼, 트웨인의 텍스트가 인종적 편견과 상투성을 불식시키기 위한 전복적인 소설이라면, 중고등학교에 다니는 흑인학생들이 이 소설을 수업시간에 읽으며 느끼는 분노와 모욕감, 정체성의 혼란은 어떻게 설명할 것인가. 그들의 반응을 단순한 무지의 소치로 돌릴 것인가.

월리스의 말에 따르면, 그가 교육자로서 접했던 "어린 흑인학생들의 백 퍼센트는 교실에 앉아 이러한 종류의 쓰레기를 읽어야 했을 때, 모욕감을 느끼고 당황했다"(Wallace, "Offensive" 148)고 한다. 그들은 "검둥이"라는 표현이 너무나 자주(정확하게 말하면 213번이다) 반복되는 『허클베리 핀의 모험』을 다른 백인학생들과 함께 수업시간에 큰 소리로 읽으면서 굴욕감을 느끼고, 끝내는 수업을 거부하기까지 했다. 노벨문학상을 수상한 흑인작가 토니 모리슨Toni Morrison마저도 중학교에 다닐 때, 이 소설을 읽으며 "소리 없는 분노"(muffled rage)를 느꼈다고 한다(Morrison xxxi). 트웨인을 옹호하는 측에서 보면, 이러한 굴욕감은 트웨인의 소설을 "피상적"으로 읽고 해석한 결과라고 할 수 있겠지만, 그것이 피상적인 독서의 결과든 아니든, 굴욕감을 느끼게 만들기에 충분한 "검둥이"라는 말이 수없이 반복되는 텍스트를 그렇지 않아도 인종적 편견에 시달려온 흑인 학생들에게 읽게 하는 것이 과연 현명한 처사인지는 재고해볼 필요가 있을 것 같다. 이런 점에서 보면, 랭스턴 휴즈Langston Hughes가 "검둥이"이라는 표현에 대해서 했던 발언은 시사적이다.

> '검둥이'이라는 말은 흑인들에게는 고하를 막론하고, 황소에게 붉은 천을 들이대는 것이나 마찬가지다. 옳게 사용되든 그릇되게 사용되든, 아이러니컬하게 사용되든 심각하게 사용되든, 리얼리즘을 위한 필요성에서 사용되든 코미디를 위해 장난스럽게 사용되든, 그건 중요한 게 아니다. 흑인들은 어떤 책이나 희곡에서 그것이 나오는 걸 좋아하지 않는다. 인종의 근본적인 문제들을 다루는 데 있어서 동정적인 입장의 책이든 희곡이든 상관없다. 그 책이나 희곡이 흑인에 의해 집필된 것이라 해도, 그들은 그 말을 좋아하지 않는다.
>
> '검둥이'라는 말은 우리 흑인들에게는 노예시절의 구타, 오늘날의 린치, 흑인 전용차, '백인만 입장할 수 있음'이라는 간판을 내건 시내의 유일한 영화관, 식사를 할 수 없는 식당, 가질 수 없는 직업, 가입할 수 없는 노조 등, 미국에서의 모욕과 몸부림의 쓰라린 모든 세월을 집약하는 말이다. 학교에서 어린 백인소년들의 입에서 나오는 '검둥이'라는 말, 직장에서 십장들의 입에서 나오는 '검둥이'라는 말, 미국 전역에 걸쳐서 쓰이는 '검둥이'라는 말! '검둥이!' '검

둥이!' 히틀러 치하의 독일에서 쓰이던 '유태인'과 같은 말. (Hughes 268-69)

휴즈의 말처럼, "검둥이"이라는 말에 흑인들이 감내해야 했던 "모욕과 몸부림의 쓰라린 세월"이 집약되어 있다면, 그것은 아물지 않은 상처를 덧내가며 굳이 사용할 필요가 없는 말일 것이다. 그래서 두보이스는 "검둥이"이라는 말은 "어떤 백인도 사용해서는 안 되는 말"이라고 했다(Du Bois 12). 트웨인의 텍스트에서 "검둥이"라는 표현이 전복적인 의미에서 사용되었든 그렇지 않든, 그것이 지겨울 정도로 반복되는 텍스트를 감수성이 예민하고 상처받기 쉬운 나이의 흑인학생들에게 억지로 들이미는 것은 옳은 일이 아니다. 문학비평가들이나 학자들에게는 이 소설을 논의의 장으로 끌어들여 거기에 나타난 인종차별적인 발언이나 작가의 속내를 비판할 수 있는 담론적 공간이라도 확보돼 있지만, 어린 흑인학생들은 역사적인 굴욕과 인종차별적 시각이 각인되어 있는 "검둥이"라는 단어 앞에서 망연자실할 수밖에 없다. 물론 월리스처럼 『허클베리 핀의 모험』을 "쓰레기"라고 부르는 것은 다분히 감정이 섞인 발언이어서 문제의 소지가 없지 않지만, 어린 흑인학생들에게 이 소설을 강요하다시피 읽히는 교육현실이 문제라면 더 큰 문제이다. 백인들이 "우상숭배"에 가깝게 떠받드는 트웨인의 소설이 흑인 학생들에게 모욕감을 느끼게 한다는 것은 실로 아이러니가 아닐 수 없다. 텍스트를 대하는 학생들의 피상성과 무지를 탓할 일이 아니다. 월리스가 말한 바처럼, 텍스트를 심도있게 대하는 것을 배우고 익히는 "대학원 과정에서" 이 소설을 다룬다면 혹 모르겠지만, 어린 학생들에게 읽기를 강요하니까 문제가 되는 것이다(Wallace, "Case" 23).

2005년도에 발표된 흑인작가 낸시 롤스Nancy Rawles의 『나의 짐』(*My*

Jim)은 이러한 문제들을 다시 점검해볼 수 있는 계기를 마련해주는 소설이다. 아직도 소수에 불과한 흑인학자들이 백인주도의 학계에서, 아직도 갈 길이 먼 담론싸움을 벌이고 있는 데 반해, 롤스는 실제적인 소설로 그 싸움에 가세한다. 사실, 학자들의 논쟁은 그것이 궁극적으로 교육현실에 적용되기 전에는 특정집단 내에서만 행해지는 다소간에 폐쇄적인 것이어서, 교과과정에 직접적인 영향을 미치는 게 그리 용이한 일이 아니다. 그리고 그것이 백년도 훨씬 전에 발표된 창작품에 관한 것이어서, 그것을 둘러싼 수많은 논의들을 규합하여 통일적인 의견을 제시한다는 것도 보통 어려운 일이 아니다. 『허클베리 핀의 모험』에 논의가 집중된 저서만 해도 여러 권 있을 만큼, 논의가 분분한 소설이기에 더욱 그렇다. 그렇다면 이 소설에 대한 비판은 학문적 차원의 것도 중요하지만, 소설이라는 장르를 통해서 행해질 때 더 효과적일 수 있다는 말이 된다. 흑인학자들의 백 마디보다는, 담론을 전개하더라도 흥미로운 서사를 통해서 전개하는 한 편의 소설이 더 호소력이 있을 수 있다는 말이다. 이런 점에서 보면, 『허클베리 핀의 모험』을 모판텍스트로 하여 집필된 『나의 짐』은 학구적 논문이 수행하는 것 이상의 교육적 기능을 하고 있다고 할 수 있다. 흑인을 화자로 설정하여 백인중심적인 『허클베리 핀의 모험』을 '다시' 혹은 '되받아' 쓰면서 흑인비평가들이 해온 것과 다를 바 없는 대응담론을 펼치고 있기 때문이다. 이런 의미에서 『나의 짐』과 『허클베리 핀의 모험』은 대화적 관계에 있다. 여기에서 '대화'의 개념은 표면적인 어감과는 다르게, 바흐친적인 의미로 긴장과 갈등의 개념이다. 사실, 바흐친이 말하는 대화란 하나의 힘이 다른 힘을 완전히 압도하지 못하고 팽팽하게 맞서는 일종의 힘겨루기와 흡사한 것으로, 롤스의 텍스트와 트웨인의 텍스트 사이의 관계가 바로 거기에 해당한다.

흑인작가가 정전 중에서도 정전에 속하는 트웨인의 소설을 되받아 쓰고, 바흐친적인 의미의 힘겨루기를 시도한다는 것은 결코 쉬운 일이 아니다. 아니, 그것은 위험하기조차 한 시도이다. 그것은 정전 중에서도 정전인 텍스트에 자신을 견주려고 하는 만만치 않은 작업이어서, 문학적 완성도가 낮을 경우 비판의 표적이 되거나 아예 무시당할 가능성도 다분하기 때문이다. 그러나 『나의 짐』은 그간의 비평적 평가를 종합해보면, 예술적 완성도를 갖추고 있을 뿐만 아니라 트웨인의 소설에 대한 대응담론으로서의 역할을 충실히 하고 있는 성공적인 소설이라고 판단된다.*

롤스가 루이지애나 주에 이주한 프랑스계 백인과 흑인 사이에서 태어난 크리올(Creole)이라는 사실은 아주 중요한 의미를 지닌다. 작가 자신이 노예제도에 얽힌 역사의 짐을 느끼고 체험하며 살아온 만큼, 소설이 더 절실하고 절박한 것으로 다가오기 때문이다. 그녀는 자신의 경험만

* 『허클베리 핀의 모험』을 '숭배'하는 사람들의 입장에서 보면, 트웨인의 소설에 『나의 짐』을 견주려 하는 시도 자체가 못마땅하거나 심지어 불경스러운 것일 수 있다. 본 논문을 가리켜 "롤스의 인터뷰를 중심으로 논의를 전개시켜 『나의 짐』을 선전하는 논문이 된 듯하"다고 평한 익명의 심사자도 어쩌면 그들의 입장과 크게 다르지 않을 듯싶다. 그러나 앞서 인용한 휴즈의 말처럼, 미국에서 흑인들이 겪어야 했던 "모욕과 몸부림의 쓰라린 모든 세월을 집약하는 말"인 nigger라는 표현이 수없이 반복되고 흑인인물들이 경박하게 형상화된 백인작가의 텍스트를 되받아 쓴 흑인작가의 텍스트를 그 작가가 말한 것을 참조하여 논하고 부각시키는 것이 "선전"이라면 그것은 필요한 선전이라고 판단된다. 트웨인의 소설을 롤스의 소설과 병행하여 중고등학교 학생들에게 읽혀야 하는 미국의 현실(그것도 다 그런 것은 아니고, 또 그럴 리도 없을 것이다)이 그 선전을 필요한 것으로 만든다. 본 논문이 그 과정에서 "충분히 설득력을 주지 못하고 있다"면 그것은 순전히, 선전을 제대로 하지 못하는 필자의 역량 탓이지 선전 자체가 문제여서가 아닐 것이다. 정작, 심각하고 위험한 '선전'은 "우상숭배"에 가까울 정도로 『허클베리 핀의 모험』을 숭배하고 신격화하며, 어린 흑인학생들이 그 소설을 읽으며 경험해야 하는 분노와 열등감, 모멸감과 피해의식에도 아랑곳없이 그걸 고전 중의 고전으로 떠받드는 것이다. 이는 『허클베리 핀의 모험』도 문제이지만 그것을 수용하는 현실이 더 문제일 수 있다는 말이기도 하다.

이 아니라 노예생활과 관련된 흑인들의 기록, 그들의 증언 등을 종합적으로 고려하여, 교육을 받지 못한 짐의 부인이 구사할 법한 구어체 문장-이는 작가의 말에 따르면, 아프리카의 구전전통을 이어받은 것이다(왕은철 234)-으로, 트웨인의 소설을 되받아 씀으로써, 우리가 흑백간의 인종담론을 다시 살펴보고, 아울러 지금까지 미국인들의 뇌리에 확고부동한 정전으로 자리를 잡아 온 『허클베리 핀의 모험』의 실상과 허상을 다시 점검해볼 수 있는 계기를 마련해준다. 앞에서도 언급한 바 있지만, 흑인학자들의 주장은 백인학자들 주도의 학계에서 아직도 상대적으로 소수에 지나지 않으며, 또한 그들의 주장이 설령 학계에서 의미 있는 것으로 받아들여진다고 해도, 그것이 일반대중에게 파급되기 위해서는 일선현장에서의 교육과 연계되어야 하는데, 적어도 현재로서는 그러한 연계작업이 연방정부나 주정부 차원에서 이뤄지지 않고 있다. 이러한 현실을 감안하면, 흑인작가가 일반대중에게 접근할 수 있는 소설의 형태로, 트웨인의 소설을 '다시' 혹은 '되받아' 씀으로써 문제의 심각성을 일깨우고 있다는 사실은 각별한 의미를 지닌다.

2. 트웨인의 침묵된 주인공들에게 목소리 부여하기

랠프 엘리슨Ralph Ellison이 지적한 바와 같이, 트웨인의 『허클베리 핀의 모험』이 상정했던 독자는 거의 전적으로 백인독자였다. 그것은 "좋은 마음과 민주적인 안목을 가진 백인 미국 작가와 주로 백인인 독자들 사이의 대화"(Ellison 172)였다. 이런 맥락에서 보면, 백인이 중심인물로 설정되고 그의 발전과 변화에 초점이 맞춰진 것도 어쩌면 당연한 것이며, 짐이 보완적이고 주변적인 인물로 설정되어 있는 것도 이해할 수 있는 것인지 모른다. 그런데 문제는 작가가 아무리 "좋은 마음과 민주적인 안목"을 갖고 그렇게 했다 하더라도, "백인독자들"을 염두에 두고 내러티브를 전개하다 보니, 백인인물과 달리 흑인인물들을 너무 피상적이고 경박하게 형상화했다는 것이며 그것이 다시, 수없이 반복되는 "검둥이"라는 비하적인 표현과 상승작용을 일으켜 현대의 흑인독자들에게 감당하기 어려운 모욕감을 준다는 사실이다. 아니, 흑인독자들만이 아니라, "검둥이"이라는 말에 내재된 대규모 인종차별과 수탈의 미국역사를 알고 있는 독자라면 비록 흑인이 아니더라도 유쾌할 리가 없을 것이다. 트웨인을 인종차별주의자라고 일컫는 것은 온당한 게 아닐지 모르지만, 그가 "검둥이"라는 표현을 수없이 반복한 것은 비인간적인 억압과 수탈의 대상이었던 흑인들에 대한 배려나 존경심이 부족했거나 자신이 쓴 소설의 의미와 암시, 그것의 파장에 대한 이해의 폭이 좁았기 때문에 그랬을 가능성이 많다. 바로 이 지점에서 롤스의 『나의 짐』은 시작된다. 롤스는 트웨인의 텍스트가 헉을 중심으로 내러티브를 전개함으로써 결과적으로 배제해버린 짐과 그의 가족의 파란만장한 이야기를 텍스트의 중심에 배치하고 내러티브를 끌고 간다. 이는 롤스의 『나의 짐』이 트웨인의 텍스트에 내재된 타자의 침묵에 목소리를 부여하고자 하는 상호텍스트적 소설이라는 말에 다름 아니다.

롤스는 흑인인물에 대한 트웨인의 피상적이고 경박한 형상화를 시정하고자 한다. 그것의 구체적인 예를 살펴보기 전에, 트웨인의 소설에 흑인이 어떻게 형상화되어 있는지 짚어볼 필요가 있을 것이다.

트웨인의 텍스트를 보면 짐을 비롯한 흑인들은 거의 천편일률적으로 미신적인 존재로 묘사되어 있다. 가령, 소설의 첫 부분에서 톰은 나무 밑에서 자고 있는 짐의 모자를 벗겨 나뭇가지에 걸어놓는다. 그런데 나중에 보니까 짐은 다른 흑인들에게, 마녀들이 자기한테 요술을 걸어 이곳저곳으로 데리고 다니다가 자기들이 그랬다는 걸 보여주기 위해 그의 모자를 나뭇가지에 걸어놓았다고 말한다. 또한 그는 "황소의 네 번째 위胃에서 꺼낸 주먹만한 크기의 털 공으로 마술을 부리기도 하고"(HF 26), "저녁으로 요리를 하려고 하는 것들의 숫자를 세어서도 안 되고" "해가 진 후에 식탁보를 흔들어서도 안 되며" "가슴팍과 팔에 털이 많으면 부자가 될 징조"라고 말하기도 한다(HF 52-53). 미신적인 것은 짐만이 아니라 다른 흑인들도 매한가지다. "낯선 검둥이들"은 그의 이야기를 들으려고 수마일 밖에서 그를 찾아와 "입을 벌리고" 그의 이야기를 들으며 잘도 속아 넘어간다. 그리고 "검둥이들"은 "언제나 부엌 옆의 어둠 속에서 마녀들에 관한 얘기를 한다"(HF 16). 또한 샐리 아주머니의 헛간에 갇힌 짐에게 음식을 갖다 주는 "검둥이"는 곱슬곱슬한 머리를 실로 땋는 이유를 "마녀들을 쫓기 위한 것"이라고 하면서, "요즘 들어 마녀들이 밤마다 부쩍 그를 괴롭히고 있다"고 말하기도 한다(HF 230).

미신적인 흑인들과 달리, 헉은 미신과는 거리가 먼 인물로 제시된다. 대부분의 경우, 소년에 불과한 헉이 두 아이의 아버지인 짐보다 오히려 더 어른스럽게 말하고 행동한다. "더 어른스럽다는 것은 더 지적이라는 의미"나 마찬가지다(Mensh 105). 위기상황에 처했을 때도 짐보다는 헉이 더 의연하다. 가령, 무시무시한 갱들과 함께 난파선에 갇히는 처지가 되자, 헉은 짐이 "너무 무서워서 더 이상 한 발짝도 못 떼겠다"고 하자, 갱들과 함께 "배에 남게 되면 우리는 옴짝달싹 못하게 된다"는 말로 그를 다독거리고 설득한다(HF 76). 이처럼 어른인 짐이 아이처럼 유치하게 말하고 행동하는 모습은 텍스트의 처음부터 끝까지 변함없이 계속된다. "검둥이에게 토론을 가르칠 수는 없다"는 표현(HF 85)도 그렇고, "공작"과

"왕"과 헉이 짐을 혼자 남겨두고 떠나면서, 그를 리어왕처럼 보이게 옷을 입히고 극장용 페인트로 얼굴, 손, 귀, 목을 칠해 "아흐레 동안 물속에 잠겨 있던 시체처럼" 보이게 하고, 누가 와서 건들면 뛰쳐나와 "들짐승처럼 한두 번 짖으면 도망갈 거라"고 하는 것(HF 157)도 그렇고, 후반부에서 짐이 다시 잡혔을 때 톰과 헉이 장난감을 갖고 놀듯이 그를 데리고 장난을 치는 것도 그렇다.

이처럼 짐이 처음부터 끝까지 미신적이고 유치한 존재로 형상화되어 있으니, 그의 가족에 할애될 공간이 있을 리가 없다. 독자가 그의 가족에 대해 알 수 있는 건 지극히 제한적이다. 16장을 보면, 짐은 헉에게 자신이 "자유로운 주에 가서 처음 할 일은 돈을 한 푼도 쓰지 않고 저축하는 것이며, 돈을 충분히 모으면 그 돈으로 미스 왓슨의 집 근처의 농장에 있는 아내를 사고, 그리고 아내와 둘이서 일을 해 돈을 모아 다시 두 아이들을 사고, 만약 주인들이 아이들을 팔지 않으려고 하면, 노예폐지론자로 하여금 그들을 훔쳐내게 할 것"이라고 말한다(HF 92-93). 그의 가족에 대한 묘사는 한참을 건너뛰어 23장에서, 짐이 가족을 그리며 흐느끼는 장면으로 이어진다. 짐은 헉이 잠이 든 것으로 생각하고 이렇게 울먹인다. "불쌍한 엘리자베스! 불쌍한 조니! 정말 힘들구나. 너희들을 다시 볼 수 있을 것 같지 않구나." 잠을 자다가 그 말을 들은 헉은 짐에게 그의 가족에 대해 묻는다. 그러자 짐은 그의 어린 딸 엘리자베스에 관한 얘기를 해준다. 짐은 엘리자베스가 성홍열에 걸려 귀가 들리지 않는다는 사실을 모르고, 문을 닫으라는 자신의 말을 듣지 않는다며 딸의 머리를 때렸는데 나중에 알고 보니 귀머거리에 벙어리였다며 자책한다(HF 155-56). 이것이 트웨인의 텍스트가 독자에게 전해주는 짐의 가족사의 전부다. 트웨인의 텍스트에는 짐이 가족을 그리워하는 장면은 더 이상 나오지 않는다. 가족에 대한 언급이 더 이상 없어서, 16장에서 짐이 가족을 찾겠다고 한 말이 공허하게 들릴 정도다. 텍스트에서 짐이 차지하는 비중을 감안하면 소홀해도 보통 소홀한 것이 아니다. 이는 짐이라는 인물이 헉이라는 인물의 발전 과정을 위해 필요한 도구 이상의 존재가 아니라는 증거다. 짐은 철저히 사물화된 타자에 지나지 않는다.

롤스는 트웨인이 의도적으로 생략하고 침묵시켜버린 타자의 목소리를 복원하고자 한다. 그것도 트웨인의 텍스트에서는 이름조차 제시되지 않은 짐의 아내를 통해 그렇게 하고자 한다. 트웨인의 텍스트에서 미신적이고 유치하고 우스운 존재로 묘사되는 짐은 롤스의 텍스트에서는 그와는 전혀 상반되는 인물로 제시된다. 롤스의 짐은 도전적이고 논리적이며 예언적이기까지 한 인물이다. 롤스는 짐을 일종의 예언가로 제시함으로써 트웨인의 텍스트에 제시된, 어리석고 미신적이며 우스운 흑인의 이미지를 불식시키고자 한다. 짐은 "앞과 뒤를 동시에 보는" "이중의 시야를 갖고 있다"(MJ 28). 그는 홍수와 유성流星(MJ 33-34), 흑인들이 언젠가 찾게 될 자유(MJ 66), 노예들에게 닥칠 험난한 미래(MJ 76), 사람들의 희로애락에 관련된 일상사(MJ 68-69) 등을 내다보고 예견한다. 또한 짐은 트웨인의 텍스트에서처럼 어수룩하고 수동적이며 모호한 인물이 아니라 당당하고 능동적이고 확실한 인물로 제시된다. 이러한 특성을 상징적으로 나타내주는 것은 그가 "점잖게 보이려고"(MJ 60-61) 쓰고 다니는 모자다. 롤스의 텍스트에서 짐이 시종일관, 모자를 쓴 당당한 모습으로 나오는 것은 트웨인의 텍스트에 투영된 모호하고 수동적인 흑인의 이미지를 불식시키기 위한 전략의 일환이다. 짐의 기개를 말해주는 것은 모자 외에도 많다. 가령, 그는 자신이 세이디와 결혼하겠다는 의사를 밝히자, 주인이 세이디가 아닌 다른 여자를 골라 그와 결혼시키겠다고 말하는 걸 듣고는 집에 돌아와서 "더 이상 주인을 위해서도, 백인을 위해서도 일하지 않겠다"고 선언하고 그다음 토요일에 뜰에서 전격적으로 결혼식을 올린다(MJ 72-73). 그는 철두철미 "누구에게도 속하지 않는"(MJ 68) 사람이다. 심지어 그는 백인주인이, 사실은 그게 아닌데, 흑인아이를 방치하여 죽게 했다는 이유로 흑인여자노예인 코라를 회초리로 때리자 "다시는 우리 중 아무도 때리지 말라"고 대든다. 그리고 주인의 회초리가 자신을 향해 날아들자 그것을 잡아 바닥에 내동댕이친다(MJ 85-86). 이는 트웨인의 텍스트에서 헉을 비롯한 백인들의 말에 한없이 머리를 조아리기만 하는 짐의 모습과는 대조적인 모습이 아닐 수 없다. 트웨인의 짐은 사람들이 욕설을 퍼붓고 따귀를 갈겨도 단 한 마디도 대꾸를 하지 않으며(HF 275), 백인소년들(헉과 톰)이 셔츠에 피로 일기를 쓰라고 하거나 얼토당토않은 일을 시키며 장난을 쳐도 그들이 "백인이니까 자신보다 더 잘 알고 있을 것이라고 생각하고"(HF 242) 순종하는, 좋게 얘기하면 우직하고 나쁘게 얘기하면 머리가 좀 모자라는 것 같은 모습으로 제시된다.

또한 트웨인의 짐은 자유를 찾아 도망치긴 했지만, 자유를 향한 그의 열망이 내러티브에 구체적으로 제시되지 않고 추상적이어서, 그것이 얼마나 절실한 것인지 가늠하기가 어렵다. 짐은 미스 왓슨이 "자신을 들들 볶아대고 거칠게 대하긴 했지만 올리언즈에 팔지는 않겠다고 말했었는데" 어느 날 노예상인이 와서 8백 달러라는 거금을 준다고 하니까 솔깃해하는 걸 보고 도망쳤다(HF 50)고 말하지만, 백인소년인 헉을 중심으로 내러티브가 전개되다보니 그 상황의 절박함이나 자유를 향한 짐의 절실한 마음이 독자에게 전해지지 않는다. 내러티브가 그걸 구체적으로 보여주지 못하고 말로만, 그것도 약식으로 때우기 때문이다. 짐이 자식들을 그리면서 회한의 눈물을 흘리는 장면(HF 155-56)이 독자의 심금을 울리기는커녕 어딘지 겉도는 듯한 인상을 주는 것도 앞서의 내러티브가 그걸 떠받쳐주지 못하는 탓이다. 그에 반해, 롤스의 텍스트는 사랑하는 아내와 두 아이를 남겨두고 도망칠 수밖에 없는 짐의 실존적인 딜레마가 내러티브에 절절하게 구현되어 있어서, 트웨인의 텍스트에서처럼 짐이 희화화될 여지 자체를 아예 봉쇄하고 있다. 트웨인의 텍스트가 헉이라는 백인 소년을 화자로 설정하여 철저하게 백인중심적인 시각으로 내러티브를 전개하면서 흑인들을 도구화한 반면, 롤스의 텍스트는 짐의 부인으로 하여금 이야기를 하게 함으로써 트웨인의 텍스트에서 도구화된 흑인들을 인간의 영역으로 되돌려 놓고 있다. 세이디는 태어났을 때부터 시작하여 성장하고 결혼하고 그녀와의 사이에 두 아이를 낳고 살다가 결국 도망칠 수밖에 없었던 짐의 실존적 삶의 면면을 그녀의 손녀딸에게 상세히 얘기해준다. 또한 트웨인의 텍스트에는 어째서 짐을 비롯한 흑인들이 남부로 팔려가는 걸 두려워하는지 나타나 있지 않지만, 롤스의 텍스트는 담배농장에서 일하는 것과 남쪽으로 팔려가 사탕수수 농장에서 일하는 것 사이의 극명한 차이를 제시(MJ 22, 135)함으로써 남부로 팔려가는 것 자체가 흑인노예들에게는 공포였다는 걸 보여준다. 즉, 짐이 팔려가지 않으려고 도망친 것은 가족과의 생이별도 그렇지만 남부의 사탕수수 농장에서 하게 될 가혹한 노동에 대한 두려움도 한몫을 한 것이다.

트웨인의 텍스트는 짐의 가족에 대해 무심한 만큼이나, 짐이 자유를 얻는 과정에 대해서도 무심하기 짝이 없다. 아이러니컬하게도 짐은 그가 도망쳐 나온 주인에 의해 자유인이 된다. 즉 미스 왓슨이 죽으면서 "강 하류로 그를 팔려고 했던 걸 수치스럽게 생각하고 그를 해방시키라는 유언"을 함으로써 그렇게 된 것이다. 그런데 톰은 그걸 알고서도 "모험을 하고 싶어" 짐이 더 이상 노예가 아니라는 사실을 사람들에게 알리지 않고 짐을 가둬놓고 한동안 장난을 친다(HF 279). 톰은 "그렇게 참을성 있게, 또 그렇게 잘, 죄수 노릇을 해준 것에 대해" 감사하는 마음으로 짐에게 40달러를 준다(HF 282). 이런 걸 감안하면, 결국 짐이 백인주인에게서 도망쳐 헉과 함께 미시시피 강을 떠내려 오면서 겪어야 했던 온갖 위험과 모험들이 그다지 큰 의미가 없는 것이었다는 말인데, 이는 독자의 기대를 텍스트의 유희로 바꿔버리는 다소 불만족스러운 결말이 아닐 수 없다. 롤스의 말처럼, "소설문법에 위배돼도 너무 위배되는 처리방식"이 아닐 수 없다(왕은철 237). 텍스트가 짐이 자유를 찾는 과정에 초점이 맞춰진 게 아니라는 것이 여기에서 너무나 자명해진다. 따라서 짐이 자유인이 된 후에 그의 가족을 어떻게 찾는지, 아니 찾을 수나 있는 것인지, 찾을 수 있다면 그 후에 무슨 일이 발생하는지, 그에 대한 언급이 전혀 없는 것은 텍스트의 백인중심적인 속성으로 미뤄보면 당연한 귀결인지도 모른다.

롤스의 텍스트는 미스 왓슨이 유언을 통해 짐을 노예상태에서 해방시키는 부분까지는 트웨인의 것과 일치하나, 짐이 그 후에 직면하게 되는 비극적인 일들을 상세히 묘사하고 있다는 점에서 트웨인의 것과는 현격한 차이를 보인다. 짐의 아내인 세이디는 스티븐스라는 악랄한 주인에게 성적, 육체적 폭행을 당하고 결국 한쪽 눈을 잃은 상태에서 미시시피 강 하류로 팔려갈 운명에 처해 있고, 그의 아들 조니는 벌써 다른 곳으로 팔려가 생사를 알 수 없고, 그의 딸 리즈베스는 아직도 스티븐스에게 묶여 성을 착취당하고 있다. 짐은 돈을 주고 세이디를 사려고 하지만 스티븐스는 팔려고 하지 않는다. 스티븐스는 자신에게 순종하지 않은 그녀를 남부에 팔기로 작정하고 있다(MJ 22). 팔려가는 아내를 위해 아무것도 할 수 없는 짐은 그녀에게 자신은 "자유의 몸이 됐지만 가족을 잃었으니 내가 어떤 종류의 인간인지 모르겠다"고 자책하면서 미안한 마음을 토로한다(MJ 130). 그는 세이디의 눈을 치료해주고(MJ 131), 제방 위에 서서 그녀가 증기선에 실려 남부로 팔려가는 모습을 바라보며, "백인주인을 향해 욕을 퍼부을 뿐이다"(MJ 22). 그렇다고 그가 리즈베스를 스티븐스에게서 구출해낼 형편이 되는 것도 아니다. 노예가 자유인이 되었다는 것은 "미주리 주에서는 아무런 의미도 없다. 서류를 아무리 많이 갖고 있다 하더라도, 순찰에게 잡히면 노예상인들에게 팔릴 수 있기" 때문이다(MJ 23). 그래서 그는 잠시 그곳을 피해 달아났다가, 남북전쟁이 발발하고 북군이 들어올 때 한니발에 다시 돌아오게 되는데, 그가 그곳에서 목격한 것은 심신이 피폐해질 대로 피폐해진 리즈베스가 난민 수용소에서 죽어가는 모습일 뿐이다(MJ 158). 이처럼 짐의 가정은 산산이 부서진다. 짐은 오랜 세월이 흘러 이름을 바꿔 숨어살고 있는 세이디를 찾아내지만, 그녀는 세파에 시달리며 다른 남자(Duban)와 같이 살고 있다. 짐은 그녀에게 같이 떠나자고 제의하지만, 그녀는 자기에게 딸린 다른 가족들을 저버릴 수 없다며 그의 제의를 물리친다(MJ 160). 이처럼 롤스는 짐의 자유가 트웨인의 텍스트에서처럼 추상적인 것이 아니라 가족의 비극적 와해와 연결되어 있음을 구체적으로 제시한다. 트웨인의 자못 낙관적이고 유희적인 텍스트에서 찾아볼 수 있는 유머를 롤스의 텍스트에서 거의 찾아볼 수 없는 이유는 그들의 비극적 삶의 무게가 유머를 허용하기에는 너무나 압도적인 탓이다.

3. 백인의 심리적, 육체적 폭력에 갇힌 흑인 여성들

『나의 짐』에서 주목할 점 중 하나는 화자가 흑인여성이라는 것이다.

작가는 『허클베리 핀의 모험』에 내재된 백인중심적인 시각만이 아니라 남성중심적인 시각을 해체하고자 한다. 그래서 롤스의 텍스트는 일차적으로는 백인중심적이고 인종차별적인 시각을 흑인의 시각에서 되받아치고, 이차적으로는 남성중심적인 시각을 흑인여성의 시각에서 되받아친다. 롤스는 『나의 짐』의 화자를 여성으로 설정한 이유를 다음과 같이 설명한다.

> 저는 문학과 역사와 저널리즘과 정치에서 여성의 목소리의 존재가 삶의 복잡성을 이해하는 데 결정적인 것이라고 생각합니다. 제가 짐보다는 오히려 짐의 부인의 시각에서 글을 쓰기로 했던 것은 짐처럼 도망치지 않은 사람들의 이야기들은 그간 이야기된 바가 없었기 때문입니다. 즉, 평범한 사람들의 이야기는 묻혀 버리고 마는 것입니다. 짐의 고통도 고통이지만, 노예상태로 남아 백인주인들이 가하는 육체적, 정신적 폭력을 감당해야 하는 흑인들, 그 중에서도 흑인여자들의 고통은 이만저만한 게 아니었습니다. 그런데 그러한 평범한 사람들에 관한 얘기는 언제나 묻혀지는 게 현실이었습니다. 흑인여성은 어떻게 보면 흑인남성보다 더 고통스러운, 이중 삼중의 억압상태에 있었습니다. 흑인여성은 백인주인의 성적 수탈마저 감수해야 했으니까요. 저는 바로 그 점 때문에 짐보다 그의 부인을 화자로 택해 내러티브를 전개하고자 했던 것입니다. (왕은철 232-33)

롤스는 노예상태를 탈출한 흑인남성에 초점을 맞추는 대신, 그 남성의 고통과 다를 바 없는, 아니 어쩌면 그보다 훨씬 더한 고통을 겪어야 했을, 노예상태에서 벗어나지도 못하고 육체적 노동은 물론이려니와 성적 착취까지 경험해야 했을 흑인여성들에게 초점을 맞추고 그들의 묻힌 목소리를 드러내고자 한다. "이중 삼중의 억압"을 받은 여성(가야트리 스피박의 말을 빌려 말하자면, 바로 이러한 여성이 "하위계층"(subaltern)에 해당한다)을 전면에 부각시킴으로써 남성중심적 이데올로기를 해체하고자 하는 것이다. 『허클베리 핀의 모험』에서 짐의 아내에게 이름이 주어지지 않는 것은 흑인들의 익명적인 특성이 흑인여성에게서 더욱 두드러지고 배가되었던 역사적 현실을 암시하는 것일 수 있다. 엘리슨의 메타포를 빌려 말하자면, 눈앞에 있어도 익명적이고 '보이지 않는' 게 역사 속의 흑인이라는 존재였다면, 흑인여성은 그 중에서도 더 익명적이고 더 '보이지 않는' 소외된 존재였던 것이다. 그런 의미에서 보면, 트웨인의 텍스트가 짐의 아내의 이름을 언급조차 하지 않고 관심 밖의 존재로 놓아둔 것은 우연만은 아닐 듯하다. 만약 그것이 우연이라면, 텍스트의 무의식과 무관하지 않은 우연일 것이다. 롤스는 트웨인과 달리, 짐의 아내인 익명의 흑인여성에게 세이디Sadie라는 이름을 부여하고 그녀로 하여금 자신을 비롯한 여성들의 비극적 삶을 서술하게 함으로써 여성에 대한 역사적 소외와 억압에 저항하고 있는 셈이다.

세이디가 자신의 곁을 곧 떠나게 될 손녀딸 메리앤을 위해 누비이불을 떠주면서 들려주는 이야기의 형식으로 된 이 소설은 트웨인의 텍스트가 말해주지 못하는 흑인여성의 "이중 삼중의 억압상태"에 대해 많은 걸 말해준다. 롤스의 텍스트에서 세이디는 짐이 도망친 것 때문에 혹독하게 처벌을 받는다. 짐이 누구와 상의할 겨를도 없이 탈출을 했음에도 불구하고 그녀가 모든 걸 뒤집어쓰고 고초를 당하는 것이다. 백인들은 그녀에게 개를 풀어놓고, 무릎 밑에 막대기를 넣어서 묶고 감금한다. 그녀의 아들 조니는 순찰들이 겁을 주는 바람에 "그들이 그의 입에서 혀를 잘라낸 것처럼 말을 못하게 된다"(MJ 99). 그녀의 수난은 여기에서 끝나지 않는다. 백인주인은 세이디를 강제로 덮치고(MJ 110), 그녀가 고분고분하지 않자 그녀의 딸인 리즈베스에게도 손을 뻗친다. "나의 딸로부터 떨어지라"는 그녀의 말에 스티븐스는 "여기에 있는 아무것도 네 것은 없다. 네 딸마저도 네 것이 아니다"며 자신의 욕심을 채운다(MJ 111). 스티븐스가 나중에 조니를 다른 곳으로 팔아버리기까지 하자, "슬픔에 미쳐버린" 세이디는 백인주인의 담배 창고에 불을 지른다. 아들이 강제로 팔리고 난 후에 일어난 그녀의 행동은 트웨인의 텍스트에서 백인들의 말에 무조건적으로 따르는 수동적이고 노예적인 흑인들의 것과는 전혀 다른 필사적인 몸부림이다. 그러자 스티븐스는 구둣발로 그녀의 얼굴을 짓밟고 급기야 그녀의 한쪽 눈을 지팡이로 파내버린다(MJ 127). 『나의 짐』에서 가장 잔혹한 이 사건에 대해 얘기한 후, 세이디가 손녀딸에게 "너, 한쪽 눈만 있는 사람을 보면 그 사람이 어떻게 우는지 궁금할 테지. 하지만 우는 덴 한쪽 눈만으로도 족한 거란다"(MJ 127)라고 말하는 부분은 트웨인의 텍스트 어느 곳에서도 가능치 않은, 흑인노예들의 아픔이 생생하게 담겨 있는 장면이 아닐 수 없다. 세이디는 결국, 남부의 사탕수수 농장으로 팔려가는 신세가 된다. 그리고 남부로 팔려간 날 당일에는 상점주인으로부터 성폭행을 당한다(MJ 137). 그 성폭행에서 태어난 아이가 엘리스이고, 엘리스와 조지프라는 남자 사이에서 태어난 아이가 세이디의 얘기를 듣고 있는 손녀딸 메리앤이다.

세이디와 마찬가지로 다른 흑인여성들도 백인들에게서 성적 착취를 당할 뿐만 아니라 다른 흑인남성들과의 무작위적인 관계에서 아이를 생산하는 인간기계의 역할을 한다. 노예의 숫자를 불려 재산을 증식시키는 데 혈안이 된 백인주인들은 흑인남성들이 흑인여성들을 성폭행하는 걸 때로는 방조한다. 성폭행은 곳곳에서 일어나는데, 특히 들판에서 일어날 경우에는 저항할 방법이 없다. "뒤에서 덮치면 막을 길이 전혀 없기" 때문이다(MJ 62). 들판에서 일하는 사람들이 노예들이라는 걸 감안하면, 흑인여성은 백인남성들만이 아니라 흑인남성들로부터도 성적착취를 당했다는 말이 된다. 바로 이것이 롤스가 흑인여성들이 "이중 삼중의 억압상태"에 있었다고 말한 부분적인 이유일 것이다. 일은 일대로 하고, 흑인남성과 백인남성 양쪽으로부터 성적착취까지 당하고, 또 거기에서 생긴 아이를 양육하는 일까지 도맡아야 했으니 이중 삼중이 아니라 사중 오중 육중의 억압상태라고 해야 맞을지 모른다. 물론 이 모든 것이 노예제도의 산물이어서, 흑인남성들을 가해자로 몰아세우는 것은 어폐가 있지만, 그들이 흑인여성에 대한 백인들의 성적착취에 가세했다는 것은 결과적으로 보면 백인들의 야만적인 행위에 동참한 것이나 마찬가지라고 할 수 있는 측면이 없지 않다.

여하튼, 롤스의 텍스트는 여자들의 성이 백인들의 재산증식을 위한 주요 수단이었다는 걸 구체적으로 제시한다. 어떤 백인들은 아이를 낳기에 적합한 나이의 흑인여자들만 사들여 튼튼한 흑인남자와 동침시킨다. 세이디가 남부로 팔려간 후, 앤드류라는 흑인남자와의 사이에 네 아이를 두는 것도 오직, '새끼'를 얻으려고 하는 백인주인의 일념 탓이다. 사탕수수나 곡물을 수확하듯이 백인들은 "매년 갓난애들을 수확하는 것"(MJ 138)이다.

이런 실존적 상황에 있는 흑인여성들이 아이를 갖는 걸 좋아할 리가 만무하다. 그들이 뱃속에 있는 아이를 유산시키려고 몸부림을 치는 장면이 롤스의 텍스트에 허다하게 등장하는데, 이는 짐처럼 달아나지도 못하고 백인주인의 손에 놀아나야 했던 흑인여성의 억압상태가 흑인남성의 것에 비할 바가 아니었음을 적나라하게 말해준다. 텍스트 속의 수많은 흑인아이들이 그렇게 어머니가 원치 않는 상태에서 이 세상에 태어난다. 가령 세이디의 남편인 짐이 태어나는 정황을 보면, 아이와 관련하여 흑인 여성이 앓아야 했던 가슴앓이가 얼마나 큰 것이었는지 잘 드러난다. 짐의 어머니는 남편이 자유를 찾아 달아나다 오히려 죽임을 당하는 일이 벌어지자, 뱃속의 아이를 유산시키려고 온갖 약초를 다 먹는다. 그래도 유산이 안 되자, 묘지에 있는 흰 떡갈나무 밑에 앉아 돌 사이에 아이를 낳는다. 그녀는 아이를 낳은 후, 칼로 자신의 목숨을 끊으려고까지 한다. 산파 노릇을 한 코라 때문에 그것마저도 뜻대로 되지 않자, 그녀는 아이가 죽기를 바라는 마음에서 이름도 지어주지 않는다. 그리고 차마 자기 손으로 목을 졸라 죽이지는 못하고, 집안에 불을 피워 연기가 가득하게 만들어 아이가 질식해 죽기를 기다린다(MJ 24-26).

아이가 태어나는 걸 원치 않는 것은 짐의 어머니만이 아니라 세이디도 마찬가지다. 그녀는 짐과의 사이에서 첫 번째 아이를 임신하자, 유산을 하는 데 도움이 되는 정향나무기름을 아랫도리에 발라보기도 하고 사초를 달여 마시기도 한다. 그것이 여의치 않자, 이번에는 뱃속에 있는 아이를 향해 이 세상에 나오면 겪어야 할 것들에 대해 얘기해준다. 그렇게 되면 뱃속의 아이가 자라지도 않고 밖으로 나오려고도 하지 않을 것이라는 생각에서다(MJ 70-71). 물론 그녀의 바람과 다르게 리즈베스는 세상 속으로 태어난다. 그녀는 두 번째 아이를 임신했을 때는 아예, 밤중에 연못으로 가서 빠져죽으려고 한다. 짐이 제때 발견하지 않았더라면 뱃속의 아이와 함께 죽었을 것이다. 그녀가 목숨을 버리려고 한 건 "주인에게 또 다른 아이를 줄 수 없다"는 이유에서다(MJ 81). 짐을 만나기 이전에도 그녀는 세 명의 아이를 유산시킨 바 있다(MJ 62). 그녀는 다른 흑인여자들이 아이를 낳는 걸 거들 때도, "탯줄로 그들의 목을 졸라 죽이는 것에 대해 생각한다." 그렇게 되면 "더 이상의 노예들이 태어날 필요가 없기 때문이다"(MJ 57). 사실, 세이디의 어머니도 그녀를 낳지 않으려고 정향나무 기름을 발라보기도 하고 사초를 달여 마시기도 했다(MJ 57).

롤스의 소설에는 짐의 어머니와 세이디의 어머니, 그리고 세이디 자신처럼, 뱃속에 든 아이를 유산시키려고 온갖 노력을 다하고, 그것이 실패해 아이가 태어나면 그 아이를 살해하려고까지 하는 흑인여성들이 등장한다. 그들이 비정해서가 아니라 노예의 삶을 사는 것보다는 태어나지 않거나, 태어났다면 죽는 게 낫다는 생각에서 그렇게 하는 것이다. 그런 일이 빈번하게 발생하자 백인주인들은 염탐꾼을 시켜 유산에 쓰일 약초가 집안에 있는지 조사하게 하고 갓난애를 죽이다가 걸리면 손목을 잘라버리기도 한다(MJ 137-38). 모리슨의 소설 『빌러비드』(*Beloved*)는 딸이 노예로 팔려가는 걸 막으려고 어머니가 딸을 죽인 것을 주요 모티브로 삼고 있는데, 이는 롤스의 소설 도처에 산재해 있는 흑인여성들의 유아살해와 같은 맥락의 것이다. 여성으로서의 삶, 그것도 흑인여성으로서의 삶이 얼마나 힘든 것인지 아는 그들은 자식들을 죽임으로써 죽음보다 못한 노예적 삶으로부터 그들을 해방시키고자 했던 것이다. 짐의 어머니가 그를 낳고 난 후, 산파역을 한 코라가 "이 아기가 당신에게 언젠가 자유를 사줄 거야"라고 말하자, "당신이 아이를 [그냥 죽게] 내버려두면 지금 자유로워질 수 있어요"(MJ 25)라고 말하는 대목은 소설의 도처에서 자신의 아이들을 죽이려고 하는 흑인여성들의 처절한 마음을 대변하는 말이다.

이처럼 "이중 삼중의 억압상태"에 있던 흑인여성들이 의지할 것은 서로에 대한 사랑 외에는 없었다. 롤스의 텍스트에 흑인여성들이 서로를 의지하고 돕는 장면이 자주 나오는 것은 그래서 우연이 아니다. 그들은 다른 사람이 아이를 낳으면 기꺼이 산모 노릇을 해주기도 하고, 누군가가 얻어맞거나 죽으면 노래를 부르며 위로해주기도 한다. 가령 그웬이라는 여성은 어머니를 잃고 망연자실해 있는 세이디를 다독거리며 "새로운 엄마라도 되는 것처럼 꼭 껴안아준다"(MJ 45). 그리고 세이디는 후에 그웬이 아이를 낳을 때 탯줄을 잘라주기도 한다(MJ 136). 특히 우리의 마음에 와 닿는 것은 세이디가 손녀딸 메리앤에게 자신의 경험담을 들려줄 때 느껴지는 끈끈한 애정과 사랑이다. 사실, 롤스의 텍스트는 메리앤이 차스라는 흑인청년의 청혼을 받고 멀리 떠나야 하는 상황에 처해, 할아버지도 없고 앞도 제대로 못 보는 할머니를 혼자 두고 떠날 수 없어서 울면서 애를 태우는 걸 보고, 세이디가 "네 삼촌들이 도와줄 테니 나에 대해서는 걱정하지 말라"(MJ 13)고 그녀를 다독거리며 자신의 파란만장하고 비참했던 과거를 들려주는 형식으로 된 소설이다. 혼자 남을 할머니를 위해 눈물을 흘리는 손녀딸, 그리고 자신은 그러하지 못했지만, 아니 그럴 수 없었기에 더욱, 사랑하는 사람을 따라가라고 손녀딸을 다독거리는 할머니의 모습에서는 서로에 대한 진한 사랑이 느껴진다. 할머니는 자신이 사랑했던 모든 사람들의 흔적이 담긴 누비이불을, 이 세상에서 다시는 보지 못하게 될지 모르는 손녀딸을 위해 떠주며 이렇게 말한다. "어디를 가든 저 누비이불을 갖고 가렴. 나이가 들면 너를 사랑했던 나와 다른 모든 사람들을 생각하렴. 눈을 감으면 우리들의 사랑이 네 뒤에 다가오는 걸 느낄 수 있을 게다. 그것이 네가 이 세상에서 갖고 있는 전부다"(MJ 161). 정말 그랬다. 짐처럼 떠나지도 못하고 "노예상태로 남아 백인주인들이 가하는 육체적, 정신적 폭력을 감당해야" 했던 흑인여성들에게, 서로에 대한 애정과 배려는 그들이 "이 세상에서 갖고 있는 전부"였다.

4. 흑인에 대한 왜곡된 시각 바로잡기

트웨인의 텍스트는 처음부터 끝까지 짐을 비롯한 흑인들을 열등한 존재로 묘사한다. 아니, 열등한 정도가 아니라 아예 사물화 한다. 소설의 후반부에서 헉이 톰에게 하는 말은 이러한 사물화의 방식을 잘 보여준다.

> 도덕적이든 아니든, 곡괭이가 최고야. 나는 도덕 어쩌고 하는 것은 조금도 상관하지 않아. 내가 검둥이를 훔치든, 수박을 훔치든, 혹은 주일학교 책을 훔치든, 그것을 어떤 식으로 훔치는가는 특별히 중요할 게 없어. 내가 원하는 것은 내 검둥이요, 내가 원하는 것은 내 수박이요, 내가 원하는 것은 나의 주일학교 책이야. 만약 곡괭이가 가장 손쉬운 물건이라면, 나는 그걸 갖고 그 검둥이 혹은 그 수박 혹은 그 주일학교 책을 파낼 거야. (HF 240)

여기에서 짐은 수박이나 주일학교 책과 같은 물건의 수준으로 격하되어 있다. 물론 이것은 헉이 "톰을 설득하기 위한 수사적인 방식"일 수도 있지만, 설령 그렇다 하더라도 그의 말은 "그와 짐이 보냈던 좋은 시간들을 아무렇지도 않게 머리에서 지워버리는 것"이 된다(Jones 186). 헉은 "소설의 종반부에서 다시 한 번, 남부사회의 본질적인 인종의 상투성을 통해서 짐을 바라보게 된다"(Abernathy 21). 마르틴 부버Martin Buber의 용어를 빌리면, 헉은 불완전하고 일시적이나마 존재했던 "나-너"(I-Thou)의 관계를 "나-그것"(I-It)의 관계로 바꾸고 있는 셈이다. 그가 톰을 비롯한 아무에게도 짐의 가족에 관해 일체의 언급을 하지 않는 것은 "검둥이"를 수박이나 주일학교 책과 같은 "그것"으로 생각하기에 가능한 것이다.*

롤스의 텍스트는 트웨인의 텍스트에 투영된, 흑인남성에 대한 왜곡된 시각, 즉 연령에 관계없이 흑인남성을 어수룩하고 유치한 존재로 보는 시각을 바로잡고 있을 뿐만 아니라, 미시시피 강을 따라 이어지는 여행과 모험을 중심으로 내러티브가 전개되는 트웨인의 남성중심적 텍스트에서는 관심 밖으로 밀려나 있는 흑인여성들의 실존적 삶을 구체적으로 보여주고 있다. 트웨인의 텍스트에 투영된 흑인남성들의 한결같은 유치함이나 미숙함은 "강요된" 것이어서 결국 그들의 "남성성 자체를 파괴하는" 것으로 이어졌다. 성숙한 어른이라 하더라도 어린애로 취급되니 그들의 남성성이 구현될 여지가 없었던 것이다. 그들의 남성성이 그런 식으로 파괴되었다면, 흑인여성들의 "여성성"은 백인들이 그들을 성적노리개로 삼음으로써 "파괴되었다." 남성성과 여성성이 부재하다 보니, 그들이 정상적인 가족을 이뤄 살아간다는 것 자체가 불가능했다(Henry 30). 롤스의 텍스트에서 수없이 되풀이되는 가족의 와해는 그래서 불가피한 것이다. 세이디가 누비이불을 만들면서 이야기를 해주는 대상인 그녀의 손녀딸이 짐과는 아무 혈연적인 관계가 없는 타인이라는 사실은 그들 가족의 와해가 얼마나 철저한 것이었는지를 생생하게 보여준다. 짐이 떠난 후, 세이디는 계속 아이들을 낳아야 하는 실존적 상황에 처해 있었던 것이다. 짐이 세이디로부터 다른 남자들과의 사이에서 난 자식들과 손녀를

* 세자르는 돈과 물건이 인간관계를 대신하고 인간을 사물화시킨다고 주장하는 막시즘 이론을 식민주의의 문제에 적용하여, 식민주의를 식민지인들의 "사물화"(thingification)라고 규정한 바 있는데(Césaire 21), 이는 헉이 짐을 사물화시키는 것과 크게 다르지 않다. 결국 헉과 짐의 관계는 유형은 약간 다를지 모르지만 식민주의자와 피식민주의자의 관계에 다름 아니기 때문이다.

데리고 또 다른 남자와 살고 있다는 얘기를 듣고도, 그녀를 비난할 수 없는 것은 그것이 노예제도가 여성에게 강요한 실존적 상황에서 행해진 것이라는 걸 알기 때문이다.

롤스의 텍스트는 흑인남성에 관한 한, 트웨인의 텍스트를 되받아 쓰고 있고, 흑인여성에 관한 한, 작가 자신의 말처럼, "되받아 쓴다기보다는 확장하고" 있다고 할 수 있다(왕은철 236). 그러나 롤스가 되받아 쓰거나 확장한다고 해서 트웨인의 소설을 "인종적인 소설"로 몰아붙이는 것은 결코 아니다. 그녀가 말한 바와 같이 "화자 헉과 작가 트웨인 사이에 아이러니컬한 거리가 있을 수도 있으니 헉의 인종적 태도를 트웨인의 것이라고 간주할 수만은 없는 것도 사실"이다. 그녀의 이러한 입장은 트웨인의 텍스트를 변호하는 백인학자들이나 소수 흑인학자들의 입장과 크게 다르지 않다. 다만 그녀가 문제를 삼는 것은 "그 소설을 신성한 고전의 자리에 모셔놓고 떠받들면서, [어린 흑인학생들에게] 그냥 읽기만을 강요하고" 있는 미국의 교육현실이다. 교사들이 "아무런 비판적 입장 없이" 학생들에게 읽기를 강요하는 것은 "결국 그 소설 속에 스며 있는 인종주의를 외면하는 것"이고, "역사를 미화하고 신비화하는 것은 지극히 위험하다는 것"(왕은철 236-38)이다.

롤스의 소설이 발표된 후, "샌프란시스코의 한 학교에서는 『허클베리 핀의 모험』과 『나의 짐』을 동시에 읽힘으로써 상당한 교육적 효과를 보았다"고 한다. 또한 많은 교사들과 대학교수들이 『나의 짐』을 학생들에게 읽히고 있으며 "심지어 역사과목에서도 교재로 채택[해] 읽히고" 있다고 한다. "왜곡된 이미지가 책을 통해 젊은 학생들의 뇌리에 영속화되는 것만은 적어도 막아야" 한다는 작가의 신념이 교육현장에서 부분적일망정 받아들여지고 있다는 건 고무적이다(왕은철 239).

이런 맥락에서 보면, 말도 많고 탈도 많은 『허클베리 핀의 모험』을 둘러싼 숱한 논의들보다 롤스가 집필한 소설 한 권이 더 교육적인 기능을 하고 있는 것처럼 보인다. 그렇다고 미국의 모든 학교들이 『허클베리 핀의 모험』을 중고등학교의 필독서 목록에서 전면적으로 제외시키는 건 현재로서는 쉽지 않은 일로 보인다. 신화의 영역에 올라있는 소설 중의 소설을 백인들이 쉽게 배제할 리도 없을 뿐만 아니라, 앞서 언급한 바처럼 일부에 지나지 않지만 그들의 의견에 동조하는 흑인학자들도 있기 때문이다. 트웨인의 텍스트를 전면적으로 배제하는 게 쉬운 일이 아니고 또 그걸 계속 가르쳐야 한다면, 『허클베리 핀의 모험』과 『나의 짐』을 동시에 읽히는 것도 좋은 대안일 수 있을 것이다. 이는 전자가 고의적으로 생략하거나 회피하고 또 왜곡했던 인종적인 문제들을 후자가 나름의 방식으로 바로잡고 있기 때문이다. 그렇다고 문제가 완전히 해결되는 것은 아닐 것이다. 가르치는 사람이 제아무리 비판적인 시각으로 『허클베리 핀의 모험』을 가르친다 해도, "검둥이"라는 말이 수백 번 되풀이되는 소설을 읽으면서 흑인학생들이 느낄 모욕감과 불쾌감은 여전할 것이기 때문이다. 레스터가 "내 아이들의 교육은 『허클베리 핀의 모험』을 읽지 않음으로써 향상될 것"이라고 말한 것(Lester 200)은 이러한 맥락에서다.

백인들이 "우상숭배"에 가깝게 떠받드는 트웨인의 텍스트가 흑인들에게 모욕감과 굴욕감을 느끼게 하고, 그 와중에서 흑인학생들이 수업을 거부하는 사태가 과거에 벌어졌고 또 지금도 그러함에도 불구하고, 그것을 필독서에 집어넣는 현실은 미국이라는 나라가 아직도 백인중심적인 이데올로기로부터 벗어나지 못하고 있다는 명백한 증거다. 이데올로기에 대한 다양한 정의들이 있지만, 그것을 "왜곡과 은폐를 통해서 지배 계층이나 계급의 이익을 정당화하도록 돕는 생각들과 믿음들"이라고 정의한

테리 이글턴Terry Eagleton의 말에 입각해 보자면 그렇다(Eagleton 45). 만약 어떤 특정한 표현이나 단어가 미국의 백인들을 겨냥해, "검둥이"라는 말에 내포된 바와 엇비슷한 역사적, 문화적, 정치적 암시나 함의들을 갖고 있다면, 그것이 수백 번 되풀이되는 텍스트를 어린 백인학생들에게 마냥 강요하지는 않았을 것이다. 아니, 그 텍스트는 적어도 학교에서는 자취를 감추고 없을 것이다. 한 학자가 "만약 독일에서 가장 애호하고 광범위하게 가르치는 책이 도망치는 유대인과 함께 아리아인 소년이 겪는 모험담을 바바리아 지방어로 서술한 이야기라면 어떻겠느냐?"라고 항변하는 것도 무리는 아니다(Arac 215). 이는 트웨인의 텍스트에 형상화된 짐이라는 인물이 유대인으로, 헉이 아리아족 독일소년으로 대체되고 나머지 상황들이 20세기 전반부의 독일적인 상황으로 바뀐 소설을 생각해 보라는 얘기다. 그리고 그걸 독일에서 감히 교과서로 쓸 수 있겠느냐는 얘기다. 이런 맥락에서 롤스가 『허클베리 핀의 모험』에 관해 했던 말은 음미해볼 가치가 있다.

> 저는 이 소설이 미국을 대표할 만한 소설인지 어쩐지 잘 모르겠습니다. 여하튼 미국인들은, 특히 백인들은, 자신들의 조상이 헉처럼 인간적이었다고 믿고 싶어 하는 것 같습니다. 우리는 모두, 과거의 잘못된 것에는 애써 눈을 감아버리고 좋은 것만을 보려고 하지 않습니까? 우리 미국인들은 우리들의 제국 혹은 식민 정책에는 눈을 감고, 우리의 좋은 점만을 보려고 하지 않습니까? 우리의 역사가 얼마나 참담합니까. 그걸 도외시하고 역사를 바라본다는 것은 역사에서 아무 것도 배우지 않고 그저 자신에게 편한대로만 말하고 바라보겠다는 것이지요. 그렇다고 마크 트웨인의 소설을 폄하하고 싶은 생각은 없습니다. 꼼꼼하게 읽어보니 좋은 부분이 아주 많은 소설입니다. 다만 그

> 소설의 유머가 흑인들을 희생시키며 얻어진 것이라는 점을 우리가 직시할 필요가 있으며, 학생들에게 그렇게 가르칠 필요가 있다는 것입니다. 저는 제가 알고 있는 많은 독자들처럼, 이 소설을 쓰기 전에는『허클베리 핀의 모험』을 끝까지 읽을 수가 없었습니다. 짐이라는 흑인인물에 대한 형상화가 저를 몹시 불편하게 만들었기 때문입니다. (왕은철 237)

작가는 "교육적인 것을 최우선으로 삼고 이 소설을 썼다"고 밝힌 바 있는데, 이는 그녀가 이 소설을 쓴 것이 "흑인과 백인 사이에 각을 세우려고 하는 것이 아니라" 트웨인의 소설에 투영돼 있는 "흑인들의 상투성을 바로잡고" 과거와 현재를 직시하면서 학생들에게, 특히 어린 학생들에게, 제대로 된 교육을 하는 일에 일조하는 데 있었음을 잘 말해준다(왕은철 239).『허클베리 핀의 모험』이 "미국을 대표할 만한 소설인지 어쩐지" 잘 모르겠다며 미국백인들이 신성불가침의 정전으로 여기는 텍스트에 의문을 제기하고, 이 소설에 대한 백인들의 "우상숭배"에서 "자신들의 조상이 헉처럼 인간적이었다고 믿고 싶어 하는" 마음을 읽어내는 롤스의 모습에서, 의로운 분노와 교육에 대한 열정이 절로 느껴진다.

02
슬픔과 애도의 시학
– 나타샤 트레서웨이의 시에 나타난 어머니*

1. 애도작업의 성공과 실패

심리학에서 애도란 사랑하는 대상을 잃고 그 충격의 여파를 견뎌내고 극복하는 심리적 과정을 일컫는다. 프로이트의 말을 빌려 말하면, 애도는 "사랑하는 사람을 잃은 것에 대한 반응이나 자신의 나라, 자유, 이상처럼 자신의 자리를 차지하게 된 추상적인 것을 잃은 것에 대한 반응"(Freud 243)이다. 프로이트는 정상적인 사람의 경우, 그 애도에 다소 시간이 걸리긴 하지만, 결국 "자아가 잃어버린 대상으로부터 리비도를 해방시키는 데 성공할 것"이라고 생각했다(Freud 252). 그는 "현실(reality-testing)이 사랑하는 대상이 더 이상 존재하지 않다는 걸 보여주고, 그 대상에 대한 집착으로부터 모든 리비도를 회수할 것을 요구한다"며, 이러한 "요구"에 대한 "이해할만한 저항이 일어나겠지만" 결국에는 "현실에 대한 존중심이 승리하게 되고" "자아가 다시 자유롭고 제약받지

* 2011년 「영어영문학연구」에 발표.

않은 상태가 된다"(Freud 245)고 생각했다. 그래서 애도는 프로이트에게 우리가 떠나보낸 자에 대한 감정적 애착을 단절하고 리비도를 새로운 대상에 재투자하는 "작업"(arbeit)이다. "작업"이라는 말에는 그걸 성공적으로 수행해내야 한다는 전제가 밑바닥에 깔려 있고, 또 그것이 사회가 우리에게 요구하는 것이기도 하다. 그 "작업"이 성공적이지 못하여 리비도를 회수하지 못하고 감정적 애착이 단절되지 못할 경우, 치료를 필요로 하는 병리학적인 우울증으로 이어진다는 게 프로이트의 논리다. 이는 "작업"의 성공은 정상이요, 실패는 비정상이라는 말이다.

그런데 애도작업의 성공이나 실패가 꼭 그렇게 정상과 비정상으로 나뉘어야 하는지, 애도작업의 성공만이 긍정적인 것이고 실패는 반드시 부정적인 것이어야 하는지, 살아남기 위해서 그렇게 하는 것이 설령 불가피하다 하더라도, 한 번쯤 뒤집어 생각해볼 필요는 있을 듯하다. 다소 비현실적인 생각일지는 몰라도, 진정한 애도는 결코 완성될 수 없는, 그래서 우리가 죽을 때까지 계속돼야 하는 것인지도 모른다. 적어도 우리가 그 사람의 죽음을 통해 죽음을 체험할 정도로 사랑했던 사람일 경우에는 더더욱 그럴 것이다. 바로 이것이 자크 데리다Jacques Derrida가 "애도의 가능한 유일한 방식은 불가능한 애도"(Patton and Smith 66)라고 말한 이유일 것이다. 애도가 성공한다는 것은 결국, 떠나간 사람을 잊고 극복함으로써 새 삶을 사는 것으로 귀착되니 긍정적인 것일지 모르지만, 떠나고 없는 사람을 마음이나 기억 속에서까지 비워내는 것이니, 완전히 비워내지 않는다면 부분만 남기고 비워내는 것이니, 비정한 것이 아닐 수 없다. 아무리 살기 위해서라지만 비정한 것은 비정한 것이다.

그리고 애도작업의 실패는 떠나간 사람이 남긴 빈자리와 공허를 어쩌지 못해 자신의 남은 삶을 저당 잡히고 몸부림을 치는 것이니 부정적인 것일 수 있지만, 살아 있을 때와 마찬가지로 그 사람에 대한 기억과 추억에 충실하려고 한다는 점에서는 오히려 성공적인 것이라고 볼 수도 있을 것이다. 데리다가 애도가 "성공하기 위해서는 실패해야, 그것도 '잘' 실패해야 한다."(Derrida, *Work of Mourning* 144)라고 말한 것은 이런 의미에서였다. 그래서 떠나간 사람을 잊고 새 관계를 형성하는 '정상적인' 삶이 오히려 '비정상적인' 것일 수 있으며, 죽은 사람을 못 잊어 몸부림을 치며 그 사람을 자기 안에 살아 있게 하는 '비정상적인' 삶이 오히려 '정상적'일 수 있다. 이는 사회가 우리에게 처방하는 것과는 달리, 정상과 비정상이 보는 시각에 따라서 얼마든지 자리를 바꿀 수 있다는 말이기도 하다. 부재하는 자가 부재한다고 인정하기를 거부하고 애도를 거부하는 것이 오히려 진정한 애도일 수 있다는 역설이 여기에서 성립될 수 있을 것이다.

2. 흑인여성 작가의 애도작업

2007년도의 퓰리처상을 수상한 미국시인 나타샤 트레서웨이Natasha Tretheway에 관한 논의를 애도에 관한 언급에서부터 시작하는 이유는 그녀의 시가 일관되게 어머니의 죽음에 대한 애도와 관련된, 아니 더 정확히 말해 애도의 실패와 관련된 것이기 때문이다. 그녀의 시는 초기 시에서부터 최근에 발표한 시에 이르기까지 어머니의 죽음에 관한 집착에서 놓여나지 못하고 있다. 그녀의 경우는 프로이트 식으로 말하면, "애도작업"에 실패한 전형적인 예이다. 시의 소재가 무궁무진할진데 대부분이 어머니의 죽음과 관련된 것이기에 그렇다. 그런데 그녀가 어머니의 죽음을 극복하지 못하는 것은 어찌 보면 당연한 것일 수 있다. 그녀의 어머니가 너무나 비극적인 죽음을 맞았기 때문이다. 트레서웨이의 어머니가 세상을 떠난 것은 1985년, 그녀가 열아홉 살 때였다. 그녀의 의붓아버지는 대단히 폭력적인 사람이었다. 그는 자신의 폭력을 견디다 못해 전해에 이혼을 하고 '여성의 집'으로 피신해 있던 부인을 총으로 살해했다. 그는 처음에는 의붓딸을 죽임으로써 전처에게 보복할 심산이었다. 그런데 풋볼경기장에 찾아갔을 때, 치어리더인 의붓딸이 자기를 보고 웃으면서 손을 흔드는 걸 보고 발길을 돌려 어머니를 대신 죽이러 갔다. 그렇게 해서 그녀의 어머니가 딸 대신 죽게 되었고 딸은 살아남았다(왕은철 416). 트레서웨이가 경기의 흥을 돋우는 치어리더 활동을 하는 사이, 어머니는 죽음을 맞은 것이었다. 두 사람의 삶은 그렇게 동강이 나버렸다. 어머니의 삶은 말할 것도 없으려니와, 마흔 살밖에 되지 않은 어머니의 죽음 앞에서 어린 딸의 삶도 동강이 나버렸다. 뉴스에나 나옴 직한 얘기지만, 이것이 트레서웨이가 어렸을 때 실제로 겪었던 비극적 사건이었다.

그녀의 시가 끊임없이 과거를 향해 뒷걸음질을 하며 기억을 반추하고 또 반추하는 것은 그래서 당연한 일이다. 그녀에게 퓰리처상을 안겨준 시집 『네이티브 가드』(*Native Guard*)만 해도 그렇다. 이 시집은 표면적으로 보면, 남북전쟁에 백인들과 함께 수십만 명이나 참전했지만, 전쟁이 끝난 후에는 역사의 기록에서 배제되는 운명에 처했던 흑인 병사들의 한스러운 목소리를 되살리는 걸 주된 목적으로 하고 있다. 작가의 말처럼, 그래서 이 시집은 "잊혀진 흑인 병사들을 위한 서정적인 기념비"(왕은철 409)라고 할 수 있다. 그런데 시집을 자세히 살펴보면, 흑인 병사들을 위한 서정적인 시들이 그와는 거리가 먼 개인적인 시들에 둘러싸여 있다는 걸 알 수 있다. 흑인 병사들의 목소리가 가운데에 배치되고, 어머니와 관련된 시들이 그것을 감싸고 있는 형국이다. 어머니와 관련된 시들은 분량 면에서도 흑인 병사들에 관련된 시들을 압도한다. 그래서 이 시집을 대표하는 시는 표제작인 「네이티브 가드」나 그와 관련된 시들이라기보다는 이 세상에 없는 어머니에 대한 감정이 담긴 다음과 같은 시일 것이다.

당신이 죽어가는 동안, 나는 자고 있었습니다.
내가 잠과 깨어남 사이에 만드는 어떤 틈, 어떤 구멍 속으로
당신이 빠져버린 것만 같습니다.

내가 당신을 에레부스*에 잡아두고 아직도
놓아주지 않으려 하는 것만 같습니다. 당신은 내일 다시
죽겠지만 꿈속에서는 살아 있습니다. 그래서 나는 다시

당신을 아침 속으로 데려가려 합니다. 잠에 취해 몸을 뒤척이며
눈을 뜨면서, 나는 당신이 따라오지 않는다는 걸 압니다.
거듭되는 이 계속적인 저버림.

거듭되는, 이 지속적인 저버림.
눈을 뜨면서 나는 당신이 따라오지 않는다는 걸 압니다.
당신은 아침 속으로 물러납니다, 잠에 취해 몸을 뒤척이며.

하지만 당신은 꿈속에서는 살아 있습니다. 그래서 나는 놓아주지 않으려고
당신을 잡으려 합니다. 내일 다시 당신은 죽을 것입니다.

---

* 에레부스(Erebus)는 이승과 저승과의 사이에 있는 암흑계를 지칭한다.

나는 꿈과 깨어남 사이에 만드는

에레부스에 당신을 잡아두려고 아직도 애를 씁니다.
어떤 틈, 어떤 구멍 속으로 당신이 빠져버린 것만 같습니다.
당신이 죽어가는 동안, 나는 자고 있었습니다. ("Myth," *Native Guard*, 14)

여기에서 화자/작가는 과거를 향해 뒷걸음질을 하면서, 어머니와 자기 중 누가 상대를 저버린 것인지 자문하고 있다. 그래서 이 시에 나타난 "저버림"은 이중적이다. 시인의 말에 따르면, "일차적으로는 시의 화자인 '나'를 두고 죽음으로써 어머니가 '나'를 저버리는 것"이다. 시인은 스무 살도 안 된 자신을 놔두고 어머니가 세상을 떠났기에 자신이 버림을 받았다고 느낀다. 이는 물론 논리적으로는 모순이다. 어머니는 그녀를 버린 게 아니라 의붓아버지가 쏜 총에 맞아 세상을 떠났기에 누구를 버리고 말고 할 상황이 아니었다. 그러나 논리적으로 모순이든 아니든, 뒤에 남은 사람이 저버림을 받았다고 느끼는 것은 어쩌면 당연한 일이다. 안아주고 품어줘야 하는 어머니가 예고도 없이 곁을 떠나는 경우는 더욱 그러할 것이다. 그런데 이 시에 나타난 "저버림"은 "이차적으로는 어머니를 죽게 놔둠으로써 '내'가 그녀를 저버리는 것"(왕은철 415)이라는 의미를 동시에 갖고 있다. "당신이 죽어가는 동안, 나는 자고 있었습니다."는 표현은 자기도 어찌할 수 없었지만, 그럼에도 불구하고 어머니가 죽지 않도록 뭔가를 했어야 한다는 죄의식의 표현이다.

시에서와 다르게, 트레서웨이는 자신의 어머니가 죽을 때, 자고 있었던 게 아니라 풋볼게임의 치어리더 활동을 하고 있었지만, 그 일에 대해 아무것도 모르고 있었기에, 그리고 설령 알았다고 해도 아무것도 할 수 없는 상황이었기에 '자고 있었던' 것이나 마찬가지였다. 결국 어머니가 그녀를 저버렸다는 것이나 그녀가 어머니를 저버렸다는 것이 논리적으로 모순되는 것이지만, 시인이 그 모순적인 느낌에 집착하는 것은 어머니의 죽음이 그만큼 힘겨운 것이었다는 말이다. 이는 시의 제목이 '신화'인 것에서도 잘 드러나는데, 제목이 '신화'인 것은 오르페우스와 에우리디케의 가슴 아픈 사랑 이야기에서 이 시가 모티프를 취하고 있기 때문이다. 시인은, 뱀에 물려 죽은 에우리디케를 지하세계로까지 찾아가 자신의 음악으로 지하세계의 신을 감동시켜 결국 그녀를 데리고 나오다가 뒤를 돌아보는 바람에 다시 그녀를 잃게 되는 오르페우스의 신화를 읽으면서도, 죽은 어머니를 떠올리고 죄의식을 느꼈다는 말이다. 이것은 데리다가 엠마뉘엘 레비나스Immanuel Levinas의 말을 인용해 말한 것처럼, "살아남은 자가 느끼는 죄의식"(Derrida, *Work of Mourning* 204)이다.

「당신이 돌아가신 후」("After Your Death")라는 시도 「신화」에 배인 것과 흡사한 죄의식을 토로하고 있는데, 앞서의 것이 신화를 차용해 죄의식을 토로하고 있다면 이 시는 평범하기 그지없는 과일을 보고 죄의식을 토로하고 있다는 것이 다르다면 다른 점이다.

우선, 나는 당신의 옷장을 비웠고,
당신의 손길이 묻어 찌그러진 과일 그릇을 버렸고,
당신이 잼을 만들려고 사놓은

병들을 비웠어요. 다음 날 아침,
새들이 과일나무에서 바스락거렸어요.
나중에 내가 잘 익은 무화과열매를 가지에서 비틀어 땄더니

반은 먹히고 다른 쪽은 벌써
썩어가고 있었어요, 아니, 내가 따서
쪼갠 다른 것처럼, 안쪽에서부터 먹히고 있었어요.

그것의 속을 파먹는 벌레들의 무리. 다시 한 번
나는 늦었어요, 상실에 의해 비워진 또 다른 공간.
내일, 내가 아직도 채워야 하는 그릇. ("After Your Death," *Native Guard*, 13)

시인은 무심코 딴 무화과 열매가 반은 썩고 반은 먹을 수 없는 상태인 걸 보고 자신이 "다시 한 번" 늦었다고 말하며 어머니의 죽음과 결부된 자의식을 드러내고 있다. 늘 그랬듯이 시인은 또 늦은 것이다. 자신이 "너무 늦어" 어머니를 죽게 만들었듯이, "너무 늦게" 따는 바람에 무화과열매를 썩게 만든 것이다. 이렇듯 시인은 썩은 과일을 보고도 어머니의 죽음을 떠올리며 죄의식에 사로잡힌다. 이는 시인이 「신화」에서 "당신이 죽어가는 동안, 나는 자고 있었습니다"라고 말한 것과 거의 정확하게 맥을 같이 하는 죄의식이다.

「신화」와 「당신이 돌아가신 후」가 어머니의 죽음 이후에 시인이 느꼈던 죄의식을 토로하고 있다면, 「기념비」("Monument")는 어머니의 무덤에 변변한 비석 하나도 세우지 못하고 살아온 마음의 짐을 서글프게 노래하고 있다. 시의 내용은 이렇다. 그녀가 어느 여름날, 어머니의 무덤을 찾아가니 묘지 주변에 잡초가 무성해 있다. 너무 무성해 "길을 잃을" 정도다. 가까스로 무덤을 찾아내 다가가자, 개미들이 무덤을 들락거리며 집을 짓고 있다. 시인은 그 모습을 찬찬히 들여다보기 시작한다. 개미들이 어머니의 "돌보지 않은" 무덤을 "동맥처럼" 들락거리며 그 위에 "작은 언덕"을 만들고 있다. "조금씩/ 붉은 흙이 쌓여/ 풀 위에 발진發疹처럼 펼쳐진다." 그러나 시인은 개미들이 어머니의 무덤을 들락거려도 자책감 때문에 그들을 탓하지 못한다. 시의 마지막 부분은 시인의 자책감을 잘 포착하고 있다.

나는 개미들이 내 어머니가 그것의
일부가 될 흙을 꺼내

내 앞에서 쌓는 다부진 모습을
오랫동안 바라보았다.
정말이지 나는 그들을, 그들의 근면함을
시샘하지 않으려고 애썼다.

그것은 내가 하지 못한 것을
환기시키는 것이었다. 지금도
그 흙더미는 내 가슴에 난 물집이요
기운찬 붉은 개미떼다. ("Monument," *Native Guard*, 42)

여기에서 시인이 느끼는 자책감은 구체적으로 "어머니의 묘에 기념비를 세우지 못한 것에 대한 죄의식"(왕은철 417)에서 연유하는 것이다. 개미들도 자신들이 해야 할 일을 그처럼 부지런하게 하는데, 자신은 그렇게 하지 못한 것을 시인은 자책한다. 그래서 개미들이 쌓은 흙더미는 그녀에게 "가슴에 난 물집"으로 다가온다. 그렇다면 왜 그녀는 어머니의 무덤 안에 비석을 세우지 못했던 것일까. 그녀는 그 이유를 다음과 같이 설명한다.

> 저는 의붓아버지의 성을 가진 어머니의 이름을 비석에 새겨넣을 수 없었습니다. 그렇다고 제 친아버지의 이름을 새겨넣을 수도 없었습니다. 저에게는 어머니와 의붓아버지 사이에서 태어난 남동생이 있었으니까요. 그는 어머니가 돌아가실 당시, 열 살이었습니다. 그는 의붓아버지와 이름이 정확하게 똑같았습니다. 그는 살인자인 아버지의 이름을 갖고 평생을 살아야 하는 짐을 지게 되었습니다. 그게 동생한테 얼마나 힘든 것일지 생각하며 너무 가슴이 아픕니다. 제가 『네이티브 가드』로 퓰리처상을 타면서 가족사가 알려지고 그 때문에 힘들어 했을 동생을 생각하면 가슴이 미어집니다. (왕은철 417)

그녀가 비석을 세우지 않은 건 지극히 현실적인 이유에서였다는 말이다. 자신의 어머니를 죽인 의붓아버지의 성을 비석에 새길 수도 없었고, 그렇다고 생부의 성을 새기기에는 의붓아버지와 어머니 사이에서 태어난 동생이 걸렸다. 이는 비석을 세우든 안 세우든, 죄의식이 불가피한 것이었다는 말이 된다.

그런데 트레서웨이는 어째서 비석을 세우지 못한 것에 "죄의식"까지 느끼는 걸까. 비석이 왜 그렇게 중요한 걸까. 그것은 그녀가 비석을 세우지 못함으로써 사랑하는 어머니를 제대로 떠나보내는 의식을 제대로 행하지 못했다고 느끼기 때문이다. "고정된 곳 없이는, 확정할 수 있는 장소 없이는, 애도는 허용되지 않는다"는 데리다의 말(Derrida, *Of Hospitality* 111)은 그녀의 상황에 잘 들어맞는 말이 아닐 수 없다. 데리다가 말하는 "고정된 곳"이나 "확정할 수 있는 장소"는 무덤이나 비석 등을 두고 하는 말인데, 무덤이나 비석이 있어야 하는 것은 사랑하는 사람이 삶을 마감하고 그곳에 몸을 뉘었다는 표식이, 살아남은 사람에게는 애도의 고통스러운 여정을 시작하는 출발점이 되어주기 때문이다. 이런 의미에서 우리는 너나 할 것 없이 물질을 중시하고 물질에 기대는 존재이다. 무덤이나 비석과 같은 물질은 우리가 사랑했던 사람에 대한 기억, 즉 비물질로 넘어가는 다리의 기능을 하는 다리다. 사랑하는 사람을 잃은 슬픔에 끝이 있을 리 없지만, 그나마 견딜 수 있는 건 그러한 다리가 있기 때문인지 모른다.

문제는 동생이 받을 상처에 대한 고려 때문에 트레서웨이가 어머니를 위한 비석을 세울 수 없다는 데 있다. 현실적으로 이 문제를 타개할 길은 전혀 없어 보인다. 적어도 그녀가 "살인자인 아버지의 이름을 갖고 평생을 살아야 하는 짐"을 지고 있는 동생을 배려하는 한, 이후로도 비석을 세울 가능성은 전혀 없어 보인다. 바로 이것이 그녀가 시라는 매개체를 통해 어머니를 향해 끝없이 뒷걸음질을 하는 이유다. 그녀에게 시는 "고정된 곳"이자 "확정할 수 있는 장소"를 대체하는 물질, 은유의 물질인 셈이다. 그녀는 시라는 은유의 물질을 통해 사랑하는 어머니를 향해 달려갈 수 있는 길을 확보하려 한 것이다. 그녀가 자신의 시를 "어머니에 대한 서정적 기념비"(왕은철 409)라고 한 것은 바로 이런 이유에서였다. 그녀는 현실적으로 불가능한 비석이나 기념비를 시를 통해 세우고 싶었던 것이다.

그런데 하나만 있는 현실적인 비석이나 기념비와 달리, 그녀가 시를 통해 세우는 기념비나 비석은 하나가 아니라 복수다. 비석이나 기념비와 달리, 그것을 대신하는 시는 아무리 쓰고 또 써도 불충분한 복수의 "서정적인 기념비"인 것이다. 이 세상의 모든 것이 그녀에게는 어머니가 살아 있었음을 환기시키는 존재다. 꽃도 그렇고 사진도 그렇고 하찮은 빗도 그렇다. 심지어 나무를 쪼는 딱따구리마저도 그렇다.

나는 온종일, 딱따구리 한 마리가
나의 창문 바로 밖에 있는 개오동나무에
달려들어 부지런히 쪼아대는 소리를 들었다.

열심히 나무를 쪼는 그의 몸은 경첩이요,
내가 그 속에서 어머니의 얼굴을 거의 볼 수 있는
기억의 집 문에 달린 고리쇠다.

가느다란 열매와 하트 무늬의 잎들이 달린 나무 너머에
그녀는 다시 돌아와
젖은 홑이불을 빨랫줄에 널고 있다, 하나씩

널 때마다 얇은 백색의 장막이 우리 사이에 드리워진다.
이 딱따구리는 정말로 끈질기다. 그는 뭔가 다른 것을
찾고 있음이 분명하다. 단순히 딱정벌레와 유충만을
찾는 게 아니라 나무가 갖고 있을지 모르는
다른 선물을 찾고 있음이 분명하다. 그는 녹색 하트 잎들이
팔랑거리게 하면서 온종일 지칠 줄 모르고 일한다. ("Limen," *Domestic Work*, 58)

딱따구리가 나무를 쪼는 것은 당연한 이치이건만, 시인은 나무에 달라붙어 있는 딱따구리의 몸을 "그 속에서 어머니의 얼굴을 거의 볼 수 있는 / 기억의 집 문에 달린 고리쇠"로 인식한다. 이 시의 제목이 문지방

(threshold)과 동의어지만 의식작용의 발생과 소멸의 경계를 일컫는 "식역"(Limen, 識閾)인 것은 결코 우연이 아니다. 딱따구리가 나무를 쪼듯 시인이 "기억의 집 문에 달린 고리쇠"를 두드리자, 놀라운 일이 벌어진다. 죽었던 어머니가 현실로 돌아와 "젖은 홑이불을 빨랫줄에 널고 있다". 세월이 흘러 그녀의 어머니와 같이 살았던 시간보다, 혼자서 살았던 시간의 길이가 더 길어졌어도, 시인은 이처럼 과거를 향해 자꾸 뒷걸음질을 하며 기억에 매달리고 있는 것이다.

딱따구리가 "온종일 지칠 줄 모르고" 나무에 매달리듯, 시인은 끝없이 어머니에 대한 기억에 매달린다. 무슨 말이었는지 정확히 기억할 수 없지만 어머니가 죽기 얼마 전에 자신에게 뭔가를 말하려고 했던 장면을 떠올리기도 하고(「몸이 말할 수 있는 것」("What the Body Can Say")), 어머니가 의붓아버지한테 죽임을 당한 후의 "몸의 풍경" 즉 "조각난 쇄골"과 "관통된 관자놀이뼈"를 떠올리기도 한다(「증거」("What Is Evidence")). 그리고 수선화를 보면서도 자신이 어렸을 때, 학교에서 돌아오는 길에 꺾어다가 어머니에게 건네던 야생수선화를 떠올리며 그것이 아름답지만 세상에 머무는 시간이 짧은 꽃의 운명처럼 어머니의 단명을 예언한 것이지 않았을까 생각하기도 하고(「수선화」("Genus Narcissus")), 사진 속의 어머니를 보면서도 어째서 카메라가 이후에 있을 "의붓아버지의 주먹"에 관해서는 아무것도 말하지 않느냐고 따지기도 한다(「사진-진눈깨비, 1971」("Photograph: Ice Storm, 1971")). 이렇듯 "모든 세계"가 트레서웨이에게는, 『폭풍의 언덕』에서 히스클리프가 사랑하는 캐시를 그리며 했던 말을 빌리자면, "그녀가 존재했으며, 그녀를 잃어버렸다는 끔찍한 메모장"인 셈이다. 트레서웨이와 그녀의 어머니를 히스클리프와 캐시의 관계에 비유하는 것은 다소 무리일 수 있지만, 이 세상을 떠난 사람에 대한 그리움에 끝없이 집착한다는 점에서 관련이 없지만은 않은 듯하다. “구름에서도, 나무에서도, 그녀의 이미지에 둘러싸여 있다”(Brontë 245)고 했던 히스클리프처럼, 시인에게는 세상만물이 그녀의 어머니를 환기시키는 것들이었다.

3. “기억되는 사건”을 사유하기

트레서웨이의 문제를 더 복잡하게 만드는 것은 그렇지 않아도 힘겨운 어머니의 죽음이 인종의 문제와 맞물려 있다는 사실이다. 그녀의 아버지는 백인이었고 어머니는 흑인이었다. 그녀의 부모가 결혼할 당시, 미시시피에서는 흑백 간의 결혼이 불법이었다. 그래서 그들은 1965년에 오하이오로 가서 결혼하고 미시시피로 돌아왔고 이듬해인 1966년에 트레서웨이가 태어났다. 그러나 1960년대는 두 사람의 사랑을 용납하지 않는 야만의 시대였다. 흑인인권운동가이자 노벨평화상 수상자인 마틴 루터 킹이 백인우월주의자들에게 암살을 당한 것도 1960년대 후반(1968년)이었다. 악명 높은 백인우월주의단체(KKK)는 흑인들만 차별한 게 아니라 흑인들에게 우호적인 백인들을 “검둥이를 사랑하는 자들”이라고 몰아붙이며 위협하고 테러를 가했다. 트레서웨이가 여섯 살이 되었을 때, 그녀의 부모가 이혼을 한 것도 그 맥락에서였다. 두 사람은 인종의 장벽을 뛰어넘으려 했지만, 그것은 개인의 의지나 노력만 갖고서는 가능한 일이 아니었다. 그리고 트레서웨이의 어머니는 재혼을 했고, 그것이 문제였다. 어머니의 새 남편은 대단히 폭력적인 사람이었다. 트레서웨이는 그것을 보고 자랐고, 결국 어머니의 비극적인 죽음까지 겪어야 했다. 그녀의 어머니가 죽었을 당시, 그녀는 열아홉 살이었다.

그렇게 어린 나이에 어머니를 잃은 트레서웨이에게 "애도작업"의 완성이라는 것은 애초부터 가능한 일이 아니었다. 사랑하는 어머니를 기억의 저편으로 몰아낼 수는 없는 일이었다. 살해를 당함으로써 존재성과 목소리를 강탈당한 어머니를 아무리 상징적이고 비유적인 의미에서라도 다시 '죽일' 수는 없었다. 어머니는 살아 있어야 했다. 어머니를 애도와 망각의 세계로 밀어내서는 안 될 일이었다. 이것이 몇 십 년이 흘러도 트레서웨이의 시에 어머니가 반복하여 나타나는 이유다. 정상과 비정상을 가르기 좋아하는 정신분석학자들 같으면, 트레서웨이가 어머니의 죽음을 이십 년이 지난 시점에서도 반추하고 또 반추하는 걸 가리켜 애도를 제대로 하지 못해서 생기는 현상, 즉 우울증이라고 할 수도 있을 것이다. 죽은 자는 우리 손으로 죽여서라도 죽음의 세계로 밀어내고 우리의 삶을 살아야 한다는 게 그들의 생각인 것이다. 니콜라스 아브라함Nicolas Abraham과 마리아 토록Maria Torok은 『껍질과 속』(*The Shell and the Kernel*)에서 정상적인 애도와 비정상적인 애도를 내재화(introjection)와 합일화(incorporation)라는 용어로 풀이하는 것도 바로 이러한 맥락에서다. 그들이 말하는 "내재화"란 살아남은 사람이 죽은 사람의 좋은 특징들을 자신의 일부로 동화시키는 정상적인 애도를 의미하고, "합일화"란 살아남은 사람이 죽은 사람의 면면을 자기화하기를 거부하고 그를 살아 있게 하는 비정상적인 애도를 의미한다. 그들에 따르면, 후자의 경우 "표현할 수 없는 애도로 인해 자아 안에 은밀한 묘지를 만들어" 결국 "한밤중에 그 토굴의 유령이 자신을 괴롭히게 만든다"(Abraham and Torok 130-31). 간단히 말하자면, 묘지를 만들면 안 된다는 말이다. 죽은 자는 떠나보내야 한다는 말이다. 그러니까 그들은 살아남은 사람이 중요하니까, 더 이상 우리와 같이 있지 않은 죽은 사람은 죽음의 세계로 밀쳐버리고 우리 본위로,

이기적이고 자기중심적으로 살아가라고 처방하는 것이다. 그러나 삶의 모든 것이 그러한 것처럼, 사랑하는 사람을 죽음으로 떠나보내고 그와의 감정적 고리를 끊는 일이 무 자르듯 쉽게 해낼 수 있는 일만은 아닐 것이다.

트레서웨이는 '정상적' "내재화"보다는 '비정상적인' "합일화"를 택한 것처럼 보인다. 아니 어쩌면, 그것은 택한 게 아니라 어쩔 수 없는 일이었던 것처럼 보인다. 그녀가 지금까지 발표한 시들을 자세히 들여다보면, 어머니라는 존재는 여전히 신비로운 존재로 남아 딸과 일종의 대화를 하고 있는 듯한 느낌을 준다. 참으로 잔인한 말이 아닐 수 없지만, 트레서웨이가 시인이 된 것은 어머니의 죽음이 있었기에, 그리고 그 어머니를 가깝고도 낯선 존재로 머물게 하면서 끝없이 슬퍼했기에 가능한 일이었다. 데리다와 헤겔에 따르면, 기억에는 내면화로의 기억(erinnerung)과 글쓰기와 사색으로 나아가게 하는 사유적인 기억(gedắchtnis)이 있는데(Derrida, *MEMORIES for Paul de Man* 35)* 트레서웨이가 어머니를 기억하는 방식은 후자에 가깝다. 실제로 트레서웨이의 어머니는 시인인 딸이 "개인적 경험을 개인적 차원에 머물게 하지 않고 더 넓은 역사적, 인류적 차원의 것으로 만드는 데"(왕은철 399) 크게 기여한 셈이다. 트레서웨이가 시를 쓰는 이유를 들면서 "역사의 내러티브에서는 잊혀지고 삭제된" 흑인들의 "목소리를 살려내 그들의 부재를 현재화하기 위한 것"(왕은철 408)이라고 한 것은 그래서 의미심장한 발언이 아닐 수 없다. 그녀는 어머니를 끝없이 불러내면서 그 어머니를 통해 인종적 불의로 얼룩진 미국의 과

---

* 두 기억을 변증법적인 관계로 보는 헤겔과 달리, 데리다는 양자가 서로에게서 분리될 수 없는 것으로 보고 있다.

거를 사유할 수 있게 되었던 것이다.

발터 벤야민Walter Benjamin은 "기억되는 사건은 그것이 앞과 뒤에 있었던 모든 것에 대한 유일한 열쇠이기 때문에 영원하다."(Benjamin 202)고 했는데, 이 말은 트레서웨이에게 잘 들어맞는 말이다. 벤야민이 말하는 "기억되는 사건"은 트레서웨이의 경우에는 어머니의 비극적인 죽음이었다. 그런 의미에서 그녀의 어머니는 살아 있을 때보다 더 생생하게 기억 속에 살아 있었다. 그녀가 1910년대의 뉴올리언스의 홍등가에서 몸을 팔며 살아야 했던 혼혈 여성들의 사진(이 사진은 백인 사진작가인 E. J. 벨로크가 촬영한 것이었다.)을 보고 그들의 비극적 삶을 형상화한 것도 어머니가 기억 속에 살아 있었기에, 살아 있는 그 어머니가 그녀를 "글쓰기와 사유"로 나아가게 했기에 가능한 일이었다. 『벨로크의 오필리아』(*Bellocq's Ophelia*)는 그렇게 해서 태어난 시집이었다. 그 중 하나를 인용해보자.

그에 대해 생각나는 건 조금밖에 없다.
나는 그가 오면 무서웠다
사과와 사탕, 치약과 분粉을 선물로 가져왔지만.
대신, 나는 손톱과 귀를 내밀어 보이고
입을 벌려 이를 보여줘야 했다.
그리고 작은 소리로 배운 것을 암송했다.
나는 라이lie 대신에 레이lay라고 하는 등,
단순한 말도 더듬거렸다. 그러면 그가
나를 제지했다. 나는 그가 나를 좋아해주고
맨발로 들판을 쏘다니는 거친 흑인 아이가 아니라

> 영리하고 고운 유색인 계집아이로 생각해주기를
> 얼마나 바랐는지 모른다. 이제 나는 거리에서 지나치는
> 남자들 속에서 그의 얼굴을 찾아본다,
> 어느 날, 내 방에 들어오는 남자가 손님이자 아버지가
> 아닐지 두려워서다. ("Father," *Bellocq's Ophelia* 38)

이 시의 화자는 윤락녀이자 혼혈 여성인 오필리아인데, 트레서웨이는 이 "시를 쓸 때, 오필리아였다". 이 시가 애잔하면서도 감동적으로 다가오는 것은 그것이 추상적인 형태가 아니라 흑인 어머니와 백인 아버지를 둔 시인이 자신의 "삶과는 천리만리 떨어져 있지만, 인종적 정체성의 면에서 보면" 크게 다를 바 없는 윤락녀와 자신을 동일시하고 있기 때문이다(왕은철 407). 그녀의 시를 더욱 감동적으로 만드는 것은 자신이 "아무리 감정이입을 통해서 1910년대의 흑백 혼혈의 윤락녀와 동일시를 했다고 해도, 그러한 삶을 직접 체험하고 살았던 게 아니므로, 그러한 인물을 시의 소재로 삼은 것이 어느 정도는 잔인한 행위라고 할 수도 있다."(왕은철 421)는 자의식과 겸손함이다. 이는 시인이 고통을 당해본 사람이기에, 어렸을 때부터 손가락질을 당하며 살아온 혼혈인이기에 몸에 익은 태도일 것이다. 그리고 이 모든 것이 역설적으로 어머니의 죽음이 있었기에, 아니 어머니가 '살아' 있기에 가능한 일이었다.

트레서웨이는 결코 어머니를 기억에서 지우거나 몰아내려 하지 않았다. 그녀는 어머니의 죽음이 그녀의 심상에 남긴 "몸의 풍경" 즉 "조각난 쇄골"과 "관통된 관자놀이뼈"를 외면하려고 하지 않았다. 처음부터 그것이 가능한 건 아니었지만, 그래서 그의 첫 시집 『집안 일』(*Domestic Work*)에는 그 고통스러움으로부터 거리를 지키려는, 차분해 보이지만 눈물겨

운 노력이 엿보이지만, 결국 그녀는 "몸의 풍경"을 기억에서 놓지 않으려고 그것을 시로 남기는 작업을 계속해왔다. 그녀가 쓴 거의 모든 시에서 어머니에 대한 슬픔이 묻어나는 것은 그래서 자연스러운 일이다.

4. 애도의 실패에 깃든 윤리성과 아름다움

이상에서 논의한 바처럼, 트레서웨이가 발표한 세 권의 시집, 즉 『집안일』, 『벨로크의 오필리아』, 『네이티브 가드』에 수록된 어머니와 관련된 시들을 살펴보면, 프로이트가 "애도와 우울증"에서 말한 것과는 전혀 부합되지 않는 양상으로 애도가 전개되고 있음을 알 수 있다. 세월이 어지간히 흘렀건만, 시인은 여전히 어머니의 죽음으로부터 자유롭지 못한 것처럼, 아니 의도적으로 자유롭지 않으려 하는 것처럼 보인다. 이는 프로이트와 그를 따르는 정신분석학자들의 눈에는 애도작업의 실패로 보일 게 분명하다. 프로이트 식으로 말하면, 트레서웨이의 시는 그녀가 "잃어버린 대상으로부터 리비도를 회수하라는 현실의 요구"(Freud 244)를 따르지 못하고 여전히 그 대상에 리비도를 "투자"하고 있다는 징후를 곳곳에서 드러낸다. 그러나 이 실패는 어머니를 그리워하는 시인의 진정성을 보여준다는 측면에서 보면 실패가 아니라 오히려 성공이라고 봐야 한다. 데리다의 말을 다시 인용하자면, 바로 이것이 애도가 "성공하기 위해서는 실패해야, 그것도 '잘' 실패해야" 하는 이유다. 트레서웨이의 시는 끝이 없는 애도의 과정을, 아니 애도가 어떻게 실패하는지를 보여주는 좋은 예다. 그리고 그 실패에 그녀의 시의 윤리성과 아름다움이 있다. 그것은 어머니가 죽으면서 생긴 어머니에 대한, 즉 타자에 대한 책임과 관련된 윤리성과 아름다움이다. 그녀에게는 어머니의 죽음이 어머니에 대한 책임의 출발이었다. 데리다의 말을 인용해 말하면, 그녀에게 어머니의 죽음은 "자신에 관해서나 자신을 위한" 것이 아니라 "타자에게서 유래하는" 책임의 시발점이었다(Derrida, *Gift of Death* 46). 바로 이런 이유에서, 세월이 많이 흘렀어도 여전히, 어머니를 묘지에 묻고 "등을 돌린" 자신의 비정한 모습을 가슴 아프게 돌이켜보고 "죽은 사람들의 이름들 사이를 거닐면서" 비석을 세울 수 없는 죄의식을 안으로 잡아들이며 "어머니의 이름"을 "돌베개"로 삼는 시인의 모습(「묘지 블루스」("Graveyard Blues"))은 대단히 감동적이다.

> 우리가 그녀를 눕히는 내내 비가 내렸다.
> 우리가 그녀를 내려놓았을 때 교회부터 무덤까지 비가 내렸다.
> 공허한 소리를 내며 진흙이 우리의 발에 달라붙었다.
>
> 목사가 소리쳤을 때 나는 손을 올렸다.
> 그가 증인을 요구했을 때, 나는 손을 들었다-
> 죽음이 육신의 일을 멈추게 하고, 영혼이 동행자가 됩니다.
>
> 내가 떠나려고 돌아섰을 때 해가 나오더니
> 내가 돌아서서 떠날 때 나를 노려보았다-
> 어머니를 누운 자리에 두고 등을 돌리는 나를.
>
> 집으로 가는 길에는 구멍들이 패여 있었다
> 집으로 가는 길은 늘 구멍들로 가득하다
> 우리가 걸음을 늦춰도 세월의 바퀴는 여전히 구른다.

나는 지금, 죽은 사람들의 이름 사이를 거닌다

내 머리를 위한 돌베개, 내 어머니의 이름. ("Graveyard Blues," *Native Guard* 8)

이 시는 시인이 어머니를 아직도 잊지 못하고 있음을 확연히 드러낸다. 그래서 길에 패여 있던 구멍은 그녀가 집으로 가는 길을 순탄하지 못하게 만드는 현실 속의 구멍이기도 하지만, 궁극적으로는 그녀의 마음에 난 구멍이기도 한다. 후자의 의미에서, 구멍은 그녀의 어머니를 살아있게 하려는 윤리의 구멍이다. 이런 점에서, 이 구멍은 아브라함과 토록이 말한, 사랑하는 사람을 잃은 상처를 "감추고, 안으로 들이기 위해" 마음속에 만드는 "토굴"(Abraham and Torok 136)에 해당한다. 그러니 프로이트의 이론을 따르자면, 이 구멍은 비정상적인 애도, 즉 우울증의 징후인 셈이다. 그러나 이 시를 비롯한 많은 시들이 우울증의 징후를 드러낼망정, 이 세상에 없는 사람에 대한 끝없는 사랑과 헌신을 여실히 보여주고 있다는 점에서, 그것은 버려야 할 것이 아니라 오히려 집착해야 하는 우울증의 징후일 것이다.

이렇듯 트레서웨이의 시는 우리에게 프로이트의 "애도작업"(grief work, Trauerarbeit)은 성공적으로 완수해야 하는 "작업"이 아니라 끝없이 계속돼야 하는, 어쩌면 자신이 죽을 때까지 계속돼야 하는, 아니 (이것이 가능하다면) 죽어서도 계속돼야 하는 슬픔과 통곡과 그리움의 여정이라는 걸 아름답게 보여준다. 이런 의미에서 보면, 데리다의 말처럼 프로이트의 "애도작업"이라는 말은 "혼란스럽고 끔찍한 표현"(Derrida, *Work of Mourning* 200)이 아닐 수 없다. 아니, 잔인한 말이기까지 하다. "잃어버린 대상"은 어차피 이 세상에 없으니 그 대상에게 투자했던 "리비도를 회수해" 다른 대상에 재투자하는 "작업"을 끝없이 우리에게 처방하고 요구하기 때문이다. 어쩌면 더 끔찍한 것은 우리에게 늘, 죽음을 성공적으로 애도하고 미래를 향해 나아가기를 요구하는 사회인지 모른다. 결국 프로이트의 애도이론도 그의 독창적인 이론이나 가설이 아니라 사회의 요구와 기대를 집약해 놓은 것에 지나지 않는다. 그러나 우리의 삶이 제아무리 이기적인 것이라 해도, 제아무리 자기중심적인 것이라 해도, 그렇게 폭력적인 죽음을 당한 어머니에 대한 애도에 어찌 끝이 있을 수 있을까. 어머니에게 "투자"했던 리비도, 즉 심리적 에너지를 어떻게 "회수"할 수 있을까. 트레서웨이의 시는 그러한 요구에 대한 저항이다. 그녀의 시가 웅변적으로 말해주고 있고, 데리다가 아름답게 표현했던 것처럼, 애도는 "끝이 없고, 위로할 수 없고, 화해할 수 없는"(Derrida, *Work of Mourning* 143) 것이어야 하는지 모른다.

03
하 진의 단편소설과 단순성의 미학*

1. 중국계 미국작가의 스토리텔링

좋은 작가를 만나는 일은 언제나 즐거운 일이다. 그것이 동시대 작가일 경우에는 특히 그렇다. 그 작가에 대한 비평적 공감대가 이뤄진 바가 없으니, 나름의 잣대로 그 작품을 요리조리 음미하며 재단해볼 수 있는 좋은 기회가 될 수도 있기 때문이다. 재미중국인작가인 하 진Ha Jin은 그러한 작가 중 한 사람이다.

우리에게 잘 알려지지 않은 작가를 소개하기 위한 다소 개괄적인 글에 앞서 이처럼 개인적인 감정과 소회를 앞세우는 것은 일차적으로는 그가 좋은 작가라는 판단 때문이지만, 부차적으로는 그의 단편소설을 학생들에게 강의한 결과가 그만큼 좋았기 때문이다. 특히 좋았던 건 영어가 정상적인 궤도에 오르지 않은 학생들도 스토리의 가닥을 잡는 데 큰 어려움이 없었다는 사실이다. 아니, 그들은 가닥을 잡는 정도만이 아니라 스토

* 2006년 『영미문학교육』에 발표.

리의 짜임새, 문체, 주제의식 등, 여러 가지 것들을 두루 파악할 줄 알았다. 이는 얼핏 보면 그리 대수로운 일이 아니라고 생각할 수도 있겠지만, 문자적인 해석 외의 문제들을 돌아볼 여유가 없는 외국어 텍스트를 상대하는 경우에는 꼭 그렇게 볼 일만은 아니다.

진은 평범하고 서술적인 문장을 구사한다. 아니, 평범한 정도가 아니라, 그의 소설은 작가가 독자의 옆자리에 앉아서 글이 아니라 말로, 그것도 현학적이고 수사적인 표현이 아니라 우리가 흔히 쓰는 말과 어법으로 이야기를 해주는 듯한 착각이 들게 한다. 긴장의 끈을 잠깐이라도 풀어놓으면 어느 사이엔가 손가락 사이로 빠져나가게 되어 있어, 시종일관 독자의 관심과 주의를 붙들어 놓아야 직성이 풀리는, 소위 독자의 참여를 요구하는 일부 현대소설과 달리, 진의 소설은 그처럼 간단한 문장을 사용함으로써 독자가 편하게 스토리에 몰입하게 만든다. 독자들이 해가 거듭될수록 소설로부터, 아니 여타의 장르들을 포함한 문학작품으로부터 소원해져가는 현실을 감안하면, 평범한 문장으로 독자를 끌어들이는 전통적인 서사방식은 소중한 것이 아닐 수 없다.

진의 소설을 더욱 빛나게 하는 것은 평범하고 서술적인 문장을 통해 제시된 스토리가 삶과 세상을 성찰할 수 있는 계기를 마련해준다는 것이다. 문학을 통해 삶과 세상을 성찰한다는 생각은 우리가 문학작품을 읽고 배우고 또 가르치면서 수없이 들었거나 얘기하는 원론적인 것인데, 이것은 그만큼 진의 소설이 고전적인 품위와 품격을 갖추고 있다는 말이기도 하다. 이를 다른 말로 하면, 그가 서사의 흐름을 다소간에 소외시키는 것처럼 보이는 실험적인 현대소설이나 현대이론으로부터 일정한 거리를 유지하고 있다는 말이기도 하다. 그가 포스트모던 소설의 "실험적 스타일"이나 "특정한 문학이론을 좋아하거나 그[것]으로부터 영향을 받은 바가 있느냐"는 질문에 "포스트모던한 글쓰기에 대해서는 별로 신경을 쓰고 있지 않"으며 "문학비평이 [내]게 효용성이 있는 것은 소설이 어떻게 만들어지는지에 대해 보여줄 때뿐"이며 자신은 "비평이론의 추이를 더 이상 따라가지 않"는다고 대답한 것은, 그만큼 서사를 여타의 것보다 우선시하는 작가적 특성 때문이다. 그가 서사적 충동이 강한 소설을 썼던 그레이엄 그린Graham Greene이나 존 스타인벡John Steinbeck, 안톤 체호프Anton Chekhov와 같은 작가를 좋아하는 것은 우연이 아니다(왕은철 186).

포스트모더니즘 계열의 소설을 비롯한 일련의 소설들이 훑고 지나간 상황에서 보면, 서사적 충동이 강한 진의 리얼리즘 소설이 다소 구태의연하고 안이한 것으로 비칠 수도 있다. 그러나 아무리 세월이 흐르고 독자의 입맛이 변한다고 해도, 쉽게 따라갈 수 있으면서도 감동적이고 속내가 깊은 이야기를 독자들은 끊임없이 필요로 한다. 소설이라는 장르가 탄생한 이래, 리얼리즘 소설이 늘 대세였던 이유가 여기에 있다. 리얼리즘과는 거리가 먼, 아니 리얼리즘으로부터 거리를 두는 데서 출발한 모더니즘 소설이 그 시대를 풍미하는 주된 문학양식이었던 20세기 초반부에도 리얼리즘 소설은 일반 독자들에게는 대세였다. 울프나 조이스의 모더니즘 소설은 일반 독자들이 쉽게 접근할 수 없는 어려운 텍스트였다. 전문가의 입장에서는 읽으면 읽을수록 뭔가 새록새록 돋아나는 듯한 자못 어려운 텍스트를 선호할 수도 있지만, 대학생들을 포함한 일반독자들에게는 난해한 소설들보다는 스토리텔링에 충실한 리얼리즘 소설이 아무래도 더 매력적인 것으로 다가올 수밖에 없다.

쉽고도 평이하며 서술적인 문장이 구사되다 보니, 진의 소설은 작가가 전혀 힘을 들이지 않고 쓴 듯한 인상을 주는데, 이는 착각에 지나지 않는다. 독자는 진의 소설에 배인 평범함과 단순함이 고도로 계산된 것일 뿐만 아니라, "적어도 20회에 걸쳐서 작품을 읽고 교정"(왕은철 185)해서 나온 결과라는 사실에 주목할 필요가 있다. 작가가 일정한 효과를 위해 평범함과 단순함을 자신의 소설미학으로 삼고 있다는 말이다. 독자가 진의 소설을 읽으며 편안하고 느긋한 느낌을 받는 것은 부분적으로 이러한 이유에서다. 그렇다고 진의 소설이 독자를 끝까지 느긋한 상태에 놓아둔다는 말은 결코 아니다. 오히려 그의 소설은 그 평범함과 단순함 속에 감정의 힘을 슬그머니 불어넣고, 단순하면서도 복잡다단하고 때로는 폭력적인 세상사를 보여줌으로써 끝내는 독자의 마음을 편치 않게 만든다. 느긋함이 종종, 복잡다단한 사념으로 이어지는 이유가 여기에 있다.

궁극적으로 이 글은 진이라는 작가가 우리에게 생소한 작가라는 점을 감안하여 (장편소설들도 부분적으로는 논의에 포함되긴 하겠지만) 단편소설들을 중심으로 그의 작품세계를 개괄적으로 소개하기 위한 것이다. 학생들의 반응을 잠깐 언급한 것은 학부생들을 포함한 일반독자들이 쉽게 접근할 수 있는 문장을 통해 빚어지는 소설의 미학과 예술적 품격을 강조하기 위함이지, 그와 관련된 교육적이고 교수법적인 측면을 상세히 다루기 위한 전제가 결코 아니다. 행여, 이 글이 교육적인 의미와 성격을 갖게 된다면, 그것은 어디까지나 광의적이고 원론적인 의미에서 그러할 것이다.

2. 이민자의 시선으로 그리는 중국의 풍경들

「십년」("A Decade")이라는 단편소설의 첫 단락은 진이 그의 소설에서 사용하는 평이하고 단순한 문장의 예를 잘 보여준다.

나는 12년 전에 아버지가 달이안에 위치한 포병대로 근무지를 옮겼을 때, 그 시골을 떠났다. 그때부터 우리는 도시에서 죽 살았다. 만약 외숙모가 하마성에 살지 않았다면, 나는 1960년대 후반에 2년간 초등학교를 다녔던 그 작은 도시를 잊었을지 모른다. 외숙모는 매년 가을이면 나의 어머니가 겨울옷을 장만하고 김장하는 걸 도와주려고 우리집에 왔다. 내가 어쩌다가 한 번씩 그 작은 도시를 떠올리게 된 건 그 외숙모 때문이다. (『남편 고르기』 55)

첫 단락 전체가 군더더기가 전혀 없는 평범한 문장으로 구성되어 있는데, 이러한 문장은 이 소설의 처음부터 끝까지, 아니, 진의 소설들을 통틀어 예외가 없을 정도로 빈번히 사용되는 유형의 것이다. 불필요한 수식이 거의 없는 서술형 문장이어서 때로는 밋밋한 느낌마저 들 정도다. 위의 인용은 영어를 우리말로 옮긴 것인데, 영어로 된 원문도 단순하긴 매한가지다. 영어해독 능력이 그리 높지 않은 대학초년생들의 입장에서 보더라도, 그리 어려운 단어가 없고 문장도 평범하고 단순하기 그지없다. "artillery division"(포병대)이라는 말이 어려울지 모르겠지만, 그것을 모르더라도 스토리를 따라가는 덴 전혀 지장이 없는 말이다. 독자는 이 평범한 서술형 문장을 대하는 순간, 스토리 속으로 빠져들게 되어 있다. 이는 쉽고 평범한 문장이 갖는 강점을 작가가 최대한 살렸기 때문에 가능한 현상이다. 그런데 이 느긋함은 스토리가 진행되면서, 그러한 문장을 통해 펼쳐지는 삶의 파노라마에 편치 않은 감정으로 대체된다.

이 소설의 화자는 문화혁명이 진행되던 시기에, 갓 부임한 초등학교 여선생님이 (어린아이들을 포함한) 집단의 폭력에 희생되어 학교에서 쫓겨났던 일을 회상한다. 그 선생님이 쫓겨나게 된 것은 동료선생님과의 연애 및 반동적인 가족배경을 비롯한 다른 이유들 때문이기도 하지만, 결정적인 것은 그 선생님이 수업시간에 학생들에게 '은유'를 설명하는 과정에서, "러시아 수정주의자들과 미국 제국주의자들"을 가리켜 "누리끼리한 쓰레기 더미"라고 했던 마오 서기장의 말이 사실은 그들도 "우리와 같은 사람들"이지만 "그들을 경멸하기 때문"에 "쓰레기"라고 한 것이라며, 바로 그것이 은유라고 설명한 데서 비롯된다(『남편 고르기』, 67-68). 마오 서기장의 말을 곧이곧대로 믿고, 어른들 못지않게 사고가 경직된 아이들은 해석하기에 따라서는 얼마든지 책잡힐 수 있는 선생님의 말을 어른들에게 고자질함으로써 그녀가 시골로 쫓겨나 농사일을 통한 교화교육을 받게 만든다. 스토리는 문화혁명이 끝난 후, 자신이 고자질을 한 당사자가 아니었음에도 일말의 죄의식을 갖고 있는 화자가 그 여선생님을 찾아가는 것으로 이어지는데, 화자는 거기에서 그 선생님이 하찮은 달걀 하나를 갖고 땅에 침을 뱉고 방망이를 휘두르며 이웃과 다투는 모습을 보게 된다. "예전의 부드러움과 순진함"은 오간데 없고 "무표정한 얼굴"에 "쇠가 긁히는 소리"를 내는, 이제는 교감이 되어 있는 선생님을 보고, 화자는 착잡한 마음에 눈물을 머금게 된다(『남편 고르기』, 75). 이 모든 것이 위에 인용했던 첫 단락과 전혀 다를 바 없는 평범하고 단순한 문장으로 서술되는데, 독자는 이 단순한 이야기 속에서 집단적 폭력, 삶의 아이러니, 집단과 개인의 역학 등에 관한 편치 않은 감성과 만나게 된다. 이것은 한 평론가의 말을 빌리면, "단순성의 미학" 속에 "깊고 다채로운 의미의 스펙트럼이 내재되어" 있기 때문에 가능한 것이다(이남호 195).

「십년」에서 느껴지는 "단순성의 미학"은 「백주 대낮에」("In Broad Daylight"), 「우리들의 황제」("Our Emperor"), 「신랑」("The Bridegroom"), 「부활」("Resurrection") 등과 같은 하진의 단편소설들을 관통하는 미학이다. 물론 장편소설도 예외는 아니다. 여기에서 「십년」을 우선적으로 거론한 것은 그것이 진의 소설들을 관통하는 "단순성의 미학"을 잘 구현하고 있을 뿐만 아니라, 역사를 집단이나 공동체의 시각이 아니라 개인의 시각에서 보고자 하는 진 특유의 주제적 관심사와 방향이 집약되어 있기 때문이다. 「십년」을 「백주 대낮에」에 견줘보면 이 점은 아주 명백해진다.

「백주대낮에」는 한 여자가 남자들을 집으로 끌어들이다가 홍위병들에게 잡혀 거리를 끌려 다니며 갖은 수모를 당하는 이야기인데, 그 여자의 부정행위가 부도덕한 건 분명하지만, 소설이 제기하는 문제의 본질은 사적인 것을 들춰내 공공의 장소에서 무차별적으로 행하는 "백주대낮"의 폭력에 있다. 홍위병들이 백주대낮의 인민재판을 주도하고 사람들로 하여금 그녀에게 일종의 육체적, 심리적 뭇매를 가하게 하는데, 그 행위는 그녀의 남편의 의도와는 전혀 상관없이, 아니 그의 애원에도 불구하고 행해지는 폭력이다. 「십년」에 등장하는 여선생님이 초등학생들과 홍위병들로부터 집단적 폭력을 당하는 것처럼, 이 소설에 나오는 여성도 집단의 폭력에 시달리기는 매한가지다. 그녀는 사람들이 보는 앞에서 머리를 깎이고 신발짝을 목에 걸고 "나는 찢어진 신발이다"라는 글귀가 적힌 플래카드("찢어진 신발"이란 부정한 여자의 몸을 일컫는 중국인들의 은유적 표현이다)를 두 신발짝 사이에 매단 채 끌려 다닌다. 그런 일이 벌어지고 있는 동안, 그녀의 남편 멩 수는 다가오는 기차에 몸을 던져 자살하고 만다. 이처럼 「백주 대낮에」도 「십년」과 흡사하게, 집단적인 폭력 앞에 속수무책일 수밖에 없는 개인에 관한 이야기를 다루고 있다.

「십년」도 그렇지만, 「백주 대낮에」에서 다뤄지는 소재도 어디에선가 들어본 적이 있는 듯한, 어쩐지 낯이 익은 소재인데, 이는 작가의 눈길이 이 세상 어디에서도 일어날 수 있는 일상사 속의 개인에게 맞춰져 있음을 말해준다. 이런 이야기는 중국이 아니라 우리나라에서도, 아니 다른 나라에서도 얼마든지 있을 수 있고 실제로 있었다. 「백주 대낮에」에 나오는 일종의 '인민재판' 이야기는 다른 사람의 머리가 깎이는 장면을 보고 희희낙락하는 프랑스인들의 모습을 담은 카파(Robert Capa)의 연작連作사진을 연상케 한다. 카파의 사진 속에서 머리를 깎이는 여인은 나치 독일이 파리를 점령했을 당시, 독일군과의 사이에서 아이를 낳았다가 파리가 수복되자 사람들에게 붙잡혀 공개적인 장소에서 머리가 깎이고 거리로 끌려 다녀야 했던 실제로 존재했던 역사 속의 인물이다. 「백주 대낮에」에 나오는 여성의 행위처럼, 프랑스 여성의 행위도 부도덕한 것이었는지 모르지만, 카파의 관심은 그녀의 부도덕성보다는 부도덕한 행위를 했다고 추정되는 자를 단죄하는 과정에서 드러나는 집단의 광기와 폭력의 추잡성에 있다. 그는 그 단죄의 과정에서 선과 악이 얼마든지 바뀔 수 있다는 사실을 연작사진을 통해서 실감 있게 보여주고 있다. 갓난아이를 아버지에게 맡기고 머리가 깎이는 프랑스 여인의 모습, 다시 아이를 건네받고 아버지와 함께 끌려가는 그 여인의 모습, 그 여인을 향해 쏟아지는 조소적인 눈길 등을 카메라에 담은 카파의 사진에서 그의 휴머니즘과 리얼리즘이 느껴지는 것처럼, 홍위병들한테 붙잡혀 대중 앞에 내세워지고 머리가 깎이고 거리의 구석구석으로 끌려 다니는 여성의 묘사에서는 진의 사실적인 눈과 연민의 눈초리가 실감나게 느껴진다.

카파가 그러한 것처럼, 진의 관심도 여성의 성적일탈이 아니라, 그 일탈을 대중 앞에서 '까발리는' 홍위병들과 그들을 따르는 뭇 대중의 비정함과 비열함에 있다. 작가는 윤리를 내세우고 주장하는 사람들이 그것을 일탈한 개인을 몰아치는 과정에서, 아이러니컬하게도 그 윤리를 스스로 저버리는 모순적 상황을 직시한다. 성적 일탈을 한 여자의 행위가 윤리적인 것일 수야 없겠지만, 머리에 잉크가 부어지고 얼굴과 옆구리를 얻어맞으며 머리를 깎이고 거리의 구석구석으로 끌려 다니는 여자를 바라보며 (아이들을 포함한) 사람들이 고소해하는 것도 윤리적인 것과는 거리가 멀다. 그것은 간통한 여자를 발가벗겨 "머리가죽이 닿을락말락하는 장작불 위에 거꾸로 매달"고 "두 명의 남자가 황소의 성기로 만든 채찍으로 두들겨" 패는 걸 방치하고 바라보는 옛날 사람들(『피아오 아저씨의 생일파티』 122)의 모습과 조금도 다를 바 없는 비인간적이고 비윤리적인 행위다. 권력과 집단, 이념의 벽 앞에서 속수무책일 수밖에 없는 개인의 아픔과 몸부림과 실존을 다룬 진의 소설을 읽다보면, 그가 "가장 위대한 작가"라고 생각하는 체호프에게서 배웠다는 "파토스와 넓은 가슴"(왕은철 185)이 느껴진다.

「신랑」도 집단이데올로기에 무력한 개인의 아픔을 다룬다는 점에서 앞의 두 소설과 크게 다르지 않지만, '정상'이라고 생각되는 것으로부터의 일탈을 조금도 용납하지 않는 사회에서 "정신병"으로 분류되는 동성애의 문제를 그리고 있다는 점에서 주목을 요한다. 이 소설의 주인공 바오웬은 얼핏 보아서는 나무랄 데 없고 착실하며 뭇 여성들이 결혼하고 싶어 하는 남자다. 그는 자신의 동성애적 성향을 완곡하게 설명한 다음, '못생겼다'는 이유로 남자들이 전혀 관심을 보이지 않는 화자의 수양딸과 결혼한다. 그가 동성애자라는 사실이 드러나자, 사람들은 그에게 손가락질을 하고 경찰은 그를 체포해 정신병원에 감금한다. 감옥이 아니라 정신병원에 수용된 것도 경찰이 최대한의 선처를 해준 결과다. 동성애자들에 관한 수사를 담당하는 경찰관의 말처럼, 동성애는 중국사회에서 "노름, 매춘, 매독과 같은 사회적인 병"이며 "서구 자본주의와 부르주아적인 생활양식에 의해 생긴" 병이다(『피아오 아저씨의 생일파티』 213-14). 정신병원에서는 그에게 전기목욕을 시킴으로써 그를 치료하려 한다. 전류가 흐르는 물에 몸을 담가 동성애를 치료하겠다는 발상이다. "보건성이 요구하는 일반적인 치료법"인 전기목욕은 담당의사조차도 "지금까지 천 명의 동성애자들 중 한 명만을 치료했을 뿐"이고 "간유, 초콜릿, 돼지고기 튀김, 아니 어느 것을 썼다 해도 그보다는 좋은 결과가 나왔을" 거라고 말할 정도로 비효과적인 것인데, 동성애를 "부르주아적인 생활양식에 의해 생긴" 병으로 간주하는 공산주의 사회에서는 그러한 치료방식이 밀어붙여지고 통용된다. 그런데 아이러니하게도, 바오웬은 전기치료를 받았음에도 불구하고 "병"이 낫기는커녕 자신에게 전기치료를 해주는 남자간호사와 동성애 행각을 벌이다가, 그 간호사가 고위지도자들에게 동성애의 '죄'를 실토하고 자기만 빠져나가는 바람에 정신병원에서 쫓겨나 감옥에 수감된다. 그렇게 되자, 그의 장인이자 화자인 쳉도 "마음속으로는 바오웬이 남자들을 좋아하는 걸 제외하면 모든 면에서 좋은 사람이라고 생각"하지만, 공장의 안전을 책임지고 있는 사람으로서 "범죄자를 사위로 둘 수는 없다"며 그의 수양딸에게 그와 이혼하라고 요구한다(『피아오 아저씨의 생일파티』 252-53). 「백주 대낮에」에서 그러했던 것처럼, 작가는 이 소설에서도 동성애의 옳고 그름이 아니라, 하나의 집단이나 이데올로기가 이분법적인 잣대로 옳고 그름을 설정해놓고, 그것에 맞지 않는 사람을 무자비하게 공격하고 처벌하는 것에 초점을 맞추고 있다.

「부활」도 사회의 도덕률을 일탈한 개인의 이야기다. 루 한은 처제와 간통을 하다가 들통이 나서 지도자들한테 온갖 수모를 당하게 된다. 지도자들은 그의 자백에 만족하지 못하고, 간통을 하게 된 경위와 장면들을 세세히 묘사한 진술서를 작성해 제출하라고 강요한다. 벼랑 끝에 몰린 그는 가위를 갖고 스스로 거세를 함으로써 자신의 "뉘우침과 진실성을 증명"하려 한다(『피아오 아저씨의 생일파티』 199). 그런 연후에야 사람들은 그를 "집단농장의 모범일꾼으로 선출"하고, 당서기는 "그와 흉금을 터놓고 얘기"하며 "그에게 입당원서를 제출하라고 격려하기까지" 한다(『피아오 아저씨의 생일파티』 200-01). 처제와 성행위를 한 장소와 횟수, 섹스의 체위 등 세세한 것까지 얘기하라며 그를 닦달하면서 그들 자신의 변태적인 욕망과 일종의 관음증을 충족시키려 했던 지도자들은 그가 자신의 낭심을 잘라버리자 그때서야, 자신들이 그를 그쪽으로 몰고 갔다는 사실에 겁을 먹고 사건을 무마하려 한다. 다른 소설에서 그러한 것처럼, 이 소설에서도 진의 관심은 스스로를 거세하는 극약처방을 통해서만 권력이나 집단의 폭력으로부터 벗어날 수 있는 개인의 실존적 삶에 있다.

진의 소설은 이렇듯, 집단이 아니라 개인에, 그것도 집단적 폭력에 희생당하는 개인에 초점이 맞춰져 있다. 이는 진의 소설을 관통하는 문법이라고 해도 과언이 아니다. 그래서 그의 소설을 통해 제시되는 중국역사는 중국정부나 권력, 집단이데올로기를 통한 것이 아니라 철저하게 개인의 눈을 통한 개인의 역사이다. 그것도 집단에 봉사하는 차원에서만 개인성이 드러나는 개인이 아니라, 집단과 대치되는 지점에 서 있는 개인의 눈을 통한 역사다. "역사를 문학으로 번역하는 것이 처음부터 자신의 야망이었다"(Gordon)는 진의 말은 이런 맥락에서 보면, 충분히 이해할 수 있는 말이다. 그런데 문제는 개인에 초점에 맞추는 진의 미학이 집단을 중시하는 그의 조국인 중국의 공산주의이데올로기에 정면으로 배치된다는 사실이다. 작가에 따르면, "개인주의"라는 말은 "중국어에서는 아주 부정적인 말"(Gordon)인데 이러한 입장에서 진이, 아니 개인을 중심에 두고 있는 그의 소설이, 중국을 통치하고 있는 주체인 공산당과 불화관계에 있었던 것은 우연이 아니다.

> “저는 영어로 글을 쓰면서 중국을 배반했다는 이유로 수없이 공격을 당했습니다. (…) 저는 그동안 중국을 상대하느라고 몹시 힘든 시간을 보내야 했습니다. 저에 대한 공격 뒤에는 공산당이 있는 것 같습니다. 어떤 사람들은 제가 오직, 외국 독자들의 구미를 만족시키려고 글을 쓰면서 중국을 왜곡하고 있다고 비난하고, 어떤 사람들은 제가 저속한 말을 사용한다고 비난했습니다. 어떤 사람들은 제가 중국을 팔아먹고 있다고 믿고 있습니다.” (왕은철 181)

어느 나라가 그렇지 않으랴만, 중국의 공산당도 진처럼 외국에서 화려한 비평적 각광을 받는 자국 출신의 작가가, 문화혁명을 비롯한 과거사에 연루된 개인의 시련과 고통, 그리고 그것의 부정적이고 파괴적이며 비판적인 면을 형상화하기보다는, 중국인민의 위대성을 부각시켜주기를 바랐을 테지만, 그것은 개인을 중심에 놓는 진의 역사관이나 세계관과는 너무 배치되는 것이었다. 더욱이, 진이 미국에 정착하게 된 계기가 천안문 학살사태였다는 사실을 감안하면, 그에게 집단적인 시각에서 중국의 역사를, 그것도 문화혁명기의 역사를 바라봐달라고 기대하는 것 자체가 이만저만한 역설이 아닐 수 없다. 1985년에 미국으로 건너가 브랜다이스(Brandeis)대학에서 영문학학위 과정을 이수할 때만 해도, 진은 중국으로 돌아갈 계획이었다. 그의 박사학위 논문인 “현대 영미시에 나타난, 중국과 관련된 보편화의 문제”(“Universalization in Modern and American Poetry: with Particular Reference to China”)도, 중국문화와 관련이 있는 시들을 쓴 T. S. 엘리엇Eliot, W. H. 오든Auden, 에즈라 파운드Ezra Pound, W. B. 예이츠Yeats를 대상으로 한 것이었는데, 이는 중국에서 직장을 잡기 위한 그 나름의 대비책이었다. 그런데 천안문 대학살 사태가 모든 것을 송두리째 바꿔놓았다. 진의 말에 따르면, "문화혁명이 진행되고 있던 시대에도" 정부가 야전군의 "탱크를 이용해 시민들을 죽이지는 않았다"(Gordon). 그런데 1989년에 발발한 천안문사태에서 중국정부는 무장을 하지 않은 학생들과 시민들을 탱크로 짓밟으며 살육했다. 언론을 통해 전해지는 국가폭력의 실상을 확인하면서 진은 "그러한 나라를 위해서는 더 이상 봉사할 수 없다고 생각"(왕은철 177)하고 미국에 눌러앉기로 했다.

진의 소설 중에서 천안문사태를 다룬 유일한 소설인 『광인』(*The Crazed*)이 그 역사적 사건을 어떻게 다루는지 보면, 그가 얼마나 개인적인 시각에서 역사를 다루고 있는지 여실히 드러난다. 보통의 작가라면, 자신의 삶을 송두리째 바꿔놓은 비극적인 사건을 정면에서 다루고 직접적인 담론을 전개함직하다. 가령, 중국계 프랑스작가인 샨 사Shan Sa의 『천안문의 여자』(*Porte de la Paix Céleste*)는 천안문사태에 대한 직접적 담론의 한 예일 것이다. 샨 사는 그 비극의 와중에서 죽어가는 학생들과 시민들의 집단적 열망과 중국공산당의 광기를 전면에 배치하고 내러티브를 전개한다. 그러나 진은 『광인』의 일부를 천안문사태에 할애하면서도 샨 사와 같은 담론을 전개하지 않는다. 이 소설의 주인공은 다른 학생들과 함께 열차를 타고 베이징으로 가지만, 그것은 정치적 이데올로기 때문이 아니라 오직 "개인적인 이유"에서다. 그는 자신에게 파혼을 선언한 메이메이라는 여성에게 자신이 "겁쟁이가 아니고, 가고 싶으면 언제라도 베이징에 갈 수 있다는 걸 보여주고 싶어서" 베이징으로 간다. 그는 "민주주의와 자유를 요구"하고자 한 것도 아니고, 실제로 톈안먼 광장까지 가지도 못한다. 그는 "정치적인 활동을 한 적도 없는" 착실하고 평범한 학생에 불과하다(*The Crazed* 316). 그런데 진은 그러한 학생의 눈을 통해 천안문사태에 대한 일단의 생각을 얼핏 보여주는 서사전략을 택한다.

> 돌아오는 기차를 타면서부터, 끔찍한 상상이 나를 괴롭혔다. 내 눈에는 중국이 자기 목숨을 부지하기 위해 자식들을 잡아먹는 노쇠한 미치광이 노파로 보였다. 만족할 줄 모르는 노파는 전에도 많은 아이들을 잡아먹었는데, 이제는 새로운 살과 피를 먹고 있으며, 앞으로는 더 잡아먹을 게 분명했다. 이 끔찍한 생각을 억누르지 못하고 나는 하루 종일 혼잣말을 했다. "중국은 자기 새끼를 잡아먹는 늙은 암캐야!" 머리가 쑤시고 가슴이 비틀리고 떨려 정신을 못 차릴 지경이었다. 이틀 밤 전의 소동이 아직도 내 귀에 들렸다. 나는 내가 미쳐가는 건 아닌지 두려웠다. (*The Crazed*, 315)

이렇듯, 진은 개인의 눈을 통해서 역사를 바라보고자 한다. 중국문화를 피폐하게 만든 문화혁명도, 자신의 삶을 송두리째 바꿔놓아 미국에서 이방인작가의 삶을 살게 만든 천안문 사태도, 동북아정세에 막대한 영향을 행사했을 뿐만 아니라 나름대로 한몫을 담당한 중국에게도 큰 상처를 입힌 한국전쟁도, 철저하게 개인의 시각에서 제시하는 것이다. 작가의 관심은 시종일관, 집단이나 이데올로기가 아니라 그 집단과 이데올로기와 갈등 관계에 있는 개인의 몸부림에 있다. 그가 한국전쟁에서 포로로 잡힌 한 중공군의 시각을 통해 내러티브가 전개되는 『전쟁쓰레기』(*War Trash*)에서 "개인의 이야기를 하고 싶었다"고 토로한 것도 이러한 의미에서 보면 쉽게 이해할 수 있다. "보통, 전쟁문학은 보통의 군인이 아닌 영웅들에 관한 것"이며 "평범한 군인이 전쟁에 대해서 어떻게 느끼고 반응하는가를 얘기하지 않는 경우가 대부분"이기에 "평범한 사람의 시각에서 실질적인 이야기를 해보고 싶었"다(왕은철 187-88)는 진의 발언은 그의 관심사가 개인이라는 것을, 그것도 승자가 아니라 권력에 눌리고 집단에 희생당하는 패자라는 것을 여실히 말해준다. 그를 휴머니스트로 분류할 수 있는 이유가 여기에 있다.

3. 중국사회에서의 폭력의 양상들

진의 소설들은 많은 경우, 상당히 폭력적인 소재를 다루고 있다. 때로는 숨이 막힐 만큼 폭력적이다. 「주권」("Sovereignty")에서처럼 돼지가 사람의 장딴지를 물어뜯어 살이 너덜거리는 일이 발생하는가 하면, 「부활」에서처럼 남자주인공이 스스로를 거세하는 일이 발생하기도 한다. 또한 「우리들의 황제」에서처럼 쇠스랑으로 상대의 종아리를 찍어버리거나 입에 똥을 쑤셔 넣기도 하고, 「팔자」("Fortune")에서처럼 그렇지 않아도 자기 때문에 다쳐서 사경을 헤매는 아들의 "대가리"를 말뚝으로 내리쳐 숨통을 마저 끊어놓기도 하며, 앞서 묘사한 「신랑」에서처럼 동성애라는 '범법행위'를 한 남자에게 전기목욕을 시키기도 한다. 모든 소설들이 다 그런 건 아니지만, 그의 소설공간에서는 끔찍한 일이나 사건이 빈번하게 발생한다. 작가 스스로도, "나의 이야기들은 점잖은 이야기들이 아니다. 내게 있어서 문제는 늘, 그러한 끔찍한 이야기를 어떻게 하면 천박하지 않게 쓰느냐 하는 것이었다"(Garner)라고 토로했을 정도다. 작가로서 진의 탁월한 점은 그러한 소재가 소설에 형상화되는 과정에서 자칫하면 천박해질 소지가 있다는 걸 첨예하게 의식하고 절묘한 예술적 감각을 통해 그걸 조정함으로써 보편적인 인간성을 추구하는 데 성공했다는 것이다.

「남자가 되려는 사람」("Man to Be")은 폭력을 다루는 작가의 탁월한 솜씨를 유감없이 보여주는 소설이다. 이 소설 속에서 상 주라는 남자는 그의 부인이 다른 남자들과 바람을 피우는 습관적인 '버릇'을 고쳐주기 위해, 마을에 주둔하고 있는 군인들을 불러들여 그녀를 윤간하게 한다. 술에 취한 다섯 명의 군인들은 여자의 손과 발을 묶고 재킷, 바지, 팬티를 찢은 다음, 그녀를 강간하기 시작한다. 그러한 일이 벌어지는 동안, 그녀의 남편은 고춧가루가 든 단지를 갖고 들어와 그녀에게, 군인들이 볼 일을 다 보면 성기에 그걸 부어 "근질근질한 것이 영원히" 낫도록 해주겠다는 가학적인 말을 하기까지 한다(『피아오 아저씨의 생일파티』 275). 거부감이 들 정도로 폭력적인 장면이다. 젊은 군인들에게 자신의 부인을 강간하도록 끌어들인 상 주는 말할 것도 없으려니와, 술에 취한 군인들도 미쳐 있긴 마찬가지다. 그러나 작가는 폭력적인 장면을 묘사하는 데 탐닉하지 않고, 그 폭력에서 인간성을 끌어낸다. 다음의 묘사는 이 소설의 진면목이 잘 나타나있는 대목이다.

> 이제 난의 차례였다. 그는 슐링의 몸에 접근하면서 수줍어하는 것 같았다. 이번이 처음이었지만 그는 그녀의 다리를 벌리고 바지 단추를 풀면서 자신만만했다. 그는 묶여진 채 껍데기가 벗겨지기를 기다리는 큼지막한 개구리를 연상케 하는 그녀의 몸을 내려다보았다. 다리통 때문에 껍데기가 벗겨지는 개구리 말이다. 그는 위를 올려다보고, 그녀의 귀가 작고도 곱다는 걸 알았다. 그는 그녀의 머리를 잡고 그녀가 어떻게 생겼는지 자세히 보려고 그녀의 얼굴을 끌어당겼다. 그녀가 눈을 떴다. 그녀는 눈물이 철철 넘치는 눈으로 그를 바라보았다. 그는 그녀의 사나운 눈을 보고 깜짝 놀랐지만, 그렇다고 그 눈을 바라보지 않을 수도 없었다. 어찌 된 일인지, 그녀의 눈이 바뀌고 있었다. 증오와 두려움이 희미해져갔다. 밑도 끝도 없는 아름다움과 슬픔이 흐릿한 표면 아래에서 아른거렸다. 난은 수 얀과 예쁜 동네 여자들을 생각하며 공상을

하기 시작했다. 자기도 모르게 그는 몸을 굽혀 창백한 그 얼굴에 입을 맞추려 했다. 그 얼굴이 옆으로 돌려지면서 눈물이 쏟아졌다. 그의 머리속이 굽이치기 시작했다.

"너, 뭐하는 거냐?" 다이헹이 난을 향해 소리쳤다.

갑자기 개 짖는 소리가 창밖에서 들렸다. 울프하운드가 닭을 훔치러 온 여우나 표범 고양이를 쫓고 있음이 틀림없었다. 으르렁거리는 소리와 짖는 소리가 금세 마당에 가득 찼다.

"아!" 난이 소리를 질렀다. 뭔가가 그의 몸에서 부러졌다. 얼얼한 통증이 그의 등뼈를 타고 흐르더니 그를 그녀에게서 떼어놓았다. 그는 본능적으로 일어나서, 두 손으로 바지를 잡고 문으로 달려갔다. 식은땀이 그의 얼굴에서 떨어지고 있었다.

그는 바깥방으로 나가자 무릎을 꿇고 토하기 시작했다. 방안은 곧, 솥에 있는 반쯤 익은 배추 국 냄새에, 배에서 나온 술, 신 음식, 발효된 사탕, 볶은 호박씨 냄새가 더해져 요란했다. 솜을 넣은 그의 새 신발과 새 합성섬유 재킷과 바지도 젖어 더러워졌다. (『피아오 아저씨의 생일파티』 276-78)

이 장면은 네 군인이 여자를 강간한 후, 다섯 번째이자 마지막 차례인 난이 그녀를 강간하려고 하는 상황을 묘사한 것이다. 남의 아내를 강간하는 일을 처음부터 탐탁지 않게 생각하면서도 술기운이 가미된 군중심리에 묻혀 그곳까지 따라와 윤간에 동참하게 된 숫총각인 난은 자신의 차례가 되자, 여자의 모습을 보고 "묶여진 채 껍데기가 벗겨지기를 기다리는 큼지막한 개구리"를 연상한다. 묶여져 있으니, 이제는 껍질만 벗기면 된다는 비정한 논리다. 그런데 문제는 그 다음이다. 그는 그녀가 어떻게 생겼는지 보려고 그녀의 머리를 끌어당긴다. 그런데 그의 눈에 비친 것은 눈물에 흠뻑 젖은 그녀의 눈이다. 눈물에 흠뻑 젖은 그 눈을 보는 순간, 그는 그녀를 "껍데기가 벗겨지기를 기다리는 큼지막한 개구리," 즉 자신이 마음대로 취해도 좋은 익명의 여자가 아니라, 비인간적인 집단폭력에 절규하고 있는 한 인간으로 보게 된다. 그러한 상황에서 들려오는 개 짖는 소리가 들리는데, 그것은 무지막지한 폭력에 대한 꾸짖음이요 경고에 다름 아니다. 그가 바지를 잡고 밖으로 뛰쳐나가 뱃속에 든 것들을 게우는 것은 "껍데기가 벗겨지기를 기다리는 큼지막한 개구리"로 여자를 인식하고 집단성폭행에 가담한 자신의 행위를 포함한 비인간적인 폭력에 대한 역겨움의 발로다. 그래서 그의 구토는 도덕적 각성에 대한 "객관적 상관물"이라 해도 지나친 말은 아닐 것이다.

그런데 아이러니컬한 것은 그의 "식은 땀"과 구토로 대변되는 인간성의 회복이 사람들에게는 야유의 대상이 된다는 데 있다. 그는 여자의 남편인 상 주로부터는 개가 짖는 소리에 놀라 여자의 몸에서 떨어져 나간 "아무짝에도 쓸모없는 놈"이라는 야유를 당하고, 약혼녀의 집안으로부터는 "정상적인 남자 구실을 못하게 됐"다는 이유로 파혼을 당하고, 그의 아버지로부터는 "집안에서 그런 골칫거리가 없었다"며 "저주"를 당하고, 아이들한테는 "개 때문에 놀란" 등신이라며 놀림을 당한다. 집단적 폭력에 발을 담그려다가 마지막 순간에 발을 빼고 인간성을 회복한 그에게 집단적 따돌림이 돌아오는 것이다. 그러나 집단적 따돌림에 상관없이, 아니 그러한 따돌림이 있기에, 그가 소설의 마지막에서 자신의 약혼녀였던 여성을 멀리서 바라보는 시선은 으로 아름답고 인간적으로 느껴진다.

> 난은 그 여자의 옆모습을 바라보았다. 그녀는 크림색 옷을 입고 있었다. 그녀의 붉은 망사 스카프가 바람에 흩날리고 있었다. 작은 꽹이를 어깨에 멘 그녀

의 모습은 푸른 밭을 배경으로 움직이는 빨간 벼슬의 학 같았다. (『피아오 아저씨의 생일파티』 281)

난이 한 여성의 존재를 이토록 아름답게, "푸른 밭을 배경으로 움직이는 빨간 벼슬의 학"으로 인식할 수 있는 것은 그가 집단적 폭력의 광기에서 발을 뺐기 때문에 가능하다. 물론, 난이라는 한 개인이 인간성을 회복했다고 하여, 집단적 폭력이 없어지거나 순화되는 것은 아닐 터이다. 집단의 폭력은 개인의 인간성 회복과 상관없이, 아니 때로는 그것에 역행하여 존재하는 것이기 때문이다. 바로 이것이 진의 소설에 아이러니가 시종일관 깔려 있는 이유다. 어떤 의미에서 보면, 그 아이러니는 개인이 현실적으로 해결할 수 없는 폭력에 대한, 작가 나름의 '시적 정의'라고 할 수 있는 측면이 없지 않다.

"끔찍한" 폭력이나 사건이 형상화될 때, 자칫 상스럽거나 천박해질 수 있다는 진의 염려는 얼핏 보면, 대수롭지 않은 생각 같지만 대단히 의미심장한 것이다. 가령 「남자가 되려는 사람」에서 집단으로 성폭행을 하는 장면이 지나치게 사실적으로 묘사되어 있다고 가정하면, 문제는 자못 심각해질 수 있다. 작가의 의도와는 상관없이, 그 묘사 자체에 독자의 시선을 집중시키게 되는 선정적이고 추한 것이 될 여지가 있기 때문이다.

이러한 맥락에서 J.M. 쿳시Coetzee의 소설 『엘리자베스 코스텔로』(*Elizabeth Costello*)에 나오는 일화는 시사적이다. 이 소설의 주인공 코스텔로(이 여자주인공의 직업은 소설가이다)는 히틀러에 대한 음모를 꾸민 자들이 교수형집행자에게서 교수형을 당하는 장면을 지나치게 사실적으로 묘사한 폴 웨스트라는 작가(이 작가도 허구적 인물이다)에게 이의를 제기한다. 여기에서 코스텔로는 상상하는 것만으로 폭력적인 장면을 굳이 소설 속에 묘사하는 미학적 근거가 무엇인지 묻는다. "지난주에 처형된 죄수들의 피가 아직도 손톱 밑에 엉겨 있는 그 인간백정이 그들에게, 제복이 벗겨지고, 마지막에 일어날 사건을 위해서, 때가 덕지덕지 묻은 서지 바지와 곰팡이가 슨 스웨터를 감옥에서 주워서 입고, 신발도 없고 허리띠도 안 차고, 의치는 뽑히고 안경은 빼앗기고, 바지가 내려가지 않도록 호주머니에 손을 넣어 잡고, 몸을 덜덜 떨고 두려움에 울먹이며 눈물을 삼키는 기진맥진한 그들에게, 밧줄이 팽팽하게 당겨질 때 무슨 일이 벌어지는지 얘기해주는 것을, 노인의 무력한 다리를 타고 똥물이 어떻게 흘러내리며 늘어진 늙은이의 페니스가 마지막으로 한 번 어떻게 떨리는지 얘기해주는 모습"이 굳이 소설 속에 묘사되어야 하는 이유가 뭐냐는 것이다. 코스텔로에 따르면, 그러한 묘사는 "그런 일들이 일어나서는 안 되기 때문에 추잡한 것이고, 또 일어난 일들이 밖으로 알려져서는 안 되기 때문에 추잡한 것이다." 그녀는 "히틀러의 교수형집행자들이나 인간 백정들의 행동만이 추잡한 것이 아니"고 그걸 묘사한 "음산한 책들의 페이지들도, 그것으로부터 처녀들과 아이들의 눈을 보호할 필요가 있으며, 드러내서는 안 되는 책 속의 장면들도 추잡하긴 마찬가지"라고 생각한다(쿳시 204-06). 이는 물론, 소설 속 작중인물의 말이지만, 쿳시의 생각이 다분히 담겨있는, 우리가 한 번쯤 생각해봐야 할 발언이 아닐 수 없다. 폭력적인 장면이 자주 나오는 쿳시의 소설들에서 폭력에 대한 묘사가 일정한 수준을 넘어서지 않는 건 어쩌면 이러한 이유에서일 것이다.

물론, 진의 소설에 나오는 폭력적인 사건들이 그 정도에 있어서, 쿳시의 소설 속에서 엘리자베스가 묘사하는 것처럼 극단적인 것이라는 말은 결코 아니다. 그러나 평범하고 단순한 문장을 통해서 전개되는 진의 소설들에 여타의 작가들에게서 쉽게 찾아볼 수 없는 폭력적인 사건들이 많이 등장하는 것은 분명한 사실이다. 작가가 그런 소재를 "천박하지 않게" 처리하는 방식에 대해 고심에 고심을 거듭한 것은 엘리자베스 코스텔로가 말한 바와 같은 "추잡"함을 피하기 위해서였다. 「남자가 되려는 사람」이 적나라하게 보여주는 것처럼, 진의 소설 속에서 폭력의 묘사는 일정한 선을 넘어서는 법이 없고, 그 폭력에 관계된 사람(들)의 인간성 혹은 비인간성을 환기시키기 위해서만 활용되고 있다.

「봄바람이 다시 불었다」("Again, the Spring Breeze Blew")에도 남자가 여자를 강간하는 장면이 나오는데, 자칫 선정적인 쪽으로 흐를 법한 이 장면도 그것 자체에 대한 관심보다는, 여자가 자신을 강간하려고 하는 남자를 칼로 찔러 죽인 이후에 사람들이 보이는 다양한 반응의 형태, 그리고 그 사건이 신문에 기사화됨으로써 그녀가 "영웅"이 되고 좋은 직장과 도시에 거주할 자격까지 얻게 되는 아이러니컬한 상황에 초점이 맞춰져 있다. 진에게 전미도서상을 안겨준 장편소설 『기다림』(*Waiting*)에도 주인공 린 콩의 애인이 잔인하게 강간을 당하는 장면이 나오는데, 이 또한 주인공의 자책감과 다른 사회적, 심리적 요인들을 점검하기 위한 수단에 지나지 않는다. 또한 앞서 잠깐 언급한 「우리들의 황제」에 나오는 폭력적인 장면도 마찬가지다. 머리를 납덩어리로 찍고 종아리를 쇠스랑으로 찍어버리고 입에 똥을 쑤셔 넣는 잔인한 장면도 그것 자체에 대한 관심보다는, 순진한 아이들마저도 사회에 만연된 집단적 폭력에 감염돼 있다는 걸 보여주기 위한 것이다. 그런 의미에서 이 소설은 진의 다른 소설들에 나오는 집단적 폭력이나 (홍위병, 당 간부를 포함한) 권력자들의 일방적인 횡포에 대한 알레고리로 읽힐 수 있다.

이렇듯 진의 소설은 폭력을 묘사하는 데 있어서, 엘리자베스 코스텔로가 앞에서 말한 바와 같은 선이나 정도를 벗어나는 법이 없는데, 이는 소재의 잠재적인 선정성이나 폭발성을 염두에 두면 대단히 신중한 몸짓이 아닐 수 없다. 진의 스승이자 동료이며 유명작가인 엡스타인Leslie Epstein은 그를 가리켜 "강간에 관한 위대한 시인 중 하나"(one of the great poets of rape)라고 한 적이 있는데(Garner), 이는 다소 익살스러운 말이지만, 충격적인 폭력을 묘사하면서도 정도를 벗어나지 아니하고 예술적인 형상화를 기할 수 있는 작가의 예술성에 대한 찬사에 다름 아니다. 여기에서 "시인"이라는 의미는 진이라는 작가가, "심오한 시집이며 사건"이라는 평가를 받은 『침묵 사이에서』(*Between Silences*), 『그림자를 마주하며』(*Facing Shadows*), 『말하는 방식들』(*Ways of Talking*), 『난파』(*Wreckage*) 등과 같은 여러 권의 시집을 출간한 탁월한 시인이라는 의미에서 한 말이라기보다는, 폭력을 탁월하게 예술로 승화시킨 작가라는 일반적인 말로써, 많은 소설들에서 엿볼 수 있는 독특한 소재와 그것의 예술적 처리방식을 적절하게 지칭하는 말이다.

4. 단순성과 보편성에 응집된 삶의 페이소스

진은 평범하고 서술적인 문장으로 미국문학의 흐름에 당당히 합류한 이례적이고 천재적인 작가이다. 서른 살을 훌쩍 넘기고서야 영어로 글을 쓰기 시작한 그가 평범하고 서술적인 문장을 통해, 이처럼 완성도 높은 소설을 썼다는 것은 정말로 놀라운 일이다. 아직도 외국인 냄새가 짙게 배어나는 억양으로 영어를 구사하는 작가가 짤막하고 평범한 서술형 영어문장을 갖고, 완벽하다고까지 할 수 있는 조형미, 세상을 바라보는 그윽한 눈과 넓은 가슴, 단순함 속에서 배어나오는 깊이, 빼어난 유머와 아이러니와 페이소스 등이 골고루 느껴지는 수준 높은 작품을 써낸 것은

"적어도 20회에 걸쳐서 [자신의] 작품을 읽고 교정"하는 장인정신과 근면함, 천재적인 예술감각이 절묘하게 어우러진 결과이다. 그는 "가장 위대한 작가"라고 생각하는 체호프의 소설을 가리켜 "극적인 부분이 없을 경우에도, 세부적인 것들이 모두 응집되면서 모든 것이 어떻게 해서든 통일성을 갖추고 있다"(왕은철 185)라고 말한 적이 있는데, 그의 말은 그 자신의 소설에 적용해도 무방한 말이 아닐까 싶다. 이것은 그의 소설들이 체호프의 소설들만큼이나 고전적 품격에 도달하는 데 성공했다는 말이다. 그러한 고전적 품격을 갖춘 진의 소설은 독자를 일단 끌어들이면 한동안 놓아주지 않는다. 삶의 근원에 맞닿아 있는 차원 높은 소설이기 때문이다. 이런 의미에서, 한국문학이 전공인 평론가가 했던 말은 의미심장하다.

> 진의 단편소설들은 거의가 삶의 근원에 닿아 있는 보편성과 단순성을 지니고 있다. 그것들을 읽다 보면, 문학이 왜 존중되어야 하는가, 문학이 인간의 형성과 교육에 얼마나 중요한 수단이 될 수도 있는가, 문학은 어떤 모습으로 존재해야 하는가, 문학은 미래에도 존재해야 마땅한가, 문학의 궁극적 가치는 무엇인가 등등 문학에 대한 암중모색에서 한줄기 빛을 발견한 것 같은 느낌을 받는다. 그래서 진이 비록 외국작가이지만, 그의 소설을 다소 흥분된 어조로 찬양하고 국내독자들에게 추천하는 일이 내가 비평가로서 조그만 책임을 지는 일이라 생각한다. 나는 먼저, 무엇을 어떻게 써야 할지 혼돈 속에 갇혀 있는 한국의 젊은 작가들이 진의 소설을 꼼꼼히 읽고 거기서 어떤 암시를 받기를 바란다. 또 문학의 교육적 기능을 추구하고 문학을 통해서 세상과 삶의 이해를 깊게 하고자 원하는 사람들이 진의 소설에서 원하는 바를 얻기를 기대한다. 또 소설을 공부하는 사람들이 진의 작품에서 좋은 단편소설의 모델

> 을 구할 수 있기를 기대한다. 그리고 무엇보다 소설다운 소설, 문학다운 문학을 갈구하는 독자들에게 진의 소설을 추천하고 싶다. (이남호 205)

위의 말을 종합하면, 진의 소설이 문학원론에 충실한 고전소설의 품격과 형태를 갖추고 있다는 말인데, 이보다 더한 찬사는 없을 듯하다. "삶의 근원에 닿아 있는 보편성"을 갖추고 있다는 말은 중국을 배경으로 하는 진의 소설이 중국이라는 지정학적인 공간을 뛰어넘어 인간의 보편적 진실을 추구하는 데 성공하고 있다는 말인데, 이는 진이 지금까지 발표한 소설들의 본령을 제대로 짚은 말이 아닐 수 없다. 더욱이, 그러한 고전적 품격이 번역서가 아닌 원어로 영어작품을 읽어내야 하는 한국의 대학생들조차 쉽게 읽어낼 수 있는 단순한 문장을 통해 전달되고 있으니, 이만저만한 장점이 아닐 수 없다.

인용문헌

I. 이슬람 작가들

1. 제3세계의 시각에서 본 9/11

김현아. 「9.11 테러와 근본주의의 충돌－하미드의 『주저하는 근본주의자』」. 『새한영어영문학』 56.3 (2014): 1-22.

노엄 촘스키. 『9-11－뉴욕테러와 미국의 무력대응에 대한 비판과 분석』. 박행웅, 이종삼 공역. 서울: 김영사, 2001.

모신 하미드. 『주저하는 근본주의자』. 왕은철 역. 서울: 민음사, 2012.

Ahmad, Ajiz. "Jameson's Rhetoric of Otherness and the 'National Allegory'", *Social Text* 17 (Fall 1987): 3-25.

Almond, Gabriel A., Appleby, R. Scott, Sivan, Emmanuel. *Strong Religion: The Rise of Fundamentalisms around the World.* Chicago: Chicago UP, 2003.

Asik, Siddika. "Silencing the Other: *The Reluctant Fundamentalist* as a Counter Discourse," *Civilacademy Journal of Social Sciences* (Winter 2008), 107-16.

Attwell, David, "An exclusive interview with J M Coetzee," *DN Kultur.* Dec. 8, 2003. Web.

Buruma, Ian, and Avishai Margalit. Occidentalism: *The West in the Eyes of its Enemies.*

New York: Penguin, 2004.

Childs, Peter and R. J. Patrick Williams. *An Introduction to Post-colonial Theory.* Cornwall: Prentice Hall, Harvester Wheatsheaf, 1997.

Chomsky, Noam. *9-11-Was There an Alternative?* Trans. Haengwoong Park and Jongsam Lee. Seoul: Kimyoung-sa, 2001.

Coetzee. J. M. *Dusklands.* New York: Penguin, 1982.

______. *Elizabeth Costello.* New York: Penguin, 2004.

______. *Waiting for the Barbarians.* New York: Penguin, 1980.

Eads, Martha Greene. "Imagining America: Mohsin Hamid's *The Reluctant Fundamentalist*," *The Cresset*: A Review of Literature, the Arts and Public Affairs. 2010. Vol. LXXIV, No. 2: 49-53. Web.

Forster, E. M. A *Passage to India.* New York: Harcourt, Brace & Co., 1924.

Freud, Sigmund. *The Standard Edition of the Complete Psychological Works of Sigmund Freud*, vol. 14, trans., ed. James Strachey. London: Hogarth P, 1973.

Gasper, Louis. *The Fundamentalist Movement.* Hague: Mouton, 1963.

Gordimer,Nadine. "The Idea of Gardening: J.M. Coetzee's *The Life & Times of Michael K*," *Telling Times: Writing and Living, 1954-2008.* New York: Norton, 2010. 396-403.

Gramsci, Antonio. *Selections from the Prison Notebooks.* Ed. and Trans. Quintin Hoare and Geoffrey Nowell Smith. New York: International Publishers, 1971.

Hamid, Mohsin. *The Reluctant Fundamentalist.* New York: Penguin, 2007.

James Truslow Adams, *The Epic of America.* New York: Blue Ribbon, Greenwood P, 1931.

Marsden, George M. *Fundamentalism and American Culture.* Oxford: Oxford UP, 2006.

Said, Edward. *Covering Islam.* New York: Vintage, 1997.

______. *Orientalism.* New York: Vintage, 2003.

Stiglitz, D. Joseph. "Moving Beyond Market Fundamentalism to a More Balanced Economy," *Annals of Public and Cooperative Economics* 80.3 (2009): 345-360.

Zizek, Slavoj. *Welcome to the Desert of the Real!: Five Essays on 11 September and Related Dates.* New York: Verson, 2002.

2. 팔레스타인 내러티브에 나타난 고난의 역사

아불하와, 수전. 『예닌의 아침』. 왕은철 역. 서울: 푸른숲, 2013.

Abulhawa, Susan. "Author's Note," *Mornings in Jenin.* New York: Bloomsbury, 2010.

______. *The Scar of David. Summerland*, CA: Journey Publications, 2006.

Auster, Paul, and Coetzee, J.M. *Here and Now: Letters 2008-2011.* New York: Viking, 2013.

Calderone, Michale. "CNN Removes Reporter Diana Magnay From Israel-Gaza After 'Scum' Tweet," *The Huffington Post* (July 18, 2014). Web.

Carter, Jimmy. *Palestine: Peace Not Apartheid.* New York: Simon & Schuster, 2006.

Daraghmeh, Mohammed. "Gaza truce open-ended, but puts off tough issues," *AP News* (Aug 26, 2014). Web.

Ellis, Marc H. *Encountering the Jewish Future.* Minneapolis: Fortress P, 2011.

Finkelstein, Norman G. *The Holocaust Industry*: Reflections on the Exploitation of Jewish Suffering. London: Verso, 2003.

Genette, Gerard. Paratexts: *thresholds of interpretation.* trans. Jane E. Lewin. Cambridge: Cambridge UP, 1997.

Jameson, Frederick. "Third-World Literature in the Era of Multinational Capitalism," *Social Text* 15 (Autumn 1986): 65-88.

Kanafani, Ghassan. Palestine's Children: *Returning to Haifa and Other Stories.* trans.

Barbara Harlow & Karen E. Riley. London: Lynne Rienner Publishers, 2000.

Khalili, Laleh. *Heroes and Martyrs of Palestine: The Politics of National Commemoration.* Cambridge: Cambridge UP, 2007.

Kristeva, Julia. *Desire in Language: a semiotic approach to literature and art.* tran. Thomas Gora, Alice Jardine and Leon S. Roudiez, Ed. Leon S. Roudiez. New York: Columbia UP, 1980.

Levinas, Immanuel. *Difficult Freedom: Essays on Judaism.* Baltimore: Johns Hopkins UP, 1990.

______."Ethics and Politics," *The Levinas Reader*. Ed. Sean Hand. Oxford: Basil Blackwell, 1989. 289-97.

Lopate, Philip. "Resistance to the Holocaust," *Tikkun* 4 (1989): 55-65.

Rogin, John. "Exclusive: Kerry Warns Israel Could Become 'An Apartheid State'," *The Daily Beast* (April 27, 2014). Web. 9 August 2014.

Said, Edward. *The Politics of Dispossession: The Struggle for Palestinian Self-Determination,* 1969-1994. New York: Vintage, 1995.

3. 디아스포라 작가의 한숨과 향수

왕은철. "할레드 호세이니의 소설과 페리텍스트-『그리고 산이 울렸다』의 제목이 갖는 함축성에 관하여." 『영어영문학연구』 39.4(2013). 119-40.

최재봉. "할레드 호세이니," 『한겨레』(2013. 8.06). 30.

쿳시, J.M. 『페테르부르크의 대가』. 왕은철 역. 서울: 책세상, 2001.

호세이니, 할레드. 『그리고 산이 울렸다』. 왕은철 역. 서울: 현대문학, 2013.

______. 『연을 쫓는 아이』. 왕은철 역. 서울: 현대문학, 2010.

______. 『천 개의 찬란한 태양』. 왕은철 역. 서울: 현대문학, 2007.

Auster, Paul, J.M. Coetzee. *Here and Now: Letters 2008-2011.* New York: Viking, 2013.

Coetzee, J.M. *The Master of Petersburg.* New York: Penguin, 1994.

Derrida, Jacques. *Of Hospitality: Anne Dufourmantelle Invites Jacques Derrida to Respond.* trans. Rachel Bowlby. Stanford: Stanford UP, 2000.

Farrokhzad, Forough. "Another Birth," trans. Karim Emami. Web.

Genette, Gerard. *Paratexts: Thresholds of Interpretation.* trans. Jane E. Lewin. Cambridge: Cambridge UP, 1997.

Hosseini, Khaled. *And the Mountains Echoed.* New York: Riverhead, 2013.

______. *The Kite Runner.* New York: Riverhead, 2003.

______. *A Thousand Splendid Suns.* New York: Riverhead, 2007.

______. "*And the Mountains Echoed.* Q&A with Khaled Hosseini." Web.

Jin, Ha. *The Writer as Migrant.* Chicago: U of Chicago P, 2008.

Rumi, Jelaluddin. "Out Beyond Ideas." *The Essential Rumi.* trans. Coleman Barks. San Francisco: Harper, 1995.

Stuhr, Rebecca. *Reading Khaled Hosseini.* Santa Barbara: Greenwood P, 2009.

Young, Lucie. "Despair in Kabul". *Telegraph* (19 May 2007). Web.

4. 타자 이해의 출발점으로서의 문학

히샴 마타르. 『남자들의 나라에서』. 왕은철 역. 서울: 현대문학, 2009.

Charles, Ron. "A Libyan Childhood: A little boy is caught in his parents' deadly political crisis," *The Washington Post* (Sunday, 4 February 2007). Web.

Coetzee, J.M. *Waiting for the Barbarians.* New York: Penguin, 1980.

Conrad, Joseph. *A Personal Record.* Garden City, NY: Doubleday, 1926.

Dabydeen, David. "*In the Country of Men* by Hisham Matar: Love in Libya's time of tyranny," *The Independent* (Friday, 14 July 2006). Web.

Derrida, Jacques and Anne Dufourmantelle. *Of Hospitality: Anne Dufourmantelle invites Jacques Derrida.* trans. Rachel Bowlby. Stanford, CA: Stanford UP, 2000.

Gana, Nouri. "An Interview with Hisham Matar." *Words Without Borders: The Online Magazine for International Literature* (May 2007). Web.

Gilman, S. *Difference and Pathology: Stereotypes of Sexuality, Race and Madness.* Ithca, NY: Cornell UP, 1985.

Hosseini, Khaled. *A Thousand Splendid Suns.* New York: Riverhead, 2007.

Matar, Hisham. *In the Country of Men.* New York: Dial P, 2008.

_____. "I just want to know what happened to my father," *The Independent* (Sunday, 16 July 2006). Web.

Moss, Stephen. "On author Hisham Matar: Love, loss and all points in between," *The Guardian* (Thursday, 29 June 2006). Web.

Shamsie, Kamila. "In the Country of Men by Hisham Matar: Where the mulberries grow," *The Guardian* (Saturday, 29 July 2006). Web.

II. 남아프리카 작가들

1. 「최고의 사파리」를 중심으로 본 타자 재현의 문제

고디머, 나딘. "아파르트헤이트와 작가의 윤리적 책무," 『문학의 거장들: 세계의 작가 9인을 만나다』. 왕은철 편저. 서울, 현대문학: 2010. 17-60.

Boyers, Robert, Blaise, Clark, Doggory, Terence, Elgrably, Jordan. "A Conversation with Gordimer," *Conversations with Nadine Gordimer.* ed. Nancy Topping Bazin and Marilyn Dallman Seymour. Jackson and London: UP of Mississippi, 1990. 185-214.

Clingman, Stephen. *The Novels of Nadine Gordimer: History from the Inside.* Amherst: U of Massachusetts P, 1992.

Cooper-Clark, Diana. "The Clash," *Conversations with Nadine Gordimer.* ed. Nancy Topping Bazin and Marilyn Dallman Seymour. Jackson and London: UP of Mississippi, 1990. 215-28.

Derrida, Jacques. "Racism's Last Word," trans. Peggy Kamuf. *Critical Inquiry* 12 (Autumn 1985): 290-99.

______. *Positions.* trans. Alan Bass. Chicago: U of Chicago P, 1981.

Gardner, Susan. "A Story for This Place and Time: An Interview with Nadine Gordimer about Burger's Daughter," *Conversations with Nadine Gordimer.* ed. Nancy Topping Bazin and Marilyn Dallman Seymour. Jackson and London: UP of Mississippi, 1990. 161-75.

Gordimer, Nadine. *Conversations with Nadine Gordimer.* ed. Nancy Topping Bazin and Marilyn Dallman Seymour. Jackson and London: UP of Mississippi, 1990.

______."English-Language Literature and Politics in South Africa," *Telling Times: Writing and Living*, 1954-2008. New York: Norton, 2010. 234-59.

______. *Jump and Other Stories.* New York: Picador, 2012.

______."The Short Story in South Africa," The International Symposium on the Short Story, *Kenyon Review XXX* (1968), 457-63.

______. *The Essential Gesture: Writer, Politics and Places.* ed. Stephen Clingman. New York: Penguin, 1989.

______. "The Ultimate Safari," *Telling Tales. New York:* Picador, 2004. 269-82.

______. "Writing and Being: In the beginning was the Word," Nobel Lecture. (7 December 1991). Retrieved from Nobelprize.org. Web.

Hirson, Baruch. *Year of Fire, Year of Ash: The Soweto Revolt: Roots of a Revolution?* London: Zed P, 1979.

Lazar, Karen. "Jump and Other Stories: Gordimer's Leap into the 1990s: Gender and Politics in Her Latest Short Fiction," *Journal of Southern African Studies* 18.4 (Dec. 1992): 783-802.

McEwan, Neil. *Africa and the Novel.* London: Macmillan, 1983.

McMurray, George R. (1987), *Critical Essays on Gabriel García Márquez.* Boston: G.K. Hall, 1987.

Memmy, Albert. *The Colonizer and the Colonized.* Boston: Beacon P, 1991.

Minter, William. *Apartheid's Contras: An Inquiry into the Roots of War in Angola and Mozambique.* Johannesburg: Witwatersrand UP, 1994.

Morrison, Toni. *Conversations with Toni Morrison.* ed. Danille Taylor-Guthrie. Jackson: U of Mississippi P, 1994.

Said, Edward. *Covering Islam: How the Media and the Experts Determine How We See the Rest of the World.* New York: Vintage, 1997.

Saunders, Christopher, and Southey, Nicholas. *A Dictionary of South African History.* Cape Town: David Philip, 1998.

Spivak, Gayatri. "Can the Subaltern Speak?" *Marxism and the Interpretation of Culture.* ed. Cary Nelson and Lawrence Grossberg. Hampshire: Macmillan, 1988. 271-313.

Symons, Julian. "Gordimer—South Africa's Conscience," *The Star.* 5 April 1984.

Wagner, Kathrin. *Rereading Nadine Gordimer.* Bloomington: Indiana UP, 1994.

2. 나딘 고디머의 눈으로 본 J. M. 쿳시의 소설

고디머, 나딘.「아파르트헤이트와 작가의 윤리적 책무」.『문학의 거장들: 세계의 작가 9인을 만나다』. 왕은철 편저. 서울: 현대문학, 2010. 17-60.

쿳시, J. M.「남아프리카 공화국과 작가의 상상력」.『문학의 거장들: 세계의 작가 9인을 만나다』. 왕은철 편저. 서울: 현대문학, 2010. 87-119.

______. 『마이클 K』. 왕은철 역. 서울: 들녘, 2004.

______. 『야만인을 기다리며』. 왕은철 역. 서울: 들녘, 2003.

______. 『어느 운 나쁜 해의 일기』. 왕은철 역. 서울: 민음사, 2009.

______. 『어둠의 땅』. 왕은철 역. 서울: 들녘, 2006.

Attridge, Derek. *J. M. Coetzee and the Ethics of Reading*. Chicago: U of Chicago P, 2004.

Attwell, David. *J. M. Coetzee: South Africa and the Politics of Writing*. Berkeley: U of California P, 1993.

______. "J. M. Coetzee and South Africa: Thoughts on the Social Life of Fiction." *J. M. Coetzee's Austerities*. ed. Graham Bradshaw, Michael Neill. Burlington, VT: Ashgate, 2010.

Ashcroft, Bill, Gareth Griffiths, Helen Tiffin. *The Empire Writes Back: Theory and Practice in Post-Colonial Literatures*. London: Routledge, 1989.

Babcock, David. "Professional Subjectivity and the Attenuation of Character in J. M. Coetzee's *Life & Times of Michael K*." PMLA 127.4 (2012): 890-904.

Clarkson, Carrol. *J. M. Coetzee: Countervoices*. New York: Palgrave Macmillan, 2009.

Clingman, Stephen. *The Novels of Nadine Gordimer: History from the Inside*. Amherst: U of Massachusetts P, 1992.

Coetzee, J. M. *Diary of a Bad Year*. London: Harvail Secker, 2007.

______. *Doubling the Point: Essays and Interviews*. ed. David Attwell. Cambridge: Harvard UP, 1992.

______. *Dusklands*. London: Secker & Warburg, 1982.

______. "Grubbing for the Ideological Implications: A Clash (More or Less) with J. M. Coetzee." Interview by A. Thorold and R. Wicksteed. *Sjambok* (University of Cape Town), n.d.

______. *The Life & Times of Michael K*. New York: Penguin, 1985.

______. *Slow Man.* New York: Viking, 2005.

______.Waiting for the Barbarians. Harmonsworth: Penguin, 1982.

Donaldio, Rachel. "Out of Africa." *The New York Times.* 16 December 2007. Web. 29 September 2014.

Dovey, Teresa. "J. M. Coetzee: Writing in the Middle Voice." *Critical Essays on J. M. Coetzee.* ed. Sue Kossew. New York: G.K. Hall, 1998. 18-28.

Gallagher, Susan VanZanten. *A Story of South Africa: J. M. Coetzee's Fiction in Context.* Cambridge: Harvard UP, 1991.

Gordimer, Nadine. *The Essential Gesture: Writer, Politics and Places.* ed. Stephen Clingman. New York: Penguin, 1989.

______. "The Idea of Gardening: J. M. Coetzee's *The Life & Times of Michael K.*" *Telling Times: Writing and Living, 1954-2008.* New York: Norton, 2010. 396-403.

Head, Dominic. *The Cambridge Introduction to J. M. Coetzee.* Cambridge: Cambridge UP, 2009.

Heider, Sarah Dove. "The Timeless Ecstasy of Michael K." *Black/White Writing: Essays on South African Literature.* Ed. Pauline Fletcher. Lewisburg: PA: Bucknell UP, 1993.

Huggan, Graham, and Watson, Stephen. "Introduction" to *Critical Perspectives on J. M. Coetzee.* ed. Graham Huggan and Stephen Watson. New York: St. Martin's P, 1996. 1-10.

Kossew, Sue. *A Post-Colonial Reading of J. M. Coetzee and Andre Brink.* Atlanta, GA: Rodopi, 1996.

______. "Introduction" to *Critical Essays on J. M. Coetzee.* ed. Sue Kossew. New York: G. K. Hall, 1998. 1-17.

Morphet, Tony. "An Interview with J.M. Coetzee." *Social Dynamics* 10.1 (1984): 62-65.

Spivak, Gayatri. "Can the Subaltern Speak?" *Marxism and the Interpretation of Culture.* ed. Cary Nelson and Lawrence Grossberg. Hampshire: Macmillan, 1988. 271-313.

Watson, Stephen. "Colonialism and the Novels of J. M. Coetzee." *Critical Perspectives on J. M. Coetzee.* ed. Graham Huggan and Stephen Watson. New York: St. Martin's P, 1996. 13-36.

______. Review of *A Story of South Africa: J. M. Coetzee's Fiction in Context* by Susan VanZanten Gallagher, Research in African Literatures 24.1 (Spring 1993): 114-16.

Weigl, Engelhard. "Life & Times of Michael K." *A Companion to the Works of J.M. Coetzee.* ed. Tim Mehigan. Rochester, NY: Camden House, 2011. 76-90.

Wright, Timothy. "The Art of Evasion: Writing and the State in J. M. Coetzee's *Life & Times of Michael K.*" JLS/TLW 28.3 (Sep. 2012): 55-76.

3. J. M. 쿳시의 소설과 미국의 식민주의/제국주의

왕은철. 『J.M. 쿳시의 대화적 소설: 상호텍스트성과 탈식민주의』. 서울: 태학사, 2004.

J.M. 쿳시. 『어둠의 땅』. 왕은철 역. 서울: 들녘, 2006.

Armbruster, Frank. E., Raymond D. Gastil, Herman Kahn, William Pfaff, and Edmund Stillman. *Can We Win in Vietnam? The American Dilemma.* London: Pall Mall, 1968.

Attridge, Derek. *J.M. Coetzee and the Ethics of Reading: Literature in the Event.* Chicago: U of Chicago P, 2004.

Attwell, David. *J.M. Coetzee: South Africa and the Politics of Writing.* Berkeley: U of California P, 1993.

Césaire, Aimé. *Discourse on Colonialism.* New York: Monthly Review P, 1972.

Coetzee, J. M. *Diary of a Bad Year.* London: Harvill Secker, 2007.

______. *Doubling the Point: Essays and Interviews.* ed. David Attwell. Cambridge: Harvard UP, 1992.

______. *Dusklands.* New York: Penguin, 1996. Originally published 1974.

______. *Waiting for the Barbarians.* New York: Penguin, 1980.

______. "When a Woman Grows Older." *The New York Review* (January 15, 2004): 11-14.

Conrad, Joseph. *Heart of Darkness.* ed. Robert Kimbrough. New York: Norton, 1988.

Gallagher, Susan VanZantern. *A Story of South Africa: J.M. Coetzee's Fiction in Context.* Cambridge: Harvard UP, 1991.

Head, Dominic. *J.M. Coetzee.* Cambridge: Cambridge UP, 1997.

Jolly, Rosemary Jane. *Colonization, Violence, and Narration in White South African Writing: André Brink, Breyten Breytenbach, and J. M. Coetzee.* Athens: Ohio UP, 1996.

Knox-Shaw, Peter. *Critical Perspectives on J.M. Coetzee,* ed. Graham Huggan & Stephen Watson. London: Macmillan, 1996. 107-19.

Lin, Lidan. "J.M. Coetzee and the Postcolonial Rhetoric Simultaneity." *The International Fiction Review* 28.1-2 (2001): 42-53.

Scot, Joanna. "Voice and Trajectory: An Interview with J.M. Coetzee." *Salmagundi* 114-5 (Spring/Summer 1997): 82-102.

Temple, Peter. "The Private World of a Major New SA Talent." *The Star* (June 14, 1974): 3.

Watson, Stephen. "Speaking: J.M. Coetzee." *Speak* 1.3 (1978): 23-25.

4. "기억이 없는" 식민지 문화와 "개인의 재능"

왕 철, "존 쿳시와의 대담," 『21세기 문학』 (1998년 가을-겨울): 425-45.

______. “안드레 브링크와의 대화,” 『현대문학』 (1999년 7월): 162-81.

Achebe, Chinua. "An Image of Africa," *Joseph Conrad: Critical Assessments.* vol. 2. ed. Keith Carabine. East Sussex: Helm Information, 1992. 393-404. Originally published in *The Massachusetts Review,* 18, 4 (Winter 1977): 782-94.

______. "The African Writer and the English Language," *Morning Yet on Creation Day: Essays.* London: Heinemann, 1975.

Clayton, Cherry, ed. Olive Schreiner. Johannesburg: McGraw-Hill Book, 1983.

Coetzee, J. M. *White Writing: On the Culture of Letters in South Africa.* New Haven: Yale UP, 1988.

Cronwright-Schreiner, S. C., ed. *The Letters of Olive Schreiner: 1876-1920.* London: T. Fisher Unwin, 1924.

Eliot, T. S. "Tradition and the Individual Talent," *Selected Essays 1917-1932.* London: Faber and Faber, 1932. 13-22.

Gilbert, Sandra M. and Susan Gubar. *No Man's Land: The Place of the Woman Writer in the Twentieth Century.* Vol. 2: *Sexchanges.* New Haven: Yale UP, 1989.

Gordimer, Nadine. “English-Language Literature and Politics in South Africa," *Aspects of South African Literature.* ed. Christopher Heywood. London: Heinemann, 1976.

______. *Review of Olive Schreiner: A Biography* by Ruth First and Ann Scott. *Olive Schreiner and After: Essays on Southern African Literature in Honour of Guy Butler.* ed. Malvern Van Wyk Smith and Don Maclennan. Cape Town: David Philip, 1983.

______. *The Lying Days.* London: Victor Gollancz, 1953.

______. "The Novel and the Nation in South Africa," *African Writers on African Writing.* ed. G. D. Killam. London: Heinemann, 1973.

Gray, Stephen. *Southern African Literature: An Introduction.* Cape Town: David Philip, 1979.

Jacobson, Dan. Introduction to *The Story of an African Farm.* New York: Penguin, 1984.

Lessing, Doris. A *Small Personal Voice.* ed. Paul Schlueter. New York: Knopf, 1974.

Marquad, Jean. "Hagar's Child: A Reading of *The Story of an African Farm*," *Olive Schreiner.* ed. Cherry Clayton. Johannesburg: McGraw-Hill Book, 1983.

Memmy, Albert. *The Colonizer and the Colonized.* London: Souvernir P, 1974.

Murray, Sally-Ann. "Olive Schreiner: A Soul Struggling with its Material Surroundings," *Perspectives on South African English Literature* ed. Michael Chapman, Colin Gardner & Es'kia Mphahlele. Cape Town: AD. Donker, 1992.

Rive, Richard. "An Infinite Compassion: A Critical Comparison of Olive Schreiner's Novels," *Contrast: South African Quarterly.* 29: 25-43.

Schreiner, Olive. *The Story of an African Farm.* Johannesburg: AD. Donker, 1975.

Showalter, Elaine. Review of *Olive Schreiner: A Biography* by Ruth First and Ann Scott. *Tulsa Studies in Women's Literature* 1 (1982): 106, 108.

Vivan, Itala, ed. *The Flawed Diamond: Essays on Olive Schreiner.* Sydney: Dangaroo P, 1991.

5. 남아프리카 문학과 포스트모더니즘

왕 철. "안드레 브링크와의 대화." 『현대문학』(1999년 7월): 162-81.

Brink, André. "Interrogating Silence: New Possibilities Faced by South African Literature," *Writing South Africa: Literature, Apartheid, and Democracy*, 1970-1995. ed. Derek Attridge and Rosemary Jolly. Cambridge: Cambridge UP, 1998.

_____. "State of Siege," *Sydney Morning Herald* (23-24 September, 1989).

______. "The Future of Afrikaans," *Leadership SA* 3.2(1984): 34-35.

______. "The Position of the Afrikaans Writer," *Reality* 2.1 (March 1970): 12-15.

______. "Truth, Memory, and Narrative," *Negotiating the Past: The Making of Memory in South Africa.* ed. Sarah Nuttall and Carli Coetzee. Oxford: Oxford UP, 1998.

______. A *Chain of Voices.* Oxford: Fontana, 1983.

______. A *Dry White Season.* London: Minerva, 1992.

______. An *Instant in the Wind.* London: W. H. Allen, 1976.

______. *Devil's Valley.* London" Secker & Warburg, 1998.

______. *Kennis van die Aand.* Cape Town: Buren, 1973.

______. *Looking on Darkness.* London: W. H. Allen, 1974.

______. *On the Contrary.* London: Minerva, 1996.

______. *The Ambassador.* trans. André Brink. Cape Town: Central News Agency, 1964.

______. *The First Life of Adamastor.* London: Secker & Warbrug, 1993.

Coetzee, J. M. *The Age of Iron.* New York: Random House, 1990.

Gordimer, Nadine. "English-Language Literature and Politics in South Africa," *Aspects of Southern African Literature.* ed. Christopher Heywood. London: Heinemann, 1976. 99-120.

Higgins, John. "A Visit to Hell," *The Guardian* (8 August, 1998).

Kossew, Sue. Pen and Power: *A Post-Colonial Reading of J. M. Coetzee and André Brink.* Atlanta: Rodopi, 1994.

Meintjes, Godfrey. "A Chain of African Voices: The Prose Oeuvre of André Brink," *New Writing from Southern Africa: Authors Who Have Become Prominent since 1980.* ed. Emmanuel Ngara. Cape Town: David Philip, 1996.

Nietzsche, F. W. *The Use and Abuse of History.* trans. Adrian Collins. Indianapolis: Bobbs-Merrill, 1957.

Serote, Mongane Wally. "Ofay-Watcher, Throbs-Phase," *Yakhal'inkomo.* Johannesburg: AD Donker, 1972.

_____. *On the Horizon.* Fordsburg: The Congress of South African Writers, 1990.

6. 남아프리카 문학의 탈식민 논의

왕 철, "나딘 고디머와의 대화." 『현대문학』 (1999년 9월): 166-89.

_____. "안드레 브링크와의 대화." 『현대문학』 (1999년 7월): 162-81.

_____. "J. M. 쿳시 인터뷰." 『21세기 문학』 (1998, 가을-겨울): 395-424.

Attwell, David. "Introduction," to *Current Writing* 5(2) 1993, 1-6.

Ashcroft, Bill. "On the Hyphen in Post-Colonial." Unpublished conference paper, 1994. Quoted from Sue Kossew's *A Post-Colonial Reading of J.M. Coetzee and André Brink.*

_____. Gareth Griffiths & Helen Tiffin. *The Empire Writes Back: Theory and Practice in Post-Colonial Literatures.* London: Routledge, 1989.

Brink, André. "The Position of the Africans Writer," *Reality* 2.1(March 1970), 12-15.

_____. *Reinventing a Continent: Writing and Politics in South Africa.* Cambridge, Mass.: Zoland, 1996.

Carusi, Annamaria. "Post, Post and Post. Or, Where is South African Literature in All This?" eds. Ian Adam and Helen Tiffin. *Past the Last Post: Theorizing* Post-*Colonialism and Post-Modernism.* Calgary, Alberta: U of Calgary P, 1990.

Coetzee, J. M. "The Novel Today," *Upstream* 6.1 (Summer 1987), 2-5.

_____. *Disgrace.* New York: Random House, 1999.

_____. *Interview with Cape Times* (1987).

Cope, Jack. *The Adversary Within: Dissident Writers in Afrikaans.* Cape Town: David Philip, 1982.

Derrida, Jacques. "Racism's Last Word," Critical Inquiry 12(Autumn 1985), trans. Peggy Kamuf, 290-99.

Driver, Dorothy. "The Critical Reception of Nadine Gordimer," ed. Andries Walter Oliphant. *A Writing Life: Celebrating Nadine Gordimer.* London: Viking, 1998.

Fanon, Franz, *The Wretched of the Earth.* trans. Constance Farrington. New York; 1968.

Gordimer, Nadine. *The Black Interpreters: Notes on African Writing.* Johannesburg: Ravan, 1973.

_____. *The Essential Gesture: Writing, Politics, and Places.* ed. Stephen Clingman. New York: Alfred A. Knopf, 1988.

JanMohamed, Abdul. "The Economy of Manichean Allegory: The Function of Racial Difference in Colonialist Literature," *Critical Inquiry* 12 (Autumn 1985).

_____. "Nadine Gordimer: The Degeneration of the Great South African Lie," *Manichean Aesthetics: The Politics of Literature in Colonial Africa.* Amherst, Mass.: U of Massachusetts P, 1983.

Jolly, Rosemary. "Rehearsals of Liberation: Contemporary Postcolonial Discourse and the New South Africa," *PMLA* 110.1 (Jan 1995), 17-29.

Kossew, Sue. *A Post-Colonial Reading of J.M. Coetzee and André Brink.* Amsterdam: Rodopi, 1996.

McClintock, Anne. "The angel of progress: pitfalls of the term 'postcolonialism,'' ed. Francis Barker, Peter Hulme and Margaret Iversen. *Colonial discourse / postcolonial theory.* Manchester: Manchester UP, 1994.

Maake, Nhlanhla. "A Diversity of Voices," *Arts 1999: The Arts, Culture & Heritage Guide to South Africa* (1999), 44-45.

Ndebele, Njabulo. "Defining South African Literature for a New Nation," ed. *The Subversive Imagination: Artists, Society, and Social Responsibility.* New York: Routledge, 1994.

Parekh, Pushpa Naidu, Siga Fatima Jagne. *Postcolonial African Writers: A Bio-bibliographical Critical Sourcebook.* Wesport, Conn.: Greenwood P, 1998.

Parry, Benita. "Reconciliation and remembrance," *Pretexts* 5(1-2): 84-96.

Rushdie, Salmon. "Minority Literatures in a Multi-Cultural Society," *Displaced Persons.* ed. Kirsten Holst Petersen & Anna Rutherford. Sydney: Dangaroo P, 1988.

Slemon, Stephen. "Unsettling the Empire: Resistance Theory for the Second World," *The Post-colonial Studies Reader.* ed. Bill Ashcroft, Gareth Griffiths, Helen Tiffin. London: Routledge, 1995.

Sole, Kelwyn. "Real Toads in Imaginary Gardens: A Response to David Atwell". *Pretexts* 2.1(1990), 86-93.

Spivak, Gayatri Chakravorty. "The Burden of English," ed. Carol A. Breckenridge and Peter van der Veer. *Orientalism and the Postcolonial Predicament:* Perspectives *on South Asia.* Philadelphia: U of Pennsylvania P, 1993.

_____. *The Post-colonial Critic: Interviews, Strategies, Dialogues.* ed. Sarah Hurasym. London: Routledge, 1990.

Tetteh-Lartey, Alex. "Arts and Africa: An Interview with Nadine Gordimer," ed. Nancy Topping Bazin and Marilyn Dallman Seymour. *Conversations with Nadine Gordimer.* Jackson: UP of Mississippi, 1990.

Turrell, Rob. Review of *The South African War 1899-1902 and Uyadele Wen'osalapho: Black Participation in the War* by Bill Nasson. The Sunday Independent (21 November, 1999), 20.

Visser, Nicholas. "Postcoloniality of a Special Type: Theory and Its Appropriations in South Africa," *Yearbook of English Studies*, 27(1997): 79-84.

III. 기타 아프리카 작가들

1. 르완다 대학살과 식민 후유증

Akpan, Uwem. "My Parents' Bedroom." *Say You're One of Them.* New York: Back Bay, 2008.

Arendt, Hannah. *On Violence.* Boston: Mariner, 1970.

Attwell, David. "Introduction," to *Current Writing* 5(2) 1993, 1-6.

Butler, Judith. *Who Sings the Nation-State?: Language, Politics, Belonging.* New York, Oxford: Seagull, 2007.

Césaire, Aimé. *Discourse on Colonialism.* New York: Monthly Review P, 1972.

Cevik, Yildiray. "Awakening of African Children to Their Plight as Depicted in Akpan's Say. You're One of Them." *Journal of Social and Human Sciences* 1.2 (2004): 5-12.

De Heusch, Luc. "Rwanda: Responsibilities for a genocide," *Anthropology Today* 11.4 (August 1995): 3-7.

Dijk, Lutz van. *Die Geschichte Afrikas.* Frankfurt: Campus Verlag, 2004.

Delacampagne, Christian, *Une histoire du racisme.* Paris: Livre de Poche, 2000.

Gordon, April and Gordon, Donald. *Understanding Contemporary Africa.* Boulder, Co.: Lynne Rienner, 2001.

Haugen, Gary. Victor Boutros. *The Locust Effect: Why the End of Poverty Requires the End of Violence.* U of Oxford P, 2015.

Human Rights Watch. *Shattered Lives: Sexual Violence during the Rwandan Genocide and its Aftermath.* New York: Human Rights Watch, 1996.

Kamalu, Ikenna. "Ethnic and Racist Discourse in Postcolonial African Text: A Critical Linguistic Analysis of Uwem Akpan's *Say You're. One of Them.*" *Covenant Journal of Language Studies* 1.1 (2013): 63-74.

Kelley, Robin D. G. "A Poetics of Anticolonialism," Introduction to *Discourse on Colonialism*. by Aimé. Césaire. New York: Monthly Review P, 1972. 7-28.

Kenneth W. ""Ancient Tribal Warfare": Foundational Fantasies of Ethnicity and History." *Research in African Literature* 36.2 (2005): 34-45.

______. "'Un Train Peut en Autre': Narrating the Rwandan Genocide and Hotel *Rwanda*." *Research in African Literature* 36.4 (2005): 223-32.

Knapp, Adrian. "Three Children's Critical Perspectives on Aspects of the Contemporary East African Social 'Web of Relationships': Uwem Akpan's *Say You're One of Them*." *Postcolonial Text* 5.3 (2009): 1-14.

Le Bon, Gustave. *The Crowd: A Study of the Popular Mind*. New York: Dover, 2002.

Smith, David Norman. "The Genesis of Genocide in Rwanda: The Fatal Dialectic of Class and Ethnicity," *Humanity & Science* 19.4 (1995): 57-73.

Trachtenberg, Peter. *The Book of Calamities: Five Questions about Suffering and its Meaning*. New York: Little, Brown and Company, 2008.

IV. 영국의 주변부 작가들

1. V. S. 나이폴의 문학에 나타난 제3세계

에드워드 사이드. 『도전받는 오리엔탈리즘』(*The Crisis of Orientalism*). 성일권 편역. 서울: 김영사, 2001.

왕철. "콘래드의 소설과 아체베의 소설의 대화적 관계," 『현대영미소설』 (1997): 137-52.

왕은철. 『J. M. 쿳시의 대화적 소설: 상호텍스트성과 탈식민주의』. 서울: 태학사, 2004.

Achebe, Chinua. "An Image of Africa: Racism in Conrad's *Heart of Darkness*," *Heart of Darkness*, ed. Robert Kimbrough, New York: Norton, 1988. 243-50.

Adam Shatz, "The Way We Live Now: Questions for V.S. Naipaul" *New York Times*.

Web.

Attwell, David. "Introduction," to *Current Writing* 5(2) 1993: 1-6.

Bryden, Ronald. "The Novelist V.S. Naipaul," *The Listener*, 22 Mar. 1973: 367.

Cocks, Joan. "A New Cosmopolitanism? V.S. Naipaul and Edward Said," *Constellations* 7.1(2000): 46-63.

Conrad, Joseph. *Heart of Darkness.* New York: Norton, 1988.

Cudjoe, Selwin R. V.S. *Naipaul: A Materialist Reading.* Amherst: U of Massachusetts P, 1988.

Dissanayake, Wimal & Carmen Wickramagamage. *Self and Colonial Desire: Travel Writings of V.S. Naipaul.* New York: Peter Lang, 1993.

Fanon, Franz. *The Wretched of the Earth.* trans. Constance Farrington. New York: Grove P, 1968.

Feeder, Lilian. *Naipaul's Truth: The Making of a Writer.* New York: Rowman & Littlefield, 2001.

Gupta, Suman. *V.S. Naipaul.* Plymouth: Northcote House, 1999.

Hardwick, Elizabeth. "Meeting V.S. Naipaul," *Conversations with V.S. Naipaul*, ed. Feroza Jussawalla. 45-49.

Howe, Irving. "Epilogue: Politics and the Novel after *Politics and the Novel,*" *Politics and the Novel.* New York: Columbia UP, 1957, reprint 1992. 265-66.

Hughes, Peter. *V.S. Naipaul.* New York: Routledge & Kegan Paul, 1988.

Hussein, Aamer. "Delivering the Truth: An Interview with V.S. Naipaul," *Conversations with V.S. Naipaul,* ed. Feroza Jussawalla. 154-61.

Jussawalla, Feroza, ed. *Conversations with V.S. Naipaul.* Jackson: UP of Mississippi, 1997.

Kazin, Alfred. "V.S. Naipaul: Novelist as Thinker," N*ew York Times Book Review*, 1 May 1977: 7, 20, 22.

King, Bruce. *V.S. Naipaul.* London: Macmillan, 1993.

Lamming, George. *The Pleasures of Exile*. London: Allison and Busby, 1960, 1984.

Michener, Charles. "The Dark Visions of V.S. Naipaul," *Conversations with V.S. Naipaul*, ed. Feroza Jussawalla. 63-74.

Levin, Bernard. "V.S. Naipaul: A Perpetual Voyager," *Conversations with V.S. Naipaul*, ed. Feroza Jussawalla. 93-98.

Mukherjee, Bharati, Robert Boyers. "A Conversation with V.S. Naipaul," *Conversations with V.S. Naipaul,* ed. Feroza Jussawalla. 75-92.

Mustafa, Fawzia. *V.S. Naipaul.* Cambridge: Cambridge UP, 1995.

Naipaul, V. S. *A Bend in the River.* New York: Penguin, 1980.

_____. *A Turn in the South*. New York: Viking, 1989.

_____. *Among the Believers: An Islamic Journey*. New York: Vintage, 1982.

_____. *An Area of Darkness.* New York: Macmillan, Vintage, 1981.

_____. *Beyond Belief: Islamic Excursions Among the Converted Peoples.* New York: Random House, 1998.

_____. *Enigma of Arrival*. New York: Penguin, 1969, 1987.

_____. *Finding the Centre: Two Narratives.* New York: Vintage, 1986.

_____. *Guerrillas.* Mew York: Vintage, 1990.

_____. *In a Free State.* New York: Penguin, 1973.

_____. *India: A Million Mutinies*. London: Minerva, 1991.

_____. *India: A Wounded Civilization.* New York: London: André Deutsch, 1977.

_____. "London," *The Times Literary Supplement*, 15 August 1958. reprinted in *Critical Perspectives on V.S. Naipaul*, ed. Robert D. Hamner. Washington D.C.: Three Continents P, 1977.

_____. *Mr Stone and the Knights Companion.* Harmondswoth: Penguin, 1969.

______ "Our Universal Civilization," *New York Times*, 5 Nov. 1990, A21.

______. *Reading and Writing: A Personal Account.* New York: New York Review of Books, 2000.

______. *The Loss of El Dorado: A History.* Harmondswoth: Penguin, 1973.

______. *The Middle Passage: Impressions of Five Societies-British, French, Dutch- in the West Indies and South America.* New York: Penguin, 1969, 1975, 1978.

______. *The Mimic Men.* New York: Penguin, 1969, 1981.

______. *The Mystic Masseur.* Harmondswoth: Penguin, 1969.

______. *The Overcrowded Barracoon and Other Articles.* London: André Deutsch, 1972.

______. *The Return of Eva Peron with The Killings in Trinidad.* New York: Alfred A. Knopf, 1980.

______. "What's Wrong with Being a Snob?" *Saturday Evening Post*, 3 June 1967: 12.

Nixon, Rob. *London Calling: V.S. Naipaul, Postcolonial Mandarin.* Oxford: Oxford UP, 1992.

______. "The Writer," *Critical Perspectives on V.S. Naipaul*, ed. Robert D. Hamner. Washington D.C.: Three Continents P, 1977.

Pratt, Mary Louise. "Scratches in the Face of the Country; On What Mr. Burrow Saw in the Land of the Bushmen," *Race, Writing and Difference*. ed. Henry Louis Gates, Jr. Chicago: U of Chicago P, 1986.

Robinson, Andréw. "V.S. Naipaul Is Still Searching," *Conversations with V.S. Naipaul*, ed. Feroza Jussawalla. 110-13.

Rowe-Evans, Adrian. "V.S. Naipaul: A Transition Interview," *Conversations with V.S. Naipaul*, ed. Feroza Jussawalla. 24-36.

Said, Edward. *Orientalism: Western Conceptions of the Orient*, 3rd ed. Harmondsworth: Penguin, 1991(1978).

Singh, Rahul. "Poor People, Distress are Hard to Bear: Naipaul," *The Times of India,* 23 January 1998: 1, 10, 11.

Theroux, Paul. *Sir Vidia's Shadow: A Friendship Across Five Continents*. New York: Houghton Mifflin Company, 1998.

Walcott, Derek. Interview with BBC Radio. 11 Oct. 2001.

______. "Interview with V.S. Naipaul," *Conversations with V.S. Naipaul*, ed. Feroza Jussawalla. 5-9.

Walsh, William. *V.S. Naipaul*. London: Oliver Boyd, 1973.

2. V. S. 나이폴과 조지프 콘래드의 대화적 관계

왕철. "콘래드의 소설과 아체베의 소설의 대화적 관계," 『현대영미소설』(1997): 137-152.

왕은철. 『J. M. 쿳시의 대화적 소설―상호텍스트성과 탈식민주의』. 서울: 태학사, 2004.

______. "나이폴의 소설과 트리니다드 토바고, 그 애증의 역학," 『현대문학』(2001. 11): 43-65.

Achebe, Chinua. "An Image of Africa: Racism in Conrad's *Heart of Darkness*," *Heart of Darkness*, ed. Robert Kimbrough. New York: 1988. 251-62.

Anderson, Linda. "Ideas of Identity and Freedom in V.S. Naipaul and Joseph Conrad," *English Studies* 59.6(December 1978): 510-17.

Bhabha, Homi K. "Signs Taken for Wonders: Questions of Ambivalence and Authority under a Tree Outside Delhi, May 1817," *Critical Inquiry* 12(Autumn 1985): 144-65.

Bakhtin, Mikhail. *Problems of Dostoevsky's Poetics.* ed. & trans. Caryl Emerson. Minneapolis: U of Minnesota P, 1984.

Begam, Richard. "An Interview with J.M. Coetzee," *Contemporary Literature* 33.3(1992): 419-57.

Berger, Roger. "Writing Without a Future: Colonial Nostalgia in V.S. Naipaul's A Bend in the River," *Essays in Literature* 22.1(1995): 144-56.

Bloom, Harold. *A Map of Misreading*. Oxford: Oxford UP, 1975.

Brown, John L. "V.S. Naipaul: A Wager on the Triumph of Darkness," *World Literature Today* 57(1983): 223-27.

Coetzee, J.M. *White Writing: On the Culture of Letters in South Africa*. New Haven: Yale UP, 1988.

Conrad, Joseph. *Heart of Darkness*. ed. Robert Kimbrough. New York: Norton, 1988.

Cudjoe, Selwin R. *V.S. Naipaul: A Materialist Reading*. Amherst: U of Massachusetts P, 1988.

Eagleton, Terry. *Idealogy: An Introduction*. London: Verso, 1991.

Gorra, Michael. *After Empire: Scott, Naipaul, Rushdie*. Chicago: U of Chicago P, 1997.

Gupta, Suman. *V.S. Naipaul*. Plymouth: Northcote House, 1999.

Hamner, Robert D. (ed.) *Critical Perspectives on V.S. Naipaul*. Washington D.C.: Three Continents P, 1977.

Hardwick, Elizabeth. "Meeting V.S. Naipaul," *Conversations with V.S. Naipaul*., ed. Feroza Jussawalla. 45-49.

Howe, Irving. "Epilogue: Politics and the Novel after *Politics and the Novel*," *Politics and the Novel*. New York: Columbia UP, 1957, reprint 1992. 265-66.

Huggan, Graham. "Anxieties of Influence: Conrad in the Caribbean," *Joseph Conrad: Critical Assessments*, vol. II. ed. Keith Carabine. East Sussex: Helm Information, 1992. 447-59.

Jussawalla, Feroza, ed. Conversations with *V.S. Naipaul*. Jackson: UP of Mississippi, 1997.

King, Bruce. *V.S. Naipaul*. London: Macmillan, 1993.

Kristeva, Julia. *Desire in Language: a semiotic approach to literature and art*. trans. Thomas

Gora, Alice Jardine & Leon S. Roudiez. New York: Columbia UP, 1980.

Levinas, E. "Ethics as first Philosophy," in *The Levinas Reader*. ed. Sean Hand. Oxford: Blackwell, 1994.

Mukherjee, Bharati, Robert Boyers. "A Conversation with V.S. Naipaul," *Conversations with V.S. Naipaul*., ed. Feroza Jussawalla. 75-92.

Mustafa, Fawzia. *V.S. Naipaul*. Cambridge: Cambridge UP, 1995.

Naipaul, V. S. *A Bend in the River*. New York: Penguin, 1980.

______. *A Congo Diary*. Los Angeles: Sylvester & Orphanos, 1980.

______. "A New King for the Congo: Mobutu and the Nihilism of Africa," *The Return of Eva Peron with The Killings in Trinidad*. New York: Alfred A. Knopf, 1980. 171-204.

______. "Conrad's Darkness," *The Return of Eva Peron with The Killings in Trinidad*. New York: Alfred A. Knopf, 1980. 205-28.

______. *The Middle Passage: Impressions of Five SocietiesÐBritish, French, DutchÐ in the West Indies and South America*. New York: Penguin, 1969, 1975, 1978.

______. *Reading and Writing: A Personal Account*. New York: New York Review of Books, 2000.

Nixon, Rob. London Calling: *V.S. Naipaul, Postcolonial Mandarin*. Oxford: Oxford UP, 1992.

Sarvan, C. P. "Racism and the Heart of Darkness," *Heart of Darkness*. ed. Robert Kimbrough. New York: Norton, 1988. 280-85.

Spivak, G. "French feminism in an international frame," *In Other Worlds: Essays in Cultural Politics*. New York: Methuen, 1987. 134-53.

Watts, Cedric. "'A Bloody Racist': About Achebe's View of Conrad," *Joseph Conrad: Critical Assessments*. vol. II. ed. Keith Carabine. East Sussex: Helm Information, 1992. 405-18.

Weiss, Timothy F. *On the Margins: The Art of Exile in V.S. Naipaul.* Amherst: U of Massachusetts P, 1992.

Wickaramagamage, Carmen, Wimal Dissanayake. *Self and Colonial Desire: Travel Writings of V.S. Naipaul.* New York: Peter Lang, 1993.

5. 조지프 콘래드와 표도르 도스토옙스키의 더블

Bakhtin, Mikhail. *Problems of Dostoevsky's Poetics.* trans. Caryl Emerson. Minneapolis: U of Minnesota P, 1984.

Blackburn, William, ed. *Joseph Conrad: Letters to William Blackwood and David S. Meldrum.* Durham, N.C.: Duke UP, 1958.

Breger, Louis. *Dostoevsky: The Author as Psychologist.* New York: New York UP, 1989.

Conrad, Joseph. *A Personal Record.* New York: Doubleday, Company, 1926.

______. *Lord Jim.* New York: Doubleday, 1926.

______. "The Secret Sharer," *'Twixt Land and Sea.* New York: Doubleday, 1926.

______. *Under Western Eyes.* New York: Doubleday, 1926.

Dostoevsky, Fyodor. *The Brothers Karamazov.* trans. Constance Garnett. New York: The New American Library, 1957.

______. *The Double.* trans. Jessie Coulson. New York: Penguin, 1972.

Frank, Joseph. *Dostoevsky: The Seeds of Revolt 1821-1849.* Princeton: Princeton UP, 1976.

Garnett, Edward. *Letters from Joseph Conrad: 1895-1924.* Indianapolis: The Bobbs-Merrill Company, 1928.

Guerard, Albert. *Conrad the Novelist.* Cambridge: Harvard UP, 1958.

Harkness, Bruce, ed. *Conrad's The Secret Sharer and the Critics.* Belmont, California:

Wadsworth, 1962.

Herdman, John. *The Double in Nineteenth-Century Fiction: The Shadow Life.* New York: St. Martin's, 1991.

Karl, Frederick R. *Joseph Conrad: The Three Lives.* New York: Farrar, Straus and Giroux, 1979.

Kirschner, Paul. *Conrad: The Psychologist as Artist.* Edinburgh: Oliber & Boyd, 1968.

Leavis, F.R. *Anna Karenina and Other Essays.* London: Chatto, 1967.

Lewitter, L.R. "Conrad, Dostoyevsky, and the Russo-Polish Antagonism," *Joseph Conrad: Critical Assessments.* Vol. 4. ed. Keith Carabine. Mountfield: Helm Information, 1992.

Meyer, Bernard. *Joseph Conrad: A Psychoanalytic Biography.* Princeton: Princeton UP, 1967.

Rogers, Robert. *A Psychoanalytic Study of the Double in Literature.* Detroit: Wayne State UP, 1970.

V. 미국의 주변부 작가들

1. 마크 트웨인과 낸시 롤스의 대화적 관계

김욱동. "작품해설." 『허클베리 핀의 모험』. 김욱동 역. 서울: 민음사, 1998.

왕은철. "낸시 롤스Nancy Rawles와의 인터뷰." 『현대문학』 (2005년 9월): 226-45.

Abernathy, Jeff. *To Hell and Back: Race and Betrayal in the Southern Novel.* Athens: U of Georgia P, 2003.

Arac, Jonathan. *Huckleberry Finn as Idol and Target: the Functions of Criticism in Our Time.* Madison: U of Wisconsin P, 1997.

Césaire, Aimé. *Discourse on Colonialism.* New York: Monthly Review P, 1972.

Chadwick-Joshua, Jocelyn. *The Jim Dilemma: Reading Race in Huckleberry Finn.* Jackson: UP of Mississippi, 1998.

Champion, Laurie, ed. *The Critical Response to Mark Twain's Huckleberry Finn.* Westport, CT: Greenwood P, 1991.

DuBois, W.E.B. "The Humor of Negroes," *Mark Twain Quarterly* [*later Mark Twain Journal*] 5.3 (Fall-Winter 1942-43): 12.

Eagleton, Terry. *Ideology: An Introduction.* London: Verso, 1991.

Eliot, T. S. "Mark Twain's Masterpiece," *Huck Finn Among the Critics: A Centennial Selection 1884-1984.* Ed. M. Thomas Inge. Washington, D.C.: United States Information Agency, Division for the Study of the United States, 1984. 103-12.

Ellison, Ralph. *Conversations with Ralph Ellison.* Ed. Maryemma Graham and Armritjit Singh. Jackson: UP of Mississippi, 1995.

Fishkin, Shelley Fisher. *Was Huck Black?: Mark Twain and African-American Voices.* Oxford: Oxford UP, 1993.

Hemingway, Ernest. *Green Hills of Africa.* New York: Charles Scribner's Sons, 1935.

Henry, Peaches. "The Struggle for Tolerance: Race and Censorship in *Huckleberry Finn*," *Satire or Evasion: Black Perspectives on Huckleberry Finn.* Ed. James S. Leonard, Thomas A. Tenney, and Thadious M. Davis. Durham: Duke UP, 1992. 25-48.

Hughes, Langston. *The Big Sea.* New York: Thunder's Month P, 1940.

Jelliffe, Robert A., Ed. *Faulkner at Nagano.* Tokyo: Kenkyusha Ltd., 1956.

Jones, Betty H. "Huck and Jim: A Reconsideration," *Satire or Evasion: Black Perspectives on Huckleberry Finn.* Ed. James S. Leonard, Thomas A. Tenney, and Thadious M. Davis. Durham: Duke UP, 1992. 154-72.

Lane, Lauriat. "Why *Huckleberry Finn* Is a Great Novel," *Huck Finn Among the Critics: A Centennial Selection 1884-1984.* Ed. M. Thomas Inge. Washington, D.C.:

United States Information Agency, Division for the Study of the United States, 1984. 157-64.

Lester, Julius. "Morality and *Adventures of Huckleberry Finn*," *Satire or Evasion: Black Perspectives on Huckleberry Finn.* Ed. James S. Leonard, Thomas A. Tenney, and Thadious M. Davis. Durham: Duke UP, 1992. 199-207.

Mensh, Elaine, and Harry Mensh. *Black, white, and Huckleberry Finn: Reimagining the American dream.* Tuscaloosa: U of Alabama P, 2000.

Morrison, Toni. "Introduction" to *Adventures of Huckleberry Finn.* New York: Oxford UP, 1996.

Rawles, Nancy. *My Jim.* New York: Crown Publishers, 2005.

Smith, David L. "Huck, Jim, and Racial Discourse," *Satire or Evasion: Black Perspectives on Huckleberry Finn.* Ed. James S. Leonard, Thomas A. Tenney, and Thadious M. Davis. Durham: Duke UP, 1992. 103-20.

Trilling, Lionel. *The Liberal Imagination: Essays on Literature and Society.* Garden City, NY: Doubleday, 1953.

_____. "The Greatness of *Huckleberry Finn*," *Huck Finn Among the Critics: A Centennial Selection 1884-1984.* Ed. M. Thomas Inge. Washington, D.C.: United States Information Agency, Division for the Study of the United States, 1984. 81-92.

Twain, Mark. *Adventures of Huckleberry Finn.* New York: New American Library, 1987.

Wallace, John H. "*Huckleberry Finn* Is Offensive," *The Critical Response to Mark Twain's Huckleberry Finn.* Ed. Champion, Laurie. Westport, CT: Greenwood P, 1991. 143-44.

_____. "The Case Against Huck Finn," *Satire or Evasion: Black Perspectives on Huckleberry Finn.* Ed. James S. Leonard, Thomas A. Tenney, and Thadious M. Davis. Durham: Duke UP, 1992. 16-24.

2. 슬픔과 애도의 시학

왕은철. "나타샤 트레서웨이 인터뷰," 『문학의 거장들』. 서울: 현대문학, 2010. 395-434.

Abraham, Nicolas and Maria Torok. *The Shell and the Kernel.* Chicago: U of Chicago P, 1994.

Benjamin, Walter. "The Image of Proust," *Illuminations.* ed. Hannah Arendt. New York: Schocken, 1989.

Brontë, Emily. *Wuthering Heights: Authoritative Text, Backgrounds, Criticism.* ed. William M. Sale, Jr. and Richard J. Dunn. New York: Norton, 1990.

Derrida, Jacques. *The Gift of Death.* Chicago: U of Chicago P, 1995.

______. *MEMORIES for Paul de Man.* New York: Columbia UP, 1986.

______. *The Work of Mourning.* ed. Brault, Pascale-Anne and Michael Nass. Chicago: U of Chicago P, 2001.

______. and Anne Dufourmantelle. *Of Hospitality: Anne Dufourmantelle invites Jacques Derrida to respond.* trans. Rachel Bowlby. Stanford: Stanford UP, 2000. Psychological Works of Sigmund Freud, ed. and trans. James Strachey. vol. 14. London: Hogarth P, 1953-74. 243-258.

Patton, Paul and Terry Smith. *Jacques Derrida: Deconstruction Engaged.* Sydney: Power Instituted for Visual Arts, 2001.

Tretheway, Natasha. *Domestic Work.* Saint Paul, Minnesota: Graywolf P, 2000.

______. *Native Guard.* Boston, New York: A Mariner Book, 2007.

______. *Bellocq's Ophelia.* Saint Paul, Minnesota: Graywolf P, 2002.

3. 하 진의 단편소설과 단순성의 미학

왕은철. "하 진Ha Jin과의 인터뷰." 『현대문학』(2005년 10월호): 176-90.

이남호. "삶의 풍운風雲과 아이러니 – 하진Ha Jin의 단편소설." 『현대문학』(2006년 11월호): 194-205.

하 진. 『피아오 아저씨의 생일파티』. 왕은철 역. 서울: 현대문학사, 2006.

______. 『남편 고르기』. 왕은철 역. 서울: 현대문학사, 2006.

Coetzee, J.M. *Elizabeth Costello: Eight Lesson.* New York: Viking, 2003. 『엘리자베스 코스텔로』. 왕은철 역. 서울: 들녘, 2005.

Garner, Dwight. "Interview with Ha Jin." Web.

Gordon, Paula, and Bill Russell. "Interview with Ha Jin." Web.

Jin, Ha. *Ocean of Words.* New York: Vintage, 1998.

______. *The Bridegroom.* New York: Vintage, 2000.

______. *The Crazed.* New York: Vintage, 2002.

______. *Under the Red Flag.* Cambridge, Mass.: Zolands, 1997.

______. *Waiting.* New York: Vintage, 1999.

______. *War Trash.* New York: Vintage, 2005.

찾아보기

ㄱ

가네트, 에드워드Edward Garnett 24, 49, 56, 155, 226, 288, 363, 442, 477, 598
가봉 304
갤러거, 수잔Susan Gallagher 219
걸프전 191, 382
검은 대륙 436
게라드, 앨버트AlbertGuerard 483
겐자부로, 오에Oe Kenzaburo 129
고디머, 나딘Nadine Gordimer 584, 586
공모성 162, 210~211, 289, 398, 401, 404, 438
공산당 470~471, 565~567
공산주의 79, 339, 369, 470~472, 564~565
관타나모 수용소 214
구바, 수잔Susan Gubar 584, 586
9/11 13, 19, 21~23, 25~28, 36~38, 40, 42~43, 45~46, 102, 213, 382, 391, 394, 579
구조주의 179, 287, 298
국가적 트라우마 322
국가적인 알레고리 19~21, 53~55, 59~61, 72
국가주의 37, 213
국가폭력 104, 567,
굽타, 수만Suman Gupta 584, 586
그라스, 귄터Günter Grass 584, 586
그람시, 안토니오Antonio Gramsci 28, 161
그레이, 스티븐Stephen Gray 219~220
그로테스크 리얼리즘 341
그리피스, 가레스Gareth Griffiths 280
그린, 그레이엄Graham Greene 355, 557
근본주의 13, 19, 21~22, 24~26, 28, 31~40, 45~46, 78, 309, 382, 384, 391~392, 394, 397~398, 441, 452, 579
기독교 34~35, 243, 250, 302, 328, 330~331, 338, 395~398
기쿠유 279, 324~327, 340, 344
길버트, 샌드러Sandra Gilbert 219
김욱동 504, 606
김지하 342~343, 347
김현아 38, 41, 579
카뮈, 알베르Albert Camus 256

ㄴ

나이지리아 304, 325
나이폴V. S. Naipaul 9~10, 14, 158, 351, 406, 598, 602
나치 20~21, 26, 44, 46, 50, 55, 57~58, 61, 74, 107, 179, 190, 237, 244, 255, 275, 293, 295, 298~300, 313, 345, 395, 428, 434, 473, 481, 486, 498, 550, 562, 573
나크비H.M. Naqvi 22
남북전쟁 519, 536
남아프리카 9~10, 13~14, 59, 75, 90, 125, 127~128, 130~137, 140~142, 144~148, 150, 152, 154, 157~163, 165, 168, 182~186, 188, 191~194, 208, 211~212, 216~220, 224~225, 229~230, 232~233, 235~238, 242~249, 251, 253~255, 258~260, 262, 264~266, 268~269, 272~280, 282~284, 286~300, 351, 466~468, 470, 584, 586, 592, 594
내러티브 13, 19, 48~51, 71, 75, 153, 161~163, 171~174, 176, 180, 182~183, 208, 214, 226, 229, 234~235, 240, 247~248, 252~253, 256, 258, 263~264, 267~268, 270~272, 290, 305, 378, 388, 390, 422~424, 426, 432, 441, 445,

447~449, 453~455, 459, 475, 512, 516~517, 520, 528, 548, 567~568, 581
노스탤지어 43, 44, 79
노예제도 505, 510, 523, 529
녹스-쇼, 피터Peter Knox-Shaw 195
니체, 프리드리히Friedrich WilhelmNietzsche 271
닉슨, 롭Rob Nixon 366

ㄷ

다성성 253, 335
다위시, 마무드Mahmoud Darweesh 50
다이크, 루츠 판Lutz van Dijk 304
단테 252, 436
대량학살 59
대항담론 22, 25
대화이론 407, 429
대화적 상상력 494
데리다, 자크Jacques Derrida 76, 127, 264, 275, 350, 534
데이비딘, 데이비드David Dabydeen 104
도비, 테레사Teresa Dovey 161
도스토옙스키, 표도르Fyodor Dostoevsky 14, 90~91, 166, 178, 460, 462, 477~481, 489~491, 493~499, 605
독일 58, 60, 208, 225, 232, 237, 478, 504, 508, 531, 562
되받아쓰기 97
듀렐, 로렌스Lawrence Durrell 252
듀보이스W. E. B. DuBois 607
드 카모에스, 루이스 바즈Luis Vaz de Camoes 266
드라이버, 도로시Dorothy Driver 298
드릴로, 돈Don DeLillo 22
들라캉파뉴, 크리스티앙Christian Delacampagne 311
디아스포라 13, 76~79, 93~94, 96~97, 100, 426, 582
디킨스, 찰스Charles Dickens 221
디킨슨, 에밀리Emily Dickinson 235
딘센, 아이작Isak Dinsen 226

ㄹ

라 구마, 알렉스Alex La Guma 281
라블레, 프랑스와Fancois Rabelais 266
라이트, 티모시Wright, Timothy 589
라츨린, 나히드Nahid Rachlin 382
래밍, 조지George Lamming 401
러시아 133, 410, 460, 477~480, 490~491, 498, 504, 560
럼스펠드, 도널드Donald Rumsfeld 214
레비나스, 임마누엘Immanuel Levinas 49, 539
레싱, 도리스Doris Lessing 216, 282, 464
레이철, 도날디오Rachel Donaldio 588
로디지아 230, 466~470
로렌스D. H. Lawrence 327
로저스, 로버트Robert Rogers 482
로즈, 세실Cecil Rhodes 239
로페이트, 필립Philip Lopate 50
롤스, 낸시Nancy Rawles 504, 508, 606
루미, 잘랄루딘Jelaluddin Rumi 83
루시디, 샐먼Salman Rushdie 288, 354
루카치, 게오르그Georg Lukacs 148
르완다 14, 303~308, 310~323, 597
리브, 리차드Richard Rive 218
리비스F. R. Leavis 8, 223, 354, 409, 487, 606
리비아 101, 103~107, 109, 115~116, 119, 121~122
리얼리스트 134, 239
리얼리즘 64, 154, 166, 170~172, 176,

183~184, 188, 194, 221~222, 233~236, 247, 250~253, 269, 273~274, 340~341, 353~355, 419, 465, 491, 507, 557, 562
리얼리티 140, 151, 248, 253, 255~256, 259, 271, 286, 353~356, 358, 360, 366, 375, 377, 380, 386, 399~401, 421, 433

ㅁ

마니교 283~285, 288, 396
마르케즈, 가브리엘 가르시아Gabriel García Márquez 129
마르크시스트 278, 455, 457, 471
마르크시즘 452
마우마우 운동 327
마콰드, 진Jean Marquad 237
마타르, 히샴Hisham Matar 103, 583~584
만, 토마스Thomas Mann 250
만델라, 넬슨Nelson Mandela 127
말레이시아 353, 382, 390~391, 441
말콤 X 369
매직리얼리즘 211, 303, 375, 418, 421, 424~425, 460, 521
매큐언, 이언Ian McEwan 22
맥클린토크, 앤Anne McClintock 279
메미, 알베르Albert Memmi 142, 231, 586, 592, 594, 605
메이어, 버나드Bernard Meyer 482, 600, 606
메인키스, 고드프리Godfrey Meintjes 337
메타포 211, 303, 375, 418, 421, 424~425, 460, 521
메타픽션 154, 173, 180, 183, 256, 265~266, 269, 465
모국 63, 76~82, 84, 89, 94~95, 97~100, 225, 325~326, 351~352, 360, 366, 368, 372, 404, 409, 426, 436
모더니즘 14, 183, 222, 236, 246~250, 252, 256, 264~265, 267, 274, 465, 474, 557, 592
모리슨, 토니Toni Morrison 150, 507, 586
모스, 스티븐Stephen Moss 107
모잠비크 462
모펫, 토니Toni Morphet 160, 171, 588
무가베, 로버트Robert Mugabe 468
무솔리니 정권 462
무스타파, 파우지아Fawzia Mustafa 403
무트로체, 모소비Mothobi Mutloatse 142
문화혁명 559~560, 566~568
물렐리, 삐에르Pierre Mulele 432
미국중앙정보국CIA 133
민족주의 37, 250~251, 253, 292~293, 365, 393, 395
밀린, 새라Sarah Getrude Millin 216

ㅂ

바르트, 롤랑Roland Barthes 264
바바, 호미Homi Bhabha 367
바흐친, 미하일Mikhail Bakhtin 24, 335, 406
반리얼리즘 234
배브콕, 데이빗David Babcock 176, 587
백인중심 30, 210, 254, 257, 282~283, 509, 517~518, 520, 530
버틀러, 주디스Judith Butler 313
번연, 존John Bunyan 256
범슬라브주의 462, 478
베인즈, 조슬린Jocelyn Baines 486
베일리, 존John Bayley 405
베트남전쟁 191, 200~202
벤야만, 발터Walter Benjamin 549
벨기에 242, 305~307, 323, 379, 417, 423, 427, 432, 434
벨린스키, 비사리온Vissarion Belinsky 489

보어인 225, 227, 238, 244, 249, 269, 272
부버, 마르틴Martin Buber 203, 527
부시, 조지George Bush 214
부시맨 226~227, 233, 240~241, 269, 296
부토르스, 빅터Victor Boutros 319, 597
브라이텐바흐, 브라이텐Breyten Breytenbach 257, 590
브론테, 에밀리Emily Bronte 217, 368
브루터스, 데니스Dennis Brutus 150
브링크, 안드레André Brink 8~9, 14, 131, 246~247, 278, 591~592, 594
블룸, 해럴드Harold Bloom 409~410, 429~430, 465~466, 475
빅토리아조 소설 220~221, 223, 230
빈 라덴, 오사마Osaba bin Laden 391

ㅅ

사라마구, 호세Jose Saramago 129
사르트르, 장 폴Jean Paul Sartre 271
사물화 204, 515, 527~528
사이드, 에드워드Edward Said 24, 49, 155, 226, 288, 390, 442, 599
사이브 에 타브리지Saib e Tabrizi 87
사회주의 리얼리즘 491
산족 240
상호텍스트성 53, 256, 406~407, 589, 598, 602
색커리, 윌리엄William Thackeray 221
샤프빌 255, 259
샴시, 카밀라Kamila Shamsie 104
서인도제도 351, 360~362, 368~369, 372,~375, 380, 401, 414, 421, 440, 445
성서 35, 123
성장소설 120~122
세계대전 57, 59, 466
세로테, 몬가네Mongane Serote 285
세르반테스, 미겔 데Miguel de Cervantes 267
세스티허스Sestigers 250
세자르, 아이메Aimé Césaire 204
소울, 켈빈Kelwyn Sole 219, 298
소웨토Soweto 145, 258, 279, 585
소잉카, 월레Wole Soyinka 8, 324
솔제니친, 알렉산드르 Alexandr Solzhenitsyn 256
쇼월터, 일레인Elaine Showalter 218
수피 476
쉬라이너, 올리브Olive Schreiner 216, 281, 591~592
스미스, 아담Adam Smith 33
스미스, 폴린Pauline Smith 216
스와질란드 133
스타인벡, 존John Steinbeck 557
스테이플즈, 브렌트Brent Staples 405
스티글리츠, 조지프D. Joseph Stiglitz 33
스티브 비코Steve Biko 258
스피박, 가야트리Gayatri Spivak 140, 162, 297, 313
시오니스트 69
시장근본주의 32~36
식민담론 404, 436
식민주의 7~8, 13, 45, 49, 53, 75, 102, 122, 133, 141~142, 150, 153, 161~163, 165, 190~193, 195, 202~205, 208~215, 231~232, 240, 249, 257, 268, 275~278, 280~285, 287~290, 292~297, 299~300, 303~306, 308~309, 313, 316, 323, 325~326, 328~329, 342, 344, 346, 351~352, 358~359, 361, 365~367, 375~376, 379, 394, 398~401, 415, 418, 423, 426~427, 432~437, 442, 445~448, 452~453, 457, 462, 466~468, 528, 589, 598, 602

신식민주의 190~191, 211, 299, 342, 346, 433~434, 436

ㅇ

아랍 55, 59, 63, 69, 101, 388~389, 391, 396, 398, 400, 404, 437
아렌트, 한나Hannah Arendt 609
아마드, 아이자즈Aijaz Ahmad 20, 101
아불하와, 수전Susan Abulhawa 9, 49~57, 59, 61, 65~73, 75, 581
아브라함, 니콜라스Nicolas Abraham 547
아시크, 시디카Siddika Asik 25
아우렐리우스, 마르쿠스Marcus Aurelius 18
아이러니 57~59, 97, 102, 136, 233, 293, 321, 327~328, 330, 332, 338, 362, 372, 402~404, 418~419, 422, 435, 437, 440, 443~444, 459, 479, 505, 507~508, 517, 529, 560, 562, 564, 572~573, 575~576, 610
아이히만, 아돌프Adolf Eichmann 312~313
아체베, 치누아Chinua Achebe 225, 381, 324, 378
아크판, 우웸Uwem Akpan 9, 14, 303~304
아파르트헤이트apartheid 59, 75, 127, 130~136, 140, 142~143, 145~150, 152~153, 161~165, 169, 171, 175, 183~187, 244, 246~247, 251, 253~254, 256~257, 261~263, 265, 268, 270, 275~277, 279, 282, 284~287, 289, 292~295, 297, 300, 308, 468, 584, 586
아프가니스탄 22~23, 27, 35, 77~81, 84, 91, 93~98, 100, 102, 194, 359, 396, 441
아프리카 8~10, 13~14, 59, 75, 90, 101, 125, 127~128, 130~137, 140~142, 144~148, 150, 152, 154, 157~163, 165, 168, 182~186, 188, 191~194, 208, 210~212, 216~221, 223~227, 229~230, 232~238, 240~249, 251, 253~255, 257~269, 272~284, 286~301, 303~305, 307~309, 324~326, 328, 337, 343~347, 351, 358~359, 362, 366, 371, 373~380, 395, 397, 399~401, 406~408, 412~427, 429, 431~437, 442~443, 446, 448, 452, 455~456, 461, 466, 467~468, 470, 474, 475, 511, 584, 586, 592, 594, 597
아프리카너afrikaner 146, 148, 225, 249, 251, 253~254, 257, 259, 261, 263, 269, 289, 292~295
아프리카니스트 435
아프리카민족회의ANC 133
아프리칸스어Afrikaans
알레고리 13, 19~21, 40~41, 44~46, 53~55, 57, 59~61, 65, 72, 174, 208, 212, 219, 234, 269~270, 272, 274, 284~285, 288, 460, 575
알카에다 214
애덤스, 제임스 트러슬로James Truslow Adams 30, 580
애도 9, 13, 15, 43, 127, 456, 533~535, 542~543, 547, 551, 553~554, 609
애도작업 43, 533~535, 547, 551, 553
애쉬크로프트, 빌Bill Ashcroft 280~282
애트리지, 데릭Derek Attridge 200
애트웰, 데이비드David Attwell 183, 200, 210, 276, 303
야만인 28, 159, 173~175, 205, 208, 211, 220, 284, 290, 386, 396, 412, 423, 441~442, 446, 460, 587
에이브러햄스, 피터Peter Abrahams 216
에코, 움베르토Umberto Eco 248
에티오피아 304
엘리스, 해브락Havelock Ellis 234
엘리슨, 랠프Ralph Ellison 511, 521
엘리엇, 조지George Eliot 8, 221

엘리엇. T. S. Eliot 503, 566, 591, 607
엥겔하드, 웨이글Engelhard Weigl 589
연방문학 288
예니체리janissaries 34
예이츠W. B. Yeats 566
오거스틴St. Augustine 256
오든W. H. Auden 566
오리엔탈리즘 24, 37, 40, 44~45, 101~102, 226, 288, 307, 373, 403, 598
오브라이언, 코너 크루즈Conor Cruise O'Brien 405
오스터, 폴Paul Auster 59
오스트리아 478
오스틴, 제인Jane Austen 221
오웰, 조지George Orwell 109
오크리, 벤Ben Okri 281
옥시덴탈리즘 24
와그너, 캐스린 와그너Kathrin Wagner 150
와츠, 세드릭Cedric Watts 431
왓슨, 스티븐Stephen Watson 588~590
왕은철 12, 22, 51, 83, 163, 194, 210, 352, 436, 438, 511, 518, 520, 529, 532, 536, 538, 541~543, 548, 550, 557~558, 563, 566~568, 577, 579, 581~584, 586~589, 598, 602, 606, 609
왕철 217, 255, 259, 261, 263, 274, 278, 289, 290~291, 294, 379, 431, 598, 602
울프, 버지니아 울프Virginia Woolf 205, 354
원시성 40, 305, 308, 376, 380, 432, 433
원조와 제재 28
월쉬, 윌리엄William Walsh 354
월콧, 데릭Derek Walcott 360, 440
웨스커, 아놀드Arnold Wesker 476
웨이스, 티모시Timothy F. Weiss 605
웰베리David E. Wellbery 248
웰티, 유도라Eudora Welty 150
위대한 전통 8, 223, 354, 409
유럽중심적 223, 244, 266~267, 373, 436
유베날리스Juvenal 364
윤리성 74, 91, 102, 123, 127, 154~156, 188, 199, 207, 429, 551
윤리적 책무 584, 586
은데벨레, 은자불로Njabulo Ndebele 273, 279
은코시, 루이스Lewis Nkosi 279
은타랴미라, 시프리앙Cyprien Ntaryamira 307
음베키, 타보Thabo Mbeki 277
음파흘렐레, 에스키아Es'kia Mphahlele 279
응구기, 와 시옹오Ngugi wa Thiong'o 8~9, 14, 279, 302, 324~325, 425
이글턴, 테리Terry Eagleton 531
이남호 560, 578
이데올로기 24, 71, 87, 91, 132, 135, 160, 164, 171, 210, 240, 242, 246, 248, 251, 253~257, 270, 282, 284~286, 289, 292~293, 297~300, 326, 345, 386, 395, 404~405, 422, 426, 437~438, 441~442, 447, 449, 452, 455, 457, 462~463, 468, 470~471, 474, 521, 530, 563~565, 567~568
이라크 전쟁 102, 194, 211
이란 84, 94, 208, 221, 223, 277~279, 319, 331, 353, 365, 368, 374, 382~384, 387~388, 390~391, 397, 418, 441, 448, 452, 466, 490, 561
이민자 81, 89, 96, 384, 558
이분법 21, 86, 142, 184, 283, 285, 296, 313, 396, 416, 484, 486, 564
이스라엘 48~49, 52~57, 59~60, 62~66, 68~69, 72~75, 270
이슬람 9, 13, 17, 19, 25, 34, 36~40, 42, 46, 78, 91~92, 155, 214, 351, 357, 359, 361, 369,

380~386, 388~398, 401~402, 404, 437, 441, 448, 452, 476, 579
이슬람 근본주의 21, 287~289, 292, 300
이원론 21, 287~289, 292, 300
이중성 291, 373, 395
인도네시아 353, 382, 391, 397, 441
인식론적 폭력 24, 101~102, 429, 436
인종적 순수성 394~395
인종주의 53, 90, 307, 313, 435, 529
인종차별 44, 75, 142, 152, 161, 238, 242, 246, 268, 270, 378~379, 429, 431, 452, 467, 469, 505~506, 508, 512, 520

ㅈ

자기반영성 90, 93, 180~181, 256, 265
자브라, 이브라힘 자브라Jabra Ibrahim Jabra 50
자연주의 250, 433, 465
자이르 353, 376, 379, 399, 414, 417, 426, 432, 434, 436
잔모하메드, 압둘Abdul JanMohamed 282~285, 287~289
저항문학 247, 249, 269
전쟁문학 568
전통서사 249
정신적 독립 10, 14, 324
정전 276, 379, 417, 429, 503, 510~511, 532
정착민 작가 9, 373, 400, 404, 417, 436~437
제1세계 20~21, 23, 101
제3세계 8, 13~14, 19~21, 23, 25~26, 30, 32, 34, 36~37, 40~42, 44, 46, 54~55, 101~103, 246, 343, 346, 351~355, 358, 360, 362, 366~367, 370~371, 373~374, 381~382, 390, 397~404, 409~411, 413, 416, 418~419, 426, 428, 435~439, 442~443, 445~447, 449, 452~453, 458~459, 461~463, 579, 598
제국주의 13, 28, 45, 122, 190~191, 193, 195, 208~209, 211~215, 220, 223, 242~243, 281~282, 284, 288, 293, 295, 298, 300, 324, 326, 329, 341, 346, 378~379, 392, 396~397, 401, 409, 431, 435, 445~446, 452, 459~462, 478~479, 560, 589
제이콥슨, 단Dan Jacobson 216
제임슨, 프레더릭Frederic Jameson 19, 54, 248
조이스, 제임스James Joyce 250, 354
졸리, 로즈메리Rosemary Jolly 300, 592
종교적 원칙주의자 40
종족분쟁 305, 309, 314, 322
죄의식 76~80, 89, 91, 94~95, 97, 99~100, 118, 145, 200~203, 259, 263, 284, 289~290, 325, 332~333, 401, 459~460, 538~542, 552, 560
주네트, 제라르Gerard Genette 71, 83
중국 79~80, 417, 428, 555, 558, 561, 563, 565~569, 578
지드, 앙드레Andre Gide 250, 438
지배이데올로기 253~255, 300
지젝, 슬라보이Slavoj Zizek 38
진, 하Ha Jin 8~9, 79, 555, 609, 610
진실과 화해 위원회Truth and Reconciliation Committee 277
짐바브웨 133, 296, 466, 468

ㅊ

찰스, 론Ron Charles 104
천안문 대학살 566
체이니, 딕Dick Cheney 214
체호프, 안톤Anton Chekhov 557, 563, 577
촘스키, 노엄Noam Chomsky 28
최재봉 97, 582

ㅋ

카나파니, 가싼Kanafani, Ghassan 9, 50~57, 61, 63~70, 73
카니발 160, 272~273, 451
카다피, 무아마르Muammar Gaddafi 103~105, 107, 109
카루karoo 164~166, 178, 224, 227, 229~230, 241~242, 300
카루시, 안나마리아Annamaria Carusi 300
카말루, 이케나Ikenna Kamalu 308
카진, 앨프레드Alfred Kazin 404~405
카터, 지미Jimmy Carter 75
카파, 로버트Robert Capa 562
칼비노, 이탈로Italo Calbino 248
캐런, 라자르Karen Lazar 150
캐퍼 228, 238~240
캘더, 앵거스Angus Calder 332
캘퍼스, 켄Ken Kalfus 22
컬러드 163, 164, 219, 254
케냐 10, 14, 226, 279, 304, 324~327, 329~332, 335~337, 339~341, 344~345, 347, 435
코란 101, 103
코수 수Sue Kossew 294, 588, 594
코이족 163, 266
코폴라, 프란시스 포드Francis Ford Coppola 438
콘래드, 조지프Joseph Conrad 8, 12, 202, 250, 287, 332, 410, 431, 445, 447, 591, 602~606
콩고 242, 377, 408~409, 413, 415, 417~418, 420~428, 434, 438, 453
쿤데라, 밀란Milan Kundera 248, 264
쿳시, J. M. Coetzee 8~9, 13, 23, 26, 28, 59~61, 70, 90~91, 99, 104~105, 126, 153~154, 157~159, 161~163, 168, 170~173, 175~176, 178~180, 182~186, 188, 190~197, 199, 201~202, 205, 207~218, 225, 263, 278, 280, 283~286, 289, 290~291, 297~299, 351, 353, 360, 428, 436, 475, 573~574, 582, 586, 589~590, 594, 598, 602
크리스테바, 줄리아Julia Kristeva 53, 264, 406
크리올creole 510
클락슨, 캐롤Carol Clarkson 596
클링만, 스티븐Stephen Clingman 131, 585, 588, 595
키플링, 러드야드Rudyard Kipling 243
킹슬리, 찰스Charles Kingsley 372

ㅌ

타자 8~9, 11, 13, 18, 24~25, 36, 49, 74, 99, 101, 102, 104, 123~124, 126~127, 130, 139~140, 145, 149~151, 153~156, 162, 165, 172~173, 175~176, 180~183, 202~205, 210, 242~284, 288~289, 292, 313, 350, 355, 361, 381, 386, 403, 417~420, 423, 427~429, 434, 460, 468, 512, 515, 551~552, 583, 584
타자 재현 13, 127, 145, 151, 156, 584
탄자니아 133
탈식민 14, 25, 190~191, 213, 265, 275, 279, 283, 325~326, 342, 344, 346, 351~352, 365, 394, 426~427, 434, 437, 442, 457, 589, 594, 598, 602
테러리스트 26, 37~38, 74~75, 103, 122, 404, 469
테러리즘 26~27, 37~38, 75, 103, 214
토록, 마리아Torok Maria 547, 553
투르게네프, 이반Ivan Turgenev 490
투치족 305~307, 310~312, 314~316, 318, 320~323
투투, 데스몬드Desmond Tutu 277
트라우마 322

트라첸버그, 피터Peter Trachtenberg 321
트레서웨이, 나타샤Natasha Tretheway 9, 15, 533, 535~536, 538, 542~543, 545~551, 553~554, 609
트롤로프, 앤서니Anthony Trollope 372
트리니다드 158, 351~354, 357~366, 369~376, 381, 385, 391, 395, 402, 409~410, 415~416, 419, 421, 426, 436, 439~440, 442~452, 454~461, 602
트릴링, 라이오넬Lionel Trilling 503
트와족 315~316, 321~322
트웨인, 마크Mark Twain 504, 607~608
티핀, 헬렌Helen Tiffin 280, 587, 594, 596

ㅍ

파농, 프란츠Franz Fanon 277, 328, 366
파라텍스트 71, 83, 87
파로흐자드, 포루그Forough Farrokhzad 87
파슈토어 77, 84
파시즘 282, 293
파운드, 에즈라Ezra Pound 250, 426, 566
파키스탄 19, 22~24, 27, 29~31, 34, 36~38, 41~42, 44~46, 288, 353, 382, 384, 391~393, 396, 441, 453
팔레스타인 13, 42, 48~61, 63~70, 73~75, 581
팔레스타인해방기구 52
패러디 25, 210, 505
패리, 베니타Benita Parry 300
패트리스 루뭄바Patrice Lumumba 432
퍼니처스, 조지George A. Panichas 11
페너, 딕Dick Penner 197, 199, 206
페르시아 83~84, 87, 89, 98~99, 466
페리텍스트 83~85, 87, 98, 582
페미니스트 92, 152, 218~219, 243, 472~474
페미니즘 152, 222, 237, 242, 244, 472~474
페이튼, 앨런Alan Paton 216
포드, 매덕스 포드Ford Madox Ford 482
포스터, E. M. Forster 45, 287, 371, 580
포스트모더니즘 14, 183, 222, 236, 246~249, 256, 264~265, 267, 274, 465, 474, 557, 592
포스트콜로니얼 276~283, 285, 287~288, 292, 294~300, 399
포어, 자너선 사프란 포어Jonathan Safran Foer 22
포크너, 윌리엄William Faulkner 503~504
폴란드 55, 57, 61, 63, 106, 409, 458~460, 462, 477~479
푸코, 미셸Michele Foucault 25, 264, 289
풍자 239, 340~344, 363~364, 401~403, 445~456, 459, 468, 505
퓨가드, 애솔Athol Fugard 278
프랑스 80~81, 94, 179, 246, 255, 316, 326, 401, 426~427, 504, 510, 562, 567
프래트, 메리Mary Louise Pratt 389
프랭크, 조지프Joseph Frank 494
프러시아 478
프로이트, 지그문트Sigmund Freud 580, 609
프리드만, 모리스Morris Freedman 11
프링글, 토마스Thomas Pringle 225
플로머, 윌리엄William Plomer 216, 230
피더, 릴리언Lilian Feeder 405
피란델로, 루이지Luigi Pirandello 256
피서, 닉Nick Visser 278
피식민주의자 153, 162, 165, 203~205, 209, 287, 289, 292, 296, 328~329, 367, 445, 528
핀터, 해럴드Harold Pinter 464
핑켈스타인, 노먼Norman Pinkelstein 50

ㅎ

하디, 토마스Thomas Hardy 221

하미드, 모신Mohsin Hamid 19, 580
하브자리마나, 쥐베날Juvénal Habyarimana 307
하우, 어빙Irving Howe 380, 405, 433, 474
하위주체subaltern 140, 154, 161~165, 171, 182, 185
하이데거Heidegger 256
한국 10, 27, 226, 328, 342, 505, 568, 577~578
허천, 린다Linda Hutcheon 248
헤게모니 28, 37~38
헤겔, 게오르크Georg Wilhelm Friedrich Hegel 548
헤드, 도미닉Dominic Head 588, 590
헤드, 베시Bessie Head 216, 281, 296
헤밍웨이, 어니스트Ernest Hemingway 503
헤이더, 새라 도브Sarah Dove Heider 175
헬만, 릴리언Lillian Hellman 150
호세이니, 할레드Khaled Hosseini 22, 77, 80, 583
호텐토트 205, 225, 237, 239
호프메어, 이사벨Isabel Hofmeyr 219, 366~368
혼종성 69, 81, 291~292, 367, 457
홀로코스트 50, 73, 75
홍위병 561, 562, 575
화이트, 헤이든Hayden White 271, 387
환대 12, 89, 122~123, 127, 323, 350
후투족 305~307, 310~312, 314~316, 320~323
휴머니즘 85~88, 562
휴즈, 랭스턴Langston Hughes 507
흑인성 144, 147, 315
흑인자의식운동 258
힌두교 363, 370, 381, 392~394, 445, 458

왕은철

전북대학교 영문과를 졸업하고 펜실베이니아 클래리언 대학교와 메릴랜드 대학교에서 각각 영문학 석사와 박사 학위를 받았다. H. B. 이어하트재단, 케이프타운대학학술재단, 풀브라이트재단의 펠로 및 한국학술진흥재단의 해외파견 교수를 역임했으며 케이프타운대학교와 워싱턴대학교에서 객원교수로 있었다. 〈유영번역상〉과 〈전숙희문학상〉을 수상하고 전북대학교의 〈학술상〉, 〈수업상〉, 〈개교70주년기념 연구경쟁력기여자상〉을 수상했다. 『현대문학』으로 등단한 문학평론가이고, 현재 전북대학교 영문과 교수로 재직 중이다. 『마이클 K』 『피의 꽃잎』 『연을 쫓는 아이』 『전쟁쓰레기』 등 사십여 권의 역서와 『J. M. 쿳시의 대화적 소설』(문화관광부우수도서), 『문학의 거장들』(한국연구재단 우수도서), 『애도예찬—문학에 나타난 그리움의 방식들』(전숙희문학상), 『문학과 트라우마, 그 침묵의 소리들』 등의 저서가 있다.

건지학술총서 ⑨

타자의 정치학과 문학

–이슬람, 아프리카, 영미권의 주변부 작가들

지은이 왕은철
펴낸이 이남호
펴낸곳 전북대학교출판문화원

초판 1쇄 인쇄 2017. 5. 25
초판 1쇄 발행 2017. 5. 30

전북대학교출판문화원 전라북도 전주시 완산구 어진길 32 (풍남동2가)
전화 (063) 219-5321~2
FAX (063) 219-5323
출판등록 2012년 8월 20일 제465-2012-000021호

값 38,000원

ISBN 979-11-87892-24-3 94800
ISBN 978-89-98534-66-0(세트) 94080

이 도서의 국립중앙도서관 출판예정도서목록(CIP)은 서지정보유통지원시스템 홈페이지(http://seoji.nl.go.kr)와 국가자료공동목록시스템(http://www.nl.go.kr/kolisnet)에서 이용하실 수 있습니다. (CIP제어번호 : CIP2017011784)